Der sechste Band der Kultserie

Was fängst du an, wenn du am Ende bist? Wo gehst du hin, wenn du überall schon warst? Kommt man mit Google Earth weiter als mit dem Rucksack? Ist es im Ruhrpott kälter als in der Arktis? Und wozu sind Freunde da, wenn sie weg sind? Hartmut und ich, Susanne und Caterina wollen es wissen. Jeder für sich machen sie sich auf in Richtung unbekannt. Hartmut, der Philosoph, will auf eine eisige, öde Insel namens ›Einsamkeit‹. Packer »Ich« nimmt erst mal den direkten Weg nach Bochum. Ihre Freundinnen landen in der tunesischen Revolution und in einer Kneipe in Köln-Weidenpesch – oder doch bei den Kiwis? Eine unglaubliche Reise mal vier. Denn manchmal muss man ziemlich weit gehen, um sich wieder zu finden.

Oliver Uschmann, geboren 1977 in Wesel, und *Sylvia Witt*, geboren 1965 in Köln, erschaffen seit 2005 die »Hui-Welt« um die Protagonisten Hartmut und ich – mit bislang sechs Romanen, zwei Webseiten, vier Hörbüchern, unzähligen Liveshows und einer interaktiven Ausstellung. Grafikdesignerin, bildende Künstlerin, Programmiererin und Autorin Witt und Germanist, Journalist und Rampensau Uschmann leben mit zwei Katzen und 120 Teichfischen auf dem Land und pflegen von dort aus die virtuelle WG *hartmut-und-ich.de* sowie die Onlinegalerie *haus-der-kuenste.de* und das Textcoaching- und Talentförderungsangebot *wortguru.de*.

Die Kult-Serie im Fischer Taschenbuch Verlag:
›Hartmut und ich‹
›Voll beschäftigt‹
›Wandelgermanen‹
›Murp!‹
›Feindesland‹
›Erdenrund‹

Weitere Informationen, auch zu E-Book-Ausgaben, finden Sie bei
www.fischerverlage.de

Oliver Uschmann
Sylvia Witt

ERDENRUND

Hartmut und ich auf Weltreise

Roman

FISCHER Taschenbuch

Erschienen bei FISCHER Taschenbuch
Frankfurt am Main, Oktober 2014

© S. Fischer Verlag GmbH, Frankfurt am Main 2012
Satz: Dörlemann Satz, Lemförde
Druck und Bindung: CPI books GmbH, Leck
Printed in Germany
ISBN 978-3-596-18714-0

»Wähle dir einen Reisebegleiter und dann erst den Weg.«
(Arabisches Sprichwort)

»Alles, was wir bräuchten ... nur ein bisschen mehr Herz.«
(Enno Bunger)

»Auch wenn ich nichts sage, geht die Zeit weiter.«
(Sylvia Witt)

Was bisher geschah ...

2005 gründeten mein bester Freund *Hartmut und ich* eine WG. Es heißt, Gegensätze ziehen sich an. Hartmut studierte Philosophie und wollte jeden Tag die Welt aus den Angeln heben. Einmal sabotierte er Strom und Wasser im ganzen Viertel, um die Menschen durch Not zu vereinen. Ich ging als Packer am Fließband von UPS malochen und genoss meine Freizeit zwischen Badewanne, Sofa und Playstation. Bier war immer vorrätig, und gegenüber unserem heruntergekommenen Haus in Wiemelhausen lag Bochums beste Pommesbude.

Eines Tages trat Susanne in Hartmuts Leben, eine herzliche Praktikerin, die für alles Lösungen hatte. Zu viele für Hartmut. Er warf sie raus und wurde unglücklich. Ein paar Freunde und ich holten sie zurück, denn wir wussten, dass die beiden zusammengehören. Ich selbst verliebte mich einige Zeit später in Caterina, eine rothaarige Künstlerin mit grünen Augen. Sie war Klientin in Hartmuts »Institut zur Dequalifikation«, in dem wir arbeitslose Akademiker für das praktische Leben fit machten. Nebenbei verteidigten wir das Haus gegen das Bauamt. Wir zwei Paare waren *voll beschäftigt* und bildeten mitsamt Kater Yannick und Schildkröte Irmtraut fortan eine Familie. Die beste, die wir alle jemals hatten.

Unser Heim fiel seinem Alter sowie einem fehlgeleiteten LKW zum Opfer, und Hartmut erwarb ein Fachwerkhaus in Hohenlohe blind im Internet. Was wir in der schwäbischen Provinz erlebten, fühlt sich bis heute wie ein Traum an. Wir irrten barfuß mit *Wandelgermanen* durch die Tannen, nahmen an Wehrsportgefechten teil und ließen die Leiche aus Fachwerk durch einen Restaurateur ohne Telefon und

Adresse wiederbeleben, der nur dann erscheint, wenn die Bewohner bereit sind. Nach dieser aufreibenden Zeit lebten wir aus dem Koffer in Motels an Rasthöfen, auf denen Caterina die Wanderausstellung »Kunstpause« veranstaltete, während Hartmut auf Quittungen und Servietten das »Manifest für die Unvollkommenheit« zusammentackerte, darin den sinnfreien Daseinzustand des *Murp* erfand und im längsten Stau der deutschen Geschichte die Anarchie ausrief.

Die Steuerfahndung nahm uns alles, und wir gingen nach Berlin, weil dort angeblich die Jobs auf der Straße liegen. Nach Wochen in einer verrückt gewordenen Werbeagentur gründeten wir unsere eigene Firma MyTaxi, und Susanne wurde überraschend schwanger. Wir hatten es geschafft, gegen alle Widerstände – eine Wahlfamilie mit Unternehmen und bald sogar mit Nachwuchs! Doch Berlin entpuppte sich immer mehr als *Feindesland* mit Bedrohungen von unten wie von oben; von der Mafia auf der Straße und der Mafia in der Politik. Während die Gangs auf den Bürgersteigen aus ihren Absichten keinen Hehl machten, flocht die Regierung mit Hilfe des neuen, experimentellen »Moralministeriums« immer engmaschigere Gesetze zur Verbesserung der Welt. Der politische Wahn kostete Susannes und Hartmuts ungeborener Tochter Lisa bei einem Unfall anlässlich einer fehlgeleiteten Verkehrskontrolle das Leben. Dieser Verlust verwandelte unsere Familie in vier hilflose Zombies, die nur noch funktionierten und sich jeden Tag gegenseitig Vorwürfe machten. Hartmut, Susanne, Caterina und ich verließen Berlin in verschiedene Richtungen, um eine Zeitlang voneinander Pause zu machen und das traumatische Ende unserer Zukunft zu verarbeiten.

Die Wege, die wir dabei wählen, sind sehr verschieden ... und die Möglichkeiten, uns zu begleiten, äußerst vielfältig.

Heilung hat viele Gesichter.

Heilung braucht Geduld.

Wir haben die Zeit, sie uns zu nehmen.

Inhaltsverzeichnis

Die Einsamkeit   11

Der Kölsche Klüngel   28

Das Versteck   45

Das Meisterwerk   55

The Sorrow   69

Die Spülwassersammlung   87

Peperoni im Ohr   104

Die Farbenkleckser   121

Die Pension   139

Himmel un Ääd met Flönz   151

Das Babybecken   165

Frieden durch Farbe   179

Weltmusik   192

Dreckelige Schwaadschnüss   211

Nestors Nickhaut   227

Die Ziege   245

Der Pfropf   264

Sendemast zu Gott   277

Kois werten nicht   298

Die besetzte Frau   315

Die Schuld   334

Buh-Buk!   345

Wannenunterhaltung   358

Das Skorpionnest   372

Die Durian   388

Real Life Assistance   400

Der blaue Steg   414

Großer Pirat   425

Der Haka am Marae   446

Würdeloser Winseler   460

Die Festivalsynapse   466

Das Frauenzimmer   476

Der Kiwi   489

Nase im Ohr   506

Kriegsgebiet   518

Die Treuzeit   526

Epilog   547

Die Einsamkeit

14.–15.03.2011

52° 30′ 5.42″ N, 13° 16′ 35.64″ E

Mein Wunsch ist es, zu verschwinden. So, wie Lisa verschwunden ist, bevor sie überhaupt geboren wurde. Seit Monaten verstecke ich mich in diesem Zimmer. Ich habe es nicht einmal ganz rausgeschafft aus Berlin. Ich habe es versucht, aber bei jedem Meter, den ich fahre, stelle ich mir vor, wie es wäre, einfach das Steuer herumzureißen. Ich dachte, das hört irgendwann auf, aber das ist ein Irrtum.

An den Weihnachtsfeiertagen wollte meine Mutter, dass ich in meine Heimatstadt komme. Ich erklärte ihr, dass ich nicht *kann*, mir also im wahrsten Sinne des Wortes die Fähigkeit fehlt, mich von hier fortzubewegen. Sie verstand es nicht.

»Du sagst mir nicht mal, wo du bist«, klagte sie und sagte, was alle sagen, wenn jemand stirbt: »Das hätte die Kleine nicht gewollt.«

Ach nein?

Hätte Lisa gewollt, dass ich auf den Tischen tanze? Hätte sie gewollt, dass ich rausgehe und mitfeiere, als die Fußball-WM stattfand? Dass ich die Vereinbarung breche und meine WG-Familie, meine *wahre* Familie, ausgerechnet an Heiligabend wiedersehe, wenn die Nerven ohnehin blank liegen? Damit wir uns wieder gegenseitig Vorwürfe machen? Hauptsache, Chris Rea singt »Driving Home For Christmas«? Das kann mir doch keiner erzählen.

Eines aber weiß ich sicher: Lisa hätte nicht gewollt, dass ich mich umbringe. Sie kennt den Tod schon jetzt. Sie hatte keine Wahl. Sich freiwillig in dieses Dunkel zu stürzen wäre das Mieseste, was man ihr antun könnte. Fahre ich allerdings weiter, reiße ich wirklich irgendwann das Steuer rum. Also bleibe ich. Woche um Woche. Den Herbst. Den Winter. Jetzt brechen draußen die ersten Krokusse aus den Grünstreifen. Verfluchte Grünstreifen.

»Sie wohnen seit Monaten hier und haben noch nie das Rührei probiert«, klagt die Chefin und zeigt auf meine Schüssel mit pappigem Müsli. Der Speisesaal des Motels an der Avus liegt im früheren Zielrichterturm. Frühstücksraum am Morgen, Restaurant am Abend. Kreisrund und dunkel. Ich schaue aus dem Fenster auf die Stadtautobahn, die zwischen Funkturm und Nikolassee einst eine Rennstrecke war. In Massen schiebt sie die Blechlawine aus der Stadt hinaus und in die Stadt hinein, wie ein Fließband aus Asphalt.

»Was für ein Mann geht über zweihundert Tage lang jeden Morgen am Rührei vorbei? Gucken Sie hier, es ist sogar krosser Schinken in der Wanne.« Die Chefin hebt den Deckel. Heißes Kondenswasser tropft hinab. Tische bilden Buchten mit Sitzbänken. Die Gäste, die abends freiwillig kommen, hängen ihre Jacken an dunkelgrüne Säulen mit Kleiderhaken, einigen sich darauf, wer innen sitzt, seufzen schwer, stützen ihre Hände auf die Tischplatte und schieben sich in die Bank. Die Säulen mit den Haken biegen sich auf Kopfhöhe nach außen. Hängte man einen Mann am Kragen seiner Jacke daran auf, würde er mit fünfzig Zentimeter Abstand zur Säule baumeln.

»Das ist Bio-Schinken! Ich wollte es nur mal gesagt haben!« Die Chefin schließt den Deckel.

In die Tische sind Collagen aus alten Zeitungsartikeln über die Rennen eingelassen. Sie liegen unter Glasplatten, genau wie unsere Urlaubsfotos damals im runden Wohnzimmertisch der WG. Im Treppenhaus ist ein klassisches Plakat direkt auf die Wand gemalt. *AVD AVUS Rennen. Großer Preis von Berlin 1958.* Zwei alte Silberpfeile mit Piloten, die Schutzbrillen und Ledermützen tragen. Unter dem Bild sitzen künstliche Pflanzen in einem Betonbeet aus braunroten Fliesen. Ich denke an uralte Rennspiele, die modern aussahen, als sie erschienen sind. Spielt man sie zehn Jahre später erneut, wirken sie genau wie dieser Flur: Die Erinnerung an sie glänzt in tausend Farben, aber heute sieht man nur noch unförmige Pixelklumpen.

»Ich könnte es mir auch einfach machen!«, sagt die Chefin nach einem Abstecher an die Rezeption und Bar nebenan. Sie knetet ein Spültuch. »Ich könnte den Schinken bei der Metro kaufen. In 10-Kilo-Brocken. Analogschinken. So. Und was mache ich? Ich bestelle ihn beim Brandenburger Bio-Bauern!«

Auf der Ebene zwischen dem Eingang zum Restaurant und dem ersten Stock mit Zimmern gibt es eine Sitzecke mit ledergepolsterten Holzbänken. Man kann von hier aus auf das Betonbeet hinabsehen. Die Sitzecke stellt das dar, was in einem richtigen Hotel das Foyer wäre. Ein Raum, um sich außerhalb des eigenen Zimmers aufzuhalten und gemütlich die Zeitung zu lesen. Das *soll* diese Ecke sein, aber das *ist* sie nicht. Niemand kann hier sitzen und auch nur einen Satz lesen, ohne vom Unbehagen des Raumes erwürgt zu werden. Es surrt zwischen den Etagen. Ein durchdringendes, Migräne erzeugendes, elektrisches Foltergeräusch. Gäste, die einen Prospekt aus dem Touristikständer ziehen, oder LKW-Fahrer, die ihren kleinen Koffer die Treppe hinauftragen, sehen mich verwirrt an, wenn ich auf dem alten Leder inmitten des Surrens sitze. Ihre Blicke beweisen, was für einen Nicht-Ort diese Bank darstellt. Entweder ist man auf seinem Zimmer oder in der Bar, wenn man geistig gesund ist, aber doch nicht hier, in der Sitzecke im Treppenhaus.

»Bio!«, schimpft die Chefin, nimmt einen krossen Schinkenstreifen zwischen Zeigefinger und Daumen und beißt demonstrativ davon ab.

Der andere Nicht-Ort, an dem ich meine Zeit verbringe, ist die verrottete alte Tribüne schräg gegenüber, auf der sich die Zuschauer früher die Rennen angesehen haben. Sie wurde 1937 gebaut und steht seit zwölf Jahren leer. Sie war mir immer schon aufgefallen, wenn ich nach Berlin fuhr. Eine verfallene Tribüne am Rande einer Autobahn. Dieses Bild bescherte mir jedes Mal einen Schauer auf dem Rücken, ähnlich wie stillgelegte Schwimmbäder mit trockenen Becken. Bei alten Burgen oder Schlössern ist das nicht so. Die bekommen einen Tresen mit Museumskasse. Sie leben neu auf, und die Vergangenheit in ihnen wird zu einer Attraktion der Gegenwart. Bauwerke wie die Avus-Tribüne aber, die niemand zum Museum macht, die aber auch nicht abgerissen werden, weil sie denkmalgeschützt sind, halten die Vergangenheit fest wie eine vertrocknete, staubige Leiche, die dich anstarrt. Ich habe mir nie vorstellen können, diese Leiche aus Holz und Beton zu betreten. Dieser Nicht-Ort würde sofort meine Seele auflösen, dachte ich, und daher ist er heute genau richtig für mich. Noch besser als die surrende Sitzecke im Treppenhaus.

Jeden Tag, wenn es dunkel wird, verlasse ich das Hotel, schleiche über den Parkplatz und nehme den langen Weg außen rum über die Halenseestraße und den Messedamm. Die Rückseite der Tribüne liegt gegenüber dem Messegelände, Einfahrt Tor 9. Ein Stück weiter wartet kahler Baugrund auf neues Geschäftsleben. In der Tiefe dahinter leuchten die Flutlichter des Mommsenstadions. Die S-Bahn rattert zur Station Messe-Süd / Eichkamp. Autobahnspuren führen nach Wedding, Hamburg und Dresden. Über allem ragt der hohe Funkturm auf, der mich beobachtet, wo immer ich stehe. Er ruft mir zu: »Sieh hin, hier ist überall Leben! Verkehr, Messe, Sport. Du bist mitten im Leben!«

Das ist es ja gerade. Ich bin wie diese alte Tribüne. Umrauscht von Leben und gleichzeitig allein und verrottet. Der Bürgersteig führt unter der Tribünenschräge zwischen den Säulen und der Wand mit den ehemaligen Eingangstüren entlang. Die Kassenfenster wurden zugemauert. Auf orangen Streifen sind 18 Nummern aufgemalt.

»Was soll das jetzt werden?«, fragte mich der Funkturm, der mich als Einziger in der Nacht gesehen hat, als ich mit dem Bolzenschneider den Stacheldraht aufknipste, der an den Seitenflanken der Tribüne den Zutritt verhindern soll. Den Bolzenschneider, ein paar Schutzhandschuhe aus Kettengliedern und einen Müllgreifer zu besorgen war der einzige Grund, aus dem ich dieses Viertel bislang verlassen habe. Jeden Morgen um halb fünf, wenn ich die Tribüne wieder

[14]

verlasse, hebe ich den Bauzaun in seine Fassung zurück, packe den Stacheldraht mit dem Müllgreifer und drapiere ihn so, dass man auf den ersten Blick nicht erkennen kann, dass er durchgeschnitten ist. Das reicht, denn hier schaut sowieso keiner zweimal hin. Arbeiter der Firma, die hier irgendwann mal zwei Baugerüste hineingezwängt hat, zeigen sich nicht. Die Polizei ignoriert die Tribüne, weil sie niemanden dort erwartet. Der Denkmalschutz räumt nicht mal den Müll weg, der sich auf dem Grün neben den Mauern sammelt.

»Du hast doch einen sitzen! Ein Fliewatüüt im Hirn!«, schimpft der Funkturm. Bin ich einmal in der Tribüne, laufe ich auf dem schmalen Gang vor den Sitzreihen bis zur Mitte, wo Stufen auf die erste Ebene führen. Langsam schreite ich in die elfte Reihe hoch, fröstelnd im stockdunklen Magen des Monsters. Das ist mein Ritual. Jede Nacht. Ein Nicht-Ort als Heimat nach einem Un-Fall. So haben sie es doch genannt, was mit Lisa passiert ist und was uns alle auseinandergerissen hat. Ein Fall, der eigentlich gar nicht sein kann. Das Leben geht weiter, sagt man. Das stimmt, aber es ist ein Un-Leben, tot wie diese Tribüne. Auf dem fauligen Holz beobachte ich die Autos in der Nacht unten auf der Bahn. Schräg gegenüber wartet um 5.30 Uhr das Frühstück auf mich. »Ich kaufe bald kein fades Müsli mehr, das sage ich Ihnen. Dann müssen Sie das Rührei und den Bio-Schinken probieren!« Nach dem Müsli gehe ich ins Zimmer und sperre den Tag aus. Ich bin der Geist der Tribüne. So soll es sein.

Das Geld für die Miete nehme ich aus meinen Anteilen an unserer Taxifirma, die ein junger Investor gekauft hat und für die Mario heute noch fährt, während Jochen in der Retro-WG sein zweites Buch über B-Filme schreibt. Es hat weh getan, sich von Yannick zu trennen, aber ich weiß, dass mein Kater in guten Händen ist. Vor knapp zwei Jahren waren wir alle gemeinsam freiwillig in Motels unterwegs, auf Tournee mit Caterinas Wanderausstellung. Ich hätte damals sofort Licht ins Zimmer gelassen und die Playstation an den Fernseher angeschlossen. Heute ziehe ich die Vorhänge zu und lasse den Scartanschluss unberührt.

»Das ist schon mutig, was die da machen«, sagt der Häuptling einer Gruppe von Gästen, die nur zum Feiern in den Restaurant-Turm gekommen sind. Alle Tische sind für sie reserviert. Ich sitze nebenan an der Bar und trinke Wasser, obwohl alles in mir nach Bier schreit. »Wartet ab«, sagt der Häuptling, »die stürzen auch noch ihre restlichen Diktatoren. Wie Dominosteine.«

Er redet vom arabischen Frühling, von dem ich etwas mitbekommen habe, da ich die Nachrichten schaue. Die erlaube ich mir, weil sie mir keine gute Laune machen, solange ich rechtzeitig vor den Fußballergebnissen abschalte. Ich habe einen Pfropf in der Brust, und seit kurzem versucht er, sich gegen meinen Willen zu lösen.

»Gut so!«, sagt der Funkturm und würde sich am liebsten stahlkreischend hinunterbeugen und mir die Fernbedienung wegnehmen, damit ich den Fußball anlasse und der Propf fällt. In Algerien, Ägypten und Libyen sind Aufstände ausgebrochen. Die Tunesier haben ihr Staatsoberhaupt schon vor sechs Wochen aus dem Land gejagt. Sie bauen Auffanglager für Flüchtlinge. Ausgelöst wurde ihre Revolution durch ein Bild, das ich nicht vergesse. Ein Gemüsehändler verbrennt sich öffentlich, weil der Staat ihm zu viel in sein Leben hineinredet. Unwillkürlich habe ich das Cover der alten CD vor mir gesehen, auf der ein vietnamesischer Mönch lodert, der die Unterdrückung durch die Chinesen anklagt. Rage Against The Machine, 1992. Der Pfropf ist für eine Sekunde tatsächlich aus meiner Brust gefallen. Ich bin erschrocken und habe ihn wieder hineingestopft.

»Wasser!«, klagt die Chefin, die zwischen der Bar, in der ich der einzige Gast bin, und der geschlossenen Gesellschaft hin- und herzischt. »Warum können Sie nicht wenigstens *ein Mal* Bier trinken? Oder Wein?« Sie zeigt mir die Flasche. »Von meinem Schwager! Er ist Winzer an der Mosel. Er hat mich helfen lassen, im Urlaub. Es kann sein, dass die Trauben für diese Flasche durch meine Zehen gequetscht wurden.«

Ich muss schmunzeln, weil sie Werbung für ein Getränk macht, in dem sie sagt, sie habe es zwischen ihren Zehen hervorgebracht. Sie arbeitet zwölf Stunden am Tag in denselben Socken. Der Pfropf löst sich leicht.

Nein! Das darf nicht sein!

Ich lasse mein Wasser aufs Zimmer schreiben, verlasse das Motel und trete in die laue Abendluft. Auf dem Parkplatz stehen die Trucks Schnauze an Schnauze. Eine grauschwarze Krähe kraxelt am Zaun herum. Aus den Fenstern der Küche höre ich es brutzeln. Die Limousine aus dem alten Fuhrpark unserer Taxifirma ist das größte Auto auf dem Gelände. Sonst sehe ich nur Kleinwagen. Lediglich ein riesiger Landrover rollt gerade röhrend vom Platz. Er wirkt wie aus einem Wüstenfilm gefallen. Riesige Reifen, Dreck an den Flanken. So ein Modell habe ich hier noch nie gesehen. Nun denn, ab zur Tribüne!

»Geh wieder rauf und trink den Zehenwein«, krächzt der Funkturm über mir. An der Halenseestraße gehe ich nicht den ganzen Bogen um das gusseiserne Motorsportdenkmal herum, sondern nehme die Abkürzung durch das winzige Waldstück. Wenn man die paar Bäume so nennen kann. Jede Nacht schlurfe ich hier hindurch. Ein perfektes Versteck für Räuber und Mörder, aber nichts passiert. Ich gehe zu meiner Geistertribüne, hebe den Bauzaun aus dem Ständer, biege mit dem Müllgreifer den Stacheldraht um, klettere hinein und hocke mich auf die Bank. Die Brust ist wieder eng. Gut so. Der Funkturm schüttelt knarzend den Kopf.

Es ist früher als sonst. Gerade mal Mitternacht. Die Avus ist noch gut befahren. Aus einem Auto, dessen Rückscheibe geöffnet ist, streckt sich der Arm eines kleinen Mädchens. Sein Finger zeigt genau auf mich. Der Wagen gerät ins Schlingern, wahrscheinlich, weil das Mädchen aufgeregt seinen Vater auf dem Fahrersitz angestupst und der sich erschrocken hat. Mein Herz schießt mir in den Hals. Fast hätte der Mann einen Unfall gebaut. Einen Unfall mit Tochter! Wegen mir, dem Geist auf der brüchigen Bank. Ich stehe auf, stolpere aus der Tribüne und biege nicht mal den Draht zurück.

Im Restaurant feiern sie. »Happy birthday to yooooouuu!!!«

Das muss aufhören! Ich renne die Treppe hoch, an der surrenden Sitzecke vorbei, schließe mich in mein Zimmer ein, schalte den Fernseher an und stelle ihn sehr laut. Ich schalte durch, bis ich etwas sehe, das mir keine Freude machen kann. Eine Reportage fällt mir ins Auge. Ich sehe Eis. Ewiges Eis. Weiße Winde. Es fröstelt mich vom Hinsehen. Der Sprecher sagt: »Das Wasser hier ist so kalt wie eine gefrorene Hölle.«

Ich setze mich auf den Bettrand. Eine gefrorene Hölle … Ich verfolge die Sendung bis zum Schluss. Dann packe ich.

Ich weiß jetzt, wohin ich will. An welchem Ort ich tatsächlich verschwinden kann. Ich habe ihn gesehen, gestern Abend. Mir ist klar geworden, dass ich nicht selber fahren kann. Die Strecke ist lang und die Versuchung zu groß. Mein Kopf würde wieder phantasieren. »Schau da«, würde er sagen, »der schöne große Baum am Straßenrand. Wäre das nicht ein guter Ort für das Ende?« Als ich auschecke, bedanke ich mich bei der Chefin für alles, und sie sieht mich nachdenklich an. Der Funkturm beobachtet mich streng, während ich durch die Straßen manövriere und nach einer Viertelstunde beim erstbesten Händler halte. Dem werde ich die Limousine verkaufen. Topzustand. Nur rund 30 000 Kilometer gelaufen. Umgebaut für Erdgasantrieb. Sie ist mindestens noch 11 000 Euro wert, aber ich werde nicht handeln. Ich werde die erste Summe akzeptieren, die der Ankäufer nennt. Ich will nicht mehr Geld, als ich unbedingt brauche, um mein Ziel zu erreichen. Der Händler heißt Aydin Gülselam, so steht es auf dem weißen Schild über dem Eingang. Er hat silberne und blaue Flatterbänder über den Kiesparkplatz gespannt. Sein Büro ist ein alter Wohnwagen. Im Fenster hängen Wimpel des Fußballvereins Galatasaray Istanbul. Aydin klappt die Tür seines Wohnwagens auf und steigt mit weitausgebreiteten Armen das Treppchen hinab.

»Mein Freund, was kann ich für dich tun?«

Ich zeige auf die schwarze Luxus-Öko-Limousine. »Sie können mir dieses Auto abkaufen. In bar.«

Aydin muss sich sehr anstrengen, das enthusiastische Glitzern zu verbergen, das in seinen Augen aufblitzt. Er stellt es ab und guckt absichtlich müde, gespielt gelangweilt. Er lehnt sich zurück, umrundet das Auto, verschränkt die Arme und sagt, die rechte Hand mit geöffneten Fingern schwenkend: »2500 Euro.«

Es ist lächerlich. Eine Frechheit. Nahe am Betrug.

Ich sage sofort: »Einverstanden.«

Aydin bekommt Augen wie die Räder eines Jeeps. »Was?«

»Machen wir.«

»Wie, machen wir?«

»Ist okay. 2500. Sie geben mir das Geld, und ich bin weg.«

»Ist das geklaut? Klaut ihr uns Mesut Özil für eure Nationalmannschaft? Kann ich mit leben! Aber klaut ihr Autos und verkauft sie unschuldigem Aydin? Kann ich nicht mit leben.«

»Er ist nicht geklaut. Schauen Sie in die Papiere. Es ist ein ehemaliger Firmenwagen. Alles legal.«

Aydin schaut sich die Papiere an. Sein Schnäuzer weht sacht in der Frühlingsbrise. Er blickt zu mir auf und sagt, so kraftvoll wie entrüstet: »Musst du handeln!«

»Also gut«, sage ich, »dann kriegen Sie ihn für 2000.«

Aydin fächert mit der Hand die Luft wie ein Kolibri. »Nein, nein, nein! Nicht weniger verlangen. Mehr! Musst du handeln!«

»Ach, kommen Sie schon …«

»8000 Euro!«, sagt Aydin, lächelt breit, verschränkt die haarigen Arme erneut und schaut mich an, als sage er: Und jetzt du, Sportsfreund. »Jetzt nehmen Sie ihn doch einfach«, jammere ich.

Aydin löst die Arme, schüttelt den Kopf, grummelt osmanische Flüche und wählt eine Nummer auf seinem Handy. Nach zwei Sekunden geht jemand ran. Leise höre ich eine jüngere Stimme, die etwas in den Hörer bellt. »Serkan? Kommst du mal?« Serkan antwortet etwas. Aydin erklärt ihm den Fall auf Türkisch. Dann fügt er auf Deutsch hinzu: »Ja, genau. Will nicht handeln.« Aydin legt auf und sagt: »Serkan kommt.«

Acht Minuten lang stehe ich mit Aydin zwischen den Gebraucht-wagen und schiebe Kies mit den Fußspitzen hin und her. »10 000«, sagt er zwischendurch. »Elf! Zwölf!« Ich reagiere nicht.

Ein 190er Mercedes aus den achtziger Jahren fährt auf den Hof. Weiß mit grauen Seitenplanken. Am Rückspiegel wackelt ein Wimpel des Fußballvereins Fenerbahçe Istanbul. Serkan bremst, der Kies knirscht, er steigt aus. Er ist zwanzig Jahre jünger als Aydin, schmal gebaut und glatt rasiert. Die Männer begrüßen sich mit Wangenküssen. Dann zeigen sie gegenseitig auf ihre Wimpel und beschimpfen auf Türkisch die jeweilige Lieblingsmannschaft des anderen. Als sie fertig sind, drehen sie sich beide zu mir.

Serkan tänzelt einen Schritt in meine Richtung und sagt: »Was soll Wagen kosten?« Seine Augen wirken ungemütlicher als die seines älteren Kollegen.

»2500«, sage ich.

Serkan wirft die Arme in die Luft: »Spinnst du? Ist 14 000 wert, mindestens!«

»Ist mir egal. Ich handele nicht.«

Serkan legt den Kopf schief und lächelt, als wolle er den Scherz, den ich gerade mache, wie an einem Bindfaden aus meiner Nase ziehen und auf den Kies werfen. »Komm schon. Hörst du auf, mit uns Spielchen zu spielen. Sagen wir: 13 000.« Er späht hoffnungsvoll nach Reaktionen. Ich seufze. In seinen Augen glimmt Hoffnung auf, dass ich zur Vernunft komme.

Ich sage: »2500.«

Serkan stemmt einen unsichtbaren Medizinball über seinen Kopf. Dann nimmt er lauter kleine imaginäre Tennisbälle und wirft sie nach mir. »Zwölf! Elffünf! Elf!«

Ich sage: »Wenn Sie so weitermachen, schenke ich Ihnen den Wagen. Dann können Sie mal sehen!«

Serkan flucht und lässt die Daumen über sein Telefon wandern. »Ersan?«, begrüßt er jemanden auf der anderen Seite der Leitung und erklärt ihm das Problem, wieder auf Türkisch. Er erhält Antwort, stülpt die Unterlippe vor, nickt Aydin zu und sagt: »Ersan kommt.«

Nach einer Weile fährt ein alter, dunkelblauer 3er BMW auf den Hof. Das Fenster ist heruntergekurbelt. In beiden hinteren Scheiben hängen Wimpel des Fußballvereins Beşiktaş Istanbul. Ich versuche mich daran zu erinnern, ob die gesamte türkische Liga nur von Istanbul gestellt wird. Aus dem Radio ertönen Chansons, vorgetragen von einem Mann im Sopran. Ersan ist womöglich ein Bruder von Aydin oder ein Onkel von Serkan. Er ist jedenfalls schon älter, und seine Augenbrauen ähneln zerzausten Babykatzen. Er begrüßt Aydin und Serkan, indem er nach dem Aussteigen kräftig auf das Dach eines herumstehenden Ladenhüters klopft. Die Männer umarmen ihn, zeigen auf seine Heckscheiben und palavern über ihre Fußballvereine.

Danach kommt Ersan gemessenen Schrittes auf mich zu: »Hörst du auf mit dem Unsinn, ja?« Er stülpt die Lippen vor, als mache er einen Kussmund, schließt halb die Augen und legt seine Hand vor sich auf eine gedachte Tischplatte.

Ich verschränke die Arme und sage: »Hayır.« Das heißt *nein*.

Ersan klappt seinen Zeigefinger aus und sieht die anderen an nach dem Motto: Seht mal, da ist ein türkisches Wort aus ihm herausgefallen.

Ich bleibe hart: »2500.«

Ersan sagt: »Mein Freund! Ist unser Vater damals gekommen nach Deutschland, als Bergmann, ja? Gesicht schwarz, Hände schwarz, Herz weiß. Hat geschuftet, damit wir können aufbauen gutes Geschäft. Dann kommst du und machst Geschäft kaputt.«

Meine Ohren werden heiß. Ich bekomme Schnappatmung. »*Ich* mache *euer* Geschäft kaputt? Ich will euch den Wagen doch zum Schleuderpreis verkaufen!«

Ersan klopft wieder mit der flachen Hand auf ein herumstehendes Auto. BAMM! »Musst du handeln!!«

»Ich verschenke ihn! Ich warne euch. Ich renne hier im Spurt vom Hof und werfe euch die Papiere über den Zaun!«

Serkan stellt sich vorsorglich in den Eingang.

Ersan schüttelt den Kopf, tippt eine Nummer auf seinem Handy und sagt: »Abdullah?«

Zehn Minuten später rumpelt ein VW-Bus auf den Hof. In seinem Cockpit hockt ein alter Mann und fuhrwerkt am Lenkrad wie am Ruder eines alten Piratenschiffes. Die Kabine ist erleuchtet von Lichtschläuchen und kirmesartigen Blinklämpchen. Zwischen dem Geflacker baumelt ein Wimpel von Istanbul Büyükşehir Belediyespor.

Eine halbe Stunde später sind die Massen versammelt. Nachdem mich auch der Älteste nicht überzeugen konnte, ist er wieder in seinen Bus gestiegen, hat den Wimpel zurechtgerückt und wie ein Trucker sein altes Funkgerät in die Hand genommen. Wenig später sind nicht ein oder zwei, sondern Dutzende von Wagen auf den Hof gefahren. Sämtliche Händler und Verwandte haben sich eingefunden, um einen Blick auf mich zu werfen und auf mich einzureden. Einige haben Frauen, Kinder und Enkel mitgebracht. Flaggen wehen. Derwische tanzen. Aus einer Anlage erklingen die Chansons nun stadtviertellaut. Jemand hat einen Grill angeworfen und röstet einen Hammel.

»Eşek! Eşek!«, lachen ein paar Kinder und zerren an mir herum. Es heißt *Esel*. Weitere Männer mit flachen Mützchen auf dem Kopf schlendern auf den Hof und begrüßen die große Gemeinschaft. Ich habe mich in einen Skoda zurückgezogen und schmolle. Ich werde nie mehr hier wegkommen. Der Chansonist schraubt seine Stimme nach oben. Der Mann am Grill hebt die Hand, damit die Leute Essen fassen kommen. Unter den Sohlen der Derwische schießt der Kies hervor. Ich reiße die Skoda-Tür auf. Sie quietscht, als ob ich eine Blechdose aufschneiden und mit den Rändern über den Asphalt ziehen würde. »Also gut!«, brülle ich. Die Gesellschaft dämpft ihr Geplapper. Aydin, Serkan, Ersan und Abdullah kommen sofort zu mir.

Ich sage: »Drei.«

Serkan sagt: »Zwölf!«

»Vier.«

»Elf.«

»Sechs.«

»Zehnfünf.«

»Acht.«

»Zehn.«

»Achtfünf. Letztes Wort!«

Serkan schaut zu Ersan und Abdullah, dann zu Aydin. Der nickt. Serkan reicht mir die Hand. Jubel brandet auf. Die Frauen lachen, die Männer johlen, die Kinder jagen sich wie Welpen über den Kies. Ich gehe mit Aydin in den Wohnwagen und verlasse den Hof mit 6000 Euro mehr, als ich verlangt hatte.

Ich schleppe meinen Rucksack durch die Straßen und winke mir ein Taxi heran. Der Fahrer steigt nicht aus, um mir die Tür zu öffnen. Das gefällt mir. Ich setze mich auf die Rückbank, da ich weiß, dass die Fahrt lang wird.

»Wo soll's hingehen?«

»Einsamkeit.«

»Einsamkeit?« Der Fahrer überlegt. Er sieht aus wie die Schauspieler, die in deutschen Krimis die Archivare spielen. »Wenn Sie's einsam haben wollen, könnten wir nach Ferch. Oder Petzow. Die Gegend um Werder und die Havel ist auch recht menschenleer.«

»Ich rede von *der Einsamkeit*. Eine Insel.«

»Eine Insel? Dann fahre ich Sie nach Rügen. Ich kenne da ein Hotel, da wohnt fast nie jemand. Das wird aber teuer. Rügen von hier …«

»Nicht irgendeine Insel«, sage ich. »Ich meine *die* Insel. Einsamkeit. Auf Norwegisch heißt sie Ensomheden. Auf Russisch Ostrov Uyedineniya.« Ich zeige ihm den Ausdruck eines Artikels. Ich habe ihn im Rasthof am Rechner der Chefin herausgesucht und ausdrucken lassen. Sie ließ mich in ihr Büro und wedelte in der Türe mit Bio-Schinken. Der Mann starrt auf das Blatt. Er braucht einen Moment, um es zu glauben.

»Wollen Sie mich verarschen? Das ist in der sibirischen Karasee.«

[23]

»Genau«, sage ich. »Einsamkeit. Elfeinhalb Kilometer lang, fünf Komma zwei Kilometer breit. Vollkommen unbewohnt. Bis 1996 lebte dort ein einziger Mensch, der russische Wärter einer Wetterstation. Nachdem sie aufgegeben wurde, hat die Insel niemand mehr betreten.«

»Und da wollen Sie hin?«

»Ja. Ich will verschwinden.«

»Wissen Sie, wie weit das ist? Das sind locker 6000 Kilometer quer durch Russland. Wenn ich das mal nur grob durchkalkuliere, kommen wir da auf, Augenblick …« Er kritzelt Zahlen auf einen Notizblock. Dann hält er ihn hoch und wedelt damit. »Nehmen wir an, ich ließe mit mir verhandeln. Nehmen wir an, ich sei gnädig und huldvoll. Nehmen wir an, mir schiene die Sonne aus dem Arsch, was nicht der Fall ist, aber nehmen wir es einmal an. Dann sind das immer noch 8000 Euro.«

»Ich weiß das alles. Ich bin selber mal Taxi gefahren.«

»Dann wissen Sie auch, dass sich niemand in ein Taxi setzt, eine Fahrt an die Küste der russischen Karasee verlangt und zu diesem Zweck einfach so 8000 Euro in bar dabeihat.«

Ich seufze, hebe mein Hinterteil, ziehe das Portemonnaie aus der Jeanstasche und fächere die sechzehn Fünfhunderter vor ihm auf, die Aydin mir gegeben hat. Er wird blass. Wild fährt seine Zunge durch die Mundwinkel und putzt die Lippen.

»Ich darf nicht.«

»Wie, Sie dürfen nicht?«

»6000 Kilometer. Da bin ich gute drei Wochen unterwegs.«

»Und das verbietet Ihr Chef?«

»Das verbietet meine Frau. Sie hat Ängste. Und dann durch die russische Pampa. Waren Sie schon mal dort? Wissen Sie, was das bedeutet? Das ist das Ende der Welt. Die Wüste in den *Mad Max*-Filmen ist ein Rummelplatz dagegen.« Ich wundere mich, dass er *Mad Max* kennt, dabei ist das nur natürlich. Diese Filme wurden gedreht, als ich noch ein Kind war. Sie gehören zu *seiner* Zeit. Wie die Sex Pistols oder

[24]

die frühen Slayer. Trotzdem kommt es mir immer so vor, als gehöre alles, was sich roh und wild gibt, grundsätzlich zu »uns« und nicht zu »den Großen« mit dem graumelierten Haar. Der Mann lehnt sich im Fahrersitz zurück, sieht mich im Rückspiegel an und schaut nach wenigen Worten wieder in die Ferne: »Sie hat vor allem Angst, wissen Sie? Wenn ich rausgehe und den Rasenmäher anschmeiße, steht sie zitternd am Fenster und sagt: ›Hubert, bitte, greif nicht ins Blatt!‹ Als wenn ich mich hinhocke wie ein Psychopath, neben den laufenden Mäher, noch einmal kurz lächelnd aufsehe und dann gemütlich meinen Arm drunterschiebe.« Hubert öffnet das Handschuhfach und holt einen Keks heraus. Die Kekse liegen lose in dem Fach. Ein paar purzeln auf den Boden. Keine Tüte, keine Plastikbox. Ein Fach voller Kekse. Hubert schließt es wieder. Kauend erzählt er weiter: »Sie tut so, als wenn ich bekloppt wäre! Bei der Vogelgrippe, ich stand im Garten, plauderte mit meinem Nachbarn. Meine Frau schreit ›Aaaaaaachtung!‹ und wirft sich auf meinen Rücken. Arme um den Hals, Beine um die Oberschenkel. Sie reißt mich runter und stülpt sich über mich wie ein Bodyguard. Eine Taube hatte den Luftraum gekreuzt. Sie hat nicht mal geschissen! Unsere Nachbarn sind kurz darauf nach Potsdam gezogen.«

»Das tut mir alles sehr leid«, sage ich, klopfe ihm auf die Schulter und öffne wieder die Tür. Der kann mich nicht weit bringen.

»Grüßen Sie die Einsamkeit von mir«, sagt er.

»Mache ich.«

Das Taxi fährt. Ich laufe die Straße hinab und halte den Daumen raus.

Da! Ein alter Taunus mit jungen Leuten drin. Der wird halten. In der Tat. Sie fahren an den Rand. Zwei junge Männer. Der Beifahrer kurbelt das Fenster herunter. Ich will gerade etwas sagen, da drückt er mir zwei leere Becher von McDonald's und ein paar zerknüllte, mit Mayonnaise verschmierte Hamburger-Papiere in die Hand. Ich bin zu baff, um zu reagieren. »Danke für den Service«, sagt er. Der Fahrer lacht sich kaputt. Sie geben Gas. Ich brülle ihnen Unsagbares hinterher und werfe den Müll auf den Boden. Für eine Millisekunde schießt mir Wasser in die Augen, denn ich fühle mich so hilflos wie auf dem Pausenhof in der Grundschule. Ein VW-Bus nähert sich mit offenen Fenstern. Laut ertönt Grollen und Schreien. Sirrende Gitarren, ein Schlagzeugbreak, dann melodischer Refrain-Gesang, im Studio dreilagig geschichtet wie ein Kingsize-Burger. Schmerzsimulationsmusik. Ich drehe mich schnell um und halte den Daumen raus. Ich habe feuchte Augen, trage einen großen Rucksack und glaube immer noch, dass *Mad Max* nicht »den Großen« gehört. Der Bus hält sofort an. Die Schiebetür geht auf. Zwei junge Männer sitzen darin. Sie sind hager, tragen dunkle Jeans, Armbänder von Festivals und aus schwarzem Gummi sowie T-Shirts von Converge und Mastodon. Auf dem Rücken des Fahrers prangt der Schriftzug von Escapado. Ich sehe die Jungs wortlos an und strecke die Hand aus. Die Anlage brüllt. Ein Schwein wird abgestochen und kreischt. Gewitter zerlegen das Land mit Blitzen. Die Arme mit den Bändchen reichen mir die Hand und ziehen mich in ihre Höhle.

Der Fahrer fragt mich: »Wo willst du hin?«

Ich sage: »Einsamkeit.«

»Wir fahren nach Görlitz«, sagt er.

»Dann eben Görlitz«, sage ich.

In Görlitz halten wir gegenüber der Altstadtbrücke, die über die Lausitzer Neiße nach Polen führt. Die Landesgrenze liegt mitten auf der Überquerung, die nur für Fußgänger gedacht ist. Keine Grenzposten, kein Zoll. Jeder kann kommen und gehen. Der Fahrer parkt vor einer hohen Mauer. Direkt über uns thront der Dom. »Danke«, sage ich und meine damit auch, dass sie mir während der Fahrt kein Gespräch aufgezwungen haben. Neben dem Parkplatz liegt ein kleiner Jugendclub direkt an der Mauer. Er heißt »Basta!«. Ein Festival ist angeschlagen. Das Plakat wurde in einem Sonderformat gedruckt, denn die Namen der Gruppen sind lang. Görlitz liegt eigentlich zu südlich für meine Route. Um zur Einsamkeit zu gelangen, hätte ich mich östlich aus Berlin rausfahren lassen und die Oder bei Küstrin überqueren müssen. Immerhin bin ich jetzt an der polnischen Grenze, wenn auch zweihundert Kilometer tiefer. Im Club macht die erste Band einen Soundcheck. Jemand brüllt. Einer haut auf die Snare. Es quietscht. »Passt schon!«, ertönt es aus dem Mikro. Vielleicht kann ich heute Nacht hier unterkommen. Der Junge im Mastodon-Shirt öffnet die Schiebetür. Bevor ich aussteige, legt er seine Hand auf meine Schulter.

»Wie heißt du eigentlich?«

Ich schlucke. Es fällt mir schwer, meinen vollen Namen auszusprechen. Die Mastodon-Augen flehen. Er will es wirklich wissen. Jetzt.

»Hartmann«, antworte ich. »Mein Name ist Hartmut Hartmann.«

> *Hartmut Seite 69*

Der Kölsche Klüngel

15.03.2011
50° 58′ 52.97″ N, 6° 56′ 53.14″ E

Der Tropfen gleitet langsam über die Wange zu meinem Ohr.

Ein Tropfen am Morgen. Mehr genehmige ich mir nicht.

Krümmen, loslassen, krümmen, loslassen. Meine Finger sind noch da. Wenn meine Finger noch da sind, sind auch meine Arme da. Wenn die Arme da sind, ist auch der Rest meines Körpers da. Ich lebe also.

Der Tropfen hat mein Gesicht verlassen. Die Spur trocknet langsam.

Ich stehe jetzt auf. Es hat ja sowieso keinen Sinn. Außerdem geht es mir gut.

Da – das Stöhnen meiner Mutter. Jetzt muss ich raus. So stöhnt sie immer kurz vor dem Aufstehen. Und wer länger schläft als meine Mutter, ist krank oder depressiv. Und mir geht es gut. Erst die Beine aus dem Bett, der Rest folgt von selbst. Wo ist meine Hose? Da. Mein Pulli. Fertig.

Ich greife an den kleinen Diamantanhänger meiner Kette und sehe mich um. Meine Mutter hat den großen Esstisch beiseitegeschoben. Ich habe früher in diesem Zimmer gewohnt. In einer Ecke befindet sich nun ihr Büro. Ein großer Schreibtisch mit Computer. Es ist ein Wunder, dass sie darauf ihre Buchhaltung macht. Sie spielt lieber Mah-Jongg. Mein Schreibtisch stand damals in einer anderen Ecke. Dort, wo nun der Esstisch steht. Ich hatte ihn selbst gebaut. Die Neigung seiner Platte war variabel, und bei Bedarf konnte ich ihn komplett an die Wand klappen. Er war nicht schön, aber raffiniert.

[28]

Alle meine Möbel hatte ich aus hellen, freundlichen Hölzern selbst gebaut. Nun besteht die Einrichtung aus edlem, dunklem Mahagoni. Hinter mir steht ein mächtiges Bücherregal mit einem großen Fach für teuren Cognac und alten Whiskey in Bleikristallkaraffen. Davor ist meine Klapppritsche aufgestellt. Bequemer wäre es auf dem Sofa im Wohnzimmer gewesen, aber ich wollte eine Tür hinter mir zumachen können. Früher stand an dieser Stelle mein Hochbett, darunter eine kleine Couch, ein Tischchen, eine Musikanlage und ein im Hochbett eingebautes Regal mit Teedosen. Es war sehr gemütlich. Ich habe mich wohl gefühlt damals. Und ich war stolz, denn ich hatte das Hochbett ebenfalls selbst gebaut, ausschließlich unter Verwendung winziger, alter Handbohrer. Das sollte mir erst mal einer nachmachen – ein Hochbett unplugged.

Mein Blick fällt in das Dunkel unter dem Esstisch. In einer gläsernen Bodenvase steht eine einzelne Seidensonnenblume. Sie lässt ihren Kopf hängen.

»Susanne … Susanne …«

Meine Mutter trällert. Sie überhöht ihren rheinischen Singsang. Wahrscheinlich ist sie glücklich darüber, dass ich bei ihr wohne. Vielleicht will sie mich auch nur mit einer fröhlichen Stimmung anstecken. Sie sagt immer, dass man nur lächeln muss, um wieder fröhlich zu werden. Deswegen funktioniere auch der Kölsche Karneval: Ja, man kann auf Knopfdruck feiern und lustig sein.

»Susanne, raus aus den Federn!«

»Ich bin schon längst wach!« Ich reiße die Tür auf und lächle, so breit es geht. Das muss reichen.

In meiner Kindheit hat sie mich nie geweckt. Sie schlief um diese Uhrzeit noch. Heute brauche sie nicht mehr so viel Schlaf, sagt sie, vor allem dann, wenn sie am Ruhetag vier Stunden früher ins Bett geht als sonst. Sie hält nicht viel von Logik. Aber der Grundsatz gilt noch immer: Wer länger schläft als meine Mutter, ist krank oder depressiv. Und mir geht es gut!

»Susanne, Kind, möchtest du Rühreier oder Spiegeleier oder gekochte Eier? Aber keine pochierten Eier, nein!?! Und auch keine armen Ritter. Also ich hätte ja gerne Rühreier. So was Herzhaftes. Mit ein paar krossen Zwiebelchen. Das willst du doch auch, oder? Susanne? Also, dann mach ich uns jetzt ein paar leckere Rühreier. Direkt in der Teflonpfanne, da brauche ich auch kein Fett. Das bringt uns auf die Beine.«

Sie lässt mir keine Zeit zu reagieren. Sie meint es gut, und ich lächle. Mir ist es gleichgültig, was ich esse. Es ist Blödsinn, dass man an gebrochenem Herzen stirbt, aber es verdirbt einem den Appetit. Das ist jetzt eben so, egal wie gut es mir geht.

»Susanne, riechst du das? Ist das nicht lecker?«

Früher durfte ich meine Mutter erst ansprechen, wenn sie mit dem Frühstück fertig war. Vorher erntete ich lediglich böse Blicke. Wenn sie noch lag, konnte sie sogar Pantoffeln gegen ihre Tür regnen lassen. Zu diesem Zweck standen 32 Paar neben dem Bett. Ich dachte immer, dass sie nur Show macht, aber als ich das dreijährige Kind einer Freundin kennenlernte, das bis nach dem Frühstück wie in Trance war, wurde mir klar, dass es so üble Morgenmuffel tatsächlich von Natur aus gibt. Ich kann mir nicht vorstellen, dass meine Mutter sich so verändert haben könnte. Vielleicht sind es die Sorgen, die sie sich um mich macht.

»Susanne, die Rühreier sind fast fertig, setz dich schon mal hin, Liebes.«

Ja, Mama, ich setze mich. Und lächle. Langsam verkrampfen sich meine Wangen.

»Susanne, Liebes, ich weiß, du möchtest noch ein wenig deine Ruhe haben, aber ich hätte da was, das ich nicht mehr selbst machen kann. Ich werde ja auch nicht jünger. Meine Knochen wollen nicht mehr so wie ich. Die Arbeit muss ja trotzdem gemacht werden. Ich kann aber auch den Pana anrufen. Das ist kein Problem. Wenn du noch ein bisschen Ruhe brauchst, dann macht der das gerne. Weißt du was, ich ruf jetzt mal direkt den Pana …«

»Mam! Nun sag schon, was du willst.«

Meine Mutter blickt mich einen Augenblick lang erschreckt an. War ich zu grob? Nein, sie lacht schon wieder.

»Wie gesagt, ich kann auch den …«

»Mutter!«

»Ich habe letztens alle Deckenpaneele abgestaubt, und im Ess-Büro sind mir an einer Ecke die Randleisten entgegengekommen. Aber wenn du ohnehin das Werkzeug aus dem Keller holst, kannst du auch auf dem Weg im Lokal noch eben das Bild vom Willi wieder aufhängen und die Kühlung überprüfen. Ich fand ja gestern das Bier etwas zu warm. Meine Gäste haben zwar nichts gesagt, aber ich kann ja auch nicht mehr so richtig gucken, und die Zahlen auf dem Thermostat sind so winzig. Schön wäre ja, wenn ich da ein Lämpchen hätte, dann könnte ich die Zahlen auch immer selbst im Blick haben, und dann …«

Meine Mutter wird jetzt eine halbe Ewigkeit so weitermachen. Und dann zückt sie einen Zettel, auf dem sie längst alles notiert hat.

»Gib mir doch einfach den Zettel, und ich mache es gleich alles.«

»Was für einen Zettel?«

Ich könnte mich auch wieder hinlegen.

»Susanne, Liebes, das ist nur meine Notiz, was ich dich fragen möchte. Du weißt doch, dass mein Gedächtnis nicht mehr so ist wie früher.«

»Ich muss aufs Klo.«

»Dann lege ich dir den Zettel hier hin, ja? Danke, Liebes. Ich fahre dann gleich in den Großmarkt, falls du mich suchst.«

Die Leisten sind schnell wieder befestigt, denke ich.

Meine Mutter lebt in einem Altbau. Die Decken sind drei Meter fünfzig hoch und haben leider keinen Stuck mehr. Als wir hier einzogen, beschlossen wir, die Decken dreißig Zentimeter niedriger zu hängen, aus optischen Gründen, denn sie waren nicht mehr sauber verputzt. Damals lief die Kneipe nicht so gut, und als mein Zimmer

[31]

dran war, herrschte finanzielle Flaute. An der Decke hingen schon in weiten Abständen Dachlatten, sägeraue Vierkanthölzer. Ein Gerippe über meinem Kopf. Ich hatte Verständnis, mochte es aber nicht. Nach und nach kaufte ich große dunkelblaue, in sich gemusterte und mit Lurexfäden durchzogene Halstücher, die ich in Bahnen aneinandernähte und in großen Wellen an die Latten tackerte. Nachts sah es aus, als hätte ich einen Sternenhimmel über mir. Erst als ich auszog, ließ meine Mutter Paneele einziehen.

Da ich zu ungeduldig bin, um die Leiter zu holen, wuchte ich einen Stuhl auf den Tisch, klettere auf die Platte und sortiere meine nackten Füße vorsichtig unter den Stapel meiner BHs. Der Esstisch ist nicht ideal als Kleiderschrank. Unordnung ist ein Zeichen für Depression, sagt meine Mutter. Ich achte darauf, dass ich meine Kleidung besonders ordentlich falte und staple.

Die Konstruktion wird halten. Ich setze einen Fuß auf den Stuhl.

Mein Blick fällt auf die Uhr. Komisch; sie muss falsch gehen. Ich sitze auf der Couch und schaue die gestrige Folge von *Danni Lowinski*. Die einzige Serie, die meine Mutter mit ihrem Festplattenrecorder aufnimmt, da sie komplett in Köln spielt. Ansonsten kann sie sich nichts länger als zwei Minuten am Stück ansehen, ohne dass ihre Füße zucken. Wenn ich das Viertel sehe, aus dem die etwas prollige Anwältin in der Sendung stammt und in dem sie weiterhin lebt, bin ich immer noch froh, dass ich mich als Kind gewehrt habe, in Gegenden wie Meschenich oder Chorweiler zu ziehen. Später habe ich einige sehr nette Leute kennengelernt, die dort wohnen, aber es gibt auch die anderen. Doch vor allem ist in solchen Stadtteilen jedes einzelne Haus hässlich, dreckig und abstoßend.

Draußen ist es schon dunkel. Von unten höre ich Musik und Lachen. Ein Mann brummt bis ins Wohnzimmer. Diese Geräuschkulisse ließ mich mich schon als Kind immer ein wenig einsam fühlen. Auch jetzt ist es nicht anders. Wenigstens ist Karneval vorbei.

Die Werbung setzt ein, ich schalte den Ton aus, seufze und gehe ins Ess-Büro. Auf dem Esstisch steht ein Stuhl, und ich brauche einen Augenblick, um zu verstehen, dass ich mich an die letzten Stunden nicht mehr erinnere. Ich blicke zur Decke und sehe, dass ich die Leisten wieder ordentlich angebracht habe. Der Tisch mit meinen Klamotten wirkt aufgeräumt, abgesehen von dem Stuhl darauf.

Nicht mal, als es angefangen hat mit den Erinnerungslücken, war ich erschrocken. Ich habe es einfach hingenommen, war nur neugierig, was in der Zwischenzeit wohl passiert sein mochte. Die Neugier schleicht sich auch jetzt wieder von hinten an mich heran. In der Küche liegt der Notizzettel meiner Mutter. Also eigentlich meine To-do-Liste. Jede einzelne Position ist abgehakt. Darunter steht eine neue Aufstellung mit Besorgungen: *Kabel, LED-Leiste, Schrumpfschlauch, Schalter, Trafo.* Alles ist als *bestellt* abgehakt. In meiner Schrift.

Der nächste Weg führt mich ins Bad. Hier wohnt jetzt Irmtraut. Ihre Schwimminsel dümpelt in der Wanne, während die Schildkröte ein paar Züge schwimmt. Erst als ich mich über den Rand beuge, bemerkt sie mich. »Na, meine Süße, ist bei dir alles in Ordnung?« Irmtraut streckt ihren Kopf heraus. Sie reckt ihren Hals, bis er nur noch fingerdünn ist. Sie will gekrault werden. Währenddessen schaue ich nach ihrem Futter. Alles sieht normal aus. Irmtraut klettert auf ihre Insel und kniept mir freundlich zu. Ob sie die anderen vermisst? Yannick bestimmt. Er hat sich immer gern auf den Wannenrand gesetzt und seine Schwanzspitze ins Wasser gleiten lassen, als ob er es nicht bemerken würde. Irmtraut schlich sich dann gerne tauchend an und versuchte, nach dem interessant zuckenden Teil in ihrem Terrain zu schnappen. Yannick brauchte nicht mal hinzuschauen, um die Schwanzspitze rechtzeitig wegzuziehen. Manchmal haben die beiden sich auch nur mit halbgeschlossenen Augen gegenübergesessen und die Gegenwart des anderen genossen.

»Ich vermisse Yannick auch«, sage ich zu Irmtraut. Sie zieht ihren Hals ein und bleibt ganz ruhig sitzen.

Ich vermisse nicht nur Yannick. Wieso konnten wir nicht einfach zusammenbleiben? Es hätte doch Möglichkeiten geben müssen, gemeinsam damit fertig zu werden. Hartmut ist einfach unerträglich, wenn er trauert. Er ist theatralisch. Pathetisch. Einmal hat er sich auf den Boden geworfen, sich Haare ausgerissen, sich Erde ins Gesicht gerieben und laut gekreischt. Er hat es ernst gemeint. Sein Schmerz ist so groß wie meiner. Vielleicht sogar größer. Aber die Art seines Umgangs mit dem Leid machte mich völlig fertig. Zwischendurch dann immer wieder diese Diskussionen. Wer schuld war, was man hätte anders machen können, warum ausgerechnet uns so etwas zustoßen musste, wie sich die Welt weiterdrehen kann. Ich muss mir eingestehen: Ich habe vieles gesagt, was ich schon bereute, als ich die Luft dafür holte, aber die Worte kamen einfach herausgeschossen. Ich konnte sie nicht aufhalten, und manchmal wollte ich es auch gar nicht. Ich wollte ihn trösten, aber ich konnte nicht. Ich wollte Trost, doch er konnte nicht. Manchmal wollte ich sogar, dass Hartmut und unsere Freunde leiden, aber meistens war mir alles nur zu viel. Es spielt keine Rolle, dass mich niemand trösten kann. Hartmut hätte es können müssen.

Ich habe unsere kleine Familie verlassen. Nun muss ich eben ertragen, dass ich sie vermisse.

Hier ist alles anders. Meine Mutter hat auch geweint, aber vor meinen Augen nur, als ich angekommen bin. Wenn sie traurig ist, stürzt sie sich in die Arbeit. Und mich direkt mit. Seit Monaten bekomme ich täglich einen Zettel mit Aufgaben. Natürlich nicht ohne jeden Morgen ein großes Theater darum zu veranstalten, dass ich all die Erledigungen und Handreichungen nicht machen müsse, dass sie es auch selbst erledigen könne oder es andere gebe, die das übernehmen würden. Vor allem den Pana. Ein ewiges Spielchen, das jedoch in Ordnung geht, denn so weckt sie für ein paar Minuten am Tag meinen Kampfgeist. Ich bin mir nie sicher, ob sie instinktiv ständig etwas sagt, was mich auf die Palme bringt, oder ob sie es ganz bewusst macht, um meinen Aktivitätsmodus einzuschalten. Sie ist beständig hibbelig, nervös, überdreht und betriebsam. Wie ein junges Rennpferd kurz vor dem ersten Start. Beim Rennen selbst ist sie dann ruhig, souverän und siegesbewusst. So war sie immer schon, meine Oma hat es mir bestätigt. Gut, morgens kommt meine Mutter schwer in die Gänge, aber sobald sie ihren Kaffee getrunken hat, läuft sie herum wie ein mageres, gesprächiges Duracell-Häschen.

Ihre Aufträge lassen mich die Tage überstehen, ohne viel nachzudenken. Oft sogar, ohne überhaupt geistig anwesend zu sein.

Als ich die ersten Male merkte, dass ich nicht wusste, wo die letzten Stunden geblieben waren, machte ich mir zwar Sorgen, hatte aber das Gefühl, dass ich das im Moment genauso brauchte. Ich habe mich daran gewöhnt. Trotzdem schaue ich immer nach, ob wirklich alles erledigt ist und ich zu meiner Zufriedenheit gearbeitet habe. Ich muss lächeln. Anstellen, Auftrag eingeben, laufen lassen. Ich bin ein Roboter. Kraftwerk lassen grüßen. Im Gegensatz zu einem Roboter spüre ich aber durchaus etwas und fühle mich nach so einem unbemerkt arbeitsamen Tag besser als am Morgen. Es ist ein bisschen, als würde mein Körper mit jeder Erledigung ein Stück Schmerz verarbeiten. Aber es geht nur sehr langsam, und ich merke, wie sich das Gefühl von Verlust aus einer anderen Ecke heranschleicht. Ich würde Hartmut gern einmal anrufen. Nur mal seine Stimme hören. Ich muss ja nichts sagen.

Meine Güte, das bin doch nicht ich! Ich bin Susanne, die Frau, die alles anpackt und alles hinbekommt. Geradeaus, schnell, gründlich. Kein Chichi, kein Gekreische. Ich rufe ihn jetzt an und sage hallo. Unsere Beziehung ist ja nicht beendet. Sie ist nur auf Eis gelegt. Also. Ich rufe ihn jetzt an.

Entschlossen gehe ich ins Ess-Büro und nehme das Telefon in die Hand. Mein Herz schlägt spürbar in jeder Zelle meines Körpers. Ich muss nur noch die Tasten drücken. Mein Finger strebt der Null zu, doch immer träger, als wäre ich in den Ereignishorizont eines schwarzen Lochs geraten. Angeblich vergeht die Zeit dort zwar einerseits, wird aber andererseits in die Unendlichkeit gedehnt. So genau kann das niemand wissen.

Dann ist der Moment vorbei. Ich lege den Hörer wieder sorgfältig hin, stelle den Stuhl vom Esstisch auf den Boden, nehme meine Bettdecke und gehe zurück ins Wohnzimmer. Die Werbung läuft noch. Ich schalte den Ton ein.

Als ich mir den Rest von *Danni Lowinski* ansehe und mich über den furchtbaren Vater ärgere, der seiner Tochter aus Verbitterung nur Ärger einbringt, während sie stets nachsichtig mit ihm ist, selbst wenn sie sich über seine Eskapaden aufregt, verändert sich der Geräuschpegel aus Mamas Kneipe. Die Musik wird schrittweise immer leiser, die Stimmen lauter. Das Brummen des Mannes ist immer öfter und immer stärker herauszuhören. Das ist deutlich anders als sonst. Ich frage mich, ob meine Mutter in Schwierigkeiten sein könnte, und lausche angestrengt, doch lange muss ich nicht lauschen. Den lauten Krach kann man nicht überhören. Es rumst und scheppert. Der Boden vibriert. Schreie quetschen sich durch das Gebälk. Hängt mein Schlüssel am Brett? Egal. Ich geh auch ohne. Aber er hängt am Brett. Nehmen, die Tür öffnen und schließen ist eins.

Ich reiße die Hintertür zur Küche auf und renne in den »Kölsche Klüngel«. Die Musik ist noch an. Leise, aber zur Untermalung reicht es. Menschen flattern wie gierige Tauben im Sommer auf der Domplatte um einen kleinen Berg Stoff. Stühle liegen auf dem Boden, das lange Bein eines Barhockers zeigt genau auf mich. Auf der Theke liegt ein blutdurchtränktes Küchentuch. Die Menschen rufen und murmeln. Zwischendrin stöhnen sie auch. Ich kann nicht erkennen, was da vor sich geht, und mache mich auf alles gefasst. Ich sehe schon die Express-Schlagzeile vor mir: *Mob meuchelt Mutter.* Mir wird übel.

»Susanne! Warum bist du denn hier unten?«

Ich drehe mich um und sehe direkt in die verwunderten Augen meiner Mutter. Aus den Regalen an den Wänden der Kneipe schauen mich die Gipsköpfe kölscher Prominenter an. Jean Pütz' Kaiser-Wilhelm-Schnäuzer und das Doppelkinn von Willy Millowitsch wackeln nach, als sie sich langsam auf ihre übliche Position zurückbegeben.

Willi Ostermanns ernst schmunzelnde Augen schauen bereits wieder in die Ferne.

»Dir ist nichts passiert!« Ich fasse meine Mutter an, um sicherzugehen. »Gott sei Dank! Was ist denn hier los, braucht da jemand Hilfe?«

»Ach nein, Liebes, mach dir mal keine Sorgen. Das war alles nur ein kleines Missgeschick. Halb so wild, aber wenn du schon mal hier unten bist, kannst du auf dem Rückweg nach oben auf der halben Etage die Poliertücher in die Waschküche bringen. Die Maschine ist schon halbvoll, du brauchst sie da nur einfach reinzustopfen. Und Waschpulver einfüllen. Die können auf 95°. Ach ja, in der Bütt davor liegen noch die Handtücher von heute Mittag, fällt mir gerade ein. Die wollte ich noch aufhängen. Nimm die doch einfach mit hoch und häng sie auf den Balkon. Der Wäscheständer steht zusammengeklappt an der Wand. Den müsstest du vorher nur noch kurz abwischen, damit kein Dreck an die frischen Tücher kommt. Susanne, hörst du mir zu?«

Ich blicke auf die menschlichen Tauben. Sie beruhigen sich langsam. Der Stoffhaufen entpuppt sich als ein Mann mit weißen Haaren.

»Jeck loss Jeck elans!«, sagt er mit einem breiten Grinsen in die Runde.

»Do bes ävver och ene Jeck, Rick!« Ein großer Mann mit Bauch hilft ihm auf.

»Sulang mer noch laache künne!«

Freundliche kölsche Sprüche. Als wenn es immer so einfach wäre. Immer Toleranz und Respekt, die Narren untereinander. Dann noch lachen, schunkeln und einen mittrinken, und die Welt ist wieder in Ordnung. In Köln gibt es nie Probleme. In meiner Stirn graben sich Gebirgsfalten ein. Ich taste nach dem Diamanten.

Das blutdurchtränkte Geschirrtuch auf dem Tresen irritiert mich. Ich gehe darauf zu und rieche in zwei Schritt Entfernung schon den Alkohol, den die blauen Karos auf weißem Grund ausdünsten. Hinter der Theke neben der Spüle liegt ein Flaschenhals mit Schraubverschluss, vor der Theke sehe ich nun auch den zerborstenen Boden und weitere Glasscherben.

»Der Rick wollte nur für Ruhe sorgen, als er auf den Stuhl gestiegen ist. Ich hatte gerade für die Trude den Crème de Cassis vom Regal genommen, als Rick die Probleme mit dem Übergewicht bekommen hat.«

»Du meinst Gleichgewicht.«

»Der hat sein Gewicht *über* den Punkt gebracht, an dem er es noch selbst halten konnte. Er hat also Probleme mit dem Übergewicht bekommen!« Meine Mutter bleibt in völliger Übereinstimmung mit kölscher Logik. »Irgendwie hat er meine Flasche gepackt, die ich gerade abstellen wollte. Den Rest kannst du dir denken. Ach, da liegt ja noch ein Tuch. Das kannst du auch gleich mitnehmen.« Sie greift das Geschirrtuch und schmeißt es in die Kiste neben dem Küchendurchgang, in der bereits ein größerer Haufen likördurchtränkter Handtücher liegt. Ich frage mich, wie meine Mutter es schafft, einen Liter klebrigen Crème de Cassis wegzuwischen, während alle anderen Menschen sich aufgeregt um den Verursacher des Schadens scharen, der am Boden liegt.

»Hättest du nicht erst mal ihm helfen sollen?« Ich zeige auf Rick, der inzwischen breitbeinig auf dem Stuhl sitzt, von dem er gestürzt war.

»Ach was. Ich hab doch gesehen, dass ihm nichts passiert ist. Das gibt nicht mal einen blauen Fleck. Sein Pegel ist schon hoch genug.« Sie steht vollkommen gelassen vor mir, Handfeger und Schaufel in den Händen. Auf der Schaufel liegen bereits sämtliche Glassplitter – auch der Hals mit dem Schraubverschluss. Als sich die letzten Gäste langsam an den großen Stammtisch setzen und ich noch immer am Rand der Theke stehe, hat meine Mutter bereits einmal durchgewischt, die Theke beidseitig gereinigt, eine neue Crème-de-Cassis-Flasche nach oben geholt, für Trude den in der Flasche fast schwarz wirkenden Likör mit Sekt so blutrot aufgegossen, wie er auf den Küchentüchern aussieht, das Glas samt fünf frisch gezapften Kölsch an den Tisch ge-

[38]

bracht, ein traditionelles Sieben-Minuten-Pils für den großen Mann angezapft und steht nun Gläser polierend hinter dem Tresen. Sie hat alles im Blick und alles im Griff.

Einen Augenblick lang hört man nur ein paar Takte aus den Boxen. Meine Mutter nutzt die Chance.

»Alsu, ehr Leevche, ehr hatt üch jetz widder beruhig«, stellt sie kategorisch fest. Wer sich jetzt noch nicht beruhigt haben sollte, weiß zumindest, dass das nun seine Pflicht ist. Eine weitere folgt sofort: »Ehr wesst jo, wenn ene Nichraucher hee eren kütt, müsst ehr üür Sargnähl usmaache oder drusse wigger flöppe. Usserdäm müsse de Finstere op.«

Die Gäste befolgen die Anweisungen prompt. Die Fenster werden aufgerissen, zwei Menschen gehen nach draußen, und der Rest macht die Zigaretten augenblicklich aus. Meine Mutter raucht schon seit Jahren nicht mehr. Sie bekommt schmale Augen und schimpft mit den Leuten, die mit dem letzten Zigarettenzug in einen Aufzug oder in die Straßenbahn steigen, um dort ihren Qualm auszuatmen. Kann ich verstehen. Finde ich auch ekelhaft. Wenn sich jemand ein Nervengift zuführen will, soll er das gern tun – aber wenn er es auch mir aufzwingt, dann werde ich sauer. Meine Mutter hat ihre Kneipe deswegen auch nicht als Raucherclub angemeldet, aber gemäß der übertoleranten kölschen Art lässt sie es zu, dass ihre Gäste in ihrem Laden rauchen, solange es niemanden stört.

Mir fällt auf, dass ich schon viele Jahre nicht mehr während der Öffnungszeiten in der Wirtschaft war. Ich weiß nun auch wieder, warum.

Fast alle scheinen zu rauchen. Luft gibt es in dem Laden nur selten.

Dabei ist der »Kölsche Klüngel« eine hübsche kleine Kneipe. Auf eine alte Art typisch kölsch, mit holzgetäfelter Theke, an der unten der Stahl des klassischen Fußlaufs glänzt. Hinter der Theke stehen Holzschränke mit Glastürchen und dezenten Spiegelflächen, in denen blankpolierte Gläser und die Spirituosen auf ihren Einsatz warten.

Auf der großen, holzgerahmten Naturschieferplatte neben der

Theke werden Speisen angeboten. Die Buchstaben eilen geordnet über die Tafel. So kann nur meine Mutter schreiben. Ich brauche lediglich an diese Tafel zu *denken*, und ganze Seen bilden sich in meinem Mundraum. Schuld daran ist der Eintrag für montags: frische »Rievkoche« mit Apfelmus. Aus grobgeraspelten Kartoffeln gemacht und in viel frischem, heißem Fett ausgebacken. Die Komposition der Zutaten muss ebenso perfekt sein wie die Temperatur des Fettes. Viele bekommen das nicht hin und bieten beim Verkauf der Reibekuchen neben der Serviette auch gleich Talcid oder Rennie an. Ein Zusatzgeschäft, auf das meine Mutter gern verzichtet. Sie hat lieber fast zwei Jahre lang nach einer Köchin gesucht, die die Reibekuchen exakt so macht, wie meine Mutter es will.

»Hee häste ding Pils, Jupp«, sagt meine Mutter zu dem großen Mann. Er nickt und entgegnet: »Do bis en ech Leevche, Hildche!«

An der Wand hinter ihm hängen kunstvolle, kleinmütige Karnevalsorden. So langsam trauen sie sich nach der Aufregung wieder aus ihrem Versteck hinter einer altmodischen Sparkästchenbox heraus. Trotz Finanzkrise und Online-Banking sind stets alle Kästchen der Box vergeben, und es gibt eine lange Warteliste von Leuten, die gern zum inneren Kreis des »Kölsche Klüngel« gehören würden.

»Ich weiß jetz nit, ov ehr ming Doochter kennt«, sagt meine Mutter in die Runde. Oh, ich bin also der Grund. Meinetwegen müssen alle für frische Luft sorgen. Die likörgeschwängerte Luft stinkt trotz der offenen Fenster immer noch mehr nach Tabakqualm als nach Alkohol. »Dat es et Susanne«, stellt mich meine Mutter der Runde vor.

Alle schauen mich an. Auf den Gesichtern breitet sich Strahlen aus. Rick steht auf, spreizt seine Arme ab, streckt seinen Brustkorb vor und schreitet mit so breiten Schritten auf mich zu, wie man sie sonst bestenfalls in einer Karikatur eines dickbäuchigen Mannes vermuten würde. Seine Augäpfel gleiten langsam unabhängig voneinander in unterschiedliche Winkel. Ein Tropfen Sabber klebt an seinem Mundwinkel. Er hat wirklich schon genug.

»Dat Susannchen! Leck mich en de Täsch, wat för e lecker Mädche!«

Ehe ich mich verdrücken kann, hat er mich fest umschlungen und drückt mir links und rechts nasse Küsse auf die Wange. »Esu, un jetz bütz do mich ens«, hält er mir seine angespitzten Lippen hin.

Ich freue mich ja über das Kompliment, obwohl praktisch kaum eine Frau so schlecht aussehen kann, als dass ein Kölner sie nicht als »lecker« bezeichnen würde, aber diese Knutscherei ist mir dann doch zu viel. Ich biege meinen Rücken zurück und will mich aus der Umklammerung winden, als meine Mutter neben Rick auftaucht, ihm den Arm um die Schultern legt und ihn wegführt. Sie zwinkert mir zu, und ich atme aus.

Rick fängt an, ein Lied zu schmettern. Es klingt wie ein kölscher Karnevalsschlager auf Englisch. Die Melodie kommt mir bekannt vor, und unter den lauten und schrägen Tönen entdecke ich »Suzanne« von Leonard Cohen.

»Das ist der Rick. Du weißt schon, Rick Muller«, erklärt meine Mutter.

Ich weiß tatsächlich. Rick war mal ein Schlagerstar in Deutschland. Noch heute verkaufen sich seine Platten und seine Produktionen, aber die größten Erfolge sind Jahrzehnte her.

»Un ich ben et Trude, ävver mer kenne uns jo ald«, donnert eine kleine pummelige Frau mit kurzen dunklen Haaren vom Tisch her und hebt dabei kurz ihr Glas mit der rotglänzenden Crème-de-Cassis-Sekt-Mischung hoch. Sie lacht mich mit ihrem ganzen Körper an. Auch die anderen Gäste prosten mir zu.

Ich gehe zum Tisch, klopfe auf die Platte, sage: »Ich mache dann mal so«, und setze mich auf den nächsten freien Stuhl.

Rick, den meine Mutter wieder auf seinen Platz gesetzt hat, steht erneut auf. Diesmal bleibt er auf dem Boden. Seine Augäpfel bemühen sich zitternd, zugleich in eine Richtung zu blicken. Ich habe keine Hoffnung, dass sie das heute noch schaffen. Doch dann stehen sie still. Die Pupillen starren gleichzeitig in eine Richtung. Noch zuckt das linke Augenlid vor Anstrengung, aber der Blick wird von Sekunde zu Sekunde ruhiger. Ich folge Ricks Blick. Er liegt auf dem großen »Karneval in Köln«-Bild, das Caterina meiner Mutter gemalt hat: Ein umgekipptes Bierglas mit Restbierlache, eine aufgerissene leere Alu-verpackung Alka-Seltzer, eine dicke rote Clownsnase, ein Päckchen Clownsschminke und ein Foto vom Kölner Dom liegen auf dem Boden und zeugen inmitten von Konfetti von dem, was am Aschermittwoch übrig bleibt. Ich mag Caterinas Bilder. Als Rick vom Bild weg-schaut, sind seine Augen klar, und er steht mit der Stärke von Atlas, der die Welt trägt, vor der kleinen Gruppe am Stammtisch. Caterinas Bild kann Betrunkene ernüchtern. Sehr charmant klingt das nicht, aber es ist faszinierend. Das muss ich ihr erzählen.

»Um es ganz offiziell ze maache, spreche ich ens Hochdeutsch. Wir han uns hier versammelt, weil et wat Wichtiges zu besprechen gibt«, sagt Rick, schaut sich um und testet mit einer Hand die Lehne des Stuhls, von dem er vorhin runtergefallen ist. Er nimmt die Hand wie-der zurück, seufzt und spricht weiter: »Alsu, es ist so. Der Karl-Heinz vom Bauamt hat mir verzällt, dass die Neusser Straße zwesche der Friedrich-Karl-Straße und der Kapuzinerstraße vierspurig ausgebaut werden soll.«

»Dat gitt et nit!«

»Esu jet!«

»Wat soll dä Käu?«

»Och wat, dat dun die nit!«

»Wat för ene Drissverzäll!«

»Jeck, schwaad nit!«

»Wat för ene Kokolores!«

Der Kölner glaubt nicht alles sofort.

»Doch, das stimmt«, sagt Rick. »Der Karl-Heinz hat mir die Aus-schreibung zugemailt. Hier ist sie. Und hier ist die Bekanntgabe, wel-che Firmen daran beteiligt sein werden.«

Rick holt die ausgedruckten Mails raus und hält sie dem skeptisch murmelnden Stammtisch vor die Nase. »Die da oben wollen das machen. Die komplette Rennbahnstraße soll zum Parkplatz werden, die Seitenstraßen dorthin werden stark verkehrsberuhigt, und alle Straßen zwischen der Neusser Straße und dem Nordfriedhof werden begrünte Fußgängerzonen.«

»Wat soll dat dann? Vun mingem Huus in dä Jesuitengass nohr de Rennbahnstroß sin et üvver sibbehundert Meter!« Trude mag keine Fußgängerzonen. Sie will nur laufen, wenn sie es nicht muss.

»Do wees noh dinger Garage bestemmp noch fahre künne, Trude. Außerdem ist das nicht das größte Problem. Alle Häuser zwischen der Sportstraße und der Kapuzinerstraße sollen abgerissen und fünf Meter weiter hinten wieder aufgebaut werden. Sie wissen nur noch nicht, welche Seite es trifft«, sagt Rick in aufgerissene Augen und Münder.

»Dat geiht doch gar nit. Wat soll dann met däm klei Kapellche koot vür dä Schievestroß sin? Do weiß ald – dat Annakapellchen met dem Stephanus«, sagt Trude und meint damit ein winziges Gemäuer mit vergittertem Eingang und einer Statue darin. Es wird seit vielen Jahren liebevoll von Schützenbrüdern gepflegt. Ich stelle mir kriegerische Handlungen zur Verteidigung der Wegekapelle vor, wenn Bagger dem kleinen Relikt zu Leibe rücken wollen. Es gehört zu Köln wie der Dom.

Die Augen werden immer größer. Ich sehe es dahinter denken. Rick müsste eigentlich gar nicht mehr weitersprechen.

»Ja, und in dem Abschnitt weiter südlich ist es für die Herren Stadtplaner einfach. Da müssen sie nur ein einziges Haus abreißen.« Wir wissen alle, welches Haus Rick meint. Wir sitzen gerade darin.

Die neueren Häuser rechts und links davon wurden sechs Meter vom Fahrbahnrand nach hinten versetzt gebaut. Vor ihnen befinden sich Parkbuchten. Nur unser Altbau ragt noch an seinem Originalplatz aus der Häuserflucht heraus. Als wir damals hier einzogen, bin ich in den Schreibwarenladen gegenüber gegangen, den es längst nicht mehr gibt. Ich wollte mir Schulhefte kaufen. Fünfte Klasse. ›Neue Schule, neue Klasse, neues Glück‹, dachte ich. Der Ladeninhaber verzog spöttisch den Mund, zog eine Augenbraue hoch und schaute, ohne den Kopf zu senken, auf mich herunter. Er sagte, dass wir bald wieder ausziehen müssten. Der alte Kasten würde sowieso in den nächsten Monaten abgerissen. Ich protestierte und erzählte, dass es im Haus nach frischer Wandfarbe und und Sägespänen rieche. Es war alt, aber frisch renoviert. »Pure Geldverschwendung. Der alte Kasten stört die Straßenflucht. Da nützt auch ein bisschen Farbkleckserei nichts«, sagte der Ladenbesitzer. Er war sich sicher. Wenn Männer sich sicher sind, sind ihre Aussagen so sinnvoll wie die Suche nach dem Rand des Universums. Oder wie Auberginen.

Ich schaue zu Rick, dem Überbringer der Hiobsbotschaft. Meine Finger zerfetzen fahrig einen Bierdeckel. Die Gäste murmeln aufgebracht durcheinander. Nur meine Mutter bleibt gelassen.

»Wir sind denkmalgeschützt«, meldet sie sich hinter der Theke zu Wort, die Augenlider leicht gesenkt. »Die können uns nicht einfach abreißen.«

Die Gäste ordnen sich zaghaft. Meine Mutter poliert weiter Gläser.

> *Susanne Seite 87*

Das Versteck

15.03.2011
51° 26′ 52.87″ N, 7° 15′ 19.08″ E

Wie bin ich bloß hierhergekommen? Der Motor röhrt. Die Straße drückt uns mit ihren Schlaglöchern Dellen in die Bandscheiben. Voodoo sitzt am Steuer. Seine Schulter wackelt bei jeder Bodenwelle auf und ab. Er hat sein Hemd seit Tagen nicht gewechselt. Die Landschaft ist in fahles Graublau gegossen. Einerseits staubig, andererseits so klar, wie nur ein eiskalter Morgen sein kann, an dem man um 3.20 Uhr mit schmalen Augen auf der Rückbank eines Jeeps sitzt und Voodoos Schulter im karierten Hemd beim Wackeln zusieht. Dass ich ihm überhaupt vertraue. Aber ich muss. Jetzt bin ich hier, und ich muss. Im Radio läuft arabische Musik, weil Rabbit auf dem Beifahrersitz das so möchte. Voodoo beugt sich nach vorn und schaltet sie aus. Sein Bart ist schwarz und fusselig.

Wir fahren ein paar Meter in die Stadt und passieren die ersten Häuser. Dann erleuchten die Scheinwerfer einen Kontrollposten. Ein Lagerfeuer, ein zerfetzter Sonnenschirm. Und: diese elenden, selbstgerechten Typen mit Gewehr im Anschlag, die man kennen muss, um weiterzudürfen. Voodoo kennt sie alle. Er hält an und grüßt aus dem offenen Fenster. Der Mann draußen ist noch bärtiger als er. Sie reden miteinander in der Sprache, die ich nicht verstehe und die so anders ist als die von daheim. Melodischer, aber auch härter. Mal klingt es wie ein Plaudern und im nächsten Augenblick wie eine Diskussion auf Leben und Tod.

Der Posten lässt uns passieren. Voodoo gibt wieder Gas. In Pfützen spiegeln sich die wenigen erleuchteten Fenster. Die Läden sind geschlossen. Die Rollläden sind heruntergefahren und mit Graffiti besprüht. Voodoo bremst. Ein paar Ziegen tapsen über die Straße. Langsam, wie Ziegen nun mal so sind. Sie meckern, und es hört sich an wie das Miauen einer hungrigen Katze. Katzen sagen viel öfter »Mäh«, als dass sie »Miau« sagen. Es braucht eine Weile, bis in der kleinen Gasse, aus der die Herde über die Straße strömt, der Schäfer erscheint. Ein uralter Mann mit Turban. Mein Puls beschleunigt sich. Ist er wirklich ein Schäfer? Man kann hier nie wissen. Er ist einer. Voodoo treibt ihn an, mit dem linken Arm aus dem Fenster winkend. Wir fahren weiter. Im Nachthimmel kleben schwarze Balkone. Stromkabel und alte Werbebanner hängen schlaff über der Straße. Vor einem Haus steht ein Baugerüst aus fauligem Holz. Voodoo empfängt einen Spruch per Funk und sieht hoch auf ein Dach rechts vor uns. Ein Bewaffneter, der dort nicht stehen sollte. Die Funksprüche werden hektischer, dann fallen die ersten Schüsse. Mit einem lauten »Plink-plonk!« schlagen die Kugeln in die Motorhaube unseres Jeeps ein. Voodoo rammt den Rückwärtsgang rein. Er dreht den Kopf über die karierte Schulter und rast die schmalen Straßen zurück. Kartons und Holzteile fliegen über uns hinweg, als das Heck sie zerteilt. Der Jeep kommt zum Stehen. Wir steigen aus. Ich höre wieder das »Mäh! Mäh!« der Ziegen, obwohl die Gewehre eigentlich lauter sein müssten. Ich folge Voodoo um eine Hausecke. Hinter einem umgestürzten alten Karren finde ich Deckung. Die Farbe ist abgeblättert. Wir werden beschossen. Es ist laut. Gegnerischer Beschuss quetscht einem den Körper zusammen vor Angst und Zorn. Jede Kugel, die nicht trifft, spinnt ein unsichtbares Netz in die Luft. Es ist Wahnsinn, dass ich mich darauf eingelassen habe. Früher war alles nur ein Spiel. Ich spähe links neben dem Karren hervor in die Straße. Der Schütze hockt in fünfzig Metern hinter einem Mauervorsprung. Ich schaue durch den Sucher meines Gewehrs und zoome den Mann heran. In dieser einen Sekunde habe ich keine echte Deckung mehr, nur die Stange des Karrens füllt vergrößert mein unteres Blickfeld. Der Kopf des Schützen klebt über ihr wie eine Miniatur. Eine Stange kann mich nicht schützen, aber ich bleibe ruhig, denn er weiß nicht, dass ich ihn im Visier habe. Er glaubt, er wäre sicher in dem Versteck, in das er sich zurückgezogen hat. Aber er irrt. Man wird immer gefunden. Vor allem um halb vier in der Frühe, in Gardez, Afghanistan.

»Määääääääääääh!!!«

Aua! Ich schieße, aber verziehe das Gewehr. Der Mann bemerkt mich nun doch, schießt zurück und hinterlässt den Bildschirm rot und mit weich ausgeblendetem Zwischenmenü. Ich bin tot. Yannick hat mir die Kralle seiner rechten Vorderpfote in den Oberschenkel gejagt. Er stellt sich auf meine Beine, direkt in mein Blickfeld zwischen Bett und Fernseher, holt Luft wie ein Opernsänger und mäht mich mit weitaufgerissenem Mäulchen an. Den Windstoß aus Mundgeruch hätte ein Cartoonist als Sturmfront mit Fischgräten gezeichnet. Ich seufze und stehe auf. Auf der Playstation 1 sahen Kriegsschauplätze aus wie Berge aus Pappmaché. Die Gesichter waren kantig. Es ruckelte. Die Playstation 3 dagegen ist ein Wirklichkeitsautomat. Na ja, ich habe sie nicht selbst gekauft. Sie stand halt schon hier. Der Student, der mir sein winziges Appartement im Wohnheimhochhaus heimlich untervermietet, hat sie dagelassen. »Brauche ich nicht in Kanada«, meinte er. Yannick macht drei Schritte über das Bett und springt auf den Boden. Er springt nie direkt. Immer erst drei Schritte. Es ist eine Geräuschfolge, die ich auswendig kenne. »Flusch – Flusch – Flusch – Klonk.« Der Weg zum Kühlschrank ist kurz, nicht wie damals in unserer WG. In der Wiemelhauser Straße hatten wir hundertzwanzig Quadratmeter. Heute habe ich siebzehn. Meine Küche und mein Bad könnte man so, wie sie sind, in einen Wohnwagen einbauen. Vor allem das Bad, denn es besteht aus einem einzigen Stück beigem Hartplastik. Man steht darin, und das war's. Klo, Becken und Dusche bilden eine Box. Die »Vertiefung« der Dusche hat ihren Namen nicht verdient. Nicht mal ein Zentimeter; das Wasser läuft immer in die ganze Badbox. Die hat allerdings eine achtzehn Zentimeter hohe Türschwelle, damit die Duschsuppe nicht auch noch in das Zimmer selbst austrat.

Niemand weiß, dass ich hier wohne. Auf der Klingel steht weiterhin der Name des Studenten. Falls er Student ist. Studenten gehen üblicherweise nur ein Jahr nach Kanada und nicht »für unbestimmte Zeit«. Yannick streift um meine Beine und rammt sein Köpfchen dagegen. Als ich den Kühlschrank aufmache, greift er ninjaschnell hinein und zieht mit der Kralle ein Netz mit Salamiwürstchen heraus. »Das gehört mir!«, sage ich, doch er hat es bereits im Maul und bringt die Beute unter den Schreibtisch, auf dem sich nebeneinander fünf Türme leerer Pizzakartons stapeln. Die ersten vier berühren bereits die Decke, wie tragende Säulen. Der fünfte Turm lässt oben nur noch drei Schachteln breit Platz. Einen sechsten Turm kann ich nicht stapeln, dazu ist der Schreibtisch nicht breit genug. Noch drei Pizzen also, bis ich zum Altpapiercontainer muss. Gestern war Tonno dran, dann ist es heute Abend Volcano und morgen Popeye. Yannick reißt das Netz entzwei und beißt die Folienpackungen auf. Ich lasse das Katzenfutter zu. Soll er sich mit der Wurst beschäftigen. Er kriegt sie ausgepackt. Das weiß ich. Auf dem Bildschirm wartet mein afghanischer Anführer Voodoo, der mit uns Amerikanern gegen die Taliban kämpft. Ich schaue auf die Uhr. Er muss warten. Jetzt ist Badeversuchszeit.

Ich betrete die Badbox, stecke den Stöpsel in den Abfluss der Dusche und klemme den störenden Vorhang hinter den Hahn des Waschbeckens. Ich drehe das heiße Wasser auf. Nach einer Minute schwappt es über die Ein-Zentimeter-Dusch-Vertiefung, und die ganze Badbox füllt sich. Das Wasser fließt um das Klo herum. Der Spiegel hebt sich an der Türschwelle. Auf dem Waschbecken stehen meine Flaschen mit Badezeug. Ich kippe Karibik, MuskelVital und Fichtennadel in die flache Flut, damit sie Aroma kriegt. Unter dem Schreibtisch schmatzt Yannick.

Es klopft.

Vor der Tür steht ein unsymmetrisch gewachsener junger Mann.

Wäre er ein Weihnachtsbaum, bliebe er bis Heiligabend verschmäht, während die Familien die wohlgeformten Nordmanntannen mitschleppen.

»Hier, hundert Euro«, sagt er. Er hält mir zwei abgegriffene Fünfziger hin und schaut aufgeregt den Flur hinab, als könnten wir beobachtet werden. Ich starre ihn an. Er wirft einen Blick über meine Schulter in das Zimmer.

»Das ist doch der Tarif für Linguistik, oder?«

»Was für'n Ding?«

»Man hat mir gesagt, ich kann die Arbeit für Linguistik hier abholen. ›Theatralität und Muster sprachlichen Handelns.‹ Hauptseminar. Sieben Credit Points. Hundert Euro.«

»Das finde ich zu günstig«, sage ich.

Er ächzt. Kramt in der Tasche nach mehr Scheinen.

»Ich will nicht handeln«, sage ich, »ich habe dir keine Arbeit geschrieben. Ich sage nur: Der, der das getan hat, war zu billig.«

»Aber das ist doch das richtige Zimmer.« Er schaut auf den Namen an der Tür und kratzt sich am Hinterkopf. »Oder war's doch der neunte Stock?«

Ich tapse mit dem Fuß.

»Hast du wenigstens Salz?«

»Wie? Entweder eine Hausarbeit oder Salz? Was ist das denn für eine bescheuerte Alternative?«

Der Mann schweigt und nadelt, die schmale Ladenhüterfichte. Er zeigt in mein Zimmer: »Du hast eine Überschwemmung im Bad.«

Ich wirbele herum und fluche. Das warme Wasser schwappt schon über die Schwelle. Yannick steht davor, den Kopf schief, und hält interessiert die Pfote ins Nass. Sofort zieht er sie zurück, als das Wasser sie berührt. Er freut sich. Meine Versuche, irgendwie zu baden, sind zurzeit das einzig Unterhaltsame für ihn. Mein Mensch macht ja sonst nichts, wird er sich denken. Nur arbeiten gehen, schlafen, essen und spielen. Ich knalle dem Seminararbeiten-Käufer die Tür vor der Nase zu, ziehe mich aus, steige in die Badbox, angle nach dem Stöpsel und

[49]

lasse etwas ab. Jetzt stehen achtzehn Zentimeter heißes Wasser in der Box. Das ganze Bad muss meine Wanne sein. Was soll ich machen? Ich bin zwar wieder in Bochum, aber hier im Wohnheim habe ich keine. In Berlin, so beschissen es auch war, konnte ich meinen Körper in die Emaille senken. Die Badbox ist keine Wanne. Ich weiß, dass es zwecklos ist, aber ich kann nicht aufhören, es zu versuchen. So lege ich mich also in die Badbox, den Kopf neben dem Klo. Badewannengefühl kriegt man nur, wenn das Wasser die Brust bedeckt. Das ist nicht leicht bei nur achtzehn Zentimeter Tiefe. Yannick steht draußen vor der Türschwelle und schaut sich an, wie ich mich verrenke. Ich rutsche mit dem Hintern im Wasser vor. Die Haut schabt auf dem Kunststoff. Es klingt wie dumpfe Fürze. Ich presse den Arsch an die Plastikwand und lehne meine Beine im 90-Grad-Winkel nach oben daran an, wie in der Turnübung »Kerze«. Auf diese Weise liegt mein Oberkörper so flach wie möglich im warmen Wasser. Aber selbst das reicht nicht ganz, damit es sich über meinem Brustkorb schließt. Ich bin Packer. Mein Brustkorb ragt höher als achtzehn Zentimeter. Das Klo ragt aus den Fluten. Was ist das würdelos. Ich rucke hin und her. Etwas Wasser fließt zwischen meine Brusthaare, bildet winzige Seen und läuft dann wieder ab.

»Määäääh!«

»Ja, Yannick, ich weiß, dass es eigentlich nicht geht.«

Mist. Ich habe doch nie viel vom Leben verlangt. Nur einen Job, eine Playstation 1 und eine Badewanne. Jetzt grollt drinnen eine PS3, und ich liege mit den Beinen an der Wand in einer gefluteten Plastikbox.

»Im neunten Stock gibt's die Linguistik-Arbeit auch nicht!«, ruft draußen vor der Tür die nadelnde Fichte. »Was studierst du denn? Würdest du mir die Arbeit für fünfhundert Euro schreiben?«

»Ich studiere nicht! Mach den Abflug!«, brülle ich und bin froh, dass der Typ mich nicht so sehen kann. Ich hatte nicht geplant, hier einzuziehen. Von Berlin aus bin ich direkt zu UPS ins Herner Gewerbegebiet Friedrich der Große 2 gefahren und in die Halle gelaufen.

Als Stolle, mein ehemaliger Chef, hörte, dass ich keine Bleibe hätte, boxte er einem Sportstudenten an die Schulter, der gerade seinen Ferienjob absolvierte. Der setzte sich mit seinem Smartphone auf das alte Sofa im Pausenraum, ließ sich von Martin ein Bier aufbeißen, sendete eine Anfrage zur Untermiete an alle seine Kontakte bei Facebook und XING und bekam zehn Minuten später die Antwort des Mannes, dessen siebzehn Quadratmeter ich jetzt bewohne.

»Määääähhhhh-au!«

»Ach so!«, sage ich und wuchte mich aus dem Wasser, da es zwecklos ist. Yannick macht einen Seitenschritt zum Kühlschrank. Ich werfe ein Handtuch auf das Linoleum vor der Badbox, tropfe ab und hole einen Becher Sahneschokolademandelpudding heraus.

»Ich habe nur ›Mäh!‹ verstanden«, erkläre ich dem Kater. »Nicht ›Mäh-au!‹« Er verzeiht mir. Wir setzen uns aufs Bett. Yannick stampft. Ich streiche zweimal über seine Katzenohrrandhärchen. »Mäh-au!« heißt: »Ich will Pudding!« Nur »Mäh!« heißt: »Mir ist langweilig!« Ich öffne den Becher, stecke den Finger rein und halte ihm die braunglitzernde Spitze hin. Seine Zunge ist Schmirgelpapier mit 100er Körnung, dazu irre warm. Voodoo wartet immer noch. Die Spiele auf der Playstation 3 sind zu realistisch, um »Spaß« zu machen. Spaß ist das falsche Wort für sie. »Spaß« machten früher auf der PS1 die harmlosen Blubberbläschen aus der Kanone des *Floating Runner*. Die Kloppereien mit *Tekken 2*. Sogar die endlosen Dialoge der *Granstream Saga*. Kleine Figuren, die jahrelang durch Landschaften laufen. Yannicks Zunge poliert meine Haut. Kein Pudding mehr dran. Einen Moment lang sehe ich vor mir, wie Caterinas Fingerspitzen von rechts ins Bild tanzen und sich in des Katers Fell graben. Ihre sanft geschwungenen Brauen über den grünen Augen. Die rote Strähne. Wir kneten den Kater gemeinsam durch und küssen uns, sobald er vom Bett springt. Gut, dass sie nicht sehen kann, wo ich gerade lebe. Okay, bis auf die fünf Stapel Pizzakartons sieht es anständig aus. Ich bin ein Packer. Ich packe die Dinge dorthin, wo sie hingehören. Aber dieses Hochhaus … Querenburger Höhe 100, Kopfpunkt des Bochumer

Uni-Centers. Ein Abgrund, der in den Himmel wächst. Und hinter jeder Tür lebt jemand anderes als der, der offiziell dransteht.

»Weißt du, wer hier früher gewohnt hat?«, frage ich Yannick, um mich von den Gedanken an Caterinas Finger abzulenken. »Ziad Samir Jarrah. Der Mann, der am 11. September das Flugzeug gesteuert hat, das ins Capitol einschlagen sollte. Ja, jetzt guck nicht so erschrocken. Er hat nicht in *diesem* Zimmer gewohnt. Aber wegen ihm gibt es dieses Spiel da.« Ich zeige auf die Hülle neben dem Fernseher. *Medal Of Honor* in Afghanistan. Ein Krieg, der in der Wirklichkeit noch geführt wird. Auf Yannicks Stirn zeichnen sich Sorgenfalten ab. Das geht bei Katern. Das Fell zieht sich zusammen und bildet Furchen. Die Pupillen weiten sich, der Blick wird philosophisch. Ich tätschele ihn. Neben den paar Spielen, die der Student hiergelassen hat, liegen einige meiner CDs, die ich auch über die Konsole abspiele. Obenauf schauen mich Sting, Andy Summers und Stewart Copeland an. Die Best-of von The Police, die ich damals im Auto einlegte, als ich mit Caterina zum Kunstschloss Ringenberg fuhr. Ich habe das Bild vor Augen. Ihr Haar im Wind durch die halbgeöffnete Scheibe. Ihre wunderschönen Augen auf den Feldern. Zufrieden. Geborgen. Bei mir. Ihre zarten Finger, die den Takt von »Every Breath You Take« auf dem Türrahmen mitklopften. Mein Herz, das ihn ebenfalls klopfte, nur doppelt so schnell, dreimal so schnell, viermal so schnell, wie in der hektischen Skatepunk-Version von Millencolin, als sie noch kleine, nervöse Jungs waren. Also so, wie ich mich jetzt noch fühle. Warum bricht Caterina nicht diese verfluchte Vereinbarung, die wir getroffen haben? Niemand von uns vieren tut es. Ja, sicher, die letzten Wochen in Berlin nach dem Tod von Lisa waren die Hölle für uns. Wir konnten keinen einzigen Satz mehr miteinander reden, ohne Schüsse abzufeuern. Aber das ist viele Monate her.

Ich rufe nicht als Erster an. Man darf Frauen nicht drängen. Außerdem wäre es unfair gegenüber Hartmut. Solange er nicht mit Susanne redet, kann ich nicht wieder mit Caterina anfangen. Das wäre irgendwie … wie Verrat unter besten Freunden. Ich müsste ihn erst fragen.

Aber ihn kann ich auch nicht einfach so stören, solange er es nicht will. Er hat seine Tochter verloren. Er hat alles Recht der Welt, selbst zu bestimmen, wie lange er braucht. An Weihnachten war ich aber kurz davor. Ich habe im Kaufhof vor den Bienenwachskerzen gestanden und bei »Last Christmas« geheult. Das muss man sich mal vorstellen! Ich bin ein Söldner, ein Packer, und ich heule bei »Last Christmas«!

Es bollert an der Tür.

»Jetzt hau doch mal ab mit deiner Linguistik-Arbeit, da!«, rufe ich, aber es ist nicht die nadelnde Fichte, sondern Martin von UPS.

»Mach auf, du Handballer!«, blafft er.

Ich setze Yannick auf den Boden und mache auf. Zahnlücke, Flachirokese. Muskeln, Arme, Kopf.

»Zieh dich an. Zack, zack! Eisenpimmel spielen im Zwischenfall.«

»Martin, wir haben morgen Frühschicht. Da gehe ich doch nicht bis in die Nacht weg. Und schon gar nicht zu Eisenpimmel.«

»Wir können auch nach Recklinghausen zu Köterkacke.«

»Boah!«

»Du gehst nirgendwo mehr hin. Du Stubenhocker!«

»Ja, lasst mich doch alle.«

»Ich hab zwanzig Paderborner Pils hier drin.« Martin raschelt mit seinem Bundeswehrrucksack. Die Dosen klappern. Ich werde einen Moment schwach, aber dann denke ich mir: Heute ist noch die Volcano dran. Die würde dann wegfallen. Schön gemütlich, Pizza und Trashfernsehen. Das ist mir lieber als Asselpunk im »Zwischenfall«. »Nein, echt nicht, Martin. Wir sehen uns morgen am Band.«

»Federballer«, sagt Martin, schüttelt den Kopf und geht. Auf halbem Flur dreht er sich noch mal um und sagt: »Das kann nicht so bleiben.«

Ich schließe die Tür, drücke bei *Medal of Honor* auf Start, laufe zu dem Karren mit der abgeblätterten Farbe, visiere die Gegner an und ballere sie aus ihrem Versteck. Es fällt der erste. Ich mache einen Schritt vor. Es fällt der zweite.

Ich arbeite bei UPS am Fließband, esse Pizza, spiele Krieg und werde von meinem Arbeitskollegen zu Veranstaltungen eingeladen, bei denen die Kapellen Eisenpimmel oder Köterkacke heißen. Caterina malt in Ateliers, isst Steinpilznudeln von der hauseigenen Köchin Anna, spielt Logik-Adventures und wird von ihrer Mutter zu Veranstaltungen eingeladen, bei denen die Kapellen Chris Gall Trio oder The Michael MacBreedy Free Jazz Quintett heißen. Ich bin nicht gut genug für sie. Caterina ist Kate Winslet vom Oberdeck, aber ich bin nicht mal Leonardo diCaprio zwischen den irischen Arbeitern. Ich bin der blinde Passagier zwischen den Ratten. Ich kann nicht einfach oben in die Gesellschaft platzen. Sie muss entscheiden, wann sie vom Oberdeck wieder zu mir runtersteigt.

Yannick nestelt mit der Pfote an einem der sauber gestapelten Kartontürme herum.

»Ach ja«, sage ich, drücke die Kurzwahl 1 auf meinem Handy und bestelle mir die Volcano, die heute dran ist.

> *Ich Seite 104*

Das Meisterwerk

15.03.2011

50°14′40.10″ N, 8°37′4.50″ E

»Möchtest du noch einen Kakao, Caty?«

»Oh, ja bitte. Er ist sehr lecker geworden.«

»Ich habe etwas Zimt und Kardamom untergemischt. Schön, dass er dir schmeckt.«

»Caterina! Ein Kakao ist mehr als genug. Du ruinierst dir noch deine Figur. Achte einfach auf das, was ich esse. Nicht mehr und nicht weniger. Dann bleibst du schlank und gesund. Nehmen Sie den Kakao wieder weg, Anna. Diese unsäglich fettigen Croissants auch. Wie kommen die überhaupt in mein Haus?«

»Jawohl, Frau Grosse, sofort.«

Ich habe mir die Croissants gewünscht. Anna wusste, dass das Ärger gibt, aber sie hat sie mir trotzdem selbst gebacken.

»Mutter, ich wiege seit meinem siebzehnten Lebensjahr exakt 60 Kilogramm bei einer Größe von 165 Zentimetern. Hältst du das wirklich für so unglaublich viel zu dick?«

»Neun Kilo könnten da locker runter. Elf würden auch nicht schaden.« Wenn mein Vater auf Geschäftsreise ist, kann meine Mutter niemand mehr halten. ›Eine Frau kann nie zu schlank und nie zu reich sein.‹ »Wer hat das gesagt?«

»Coco Chanel.«

»Bestreitest du etwa die Größe dieser Frau?«

»Sie war wahnsinnig. Angesichts von Mädchen, die aus Modegründen keinen Bezug mehr zu ihrem Körper haben und sich zu Tode hungern, ist dieses Zitat mehr als obszön.«

»Contenance, meine Liebe. In diesem Haus werden große Künstler niemals als obszön beschimpft.«

»Obszön, obszön, obszön! Coco Chanel und alle, die seit dem Kult um Twiggy die Nichtexistenz der weiblichen Figur als höchstes Schönheitsideal propagieren, ja, mehr noch, sie sogar als Mindeststandard definieren, sind obszön! Weißt du, was Sabrina Fox sagt? ›Mode für Frauen wird von homosexuellen Männern gemacht, die auf schmale Knabenfiguren stehen.‹ Das ist mal Wahrheit.«

»Die Frau ist wahrscheinlich unansehnlich, fett und neidisch.«

»Die Frau ist attraktiv, schlank und spirituell.«

»Dann ist sie eine Heuchlerin.«

»Nein, sie lebt in Frieden mit ihrem Körper.«

»Kind, so was gibt es nicht. Ich muss jetzt zum Friseur. Du solltest mitkommen, damit das Vogelnest auf deinem Kopf heute Abend angemessener aussieht.«

»Ich, liebste Mutter, gehe jetzt in die Küche, lasse mir die größte Tasse Kakao von Anna machen und esse dazu alle Croissants, die ich in diesem Haus finden kann!«

»Wie du willst. Dann achte darauf, dass du wenigstens das äußerliche Fett gründlich abwäschst, bevor du dich in deine Abendgarderobe presst. Fettflecken sehen einfach nur unschön aus.«

Meine Mutter verzieht keine Miene. Sie ist stolz darauf, dass sie keine einzige Mimikfalte hat und sich Botox und Schönheitsoperationen bislang ersparen konnte. Meine These ist, dass ihr Körper in ständiger Angst vor ihr lebt und nicht wagt, auch nur eine Sekunde nachzulassen.

Hier lässt nichts nach. Die Tischdecke ist frisch gestärkt und vollkommen faltenfrei. Das Esstischensemble ist seit mehreren Generationen in Familienbesitz und sieht noch immer aus, als wäre es erst gestern geliefert worden. Selbstverständlich in einer Qualität, die heute niemand mehr bieten würde. Wir sitzen in einem geräumigen Erker mit Flügeltüren zu einer großen steinernen Terrasse. Das Grün hinter dieser Terrasse ist mehr Park als Garten. Ginge es nach meiner

Mutter, würde es an einem See enden. Dann wäre dieses Haus das Landgrafenschloss.

»Anna!«

»Ja, bitte, Frau Grosse.«

»Ist für heute Abend alles vorbereitet?«

»Für die Servicekräfte kann ich keine Verantwortung übernehmen, aber alles andere ist perfekt vorbereitet.«

»Bitte?«

»Wir konnten mit dem neuen Unternehmen noch keine Erfahrungen sammeln, und mit dem alten wollten Sie nicht mehr zusammenarbeiten.«

»Richtig. Dessen Personal ließ nach. Machen Sie sich keine Sorgen, Anna, neue Besen kehren gut. Da wir schon mal dabei sind: Caterina, halte dich bitte heute Abend etwas zurück. Es ist nicht nötig, dass du von deinen kleinen klecksenden Versuchen erzählst. Es geht heute Abend ausschließlich um Alejandro. Sei nur nett, ja?«

»Ich kann auch einfach in meinem Zimmer bleiben.«

»Nein, das kannst du nicht. Alejandro hat speziell nach dir gefragt, was auch immer das soll.«

»Bin ich wirklich so eine große Schande in deinen Augen?«

»Nein, du bist mein Sonnenschein, leider nur seit einigen Jahren von zu vielen Wolken verdeckt.«

»Frau Grosse, der Wagen wäre dann bereit.«

»Danke«, sagt sie und steht auf. »Caterina, Schatz, mach doch einfach einmal das, was man dir sagt. Das kann doch nicht so schwer sein, oder?«

Es ist, als wäre ich fünfzehn.

Wenigstens sieht mein Zimmer nicht mehr aus, als sei ich niemals ausgezogen. Damals war ich allerdings etwas geschockt – bereits eine Woche nach meinem Auszug fand ich in meinem ehemaligen Reich ein völlig renoviertes und neu eingerichtetes Gästezimmer vor.

An den Wänden hängen ein paar Originale. Natürlich nicht von mir. Die wertvollsten sind zwei Bilder von Egon Schiele, lasziv drapierte Frauen mit weit gespreizten Beinen. Körper, die aussehen, als wären sie geschlagen und geschunden worden und hätten dabei auch noch Spaß gehabt. Das liegt an der Art der Zeichnung. Harte Striche konturieren ihre Gestalt, die weiblichen weichen Rundungen ins Gegenteil verkehrt und eckig interpretiert, was selbst üppigen Formen etwas Ausgezehrtes verleiht. Über den harten Konturen, die lediglich im Bereich der Geschlechtsorgane genauer werden, legte Schiele leichte, fleckige Aquarellfarben, die ein Kritiker schon 1918 als »die Farben der Verwesung« bezeichnet hat. Ich sehe die hohe Qualität der Technik und des Strichs und bin fasziniert von Künstlern, die ihren eigenen Weg gehen. Aber ist deren Existenz der Beweis für die Fehlerhaftigkeit, sich statt einer anklagenden oder gebrochenen Ästhetik der Schönheit zu widmen? Die Frauen in den beiden Bildern spreizen ihre Beine noch breiter und zeigen mir, woher ich komme und dass genau dort meine Verpflichtung liegt. Ich habe meine Mutter enttäuscht. Ich bin einfach zu harm- und zu konturlos. Sie wäre stolzer auf mich, würde ich Versicherungen verkaufen. Aber schöne Bilder malen zu wollen, ohne wenigstens einen intellektuellen Bruch, ist offensichtlich jenseits alles Denkbaren für eine Grosse mit Talent.

Ich lasse mir eine Wanne in meinem Bad ein. Mein Herzblatt würde sich für dieses Bad freiwillig dreißig Jahre foltern lassen. Ein Traum aus hellem Sandstein, mit einer ebenerdigen Regenwald-Massage-Mixdusche hinter Glas und einer großen und besonders tiefen ovalen Wanne, in der man auch locker zu dritt baden könnte. Ein geniales Lichtkonzept aus versteckten LEDs macht aus dem Bad eine perfekte Wohlfühloase.

Das ganze Haus ist ein Traum. Eine Nullenergie-Villa mit riesigen Räumen, die äußerst geschmackvoll eingerichtet sind. Ich habe mich hier schon immer wohl gefühlt. Solange meine Mutter nicht in der Nähe ist.

Ich ziehe mich aus und stelle mich vor den Spiegel. Meine langen roten Locken fallen weich über meinen Rücken.

»Spieglein, Spieglein an der Wand, bin ich die Fetteste im ganzen Land?«

»Ihr, Prinzessin, seid rank und schlank, macht Euch nicht krank in diesem Land! Die Königin Mutter ist dünn und starr, doch ist sich dessen nicht gewahr. In ihrem Kopfe ist sie die Fette, drum läuft in ihr die stete Wette. Der Einsatz ist ihr Seelenheil, doch über ihr schwebt das Unglücksbeil.«

Guter Spiegel.

Der Schaum hat dichte hohe Wolken gebildet, in die ich mich langsam hineingleiten lasse. Als das warme Wasser meinen Körper umhüllt, schließe ich die Augen und stelle mir vor, dass mein Liebster bei mir wäre. Ob er überhaupt noch mein Liebster ist? Wir haben uns so lange nicht mehr gesehen oder auch nur gehört. Kein Lebenszeichen. Wahrscheinlich vermisst er mich nicht.

Es kribbelt unter meiner Haut, wenn ich darüber nachdenke. Ich kann mit niemandem darüber sprechen. Das ist das Schlimmste. Sie würden alle nur sagen, dass ich ihn vergessen soll. Ich kann nur etwas herausfinden, wenn die Kontaktsperre unter uns allen vieren aufgehoben ist. Wenn er dann nicht mehr will, dann ist es eben so. Will ich eigentlich überhaupt noch?

Allein dieser Gedanke genügt, um mir die Tränen in die Augen schießen zu lassen und einen dicken Kloß im Hals aufzubauen. Ich tauche unter und halte die Luft an, solange ich kann.

Meine Haare fallen in perfekt gewellten, glänzenden Locken. Ich bin in einem etwas intensiveren, natürlichen Look geschminkt und trage das kleine Schwarze, von dem ich weiß, dass es meiner Mutter gefällt. Es hat einen tollen Schnitt, der gut fünf Kilo wegmogelt. Auch die hochhackigen schwarzen Pumps gefallen meiner Mutter, weil ich darin längere Beine habe. Ein passender Nagellack ziert meine Finger und Schmuck im genauen Mittelmaß zwischen Pomp und Kultur meine Haut. Meine Mutter hätte zwar gern, dass ich mein Haar glatt und hochgesteckt trage, aber wenn alles andere ihrem Geschmack entspricht, wird sie mir die offenen Locken durchgehen lassen.

Die Frauen aus den Schiele-Bildern grinsen mich frech an.

»Was denn – ich bin nicht hier, um zu rebellieren, sondern um mich zu erholen. Meine Eltern lassen mich seit Monaten bei sich wohnen und würden das auch für den Rest ihres Lebens dulden. Da kann ich doch meiner Mutter wenigstens eine Teilfreude machen. Noch ein Tröpfchen Chanel N° 5, und sie wird den ganzen Abend strahlen.«

Eine der Frauen zieht eine Augenbraue hoch.

»Chanel N° 5 ist zeitlos, und es ist mir egal, ob andere in meinem Alter das für ein Altfrauen-Parfüm halten. Es ist sinnlich und duftet an mir zwischen dem Auftrag und dem Verflüchtigen des letzten Moleküls exzellent. Also spar dir deine Süffisanz! Du liegst da nackt und siehst nicht mal andeutungsweise aus, als würdest du gut riechen.«

Die Frau wendet ihren Blick ab. Die andere lacht sie aus.

Das Haus ist wie verwandelt. Zwischen buntem Volk huschen demütige schwarzweiße Gestalten hin und her, die Wünsche erfüllen, ehe sie geäußert werden.

Anna hat ihren strengen Blick aufgesetzt und steht am Rand. Die Gestalten spuren auf ihren Wimpernschlag hin. Als sie mich sieht, gerät ein Glanzlicht dazwischen.

»Caty, Süße, du siehst ganz zauberhaft aus. Und sieh dir deine wunderschönen Haare an. Sie wirken, als wären sie in Rotgold gebadet worden.«

»Danke, Anna. Du bist lieb!«

»Das ist nur die Wahrheit.« Sie schnippt mit den Fingern in Richtung eines der Schwarzweißen. Auf seinem weißen Hemd befindet sich ein ameisengroßer hellgelber Fleck. Anna zeigt darauf und anschließend auf die Küchentür. Der Schwarzweiße läuft rot an und geht mit gesenktem Kopf in die Küche. Hat er kein frisches gebügeltes Hemd dabei, ist er für diesen Abend entlassen.

»Du bist aber heute streng.«

»Pah. Wenn deine Mutter den Fleck sieht, findet der arme Mann in der ganzen Stadt keinen Job mehr. Besser ich bin streng als sie. Caty, Liebes, deine Mutter wird in 36 Sekunden hier sein.«

Ich wende mich unauffällig um und gehe ein paar Schritte in Richtung des Wohnsaals.

Vor einer großen Leinwand, die eine ganze Wand abdeckt, sehe ich Grüppchen aus fließender Farbe, durchbrochen von starren, schwarzen, senkrechten Balken. Auf der Leinwand sind Gebilde zu sehen, die an zerrissene Körper erinnern. Es scheinen Menschen, Tiere und Landschaften zu sein, doch geht man ganz nah heran und sieht genauer hin, erkennt man harmlose Alltagsgegenstände, die nur in der Anordnung den Eindruck vermitteln, es seien sich durchdringende Kadaverteile. Im Raum stehen Staffeleien mit großformatigen Bildern, die Ähnliches zeigen. Dazu Plastiken, die die zerrissenen und sich durchdringenden Körper dreidimensional darstellen. Ich sehe nicht so genau hin. Ich kenne die Arbeit bereits.

Es läuft Free Jazz von Barry Guy, einem Virtuosen des Basses. Ein Kollege von Sting. »Odyssey.« Ich lächle. Das gefällt mir.

Meine Mutter kommt auf mich zu, mustert mich und zuckt mit ihrem Mundwinkel in die richtige Richtung. Die Freude ist also größer als die Enttäuschung. Das gefällt mir ebenfalls.

»Liebes«, Luftküsschen links, Luftküsschen rechts, »du siehst bezaubernd aus.«

Erst jetzt sehe ich, dass Alejandro Barturo mit ihr herübergekommen ist. Er stammt aus einer Dynastie spanischer Stierkämpfer und könnte selbst als einer durchgehen. Groß, dunkle Haare, braune Augen, sportliche Figur, gutaussehend, arrogant wirkend, kaum älter als ich, in der Summe fast ein wenig langweilig. Völlig ohne Bruch. Optisch so, wie man sich den Spross einer solchen Familie vorstellt. Doch Fleisch hat er schon als Kleinkind ausgespuckt. Nachdem er als Siebenjähriger 250 Kampfstiere von einer Koppel gejagt hatte, um sie zu retten, wurde er zu seiner strengen Tante nach Deutschland geschickt, in der Hoffnung, er würde zur Familienehre zurückfinden.

Tante Elena brachte ihn in eine Jugendgruppe von PETA und hasst mit ihm gemeinsam mehr oder weniger heimlich das Familienunternehmen.

»Caterina, Schönste aller Schönen, ich danke dir, dass du meine Schöpfung mit deiner Anwesenheit krönst«, sagt er so laut, dass es alle hören müssen. Er meint das wirklich so. Er nimmt meine Hand, beugt sich über sie und gibt mir einen Handkuss, allerdings nicht ganz formvollendet, denn er nutzt die Gelegenheit, mir einen echten, leichten Kuss auf die Haut zu drücken.

Auch das gefällt mir, aber ich entziehe ihm meinen Arm.

Meine Mutter ignoriert es und geht zu ihren Gästen.

»Hast du schon alle begrüßt?«, frage ich Alejandro.

»Ja, deine Mutter war unerbittlich.«

»So ist sie.«

Ein Tablett schwebt an einer schwarzweißen Gestalt heran. Es stehen verschiedene Getränke darauf. Ich wähle einen Orangensaft.

»Ich habe dich in den letzten vier Tagen vermisst.«

»Ich dich nicht.«

»Oh, jetzt sei nicht so streng. Tu doch wenigstens einfach so, als würde ich dir was bedeuten.«

»Du bedeutest mir etwas. Du lässt mich in deinem Atelier arbeiten.« Das flüstere ich, mit einem scharfen Blick auf meine Mutter, die am anderen Ende des Raumes mit einem potentiellen Kunden lacht. Sie reagiert nicht. Auch ihr Fledermausgehör hat Grenzen.

»Du bist pragmatisch.«

»Danke!«

»Sollen wir uns ein wenig amüsieren?«

»Du meinst …« Ich deute mit dem Kinn auf die Gäste.

Alejandro nickt. Ich hake ihn unter, und wir gehen gemessenen Schrittes auf das teuerste seiner Werke zu. Alejandro zittert, hält den Kopf minimal schräg, und es könnte sogar sein, dass er ein klitzekleines bisschen humpelt. Wir stellen uns vor das Bild. Er ist sich bewusst, dass er keine Sekunde aus den Augen gelassen wird. Schon

[62]

schleichen sich die Kunstexperten an und wollen intime Details aus dem Künstlerleben erhaschen. Nur so bekommt ein Werk für sie seine innere Spannung. Sie sehen nicht die Komposition, die Farben, das Licht, das Material. Sie brauchen Erklärungen und intimen Einblick, am liebsten tragischer Natur. Alejandro zittert stärker. Barry Guy unterstreicht sein Gebaren, als würde ein Stummfilm mit Live-Improvisation laufen.

»Herr Barturo, das ist zweifellos ein Meisterwerk«, sagt eine Frau in einem mintgrünen Kleid, das hinten lang ist und vorne ihre knochigen Knie frei lässt. Sie streckt beide Hände aus, formt aus ihren Daumen und Zeigefingern ein Rechteck und peilt damit verschiedene Stellen des Gemäldes an.

Alejandro lässt den Kopf nach vorn fallen.

»Geht es noch, Alejandro?«, frage ich mit bewegtem Mitgefühl. Alejandro nickt in kurzen kleinen Bewegungen, die er immer kürzer und kleiner werden lässt. Wie der Wackeldackel aus den Siebzigern.

»Ich sehe Schmerz und Verzweiflung in diesem Werk. Jemand, den Sie liebten?« Mintgrün versucht, auf den Busch zu klopfen. Ich sehe Sensationsgier blitzen. Der Kreis um Alejandro verdichtet sich.

Ich warte. Gleich wird es passieren.

Alejandro krümmt sich, und ein Schwall aus Tränen ergießt sich über sein Gesicht. Als er das geschafft hat, hebt er ruckartig den Kopf und offenbart seine nassen Wangen. Das Kinn zittert. Das können die ihm doch nicht ernsthaft abkaufen! Auf der Stirn meiner Mutter sehe ich eine hauchdünne Zornesfalte. Alejandro lässt die Tränen weiterlaufen.

»Hermana mía, mein Schwester. Yo sie sehe zuletzt mit siebe. Wir uns als Kinde sehr geliebt. Sehr vermisst. Uns heimlich schreiben. Alle Jahre. Letzte Jahr sie fliehen von Familie. Kommt Alemania. En tren. Mit Zug. Verstehen? Wolle hole ab sie von el tren. Uns sehe auf Bahnsteig, ich laufe. Ich sehe Mann. Er geht zu hermana. Er mich anlache und schubs sie vor nächsten tren. Ich sehe Fetzen von Fleisch. Mi hermana. El final.«

Oh, das war zu viel. Meine Mutter steht kurz vorm Explodieren. Sie öffnet ihren Mund und hebt die Hände zum Klatschen, um Alejandros Schauspiel als solches zu offenbaren.

»Ich kaufe es für 150 000 Euro«, sagt eine Stimme.

Meine Mutter lässt die Hände sinken. Sie hatte auf 80 000 gehofft.

»160 000!«, lautet ein Gebot von der anderen Seite.

Barry Guys »Five Fizzles« begleitet leise und oft disharmonisch die plötzlich ausgebrochene Auktion. Es ist erstaunlich, wie passend diese Musik als Untermalung für so eine Wohnsaal-Ausstellung ist.

»180 000!«

»300 000! Ich muss es haben!« Mintgrün ist sehr bewegt. »Es ist so tiefgreifend. Es gehört zu mir. Ich atme es.«

»Die gesamte Serie basiert auf dem tragischen Unglück, das Alejandro mit ansehen musste. Er streicht die Tragik mit der Farbe von sich ab und stellt sie auf die Leinwand …« Meine Mutter hat die Käufer im Griff und führt sie zu einem anderen Bild. Ein Mann im schwarzen Anzug mit spitzen knallroten Reptillederschuhen stellt sich davor auf, peilt über seinen Daumen die Bilder an und wippt mit der linken Augenbraue, während er das Auge zukneift.

Alejandro sieht mich an und zieht seine Mundwinkel einmal rund um seinen Kopf. »War ich gut, oder war ich gut?«

»Das war maßlos übertrieben. Aber ja, es war gut«, sage ich bewundernd. Ich könnte so was niemals machen. »Ist es dir eigentlich egal, wer deine Bilder kauft? Diese Leute sind so affektiert. Die wissen doch gar nicht, was sie kaufen.«

»Doch. Wissen sie. Sie kaufen sich ein Stück von einer menschlichen Seele. Sie haben nur keine Ahnung davon, welches Stück das ist, und wollen sichergehen, dass sie ein besonders wichtiges erhaschen. Und sie bekommen es bei mir, auch wenn es ein anderes ist, als das, was ich gerade präsentiert habe.«

»Und außerdem willst du dein Atelier frei machen.«

»Ganz recht, hübsche und kluge Caterina, immerhin brauche ich Platz für meine Mitkünstlerin.«

»Ich bin nicht deine Mitkünstlerin, ich male lediglich in deinem Atelier und nehme dabei nur wenig Platz ein.«

»Im Moment noch.«

»Was hast du vor? Oh, Achtung, da kommt Mintgrün zurück.«

Augenblicklich versinkt Alejandros Miene wieder in sumpftiefe Trauer. »Ich bin so dankbar dafür, dass Sie sich öffnen konnten«, sagt die Dame. »Ihre Werke werden in unserem Haus verehrt werden. Ich danke Ihnen von ganzem Herzen. Sie sind ein großer Künstler. So viel Leid, so viel Trauer. Ich trauere mit Ihnen, mein lieber Alejandro. Da kommt nicht mal die Aufopferung eines Sergej Glitz ran.« Sie fasst ihn an den Händen und streichelt mit ihrem knotigen Zeigefinger über seinen Handrücken, während er sein erneut tränennasses Gesicht an ihres hält. Sie kichert wie ein frühreifes Mädchen.

Er gibt ihnen, was sie wollen. Sie kriegen nicht das, was sie glauben, aber sie bekommen das Wahre. Das allein ist schon Kunst. Vielleicht hat meine Mutter recht. Ich kann zwar gut malen, aber ein Künstler dieser Art kann ich nicht werden. Mintgrün wirft Alejandro eine Kusshand zu, als sie zurück zu ihrem Gemälde geht.

»Wer ist Sergej Glitz?«, frage ich Alejandro.

»Sergej hatte letztes Jahr seine einzige Soloausstellung. In Saint-Tropez. Großes Tamtam. Wurde als Rohdiamant gehypt. Seine Bilder bis Ende 2007 sind vollkommen talentfrei und haben niemanden interessiert. Dann bekam er eine Lungenentzündung, ließ sie nicht behandeln, fing stattdessen an zu rauchen und malte über ein Jahr lang wie besessen. Er magerte ab und wurde zur Ikone. Einen Tag vor Beginn seiner Ausstellung brach er zusammen. Seine Vermieterin sorgte dafür, dass er ins Krankenhaus kam. Sein Agent wollte sie dafür verklagen. Wieso hast du das nicht mitbekommen?«

»Ah, der Klassiker. Tot wäre er teurer geworden.«

»Auch, ja. Aber interessanter ist, dass seine Bilder nach der Genesung wieder als banal empfunden wurden. Jetzt malt er gar nicht mehr. Er wohnt in Frankfurt-Sossenheim und arbeitet in einer Imbissbude.«

»Caterina!«, schneidet es leise und hauchfein neben meinem Ohr.

»Ja, Mutter?«

»Sei so lieb und hilf mir doch eben in der Küche«, lügt meine Mutter mit einem Lächeln aus Damaszener Stahl.

Wir gehen hintereinander zur Küche, die meine Mutter üblicherweise nur betritt, um kurz vor einer Feierlichkeit die Speisen und die schwarzweißen Gestalten einem letzten Check zu unterziehen.

»Was sollte das?«, fragt sie mich streng.

»Was sollte was?«

»Alejandro. Wie kannst du es wagen, ihn zu so einer Posse zu überreden?«

Die blankpolierten Kupfertöpfe, die an einer Reling über dem großen Herd in der Mitte der Küche baumeln, schlagen leicht aneinander. Sie läuten die erste Runde ein. Allerdings fehlt mir im Moment die Lust auf einen Kampf.

»Du hast völlig recht, Mutter. Das war ein Fehler. Ich weiß nicht, was mir da in den Sinn gekommen ist.«

Der Deckel einer großen Keksdose aus Porzellan hebt sich und lässt sich geräuschvoll auf das Unterteil fallen. Die erste Runde geht an die Mutter. Ich senke den Kopf, meine Haare fallen rechts und links an meinen Wangen entlang. Ich weiß, dass ich damit das schuldbewusste kleine Mädchen gebe. Vielleicht ist ja doch ein Hauch von Schauspielerin an mir verlorengegangen.

Aber so ganz geschlagen möchte ich mich noch nicht geben. Einen kleinen Seitenhieb erlaube ich mir noch. Die Töpfe schlagen erneut aneinander. Zweite Runde. »Wir sollten rausgehen und diese Lügen auflösen«, sage ich. Meine Mutter atmet hörbar ein und schlägt zweimal hektisch ihre perfekten künstlichen Wimpern aufeinander. »Ich bekenne mich zu meiner Schuld. Ich entschuldige mich. Dann ist doch wieder alles gut, oder, Mama?« Einen Moment lang war ich versucht, »Mami« zu sagen, aber daran hätte sie garantiert gemerkt, dass ich mit ihr spiele. Ich bin mir nicht sicher, ob »Mama« nicht auch schon zu viel war.

Aber nein, einen Augenblick lang sieht sie mich weicher, liebevoller an. Dann geht sie einen Schritt zurück. Sie dreht sich um und klappert mit ihren Oscar-de-la-Renta-Schuhen um die Herdinsel. Sie überlegt.

»Frau Grosse?« Anna streckt ihre Nase in die Küche. Wahrscheinlich hat sie Angst um mich.

»Raus«, sagt meine Mutter, und Anna verschwindet. »Unter keinen Umständen lösen wir das auf! Wir wären in der Branche unten durch.« Die Keksdose macht einen kleinen Hüpfer, aber noch geräuschlos.

»Ich muss die Wahrheit sagen. Du hast doch vollkommen recht. Das geht so nicht. Ich bin zu weit gegangen!«

»Nein. Nein! Wir werden mitspielen. Du würdest mit der Wahrheit ja auch Alejandro brüskieren.«

Nun klingt der Deckel auf der Keksdose. Zweite Runde beendet. Es steht 1:1. Jetzt nicht aufgeben. Noch einen draufsetzen. Die Töpfe klingen die dritte Runde ein.

»Es tut mir so leid, Mama. Ich habe nicht nachgedacht. Ich weiß nicht, was mit mir los ist.« Das nimmt sie mir nie ab. »Ich will doch eigentlich nur, dass du stolz auf mich bist.«

Die Absätze kommen schnell auf mich zu. Ich habe den Kopf wieder gesenkt und sehe nicht, was passiert. Meine Mutter umarmt mich!

»Ach, Kind, wir machen es uns auch manchmal schwer! Es ist ja alles gutgegangen. Die Bilder sind alle weg, nur eine Skulptur ist noch übrig, und alles zu der doppelten und sogar dreifachen Summe, die ich als Maximum angesehen hatte. Und Alejandro hat ja auch mitgespielt. Du bist nicht allein daran schuld!« Sie streichelt meinen Hinterkopf.

Ich wittere das bessere Schauspiel und schaue langsam von unten nach oben in ihr Gesicht. Es ist kaum zu fassen. Sie meint es ernst!

Die Keksdose hüpft und klirrt mit ihrem Deckel, die Kupfertöpfe schlagen aneinander, und selbst das Geschirr in den Schränken wackelt.

»Ist hier ein Fenster auf?«, fragt meine Mutter und schaut sich um. »Komm, lass uns wieder rausgehen und die Menschen glücklich machen.

Gewonnen! Sieg auf ganzer Linie. Ich kann es kaum fassen und warte noch immer auf den letzten, vernichtenden Schlag.

Wir gehen wieder in den Wohnsaal, und meine Mutter führt mich zu Alejandro. Sie wirft ihm einen strengen Blick zu, bevor sie die Arme ausbreitet und die Gäste zum Büfett einlädt. Es gibt keinen vernichtenden Schlag.

»Ich hätte damit gerechnet, dass du wenigstens mit Glatze aus der Küche rauskämst, falls dein Kopf überhaupt noch auf deinem Körper säße.«

»Na, wenn du das wirklich befürchtet hättest, hättest du das Theater nicht gespielt.«

Alejandro nimmt eine meiner Locken in die Hand, wickelt sie um seinen Zeigefinger, riecht daran, drückt ihr einen Kuss auf und sagt mit einem marianengrabentiefen Blick: »Ich hätte dich noch rechtzeitig aus der Höhle des Drachen gerettet, mi corazón.«

Er will mich zum Lachen bringen, aber ich bekomme eine Gänsehaut über meiner Wirbelsäule. Mein Kuschelbärchen sollte sich mal langsam melden.

> *Caterina Seite 121*

< Hartmut Seite 11

The Sorrow

16.03.2011
51° 09' 31.21" N, 14° 59' 34.04" E

Ich bin tatsächlich im Club untergekommen. Diese Szene loyalen
Lärms nimmt einen immer wieder auf, wenn man irgendwann mal
Teil von ihr war. Ich habe mir die Konzerte angesehen, die begeisterten Kids vor der Bühne und die begeisterten Kids auf der Bühne.
Wirbelnd, rasend, die Gitarrenhälse knapp an der Schläfe ihres Ne-
benmanns vorbeisausen lassend wie Tennisschläger, die im Luftzug
zischen. Die Anwesenden gingen völlig in dem Spektakel auf, nur in
meinem Kopf hat den ganzen Abend der Professor aus Frankfurt gesprochen. Er lebt in meinem Schädel wie viele andere Gelehrte, deren
Gesamtwerk ich gelesen habe, während die Kommilitonen aus der
Philosophie auf dem Rasenplatz hinter der Mensa Fußball spielten.
Sie sind heute glücklicher als ich. Sie können immer noch ihr Leben
einfach so führen, ohne ständigen Audiokommentar. Beim Konzert
war es gestern sogar ein Videokommentar, denn der Professor lugte
mit seinem kahlen Kopf, seinem grauen Haarkranz und seiner runden Hornbrille hinter dem Boxenturm hervor, fixierte mit seinen
kleinen Augen die martialischen Motive des Merchandise und sagte:
»Das halbgebildete Bewusstsein beharrt auf dem ›Mir gefällt es‹, zy-
nisch-verlegen darüber lächelnd, dass der Kulturschund eigens fabri-
ziert wird, um den Konsumenten hinters Licht zu führen.« Die ganze
Nacht über ist er bei mir geblieben, sogar im »Künstlerappartement«,
einem Matratzenlager unter dem Dach, in dem ich mit den Musikern übernachten durfte. Kurz vorm Einschlafen war ich so unvor-
sichtig, ihnen das Ziel meiner Reise zu verraten. Ich war nüchtern,

[69   ]

aber das Pyjamaparty-Gefühl kann die Lippen im Dunkeln genauso lockern wie Wodka oder Whiskey. Ich habe ihnen den Grund für mein Handeln verschwiegen, aber dass ich leiden will, haben sie begriffen, schließlich versuchen sie selbst, Schmerz in Töne zu gießen. »Falsch!«, sagte der Professor in meinem Kopf, als gerade eine gewisse Verbundenheit mit diesen fremden Jungs meinen Schlafsack zu wärmen begann. »Diese Musiker leiden nicht. Sie bieten bloß eine Identitätsofferte in Warenform!« Er hört nicht auf zu sprechen, und spricht nicht er, so spricht ein anderer. So ist es bei mir seit Jahren. Aber mein Vorhaben hätte ihm gefallen. Mein radikales Verschwindenwollen.

Nun ist es Morgen, und ich steige nach nur vier Stunden Schlaf die Treppe der Dachstiege in den Club runter. Der Veranstalter und Chef des Hauses, Andy, sitzt am Sofatisch gegenüber der Küche und sortiert Quittungen. Er kennt sogar mein Buch, es liegt in dem kleinen Regal neben dem fleckigen Sofa. Hartmut Hartmann, *Manifest für die Unvollkommenheit*. Schön abgegriffen fläzt es sich zwischen einem Stapel alter Ausgaben des Musikmagazins Intro und Taschenbüchern von Charles Bukowski. Neben Andy sitzt der Sänger der gestrigen Hauptband mit einer Tasse Kaffee. Er heißt Malte, und sein T-Shirt ist zu schmal für den Namen seiner Formation. Sie heißt From The Ashes Of Unseen Realms We Scream The Pledge Of Alliance. Die Vorbands trugen die Namen Wolves In The Throne Room Never Look Further Than The Next Flesh und Between Dawn And Rise There Lies A Fountain Of Trust.

»Und? Bist du wieder zur Vernunft gekommen?«, fragt mich Andy und zeigt auf Malte. »Er hat mir alles erzählt von deinem Vorhaben. Die sibirische Karasee? Das meinst du nur symbolisch, oder?«

»Die Insel ruft nach mir«, sage ich. »Außerdem meine ich grundsätzlich alles wörtlich.«

»Hast du eine Ahnung, wie du dort hinkommen willst?«, fragt Andy. Malte schaltet auf seinem Smartphone das Internet ein. »Ich guck das mal nach.«

Maltes Schlagzeuger sucht in der Küche die Schränke nach Essbarem zum Frühstück ab. Er findet nichts, hebt den Deckel vom Topf mit der veganen Pampe, die gestern Abend an die Bands verfüttert wurde, und schaltet die Herdplatte ein, um sie aufzuwärmen. Ich stehe auf und nehme mir ebenfalls einen Kaffee. Er schmeckt, als hätte man geschredderte Kupferrohre aufgegossen.

»Alter sibirischer Bär!«, ruft Malte und hält sein Smartphone quer, so dass sich die Fotos drehen. Sie zeigen schmale Straßen mit Wänden aus Schnee und Holzhäuser mit Eiszapfen am Vordach. Im offenen Meer stehen Kräne und Schiffe. Die gesamte Wasserfläche ist gefroren. »Das ist Dikson«, erklärt Malte. »Der Hafen, von dem aus du zur Einsamkeit übersetzen müsstest. Da erfriere ich schon vom Gucken.«

Es ärgert mich, dass Malte das nachsieht. Mein Ziel ist real, aber auch mythisch. Ich muss daran glauben, dass die Insel zwar auf diesem Erdenrund liegt, aber dennoch nicht von dieser Welt ist. Eine Vorhölle aus Eis. Der Nicht-Ort schlechthin. Wird er zu einem JPEG auf einem Mobiltelefon, verliert er seine Gefahr. »Warenform!«, quäkt der Professor aus einer Küchenschranktür, »der Betrug des Gleich im Gleich.«

»Jetzt lass das!«, sage ich und meine beide, den Professor und den Screamo-Sänger. Ich gehe zu ihm, den Kupferkaffee in der Hand, und greife nach seinem Telefon. »Mach den Browser zu.«

»Alter, was hast du für ein Problem?«

Sie meinen es ja alle nur gut mit mir. Im Regal liegt mein Buch. In der Tür zur Küche probiert der Schlagzeuger den ersten Löffel aufgewärmten Eintopf. Sein Gesicht zieht sich zusammen wie ein Trinkpäckchen, aus dem man ruckartig die Luft aussaugt. Er stellt den Teller weg, hält sich die Hände vor den Mund, stolpert an uns vorbei und rennt würgend die Treppe hinunter.

»Das ist kein beschissener Urlaub für mich«, schimpfe ich, da Malte weiterhin mit den sibirischen JPEGs wedelt. »Es ist alles kaputt. Ich will verschwinden. Es soll lange dauern. Es soll nicht einfach sein und schnell gehen.«

»Jetzt verstehe ich das!«, sagt Malte, und seine Verärgerung zerstäubt. »Das ist so eine Art Selbstbestrafung. Wo der Weg das Ziel ist. Wie damals beim Gang nach Canossa. Mein Cousin hat seine Band danach benannt. Walk To Canossa. Sie spielen so Wave-Kram.«

Ich schaue den jungen Mann an, schwer atmend. Der Büßergang als Band. Warenform. Identitätsofferte. Des Professors Adern schwellen an. Malte sagt: »Also, wenn du einen Gang nach Canossa willst, dann musst du eigentlich laufen.« Er rülpst. »Tschuldigung.«

Andy legt seinen Kranz aus Quittungen ab: »Jetzt setz ihm doch nicht solche Flöhe in den Kopf.«

Malte hebt die Hände: »Hey, war doch nur Spaß.«

Ich weiß, denke ich mir. Ihr Leidenssimulanten macht immer nur Spaß. Ihr merkt gar nicht mehr, wann ihr richtigliegt.

»Malte hat recht«, sage ich. »Ich werde laufen.«

Andy steht auf und berührt meine Schultern. »Hartmut. Wir kennen uns erst seit einem Tag, aber …«

»Ich werde laufen!«

Andy seufzt: »Gut, gut. Dann fragen wir mal Zabolotnyi, was dieser Weg bedeutet. Er müsste gleich kommen.«

»Wer ist Zabolotnyi?«

»Unser Putzmann.«

»Ihr habt einen russischen Putzmann?«

»Ja. Denkst du, russische Männer putzen nicht, oder was?«

»Ihr seid ein Jugendzentrum. Wieso habt ihr überhaupt einen Putzmann?«

»Wir werden von der Stadt gefördert«, sagt Andy. »Da gibt es jetzt diese neue Putzpauschale. Und die Gleichstellungsbeauftragte sorgt dafür, dass das Arbeitsamt bei Reinigungskräften die Männerquote einhält. Alles andere wäre ja auch …«

Ich hebe die Hand: »Andy! Von so was will ich nichts mehr hören!«

Andy sortiert weiter Quittungen, und ich drücke Kupferkoffein in meinen Körper. Keine Tasse später erscheint ein großgewachsener Mann auf der Treppe. Stahlblaue Augen, ein Gesicht wie ein 50er-

Jahre-Filmstar und markante Kieferknochen. Er hat einen Eimer mit Wischmopp in der Hand. In seinem Ohr steckt das Headset eines Handys. Er schaut zu mir, dann auf sein Display, dann wieder zu mir. Er fixiert mich, ganz genau, als wolle er meine Hautporen zählen. »Ja«, sagt er, kurz und abgehackt, als hätte er zuvor überlegen müssen, in welcher Sprache er das kleine Wort raushaut. Er nimmt das Headset aus dem Ohr, wickelt das Kabel auf, nickt uns allen zu, zieht sich rosa Gummihandschuhe über und füllt in der Küche seinen Eimer mit heißem Wasser.

»Zabolotnyi?«, spricht Andy den athletischen Putzrussen an.

»Ja?«

»Angenommen, jemand möchte nach Dikson reisen. Wie käme er dahin?«

Zabolotnyi blickt auf: »Dikson in Sibirien? In Krasnojarsk?«

Wir nicken.

Er nimmt den vollen Eimer aus dem Becken und trägt ihn zur Tanzfläche vor der kleinen Bühne. »Wer will dahin?« Andy zeigt auf mich. Zabolotnyi fragt: »Verwandte?« Ich schüttele den Kopf. »Du bist, wie heißt das? Wissenschaftler? Reonor? Geologe?«

»Nein.«

»Warum willst du dann dahin?«

»Ich will zur Einsamkeit. Dieser Insel.«

»Ostrov Uyedineniya? Bist du müde vom Leben?«

Jetzt müsste ich eigentlich nicken. Ich will nicht sterben, aber müde bin ich. Warum genau, verrate ich niemandem. Ich kann es nicht mal vor mir selbst in Worte fassen, ohne ins Bodenlose zu fallen.

Zabolotnyi erklärt in gebrochenem Deutsch den Weg: »Als Erstes du fliegst nach St. Petersburg. Ist einfach. Linie. Günstig Preis. Tomatensaft. Aber dann? Rest mit Propellerflugzeug. Antonov-26. Reifen kaputt. Funk kaputt. Reparieren. Warten. Du fliegst nicht bis Dikson. Nein. Zwischenlanden. Immer da, wo Sprit günstig.«

»Das klingt so, als hättest du das schon mal gemacht«, sagt Andy.

»Onkel hat gemacht. Ist geworden ein bisschen verrückt im Kopf.«

[73]

Ein rosa Handschuh legt sich auf meine Schulter. In den Unterarm ist ein Eisbär tätowiert. Zabolotnyi löst seine Hand und zutzelt an meinen Koteletten herum. »So kalt – dein Haar hier wird frieren zu zwei Stangen am Kopf. Können russische Kinder dran turnen.«

Ich löse mich vom bebärten Arm. Malte lächelt und schaltet die sibirischen Bilder auf seinem Display aus. Im Erdgeschoss erbricht sein Schlagzeuger Eintopf. »Warum wollt ihr mich eigentlich alle davon abhalten?«, rege ich mich auf.

»Wieso?«, wehrt sich Andy. »Zabolotnyi sagt doch nur, wie es ist!«

»Was ist das überhaupt für ein Name? Zabolotnyi? Ist das ein Vorname? Ein Nachname? Was ist das für ein Name?«

Zabolotnyi hebt die rosa Gummihand: »Was für ein Name ist Ronaldinho?«

Ich sage: »Den Propellerflug, das sehe ich ein, den mache ich. Das scheint ja auch hart genug. Aber bis St. Petersburg laufe ich.« Zabolotnyi schreit auf: »Was? Laufen will er?«

»Denk doch mal nach«, sagt Andy, »selbst bis St. Petersburg sind es noch locker 1500 Kilometer. Nehmen wir an, du läufst vier Kilometer die Stunde und acht Stunden am Tag. Das sind dann immer noch, ähm …«

»47 Tage«, antworte ich. »Das ist ja wohl machbar.«

Ich gehe in die Küche, stelle die Tasse ab, öffne den Kühlschrank und nehme ein Stück Gouda, das noch nicht schimmelweiß ist. In einer Schublade finde ich ein Messer, um mir etwas von dem wertvollen Fett-Eiweiß-Gemisch abzuschneiden. Ich werde es brauchen. Das Messer ist breit und spitz. Kein Küchenmesser, eher eine Waffe, die haarlose Männer in Armeehosen durch den Dschungel werfen.

Andy tritt in die Küchentür: »Das kannst du nicht bringen.«

Ich lasse vom Käse ab, senke den Kopf, schließe die Augen, öffne sie wieder, halte das Messer in Andys Richtung und unterstreiche damit die Worte: »Sag mir nicht, was ich nicht tun kann.«

Andy seufzt. Zabolotnyi kehrt zu seiner Arbeit zurück. Er tunkt den Mopp ins Wasser und wischt eine Bahn. Der Schlagzeuger kriecht mit aufgequollenem Gesicht die Treppe hinauf. Zabolotnyi macht Pause und geht an Malte vorbei die Stufen hinunter. Bevor sein Kopf aus meinem Blickfeld verschwindet, sehe ich noch, dass er sein Headset ins Ohr zurücksteckt.

Eine Stunde später stehe ich mit meinem Rucksack vor dem Club und schüttele Andys Hand. »Hier, für die Kaffeekasse.« Ich halte ihm einen Hunderter hin.

»Bist du verrückt?«, fragt er.

»Wo ich hingehe, brauche ich nicht mehr viel.«

»Und dich kann keiner mehr davon abbringen?«

»Nein.«

»Was ist dir passiert?«, fragt er.

Ich schweige.

Nach einer Weile sagt Andy: »Hier ist immer eine Matratze frei, falls du umkehrst.« Wahrscheinlich denkt er, ich gebe nach drei Tagen auf. Malte packt mit seinen Bandkollegen die Schlafsäcke in den kleinen Van, mit dem sie auf Tournee sind.

»Es ist egal, wie laut sie schreien«, sagt der Professor in meinem Kopf, »bei jedem Takt sind sie bereits Teil einer Zurichtung.«

»Was ist das hier für ein Chaos mit den CDs?«, motzt Malte und kramt auf dem Beifahrersitz herum. »Das ist alles doppelt und dreifach!«

Ich schaue ihm über die Schulter. Mein Blick bleibt auf dem Cover eines Albums hängen. Ein einsamer Wolf schreitet durch eine öde, kalte Landschaft. Kein Baum, kein Strauch. Nur wolkenverhangener Himmel und eine finstere Bergkette am Horizont. Vor allem aber fasziniert mich das Tier. Es fletscht die Zähne und ist fast wahnsinnig vor Zorn … gleichzeitig ist es verzweifelt und einsam. Ich weiß, dass es pathetisch ist. Ich mag kein Pathos. Der Professor hält es sogar für gefährlich. Der wahre Schmerz tönt woanders. Aber gerade deshalb passt es zu mir und meiner Lage. Wenn ich überhaupt etwas hören kann, dann etwas, für das zu mögen ich mich innerlich tadeln muss.

»Nimm sie«, sagt Malte, als er merkt, dass ich die Augen nicht von dem Bild kriege. »Wir haben sie im iTunes. Ich besitze sie außerdem als Platte. Die einzig sinnvolle Art, Musik zu sammeln. Entweder digital oder auf Vinyl. Mein Messie-Kollege hier versteht das nicht!« Er funkelt seinen Schlagzeuger an, der noch etwas grün im Gesicht ist. Der streckt ihm die belegte Zunge heraus.

»Ich habe einen Discman dabei«, sage ich und komme mir uralt vor.

Aber das bin ich ja auch geworden.

Ich überquere die Altstadtbrücke und in ihrer Mitte, unsichtbar, die deutsch-polnische Grenze. Ich schaue noch einmal zurück. Das letzte Stück deutschen Bodens ragt in Form einer Café-Terrasse in die Neiße hinein. Die Terrasse gehört zu einer alten Mühle, die heute als Restaurant dient. In meinem alten Leben hätte ich dort gesessen, direkt an der Mauer, am östlichsten Rand Deutschlands. Susanne hätte Lisa festgehalten, die mit ihren kleinen Beinen auf einem Stuhl gestanden und sich neugierig über die breite Mauer zum Wasser gebeugt hätte. Ich darf nicht daran denken. Dieses Leben gibt es nicht. Es sollte sein, aber es wurde abgesetzt, wie eine Sendung, die das Testscreening nicht übersteht. Ich muss laufen. Nur noch laufen. Ich schiebe meine Daumen unter die Schlaufen meines Rucksacks und setze einen Fuß vor den anderen.

Das Laufen hilft, solange es Eindrücke gibt, hier, auf der schlesischen Seite. Am Postplatz passiere ich eine seltsame Ruine. Gras wächst auf den verfallenen Torbögen wie fransiges Haar. Eine winzige Kapelle aus Holz mit einer Zwiebelkuppel. Alles sauber geziegelt und gepflegt, aber unfassbar klein. Die meisten Badezimmer in deutschen Vorstädten sind größer. Ich komme auf eine lange Straße. Sie wirkt wie ein Außenbezirk von Berlin. Wie Pankow. Breites Pflaster, langstielige Laternen, fünfstöckige Plattenbauten mit Parkplätzen davor. Ich laufe. Und laufe.

Auf einem Fußballplatz vor einem Sportzentrum trainiert eine

Mannschaft. Der Rasen ist knatschgrün. Der flache Bau dahinter sieht nach humorloser Athletenschule aus. Ein paar der Sportler zeigen zu mir herüber und plaudern über mich, den einsamen Wanderer mit dem riesigen Rucksack, dessen Koteletten in ungefähr fünftausend Kilometern zu Turnstangen für sibirische Kinder gefrieren werden. Zgorzelec ist polnisch und heißt Görlitz. Die Straßenzüge, die ich hier durchlaufe, sind der frühere Ostteil der Stadt. Immer wieder finde ich uralte Bauten, die wie Teile ehemaliger Burgen oder Wehranlagen aussehen. Betäubte Riesen mit zerschlagenen Rautenglasfenstern.

Ein Ball fliegt über den Zaun, und ich fange ihn. Der Torwart kommt herbeigelaufen, mustert mich näher und sagt: »Thomas Müller? Ja? Müller?« Er macht eine Schussbewegung und simuliert Jubel. Ich weiß nicht, wovon er redet. Ich habe seit langem keinen Fußball mehr gesehen. Ich habe mir die WM verboten.

»Er heißt Gerd«, sage ich.

»Gerd?«

Der Torwart sieht mich an wie eine Konifere. Seine Kameraden rufen ihn zurück.

Zwanzig Minuten laufe ich durch die Felder, dann durchquere ich ein Örtchen namens Łagów. Ich bin froh, dass es sich mir in den Weg stellt, denn das kurze Stück Natur hat Merkwürdiges bewirkt. In der Stille hat sich wieder das Leben genähert, das wir hätten leben können. Lisa, die ins Feld läuft, weil sie ein Tierchen gesehen hat. Susanne, die sie einfängt. Lisa, die quiekt und sich beschwert, eine süße rote Mütze auf dem Kopf. Jetzt sehe ich wieder Häuser und Autos. Um erneut mit Berlin zu sprechen: Łagów ist Französisch-Buchholz. Dunkle Gärten. Schmutzig weiße Ziermauern. Autowerkstätten. Nur ab und zu schiebt sich eine alte Frau an mir vorbei. An einer Ecke stehen Tische mit Sonnenschirmen zwischen dichtgewachsenen Birken mit weißer Rinde. Das Café heißt »U Szwagrów« und hat keine Gäste. Ich überlege kurz haltzumachen, aber die Birken wirken, als schöben sie sich zusammen, sobald man sich zwischen sie gesetzt hat. Es dauert nicht lange, bis Łagów hinter mir liegt.

Was folgt, ist Wald. Links und rechts der Straße dichter, dunkler Wald.

Dazu gibt es gar keinen Vergleich mehr mit Berlin, überhaupt mit keinem Ort, sondern nur mit einer Zeit. Kindheit auf dem Rücksitz der Eltern. Stau auf der Autobahn. Der Vater fährt ab und kurvt stundenlang über Straßen wie diese. Wald wie Wände aus Holz und Laub, davor ein schmaler Streifen Wiese, durchsetzt von Schachtelhalm und Bärenklau. Mit dem Wald kommen die Gedanken. An Bärenklau und was mein bester Freund und ich mit diesem Gewächs erlebt haben. An den Wald in Hohenlohe, in dem ich einst schon mal versucht habe zu verschwinden. Vor diese Bilder schiebt sich erneut das Leben, das mir gestohlen wurde. Diesmal bin ich der Vater, der von der Autobahn abfährt, und Lisa liegt auf der Rückbank. Wir verfransen uns in dunklen Wäldern und finden nur ein kleines Dorf. Das einzige Hotel ist ein Familienbetrieb, geführt von einer alten Frau mit weißen Locken, die wir um Mitternacht aus dem Bett reißen, regennass, eine pausbäckige Tochter vorzeigend, die vor lauter Erschöpfung schon schläft. Das ist alles weg, obwohl es passieren sollte, und das Schlimmste ist die Frage: Habe *ich* die Diebe gerufen? Habe ich den Verbrechern die Tür aufgemacht, die uns das Leben gestohlen haben? Hätte ich »einfach mal den Ball flach halten« sollen, wie mein Mitbewohner es mir vorgeworfen hat, bevor wir alle auseinandergingen? »Unser Kind ist tot, und du machst dir Gedanken darüber, wie du die Regierung stürzen kannst?«, hat Susanne damals geschimpft, entsetzt darüber, dass ich auf unseren Verlust nur mit Zorn reagierte. Sie sagte: »Du bist schon wieder wacker bei der Revolution, wie du es immer gewesen bist.« Ich denke an die jungen Männer im arabischen Frühling, die jetzt gerade in Algier, Kairo und Tripolis alles andere als den Ball flach halten. Setzen sie auch das Leben ihrer Kinder aufs Spiel für ein »höheres Ziel«?

Ich muss diese Gedanken vertreiben. Ich stelle meinen Rucksack auf das feuchte Gras am Straßenrand, krame den Discman heraus, setze die Kopfhörer auf und lege die CD ein. The Sorrow. Der Professor sitzt in einer Astgabel, lässt die Beinchen baumeln und putzt seine Brille. Er weiß, dass ich weiß, wie stillos es ist, seine eigene Depression mit The Sorrow zu beschallen. Ich laufe weiter, die Musik im Ohr; aus der Tiefe der Landschaft nähern sich Gitarren, die wie Schleifpapier klingen, dann setzt ein Schlagzeug mit Doppelpedal ein. Eine weitere Gitarre singt eine klagende Melodie, dann fließen die einzelnen Teile zu einem synchronen, maschinellen Gehämmer zusammen, und der Sänger beginnt zu schreien. Ich erkenne seine Worte, das ist das Seltsamste. Früher habe ich diese Brüllwürfel nie verstanden. Heute ist es so, als verstünde ich ihn, weil ich selbst nur noch schreien will. Würde ich aber schreien, hätte es keine Konturen mehr, keine Form. Echter Schmerz ist ein einziger, lauter Klang. Er hat nicht die Kraft und die Zeit, sich in Formen gießen zu lassen. Das sieht auch der Professor so, freut sich und klatscht in seiner Astgabel in die Hände. Was ich hier tue, ist falsches Bewusstsein, illegitime Trauer. Aber das ist wiederum gut, denn ich *will* mich ja schlecht fühlen. Wie denke ich nur? Wie zur Hölle denke ich nur?

»The worms of afflictiooooooooons / take over my heaaaaaaaaaart!!!«, brüllt der Sänger. Ich laufe allein durch den polnischen Wald und lasse mich von einem Österreicher anschreien, der meine Lage mit den Worten »die Würmer der Trübsal erobern mein Herz« kommentiert. Würde Lisa das wollen?

Ein klappriger Fiat nähert sich. Auf meiner Höhe wird er langsamer. Ich bemerke ihn erst gar nicht, weil The Sorrow so laut in meinen Ohren hämmern. Dann nehme ich die Kopfhörer ab.

Der Fahrer des Fiats schaut eine halbe Sekunde lang irritiert auf den akustischen Todeskampf, der aus den Muscheln weht, und fragt mich dann: »Może pana podwieźć?«

Ich zucke mit den Schultern.

Der Mann zeigt die Landstraße hinab. »Do Trójcy?«

»Do?«

»Oh!«, sagt er und legt den Kopf ein wenig zurück: »Du bist Deutscher?«

Ich nicke, aber nicht, ohne zu zögern. Ich stehe hier auf schlesischem Boden. Meine Vorfahren haben das Land seiner Vorfahren überfallen. 1938 sind sie eingefallen und haben das Leben von Familien beendet, so wie Lisas beendet wurde. Sieben Jahre später, als die Nazis besiegt waren, wurden hier, östlich der Lausitzer Neiße, sämtliche Deutschen über den Fluss auf die andere Seite getrieben. Was würde ich am liebsten mit den Menschen tun, die mir Lisa genommen haben? Ich stelle mich darauf ein, dass der Mann die Vergangenheit genauso wenig vergessen hat. Gleich wird er mir die Fahrertür in die Eier rammen und mich liegenlassen für die Raubtiere. Er ist vielleicht zehn Jahre älter als ich und hat eine Kerbe über dem Auge. Er greift zum Griff. Ich halte die Hände vor den Schritt. Statt mich zu kastrieren, stößt er die Beifahrertür auf.

»Ich nehme dich mit. Nach Trójca. Ich heiße Marek.« Er spricht fehlerfrei, aber sein Akzent schiebt die Worte vor sich her wie eine Schneeschaufel.

»Steig ein!«, sagt er, »ich treffe Freunde. Habe was zu feiern.«

Ich komme der Aufforderung nach. Als ich drinnen am Griff ziehe, um die Tür zu schließen, biegt sich die Innenverkleidung zu mir, während die Tür bleibt, wo sie ist. Marek beugt sich über meinen Schoß und greift die Tür am Fensterrand. Aha. Deswegen ist die Scheibe heruntergekurbelt.

»Ist ein wenig kaputt«, sagt er und freut sich anscheinend darüber, dass es nur »ein wenig« ist. Ganz kaputt hieße, gleich ohne Tür zu fahren.

Wenige Minuten später passieren wir das Ortsschild von Trójca, weiße Schrift auf grünem Grund. Eine kleine Kirche, weißer Putz, rote Ziegel, schmales Türmchen. Putzige kleine Häuser aus weißem Sandstein. Marek hält vor einer Wirtschaft und geht mit mir hinein. Es ist gerade mal Mittag, aber an einem großen runden Tisch begrüßen ihn zehn Männer, die alle bereits ein Bier und einen Wodka vor sich stehen haben. An der Bar sitzen zwei Frauen, die mit der Wirtin befreundet zu sein scheinen. Eine hagere mit kurzen schwarzen Haaren und eine, die aussieht wie Jennifer Rush. Sie trägt einen Blazer mit Schulterpolstern und hat eine voluminöse Achtziger-Jahre-Dauerwelle. Die Frauen schauen zu den trinkenden Männern und rollen die Augen. Ihr Blick ist so missgelaunt, als wären sie bei der Geburt in dieses Land geworfen worden, obwohl sie bei der Reinkarnationskontrolle ausdrücklich die Schweiz angegeben hatten. Die Wirtin ist blond und hat ihr leichtgelocktes Haar nach hinten gebunden. Sie wird wie ihre Freundinnen höchstens vierzig sein. Alle drei haben etwas Attraktives an sich; man sieht, dass diese Gesichter lebensfroh sein können, aber jeden Tag an ihren schönen Zügen gezerrt wird durch ein Leben in der trostlosen Provinz mit Männern, die um zwölf Uhr schon saufen. Marek wirft der Wirtin einen anzüglichen Blick zu und zwinkert. Er begrüßt seinen Stammtisch, klopft auf Holz und zieht zwei Stühle heran.

»Oh. Njet!«, sage ich, bevor mir einfällt, dass das russisch ist. Marek besteht darauf. Seine Freunde murmeln, grummeln, nicken, grüßen. Die Wirtin kommt herbei. Sie trägt einen breiten Gürtel aus braunem Leder, an dem eine große Geldbörse hängt. Marek greift nach ihrem Hintern, aber sie klatscht beiläufig seine Hand weg. Es ist unglaublich, dieses Gegrapsche, in einem deutschen Büro würde Marek gefeuert, angezeigt und in der ganzen Stadt als Frauenbelästiger gemieden. Hier wirkt das Grapschen und Hand-Wegklatschen wie ein jahrelang eingeübtes Ritual unter alten Bekannten. Was Marek will, weiß die Wirtin. Mich fragt sie »Piwo czy wódka?« und macht schon wieder kehrt, bevor ich überhaupt antworten kann. Ich schlussfolgere aus dem Mittagssuff der Männer, dass das »Bier und Wodka« heißen sollte, und hebe die Hand: »Nein. Ähm … was heißt nein auf Polnisch?«

»Nie«, antwortet Marek.

»Nie?«

»Ja, *nie.*«

Die Frauen an der Theke heben die Köpfe wie Flamingos. Die Wirtin strahlt. Das Lebensfrohe, das ich unter der finsteren Firnis der Gesichter bemerkt habe, tritt hervor.

»Du bist deutsch?«, fragt die Wirtin.

Ich nicke, schon selbstsicherer als vorhin, als ich noch meine Entnazifizierung durch die Autotür erwartete. Die Wirtin konzentriert sich und fragt mich möglichst akzentfrei, als wäre sie bei mir zu Gast und bewerbe sich als Hausdame: »Was möchtest du trinken?«

»Wasser.«

Die brummelnden Männer verstummen alle schlagartig. Marek ist wohl nicht der Einzige, der mich versteht. Oder sie finden grundsätzlich jede Bestellung schockierend, die nicht »piwo czy wódka« lautet.

Marek beklopft mich, schaut in die Runde und sagt: »Ahhh. Ein Witz. Dobry żart flaszki wart. Wodka ist ein slawisches Wort. Heißt eigentlich Wasser. Er will Wasser? Das heißt, er will Wodka!« Die Männer sind erleichtert. Ich bin also doch normal. Ich will nur Wodka.

Ich sage: »Nie. Nie. Nie. Ich meine wirklich Wasser. Gluck, gluck, gluck. Wasser. Wie aus dem Brunnen.«

Die Wirtin sieht zu den Frauen an der Bar. Die Schwarzhaarige zuckt mit den Schultern, aber Jennifer Rush schaut mich durchdringend an, fasziniert wie eine Naturforscherin, die einen seltenen Schmetterling entdeckt hat. Die Wirtin bringt ein Bier und einen Wodka für Marek und ein Glas Wasser für mich. Sie denkt immer noch, sie liege falsch, aber ich nehme es und trinke daran wie ein Verdurstender, lecke mir die Lippen und sage: »Ahhhh!« Die letzte Hoffnung der Männer verfliegt. Jennifer Rush kiekst wie ein Schulmädchen und nimmt schnell die Hand vor den Mund. Marek starrt einen Moment auf mein halbleeres Trinkgefäß. Dann sieht er ruckartig auf, hebt das Glas und sagt: »Egal. Za przyjaźń! Auf die Freundschaft!« Die Männer heben Wodka. Ich hebe Wasser. Die Frauen von der Bar stehen auf und kommen zu mir. Sie umtänzeln meinen Stuhl.

[82]

Die Schwarzhaarige legt ihre Hand auf meine Schulter. Jennifer Rush berührt mich mit ihrem Zeigefinger ganz sacht an meiner rechten Kotelette. Sie tupft an den Haarspitzen herum wie ein Märklin-Modellbauer, der Moos verklebt.

»Äh. Was macht die Frau da?«, frage ich Marek.

»Sie ist erstaunt«, sagt er. »Sie will sehen, was das ist – ein Mann, der nicht trinkt.«

Die Wirtin zieht ihre Freundinnen von meinem Stuhl weg, schiebt sie zur Bar zurück und schimpft leise mit ihnen, nicht, ohne sich selbst noch mal nach mir umzudrehen.

»Die Weiber lieben deutsche Männer«, sagt Marek. Die Frauen an der Bar ziehen Telefone aus der Tasche. »Sie sagen, ihr seid fleißig, und wir sind faul. Aber wir sind nicht faul, weißt du? Wir sind, sagen wir, gastfreundlich. Ja? Wir genießen das Leben.« Er hebt erneut das Glas.

Die Männer brummeln. Die Tür der Kneipe öffnet sich, und ein paar weitere Frauen kommen herein. Sie blicken auf ihre Handys und dann zu den Frauen an der Bar. Die zeigen auf mich. Marek redet weiter und verteidigt den polnischen Mann als Gattung, obwohl ich gar nichts gesagt habe: »Und was heißt hier überhaupt faul, hä? Wäre ich nicht so ...« – er hebt vier Finger und verpasst dem Wort in der Luft Anführungsstriche – »faul, hätte ich nicht angehalten vorhin. Oder? Ein fleißiger deutscher Mann wäre weitergefahren. Keine Zeit, muss Geschäfte machen! Was ist, wenn alle so fleißig sind? Ich will es dir sagen: Dann liegen die Männer im Wald, weil sie keiner mitgenommen hat.«

Ich wackele mit dem Kopf: »Also, es ist jetzt auch nicht so, dass der deutsche Wald voll toter Männer ist.«

Die Frauen, die per SMS herbeigerufen wurden, um mich zu begutachten, machen Fotos mit ihren Telefonen.

»Ich war jahrelang fleißig, weißt du?«, erzählt mir Marek. »Acht Jahre lang war ich nicht faul. Und warum? Ich war verheiratet. Habe gemacht, was die Frau will!« Er reißt die Augen auf, zeigt die Zähne

[83]

und hebt ruckartig beide Handflächen nach oben. Dann nimmt er die Hände wieder runter und zählt mit dem linken Zeigefinger an der rechten Hand seine Leistungen ab: »Frau sagte: Baue einen neuen Gartenschuppen. Marek baute einen neuen Gartenschuppen! Frau sagte: Pflanze Rosen. Marek pflanzte Rosen! Ich sollte sogar das Badezimmer neu kacheln. Die Kacheln waren noch gut. Nix dran. Frau sagt: Neu kacheln wegen Farbe. Sag mir, was ist falsch an einem braunen Bad?«

Ich tue so, als wüsste ich es nicht. Die Frauen kichern und vergleichen ihre Fotos. Wahrscheinlich werde ich gerade auf facebook. pl hochgeladen.

»Ich habe alles repariert«, sagt Marek. »Bis auf die Tür im Fiat. Da blieb Marek stark!« Er haut sich mit der Faust aufs Herz. Dann schaut er auf seine Armbanduhr. »Es ist so weit. Grund zum Feiern.« Er steht auf, hebt das Glas und sagt: »Na zdrowie! Kameraden! Vor acht Jahren um genau diese Zeit habe ich geheiratet. Und jetzt? Ich bin ein freier Mann!« Die Kameraden jubeln. Marek schwenkt den Wodka.

Was soll das? Feiert er seine Scheidung? Die Frauen schütteln die Köpfe.

»Wer braucht Frau?«, johlt Marek. »Wer braucht ewiges Gack-gack-gack?« Er macht Hühnergeräusche. Dann ändert er den Gesichtsausdruck und schaut übertrieben betroffen, wie ein böser Clown, der so tut, als sei er traurig, aber eigentlich Schadenfreude ausdrückt. »Wer braucht eine kleine Tochter, die immer nur will, will, will? Papa, will haben! Papa, will haben!« Er ballt die Hände als kleine Fäuste an die Augen und macht die Tränchengeste. Ich kann es nicht glauben. Dass man nach einer fiesen Scheidung über seine Frau lästert, ist stillos, aber gerade noch akzeptabel. Aber dieser Mann verspottet vor neun betrunkenen Typen seine eigene kleine Tochter! »Wuähhh! Wuähhh!«, simuliert er das Quengeln und Plärren, von dem er endlich befreit ist. »Wolność!«, ruft er, und ich vermute, es heißt so was wie »Freiheit!«, aber selbst wenn nicht, kann es nur richtig sein, was ich jetzt tue. Ich weiß das, ich bin schließlich nüchtern.

[84]

Ich stehe auf, klopfe Marek auf die Schulter, grinse eine Sekunde und treibe ihm dann meine linke Faust trocken und schnell auf die Oberlippe. Er schreit. Drei Männer springen auf, der Rest bleibt sitzen, zu träge, um ihren Häuptling zu verteidigen. Ich wechsle die Hand und delle Marek mit der rechten Faust noch die Schläfe ein. »Du bist also froh, dass du deine kleine Tochter los bist?« Kaum bin ich als Deutscher einen halben Tag in Polen, schlage ich schon einen Einheimischen zu Brei.

Marek flucht, greift in seine Tasche und klappt ein Messer auf. Ich weiche zurück. In einer Sekunde schieben sich sämtliche Frauen des Raumes zwischen uns und halten ihn davon ab, mich abzustechen. Wütend reden sie auf ihn ein, die Wirtin an vorderster Front. Ein Mann will ihm helfen, aber Jennifer Rush drückt ihn wieder in den Stuhl.

Ich nehme meinen Rucksack, hebe die Hände und sage: »Ich gehe. I leave. Äh. Go.«

Das letzte Wort verstehen die Frauen. Synchron flehen mich ein paar Dutzend Augen an, zu bleiben.

Ich winke ab: »Nein, nein, nein. Nie. Ich … nein.«

Ich stolpere aus der Kneipe und laufe los. Die Tür platzt auf, und einige Frauen folgen mir, allen voran Jennifer Rush und die Wirtin. Sie beschleunigen und holen mich ein. Die Wirtin plappert auf Polnisch wie ein Wasserfall und umfährt ständig meinen Körper mit ihren Händen, als wolle sie meine Silhouette abzeichnen und ein letztes Mal rahmen, bevor wieder hundert Jahre lang kein Deutscher vorbeikommt, der nur Wasser trinkt. Jennifer Rush holt mich ein, fasst meinen Kopf und küsst mich einfach. Lang bleiben ihre warmen Lippen auf meinen kleben. Ich weiß nicht, wie mir geschieht. Mein Herz rast, und das Blut schießt gegen meinen Willen in meinen Schwanz. Ich habe seit Monaten keinen Körperkontakt mehr gehabt. Jennifer Rushs Lippen sind voll und fest. Ich stoße sie weg.

»Ja, sagt mal! Spinnt ihr denn alle?«

Jennifer Rush sieht eine Sekunde lang beschämt zu Boden. Dann reden sie alle erneut auf mich ein. Ich halte meine Rucksackschlaufen fest und laufe, meine Sohlen treiben die Erde unter mir hinweg. Jennifer Rush hat mich geküsst, und ich habe sie erst nach zwei Sekunden weggestoßen. Oder vier? Oder fünf? Hätte Lisa das gewollt? Die Frauen plärren. Ich laufe. Ich renne. Bis sie leiser werden. Bis die Lunge brennt. Bis wieder Wald kommt.

> *Hartmut Seite 139*

< Susanne Seite 28

Die Spülwassersammlung

16.03.2011
50° 58′ 52.97″ N, 6° 56′ 53.14″ E

Mein Kopf brummt bereits den ganzen Vormittag, als wäre Aschermittwoch. Dabei war der schon letzte Woche. Eine schlimme Zeit. Alle verkleiden sich, es wird gelacht, getanzt, gesungen und gescherzt. Man muss sich gründlich verstecken, will man in Köln dem Karneval aus dem Weg gehen. Köln ist das Synonym für Karneval. Letzten Sommer plante ich, Lisa in ein winziges Bienenkostümchen zu stecken und mit ihr sanft zu den Klängen des großen Rosenmontagszuges zu schunkeln. Stattdessen versuchte nun jeder Takt, mir eine Träne aus dem Auge zu drücken.

Das Fenster ist auf Kipp gestellt, um fast frische Stadtluft reinzulassen. Ich rolle meinen Kopf vorsichtig im Nacken, dehne ihn nach vorn und zur Seite, aber es ist keine Verspannung auszumachen. Meine Kiefer sind auch ganz locker. Und die letzte Mens ist gerade mal ein paar Tage her. Damit können die Kopfschmerzen also nicht zusammenhängen. Ich versuche, das Brummen zu ignorieren, und nehme mir mein Buch, *Säulen der Erde*. Lesen ist leise und lenkt ab. Damit ist meinem Kopf gedient und meiner Mutter, die noch schläft. Das Lesezeichen liegt falsch. Bestimmt fünfzig Seiten zu weit vorn, doch ich finde meinen Anschluss schnell.

Die Straßenbahn vor der Tür bremst und bimmelt energisch. Eine Autotür knallt. Ich zucke augenblicklich zusammen und halte die Luft an. Laute Blechgeräusche sind für mich Klänge der Hölle geworden, denn mit ihnen kommen die Erinnerungen an den Unfall und die schwarze Zeit danach. Reiz und Reaktion, wie nach einer Dressur.

Es ist würdelos. Draußen poltert eine männliche Stimme los. Eine zweite fällt ein, sie schaukeln sich hoch. Ich verstehe nur einzelne Fetzen. Das liegt nicht an der Lautstärke, sondern an den Sprachen. Beide Männer mischen gleichzeitig Deutsch und Türkisch. Das jeweilige Deutsch ist vollkommen akzentfrei, im Satzbau korrekt. Wie das Türkisch ist, kann ich nicht beurteilen, aber nach Türkisch hört es sich eindeutig an. Die Stimmen werden immer lauter, aber die beiden Männer streiten sich nicht. Sie sind in einem einvernehmlichen Dialog. Sie schreien sich nicht an, sie echauffieren sich. Es klopft. Draußen. Zwischen dem Dialog. Dann bollert es. Die Stimmen werden noch lauter. Ein leises Zischen und ein kurzes Quietschen verrät mir, dass die Straßenbahn noch nicht weitergefahren ist – eine der Türen ist aufgegangen. Schritte auf den Tritten der Straßenbahntüren. Eindeutig von oben nach unten. Fest, gelassen. Ich stelle mir eine »Kante« vor. Mindestens 1,90 m, breite Schultern. Bierbauch. Buschiger Schnäuzer. Zusammengekniffene Augen. Was geht da unten vor sich? Ich muss aufstehen und nachsehen. Die Starre überwinden. Die Angstdressur austricksen.

Ich stehe auf und schaue aus dem Fenster. Die »Kante« ist eine zierliche junge Frau. Mit einem Lächeln wickelt sie die beiden türkisch-deutschen Männer um den kleinen Finger. Bahn und Auto wirken völlig unversehrt. Es gab keinen Unfall. Nur einen kurzen Schreckmoment. Ich atme auf und bin froh, dass ich nachgesehen habe. Ein kleiner Sieg über die Dressur.

Die Fahrerin spricht zu leise, um sie von hier oben zu verstehen, aber die Männer sind begeistert. Sie klimpern mit den Augen. Einer streicht seine Haare glatt und zeigt seine blitzenden Zähne. Er macht einladende Gesten. Ob er wirklich glaubt, die Frau lässt augenblicklich ihre Bahn im Stich und geht einfach mit ihm mit? Der andere wippt auf den Füßen vor und zurück und hält den Kopf ein wenig schief. Sabbert er etwa? Die Frau wiegt ihre Hüfte nach rechts und links, dreht sich einen Finger in ihre lockigen Haare und lächelt weiter. So ist das: Ich erwarte Unfallgeschrei mit aggressiven Gesten und werde stattdessen Zeugin einer putzigen Flirterei! In der Zwischenzeit haben sich die Autos hinter der Bahn bis zur Friedrich-Karl-Straße gestaut. Nun nicken alle, und große Münder lachen. Die drei steigen in ihre Gefährte und winken zum Abschied. So geht es auch. Flirten als effektive Deeskalationstaktik. In Köln leben eindeutig die engsten Verwandten der Bonobos.

So spät ist meine Mutter in den ganzen Monaten, in denen ich hier bin, noch nie aufgestanden. Ich drücke leise die Klinke runter und schaue mich im Flur um. Es ist alles ruhig. Mein Herz klopft schneller. Meine Kehle fühlt sich an, als hätte ich einen trockenen Waschlappen verschluckt, der nicht herunterrutschen will. Der Küchentisch ist so leer wie gestern Abend. Sie war wirklich noch nicht auf. Das Brummen in meinem Kopf verstärkt sich wieder. Ich gehe leise in die Küche und klopfe auf das Barometer. Das Wetter ist vollkommen normal. Es gibt keine Erklärung für mein Katergefühl.

Ich lausche in Richtung Schlafzimmer. Aus dem Fenster im Ess-Büro rauscht der Verkehr, und durch die geschlossene Balkontür der Küche höre ich Vögel im Garten zwitschern. Sonst höre ich nichts. Meine Mutter muss noch tief schlafen. Oder sie liegt tot in ihrem Bett.

Ich stehe barfuß auf den braunen Kacheln in der Mitte der Küche und traue mich nicht, das leiseste Geräusch zu machen. Ich blicke mich um und frage mich, was ich jetzt tun könnte. Mein Magen knurrt, aber Frühstück zu machen wäre zu laut. Teller klappern, Messer klirren, Wasser rauscht, die Kaffeemaschine röchelt, die Kühlschranktür schmatzt. Das geht nicht. Es würde sie wecken. Schon wieder eine Starre. Eine weitaus ältere Dressur.

Ich stelle mir ein Frühstücksgedeck mit frischen Brötchen vor und schaue dabei auf den leeren Tisch, der nicht leer ist. Ein Zettel liegt auf dem Tischtuch: *Susannchen! Krone ist ab. Bin eben beim Zahnarzt. Mach Dir was zu essen! Kuss! Mama.*

Meine Schultern fallen nach unten, das Brummen in meinem Kopf nimmt zu. Ich könnte jetzt laut schreien, und niemanden würde es stören. Ich nutze die Gunst der Stunde nicht.

Nach der Dusche und Irmtrauts Rücksiedlung in die Wanne ist es ganz eindeutig: Ich habe einen Kater. Und jetzt kommt noch die Sehnsucht nach Yannick dazu … und nach Rollmöpsen. Hartmut sagt, dass das Gehirn die beste Assoziationsmaschine der Welt sei. Hartmut … Ein Schritt zurück. Rollmöpse. Ich will Rollmöpse. Sonst nichts. Gut, mit einem Brötchen, aber ansonsten Rollmöpse.

Ich öffne die Kühlschranktür, sehe aber nur eine Scheibe Käse ohne Löcher, eingewickelt in Zellophanfolie, ein paar weiße Eier und einen halben Liter Eifel-Milch in der weißen Packung mit blauen Girlanden und der roten altertümlichen Schrift, die wahrscheinlich Rotunda Pommerania heißt. Zumindest meinte Caterina mal, dass das hinkommen könnte. Eine Rotunda, also eine rundgotische Schrift, sei es aber garantiert. Wieso merke ich mir so was?

»Fisch vom Land«, lese ich und sehe, dass ich das »r« vergessen habe. Ich brauche Rollmöpse. Auf Brötchen.

Ich sehe in den Brotschrank und finde in einer Plastiktüte eine halbe Scheibe Graubrot, das sich an den Ecken hochbiegt, und ein kleines Glas mit Rollmöpsen.

Rick hat gestern Abend so lange auf mich eingeredet, bis ich seine Einladung zu einem Kölsch annahm. Aber es war garantiert das einzige Glas. Ich überlege und gehe jede einzelne Szene durch. Es kann nur *ein* Kölsch gewesen sein.

Da. Es ist wieder passiert. Ich kann mich nicht erinnern. Jetzt wird es langsam unangenehm. Nachdenken!

Meine Kleidung lag genauso da, wie ich sie immer hinlege. Das falsch eingesteckte Lesezeichen in meinem Buch … Zweifellos bin ich nüchtern genug nach oben gegangen, um mich bettfertig zu machen und noch eine halbe Stunde zu lesen. Aber ist »nüchtern genug« so nüchtern, dass ein Kater auszuschließen ist?

Ich brauche Rollmopsbrötchen.

Als ich die Wohnungstür öffne, um mir die Brötchen für meine Rollmöpse zu besorgen, steht ein muskulöser Mann Mitte dreißig vor mir. Seine Hand schwebt einen Zentimeter vor der Klingel.

»Ach, guten Tag, Fräulein Lehmann. Kann ich mal eben mit Ihrer Mutter ein paar Worte wechseln?«

»Ist nicht da.«

Fräulein Lehmann? Hat der die Emanzipation verschlafen? Unglaublich, Frau wird doch nicht zur Frau, nur weil sie verheiratet ist. Ich bin längst aus der Pubertät raus und habe bereits eine Tochter in meinem Leib verloren. Wie viel Frau muss ich denn noch werden, um als solche angesprochen zu werden?

»Ja, dann sagen Sie ihr doch bitte, dass ich hier war. Die Stadt will nämlich unser Häuschen abreißen, um die Straße auszubauen.«

»Ich weiß, Herr Kau«, sage ich und sehe, dass er Ringe unter den Augen hat. Zwei Jahre dauerte die Renovierung, nachdem er das Haus gekauft hatte. Aber es hat sich gelohnt. Sogar meine Mutter ist voll des Lobes über das, was Herr Kau alles hat verschönern und modernisieren lassen, obwohl es nicht leicht für sie war, als sie jeden Morgen von Arbeitern geweckt wurde, die ihr Pantoffelstakkato nicht hörten.

»Ich habe so viel Energie hier reingesteckt«, murmelt er und lässt endlich seinen Arm sinken.

»Was ist denn mit dem Denkmalschutz? Im ›Kölsche Klüngel‹ gab es gestern eine kleine Versammlung zu dem Bauvorhaben …«

»Was, wirklich? Das ist ja toll!«

»Ja, und meine Mutter hat daran erinnert, dass das Haus unter Denkmalschutz steht.«

»Das ist richtig, aber Sie wissen doch, wie das ist – wenn die da oben etwas beschließen, hat man dagegen keine Chance. Dann wird eben der Umweltschutz, der Arbeitsschutz oder auch mal der Denkmalschutz kurzerhand aufgehoben. Alles unter dem Deckmäntelchen des Interesses der Allgemeinheit.« Seine Augenbrauen werden zu einem einzigen Strich, der fast über seine Augen hinabsinkt wie ein schwarzer Unkenntlichkeitsbalken aus Haaren.

»Gehen Sie doch einfach erst mal zur nächsten Versammlung. Das ist ja auch wichtig, dass Sie dabei sind!« Ich mache einen Schritt aus der Tür, dränge Herrn Kau dabei ein Stück zurück ins Treppenhaus und ziehe die Wohnungstür hinter mir zu. »Ich muss Brötchen holen«, sage ich so entschuldigend, als wäre damit schon der Abriss des Hauses beschlossene Sache. Dabei drehe ich mich zur Treppe und sehe auf dem Zwischenabsatz einen Kasten voller mit hellbrauner Brühe gefüllter Wasserflaschen. Der Zwischenabsatz gehört noch zur Wohnung meiner Mutter, da von dort ein winziges Gäste-WC und eine nur unwesentlich größere Waschküche abgehen. Diese Wasserflaschen gehören aber eindeutig nicht meiner Mutter.

Herr Kau bemerkt meinen Blick, und es scheint, als würden durch die Anstrengung, den Augenbrauenbalken wieder hochschnellen zu lassen, seine Wangen zart erröten. Als Ausdauer-Renovierer sollte er größere Anstrengungen gewöhnt sein.

Ich gehe die Treppe runter und betrachte den Kasten aus der Nähe. In den Flaschen befindet sich ohne Zweifel bis zum obersten Anschlag flüssiger Abfall. Dreckiges, ekliges Schmutzwasser. Ich schaue Herrn Kau an. Er weiß etwas darüber.

»Jaaaa, also, der neue Mieter über Ihrer Mutter … Der hat einen klitzekleinen Sammeltick. Man muss das jetzt nicht überbewerten. Jeder hat ja so sein Hobby, nicht wahr? Also, das ist ja alles ganz harmlos. Und gut verpackt. Ganz hygienisch. Da kommt kein Geruch raus. Das ist alles ganz sicher. Und sehen Sie mal hier – da stehen die Wochen und das Jahr drauf. Ganz ordentlich sortiert.«

»Ordentlich sortierter flüssiger Dreck?«

Herr Kau windet sich unter meinem Urteil. »Ja, nein, so kann man das auch nicht sagen. Udo … also, der ist außergewöhnlich. Er ist … Ihre Mutter bringt mich um … also, er ist ein ordentlicher Messie.« Er atmet laut aus. »Jetzt ist es endlich raus. Die Wohnung ist nicht mehr so gut zu vermieten. Wir haben sie ja halbiert, und die eine Hälfte mit unserer Wohnung im ersten Stock verbunden. Die andere Hälfte ist nun klein und hat keinen Balkon. Das vermietet

[92]

man nicht so leicht. Dafür muss Ihre Mutter doch Verständnis haben.«

»Ich weiß nicht. Was ist denn da überhaupt genau drin?«

»Udo sammelt in einer Flasche Proben seines Spülwassers von einer Woche. Da kommen im Jahr lediglich vier Kästen zusammen. Aber er ist sauber und ordentlich. Und seine Wohnung auch.«

»Meine Güte, wie lange macht er das denn schon?«

»Also, der Keller ist gut zur Hälfte gefüllt …«

»Wie bitte? Und Sie hoffen, dass meine Mutter das durchgehen lässt? Sie kennen doch das Gesundheitsamt! Meine Mutter verkauft hier im Haus Getränke und Speisen!«

»… aber ganz ordentlich gestapelt. Ja, ja, ich weiß, aber Ihre Mutter spült doch auch. Und Udo will …«

Ich frage mich, was das soll. Sicher: Herr Kau braucht dringend einen Mieter, aber wir sind hier in Köln! Da lässt sich auch eine halbierte Dachkammer ohne Balkon erfolgreich vermieten, ohne dass man gleich einen Spülwassersammler ins Haus holen muss.

»Ich habe Kopfschmerzen und brauche Brötchen«, unterbreche ich unseren Vermieter. »Und Sie brauchen eine bessere Taktik, um Udos Hobby zu erklären.«

»Liebes, wenn du gleich den Abfall runterbringst, dann schau doch mal im Keller nach dem klemmenden Keg-Anschluss am Fass zwei, nachdem du dir die Hände gewaschen und in der Küche unten die altbackenen Endstücke in warmes Wasser gelegt und die Schüssel abgedeckt hast.«

Meine Mutter ist munter, obwohl der Zahnarzt zwei Stunden an ihr arbeiten musste, bis die Krone wieder saß. Wahrscheinlich lag die Nettoarbeitszeit bei fünf Minuten und die restliche Zeit wurde verplaudert. Oder vielleicht ist er auch einfach nur gründlich.

Auch mir geht es wieder besser. Die Rollmopsbrötchen waren köstlich und haben meine Kopfschmerzen mit jedem Bissen weiter aufgelöst. Beim Essen habe ich noch ein wenig über die Beweggründe unseres Hausbesitzers spekuliert, einen Abwasserfetischisten als Mieter zu tolerieren, bin aber nicht weit gekommen.

»Ach, sei doch so gut und würfle anschließend noch so sieben, acht große Zwiebeln«, sagt meine Mutter.

Ich warte noch, aber das war es wohl. Dann gehe ich zur Wohnungstür und öffne sie. Vor mir steht ein Mann Mitte dreißig, mit der Hand einen Zentimeter vor der Klingel. Nicht ganz so muskulös und etwas größer als der von heute Morgen. Also ein anderer Mann. Ich kenne ihn nicht. Er lässt seine Hand sofort wieder runter, lächelt breit und hält mir eine Flasche Weißwein vor die Nase. Wittmann Riesling Morstein Auslese. Mit Bio-Siegel. Nicht schlecht.

In der Hand, die zuvor vor der Klingel in ihrer Bewegung stoppen musste, befindet sich nun ein riesiger gelber Blumenstrauß. Rosen, Margeriten, Narzissen, Tulpen, eine Sonnenblume, alles in unterschiedlichen Gelbtönen, dazwischen dunkelgrüne Heidelbeerzweige mit winzigen kleinen kugeligen weißen Blütchen, gebunden mit einem grobgewebten Juteband. Mitten im Strauß steckt eine kleine, dicke, gelb-schwarz gestreifte Plüschbiene.

Ich muss schlucken. Sofort habe ich Lisas Kostüm vor Augen und wende meinen Kopf zu Seite. Der Mann nimmt das als Aufforderung hereinzukommen und geht auf meine Mutter zu.

»Ich bin Ihr neuer Nachbar, der Udo. Ich wohne jetzt über Ihnen und wollte mich nur kurz vorstellen. So viel habe ich schon von Ihnen gehört, Frau Lehmann«, sagt er mit einem so breiten Grinsen, dass sich seine Mundwinkel am hinteren Schädel begrüßen. Er hält meiner Mutter die Blumen und den Wein hin. »Ich freue mich schon auf gute Nachbarschaft.«

Meine Mutter wirft einen Blick auf den Wein und dann auf Udo.

»Guten Tag, Herr Udo. Dann setzen Sie sich doch. Kann ich Ihnen eine Tasse Kaffee anbieten? Ein wundervoller Wein. Exzellentes Weingut und hervorragender Jahrgang. Danke schön!« Meine Mutter nimmt die Blumen, schnüffelt daran, sagt: »Ahhh, da kommt Frühling ins Haus«, und schneidet sie an.

»Nein, danke, ich komme aber gern mal darauf zurück«, sagt er, während er in seine Jackentasche greift. »Es ist so … es gibt da noch was …«

Oh, mein Gott – der ordentliche Messie. Jetzt will er es sagen. Ich müsste eingreifen, aber ich habe keine Lust. Soll er doch damit rausrücken. Je eher, desto besser.

»Ich weiß nicht, ob Sie es schon gehört haben, aber es soll einen Ausbau der Neusser Straße geben, dem auch dieses Haus zum Opfer fallen könnte. Das hier ist die Einladung zur Gründung einer Bürgerinitiative dagegen. Wollen Sie nicht auch kommen? Ich meine, es betrifft ja auch Sie.«

»Wir wissen schon Bescheid«, sage ich und bin merkwürdig erleichtert, dass er sein Hobby nicht erwähnt hat.

»Stimmt. Am Stammtisch im ›Kölsche Klüngel‹ haben sie gestern darüber gesprochen. Die wollen auch was dagegen unternehmen. Wo soll die Gründung denn stattfinden?« Meine Mutter macht alle Küchenschränke auf und schaut sorgfältig hinein. Sie wiegt den Kopf hin und her und schüttelt ihn zwischendurch. Ihr innerer Monolog läuft vollkommen parallel zum Gespräch mit Udo, der gar nicht so skurril wie sein Hobby wirkt. »Susanne, wenn du nachher wieder hochkommst, bring doch bitte den großen Übertopf aus der Waschküche mit, die Vasen sind alle zu klein für diesen wundervollen Strauß.« Sie schaut Udo so glücklich lächelnd an, als hätte sie dazu noch eine Liebeserklärung von Viggo Mortensen bekommen.

»In meiner Wohnung. Mehr als zehn Leute erwarte ich nicht.«

»Schon klar. Wenn der Stammtisch dazukommt, platzt die Wohnung aus allen Nähten. Wir machen das unten im ›Kölsche Klüngel‹. Dann kriegen auch wenigstens alle das zu trinken, was sie mögen, ohne dass Sie viele Kästen schleppen müssen.«

Udo schnappt kurz nach Luft. Meine Mutter merkt es nicht, aber ich sehe es ganz deutlich. Er atmet wieder aus, als er weder eine Anspielung auf seine Spülwasserkästen noch Spott heraushören kann. Will er sich erst beliebt machen, ehe er erzählt, dass die Öffnungsgenehmigung der Kneipe meiner Mutter nun auf altes Spülwasser gebaut ist?

Ich gehe leise mit dem Abfall raus und werde einfach das tun, was meine Mutter gesagt hat. Et kütt wie et kütt, und ich mische mich nicht ein.

»Und den Stand baut ihr auf und ab, oder wie?«

…

»Meine Brauerei? Nee, das kannst du vergessen, die machen das nicht. Da muss ich sogar die Bierdeckel kaufen.«

…

»Ja, haha, dafür ist das Kölsch aber besser!«

…

»Nee, das ist ja nur eine Minibrauerei. Lass mal.«

…

»Ja, nee, ist klar. Also gut, Mattes. Ich überlege es mir und ruf dich die Woche an. Ja? Tschüs!«

»Wieso schreist du denn so am Telefon?« Ich sehe meine Mutter erstaunt an. Im Geschäftsleben schreit sie nicht. Der Blumenstrauß von Udo steht nun im Übertopf, den ich als folgsame Tochter aus der Waschküche mit hochgebracht habe.

»Auf der Rennbahn ist Flohmarkt. Da musste ich ein bisschen lauter reden, damit mich der Mattes auch hört.« Sie setzt sich auf einen Küchenstuhl, nimmt sich einen kleinen Schmierzettel aus zerrissenen Fehldrucken und beginnt Zahlenkolonnen daraufzuschreiben. Das sind die Zettel, auf denen sie alles notiert, was sie mir sagen und was sie einkaufen will. Darauf Berechnungen anzustellen ist neu.

»Was machst du da?« Ich setze mich auf den Küchenstuhl gegenüber.

»Rechnen.«

»Das sehe ich.«

Meine Mutter hebt den Kopf. »Du interessierst dich doch sonst nicht für das Geschäft.«

»Wieso gehst du nicht an deinen Schreibtisch und an deinen Computer? Wieso nimmst du dir einen winzigen Einkaufszettel, um Geschäftliches zu kalkulieren?«

»Ich will dich nicht stören.«

»Mich stören? Ich sitze doch hier. Oder nicht?«

»Aber das ist jetzt wieder dein Zimmer, und da gehe ich doch nicht einfach so ungefragt rein.«

»Mutter!«

»Ach, das ist doch nur eine kleine Berechnung, Liebes, die kann ich doch auch flott hier machen.«

»Und was für eine Berechnung ist das genau?«

Meine Mutter legt den Stift weg und lehnt sich zurück.

»Mattes will Ende April ein großes Fest organisieren. Auf dem Rennbahngelände. Er fragt jetzt die wichtigsten Wirte in Weidenpesch, ob sie Stände machen wollen. Wir sollen sie so dekorieren, als wären sie Filialen unserer Kneipen, und unsere Getränke und kleine Speisen abieten. Und drum herum präsentieren sich noch andere Geschäfte aus Weidenpesch.«

»Das klingt doch gut. Ein Stadtteilfest. Und, bist du interessiert?«

»Ja. Ich habe mir gerade schon gedacht, dass du dann die Dekoration für den Stand übernehmen könntest, und wenn du schon dabei bist, kannst du die Lieferung der Getränke überwachen und das, was du dir als Sonderaktion vom ›Kölsche Klüngel‹ ausgedacht hast, organisieren und dabei ein bisschen Werbung für den Tag machen. Und wenn du damit durch bist, kannst du dich hier in der Küche an den Essensvorbereitungen beteiligen und dich gleich mal ein bisschen in die Gastronomie einarbeiten. Wenn ich an dem Tag auf der Rennbahn bin, muss ja jemand, dem ich vertraue, hier im Laden sein. Den kann ich ja nicht außer der Reihe schließen.«

»Das wäre vollkommen undenkbar.«

»Genau. Und – was meinst du?« Meine Mutter sieht mich erwartungsvoll an. Etwa zwei Sekunden. Dann steht sie auf, weht durch die Küche in das Ess-Büro, holt den Taschenrechner und größeres Papier und haucht zurück auf den Küchenstuhl. »Ich bin aufgeregt! Was für ein schönes, großes Event. Das regt den Umsatz an. Also, welche Gedanken hast du dir nun dazu gemacht?«

»Keine. Ich habe gerade erst erfahren, dass ich Ende April noch hier wohnen werde.«

»Aber Kind, natürlich wohnst du dann noch hier. Wo sollst du denn sonst sein?« Meine Mutter macht Koboldmaki-Augen. Es ist undenkbar für sie, dass ich jemals wieder ausziehen möchte. Was ist, wenn sie recht hat? Ihre Augen nehmen wieder normale Größe an. »Das wäre also geklärt. Wie wäre es, wenn du ein paar unserer Gipsjungs vergrößerst? Du weißt schon, wie auf den Karnevalszügen.« Sie malt mit ihren dünnen Ärmchen große Formen ihrer Kölner Helden in die Luft, deren kleine Büsten in ihrer Kneipe stehen. Ich habe mir noch nie ernsthaft Gedanken darüber gemacht, wie die Figuren auf den Karnevalswagen gestaltet werden. Angemaltes Pappmaché auf Hasendraht. Klar, das sieht man. Aber wenn das alles wäre, würde der Fahrtwind bei den 1,6 km / h, die im Rosenmontagszug aufkommen, die Figuren in die Menschenmenge katapultieren. Mir kommt eine Holzkonstruktion in den Sinn. Das wäre leicht zu bearbeiten und trotzdem stabil. Ich gehe rüber in das Ess-Büro und zeichne eine Unterkonstruktion, radiere daran herum und versuche es noch mal.

»Wie groß soll das denn sein?«

»Bitte? Ich höre dich nicht, ich bin auf der Leiter im Schlafzimmer.«

Ich gehe zu ihr. Meine Mutter steht auf der obersten Stufe und reckt sich auf Zehenspitzen zu der Gardinenstange.

»Ich denke, du planst gerade einen Stand auf einem Fest.«

»Mir ist eingefallen, dass wir in der Zwischenzeit die Vorhänge waschen könnten.« Sie knickt ein wenig ein. Die Leiter kippt. Ich springe über ihr Messingbett und halte die Sprossen fest. Dann bin ich blind.

»Kind?«

»Hier.«

»Ist was passiert?«

Ich halte die Leiter weiter fest und sage: »Kannst du jetzt mal runterkommen?«

Meine Mutter gehorcht und kichert. Als sich die Leiter nicht mehr bewegt, lasse ich los und versuche, mich von dem schweren langen Vorhang zu befreien, der sich über mich drapiert hat. Ich ziehe und zerre, dann verliere ich die Geduld und reiße an dem Stoff. Ein harter Gegenstand knallt mir mit Wucht gegen den Hinterkopf.

»Susannchen, Kind, vorsichtig!« Meine Mutter hebt den Gegenstand weg. Es ist die Gardinenstange. Sie gibt sie mir in die Hand, gleitet in die Küche, kommt mit Eiswürfeln im Handtuch zurück, presst mir das kalte Gebilde an den Kopf und nimmt mir die Stange wieder weg.

»Die kannst du nachher wieder anbringen. Eilt ja nicht. Die muss erst wieder fest sein, wenn die Vorhänge feucht aufgehängt werden.«

Ich blicke nach oben und stelle fest, dass dort, wo das rechte Ende der Gardinenstange eingeschraubt war, ein großer Ziegel halb aus der Wand ausgebrochen ist. Nur ein bisschen Tapete hält ihn davon ab, mir auch noch auf den Kopf zu fallen. Sein Gegenüber auf der linken Seite des Fensters sieht nur unwesentlich besser aus.

»Die Dinge brauchen ihre Zeit«, sage ich so gedehnt, als würde ich einen Kaugummi aus meinem Mund ziehen.

»Geht es dir gut, Susannchen?«

»Absolut. Aber selbst wenn ich das direkt repariere, wirst du heute keine Vorhänge daran aufhängen können. Schon mal gar keine feuchten.«

»Ach, Susannchen, das kriegst du doch hin!«

»Ja, Mutter, das bekomme ich hin. Aber der Zement muss trocknen, oder meinst du, ich schmiere da ein Kilo Sekundenkleber rein?«

Die Augen meiner Mutter leuchten auf. Ich sehe genau, dass sie einen Moment lang versucht ist, dem zuzustimmen. Dann sieht sie meinen Gesichtsausdruck. »Aber nein, wo denkst du denn hin? Das würde doch nicht funktionieren! Oder?«

»Richtig, das würde es nicht, weil …«

»Schatz, ist schon gut, ich hänge die Vorhänge über der Wanne auf, oder meinst du, Irmtraut hat was gegen Regen?«

»Nicht gegen Regen, aber gegen Vergiftung durch gelöstes Waschmittel …«

»Weißt du was, ich wasche die Vorhänge einfach erst dann, wenn die Stange wieder fest ist. Aber klemm bitte die Decke da zwischen Fenster und Rahmen, wenn die Stange wieder dran ist, damit es heute Nacht hier drin nicht so hell wird.«

Meine Mutter rauscht aus dem Raum.

Hartmut wäre verblüfft, könnte er mich jetzt sehen. Er hat immer behauptet, nur Männer könnten im langen Hänger stehen. Ich beweise gerade das Gegenteil. Der Vorhang wickelt sich wieder um mich.

»Willst du schon schlafen gehen? Es ist doch erst kurz nach Mitternacht.«

Meine Mutter kommt gerade aus dem »Kölsche Klüngel«. Eigentlich ist es schon fast ein Uhr. Heute hat sie spät Feierabend gemacht. Trotzdem wirkt sie noch aufgekratzt.

»Ich bin müde.«

Den Ziegel einzusetzen war schwieriger, als ich dachte. Die ganze Mauer scheint porös zu sein. Die Ziegel gehen noch, aber der Mörtel besteht nur aus trockenem Sand. Das Härteste in den beiden Löchern waren ein paar größere Kiesel. Das erklärt allerdings einiges. Ich habe in diesen Wänden schon viele Bohrer verloren. Sie drehen sich butterweich durch Putz, Mörtel und Ziegel, bis sie auf etwas richtig Hartes treffen und wie Glas brechen. Das Entfernen des losen Materials war noch leicht. Schwieriger war es, die Wand wieder wie ein 3-D-Puzzle zusammenzufügen. Es hat lange gedauert, aber jetzt sitzt alles. Was durch die Kiesel an Volumen verlorengegangen ist, habe ich mit einem größeren Holzklotz ersetzt. Die gute alte Methode, wenn gar nichts mehr in den Wänden hält. Die Tapete konnte ich gut säubern. Wenn die Wand trocken ist, kann ich sie so fein ankleben, dass man den Riss nicht mehr sehen wird. Ich bin zufrieden mit meiner Arbeit, aber vollkommen geschafft.

»Komm, dann setzen wir uns noch ein bisschen vor die Flimmerkiste.«

»Du hast einen LCD-Fernseher. Da flimmert nichts mehr.«

»Ach, du weißt doch, was ich meine.«

Meine Mutter nimmt die Fernbedienung. Karl Lagerfeld spricht mit Markus Lanz. Schnell, nuschelig und abgehackt. Ich verstehe ihn nicht und setze mich auf die Couch.

»Da hat der mal recht. Diese Castingshows sind doch wirklich vollkommen unmenschlich.« Meine Mutter ist geübt, schlechte Sprecher zu verstehen. Das bringt der Job in der Kneipe mit sich. »Das ist ja so ein jecker Mann! Den bewundere ich irgendwo.«

»Markus Lanz?«

»Wen?

»Den Moderator?«

»Ach, da ist noch ein Moderator. Nein, natürlich nicht. Ich meine Karl! Der ist ja hochamüsant. Ich habe mich mal eine halbe Nacht lang mit ihm im ›Papa Joe's‹ unterhalten. Da hatte er noch schwarze Haare.«

Das ist nicht erfunden. Meine Mutter hat schon mit mehr Promis gesoffen, als in den letzten 23 Jahren auf Thomas Gottschalks *Wetten, dass*-Sofa saßen.

Meine Mutter zappt auf das nächste Programm. Mitten im Satz von Markus Lanz. Der Mann ist die personifizierte Souveränität, und meine Mutter nimmt ihn nicht mal wahr.

Das RTL-Nachtjournal zeigt Luftaufnahmen der Atomkraftwerksanlage in Fukushima. Erschütterte Stimmen reden darüber. Die Pflanzen im Wohnzimmer meiner Mutter weichen zurück. Meine Mutter zappt weiter.

»Das wollen wir nicht sehen.«

»Vom Wegzappen geht es aber auch nicht weg.«

Bei QVC werden Plastikschüsseln verkauft. Sie stellt den Ton ab.

»Die Japaner gucken auch nicht hin.«

»Wie kommst du denn darauf? Die leben da, die kriegen das doch mit.«

»Ach, im eigenen Land kriegt man gar nichts mit. Anfang 1989 habe ich doch den Ami kennengelernt, den Michael Miller. Du weißt schon, der Sportfotograf. Der hat mich damals gefragt, ob ich Verwandte in der DDR hätte, weil die ja bald aufgelöst würde. Davon hat der einfache Mensch hier in Deutschand nicht mal im Ansatz was geahnt. Ich habe ja auch direkt gelacht und bin im September aus allen Wolken gefallen. Wie alle anderen. Wir haben erst im Sommer '89 die Anfänge von Änderungen in der Ostblockpolitik mitbekommen und geschätzt, so in zwanzig, dreißig Jahren könnte die DDR ein von der Sowjetunion unabhängiges Land werden. An Wiedervereinigung hat doch niemand auch nur im Traum gedacht. Aber im Ausland wussten sie schon ein halbes Jahr vorher, worauf es hinauslaufen würde! Ein halbes Jahr!!! Die da oben halten ihr Volk immer so dumm wie möglich! Deswegen wissen die Japaner auch nicht, wie schlimm es um sie steht.«

»Ach, doch nicht im Internet-Zeitalter.«

»Die Menschen glauben das, was ihr vertrauter Nachrichtensprecher mit ernster Miene im öffentlich-rechtlichen Kanal sagt. Nicht das, was ein pickeliger Teenager in seinem Blog so beschreibt, als seien es Verschwörungstheorien.«

Ich bin zu müde, um ein plausibles Argument gegen ihre Thesen zu finden. Aber Hartmut würde es genauso sehen.

Markus Maria Profitlich hält sein Gesicht in die Kamera. Dann flimmert ein »gleich« über den Bildschirm. Meine Mutter macht den Ton wieder an. Wir sehen einen *Sechserpack*-Sketch. Kurz vor der Pointe schaltet meine Mutter um auf eine riesige Schlange auf Pro7, die irgendetwas runterwürgt. Ich nehme mir die Fernsehzeitung und sehe nach. *Anaconda 4*. Da kommt gleich auch noch *Cloverfield*. So lange werde ich hier nicht mehr sitzen. Eine Neun-Live-Quizshow blitzt auf und endet bei *Castle*.

»Muss das sein?«

»Was denn, Schätzchen?«

»Dieses ewige Zappen.«

»Ich muss doch gucken, was woanders läuft.«

»Du könntest auch in die Zeitung schauen.«

»Das langweilt mich. Aber die beiden hier, die sehe ich gerne.« Sie zeigt auf Nathan Fillion und Stana Katić. Mein Augen schließen sich.

»Das ist eine Wiederholung. Die Folge kenne ich schon.« Sie zappt weiter.

»… offen sein. Auch Ihr dreijähriges Kind merkt bereits, dass Fukushima Sie betrifft. Aber erklären Sie es altersgerecht. Und nehmen Sie das Kind in den Arm, wenn …«

Meine Mutter macht den Fernseher aus.

»So, Liebes. Ich gehe jetzt schlafen. Wenn du willst, kannst du ja noch was gucken, aber ich bin so richtig müde. Schlaf schön, meine Süße.«

Sie weht aus dem Raum.

Ich fühle mich schwer wie ein Sandsack. Die Kissen auf der Couch stopfen sich unter meinen Rücken und heben mich langsam hoch.

Udos Spülwassersammlung kommt mir in den Sinn. Ich greife den Gedanken und stelle mir vor, was meine Mutter sagen wird, wenn sie davon erfährt. Ich lächle. Das gibt mir genug Kraft, um den Weg auf meine Liege zu finden.

> *Susanne Seite 151*

< *Ich Seite 45*

Peperoni im Ohr

16.03.2011
51° 33′ 44.80″ N, 7° 15′ 30.92″ E

»Boah, du Ferkel!«, schimpfe ich, und Yannick versteckt sich unter dem Bett. Es ist halb sechs Uhr morgens, ich muss zur Frühschicht und habe eben meinen Fuß in einen Schuh geschoben, in den der Kater reingeschissen hat. Über Nacht hat die angetrocknete Außenkruste des Haufens die Geruchspartikel umschlossen, aber jetzt, wo ich das weiche Innere aufgetreten habe, schießen sie richtig schön raus.

»Das muss doch alles nicht sein, ehrlich!«, fluche ich, stopfe die Socke in den Mülleimer und wasche den Schuh in meiner Badbox heiß aus. Es ist mein einziges aktives Paar. Ich schrubbe mit Spülmittel. Zitrone gegen Katzenscheiße. Ich weiß ja, warum Yannick das macht. Ich fordere ihn zu wenig. Früher haben wir ihm in der WG Kletterlandschaften an die Decke gebaut, damit die Umgebung spannender wurde. Die WG war groß. Das Wohnheimzimmer ist ein Schuhkarton dagegen, und der ist für den Kater auch noch reizlos. Da ist Zielscheißen in Vaters Schuhe schon eine echte Herausforderung.

»Alter Falter!«, sagt Martin, als ich den Pausenraum von UPS betrete. »Was stinkt denn hier so?«

»Ich riech nix.«

Martin stülpt die Lippen auf und nimmt es hin. »Eisenpimmel war der Hammer«, sagt er. »Vorbands waren Piratenpapst und Scheiße Minelli. Du weißt nicht, was du verpasst hast.«

[104]

Ich nehme einen Kaffee aus der Kanne, die in der Maschine steht, und nippe an der Tasse. Stark wie eine Ölpest.

Stolle erscheint in der Tür, klatscht in die Hände und bellt: »So, Hanni und Nanni. Runter mich euch und den Arsch ans Band!« Er guckt böse, aber ich sehe ihm an, wie froh er ist, dass ich wieder hier bin. Seit Monaten fragen er und Martin mich aus, was ich die zwei Jahre vor meiner Rückkehr getrieben habe. Ich gebe nur kurze Antworten. Hauptwörter wie »Hohenlohe«, »Waldwandern«, »Autobahn« oder »Berlin«. Ich will einfach keine Geschichte erzählen, die so schlecht endet. Martin und ich steigen hinter Stolle die Gittertreppe hinab und laufen zum Fließband. Wir beladen als Reloader einen großen LKW mit den Paketen, die uns die Preloader an der anderen Seite des Bandes aus den braunen Transportern aufs Band schieben. Gleich pflücke ich aus dem Strom die Sachen mit den Postleitzahlen für unseren Truck und werfe sie rauf zu meinem bizepsbepackten Kollegen, der aus ihnen im Hänger Wände stapelt. Ich liebe das. Es ist anstrengend, aber berechenbar. Das Band läuft mit einem metallischen Ruck an und beginnt sein sonores Summen. Die ersten Kartons rollen aus den Transportern. Das Radio an der Hallendecke sendet Werbung von Carglass. Ich werfe wie ein junger Gott, aber nach den Nachrichten spielen sie ohne Vorwarnung »Message In A Bottle«. Augenblicklich schießen Caterina-Bilder durch mein Gehirn. Wir beide, wie wir auf dem Flokati in der WG auf der grauen Playstation *Azure Dreams* spielen. Ihre Zehen, die Grashalme ausrupfen, während sie an der Kemnade malt. Ganz automatisch, so herrlich gedankenlos. Meine Konzentration ist futsch, und die Pakete sausen an mir vorbei. Mein Hirn nimmt sie wahr und sagt »Greifen!«, aber ich greife nicht und sehe der Ware nach, wie sie an den anderen Männern vorbeizuckelt und am Ende des Bands in den Überlauf fällt.

»Sag mal, kommt heute so wenig, oder pennst du?«, fragt Martin.

Ich hebe nur wortlos die Hände. Er hat erst eine halbe Wand gestapelt. In Ermangelung anderer Tätigkeiten drückt er sich mit dem Daumen ein Nasenloch zu und pustet aus dem anderen einen erdnussgroßen Popel aus. Er bleibt an der Innenwand des Trucks kleben.

»Achtung, alle zusammen!«, brüllt Stolle. Er steht auf dem Trittbrett eines Transporters wie ein Pirat, der mit einer Hand am Mast hängt. »Jetzt kommen zehntausend Reisekataloge. Konzentriert euch und träumt nicht von Möpsen in Malibu!« Es ist gut, dass er uns warnt. Reisekataloge sind schlimme Ware. Nicht wegen Möpsen in Malibu, sondern wegen der Verpackung. Zwanzig Stück verschnürt in diesen harten Strapsen aus Plastik, deren Kanten so scharf sind, dass sie nach hundert verladenen Einheiten durch die Handschuhe schneiden.

»Hey, Trübsalposaunist!«, ruft Martin aus dem Laster, »wenn von den Katalogen die Hälfte im Überlauf landet, trage ich sie nachher nicht per Hand zurück!«

Ich nicke. Er guckt enttäuscht, weil ich nicht über sein neues Schmähwort lache. Die Kataloge nähern sich, große Stapel, wie bunte Gebirge. Ich überfliege die Postleitzahlen. Drei von fünf Gebinden sind für uns. Ich reiße sie vom Band und schleudere sie nach oben. Die Strapse sind scharf. Ein 20er Pack knallt vor den Lasterrand und fällt zu Boden. Das zweite werfe ich zwar hoch genug, aber knapp am Laster vorbei in die Halle.

»Das glaube ich ja jetzt nicht, oder?«, sagt Martin. Er legt die Hände an den Rand der Öffnung und schaut aus dem Hänger heraus ums Eck. »Du stehst einen Meter vor einer zweieinhalb Meter breiten Öffnung und wirfst daneben?«

Ich schwitze. Es ist peinlich. Meine Arme haben überhaupt keine Spannung mehr. Sie greifen ein lächerliches Gewicht von drei, vier Kilo, und kaum schleudern sie es nach oben, werden sie zu Gummi. Alles bloß wegen des Liedes im Radio. Die nächsten Kataloge kommen. Drei für uns auf einen Schlag. Ich reiße an allen gleichzeitig. Ein Paket öffnet sich, als ich es über den Stahlrand des Bandes schiebe. Die Kataloge verteilen sich auf dem Boden. Einer öffnet sich und zeigt mir die kalifornische Küste. Surfer, Models und Gewichtheber am Venice Beach. 14 Tage Los Angeles inkl. Flug und Hotel für 1999,– Euro. »Haltet ihr ein Schäferstündchen in eurem Hänger da vorne? Hier läuft alles durch!«, schimpfen die Kollegen an den Lastern im hinteren Teil.

»Stolle!«, ruft Martin. »Mach das Band aus!«

»Spinnst du?«, antwortet der Chef und stapft mit seinen abgewetzten Arbeitsschuhen herbei. »Eine Minute kostet mich ein paar hundert Euro.«

»80 Prozent im Durchlauf auch«, erwidert Martin und zeigt auf mich, wie ich hypnotisiert von kalifornischen Muskelmännern auf dem Boden hocke. Stolle wirft einen Blick auf mich. Dann bemerkt er das Paket, das drei Meter neben dem LKW auf dem Hallenboden liegt. Er zeigt darauf und fragt Martin: »Hat er das Bündel *neben* den Laster geworfen?«

Martin nickt.

»Ein Fall für den NPbMv?«, fragt Stolle.

»Klare Sache«, sagt Martin.

Der NPbMv ist der Notfallplan bei Männlichkeitsverlust. Er wird bei UPS nur alle paar Jahre angewendet, denn er kostet viel Geld, da das Band angehalten werden muss. Außerdem sortiert die Firma durch ultraharte Testwochen von vornherein alle Typen aus, die noch genug Kraft haben, während ihrer Schwächeanfälle ausführlich zu erklären, dass sie keine Kraft mehr haben. Jammerlappen, Selbstmitleidige – sie bleiben gar nicht erst hier. Felix Magaths Medizinballhügel ist ein Ferienlager gegen diesen Konzern. Ich aber bin Stammspieler, auch wenn ich zwei Jahre weg war. Ich habe Stolz im Körper. Wenn ich wegknicke, muss der NPbMv in Kraft treten.

Stolle macht das Band aus.

»Leute …«, wehre ich mich halbherzig, aber Stolle und Martin haken mich bereits unter und führen mich zur Umkleidekabine. Rechts hinten in der Ecke steht der knallrote Notfallschrank mit der Aufschrift *NPbMv*. Sie öffnen ihn. Der Schrank enthält Originalfußballtrikots aus zehn Jahren VfL Bochum und eine Sammlung von Testosteron-CDs. Beides soll einen daran erinnern, dass man ein Alphatier ist.

»Komm, zack, zack, welches Trikot?«, fragt Stolle.

Ich weiß, dass es jetzt schnell gehen muss, und wähle die Nummer 4, Marcel Maltritz. Innenverteidiger, harter Kerl. Das Trikot ist sogar unterschrieben. Es riecht moderig von der langen Lagerung und säuerlich vom trockenen Schweiß meines Vorgängers, denn die NPbMv-Sachen werden nie gewaschen. Ich streife es über.

»Jetzt die Mucke. Schnell! Sie muss dich so aufpeitschen, als würdest du damit in den Krieg ziehen.«

Ich blättere die alten CDs durch und wähle Biohazard, »State Of The World Address«. Stolle nimmt sie heraus und rennt ins Steuerbüro, wo auch das Radio kontrolliert wird. Martin treibt mich zum Band zurück. »NPbMv!«, ruft er den fragenden Gesichtern in den Trucks und Transportern zu. Die Älteren nicken und erklären es den Jungen.

Die CD startet. »What kind of soul that gets to hell? / All hope abandoned please render here.« Das Band startet. »It's the state of the world address c'mon fuckers!!!« Ich denke an die Aufschrift auf meinem Rücken. *Vfl Bochum, Maltritz, 4.* Ich stelle mir vor, wie ich ins Stadion einlaufe, den Blick auf 20 000 Menschen, einen kleinen Jungen aus der F-Jugend an der Hand. Dem Jungen klopft das Herz bis zum Hals. Er ist stolz, dass er mich begleiten darf. Ich bin Profi, er will es noch werden. Ich darf ihn nicht enttäuschen. Evan Seinfeld brüllt in den Boxen. Der Schiedsrichter pfeift an. Ich greife die Katalogbündel und spanne meinen Bizeps. Beim zweiten Lied, »Down For Life«, passe ich mich dem Rhythmus an. Die Pakete fliegen Martin um die Ohren. Die Männer in den Boxen bellen wie Ultras im Stadion.

»Down!« – Paket.

»For!« – Paket.

»Life!« – Paket.

Fast die ganze CD lang geht es gut, weil ich dem Notfallplan bei Männlichkeitsverlust nicht widerstehen kann. Keiner kann das, es sei denn, er studiert Religion auf Lehramt für die Grundschule. Das Problem ist nur, dass ich mich beim Verladen und Bolzen immer mehr in eine seltsame Wut hineinsteigere. Ich bin sauer, weil alle weg sind. Weil ich keine Badewanne habe. Weil ich doch nichts dafür kann. Saure Männer können sich genauso wenig konzentrieren wie melancholische. Martin winkt Stolle. Der stoppt das Band dieses Mal nicht, sondern winkt einen Kollegen aus einem leichter zu packenden Truck herbei, der mich ablöst. Dessen Position muss der arme Praktikant übernehmen, der gerade die Halle fegt.

Stolle packt mich und geht mit mir in den Pausenraum. Er wirft ein paar Münzen in den Süßigkeitenautomaten und spendiert mir fünf Snickers auf einmal. Ich öffne das erste. »Was ist mit dir passiert, als du weg warst?«, fragt er.

»Ich will eigentlich nur malochen und weitermachen«, sage ich.

»Das geht aber so nicht. Du wirst schlechter und schlechter. Merkst du das nicht? Das heute«, er zeigt Richtung Halle, »war eine deutliche 0:3-Niederlage. Da spricht jeder von Krise. Und wenn ich gerade schon in der Fußballsprache bin: Du spielst seit Wochen nur noch 0:0. Höchstens. Oder 0:1.«

»Gib mir noch etwas Zeit.«

»Die haben wir nicht, das weißt du.« Er legt seine Hand auf die Stirn, legt den Kopf nach hinten, nimmt die Hand weg und senkt ihn wieder ab. »Lass dich krankschreiben. Vorerst.«

»Nein! Ich brauche das hier!«

»Ich kann das Band nicht jeden Tag anhalten. Ich habe wirklich mehr Geduld mit dir als mit jedem anderen.«

»Stolle! Ich habe schon keine Badewanne mehr. Meine Familie ist in der Welt verstreut. Ich brauche das hier!«

Stolle betrachtet mich wie einen angeschlagenen Hengst, der früher jedes Rennen gewonnen hat und dessen Quote nun täglich steigt. Er runzelt die Stirn, geht auf mich zu und greift mir ans linke Ohr. Er schüttelt den Kopf, zieht ein Papiertuch aus dem Spender neben der Spüle und pult mir etwas aus der Muschel. Ich lasse es geschehen.

»Schmalz?«

Stolle inspiziert den Klumpen: »Nein. Peperoni. Von einer Pizza.«

»Ach so, ja. Gestern war Volcano dran.«

»Gestern war Volcano dran?? Alter, du hast den ganzen Tag eine Peperoni im Ohr!«

»Ich bin beim Essen vorm Fernsehen eingeschlafen. Meine Güte.«

Stolle wirft die Peperoni in den Mülleimer und packt meine Schulter mit seiner rechten Hand. »Dass du nicht erzählen willst, was los ist, ist dein gutes Recht. Aber du gehst jetzt da raus, spazierst eine Runde am Kanal entlang, fährst heim, setzt dich aufs Bett, holst dir einen runter, rasierst dich, duschst dich, legst deinen Lieblingsfilm ein, und dann kochst du dir was, das du mit dem Mund in den Körper aufnimmst und nicht mit dem Ohr. Dann sehen wir, wie es am nächsten Spieltag läuft.«

»Danke«, sage ich.

»Und mach was. Geh unter die Leute. Beim Fernsehen einschlafen … du bist doch kein Scheißrentner.«

Ich schlucke und nestele mit gesenktem Blick ein weiteres Snickers auf. Die restlichen drei esse ich tatsächlich, während ich am Ufer des Rhein-Herne-Kanals spaziere, der unser Gewerbegebiet nördlich begrenzt. Es ist schön. Schräg gegenüber wackeln kleine weiße Boote im Hafen. Ich muss daran denken, dass Caterina und ich segeln lernen wollen, nächstes Jahr im Sommer. Das steht schon fest geschrieben im Buch *Unser Leben bis 2075*, das ich für sie verfasst habe, als Hartmut und ich nach dem ultimativen Liebesbeweis suchten. Ein Kalender mit Erlebnissen, die Caterina und ich haben werden, bis wir alt und grau sind. Einige davon haben wir in den Monaten der Funkstille schon verpasst. Das Buch liegt bei Caterina zu Hause. Ob sie hineinschaut und traurig wird, wenn wieder was gestrichen werden muss, das einfach nicht passiert ist? Diese verfluchte Funkstille. Es ist schön, an den sanft plätschernden Wellen der Ruhrgebietsbrühe zu stehen, aber es wäre schöner, könnte ich dabei mein Mädchen an der Hand halten.

Heute versuche ich was Neues. Ich habe im Toom zwei Plastikwannen geholt. Nicht zu groß, bei siebzehn Quadratmetern Wohnraum zählt jeder Zentimeter, der frei bleibt. Ich lasse mein Badezimmer randvoll laufen und fülle derweil die beiden Wannen an der Spüle mit heißem Wasser. In die Flut im Bad kippe ich heute die Schaumbäder Rosenzart und Blaue Lagune. In die Plastikwannen gieße ich die gute Nachtkerze von Kneipp. Als sie voll sind, wuchte ich sie von der Spüle vor die Türschwelle des Bades. Eine für den rechten Fuß. Eine für den linken Fuß. Yannicks Ohren zucken, als hätte ich Vögel mitgebracht. Die gibt's aber nur draußen vor unserem Fenster, das zur Gemeinschaftsterrasse zeigt. Vierzig Quadratmeter für hundertfünfzig Bewohner. Der Blick fällt am Horizont auf die Gebäude der Ruhr-Uni. Uralte Giganten am Hang, quasi neunmal die Titanic. Ich ziehe mich nackt aus und setze mich bei offener Tür in das geflutete Bad. Die Füße stelle ich nach draußen in die beiden Wannen. Meine Beine bilden die Brücke über die Türschwelle und bleiben trocken, aber auf diese Weise kann ich mich flach ins Wasser legen und habe wenigstens die Füße feucht. Ich seufze. Mein Kopf liegt im Wasser und das warme Nass dringt bis in meine Ohren. Besser als Peperoni. Trotzdem wird's nach einer Minute schon wieder kalt. An den Beinen. An der Brust. An der Stirn.

Es klopft.

»Weg!!!«

»Äh … ich wollte eigentlich nur fragen, wann die Fachschaftsfahrt losgeht.«

»Was geht los?«

»Die Fachschaftsfahrt der Molekularbiologen.«

»Hier gibt's keinen Biologen! Ich glaube an Gott.«

Der Student verschwindet.

Ich wuchte mich hoch, es geht kaum. Als hielte mich das Wasser auf dem Boden. Die Fußwannen schwappen. Yannick springt zurück. Alle vier Pfoten heben gleichzeitig ab. Wie die das machen?

Ich trockne mich ab, nehme mir ein Bier und schalte die Konsole

[111]

an. Dann doch lieber Häuserkampf. Die Konsole sirrt. Sie verschluckt sich. Sirrt. Dreht die Disk durch, ohne dass etwas passiert. Ich starte sie neu. Der gleiche, elende Schluckauf. Augenblicklich werde ich nervös. Ich habe nie geraucht, aber so muss sich ein Nikotinsüchtiger fühlen, wenn kein Tabak mehr im Haus ist. Ich will jetzt *Medal Of Honor*. Mein Gehirn hat sich auf dieses Spiel eingestellt, mein ganzer Körper verlangt danach. Außerdem ist es Zeit. Nachher gibt's wieder B-Fernsehen und den vorletzten möglichen Pizzakarton für Turm fünf. Ich stehe auf, werfe die Disk aus, puste, wische und lege sie wieder ein. Es hilft alles nichts. Yannick springt zu mir auf die Matratze und klettert meine Brust empor, damit ich seinen Bauch kraule. Das Spiel ist kaputt. Ich erinnere mich daran, dass mir mein Untervermieter erzählt hat, im dreizehnten Stock wohne einer, der alles besorgen kann. Wo war das? Mir fällt's nicht ein. Ich knete Yannicks Bauch. Seine kühle Nase drückt sich an meine. Mir fällt's ein. Zimmer 1315. Fast unterm Dach. Ich pflücke Yannick und setze ihn auf den Boden. Er beschwert sich. Er will nicht, dass ich weggehe. Vorsorglich stelle ich die Schuhe auf das oberste Regalbrett.

»Gehst du auch zu Haiko?«, fragt mich ein junger Mann, als ich das dreizehnte Stockwerk betrete. Er ist keine nadelnde Fichte wie der nächtliche Student von neulich, der eine Linguistik-Arbeit kaufen wollte. Eher ein kleines Tischtännchen.

»Ist Haiko der Mann, der alles hat?«

»Ja«, sagt das Tischtännchen und klatscht in die Hände. Die Nädelchen rascheln. »Er hat mir die sechste Staffel von *Alias* besorgt!«

»Die Serie hat nur fünf Staffeln.«

»Haiko macht's möglich …«, sagt das Tännchen und hüpft durch den Flur. Die Wände sind mit grünem, spitzem Rauputz verkleidet. Die Türen sind rot. Einige stehen halb offen. *Yang Tsun Lee* steht an der, hinter welcher junge Araber blubbernd an einer Wasserpfeife ziehen. In einem Raum mit der Aufschrift *Andrej Nikolov* läuft eine junge Frau im roten Top auf einem Laufband.

[112]

»Da vorne ist es!« Das Tännchen zeigt zum Ende des Querflurs, in dem Leute Schlange stehen. Manche lehnen an der Wand und lesen. Einer schneidet seine Nägel und wirft sie aus dem Fenster, so dass sie auf den nassen Köpfen der Leute landen, die aus dem Hallenbad kommen, das links zu Füßen unseres Turms liegt. Haiko Bobelin, der Alles-Besorger, hat eine alte Turnhallensitzbank neben seine Tür gestellt. Die Türen seiner Nachbarn sind alle geschlossen und haben gar keine Namensschilder mehr. Der Nagelknipser zeigt auf einen kleinen Kasten an der Wand. Ein Nummernautomat.

»Willst du zuerst ziehen?«, fragt das Tischtännchen. Ich nicke. Raschelnd streckt es sein Ärmchen aus: »Macht dann 50 Cent.«

Ich gebe ihm die Münze und ziehe meine Nummer. »Ich hätte dir auch mehr gegeben«, sage ich. »Muss man euch hier allen erklären, dass ihr zu billig seid?«

Das Tischtännchen und ich warten zwanzig Minuten, in denen Haiko Bobelin den Nagelknipser und die anderen Wartenden abfertigt.

»… ja, und so kam es, dass meine Mutter mit dem Bürgermeister schlief«, beendet das Tischtännchen gerade seine ländliche Lebensgeschichte, als Haiko mich aufruft und ich ihm dankbar die Nummer stecke. Das Tännchen winkt mir nach.

Haikos Schreibtisch ist aufgeräumt und aus echtem Holz, kein Pressspan oder mitgebrachte Kinderzimmerware. Sein Bett ist mit schwarzer Seide bezogen. Auf der Fensterbank steht ein Bonsai. Links an der Wand hängt ein großes Tuch. Es zeigt ein blau-schwarzes Mandala. Haiko trägt eine graue Jeans, ein schwarzes T-Shirt und darüber eine Anzugweste. Er nestelt Bitter Lemon aus dem Kühlschrank, nimmt zwei Gläser, füllt Eiswürfel hinein und gießt uns ein. In einem kleinen Fernseher flimmern lautlos Bilder südländischer junger Männer, die sich Gefechte mit der Polizei liefern.

»So, was brauchst du denn Dringendes?«

»Blut«, sage ich. Ich fühle mich genötigt, originell und ironisch zu sein, denn Haikos Bude macht mich verlegen.

Er sieht mich an, als habe er mich anders eingeschätzt. Dann schüttelt er den Kopf. »Eigentlich mache ich das nicht mehr.« Er geht zu seinem Schreibtisch und lüftet eine Decke, die einen kleinen Extrakühlschrank verbirgt. Er klimpert darin herum und sagt, die Stimme gedämpft vom Hohlraum: »Ich weiß nicht, was ihr euch dabei denkt. Ich gebe zu, dass die *Twilight*-Filme eine seltsam fesselnde Entrücktheit besitzen, aber …«, er taucht wieder unter dem Tisch auf, »… dieser Traum von Unsterblichkeit, das geht doch so nicht. Ich kann euch Knallköpfen nicht länger eine Phantasie verkaufen. Deswegen gibt es hier nur noch die Restposten.« Er hält mir eine verkorkte Glasphiole voller Blut vor die Nase. Ich schlucke. Er sagt: »Das ist Hase. Ich habe auch noch Kaninchen, Reh, Hirsch und Oppossum. Frag mich nicht, wie ich an Oppossum gekommen bin, das willst du gar nicht wissen.«

»Ich, ähm, du verstehst das ganz falsch.«

»Ja, ja, das sagen alle. Machen wir fünfzig Euro.«

»Ich will kein Blut«, erwidere ich und ziehe *Medal Of Honor* aus der Tasche. »Ich habe nur ein blutiges Spiel, das mir kaputtgegangen ist.« Haiko schaut auf die Packung. Ein kurzes Lachen schießt aus seinem Hals. Er stellt das Blut wieder in den Kühlschrank und atmet tief aus. Er schließt die Augen und schüttelt den Kopf. Er schämt sich für die Unterstellung. Er ist ein sehr korrekter Mann. Ich frage mich allerdings, wo er seine Waren aufbewahrt.

»Also«, sagt er und setzt sich an seinen PC. »Playstation 3, *Medal Of Honor*.« Er gibt den Titel in eine Suchmaske ein, wie ein Buchhändler. »Da haben wir's! Regal 12, Fach 27.« Er steht auf. Regal 12? Wovon redet der Mann? »Ich bin froh, dass du einfache Wünsche hast«, sagt er, geht zu dem großen Mandala und schiebt es beiseite. Wir betreten ein langgezogenes Lager mit schmalem Mittelgang, von dem zahllose kleine Regale abzweigen. Es sind all die anderen Appartements auf Haikos Seite des Flurs; die Wände wurden herausgeschlagen und die Zimmer entkernt, umgebaut zu einem geheimen Warenhaus. Die Regale und Fächer sind nummeriert. Bis an die Decke stehen hier Videospiele, CDs, Bücher, Filme, Blu-ray-Player, Flachbildfernseher, portable Pizzaöfen, Stabmixer. In Haikos Glas klimpern die Würfel. Er trägt eine Uhr, die man nicht im Uni-Center kaufen kann.

»Wann hast du denn die ganzen Wände rausgerissen?«

»Habe ich nicht«, sagt er und schiebt mit der Fingerspitze eine vorstehende DVD wieder auf Kante. »Das war alles schon so. Habe ich nur übernommen. Es gab hier bereits ein Filmstudio für Pornos, ein Forschungslabor und eine Praxis für Schönheitschirurgie.«

Er biegt zwischen Regal 12 und 14 ein.

»Wie heißt du denn?«

»Haiko Bobelin. Steht doch an der Tür.«

»Nein, ich meine wirklich. Ich verrate auch nichts.«

»Haiko Bobelin«, sagt er erneut und fährt mit dem Finger an den Titeln entlang. »Das ist doch die beste Tarnung in diesem Haus! Der echte Name. Da kommt kein Mensch drauf.« Sein Finger stoppt, wo das Spiel stehen müsste. Tut es aber nicht. Wo *Medal Of Honor* stehen sollte, steht statt dessen *Midnight Club: Los Angeles*.

»Oh«, sagt Haiko. »Das ist jetzt peinlich.«

»Der Krieg ist schon ausverkauft?«

»Anscheinend«, sagt er. »Und nicht aus dem Warenbestand genommen. Das muss neulich passiert sein, da war ich wieder durch so einen Blutfreak abgelenkt. Aber vielleicht wollte das Schicksal, dass du dieses Spiel nimmst!« Er zieht *Midnight Club* aus dem Regal und hält es mir vor die Nase. Es ist ein Open-World-Rennspiel. Man lebt das Leben eines halbkriminellen Autotuners in Los Angeles. »Lass mich raten. Wenn du genau dieses Spiel jetzt brauchst, dann bedeutet das, du fühlst dich ein wenig orientierungslos und allein. Du willst nicht vorwärtsgehen, lieber im Kreis fahren. Viel Lautsprecherei machen, aber niemanden an dich ranlassen. Warst du schon mal in Los Angeles? Da kann man tatsächlich so leben, als wäre man in einem Spiel. Als wäre alles egal. Reiche Hochstapler, echte Gangster: Jeder macht, was er will. Der Hollywood Boulevard und die kriminellen Viertel liegen kaum weiter auseinander als Querenburg und Langendreer.«

»Zehn Euro?«, frage ich.

Er nickt. »Weil du's bist.«

Wir geben uns die Hand. Seine Uhr könnte man nicht mal in der Bochumer Innenstadt kaufen. Auf dem Flur wartet das Tischtännchen.

Zurück im Zimmer, stinkt es. Yannick sitzt friedlich zusammengerollt auf dem Bett und hat die Augen halb geschlossen. Er tut unschuldig.

»Wo?«, frage ich.

Die Äuglein bleiben zu, aber die Zungenspitze zischt kurz hervor, poliert die Nase und zieht sich wieder rein. Ein leises, schmatzendes Geräusch. Mlitsch. Ich hocke mich auf den Boden und suche. Unter dem Bett, dem Schreibtisch, dem winzigen, einbeinigen Küchentisch. Mlitsch. Die Katerzunge verspottet mich. Augen zu und »mlitsch«.

»Ja, da hast du Spaß dran!«

Der Kater hebt kurz den Kopf. Als schaue er hoch zum Regal.

»Nein«, sage ich, stehe auf und wedle mit dem Finger. »Nei-hei-hein.« Ich greife nach den Schuhen, die ich aufs oberste Fach gestellt habe. Heute in der Früh erst mit Spüli gewaschen. Hole sie runter. Nase rein. Wurst. Würgreiz. Yannick lacht sich hinter seinen geschlossenen Augen lautlos kaputt.

»Wie bist du da hochgekommen?«, frage ich, und seine Ohren bewegen sich stolz. Ich muss ihn mehr beschäftigen. Ein Mist, dass man mit Katzen nicht einfach Gassi gehen kann.

Es klopft.

»Keine Linguistik-Arbeiten! Keine Fachschaftsfahrt! Kein Salz!«

»Wir sind's! Jochen und Mario.«

Yannick öffnet auf der Stelle die Augen. Klonk. Er springt vom Bett, ohne seine drei Zwischenschritte, und läuft zur Tür. Mein Herz klopft. Die beiden leben doch noch immer in Berlin. Jochen schreibt seine Abhandlungen über B-Filme. Mario fährt weiter für MyTaxi. Ich habe sie monatelang nicht gesehen. Ich öffne die Tür, und das rote Holz gibt tatsächlich den Blick auf unsere alten Freunde frei.

»Na, du?«, beugt sich Mario zu Yannick, der wie ein Hund an ihm hochspringt. Jochen gibt mir die Hand, zieht mich zu sich ran und umarmt mich. Mario trägt Yannick ins Zimmer. »Holla, das sind aber präzise Pizzastapel«, sagt er.

»Was macht ihr denn hier?«

»Wir bringen die erste Fuhre mit dem Umzugs-LKW nach Hattingen.«

Mario setzt Yannick aufs Bett und dreht sich zu Jochen um: »Jochen, guck hier. Eine Playstation 3. Keine graue PS 1, nicht mal eine gebrauchte 2. Eine PS 3. Das sagt doch wohl alles, oder?«

»Die habe ich nicht gekauft, die war schon!«, verteidige ich mich. Sie leben in einer Wohnung, in der kein Gerät frischer als fünfzehn Jahre alt ist. Oder lebten. »Was heißt Umzugs-LKW?«

»Wir haben ein Häuschen gekauft«, sagt Jochen. »Auf dem Land. Bei Hattingen. Viel dran zu tun. Voll versteckt. Keine Nachbarn. Wir sind noch nicht mal angemeldet. Das FBI könnte es als Versteck nutzen. Das wüsstest du alles, wenn du dich mal melden würdest.«

Ich verziehe das Gesicht wie ein Junge, der »mömömö« macht.

»Wir sind raus aus dem Moloch«, sagt Mario. »Ich habe als Fahrer bei MyTaxi aufgehört, und Jochen kann seine Bücher überall schreiben.«

»Und was ist mit eurer Wohnung? Dem goldenen Retro-Reich? Das war ein Kunstwerk!«

»Und das wird es auch wieder sein«, sagt Jochen. »Im neuen Haus gibt's noch mehr Platz dafür.«

»Um Himmels willen«, sagt Mario, der nun einen Blick in die Badbox wirft. »Jochen, guck dir das an. Keine Wanne.«

Jochen wirft einen Blick schräg über die Spüle in die Box und erklärt: »Wir waren in Herne bei UPS. Das war irgendwie eine Eingebung. Wo ist er wohl hingegangen, haben wir uns gefragt. Zu seiner Mutter ins Hochhaus? Zu Tante Judith und Cousin Dennis? In irgendein Motel? Nein. Er ist doch ein Gewohnheitstier.«

Ich mag es nicht, wenn man in der dritten Person über mich redet. Ich rede ja auch nie in der dritten Person. Und ich muss mich ranhalten. Das neue Spiel ausprobieren. Schon bald ist die Pizza Popeye dran.

»Na ja«, sagt Jochen und klatscht in die Hände, »jetzt haben wir dich ja endlich gefunden. Wir bringen noch die Lasterladung ins Haus, und dann holen wir dich heute Abend ab. Im Riff ist eine Eighties-Party. Nur Depeche Mode, Human League, Pat Benatar. Der DJ soll sogar Vinyl-Singles auflegen.«

»Was stinkt denn hier so infernalisch?«, fragt Mario, dessen ständiges Scharwenzeln mich nervt. Er scharwenzelt so viel, als wäre der Raum turnhallengroß. Als wäre die Schlafbox eine Scharwenzel-Arena.

»Jochen, guck. Der Kater hat die Schuhe randvoll geschissen.«

»Das ist auch viel zu klein für ihn hier«, sagt Jochen, legt den Kopf schräg und mustert die Deckenecken, als wolle er im Kopf das Raumvolumen ausrechnen. »Ist ja klar, dass er protestiert.«

»Was soll das denn hier?«, schimpfe ich.

»Wir wollen nur helfen.«

»Helfen? Ihr wollt mir vorschreiben, wie ich zu leben habe!«

Mario zeigt auf die Pizzakartons und die zugeschissenen Schuhe: »Das sind zwei eindeutige Zeichen einsamer Männer. Der Menschenmann presst Pizza in sich rein, und der Katzenmann presst Kot aus sich raus.«

Ich seufze.

Sie haben ja recht.

Trotzdem regt es mich auf.

»Also, wann holen wir dich ab? 21 Uhr? Gut? Die Achtziger! Gib's zu, du freust dich. Ich weiß, wie oft du heimlich die ›No Jacket Required‹ von Phil Collins hörst.«

Yannick springt auf den Küchentisch.

Mario sagt: »Wir haben ein Gelände von tausendfünfhundert Quadratmetern rund um das alte Haus. Viel Auslauf für jedes Tier.«

»Genau«, sagt Jochen. Er streckt seine Hand nach Yannick aus. Schneller, als ich überhaupt denken kann, greife ich nach einer dreckigen Suppenkelle auf der Spüle und schlage damit auf Jochens Arm ein. Es gibt einen Ruck, als der rostfreie Edelstahl auf seinen Unterarmknochen trifft. Jochen schreit vor Schmerz. Mario greift nach der Kelle. Yannick springt quer durch das ganze Appartement.

»Hast du sie noch alle?«, zischt Jochen und hält sich den Arm. »Ich wollte ihn nur streicheln.«

Oh.

»Ich dachte, du wolltest ihn mir wegnehmen!«

»Wieso das denn, zur Hölle?«

Mario tastet seinen Jochen besorgt ab, wie ein Kurator vom Museum eine zerbrechliche Skulptur. »Er muss ins Krankenhaus«, sagt er und schiebt ihn auf den Flur. Kopfschüttelnd.

»Erst redest du davon, dass mein Zimmer für den Kater zu klein ist, und dann schwärmst du von der Größe eures Hofs! Was soll ich denn da denken, wenn Jochen nach Yannick greift?«

Mario antwortet nicht. Er stützt den stöhnenden Jochen auf dem Weg zum Aufzug. Ich bin ein verrückter Eremit mit Kater, der seine alten Freunde mit der Suppenkelle schlägt. Ich überlege, ob ich ihnen nachrufen soll, dass ich doch mit ins »Riff« gehe, aber ich denke, das fällt aus. Ins Krankenhaus begleiten will ich sie ebenfalls nicht. Im Grunde will ich nur hier sein. Oder auf der Arbeit. Ich schließe die Tür. Wäre ich eine Katze, würde ich mich aus Verlegenheit genital lecken.

»Yannick?«, frage ich und höre es leise unterm Schreibtisch rascheln.

»Süßer?«, füge ich hinzu. »Spatz?« Ein leises Atmen durch kleine Nasenlöcher. Es rasselt ein bisschen. Der Kater kommt nicht raus. So geht's nicht weiter. Eine Pizza noch, dann muss ich zu den Altpapiercontainern unten am Hustadtring.

Ich vermisse Caterina. Ich vermisse Hartmut und Susanne.

Ich habe ein Dach über dem Kopf, aber irgendwie bin ich obdachlos. Ich lege *Midnight Club* in die Playstation. Das Spiel lädt. Auf dem Schreibtisch steht mein Laptop. Ich zögere einen Augenblick. Aufs

Deck der besseren Gesellschaft an Bord der Titanic darf ich nicht steigen. Aber vielleicht ist es doch denkbar, Hartmut zu schreiben. Ein paar Zeilen nur. Er wird mich nicht köpfen. Auf dem Fernseher erscheint der Hollywood-Hügel hinter dem Schriftzug des Titels von *Midnight Club*. Luft aus Sonne und Smog. Wuselnder Verkehr. Ich gebe die Zeilen an Hartmut ein, bevor ich es mir anders überlege. Dann wasche ich meine Schuhe, bestelle die Pizza Popeye und gehe nach Los Angeles.

> *Ich Seite 165*

< Caterina Seite 55

Die Farbenkleckser

16.03.2011
50° 12′ 52.93″ N, 8° 37′ 58.84″ E

August Macke. Tunesien. Licht. Blau in allen Schattierungen. Weiß durch Gelb. Kräftiges Aquarell mit zartem Pinsel. Ich blättere in einem Buch und studiere die Leichtigkeit Mackes. Seine Zeichnungen sind schnell, transparent und präzise. Kamele, Schiffe, Häuser, Landschaften, Menschen. Ich rieche Gewürze auf dem Bazar, das warme Meer, die flirrende Luft über dem weichen Sand. Die Farben stehen dicht beieinander und zeigen Leben und Bewegung, ohne die Ausarbeitung von Gesichtern. Tupfen werden zu Blüten und Palmen, fast kubistische Flächenaufteilungen zu felsigen Landschaften.

Ich liege auf der Terrasse meines ehemaligen Zimmers. Die Sonne scheint mir auf den Bauch und August Macke ins Gemüt. Ich hätte genug Geld auf dem Konto, um ein paar Wochen nach Tunesien zu reisen und zu malen. Aber ich würde lieber mit meinem Bärchen dorthin reisen. Er könnte Sport machen, während ich male. Vielleicht hätte er ja auch mal Lust, kreativ zu sein. Auf jeden Fall könnte er jeden zweiten Schritt in neues Wasser springen und baden. Das würde ihm Spaß machen. Und ich sehe mir die Farben und Formen an und mache expressionistische Experimente.

Dazu müssten wir aber erst mal unsere Familie wieder zusammenführen. Ich lege das Buch auf meinen Bauch und schließe die Augen. Meine Stirn legt sich in Falten, und ich streiche sie wieder glatt. Mir geht diese Funkstille auf die Nerven. Und das Leben bei meinen Eltern auch. Ich bin ihnen dankbar, aber ich komme mir hier vor wie in einer unendlichen Zeitschleife.

»Nur wer leidet, kann ein Künstler sein.« Die Worte meiner Mutter höre ich so deutlich, als würde sie neben mir stehen. »Du leidest offensichtlich nicht genug, wenn du dich hier in der Sonne aalst, statt an die Leinwand zu müssen.« Ich mache meine Augen auf und schaue mich vorsichtig um. Sie ist nicht da. Mein Kopf fällt wieder auf die Liege.

Ein Windhauch weht mir um die Nase. Frühling ist die beste Jahreszeit. Alles beginnt neu. Das blau-kalte Licht des Winters, das selbst dauergrüne Pflanzen grau erscheinen lässt, ist einem leichten Gelb-Orange gewichen. Die neuen Pflanzen sprießen in knalligen Farben um die Wette. Ich würde am liebsten jede Blüte einzeln begrüßen, aber wenn meine Mutter mich dabei erwischen würde, gäbe es nur noch mehr Stress. Ich seufze leicht. Meine Herkunftsfamilie stresst mich, weil ich ihr zu nahe bin, und meine Wahlfamilie stresst mich, weil ich ihr nicht nahe bin.

Ich nehme das Buch wieder auf und blättere weiter. St. Germain, Tunis, Hammamet, Kairouan. Die Städte sehen heute anders aus. Auch die Menschen. Da kann man nicht mehr so eine Farbenpracht erwarten. Wahrscheinlich gibt es auch nicht mehr ganz so viele Esel und Kamele auf den Straßen. Ich weiß aber, dass man im Süden neben dem Tourismus stärker auf traditionelle Formen achtet. Beim Hausbau und manchmal auch in der Kleidung. Also, ich würde nach Djerba reisen. Oder noch weiter südlich, in die Orte bis zur libyschen Grenze, wenn es da wieder ruhiger wäre. Vielleicht auch in die Wüste. Da war Macke nicht, aber ich wette, das Licht wäre aufregend.

Ich sehe mir die Bilder noch genauer an. Macke hat mit Bleistift auf dem Aquarellblock skizziert. Er brauchte immer eine Weile, bis die Proportionen stimmten. Radiergummis gab es zu seiner Zeit schon lange, aber er benutzte keinen. Manchmal scheint er ungeduldig gewesen zu sein. Ein paar der Farben sind ineinandergelaufen. Ich blättere vor und zurück. Nein, er war nicht ungeduldig, das war ein Stilelement, auf das er nicht verzichten wollte. Aber er hat es nur sparsam genutzt. Ich präge mir jeden einzelnen Strich ein. »Dem Ungetriebenen bleibt nur die Technik. So ist das eben.« Ein ärgerlicher Zitatenschatz. Die Mutter im Kopf erspart das eigene Denken.

»Caterina! Was liest du denn da?« Die Stimme meiner Mutter hinter der Sonnenliege schreckt mich auf. Ich hätte die Zimmertür abschließen sollen.

»Ich sehe mir Bilder von August Macke an, Mutter.«

»Passt dir die Dekoration in diesem Zimmer nicht mehr?«

Oh, selbst Egon Schiele ist ihr nicht gebrochen genug. Auch er ist nur »Dekoration«. Diese harte Linie ist neu. Die Frauen auf den Bildern drehen sich um und zeigen ihre blanken Hintern.

»Gut, gehen wir mal weiter in die Vergangenheit. Egon Schiele und August Macke waren Farbenkleckser. Geschenkt. Was ist mit Leonardo da Vinci oder Albrecht Dürer?«

»Beide gute Handwerker eines Zeitalters, in dem es noch keine Fotografie gab. Auftragsmaler. Wobei Leonardo natürlich ein Träumerle war. Aber deswegen bin ich nicht gekommen. Ich wollte eigentlich fragen –« Bei Harald Schmidt gäbe es jetzt ein Hohoho-Lachen.

»Ein Träumerle?!«

»Ja, meine Güte. Seine ganzen Erfindungen, die nicht so richtig funktionierten.«

»Sie waren Inspiration für die Entwicklungsgeschichte der Technik.«

»Ach ja, das kann man rückblickend immer sagen.«

»So ignorant kannst du doch nicht sein!« Ich schüttele den Kopf.

»Wer ist denn hier ignorant? Du hältst die Abbildung der Wirklichkeit, auch wenn sie bei Leuten wie Schiele und Macke einen gewissen Abstraktionsgrad aufweist, für große Kunst, mein Kind. Aber was da fehlt, ist die Seele. Das Leid. Die Geschichte. Nicht hinter dem Bild, die Geschichte hinter der Künstlerseele.«

»Aha, so wie Alejandros Geschichte?«

»Das war nicht echt. Auch wenn wir so tun wollen, als wäre sie wahr.«

Meine Mutter wischt sich mit den Fingerspitzen ein imaginäres Staubkorn von der Schulter.

»Alejandros Bilder sind intensiv und großartig. Die brauchen keine gefakten Geschichten. Du kaufst sie doch auch nicht, weil du die Geschichte glauben willst.«

»Nein, ich kaufe sie, weil sie intensiv und großartig sind und Alejandro auf dem Weg ist, ein Künstler zu werden. Aber du verstehst offenbar nicht, was einen Künstler von einem Maler unterscheidet.«

»Du willst mir jetzt erklären, dass Dürer, Leonardo, Schiele und Macke keine Künstler waren.«

»Ich erkläre dir, wieso Picasso, Dalí und Klimt Künstler waren und dein Macke nur ein Maler mit seiner ›Seligkeit der Farben‹. Es ist irrelevant, wie technisch versiert ein Künstler ist. Ob er sich bei der Fertigung seiner Werke viel Mühe gibt oder wenig. Ein Künstler hat Inspiration und wagt die Innovation. Er muss seine Wut, seine Provokation oder sein Leid künstlerisch ausdrücken. Aber was den Künstler wirklich ausmacht, ist die Rezeption, der Empfang der Botschaft. Die Vermittlung eines kulturell relevanten Wertes. Ein Maler oder Bildhauer oder was auch immer kann in seinem stillen Kämmerlein technisch brillieren – aber einen Künstler darf er sich nur nennen, wenn ihm die Menschen zu Lebzeiten aufgrund seiner Werke die Füße küssen, er von seiner Arbeit hervorragend leben kann und seine Kundschaft für den Rest ihres Lebens über sein Schaffen erschüttert ist!« Meine Mutter hat die letzten Sätze herausgeschrien.

»Macke hatte dafür gar keine Zeit. Er fiel mit 27 – in dem Jahr, in dem er in Tunesien war.«

»Das spielt keine Rolle.«

»Du bist unglaublich.« Ich gehe zu meinem Schrank, hole meinen Koffer heraus und beginne mit zusammengepressten Lippen zu packen.

Die Frauen auf den Bildern drehen sich wieder um. Sie wollen sehen, wie es weitergeht.

»Natürlich. Weglaufen. Das kannst du gut.« Meine Mutter stöckelt aus ihrem Gästezimmer und schließt sorgfältig die Tür. Sie hinterlässt den Geruch von teurem Haarspray.

»Mensch, Caterina. Du kannst doch bei mir wohnen. Ich würde mich freuen. Keine Sorge – nur freundschaftlich!« Alejandro sitzt mit löchrigen, ausgeblichenen und farbbeklecksten Jeans und einem sauberen olivgrünen T-Shirt bekleidet auf seinem Atelierhocker. Das Shirt schmiegt sich an Oberarme und Schultern, dabei flattert es locker um die Hüfte. Ich muss an Alex O'Loughlin in *Hawaii Five O* denken.

Durch die großen Fenster, die schon länger keinen Lappen mehr gesehen haben, quetschen sich diffuse Sonnenstrahlen, in denen Staub tanzt. Alejandros Zehen spielen auf dem Boden mit einem kleinen Fetzen dicken Aquarellpapiers. Ich erinnere mich daran, dass Hartmut mir mal erzählte, wie begeistert mein Kuschelbärchen von meinen mit Gras spielenden Zehen war, als ich an der Kemnade gemalt habe.

»Ich habe genug Platz!«, sagt Alejandro eifrig.

Und das stimmt auch. Wir sind hier in einer ehemaligen Stofffabrik. Ein wunderbarer alter Ziegelsteinbau, den Alejandro vor sieben Jahren gekauft hat. Es gab keine Maschinen mehr, aber im Erdgeschoss standen noch ein paar große Regale, die er behielt und nach der Kernsanierung wieder an Ort und Stelle aufbauen ließ. Er hat eine große Werkbank gekauft, sich den ehemaligen Aufseherraum als Büro eingerichtet und die Räume mit Kunst und Leben gefüllt. Überall sind die unterschiedlichsten Materialien und ältere Arbeiten einsortiert. In einer Ecke stehen ein paar aufgezogene Leinwände und angefangene Skulpturen, bei denen er nicht weitergekommen ist. Sie sind ganz friedlich, denn sie wissen, dass auch ihre Zeit noch kommt. An den Wänden hängen vollendete Werke, von denen sich Alejandro nicht trennen möchte. Es ist herrlich inspirierend, in diesem Atelier zu arbeiten, und ich bin die erste Person, die er dazu eingeladen hat.

»Fühlst du dich nicht wohl hier?«

»Doch, natürlich fühle ich mich wohl hier. Es ist ganz wunderbar, hier zu arbeiten.«

»Aber noch besser wäre es ohne mich?« Alejandros Mundwinkel sind sich unschlüssig, ob sie auf schelmisch machen sollen oder ob die Frage ernst gemeint war. Sie entscheiden sich, eine neutrale Stellung einzunehmen.

»Wie kommst du denn darauf? Ohne dich wäre das ganze Atelier verwaist und leer.«

Seine Mundwinkel schnellen nach oben und aktivieren die Augen gleich mit. »Dann nimm doch meine Einladung an! Das Obergeschoss ist genauso groß wie das Erdgeschoss …«

Über mangelnden Platz könnte ich mich wirklich nicht beklagen, wenn man davon absieht, dass das Obergeschoss aus nur drei Räumen besteht: Bad, Schlafzimmer und Rest. Vorwitzig drängelt sich eine Phantasie in mein Bewusstsein: Alejandro kommt mit einem Handtuch um die Hüften aus dem Bad, während ich in seinem Bett liege. Er lacht, und ich weiß, dass er jedem Moment seine tropfnassen Haare über mir ausschütteln wird. Wir werden uns kreischend darüber amüsieren und weitergehen. Ich sage der Phantasie, dass sie sich vom Acker machen soll, aber sie lächelt nur. Ehe sie etwas in mir bewirken kann, gehe ich zum Angriff über. Ich will mir vorstellen, dass mich mein Herzchen heldenhaft und auch ein wenig eifersüchtig aus der Situation herausholt. Ich strenge mich an, und es klappt: In meiner Phantasie klopft es an der Tür. Alejandro geht hin und macht auf. Vor der Tür sitzt ein kleines Häschen. So geht das nicht! Ich steige aus Alejandros Bett und gieße mir in der Dusche Eiswasser über den Leib. Die Phantasie wird kleiner und verschwindet. So was.

»Ich lasse ein paar Extrawände einziehen. Das geht schnell. Ich rufe sofort an, und in zwei Tagen sind die fertig. In der Zwischenzeit schlafe ich auf dem Sofa, und du kannst das Schlafzimmer haben.« Alejandro guckt mich fürsorglich an. Spätestens jetzt ist die Phantasie überzeugt, dass sie in Madagaskar bleiben kann. Also da, wo der Pfeffer wächst.

»Ich kann auch das Dachgeschoss fertig machen lassen. Das geht schnell. Es ist ja schon leergeräumt und saniert. Du musst dir nur die Raumaufteilung aussuchen. Wenn ich Druck mache, dauert das Ganze nicht länger als eine Woche! In der Zeit kaufen wir ein paar Möbel.«

Er läuft zu einem Regal, in dem gerollte Zeichnungen auf Transparentpapier in Kunststoffhüllen liegen, zieht die Rollen nacheinander heraus, liest ihre Beschriftungen und wirft sie achtlos auf den Boden. Es sind seine Detailentwürfe, die er nach den Skizzen auf Transparentpapier ausarbeitet und dann auf die Leinwand überträgt. Alejandro hasst es, auf der Leinwand zu radieren. Er sagt, die Farbe verhalte sich auf radierter Fläche anders als auf jungfräulicher, und er hat recht damit. Mir gefällt die Methode auch, weil sie so praktisch ist, um Motive proportionsgerecht auf große Leinwände zu bringen.

»Hier!« Mit großen Schritten geht er schließlich mit einer Rolle zur Werkbank und wischt mit dem Arm Farbflaschen, Tuben, Pinsel, Tücher und Wasserbehältnisse beiseite. Ich hüpfe ein paar Schritte zurück, weil ich damit rechne, dass alles in einem großen Platsch auf dem Boden landet, doch wenige Millimeter vor der Werkbankkante kommen die Materialien zum Stehen. Mir fällt ein Taschenbuch auf, das farbbekleckst zwischen den Kunst-Utensilien liegt. Ich nehme es zur Hand und sehe Alejandro mit gespieltem Entsetzen an. Obwohl, ein wenig entsetzt bin wirklich.

»Utta Danella???«

Alejandros Wangen färben sich für den Bruchteil einer Sekunde rot. Dann lacht er, völlig entspannt: »Ja. Warum nicht?«

Ich stelle mir vor, wie Alex O'Loughlin zwischen seinen Einsätzen als knallharter Agent in Hawaii an der Krabbenbude sitzt und Utta Danella liest. Ich wedele mit dem abgegriffenen Liebesschinken: »Alejandro Barturo, Meister des Schmerzes und der radikalen Kunst, liest heimlich romantische Schnulzen?«

»Der Mensch braucht Leichtigkeit im Leben«, antwortet er wie selbstverständlich. »Ich kenne einen Cellisten aus der Zwölftonmusik, der hört auf der Heimfahrt nach den Konzerten in seinem Auto Chris de Burgh. ›Du kannst dir gar nicht vorstellen, wie schön das ist‹, sagt er immer, ›das Herbstlaub an den Bäumen vor der Windschutzscheibe und dazu *High On Emotion* in den Boxen.‹«

Ich sage: »Du liest das süße Zeug nicht ironisch?«

»Isst du Schokolade ironisch?«, fragt er zurück.

Ich lasse das Buch sinken. Er dreht die Rolle auf, für welche er die Werkbank frei gemacht hat, zieht die Transparentblätter heraus und breitet sie auf der Werkbank aus. Es sind keine Vorzeichnungen, sondern Grundrisse und Vorschläge zur Raumnutzung. Alejandro wühlt zielstrebig in den großen Papieren, bis er die Vorschläge für das Obergeschoss findet, und rollt den Rest wieder ein. Dann richtet er sich zu seiner vollen Größe auf und präsentiert mit einer Geste aus seiner Stierkämpfergenetik die Zeichnungen. Ich gehe näher ran. Das Buch halte ich immer noch in der Hand.

»Also, das ist der komplette Raum«, erklärt Alejandro. »Hier muss das Bad hin, und ab hier kann eine Küche eingebaut werden. Ich habe mir bisher gedacht, das Bad so groß wie meines zu machen«, sagt er und blättert ein Blatt mit dem Bad über den Grundriss. »Wenn du ein größeres Bad möchtest, ist das natürlich kein Problem.« Wenn Alejandro sich konzentriert, zieht er die Augenbrauen zusammen. Meine Mutter würde ihn ermahnen, weil das auf Dauer Falten gibt. Ich muss lächeln, weil ich mir vorstelle, dass Alejandro auf eine solche Ermahnung hin nur noch mit zusammengezogenen Augenbrauen herumlaufen und sich dabei köstlich amüsieren würde. Während er sich konzentriert, schlage ich das Taschenbuch auf und zitiere laut in das Atelier hinein: »Die Gemahlin des Kaisers erwachte zu ungewohnt früher Stunde.« Er sieht mich an. Seine Augenbrauen schieben sich wieder auseinander. Ich kichere und schlage eine andere Seite auf: »Graf Bodenstein war einundsechzig Jahre alt, als das Kind zur Welt kam.«

Graf Bodenstein. Was für ein Name. Ich habe den Klang geruhsamer ZDF-Verfilmungen im Ohr. Diese glasklare Nähe der Stimmen, als hätten die Schauspieler restlos alles nachsynchronisiert.

[128]

Ich mustere Alejandro.

Er grinst und geht zu einem der Regale an der Wand. Zwischen Acryltuben und Kartons mit dreckigen Tüchern steht ein kleines Tablett. Darauf: eine Flasche mit gelber Flüssigkeit und ein paar winzige Gläser. »Ein paar Seiten Utta Danella, und dazu ein leckeres Likörchen. Es gibt nichts Entspannenderes.« Alejandro hebt die Flasche an. Es ist Eierlikör. Von Verpoorten.

»Du liest Utta Danella und trinkst dabei Eierlikör? Ernsthaft?« Gleich pruste ich los. Höflich ist das nicht. Eines der kleinen Gläser hat einen gelben Boden. Ein eingetrockneter Rest Likör. Ich sage: »So was machen alte Tanten!«

Alejandro lässt seine Augenbrauen wieder aufeinander zu wandern, zeigt auf die Pläne und sagt: »Ich wollte das Dachgeschoss schon lange ausbauen, aber so viel Platz brauche ich ja nicht, und den Gedanken an einen wildfremden Mieter im Haus fand ich unerträglich.« Er dreht sich zu mir um. Seine Augenbrauen entspannen sich erneut. »Aber wenn du dort einziehen würdest, wäre das durchaus angenehm.«

»Aha, du brauchst also eine einigermaßen angenehme Mieterin«, sage ich mit einem provozierenden Blick.

»Ja, genau.« Seine Augen blitzen vergnügt.

»Zum Beispiel eine, die sich nicht über deinen Buchgeschmack lustig macht. Oder deine Trinkgewohnheiten.«

»Ich bin froh, wenn du Spaß hast«, sagt Alejandro.

»Was hast du denn so zu bieten?«, frage ich. »Wie sieht die Energiebilanz der Wohnung aus? Ist die Gartennutzung inbegriffen? Wie oft dürfte ich Feiern ausrichten? Ist DSL inklusive? Und das Wichtigste – wie hoch sind die Kosten? Die Miete, die Nebenkosten, die Kaution?«

Alejandro lacht und setzt dann eine anzügliche Miene auf. »Über die Kosten werden wir uns schon einig, Señorita«, sagt er mit einem starken spanischen Akzent.

Ich grinse und sage: »Jetzt mal im Ernst: Das ist doch riesig da oben. Du könntest ein gutes Geschäft machen, wenn du ernsthaft vermieten würdest.«

»Ich brauche keine guten Geschäfte mit der Aufgabe meiner Privatsphäre zu machen.«

Das stimmt. In Alejandros Clan gibt es den Brauch, den volljährigen Sprösslingen ein üppiges Startgeld in die Hand zu drücken und zu erwarten, dass sie etwas daraus machen. Es gibt dabei nur eine einzige Bedingung: Wenn sie versagen, sind sie auf sich gestellt.

Tante Elena schätzte diesen Brauch, wandelte ihn aber ab. Sie gab ihrem Neffen zu seinem zehnten Geburtstag 500 DM, die er bis zu seinem elften Geburtstag investieren und so gut wie möglich vermehren sollte. Würde er ohne Gewinn, aber auch ohne Verlust aus dem Jahr herauskommen, bekäme er im nächsten die gleiche Summe für weitere Bemühungen. Jeder noch so kleine Verlust aber würde zu 50 Prozent Einbußen seines normalen Taschengeldes im gesamten folgenden Lebensjahr führen, ein Gewinn dagegen mit einer Verdopplung der gewonnen Summe belohnt, die im nächsten Jahr zusammen mit weiteren 500 DM investiert werden müsste.

»Es gibt aber keinen Balkon«, sage ich herausfordernd.

»Du willst einen Balkon? Dann lasse ich dir einen Balkon anbauen. Oder direkt eine große Terrasse?«

Mini-Alejandro überlegte zwei Monate, was er machen sollte. Erst wollte er unbedingt einen der damals ganz neuen CD-Player haben. Damit wäre er in der Hierarchie seiner Klasse weit nach oben gerückt. Er dachte darüber nach, wie wichtig ihm das war. Es erschien ihm die komplette Taschengeldeinbuße für den Rest seines Lebens wert. Da er Tante Elena liebte, berücksichtigte er aber ihren Rat, vor jeder gravierenden Entscheidung eine Nacht darüber zu schlafen. Er bekam kein Auge zu und war am nächsten Tag in der Schule so aufgekratzt, dass seine Kraftreserven ungewohnte Charakterzüge mobilisierten. Er lachte häufiger, machte Komplimente, die er selbst als albern empfand, und redete mehr und offener als sonst. Nach diesem Tag legte er sich zu Hause hin und schlief das ganze Wochenende durch.

»Caterina, Schönste, sieh her – der Garten würde aufblühen, wenn du hier leben würdest!«

»Katze!«

»Du willst eine Katze? Kein Problem. Vielleicht sogar besser zwei aus einem Wurf. Katzen mögen vierpfotige Gesellschaft.«

»Oh ja. Aber das meine ich gar nicht. Da drüben sitzt eine Katze in deinem Baum. Kommt die nicht mehr runter?«

»Stimmt. Es sieht aus, als wäre sie zu weit oben.« Alejandro sieht mich an, dann durch das schmutzige Fenster zu der Katze und wieder zu mir. Er nickt, geht raus, nimmt sich eine alte Holzleiter, die am Haus lehnt, und stellt sie an den Baum. Langsam klettert er hoch und redet auf die fast weiße Katze ein. Nur die Ohren und ein Fleck am Kinn sind schwarz.

Als Alejandro am nächsten Montag wieder in die Schule ging, waren seine Mitschüler wie ausgewechselt: Die Mädchen lächelten ihm zu, die Jungs klapsten ihm freundschaftlich auf die Schultern, und im Sport wurde er als Erster in eine Mannschaft gewählt. Er brauchte keinen CD-Player mehr und überlegte, wie er Tante Elenas Auftrag erfüllen könnte. Nach zwei Monaten ergab es sich wie von selbst: Im schuleigenen Kiosk sollte auf Intervention der Eltern hin aus Gesundheitsgründen nichts Süßes mehr verkauft werden. Alejandro beauftragte die Tochter einer Freundin seiner Tante damit, leckere Süßigkeiten herzustellen, die gesund aussahen. Sie war im dritten Jahr ihrer Konditorlehre und überredete ihren Chef, sie mal machen zu lassen. Heraus kamen Schokoriegel, die wie Müsli-Sticks wirkten. Alejandro ließ die Elternversammlung einberufen und bot die Müsli-Sticks an, die in der den Erwachsenen vorgestellten Variante nicht nur gesund aussahen, sondern auch so schmeckten. Die Eltern waren begeistert. Ihre Kinder über die eigentliche, süße Version für die jüngere Generation auch. Fortan verkaufte der Hausmeister in seinem Kiosk die Riegel, die die Konditorei regelmäßig frisch lieferte. Alejandro investierte neben dem Geld von Tante Elena auch noch alles, was sich in seinem Sparschwein befand.

»Sei vorsichtig«, rufe ich, aber wahrscheinlich hört er mich nicht. Die Katze setzt zum Sprung an. Sie benutzt Alejandros Rücken als

Kletterhilfe, um möglichst nah an den Boden zu kommen, bevor sie sich kräftig abstößt, springt und blitzschnell wegläuft. Einen Augenblick sieht es aus, als würde Alejandro mitsamt Leiter nach hinten kippen, doch er kann sich fangen, klettert herunter und kommt wieder ins Haus.

»Gut gemacht«, sage ich. »Sie hat ihre Krallen benutzt, oder?«

»Hm.«

»Lass mal sehen.«

Er zieht sein Shirt hoch und dreht sich um. Am Ende einer langen Kratzspur steckt eine Kralle in seinem Rücken. Ich ziehe sie heraus und gebe sie ihm. »Hast du was zum Desinfizieren im Haus?«

Alejandro nimmt Kodan-Tinktur aus einem Regal.

»Wären Katzen immer noch okay?«, frage ich.

»Na klar!« Er dreht sich um und strahlt mich an.

Der Konditor hielt sich an die Vereinbarung und gab Alejandro damals 20 Prozent der 67 Pfennig Gewinn pro Scheinmüsliriegel. Alejandro stellte sie in jeder Grundschule im Ort vor und erweiterte so den Kundenkreis beträchtlich. So konnte er schon im ersten Monat nach Beginn der Aktion seinen Einsatz verdoppeln und Tante Elena an seinem elften Geburtstag neben dem Einsatz und einem wieder gefüllten Sparschwein über 2000 DM und sein komplettes Geschäftskonzept präsentieren. Kurz darauf verkaufte er dem Konditor seinen Anteil, um eine neue Idee auszuprobieren. Ein halbes Jahr später bemerkte eine Mutter, dass der Riegel eine Süßigkeit war, und sorgte für einen sofortigen Verkaufsstopp an den Schulen. In seinem Geschäft verkauft der Konditor die Riegel aber noch heute mit großem Erfolg. Seit damals investiert Alejandro ständig. Das Startgeld seiner Familie hat er zurückgewiesen.

»Ich kann sofort die Handwerker anrufen.« Er zeigt zum Büro.

»Miete!?«

»Keine Miete. Ein Deal: Du kümmerst dich um die Unterhaltung meiner Putzfrau und bewegst sie dazu, auch hier unten sauberzumachen.«

»Die Unterhaltung deiner Putzfrau?«

»Sie ist echt nett, aber sie erzählt pausenlos von ihrer Tochter und den Schwierigkeiten mit ihr. Sie möchte sich darüber unterhalten und braucht Ratschläge. Meistens dann, wenn ich gerade arbeiten will.«

»Ich verstehe«, sage ich zurückhaltend. Dann fällt mir wieder das Buch ein, das ich in der Hand halte. Ich schmunzele verschwörerisch und wedele damit: »Du hast mich hinters Licht geführt. Dieser herrliche Schinken von Utta Danella gehört in Wirklichkeit deiner Putzfrau. Und der Eierlikör erst recht.«

Alejandro sieht kurz aus dem Fenster. Wüsste ich es nicht besser, würde ich sagen, er presst für eine Millisekunde seine Lippen zusammen. Er mag Utta Danella wirklich. Und sein Likörchen. Die Millisekunde geht vorbei. Er zeigt auf die Pläne und dann mit weitausgebreiteten Armen in den Raum. »Sag es, Caterina: Ist das ein gutes Angebot?« Er lehnt sich an den Hocker vor der Werkbank.

»Das ist ein wirklich ungeheuer liebes Angebot von dir, aber ich werde dir doch nicht auch noch zur Last fallen.«

»Du würdest mir niemals zur Last fallen, guapísima.« Alejandro steht auf und kommt mit ausgestreckten Armen leicht vorgebeugt auf mich zu. Er fasst mich an den Oberarmen, neigt sein Kinn und sieht mich ernst an. »Bitte, fahr nicht. Und dann auch noch in den Maghreb. Da ist jetzt Revolution. Da gibt es keine Touristen.« Er lässt den Kopf hängen und fügt leise hinzu: »Da ist Krieg. Du könntest sterben.« Er zieht mich zu sich heran. »Bitte, Caterina. Wohn bei mir. Ich verspreche dir, ich flirte keine Sekunde. Es sei denn, du fängst an. Ganz fest versprochen!«

»Darum geht es doch nicht.« Ich mache mich los und lasse meinen Blick durch das Atelier schweifen. Es ist leer geworden. Im Materialregal liegen ein paar Stoffballen und wenige Keilrahmen. Alejandro räumt auf. In der Ecke mit den Skulpturen stehen vier große prallgefüllte Abfalltüten. Er will, dass ich auch diesen Teil des Ateliers mitbenutze.

»Ich räume noch mehr weg. Ich habe sogar einen Fensterputzer bestellt, und morgen kommt jemand, der die Farbe vom Boden abschleift.«

Das wäre durchaus nötig, denke ich mir, aber das Action Painting auf dem Boden hat auch so seinen Reiz.

Ich sage: »Ich will das Licht von Macke sehen. Ihm nachspüren. Du kennst so was doch.«

»Dann komme ich mit. Ich brauche sowieso neue Inspiration. Macke ist auch nicht alleine nach Tunesien gefahren. Klee und Moilliet waren dabei.« Er streckt seine Arme aus, dreht sich einmal um sich selbst, steckt sich einen dicken Pinsel zwischen die Zähne und präsentiert sich als Künstlerfreund.

»Eben hast du noch gesagt, es wäre gefährlich. Und jetzt willst du mitkommen?«

»Nur wegen dir, meine Schöne. Ich könnte dich malen, wie du die tunesische Revolution malst. Dabei hätte ich dich immer im Auge und könnte dich beschützen, wenn es nötig wird.«

»Hicks.« Oh nein, nicht jetzt! Warum bekomme ich immer einen Schluckauf, wenn es im Leben um etwas geht? Luft anhalten!

Alejandro zieht die Augenbrauen zusammen, lässt sie wieder auseinandergleiten und sieht mich erneut ein paar Sekunden schweigend an. Dann sagt er: »Willst du dich bei mir geborgen fühlen?«

Das klingt nicht nach lockerem Spaß.

»Hicks.«

Bereits im nächsten Moment wird er flapsig. Er nimmt eine Bodybuilder-Pose ein, schiebt die kurzen Ärmel hoch, zeigt mir seinen Bizeps, krempelt sein Shirt an der Taille hoch und deutet auf seine Bauchmuskeln. Das Sixpack, dass Alex O'Loughlin nun präsentieren würde, ist bei Alejandro trotz seiner guten Figur nur zu erahnen. Er liebt seinen Körper, aber er schindet ihn nicht. Das gefällt mir. Und dass er jetzt herumalbert, um meinen Schluckauf zu überspielen, auch.

»Hicks.«

Er wechselt die Seite, richtet sich auf, tänzelt wie ein Boxer und

[134]

schlägt ein paar Luftschwinger. Das Shirt rutscht wieder runter. Ein paar Sprünge mit einem imaginären Seil, dann steht er wieder still. Er legt seinen Kopf auf die Seite, lässt seine Arme auf Hüfthöhe sinken, hält seine Handflächen nach vorne, zeigt Zähne und wartet auf meine Antwort.

»Hicks.«

»Du darfst auch hicksen. Einmal für ja, zweimal für nein.«

Ich stehe nur da.

Alejandro reagiert. Er nimmt seinen iPod aus der Dockingstation, streckt mir die rechte Hand mit einer »Stopp«-Geste entgegen und sucht mit der linken nach einem Song. Er findet ihn und steckt den iPod zurück.

Ich erkenne das Lied am ersten Ton. »Every Breath You Take.« Die Live-Version aus Japan von 1993. Er war während eines Schüleraustauschs selbst beim Konzert. Das ist wirklich schweres Geschütz. Ich kann mich nicht bewegen.

Alejandro formt mit seinen Lippen ohne Geräusch ein »bitte«. Er kommt ganz nah. Da sind winzige Nuancen von Braun in seinen Pupillen. Gold und Grün sind auch dabei. Der äußere Rand ist ganz dunkel. Mir ist nie aufgefallen, wie lang seine Wimpern sind. Ich schmecke seinen Atem auf meinen Lippen. Ich müsste ihm nur einen einzigen Zentimeter entgegenkommen. Ich weiß, dass mir das gefallen würde. Sehr.

»Hickshickshicks.«

»Was soll das denn heißen? Jajaja, Janein, Neinja, vielleicht? Bitte nur einmal für ja und zweimal für nein.«

Ich halte die Luft an und schaue ihm in fest in die Augen. »Wenn ich zurück bin, bekommst du deine Antwort.«

Alejandro gibt mir einen kleinen, zärtlichen Kuss auf die Stirn, geht einen Schritt zurück und nickt.

Ich muss am Frankfurter Hauptbahnhof umsteigen, wenn ich zum Flughafen will. Auf der Fahrt hierher habe ich in meinem Skizzenbuch gezeichnet. So lassen sich meine Gedanken am besten abschalten. Aber jetzt laufe ich hier herum, suche den blöden Zug, und die Gedanken hämmern von innen Hieroglyphen an meine Schädeldecke. So geht das nicht weiter. Das Problem ist simpel und wahrscheinlich so alt wie zweigeschlechtliche Fortpflanzung. Man kann es auf ein paar Sätze runterbrechen. Je kürzer die Formulierung, desto klarer die Lösung. Das ist Susannes Credo, und Susanne lässt sich nicht beirren. Ich setze mich auf den Sockelstein einer riesigen Metallstrebe, die das Gewölbe des Bahnhofs mitträgt. Sozusagen ein stilisierter Atlas, mit der Last der Welt auf seinen Schultern. Passt. Ich atme mehrmals tief durch und taste nach meinen Gedanken.

Alejandro ist auf meiner Wellenlänge. Er hat mir einen Platz zum Malen gegeben. Ich kann mit ihm über Kunst reden. Kinder, Tiere und betagte Mäzeninnen mögen ihn. Er ist charmant und aufmerksam. Er ist witzig, gutaussehend und aufregend. Er riecht gut. Ich bin ihm wichtig.

Aber selbstverständlich ist er nicht meine große Liebe. Der Metallträger über mir knarzt, als würde er jeden Moment nachgeben und mich erschlagen. »Ich will nicht hören, dass das irgendjemand in Frage stellt!«, zische ich ihn an. Das Metall wird wieder still und starr. Also, ich war bei meiner großen Liebe. Er meldet sich nicht mehr bei mir. Es war furchtbar, was in Berlin passiert ist, und wir waren alle völlig neben der Spur, aber er und ich – wir waren doch nur auf zweiter Ebene betroffen. Es hat furchtbar weh getan, aber wieso gibt es zwischen uns keinen Kontakt? Ich weiß nicht, wo er ist, und telefonisch kann ich ihn auch nicht erreichen. Er dagegen weiß, wohin ich gegangen bin. Er weiß es. Und hat sich die ganzen Monate nicht gemeldet. Das ist doch alles Wahnsinn! »Ja, ja alles Wahnsinn, großes Leid. Der Leidende erschafft Kunst statt Larmoyanz!« Aha, typische Kritik der Kopf-Mutter.

Ich glätte mit der Hand meine Stirn, doch sie flutscht in verärgerte Falten zurück. Ich springe auf, schüttle mich wie ein nasser Hund, schnappe mir meinen Koffer und steige in den Zug zum Flughafen.

»Fahrscheinkontrolle! Ja, danke. Danke. Ja, danke. Fräuleinchen, Sie sind hier aber falsch.«

»Warum? Ich wollte im Zug sitzen.«

»Das mag ja sein, aber bestimmt nicht in diesem!«

»Was stimmt denn nicht mit diesem Zug?«

»Mit diesem Zug stimmt absolut alles.« Der große Schnäuzer des Kontrolleurs biegt sich amüsiert nach oben. Der Mann tippt von unten seine Mütze an und schiebt sie in den Nacken. »Mit Ihnen stimmt was nicht.«

»Aha, und was bitte?«

»Auf Ihrem Fahrschein steht, dass Sie zum Flughafen wollen. Die Weiche dorthin haben wir vor wenigen Minuten rechts liegengelassen und befinden uns auf dem geraden Weg nach Darmstadt.«

»Nein.«

»Doch.« Der Schnäuzer bebt vor Freude. Mit ihm ein satter Bierbauch.

»Na, prima«, seufze ich, »dann darf ich die ganze Strecke zurückfahren.«

»Sie können auch bis Zürich durchfahren, dann muss ich Ihnen nur noch ein bisschen Kleingeld abnehmen.«

»Zürich?«

»Ja.« Der Kontrolleur genießt die Diskussion. So etwas müsste doch eigentlich Alltag für ihn sein. Neben mir sitzt eine junge Frau mit Hörer in ihren Ohren. Sie hat die Augen geschlossen. Gegenüber liest ein Mann in der »Frankfurter Allgemeinen«. Ein paar Sitze weiter spielen zwei Jungs ein Spiel an ihren Laptops. Wahrscheinlich zusammen. Für den Kontrolleur ist das ganz sicher ein Höhepunkt des Tages.

»Okay, dann eben Zürich«, sage ich. »Rechnen Sie das Ticket zum Flughafen an?«

Der Kontrolleur reißt die Augen auf. Das ist wirklich mal was Neues.

»Ich soll Ihnen eine Ticketerweiterung nach Zürich verkaufen?«

»Ja, bitte. Wenn ich schon mal hier sitze. Ich war noch nie in Zürich. Das ist doch eine Bildungslücke.«

Der Schnurrbart des Schaffners zittert vor Erregung. So was Spannendes ist ihm noch nicht untergekommen.

»Zahlen Sie bar oder mit Karte?«

»Mit Karte.«

»Dann erweitere ich für Sie erst ab Darmstadt. Macht dann noch 90,80 Euro.«

»Das ist nett von Ihnen.«

»Ja, so sind wir bei der Bahn.« Die Karte rattert aus dem Gerät des Schaffners. Er reißt sie schwungvoll ab und gibt sie mir. Aus den Augenwinkeln betrachte ich die Landschaft vor dem Fenster.

Viele grüne Flächen. Ein paar Farbkleckse. Ich habe schon fast ein Macke-Feeling. Nur eben eher in Grün als in Blau.

»Vielen Dank und gute Reise, junge Frau.«

»Danke, Ihnen auch.«

»Ich reise nicht.«

»Nein, natürlich nicht.«

Aber ich! Ich beame mich nicht von einem Ort zum anderen, sondern ich reise. Macke, Klee und Moilliet sind auch mit Zügen und einem Schiff nach Tunesien gereist. Ich lehne mich zurück und schaue nach draußen. Macke in Grün. Mein spontaner Entschluss war genau richtig.

Und die Sache mit den Männern verschiebe ich erst mal.

> *Caterina Seite 179*

< Hartmut Seite 69

Die Pension

17.03.2011
51° 9′ 13.35″ N, 15° 18′ 51.11″ E

Ich habe die Frauen abgehängt. Wie ich gelaufen bin! Den ganzen Tag, ohne abzusetzen, vierzehn, fünfzehn Kilometer ohne Pause, ohne mich auch nur umzudrehen. Wie in einem Albtraum, wenn das Ungeheuer hinter einem her ist. Es dämmerte bereits, als ich anhielt und in einen Busch kroch, wo ich bis zum Morgen in meinen Schlafsack gewickelt gelegen und versucht habe, die Lippen von Jennifer Rush aus dem Kopf zu kriegen.

Ich schmecke sie jetzt noch, als ich im herben Wiesenduft des Morgens einen Ort erreiche, der wie die Radierungen aussieht, die meine Eltern sich an die Schlafzimmerwand hängen. Endlos weite Felder. Grobe Krume. Höfe am Horizont. Ein Bauernhaus mit Heuhaufen und raschelnden Eschen. Ein Dorf streckt seine erste Straße zwischen die Felder wie ein liegender Riese seinen Arm. Eine rotgetigerte Katze springt über einen Gartenzaun davon. Das Dorf heißt Radogoszcz, zu Deutsch Wünschendorf. Hier werden also Wünsche wahr. Der Name kommt mir bekannt vor. Ich sehe die Flure der Universitätsbibliothek Bochum vor mir. Die stabilen, dunkelblauen Einbände, in die sie die Bücher binden, bevor sie in die Regale kommen. Ich rieche den Teppich. Höre das leise Surren der Neonlampen. Die Ruhr-Uni konnte auch surren, wie das Avus-Motel, und manch versteckte Ecke in ihrem Betonbauch sah ähnlich unheimlich aus. In meiner Erinnerung sitze ich in einer unwirtlichen Lesenische, die Füße unter einem weißen Tisch mit Beinen aus kaltem, schwarzem Metall. Der Schriftsteller, über den ich lese, war radikal genug, dass er mich interessierte.

Sogar der Professor hätte ihn durchgehen lassen, nehme ich an. Der Schriftsteller hat hier gelebt, Lauban ist der Geburtsort seiner Mutter und Wünschendorf ein Teil davon, so wie Wiemelhausen ein Teil von Bochum ist. In Görlitz ging er zur Schule, nachdem in Hamburg der Vater gestorben und die Mutter mit den Kindern zurück nach Schlesien gezogen war. Jetzt fällt mir alles wieder ein. Ich in der Lesenische und vor mir, in alter Zehnpunktschrift, durchkreuzt von Bleistiftnotizen meiner Vorgänger: Arno Schmidt. *Zettel's Traum* hat er geschrieben, mit dem Apostroph am Genitiv, Bastian Sick hätte sich aufgeregt, aber Arno Schmidt hätte dieses magere Vortragsstäbchen zum Frühstück verspeist. Ich las damals eine zeitgenössische Kritik über das Buch. Entweder sei es »das Meisterwerk des Jahrhunderts« oder »ein Eiffelturm aus Streichhölzern, von einem Hobby-Berserker um den Preis seines Lebens erstellt«. Das habe ich mir gemerkt. »Von einem Hobby-Berserker um den Preis seines Lebens erstellt.« So muss man leben, dachte ich mir, wie ein Hobby-Berserker. Ich habe es getan. Und was hat es mir gebracht? Während ich mir diese Frage stelle, suche ich einen Ortskern. Aber es gibt keinen. Immer nur Häuser und Höfe, aufgereiht entlang der Straße. Ich denke schon wieder an den Professor, Theodor W. Adorno, der auch in einer ländlichen Region aufgewachsen ist, im Dorf Amorbach im Odenwald. Als unschuldiges Kind fühlte er sich dort wohl, doch später, aller Möglichkeiten zu ungebrochener Empfindung beraubt und zurückgekehrt aus dem amerikanischen Exil, schrieb er: »Ist man wieder in Europa, so ähneln plötzlich auch hier die Ortschaften einander, deren jede in der Kindheit unvergleichlich schien.« Die »universale Verhängnisgeschichte« wirkt mit »normierendem Zwang« bis hinein »in den Grundton roten Sandsteins« der Häuserziegel. Die Sätze des Professors schwirren durch meinen Kopf. Ich kann sie auswendig, so wie andere Männer Blondinenwitze. Diese Männer sind glücklicher als ich und waren es auch schon, bevor ich selbst einen handfesten Grund hatte, nie mehr glücklich zu sein.

Ein Moped knöttert an mir vorbei. Die Freundin des Fahrers schlingt ihre zierlichen Hände um seine Taille und sieht ihn bewundernd an, als sausten die beiden mit der Harley durch Amerika. Er schaut glücklich nach vorn über Straße und Felder. Noch kann er ihr nur ein Moped bieten, aber er spürt bereits, dass es der Anfang einer längeren Reise ist. Einer Reise mit diesem Mädchen und keinem anderen. Man bemerkt so etwas, wenn man eine Antenne dafür hat. Es ist, als strahle jeder Mensch ein Feld von Zukunft aus. Bei manchen ist das Feld klein. Es schimmert rot und hitzig, aber es reicht gerade mal für eine Nacht. Dann gibt es blaue Felder, ein Dämmerblau wie vier Uhr morgens. Heimfahrt nach einer Party direkt hinein in den Kater. Das Dämmerblau-Feld kündigt eine Beziehung von Wochen an, vielleicht von Monaten, aber mehr nicht. Es endet an den Grenzen all der anderen Möglichkeiten, die keiner der beiden Partner im Leben verpassen will. Das Mehrjahres-Feld ist gelbgrün wie ein sonniges Rapsfeld. Die Liebenden, die sich in ihm finden, glauben manchmal sogar daran, dass es ewig währen wird, aber selbst Raps geht irgendwann ein. Nur ganz selten strahlt ein Mensch ein Zukunftsfeld aus, das bis ins Endlose reicht. Man trifft sich, und in dem Augenblick verschmelzen zwei Felder zu einer unauflösbaren gemeinsamen Zeit, auch wenn die Beteiligten es selbst noch gar nicht glauben. So ging es mir bei Susanne. Bei keiner anderen. Das Endlosfeld ist auch blau, aber nicht dämmerkatergroßstadtblau, sondern türkisgrünblau, wie das Meer, das immer in Bewegung bleibt und gleichzeitig still ruht. Es gibt nur einmal im Leben einen Menschen, der mit dem eigenen Feld zur grenzenlosen Zukunft verschmilzt. Man bemerkt es daran, dass man erst, wenn man diesen Menschen getroffen hat, solche Metaphern überhaupt erfindet und nicht mal mehr für kitschig hält. Sie sind auf einmal treffend, und selbst der Professor bleibt still. Aber wenn *diese* Zukunft zerrissen wird, diese *eine*, die *sein soll*, dann gibt es nur noch … Einsamkeit.

»Deutscher Mann!«

Die Stimme von Jennifer Rush reißt mich aus meinen Gedanken.

Sie hat mich aufgespürt. Neben ihr sitzt die Schwarzhaarige in einem Kleinwagen mit offenen Fenstern. Auf der Rückbank zwei weitere Frauen, die sie als Treiberinnen in der Jagd mitgebracht hat.

Stalker sind nicht lustig. Sie werfen Zwangszukunftsfelder aus wie Fangnetze. Ich renne los, trotz der Blasen an meinen Füßen und des Rucksacks, der eine gefühlte Tonne wiegt. Die Straße hinab, links in einen schmalen Weg hinein. Ich bin flinker als der knatternde Kleinwagen. Ein Haus in der Straße hat eine weißgestrichene Wand, bunte Stiefmütterchen in Blumenkästen aus Holz und ein großes Schild neben der Tür, auf dem ein Name steht. Es mag nur der Name der Familie sein, die hier lebt, aber vielleicht ist es auch eine Pension. Eine Ferienwohnung. Auf dem Hof schnattern Gänse. Die Katze sieht so gepflegt aus, als würde sie jeden Tag gebürstet. Und die Tür steht offen! Ich stürze hinein. Im Flur steht ein kleiner Sekretär aus Kirschholz. Auf einem weißen Deckchen mit Spitze liegt ein Block. Daneben ein Kugelschreiber. Der Block ist liniert und hat wie ein Briefkopf den Namen aufgedruckt, der draußen an der Tür steht.

»Ze pożal się Boże!«, sagt eine Frau, die aus der Küche tritt und eine Schürze trägt. Sie klingt erschrocken. Zugleich sieht sie aus wie eine Pensionswirtin. Sie erinnert mich an Johanna aus Hohenlohe. Ich hebe die Arme, um sie zu beruhigen. Draußen knattert der Motor des Kleinwagens auf der Hauptstraße.

Ich lege die Handflächen auf meine Brust und spreche ganz langsam: »Ich – brau – che – ein – Zim – mer.« Ich nehme die Hände wieder von der Brust, falte sie flehend und lasse meine Augenbrauen flattern wie zitternde, quergedrehte Semikolonzeichen.

»Zimmer? Sie deutsch?«

»Ja, ja!«, nicke ich, da Deutschsein hier ja absurderweise populär zu sein scheint. »Ähm. Arno Schmidt? Sie kennen? Arno Schmidt? Zettel?«

»Schmidt«, sagt sie, als wäre das ganz einleuchtend. Trotzdem beäugt sie mich weiterhin, als stünde ein riesiger Elch in ihrem Flur. Der Kleinwagen hält auf der Hauptstraße an, und Frauenfüße landen auf dem Boden. Ich muss mich verstecken. Der Flur ist nicht sicher genug. Durch die offene Tür können sie ihr Fangnetz werfen. Ich zeige nach draußen, zum Lärm, dann wieder auf mich. Ich verberge mein Gesicht hinter meinen Unterarmen, um der Pensionswirtin zu signalisieren, dass ich mich verstecken muss. Falls sie eine Pensionswirtin ist. Sie gibt mir kein Zeichen. Steht nur da, in ihrer Schürze, wie ein Blatt, dass ich selbst beschreiben muss, in Wünschendorf. Ich greife in meine Tasche, öffne mein Portemonnaie und lege einen Zweihundert-Euro-Schein auf den Block, der den Sekretär schmückt. Jetzt strahlt die Frau. Sie macht einen Schritt vor, steckt das Geld in die Schürze und gibt mir den Kuli, als würde sie jeden Tag nichts anderes tun.

»Schmidt! Zettel!«, sagt sie und zeigt auf das Papier.

Ich setze den Stift an und schreibe »Arno Schmidt« auf das Blatt, darunter die Adresse des »Basta!« in Görlitz. Sie kennt den Schriftsteller nicht, der früher hier gelebt hat. Sie denkt, ich bin Schmidt. Draußen klopfen die Frauen an die Türen der Nachbarhäuser. Die Pensionswirtin scheucht mich die Treppe hinauf in ein Zimmer. Bett mit Nachttisch. Kleiner Tisch mit Stuhl. Alte Kommode. Waschbecken mit Spiegel. Unten klopfen die Frauen und rufen. Die Pensionswirtin zwinkert mir zu, als seien wir nun ein Team. Sie schließt die Tür. Ich drehe den Schlüssel nach rechts. Unten im Hausflur begrüßt sie freundlich die Frauen, hält ein Schwätzchen mit ihnen und macht ihnen klar, dass sie heute noch keinen Mann hier gesehen hat. Ich hocke in der Deckung hinter Fensterbank und Gardine und sehe, wie die Stalkerin mit ihren Komplizinnen geht und weitersucht nach dem einzigen Mann, der nicht trinkt und der diese komischen, putzigen Koteletten am Schädel kleben hat. Jennifer Rush dreht sich um und sieht zum Fenster hoch. Ich stürze rückwärts zum Bett und erstarre, hoffend, dass sie mich nicht gesehen hat. Ich warte zehn Minuten. Die Frauen kehren nicht wieder. Die Pensionswirtin klopft und bringt mir heißen Tee. Ich nippe an der Tasse, und sie zeigt mir die Dusche auf dem Flur, von dem drei weitere Türen abgehen. Die sind mir beim Hochhasten nicht aufgefallen. Vielleicht war das Haus bis eben gar keine Pension. Vielleicht habe erst ich es in eine verwandelt.

»Schmidt wollen essen?«, fragt die Pensionswirtin. »Mittag?«

»Ja, Mittag«, sage ich.

Sie nickt und geht die Treppe hinab – wohlige, dumpf pluckernde Holzstufenschritte –, und ich verschwinde wieder in dem Zimmer, das ich erschaffen habe.

Die Pensionswirtin macht Grünkohl mit Mettwurst, und ich lehne nicht ab, obwohl es das erste Mal seit Jahren ist, dass ich Fleisch zu mir nehme. Ich wüsste nicht, wie ich einer alten Schlesierin das Konzept des Vegetarismus beibringen soll, und als ich den ersten Bissen der heißen, fettigen, würzigen Wurst auf der Zunge spüre, frage ich mich sowieso, ob die Zeit der Prinzipien nicht vorbei ist. Oder besser: Ob meine Prinzipien nicht durch neue ersetzt werden müssen. Pragmatik statt Pamphlete. Ich will zu Fuß nach Sibirien, da wachsen keine Tofusprossen am Straßenrand. Ich werde Möwen verspeisen und Eisvögel ausnehmen. In Bochum oder Berlin, da ist es richtig, kein Tier zu essen, da werfen sie einem die Falafel und Veggieburger hinterher. In der Zivilisation ist jede Wurst ein Bonuslevel. Aber hier, auf der Reise ins Nichts, da geht es ums Überleben. Da ist der Verzicht auf tierisches Fett und Proteine wahrscheinlich so, als würde man Super Mario seine Sprungfähigkeit wegnehmen.

Die Pensionswirtin spricht nicht, während wir speisen. Gerade hat sie gebetet. Ich habe aus Höflichkeit die Hände gefaltet, den Kopf gesenkt, die Lippen bewegt und still für mich die ersten zehn Alben von Miles Davis aufgesagt. Die Kelle singt klimpernd, wenn ich mit ihr, neue Kraft schöpfend, an den Topfrand stoße. Die Pensionswirtin pustet auf ihren Löffel und beobachtet mich über dem tropfenden Besteck. Ich bin der einzige Gast. Falls es eine Pension ist. Vielleicht macht die alte Frau gerade auch einfach nur das Geschäft ihres Lebens. Zweihundert Euro für ein Bett und zwei große Teller Grünkohl.

»Baczki?« Die Pensionswirtin hebt die Hand und tippt die Spitze meiner Kotelette an, wie jede Polin es tut. Sie zeigt aus dem Fenster. Wieder auf den Bart. Sie formt meine Silhouette mit den Händen in der Luft nach.

»Sie meinen, ich sehe zu auffällig aus?«, frage ich.

Sie wackelt mit dem Kopf. Ich schnaufe. Esse ein Stück Wurst. Zuletzt habe ich Mettwurst bei meiner Großmutter gegessen, als Kind. Das erste Mal, dass ich fragte, ob eigentlich jedes Jahr von allein genug Kühe sterben, damit es täglich Fleisch geben kann, war bei meiner Mutter. Sie wurde bleich und versuchte eine halbe Stunde lang, nicht von Tötung oder gar Mord zu sprechen. In der Küche meiner Großmutter hätte ich so was nie gefragt. In der Küche einer Großmutter gebiert alles seine fraglose Richtigkeit wortlos aus sich selbst heraus.

Kaum ist der letzte Bissen in meinem Magen, brummt mein Handy. Es war tagelang ruhig. Jetzt macht es »Bröööd brööööd«, was sagen will, dass eine Kurznachricht eingetroffen ist. Mein Provider teilt mir mit, dass ich Post von meinem besten Freund im Mailfach habe. Ich kann meinen Account mit dem Telefon einsehen. Ich habe es mir während der Taxizeit im Angebot zugelegt, als mein altes Handy seinen Geist aufgab. Eigentlich wollte ich nie ein Smartphone, aber es war schon beim Kauf so alt, dass es gegen die neuen Modelle eigentlich ein Dumbphone ist. Die Pensionswirtin bietet mir Wodka an. Ich winke ab. Was denkt sie, warum mich die Frauen gejagt haben? Ich öffne den Mailaccount auf dem Display und lese die Nachricht.

Ich weiß, wir sollen Funkstille halten. Aber das gilt doch mehr für die Pärchen untereinander, oder? Yannick geht es gut. Pudding, Ohrhärchenkraulen, viele Decken. Bei mir selbst ist es ähnlich. Und bei Dir?

Typisch. Er schreibt nicht mal seinen Namen. Funkstille gilt nur für die Pärchen? Bei uns Männern soll sie kein Problem sein? Warum zittere ich dann, als ich die Nachricht schließe? Yannick geht es gut. Das beruhigt mich. Wenn es dem Kater gutgeht, hat mein bester

Freund sich auch nicht aufgegeben. Er schreibt mir nicht einfach so. Er will testen, ob ich Unsinn mache. Ich weiß das. So war er immer. Er rettet mich, wenn ich mir selber schade, ob ich mich gerade wahnhaft in einem Projekt verrenne und wie ein Psychopath Kaffeefilter im Maul zerfetze, plötzlich ohne Möbel die reine Askese auf einem Sitzkissen ausprobiere oder mich tagelang mit Zwölftonmusik geißele, weil ich einmal eine Pop-Platte zu mögen mich verstieg – er ist immer da gewesen und hat mich zurück auf den Teppich geholt. Wenn ich ihm jetzt antworte und er durch irgendein Wort erahnt, was ich vorhabe, springt er auf und holt mich. »Nach Sibirien?«, würde er sagen, »was machst du denn für einen Scheiß?« Er würde mich in der Nacht aus dem Dorf schleusen und vor der Heimfahrt mit mir ins Stadion von Energie Cottbus gehen. Zufälligerweise würden Bochum oder St. Pauli an dem Tag zu Gast sein, und er würde mich in die Gästekurve zerren, zwei Liter Bier ausgeben und mich zwingen, alle bescheuerten Gesänge mitzugrölen, bis meine fixe Idee von mir abfällt wie ein außerirdischer Parasit. Das muss ich unbedingt verhindern.

Die Pensionswirtin öffnet die Tür zu einem kleinen Nebenraum und holt ein Foto in einem alten Holzrahmen an den Tisch. Es zeigt sie als junge Frau neben einem Mann mit hohen Wangenknochen, abstehenden Ohren und sehr wachen Augen. Daneben zwei Kinder, das Mädchen mit Schleife im Haar, der Junge in Latzhose. Ist es üblich, dass Pensionswirtinnen einem alte Familienfotos zeigen? In dem Raum, aus dem sie es geholt hat, steht ein alter grauer Computerbildschirm auf einem Schreibtisch. Ich lobe das Bild, in dem ich es ansehe und nicke, aber sie bemerkt, dass meine Augen immer wieder zu dem klobigen Monitor wandern.

»Komputer?«, fragt sie, steht auf und lädt mich ein zu folgen. Ich betrete den Raum. Er riecht muffig. Auf einem Wandregal über dem Rechner stehen ein paar polnisch beschriftete Ordner. Sie legt ihren Finger auf die Maus und öffnet den Browser. Erstaunt sehe ich sie aus elchgroßen Augen an. Mit Internet habe ich hier nicht gerechnet.

Obwohl, was denke ich eigentlich? Noch bin ich nicht in Sibirien. Yannick könnte von hier aus in zwei Stunden Deutschland erreichen.

»Schmidt machen«, sagt die Wirtin und lässt mich am Computer sitzen. Ich habe zweihundert Euro bezahlt, da dürfte das Internet-Terminal inklusive sein. Ich muss meinem besten Freund ausführlich antworten, es geht nicht anders. Er weiß: Erzähle ich keine lange Geschichte, dann lüge ich. Das ist bei mir umgekehrt als bei anderen Menschen, die immer dann schwindeln, wenn sie sich um Kopf und Kragen schwafeln. Stellt sich nur die Frage, wo ich angeblich bin und was ich dort tue. Wo gehen Menschen hin, wenn sie trauern und sich selbst wiederfinden müssen? An Orte ihrer Vergangenheit! An Orte, an denen sie waren, bevor die Geschichte mit dem tragischen Ende begann. Wo war ich, als es unsere WG noch nicht gab? Wo waren wir gemeinsam, als die Bildschirme noch so groß waren wie der graue Pixeltank, der gerade vor mir steht? Ich schließe die Augen und versetze mich zurück. Ziehe die Kulisse aus meiner Erinnerung über das gelbe Gitternetz des inneren Holodecks. Und schreibe.

Mein Lieber!

Ich habe mich lange gefragt, wo ich hingehen soll. Nach Hause? Wo ist das? Bochum? Bochum ist da, wo unsere Geschichte begann, die schließlich ein Ende nahm, das so unendlich weh tut. In Bochum hätte ich das Gefühl, ich müsste alles noch mal von vorne durchleben. Ich glaube, in Bochum würde ich verrückt.

Susanne ist zu ihrer Mutter nach Köln gezogen, vorerst. Ich glaube, eine Tochter kann so etwas machen. Aber ein Mann? Zurück zur Mutter, nach einem gescheiterten Leben? Hat Sigmund Freud sich dafür die Finger wundgeschrieben?

Wenn es einem Mann geht, wie es mir geht, dann muss er entweder an einen Ort, der auf seiner Lebenslandkarte noch unbetreten ist, oder an einen, den er schon mal erhellt hat, als er noch nicht erwachsen war. Ich habe mich für Letzteres entschieden. Du erinnerst Dich an die alten Weltkriegsbunker mit den Grafitti am Strand? An die Maikäfer, die zu Hunderten aus dem Gewölbe auf-

[147]

stiegen, so dass wir kreischend über den Sand bis zur Promenade rannten? An das Finale der Weltmeisterschaft 1998, in dem Frankreich mit Zinédine Zidane Champion wurde? An den Bärtigen, der danach eine Stunde lang ohne Pause die Nationalhymne sang? Genau. Ich bin in Lacanau-Océan, an der französischen Atlantikküste. Es hat sich kaum etwas verändert. Die Bunker stehen immer noch, und das Meer ist kälter als eine Langnese-Truhe. Die Surfer sehen sportlicher aus als früher, sie haben eine bessere Haltung angenommen. Im Vergnügungsviertel vorne gibt es immer noch die Spielhalle. Weißt Du noch? Wir haben hier damals *Ridge Racer* gespielt, lange bevor er es als erster Europa-Titel für die Playstation 1 rauskam! Was haben wir da Münzen reingeworfen! Jetzt ist es lauter und sportlicher geworden. *Guitar Hero, Rock Band*, Tanzspiele, Skifahren – du denkst, du bist in Tokio. Das Dorf nach hinten raus wirkt immer noch wie Griechenland im 19. Jahrhundert. Die flachen, weißen Häuser. Die stillen Straßen. In der Nähe gibt es die höchste Düne Europas, das haben wir damals gar nicht gewusst, das ging unter in den zehn Paletten Hansa. Ich weiß noch, wie Du und Jens euch damals über mich amüsiert habt, weil ich schon die komplizierten Bücher für mein kommendes Studium las, während den ganzen Tag im Bus Sublime lief. Ich arbeite jetzt hier, auf dem Campingplatz, auf dem wir immer waren. Les Grand Pins. Die großen Pinien. Die gibt's immer noch, die wunderbaren Waldstücke mit dem weichen Nadelteppich.

Ich mache keinen Urlaub. Nicht, dass Du das denkst. Wie könnte ich Urlaub machen? Wenn ich sage, es geht mir gut, dann meine ich damit, dass ich lernen will zu dienen. Ich will lernen, nicht mehr der zu sein, der denkt, er sei der tapfere David, und im Grunde will, dass die Welt nach seiner Pfeife tanzt, weil seine moralische Überlegenheit ihn zum Goliath macht. Ich habe einen Job als Mädchen für alles angenommen. Ich putze Klos, repariere Zäune, reinige den Pool, picke Müll. Im Spätsommer war natürlich am meisten los, aber Du wärst verblüfft, wie viele Wohnmobile und Trailer selbst über Weihnachten hier stehen. Ich lerne Demut, verstehst Du? Wahnsinnig machen mich nur die Besucher, die heute so jung sind, wie wir es damals waren. Sie haben keinen Geschmack mehr und keinen Respekt vor dem Alter. Es gibt sogar Männer, die Prosecco aus Dosen trinken. Dazu hören sie House oder Hardtrance. Sie sind völlig lebensunfähig. Einer hat sich an einem frischen Baguette die Oberlippe aufgerissen. Du weißt, die Baguettes vorne im Laden sind sehr kross. Er hat geblutet wie ein Schwein. Ich musste ihn zum Arzt fahren, der ihn mit zwei Stichen nähte. Natürlich hat er ihn betäubt, aber der Junge schrie trotzdem wie Gourcuff, wenn er seinen Stammplatz in der Nationalmannschaft verliert. Am schlimmsten sind die Engländer. Sie kotzen in den Pool und wollen zusehen, wie ich die Bröckchen abschöpfe. Dabei singen sie »Wonderwall« von Oasis. Aber wenn es Abend wird und ich unter den Pinien einfach meine Runden drehe, dann geht es mir so gut, wie es mir eben gehen kann, nach dem, was geschehen ist. Ich picke Müll, hebe eine Flasche auf und wechsele ein paar Worte mit dem Chef, der weiterhin nur zähneknirschend akzeptiert, dass ich statt der Sprache der einzig wahren Kulturnation der Welt bloß Englisch spreche. Ich verteile keine Closeline mehr und will diesen Platz und seine Besucher nicht verändern. Im Gegenteil. Ich freue mich darüber, dass er ist, wie er immer war. Ich hoffe, Du findest auch eine Form von Ruhe.

Sei urmarmt,

Dein

Hartmut

PS: Die Rechner sind hier nicht immer frei, und ich checke die Post nicht täglich.

Ich lese die Nachricht noch einmal durch und denke, sie ist glaubhaft. Man lügt am besten, indem man nah an der Wahrheit bleibt und viele Details verwendet. Details sind entscheidend. Man kann zwar den kleinsten Tupfer seiner erfundenen Geschichte im Netz nachschlagen und das weiß auch jeder, aber trotzdem glauben einem die Menschen eher, je präziser man eine Kulisse ausschmückt. Allgemeinplätze sind keine überzeugenden Ortschaften. Ich streiche die Szene mit den kotzenden Engländern. Die ist zu viel. Dann sende ich die Mail ab.

Den Tag verbringe ich zwischen Zimmer und Dusche und warte darauf, dass es dunkel wird. Das weiße Rollo habe ich längst heruntergezogen, ganz so, wie ich es aus dem Motel gewöhnt bin. Ich döse früh ein nach der anstrengenden Nacht im Wald und werde von Frauenstimmen geweckt, als draußen die Abenddämmerung über Polen gekommen ist. Ich stehe auf und linse am Vorhang vorbei. Jennifer Rush und die Schwarzhaarige diskutieren mit der Wirtin vor der Haustür. Ich mache einen Schritt weg vom Fenster und stehe genau zwischen dem weißen Rollo und der Neonröhre über dem Waschbecken, die auszuschalten ich zu faul gewesen bin. Das Licht wirft meinen Schattenriss auf das weiße Rollo, eine Silhouette mit breitem Kiefer, leicht vorstehenden Augenbrauen und vor allem: zwei auffällig abstehenden Korkenzieherkoteletten. Ich schalte das Licht aus. Hoffentlich hat niemand hochgesehen. Peng! Da wäre er gewesen, der Gesuchte, Schwarz auf Weiß im ersten Stock, deutlich zu sehen wie ein Wolf, den man als Fingerspiel im Licht eines Diaprojektors seine Ohren spitzen lässt. Die Pensionswirtin hat recht. Ich bin zu auffällig. Ich setze mich aufs Bett und lausche. Warte, bis die Frauen weg sind. Frage mich, wann die Männer kommen. Marek und seine Jungs. Ob sie kommen oder ob sie sogar zu faul sind, sich für die Schläge zu rächen. Dann, es mag Mitternacht sein, schalte ich das Licht wieder ein, krame den Rasierer aus meinem Rucksack, atme tief durch und beginne, mir im Schein der Neonleuchte die Koteletten zu entfernen. Schwarz fallen sie auf dem Schattenspiel des Vorhangs hinab wie Pinienzweige. Ich bin in Frankreich. Ich bin in Schlesien. Ich bin inkognito.

> *Hartmut Seite 192*

< Susanne Seite 87

Himmel un Ääd met Flönz

17.03.2011

50° 58′ 52.97″ N, 6° 56′ 53.14″ E

»Du brauchst einen neuen!«

»Aber Susanne, Kind, dieser Keg-Anschluss ist gerade mal vier Jahre jung. In der ganzen Zeit hat er nicht einmal versagt. Der hat nur ein bisschen geklemmt.«

»Jetzt schon.«

»Ich habe vollstes Vertrauen zu dir. Ich weiß, du bist eine begnadete Handwerkerin und du kriegst alles wieder hin. Ich bin so stolz auf dich und ganz sicher, dass du auch diesen Keg-Anschluss wieder reparieren kannst. Anschließend könntest du auch mal nach der Kühlung …«

»Mama! Dieser. Keg. Anschluss. Ist. Kaputt.«

»Nun werd mal nicht pampig. Das kann doch gar nicht sein. Du bekommst …«

»Ich kann ihn nicht reparieren. Sieh her: Hier und hier sind Risse im Metall. Das kann man nicht schweißen oder sonst irgendwie flicken. Zum einen ist das Gusseisen, und zum anderen, wenn ich eine Reparatur versuchen würde, würde dir vielleicht eines Tages ein Fass um die Ohren fliegen. Womöglich, wenn du gerade danebenstehst, weil du es anschließen willst. Mama, so ein Keg-Anschluss kostet doch gerade mal vierzig Euro. Das muss doch drin sein.«

»Entschuldige, ich weiß, du meinst es nur gut. Du hast ja völlig recht. Guckst du dann noch bitte nach der Kühlung? Die brummt hier unten so komisch. Und nimm doch bitte gleich noch einen Kasten Cola mit, wenn du wieder hochgehst. Die Cola kommt rechts vorne

[151]

in den Tresenkühlschrank. Da kannst du auch direkt mal schauen, ob die Temperatur stimmt. Morgen kommt ja auch der Bierfahrer. Dann frage ich den mal nach einer Reparatur für den Keg-Anschluss.«

Meine Mutter ist schon mit einem Kasten Wasser nach oben gegangen, als sich ohne Grund oder wenigstens Vorwarnung ein Seufzer aus den Tiefen meiner Gebärmutter schält und in meinen Magen kriecht, um sich eine Weile in meiner Lunge zu sammeln, bis er schließlich so gewaltig aus meinem Mund herausbricht, dass sich meine Augen erschrecken und sofort versuchen, in ihrer Feuchtigkeit zu ertrinken.

»Danke, Mäuschen, die Kühlung funktioniert wieder prächtig. Du hast ja sogar den Tresenkühlschrank komplett ausgewaschen, bevor du die Cola einsortiert hast. Das war aber nicht nötig. Das stand erst für morgen auf meinem Erledigungsplan. Vielen Dank, Liebes. Ich mache dann den Laden auf. Kommst du auch gleich? Heute gründen wir die Bürgerinitiative. Ich bin gespannt, wie viele kommen.«

Ich spüre, wie meine Mutter mir einen Kuss auf die Haare gibt. Ich sitze vor dem Computer im Ess-Büro und spiele *Solitär*. Meine linke Hand hält den kleinen Diamanten um meinen Hals. Der Diamant, der früher mal die Tochter in meinem Bauch war. Hartmut versteht das nicht. Ach, Hartmut … weißt du nicht, wie sehr ich dich vermisse? Vermisst du mich gar nicht?

Wann habe ich den Tresenkühlschrank ausgewaschen? Diese Erinnerungslücken sind gruselig, aber immerhin flippe ich nicht völlig aus. Es könnte schlimmer kommen. Dennoch kann es so nicht weitergehen. Darüber gibt es bestimmt was im Netz.

Ich klicke auf Firefox, tippe GMX in die Browserzeile und logge mich ein. Ach nein, ich wollte ja nach diesen Lücken suchen. Neues Fenster, Google. *Blackout. Filmriss. Aussetzer.* Das gibt's wohl nur im Zusammenhang mit Alkohol. Nein, hier gibt es auch was zu Kontaktlinsen. Einer meditiert über den alltäglichen Filmriss. In Bezug auf Prüfungs- und Versagensängste heißt es: *Bei großer Anspannung funktioniert die Informationsübertragung zwischen den Nervenzellen in unserem Gehirn nicht mehr.* Da ist noch ein Zusammenhang: Depressionen. Blackouts sind ein Anzeichen für akute Depressionen.

Ich habe doch keine Depression! Ein wenig traurig, ja, sicher, aber ich sitze nicht heulend in der Ecke. Außerdem, ich stehe auf, ich pflege mich, ich kümmere mich um Irmtraut, ich arbeite fleißig, und mitunter rede ich sogar mit Menschen. Ich funktioniere doch sogar während der Aussetzer. Also, das ist mir jetzt zu dumm. So komme ich nicht weiter.

Als ich den Tab schließe, sehe ich, dass ich noch immer in GMX eingeloggt bin. Im Postfach sind 54 Nachrichten. Nicht gerade viel, wenn man bedenkt, dass ich über ein halbes Jahr nicht reingeschaut habe. *Dicker Schwanz. Abnehmen. Frauen befriedigen. Gewichtsverlust. Frauenpower. Gewicht reduzieren. Wichtige Nachricht. Bangkondo will speerren werden.* Aha. Ich verschiebe alles in den Papierkorb. Es ist so umständlich, dass man diesen ganzen Spam nicht direkt löschen kann. Also gut, zum Papierkorb. Die Mail mit *Frauenpower* wurde angeblich von einer »Caterina« verfasst. Mit C und e, genauso geschrieben wie meine Caterina. So häufig kommt das im deutschsprachigen Raum nicht vor. Wie es ihr wohl geht? Wieso habe ich damals nur diese Kontaktsperre vorgeschlagen? Ich öffne die Datei. Ich will sehen, was eine Caterina zu sagen hat, auch wenn sie nur was verkaufen will.

Liebe Susanne,

Funkstille war gestern, heute ist Frauenpower!

Aber nicht die Power meiner Mutter – davon habe ich nämlich erst mal die Nase voll. Ich bin abgehauen. Ich sitze gerade im Zug nach Zürich, und von dort aus will ich weiter nach Djerba reisen, um das Frühlingslicht auszunutzen und zu malen.

Ich mag nicht mehr warten. Ich werde immer leiden, als wäre es nicht Dir, sondern mir selbst passiert, aber das kann und soll nicht den Rest meines Lebens ausmachen. Wie siehst Du das für Dich?

Mensch, Susanne, können nicht wenigstens wir beide die Funkstille brechen?

Wir hatten doch überhaupt keine Probleme miteinander. Ich vermisse Dich so sehr!

Bitte schreib zurück, ja? Bitte! :-)

Ehe ich es vergesse: Ich musste vor ein paar Wochen meine Mail-Adresse ändern. Mein Yahoo-Account existiert angeblich nicht mehr ... Ich blicke da ohnehin nicht durch.

Schreibst Du mir? Bist Du noch in Köln? Wie geht es Dir? Und unserer süßen Irmtraut????

Deine Caterina

Die Seidensonnenblume unter dem Esstisch meiner Mutter hebt ihren Kopf und hüpft. Ich stehe auf und hüpfe mit. Ich hüpfe bis ins Bad, um Irmtraut von Caterinas Mail zu erzählen. Irmtraut grinst. Das hat sie schon lange nicht mehr gemacht. Ein Blick in den Spiegel zeigt mir, dass auch ich grinse. Es summt. Ob man von guten Nachrichten spontan abnehmen kann? Ich fühle mich jedenfalls um mindestens fünf Kilo leichter. Ich greife zum Kajalstift und der Wimperntusche, freue mich über meine Grinsefältchen und schminke mich. Es summt noch immer. Wie eine Melodie.

Erst will ich mal sehen, was die Bürgerinitiative vorhat – ich möchte Caterina nicht nur sagen können, dass ich vergeblich versuche, meiner Mutter eine Keg-Anschluss-Reparatur auszureden. Das gibt mir zudem Zeit, die Freude noch ein wenig auszukosten. Noch immer Summen.

»Hörst du das auch, Irmtraut? Jetzt ist es weg.« Irmtraut zwinkert mir zu. »Ich verstehe«, sage ich, lächle und summe weiter.

Über ein Heer von Haaren, die aufmerksam nach vorn ausgerichtet sind, sehe ich Rick, wie er den Absatz seines Schuhs auf den vor ihm platzierten runden Stehtisch schlägt. Das Bier schwappt rhythmisch mit. Ricks rechtes Auge driftet ab, das linke strahlt. Ihm gefällt die Rolle, und er genießt die Aufmerksamkeit. Ob er singt oder legendäre Gesten nachspielt, scheint für ihn dabei irrelevant zu sein.

»Darum sage ich: Die Nüüßer Stroß muss esu blieve, wie sie nun mal ist. Wir können uns nicht alles gefallen lassen. Und damit gebe ich dat Wood an dä Herr Thier ab.«

»Vielen Dank, Herr Muller. Das war eine bewegende Einleitungs- rede.«

Herr Thier, der eher wie ein Tierchen wirkt, macht eine Pause und schaut stechend durch seine dünngefasste Brille auf die Zuhörer. Er pumpt den schmalen Brustkorb auf, ehe er sagt: »Wir sind Kölner. Wir sind Weidenpescher. Wir leben auf diesem Grund und Boden, in ehrwürdigen Häusern. Wir haben Tradition!«

»Jawoll!!!« Ein Mann springt von seinem Stuhl auf und reißt die Arme hoch. Er würde jetzt sofort in den Krieg ziehen. Das war leicht.

Herr Thier räuspert sich. Ich habe immer noch keine Ahnung, wer er überhaupt ist. Er stellt sich nicht vor. Er denkt wohl, ein Thier braucht das nicht. Er sagt: »Wir wissen genau, was wir nicht wollen. Weidenpesch soll nicht aussehen wie Chorweiler! Wir brauchen unser eigenes Ambiente, und das können wir nur auf eine Weise behalten.«

Die Leute schauen sich gegenseitig an. Ich höre Flüstern, und dann ist es wieder still.

»Was immer wir machen, wir müssen uns einer unabdingbaren Realität stellen: Sie werden diese Erweiterung bauen. Da führt kein Weg dran vorbei.« Herr Thier beugt seinen Oberkörper zurück und zieht das Kinn nach oben wie ein Fernsehprediger, der Gottes Gnade erfleht.

Trude ruft: »Un woför sin mer dann hee? Wat bess du denn för ene Opportuniss, oder geiht dir de Fott op Grundies?«

Die Gipsköpfe kichern, die Menschen auch. Herr Thier bleibt unbewegt überheblich. Einen ängstlichen Eindruck macht er dabei nicht. Trudes letzte Vermutung, dass ihm der Arsch auf Grundeis geht, kann also schon mal nicht zutreffen.

Herr Thier mimt Lehrer Lämpel, als er sagt: »Wir kennen uns nicht, und ich verstehe, dass Sie erst mal empört sind, aber ich kann Ihnen versichern, dass ich – und das sage ich, obwohl ich das gar nicht wissen und noch weniger sagen darf – aufgrund meiner Position nach meinem jetzigen Kenntnisstand mitbekommen konnte, dass der Umbau beschlossene Sache ist. Die Gelder sind genehmigt. Punkt. Es steht nur noch zur Debatte, welche Seite weichen muss.«

Der »Kölsche Klüngel« tobt. Die Haare ziehen ihre Menschen nach oben und drücken sie wieder auf die Stühle. Sie wedeln nach links und rechts oder bleiben ganz still und starr. Die Stimmen sausen schwirrend in schneller Abfolge im Kreis und reißen die Emotionen mit sich, die sich mit jeder Runde verstärken. So entstehen Tornados.

Herr Thier sagt nichts, hebt aber beschwichtigend die Hände. Wie albern. Aber es wirkt. »Es ist aufwühlend, ja, aber wir haben eine Chance. Und die müssen wir nutzen. Wir. Sie, Sie, Sie und ich, wir alle haben eine Gemeinsamkeit. Wir wohnen alle auf der rechten Seite!« Nun klingt Herr Thier wie ein jovialer Staubsaugervertreter, der das Lob auf das alte Modell dazu benutzt, dessen Unzulänglichkeit hervorzuheben. Und dann noch so ein hochtrabendes Wortspiel, »auf der rechten Seite wohnen«. Wozu hören wir uns eigentlich diesen Rhetorikmist an? »Nach meinem jetzigen Kenntnisstand hält in diesem Augenblick Herr Budde, den einige von Ihnen vielleicht kennen, eine Versammlung für die Bewohner der linken Seite ab. Dort wird die Bürgerinitiative für den Erhalt der linken Seite der Neusser Straße gegründet. Und wer von Ihnen Herrn Budde kennt, weiß, dass das ein ernstzunehmender Gegner ist!« Herr Thiers Augen werden schmal, und sein Mund verzieht sich bitter.

Es klimpert leise, als sich die kleinmütigen Karnevalsorden wieder hinter der antiken Sparkästchenbox verstecken. Die Büste von Konrad Adenauer bekommt einen Erstickungsanfall, und der Kölner Dom, der in allen möglichen Formen und Materialien im »Kölsche Klüngel« herumsteht und auf Bildern aller Art in verschiedenen Bauphasen, Zeiten und Beleuchtungssituationen zu sehen ist, lässt in sämtlichen Variationen den Südturm hängen. Eine Straßenseite lässt zu, dass die andere abgerissen wird? In Köln? Hier ist Solidarität kein Fremdwort. Im Gegenteil. Sie reicht bis tief in die sonst überall so verpönte Vetternwirtschaft und ist in Köln hoch respektiert. So sehr, dass es dafür eben ein geflügeltes Wort auf Kölsch gibt: dä Kölsche Klüngel!

»Jo, wenn dat esu es ...«, sagt ein blonder Haarschopf.

»Do kann mer nix maache«, antwortet ein Mann an der Theke und leert ein frisches Kölsch in einem Zug, als wenn da nur noch Alkoholismus helfen würde.

Unterhalb der Haare zucken Schultern. Zu viele Schultern.

Herr Thier lächelt. »Wir können eine Seite retten. Und nach meinem jetzigen Kenntnisstand befinden sich auf unserer Seite weitaus mehr Altbauten. Teilweise noch vor dem Krieg erbaute, denkmalgeschützte Gebäude wie das hervorragende Schmuckstück, in dem wir uns dankenswerterweise gerade versammeln dürfen, teils auch Häuser, die direkt nach dem Krieg gebaut wurden. Diese Kombination prägt das Weidenpescher Stadtbild. Auf der linken Seite sind dagegen in den letzten Jahrzehnten viele Betonbauten hochgezogen worden. Die Stadtväter können nicht wollen, dass diese das neue Weidenpescher Stadtbild prägen. Wir haben also gute Karten, dass die Linke weichen muss, damit das Vorbild durch die Rechte gewahrt bleiben kann!« Herr Thiers Finger machen bei dieser Argumentation eine Bewegung, als würden sie einen Sack zuschnüren.

Nicht nur mir schwirrt der Kopf. Was soll denn dieser schofelige Mist? Außerdem würde der Sieg einer Straßenseite mit jahrelangem Baulärm und anschließend vermehrtem Straßenverkehr belohnt werden. Das ist doch nicht erstrebenswert!

»Enäää! Esu geiht et ävver nit! Mir sin all Wiggepescher Jungs un Mädcher. Ov linke sigg ov räächs – wat för en Roll spillt dat ald?! Mer müsse för ganz Wiggepesch kämfe!« Trudes Wangen leuchten wie LED-Rücklichter. Linke oder rechte Seite, genau – wir müssen für ganz Weidenpesch kämpfen!

Ein Mann mit weißblondem Haarschopf neben ihr steht auf und legt seine Hand auf Trudes Schulter. Sie setzt sich. Er bleibt stehen. Es ist Rick. Seine Augen sind vollkommen unter Kontrolle. Nun sehe ich auch die Gesichter der restlichen Leute vom Stammtisch. Wenn man sie aufschneiden und leicht pressen würde, käme wahrscheinlich prima Zitronensaft heraus. »Was reden Sie denn da, Herr Thier? Sie können doch nicht einfach hierherkommen und Kölner gegen Kölner hetzen. Sind Sie etwa Düsseldorfer, oder was?« In Herrn Thiers Gesicht gibt es eindeutig eine echte Regung. Es war aufblitzender Zorn. Nein, Düsseldorfer ist er sicherlich nicht. »Wir werden gegen den kompletten Ausbau protestieren«, ruft Rick. »Es ist vollkommen egal, ob die Stadtplaner oder Stadtväter oder Herr Budde oder sonst irgendwer schon etwas anders geplant haben. Wir ketten uns an die Abrissbirnen und die Bagger, wenn es nötig sein sollte. Wir sind gegen alles!« Der letzte Satz bricht aus Rick heraus wie ein Findling aus einem Gletscher.

»Gegen alles! Gegen alles! Gegen alles!« Der gesamte »Kölsche Klüngel« gerät in Bewegung. Wie zuvor Verwirrung herrscht nun Euphorie.

Herr Thier hebt erneut beschwichtigend die Arme. Die Haare sinken wieder einen halben Meter tiefer. »Herr Muller«, sagt Herr Thier, »lassen Sie mich doch aussprechen. Ich wollte sagen, dass wir selbstverständlich nicht gegen unsere eigenen Nachbarn vorgehen können, auch wenn diese es so machen. Wir sind Köln, und Köln ist katholisch. Somit steht der christliche Grundsatz der Nächstenliebe an oberster Stelle, und wir kämpfen auch nicht gegen unsere Brüder.«

»Da hatte die kleine Frau da vorn wohl recht: Der Mann ist ein Opportunist«, flüstert mir eine bekannte Stimme ins Ohr. Als ich mich umdrehe, blicke ich direkt in zwei unverschämt nahe hellblaue Pupillen.

»Hallo, Udo. Wieso bist du denn hier hinten? Du warst doch ursprünglich Gastgeber dieser Veranstaltung.«

»Hm. Wenn ich das so sehe, bin ich deiner Mutter noch eine Portion extra dankbar, dass sie die Kneipe vorgeschlagen hat. Der Thier schien eigentlich recht vernünftig, und es war bislang nie die Rede davon, dass nur eine Seite gerettet werden soll. Aber die anderen hätten

[158]

doch merken können, dass nur Nachbarn von ihrer Seite eingeladen wurden.«

»Ach, da achtet man doch nicht drauf«, sage ich und höre Herrn Thier weiter zu.

»... und so sollten wir nun dazu schreiten, ein Gremium zu wählen, das den exakten Wortlaut unserer Forderungen erarbeitet. Anschließend bitte ich alle Anwesenden, sich in die Bürgerinitiativengründungsliste mit Vorname, Nachname, Adresse, Telefonnummer und Mail-Adresse einzutragen. Sobald wir einen nach unserem Kenntnisstand akzeptablen Forderungswortlautentwurf fertig haben, mailen wir ihn zur Kenntnisnahme in die Runde. Auf der nächsten Versammlung stimmen wir darüber ab und besprechen die weiteren Maßnahmen. Ich bitte nun um Namensnennungen für das Vorstandsgremium.«

Herr Thier schreibt seinen Namen als Erstes auf das hinter ihm stehende Flipchart. »Wer hat noch Kapazitäten frei, die Schriftsätze zu diskutieren?«

Zwei stille männliche Haarschöpfe aus der vorderen Reihe nicken. Herr Thier schreibt ihre Namen auf, ohne sie danach zu fragen.

»Ich will, dat dä Rick dobei es«, ruft Trude.

»Ävver nor, wann do och mit mähs, Trudche!« Rick drückt sie fest und erhält viel Applaus. Er strafft seine Schultern und verbeugt sich leicht zum Publikum.

Herr Thier bleibt etwas zu lange regungslos, bis er auch ihre Namen auf dem Flipchart notiert. »Ist noch jemand interessiert?«, fragt er in den Raum »Gut, dann stimmen wir nun ab, ob wir diese fünf Personen als Gremium der Bürgerinitiative gegen den Abriss von Häusern zum Zweck des Ausbaus der Neusser Straße im Bezirk Weidenpesch bestätigen können. Gemäß unserem derzeitigen Kenntnisstand, selbstverständlich. Ich bitte um Handzeichen. Wer ist dafür? Machen wir es einfacher – wer ist dagegen? Niemand. Wer enthält sich der Stimme? Einer. Gut, damit ist dieses Gremium bestätigt. Bitte tragen Sie sich nun in die Liste ein. Ich danke Ihnen für Ihr zahlreiches Erscheinen.« Herr Thier wirkt eine Mikrosekunde lang erschöpft.

Unter den Haaren regt sich Erleichterung, diese Hürde geschafft zu haben, auch die Köpfe von Tünnes und Schäl lachen erleichtert. Die Büste von Willy Millowitsch schnarcht leise. Doch Jean Pütz, Willi Ostermann, Konrad Adenauer, Jacques Offenbach, Carl Bosch und Heinrich Böll sind sich selten so einig wie in diesem Moment. Sie blicken aus ihren zwei- und dreidimensionalen Darstellungen schmalschlitzig auf Herrn Thier und die beiden stillen Männer, mit denen er nun leise spricht.

Eine Stunde später hat sich ungefähr die Hälfte der Haare in plaudernde Menschen verwandelt, die an den Tischen und an der Theke sitzen geblieben sind. Meine Mutter hat für heute Abend neben der Köchin noch zwei Küchenhilfen und zwei Servicekräfte rekrutiert. Ich bin froh, dass sie mich nicht abkommandiert hat. Wenigstens das erspart sie mir heute.

»Kind, willst du noch was essen? Es ist ja doch spät geworden, aber du musst noch was zu dir nehmen. Ehe alles weg ist, meine ich. Ich hole dir einen halven Hahn, ja?«

»Ich habe aber jetzt keine Lust auf ein Gouda-Röggelchen.« Wenn ich an die Gurke und die rohen Zwiebelringe denke, wird mir schlecht, aber das sage ich ihr besser nicht.

»Susannchen, ich bin deine Mutter und ich weiß, was gut für dich ist. Rievkooche mit Apfelmus gibt es nur montags, Himmel un Ääd met Flönz magst du nicht.«

Da hat sie vollkommen recht. Geräucherte Flönz, also ein Stück kölschen Blutwurstring mit quadratischen Fettstücken, mag ich nur maximal einmal alle zwei Jahre. In Scheiben angebraten, wie im Gericht »Himmel un Ääd«, kriege ich sie gar nicht runter. Die gebratenen Apfelringe mit dem Kartoffelbrei mag ich allerdings schon. Heute will ich aber was Herzhaftes.

»Bleiben also nur noch Buurefröhstöck oder frische Bremsklötz.«

»Oh ja, das ist genau das Richtige! Kann ich denn vielleicht das Röggelchen ohne Käse, dafür mit Frikadelle haben, Mama?«

»Ich nehme dann mal Himmel un Ääd met Flönz. Das klingt exotisch. Bauernfrühstück kenne ich auch aus Dortmund«, sagt Udo.

Meine Mutter lächelt mir zu. Einen Tisch weiter wird sie aufgehalten.

»Haben Sie auch Bier?«

»Natürlich haben wir Kölsch. ›Früh‹, frisch vom Fass.«

»Das ist nicht bio.«

»Ich habe auch Bio-Kölsch. Flaschenbier von Hellers. Aber nach dem Reinheitsgebot ist praktisch jedes Kölsch bio.«

»Ach, Kölsch ist so oder so eher eine Fassbrause. Haben Sie denn kein richtiges Bier?«

»Ich habe die komplette Kollektion von Hellers. Die brauen alles in Köln und achten komplett auf Bioqualität. Kölsch, Pils, Weiss, Weizen, Weizenbock und Maibock«, sagt meine Mutter mit routinierter Freundlichkeit.

»Also kein Altbier.«

Schlagartig wird es wieder still in der Kneipe. Sogar die Höhner, die leise im Hintergrund »Mer stonn zu dir, FC Kölle« singen, verstummen.

Alle Blicke richten sich auf den Mann, der soeben dieses kleine Wort aussprach. »Hee gitt et kein ald Bier!«, brüllt jemand, und alle lachen.

»Wir schenken nur Biersorten aus, die in Köln gebraut werden. Es gibt zwar tatsächlich zwei Kölner Brauereien, die Alt brauen, aber solange dieses Alt keine Düsseldorfer überzeugen kann, verzichte ich darauf, es anzubieten. Allerdings hat mich ein Düsseldorfer mal darauf aufmerksam gemacht, dass man ins Früh-Kölsch nur einen kleinen Schuss Zuckerrübensirup geben muss. Das sieht dann genauso aus wie Gatzweiler Alt und schmeckt auch so. Und ein leeres Senfglas, in das ich Ihnen das alles abfüllen kann, finde ich sicherlich auch noch in der Küche. Dann haben Sie das volle Alt-Feeling«, sagt meine

Mutter ausgesprochen freundlich lächelnd und vollkommen ohne ironischen Unterton.

Rick kommt dazu. Seine Augen sind schon wieder außer Kontrolle.

»Wat bes do dann för ene Dresskääl? Drink doch einfach ene mit, do Spassbrems.«

Udo und ich stehen gleichzeitig auf und nehmen Rick in die Mitte. Wir scherzen mit ihm, während wir ihn nach draußen führen. Rick geht ein paar Meter und schimpft vor sich hin. Wir warten vor der Tür.

»Ein aufregender Abend«, sagt Udo.

»Hm.«

»Wunderbarer Sternenhimmel. Sieht man sonst so nicht, wenn man in der Großstadt ist.«

»Hm.«

»Lichtverschmutzung.«

»Ja.«

Udo ist kein Virtuose der Konversation. Seine Augen suchen sprunghaft nach Gesprächsfäden, als könnten sie ihm in der Luft zufliegen. Er wirkt so nervös wie ein Mann, dessen Freunde ihn gedrängt haben, die Frau an der Bar endlich anzusprechen.

»Puh … Also deine Mutter hat mir erzählt, dass ihr eine Schildkröte in der Badewanne habt.«

»Stimmt.«

Rick wandert noch immer an der Häuserwand entlang und schimpft vor sich her. Irgendwas mit Düsseldorf. So genau will ich es gar nicht wissen.

»Das ist doch nicht schön, für so eine Schildkröte und auch für euch. Ich meine, wenn ihr mal duschen oder baden wollt …«

»Was soll denn daran nicht schön sein? Die hat eine ganz wunderbare selbstgebaute Schwimminsel, die sie sehr liebt. Und sie ist es gewöhnt, in Badewannen zu leben.«

»Hat sie denn schon immer in Badewannen gelebt?«

»Nein, sie lebte mal in einem wunderschönen kleinen Teich in

[162]

einem Garten.« Da, wo wir alle noch glücklich waren, bis der LKW in unser schönes brüchiges Haus gerast ist. Damals gab es noch keinen Diamanten. Damals war das Follikel noch lange nicht reif, das mal meine Lisa werden sollte.

»Siehst du. Da kann so eine Badewanne mit glatten weißen Wänden nicht das Optimum sein.«

»Worauf willst du eigentlich hinaus?« Ich bin gereizt. Das ist vielleicht unfair und übertrieben, aber beim Smalltalk sollte man Vorwürfe doch eigentlich vermeiden.

»Na, ich habe ein großes unbenutztes Aquarium, das ich doch nicht brauche. Vielleicht wäre das was für deine Schildkröte.«

Oh wei, wollte er in diesem Aquarium etwa ursprünglich sein Spülwasser sammeln?

Rick kommt zu uns zurück. Seine Augen sind nicht ganz stabil, sie hüpfen aber nicht mehr wie zwei Flummis. Ein Fortschritt. »Künne mer widder erengonn?«

»Klar, machen wir. Aber die Luft ist doch schön mild heute, oder?« Udo ist erstaunlich feinfühlend.

Rick lächelt, und wir betreten die Kneipe. Der Altbiermann bestellt noch einen Rübensirup-Spezialmix und sagt, dass das besser sei als jedes Altbier, das er je in Düsseldorf getrunken hätte. Rick klopft ihm auf die Schulter und setzt sich zu ihm.

Ich stelle meinen Teller mit Frikadellen und dem Röggelchen auf den Schreibtisch im Ess-Büro und mache den PC noch mal an.

Liebe Caterina,
es ist so schön, von Dir Post zu bekommen!
Ich war die ganze Zeit bei meiner Mutter in Köln. Das ist so weit in Ordnung. Aber ihr Haus soll abgerissen werden. Sie wollen die Neusser Straße verbreitern. Es gibt schon eine Bürgerinitiativengründung.
Außerdem haben wir einen neuen Mieter im Haus. Udo. Ein wirklich merkwürdiger Typ. Der hat sich heute Abend permanent an meine Fersen geheftet. Ich

konnte jetzt auch nicht unhöflich sein und hab mich mit ihm unterhalten. Da tut der doch zwischendrin plötzlich so, als würde ich Irmtraut quälen, weil sie in der Wanne lebt. Gibt es so was?

Ach und noch was, das muss ich Dir unbedingt erzählen: Dein »Karneval in Köln«-Bild kann sturzbesoffene Menschen wieder halbwegs nüchtern machen! Ich hab's gesehen! Dein Bild hat magische Kräfte!!!

Irmtraut und meine Mutter lassen Dich ganz lieb grüßen, und ich umarme Dich herzlich aus der Ferne, meine Liebe! Ich bin so froh, dass Du mir geschrieben hast!!! Wann kommst Du denn zurück nach Deutschland?

Deine

Susanne

Ich sende die Mail ab und lehne mich zurück. Meine Hand greift zum Diamanten. Vielleicht fügt sich ja doch noch alles zum Guten, Lisa.

> *Susanne Seite 211*

< Ich Seite 104

Das Babybecken

17.03.2011

51° 26′ 52.87″ N, 7° 15′ 19.08″ E

Ich spreche gerade mit ein paar coolen Säuen, als mein Laptop mir mit einem »Pling!« mitteilt, dass ich Post habe. Mein Herz klopft. Sollte es Hartmut sein? Wenn ja, ist er schon mal nicht sauer, dass ich ihn gestört habe in dem Leben, das er gerade führt. Ich würde gerne jauchzen, aber ich darf mir gegenüber den Typen, mit denen ich gerade rede, nichts anmerken lassen. Die spüren Schwäche durch das Kabel des Playstation-Controllers.

»Alter, du bist witzig«, sagt der Anführer der Gruppe, der wie Puff Daddy aussieht. Er trägt einen Pulli mit grauen und beigen Karos, dazu eine große Sonnenbrille und einen Brillanten im Ohr. Beim Sprechen holt er weit mit den Armen aus, als greife er zwei unsichtbare Schaukeln, in denen Kinder schwingen. Er lobt meinen Wagen. Seine Flankenleute sind ein schmaler Weißer mit kurzen Haaren und ein Farbiger mit Rastas und einer Goldkette samt Stern. »Wie Tony«, fährt Puff Daddy fort. »Einer dieser Ostküstenkomiker, oder?«

Das ist eine Provokation hier in Los Angeles, an der Westcoast. Die Männer wollen mich einführen in ihre Welt der Karopullis, teuren Uhren und illegalen Autorennen mit Karossen, die immer stärker werden, je mehr Geld man bei den Wettrennen verdient. Ich würde das Gespräch gerne unterbrechen, aber es ist eine Cutscene, eine Sequenz, bei der man nicht auf Pause schalten kann. Die Stadt im Spiel ist Los Angeles bis in die Details hinein nachgebildet. Das Licht fasziniert mich. Eine Mischung aus Staub und Sonne, Abrieb und Wärme. Ich habe ständig das Gefühl, Strandsand zwischen den Zehen zu spü-

[165]

ren, selbst wenn ich mitten in der Stadt auf dem Hinterhof meiner Tuningwerkstatt stehe.

Aber ich kann jetzt nicht mehr abwarten und muss wissen, ob Hartmut geschrieben hat. Der Laptop steht hinter den Pizzakartontürmen. Sie sind vollständig. Gestern Abend bin ich auf den Schreibtischstuhl gestiegen und habe mit dem Karton der Pizza Popeye feierlich die letzte Lücke zwischen dem fünften Turm und der Decke geschlossen. Ich ziehe den Laptop nach vorn und fahre ihn hoch, während Puff Daddy und seine zwei Pausenclowns sich in der Konsole über die alten Rostlauben lustig machen, mit denen ich meine Laufbahn als kalifornischer Raser beginnen muss. Die erste Mail, die ich finde, ist nicht von Hartmut, sondern von Mario.

So, Du jähzorniger Jammerlappen. Jetzt hast Du es geschafft. Fraktur des Unterarmknochens. Jochens Arm ist für mindestens sechs Wochen in Gips. Beschlägt schon Dein Spiegel vor Scham, wenn Du reinguckst? So wird man, wenn man nie rausgeht! Paranoid und cholerisch! Ich kümmere mich jetzt erst mal um meinen Süßen, denn der Umzug muss weitergehen, auch ohne Arm. Geh unter die verdammten Leute, bevor Du verrückt wirst!
Mario

Jetzt müsste ich wieder das Bein heben und mich lecken können, so verlegen machen mich diese paar Zeilen.

Lieber Mario,
sag Jochen, es tut mir sehr, sehr leid! Es war ein Vaterinstinkt. Ich bin geknickt. Soll ich Euch beim Umzug helfen? Immerhin bin ich Packer.

Yannick steht neben dem Schreibtisch. Ich halte ihm die Hand hin. Er macht einen Vier-Pfoten-Zugleich-Hüpfer, weil sie zu plötzlich in sein Blickfeld zischt, stülpt dann aber sein Mäulchen drüber und punktiert sie gründlich mit Liebesbissen, während er mit erhobenem Schwanz im Kreis tänzelt wie Muhammad Ali. Das Spiel in der

Konsole hat seine automatisch ablaufende Szene beendet und wartet auf mich. Die Kamera schwebt hinter dem Auto. Mein PDA links im Bild erinnert mich daran, dass ich auf dem Sunset Strip gegen Henry antreten soll. Die zweite Post im Mailfach ist ein Angebot über neue Teakholzmöbel für mein Eigenheim. Die dritte teilt mir mit, dass in Kapstadt ein Treuhandfonds über drei Millionen Euro auf mich wartet, da ich eigentlich von Prinz Ubongo Matobo Mlapa abstamme, was mir aufgrund meiner hellen Hautfarbe bislang entgangen ist. Die vierte Mail ist von Hartmut. Yannick spürt das, lässt von meiner Hand ab, springt auf den Schreibtisch und läuft schnurrend über die Tastatur. Von links nach rechts und rechts nach links, immer wieder, ein paar Schritte auf Holz – bupp bupp bupp –, ein paar Schritte auf den Tasten – klick klick klick. Er hinterlässt dabei Katzenhaare, als würde er sich mausern. Ist der Blick auf den Monitor nicht gerade durch seinen Körper versperrt, sprenkeln die schwarzen Haare die Sicht wie feine Fäden, die vom Wind aufgewirbelt werden.

»Jetzt geh doch mal weg«, meckere ich und schiebe den Kater zur Seite, meine flache Hand an seinem Hintern. Er dreht den Kopf, als wolle er sagen: »Dir ist schon klar, dass ich jetzt auf Knopfdruck deine Hand vollsauen könnte?« Ich seufze, hole ein Kissen vom Bett, lege es neben den Laptop und klopfe es einladend platt. Der Kater schaut aus dem Fenster, als müsse er sich das noch mal ganz genau überlegen. Dann dreht er sich auf dem Kissen dreimal um die eigene Achse und lässt sich daraufplumpsen. Er schließt die Augen, wartet und legt schließlich die rechte Pfote auf die Tasten *Entf/Untbr* und *Pos1*.

Ich lese Hartmuts Post. Er ist in Frankreich, auf dem Campingplatz zu den großen Pinien, unserer alten Urlaubsheimat zu Abiturszeiten.

Er schreibt, er will Demut lernen. Das kann nicht verkehrt sein, wenn man bedenkt, dass er früher ganzen Stadtvierteln Strom und Wasser abstellte, um sie im Sinne seiner Gesellschaftsutopie zu erziehen. Er schreibt mir ausführlich und erwartet nun, dass ich es auch tue. Bleibe ich jetzt kurz angebunden, wird er sich Sorgen machen, weil ich etwas verheimliche, und gegen alle Abkommen herbeieilen, um mich wieder unter die Leute zu bringen. So war er immer. Er rettet mich, wenn ich verloren bin. Als ich in der Schule in die Oberstufe kam, keine echten Freunde hatte und auf den abgeklappten Stofffetzen seiner uralten Hummel-Jacke starrte, hat er sich umgedreht und sich vorgestellt. Als ich nach dem Abitur nicht wusste, wo ich wohnen sollte, und alles danach aussah, als würde meine Trägheit mich in der Hochhauswohnung meiner Mutter halten, hat er vorgeschlagen, dass wir eine WG gründen. Ich weiß noch genau, wo; es war nachts, in der Hocke auf dem Pflaster vor einem Kiosk, ein Bier in der Hand. Als Caterina in unser Leben trat und ich Angst hatte, nach meinem Glück zu greifen, hat er mir Mut gemacht. Wenn er lesen würde, dass ich wieder in Bochum bin und mich von hundertzwanzig auf siebzehn Quadratmeter verschlechtert habe, würde das schon reichen. Das riesige Firmengelände unseres Taxiunternehmens in Berlin möchte ich gar nicht erst mitzählen. Er würde kommen, mich in der Nacht aus dem Wohnheim schleifen und vor der Umsiedlung in ein Hotel mit mir auf ein Konzert fahren. Er hätte Besseres anzubieten als Köterkacke oder Eisenpimmel. Bis in die »Fabrik« in Coesfeld oder den »Schlachthof« in Wiesbaden würde er mich schleppen, weil dort die Dropkick Murphys oder Lagwagon spielen. Er würde mich in den Moshpit zerren, reichlich Bier spendieren und mich zwingen, alle Refrains mitzugrölen. Und so reizvoll sich das gerade anfühlt – ich höre ja schon die Lieder in meinem Kopf und rieche den Jungmännerschweiß in den bedruckten T-Shirts –, so sehr hätte ich ein schlechtes Gewissen dabei. Ich kann doch nicht auf der Titanic aus meinem Rattenloch kommen und ein Deck höher fröhlich mit den trinkfesten Iren tanzen, während zwischen mir und meiner Süßen hoch oben in den teuren Quartieren immer noch Funkstille herrscht. Ich muss Hartmut also eine eigene Geschichte erzählen. Aber welche? Ich schaue auf den Fernseher. Auf dem Bürgersteig gegenüber meiner Tuningwerkstatt unterhält sich eine junge Frau mit einem Mann. Sie trägt weiße Shorts, wie eine Tennisspielerin. Es wirkt tatsächlich, als führten diese Figuren in der Konsole ein eigenständiges Leben.

»So wird man, wenn man nie rausgeht«, hat Mario geschrieben. Der Klappmonitor berührt sachte die Kartonstapel. In wenigen Stunden muss ich die nächste Pizza bestellen.

»Weißt du was?«, sage ich zu Yannick, »ich gehe jetzt mal raus zum Altpapier. Ich muss sowieso überlegen, was ich Hartmut schreibe.« Yannick öffnet die Augen und schielt auf die kleinen Zeitziffern, die auf dem Monitor direkt neben seiner auf *Entf/Untbr* und *Pos1* abgelegten Pfote flimmern. Er steht von seinem bequemen Kissen auf, springt vom Tisch und kratzt am Kleiderschrank.

»Lass das.«

Er kratzt weiter. Ich ziehe zwei Kartons aus der ersten Säule, damit sie sich von der Decke löst, lege zehn, zwanzig Kartons auf den Boden und stelle mich drauf, um das Volumen zu verringern. Yannick versucht weiter, die Schiebetür des Schrankes aufzustemmen.

»Du darfst jetzt nicht in die Höhle!«

Er hört auf, dreht sich um und sieht mich vorwurfsvoll an.

»Meh-au!«

»Mäh-au? Du willst Pudding?«

»Meh-au!!«

»Meh-au? Mit ›e‹? Das heißt, du musst mir was zeigen?«

Er schnurrt, schabt mir einmal um die Beine und setzt sich wieder vor die Schranktür. Ich seufze und schiebe sie auf. Yannick rammt die Pfote in eine Stofftasche und zieht sie aus dem Schrank. Sie kippt. Spanngurte kommen zum Vorschein. Er schnüffelt an den Gurten, tapst zum Schreibtisch, springt vor die Kartontürme und schnüffelt an der fettigen Pappe. Mein Hirn schaltet wie sonst nur, wenn ich die Lösung eines Adventure-Rätsels begreife. Benutze Spanngurte mit Altpapier.

»Leck mich am Arsch!«, hauche ich. »Du bist wirklich hochbegabt und unterfordert.«

Eine halbe Stunde später beobachten Dutzende amüsierter Studenten und Passanten, wie ein Mann um die dreißig einen gigantischen Klumpen Pizzapapier an einer Leine hinter sich her den Weg hinunter zum Hustadtring zieht. Der Ballen aus Karton ist ungefähr so groß wie ein ganzer Altpapiercontainer selbst. Einige junge Frauen machen Fotos, sie tragen teure, schmale Brillen und Kaschmirschals, obwohl es Frühling ist, weswegen ich vermute, dass sie Kunst studieren und das Ganze für ein Happening halten. Die Container stehen unten am Ring, am Fuß des Hügels, auf dem zunächst das Hallenbad und dann die Hochhäuser thronen. Zwei für Altpapier, drei für Glas. Ein Auto muss eine Vollbremsung machen, da vor ihm andere Wagen und ein paar Radfahrer mitten auf der Straße anhalten, weil sie zusehen, wie ich den Riesenklumpen neben den Containern positioniere. Er kommt stabil zum Liegen. Fortan sehen die Wartenden an der Bushaltestelle gegenüber hier sechs große Objekte. Fünf aus Stahl und neben ihnen, verschmitzt und still, der große Klumpen. Wären wir in Berlin, würde meine Skulptur auf jeden Fall liegenbleiben, und Hartmut hätte eine passende Theorie für sie parat. Auch eine Marketingkampagne für Pizza wäre mit diesem Motiv denkbar. Ich gehe den Hügel wieder hinauf, überquere den schmalen Streifen Wiese und schaue durch die Fenster hinein ins Hallenbad. Heute Abend ist die Pizza Prosciutto dran, Grundstein für eine neue Säule. Im Hallenbad zieht ein alter Mann diszipliniert Bahnen und krault mit seinen haarigen Armen einfach alles weg, was ihm in den Weg schwimmt. Alte Männer beanspruchen Naturrecht in städtischen 50-Meter-Becken. Plaudernde junge Frauen oder rückenschwimmende Anglistikstudenten versinken zu Dutzenden im sprudelnden Bugwasser ihrer Schaufelarme. Die Aquagymnastik-Kurse, die vorne im Nichtschwimmerteil des Beckens stattfinden, durchpflügen die soldatischen Senioren grollend wie Grauwale. Die Trainerinnen am Beckenrand und der schüchterne 400-Euro-Aushilfs-Bademeister können nur zusehen, wie der ehemalige Flakhelfer des Führers ihren gesamten Gymnastikkurs unter seiner Gischt begräbt. Frieden herrscht lediglich im pisswarmen Babybecken. Moment mal. Im pisswarmen Babybecken? Ich schaue auf die Uhr. Vor der Prosciutto wäre ein erneuter Badeversuch dran, und langsam gehen mir in der Bude oben die Ideen aus. Eine Mutter dippt ihren Säugling mit den winzigen Füßchen in das warme Wasser. Der Säugling quiekt. Eine Badehose dürfte ich noch haben.

Wenig später betrete ich das Hallenbad und steige an der gegenüberliegenden Seite ins Schwimmerbecken, um Sport zu simulieren. Der Flakhelfer pflügt immer noch durch die Amateure, und auf dem Drei-Meter-Brett warten junge Anatolier darauf, dass der Anglistikstudent in den Sprungbereich hineinschwimmt, damit sie »Mach Platz, du Spast!« schreien und ihm mit angewinkelten Beinen in den Rücken springen können. Ich schwimme zwei halbe Bahnen, steige wieder aus dem Becken und tue so, als sei ich schon Stunden hier gewesen. Ich ächze, reibe mir den Nacken und dehne meine vom Ausdauersport zerschundenen Beine, während ich mich Schritt für Schritt zum Babybecken vorarbeite, in das ein so fleißiger Mann ja wohl einmal kurz absinken darf, nachdem er seine Bahnen gezogen hat. Das Wasser ist warm, nahezu heiß, und so tief wie eine Badewanne! Ich lege mich flach hinein. Kleine Sprudeldüsen türmen winzige Blubberberge auf. Hinter mir befindet sich eine dunkle, gekachelte Grotte. Ich schiebe mich unauffällig halb hinein. Die Grotte dämpft alle Geräusche. Ist das schön. Ist das unglaublich schön. Oh, mein Gott! Das ist fast besser als eine Wanne. Das ist … ohhh … ohhhh ja … ohhhhhhhhhh jaaaaaaaa!!!

Ein unfasslicher Schmerz beendet meine Wonne. Er strahlt aus von meinem linken, kleinen Zeh. Es fühlt sich an, als habe ihn jemand in eine Rohrzange geklemmt und um 120 Grad gedreht. Das liegt daran, dass er in eine Rohrzange geklemmt wurde und gerade um 120 Grad gedreht wird. Die Rohrzange endet in der Hand einer Bademeisterin, die resoluter ist als ihr 400-Euro-Teilzeit-Kollege.

»Schichtwechsel!«, beantwortet sie meine nicht gestellte Frage, und ich quietsche und flehe, wie es statt Chuck Norris ein realer Mann in der Gefangenschaft des Vietcong getan hätte.

»Du Sau! Holst dir einen runter im Babybecken! Ich dreh dir den Zeh ab, ist mir ganz egal! Das Recht ist auf meiner Seite.«

Entgegen ihren Worten löst sie die Zange ein wenig, so dass ich schweißgebadet antworten kann: »Ich habe mir doch keinen runtergeholt.«

Die Zange packt wieder zu. Und wie die zupackt. Oh mein Gott, das ist die Strafe für die Napalmbomben auf das Mekong-Delta und die Tatsache, dass wir deutschen Jungs früher Videothekengebühren für *Missing In Action* und *Rambo 2* bezahlt haben.

»Du hast gestöhnt, du Ferkel! Ohhh … ohhhh ja … ohhhhhhhhh jaaaaaaaa!!!«

»Das habe ich *laut* gemacht?«

»Und wie!«

Sie dreht. Gleich ist der Zeh ab.

»Aber das war doch nicht wegen Onanie. Das war doch nur, weil ich keine Badewanne mehr besitze und das Babybecken mein erstes gültiges Wannenbad seit Monaten ist.«

»Du brauchst eine Wanne, du Hund?«

Ich nicke, die Lippen und Augen vor Schmerz zusammengepresst. Der Zeh ist verloren im feuchten Stahl. Sie lässt los. Ich schreie, denn das Loslassen tut noch mehr weh als das Festhalten.

»Dann raus hier, such dir eine Wanne und schlepp sie in deine Bude, wo immer du wohnst. Du hast Hausverbot!«

Ich humpele in den zehnten Stock zurück. Yannick sieht mich besorgt an, als ich das Zimmer betrete. Konsole und Computer laufen noch. Ich schnüffele. Heute kein Zielscheißen. »Braver Kater«, sage ich. »Das war eine phantastische Idee mit den Spanngurten.« Auf dem Laptop blinkt der Cursor in einer geöffneten »neuen Mail«. Im Eingang ist Post. Mario schreibt:

Jochen sagt, so einfach ist das nicht. Entschuldigen dauert eine Sekunde. Gips dauert sechs Wochen. Hilfe lehnt er ab. Er will Dich gerade nicht sehen. Handlungen haben Konsequenzen, in der echten Welt.

M.

Ich seufze. Auf der Konsole wartet mein Auto geduldig auf Abfahrt vom Hof. Ich muss immer noch Hartmut schreiben. Eine erfundene Geschichte. Es geht nicht anders, denn zur »Wahrheit« ist neben einer viel zu kleinen Wohnung und einem Kater mit 125er IQ, der bei Unterforderung um sich scheißt, jetzt auch noch ein geschwollener Zeh wegen Rohrzangenfolterung durch eine gewissenhafte Bademeisterin hinzugekommen. Bevor ich schreibe, muss ich aber erst mal spielen und den Zeh hochlegen. Ich setze mich aufs Bett, nehme das Joypad und fahre langsam los. Die Sonne klebt gleißend im giftig gelben Himmel der Stadt. An einem seltsamen Designerhaus schräg gegenüber hängt eine Werbung von Bang & Olufsen. *Midnight Club: Los Angeles* ist ein Open-World-Game. Das heißt, ich muss kein Rennen, das mir angeboten wird, annehmen. Ich muss kein Geld verdienen oder Punkte machen, ich kann auch einfach nur in Schrittgeschwindigkeit durch die Metropole kriechen und mir alles ganz genau ansehen. Im Grunde wie ein UPS-Kollege in den Lieferwagen, der seine Adressen sucht.

Das ist es!

Natürlich!

Ich erinnere mich daran, was Hartmut mir damals in der Schule erklärt hat. Es war mit das Erste, was er mir erläuterte, den gelehrten Finger erhoben. Die lose Schulterschlaufe der Hummel-Jacke wackelte beim Sprechen auf und ab, und seine Koteletten, die er sich damals bereits wachsen ließ, richteten sich auf, als angelten sie nach den Frequenzen neuer TV-Sender. »Wer schwindelt, benötigt Details«, dozierte er damals und erinnerte sich daran, wie er als Siebtklässler seine Mutter von den schlechten Noten in Mathe ablenkte. »Fragt eine Mutter danach, wie es in der Schule war, erregt man den größten

Verdacht, wenn die Antwort lautet: Gut. Sofort wird sie misstrauisch. ›Gut‹ heißt, der Filius hat die Turnhalle angezündet, eine Sechs geschrieben oder dem Direktor im Treppenhaus auf den Kopf gespuckt. Folglich …« – solche Wörter hat Hartmut schon als Siebzehnjähriger gerne benutzt – »erzählte ich meiner Erzeugerin stattdessen, Rüdiger habe vor Erdkunde den Krümmer unter dem Waschbecken neben dem Klassenschrank aufgeschraubt, und Herrn Hasenwinkel sei alles auf die Schuhe gespritzt, Schuhe aus Schafsleder mit Innenfutter aus Wolle. Dann hörte die Mutter zu und dachte nicht mehr über Fünfer in Mathe nach.« Und einen Spruch weiß ich noch, den Hartmut gerne brachte. Er hatte ihn sogar im Klo bei den Kunsträumen mit grünem Edding an die Wand gemalt: »Allgemeinplätze sind keine überzeugenden Ortschaften.«

Die Playstation brummt.

Der Laptop lispelt.

Dann werde ich mir Hartmuts Lehre mal zu Herzen nehmen.

Lieber Hartmut!

Eben habe ich ein Paket ausgefahren. Ich stehe nicht mehr am Band. Ich sitze im Lieferwagen. Die Adresse war schwer zu finden, denn die Wege sind lang hier in Los Angeles. Sunset Boulevard, Hollywood Boulevard … wenn man diese Straßen nehmen und über der Ruhrstadt abwerfen würde, käme das eine Ende im Duisburger Hafen und das andere in den Hügeln von Witten zum Liegen. Ja, Du hast richtig gelesen. Ich bin in Amerika. Stolle hat mir eine Stelle bei UPS Kalifornien besorgt, samt Visum. Die Firma hat sogar den Flug bezahlt. Der Lohn ist mies und die Hektik groß. Los Angeles ist so unfassbar riesig, und bis auf Downtown ist alles flach. Du kannst dich an nichts orientieren. Jede Palme überschaut mehr als man selbst, wenn man durch die Straßen fährt. Die Bürgersteige sind breit, und ihr Rand sieht aus wie ein angebissenes Käsebrot. Auf meiner letzten Tour habe ich heute so eine Art Kirchturm gesehen. Rötlich brauner Backstein mit hellen Querstreben und einem kreisrunden Glasfenster an der Spitze. Er ragte an einer Kreuzung hinter einer Tankstelle auf. Ich weiß nicht, ob es eine Kirche war. Hinter dem Turm schloss ein gleichförmiges, dreistöckiges Gebäude an, das sich mehrere Blocks langzog, wie eine Schule oder Kaserne. Vielleicht gehört es auch einer der vielen Sekten.

Das ist schon mal gut. Abgeschrieben von dem, was ich sehe, wenn ich in *Midnight Club* durch die Gegend fahre. Aber vielleicht sollte das Spiel nicht meine einzige Quelle sein. Beim Stichwort »Sekten« fällt mir was ein. Eine Reportage über Los Angeles im Musikmagazin *Horizons*, bei dem Hartmut und ich uns in Berlin erfolglos beworben haben. Vor ein paar Jahren haben sie einen Redakteur in die Stadt geschickt, um über Bad Religion und ihre Plattenfirma Epitaph zu berichten. Zwölf Seiten waren das, ohne Werbung, das weiß ich noch. Die Magazine, die ich durch all die turbulenten Jahre behalten habe, kann man an drei Heftständern abzählen. Die Ständer sind aus hellblauem Kunststoff und stehen – eben gehe ich schon hin und hocke mich vor das Regal – rechts unten neben den großen Nachschlagewerken zu den Weltmeisterschaften 1974–2010. Der Packer packt sinnvoll und behält nur, was ihm wahrhaft gefällt. Uralte Sonderhefte der *Power Play* zum Beispiel, Jahrgänge 1990–1995, wo jeweils eine Seite lang Spiele wie *Turrican* oder *Monkey Island* vorgestellt werden und man lesen kann, wie sie wahrgenommen wurden, als sie der letzte Schrei im Walde waren und kein warmes, nostalgisches Echo. Von *Horizons* habe ich nur zwei Ausgaben behalten. Eine mit Bela B. und Mike Patton auf dem Cover, in der auch eine lange Reportage über NoFX zu finden ist, und die, in welcher der Redakteur mit den Lesern zu Fuß durch die Straßen von L. A. schlendert. Ich überfliege die Geschichte. Er schreibt darüber, wie einem an jeder Ecke Angebote von Gurus gemacht werden, und macht halt an der Zentrale von Scientology, Ecke Hollywood und Vermont Avenue. Das Heft ist drei Jahre alt. Kann sein, dass Hartmut den Artikel noch kennt, aber bestimmt keine genauen Formulierungen. Wörtlich merkt sich Hartmut ausschließlich Sätze, die Philosophen schreiben. Ich tippe die Worte des Redakteurs in meine Mail, als wären es meine Erlebnisse gewesen:

Im Zentrum hinter dem großen Parkplatz der Scientology-Zentrale darf man gratis einen Stresstest machen, ebenso wie vor diversen Filialen am Hollywood Boulevard, an dem sich auch eine Ausstellung über das Leben von Ron L. Hubbard befindet.

Ich frage mich, wo der Journalist gewohnt hat, als er die Reportage schrieb. Ich muss ja auch irgendwo wohnen, wenn ich plötzlich ein Leben in Los Angeles führe. Es darf nicht zu gut sein, nicht Beverly Hills oder Westwood, aber auch nicht mitten im Ghetto, das würde Hartmut mir nicht abkaufen. Das Rennspiel blendet auf Wunsch zu einer Straßenkarte der Stadt auf, die wie Google Earth aussieht. Das ist es! Ich nutze das echte Google Earth! Langsam macht die Sache Spaß. Ich hole mir ein Bier, öffne den Browser, googele die Adresse der Scientology-Zentrale und tippe sie in das Satellitenprogramm für jedermann. Die Erde dreht sich und zoomt in das symmetrische Straßengewirr der Stadt. Ich starte an der Church of Scientology. Hinter ihr liegt das Filmstudio Golden Era Productions, neben ihr ein Kino namens Vine Theatre. Ich zoome weiter heraus, höher und höher. Die Nordhälfte des Monitors wird grün. Die Hollywood Hills. Da kann ich nicht wohnen. Da leben nur Stars, Millionäre und Rock 'n' Roller mit Grundbesitz. Was wäre, wenn ich einfach von der Kreuzung der Sekte aus nach unten liefe? Immer geradeaus? Ich fahre über die Symbole. Eine Bankett halle. Ein City College. Ein Institut für Blindenschrift. Die Zeugen Jehovas. Irgendwann passiert die Straße den Freeway, eine der breiten Stadtautobahnen, die Pulsadern der Stadt. Eines der Quadrate, die das Vorhandensein von Fotos andeuten, ist benannt »Falling Down: Mr. Lee's Market«. Ich halte inne. Lese es noch mal. Klicke das Bild dazu auf. Eine Straßenansicht von schräg oben. Gewöhnliche Laubbäume statt Palmen. Alte Autos. Eine anzügliche Werbetafel. Dieses Viertel ist deutlich schlechter als Hollywood, aber noch nicht so schlecht, dass die Leichen auf dem Pflaster liegen. Jemand behauptet, dass sich genau hier der Supermarkt befände, den Michael Douglas in »Falling Down« verwüstet! Die Gegend bildet den Übergang von Hollywood zu Koreatown. Und Koreatown wiederum ist der Puffer zwischen Hollywood und den Ghettos aus den Gangsterfilmen mit den Straßenkreuzungen in Compton oder South Central, wo man erschossen wird, wenn die Ampel Rot zeigt. Koreatown könnte mein Viertel sein. Ich zoome näher heran. Mr. Lees Supermarkt liegt genau unter dem Highway. Die Kreuzung darüber ist mit einem Quadrat namens »Untitled« markiert. Ich sehe Standbilder, in denen Michael Douglas mit seinem Koffer marschiert. Mauern, mit Graffiti besprüht. Maschendrahtzäune. Ein verlassener Parkplatz, auf dem Grasbüschel aus dem brüchigen Beton wachsen. Ich höre förmlich, wie sich in Sichtweite die Blechlawine über den Highway schiebt, den breite Betonstelzen über das Viertel stemmen. Rechts von der Kreuzung nennt Google Earth eine Wiese von kaum zwei Fußballfeldern Größe »Madison West Park«. Links davon kann man im »Hollywood Judo Dojo« Kampfsport trainieren. Die Konsole surrt. Das Musikmagazin liegt neben der Tastatur. »Falling Down« habe ich da, als DVD. Die anderen L. A.-Filme auch. Ich atme tief ein, stehe auf, suche die Sachen zusammen und stapele sie auf dem Bett. Ich habe alles da, was ich für die Simulation meines zweiten Lebens brauche. Ich breite Hartmut meine Geschichte weiter und weiter aus. Details ohne Ende, ich glaube mir fast selber, dass draußen vor dem Fenster Kaliforniens Polizeisirenen in der Ferne singen.

Als ich nach einer Stunde Schreiben fertig bin und meine Pizza bestelle, klicke ich auf meinem Desktop auf eine Datei, die ich besser nicht anrühren sollte. Caterinas und mein Lebensplanungsbuch bis 2075. Da steht, dass wir am heutigen Tag ins Kino gegangen wären. Kein bestimmter Film, man kennt ja das Programm nicht Jahre im voraus. Einfach nur Kino, herrlich einfach und berechenbar. Ins Auto steigen, zur UCI Kinowelt im Ruhr-Park fahren, bei Pizza Hut herrlich große Stücke essen, die sogar einen Käserand haben, einen Drink an der kleinen Bar im Kinofoyer nehmen und dabei Händchen halten, den Film anschauen und danach im Mondlicht an die Kemnade fahren. Ich sollte nicht auf diese Datei starren. Ich stehe auf, gehe zur Tür, öffne sie und schaue, ob im Hausflur vielleicht jemand steht, der mich nerven könnte.

»Irgendwer eine Hausarbeit?«, rufe ich zwischen die grünen Beton-wände, und es gibt einen trockenen, seltsamen Hall.

»Keiner eine Arbeit? Oder wenigstens Salz?«

Es bleibt still.

Neun Minuten später klingelt der Pizzamann.

> *Ich Seite 227*

< Caterina Seite 121

Frieden durch Farbe

17.03.2011

47° 22' 37.26" N, 8° 32' 37.77" E

»Sie müssen fliegen, wenn Sie fliegen müssen.«

»Bitte?«

Ich stehe am Züricher Hauptbahnhof am Schalter, um Fahrkarten für meine Weiterreise zu kaufen.

»Also, es verhält sich so. Ich kann Ihnen ein Billett verkaufen. Bis Genua. Aber dann geht nichts mehr.« Der Schalterbeamte spricht langsam. Gemütlich. Mit langgezogenen Vokalen und niedlichen Schweizer Schwüngen im Ton. Ich mag das. Das Langsame, das Schnörkelige. Mit den überpräzisen Erklärungen. »Die Fähren fahren nicht. Und selbst wenn Sie schwimmen würden, müssten Sie dann in Tunesien laufen. Denn dort fahren die Züge momentan völlig unregelmäßig oder gar nicht. Außerdem ist es gefährlich. Sehen Sie keine Nachrichten? Wenn Sie unbedingt jetzt nach Tunesien müssen, dann müssen Sie fliegen.«

»Ich verstehe. Was würde ein Fahrschein nach Genua kosten?«

Er bleibt gelassen. Völlig geduldig. »104 Franken. Würde die Fähre gehen, könnte ich Ihnen dafür auch ein Billett verkaufen. Das würde 95 Euro kosten, das sind 114,53 Franken. Von Tunis nach Djerba, wenn da ein Zug bis Gabbes und ab Gabbes bis Djerba ein Bus ginge, würde das 26 Dinar und 650 Millimes kosten. Das sind nur 16,20 Franken, aber das Billett müssten Sie dann schon in Tunesien kaufen. Auf Arabisch oder, wenn sie Glück haben, auf Französisch. Das sind zusammen 234,73 Franken und eine Reisedauer von mindestens vier, fünf Tagen. Also, wenn die Strecken befahren würden. Von hier bis

[179]

Genua ginge es schnell, aber dann …« Er macht eine Pause und hebt die buschigen Augenbrauen. Langsam nimmt er das Kinn hoch, Millimeter für Millimeter, und ich spüre, dass gleich die Pointe kommt. »Zum Flughafen kostet das Billett nur 3,25 Franken, und den Flieger kriegen sie Last Minute schon für 230 Franken inklusive Flughafengebühr. Im Moment vielleicht sogar noch günstiger. Das ist in jedem Fall billiger und schneller, gemessen an dem, was wäre, wenn alle Fähren, Bahnen und Busse normal verkehren würden.«

»Was sie aber nicht tun.«

»Was sie aber nicht tun. Ganz genau, junge Frau.« Der Mann am Schalter lächelt gütig und nickt langsam.

»Also gut, dann nehme ich den Fahrschein für 3,25 Franken zum Flughafen.«

Als ich mit dem Ticket in der Hand einen Schritt vom Schalter weg mache, stoße ich gegen einen Mann, der hinter mir steht.

»Entschuldigen Sie bitte«, sage ich.

»Kein Problem, für so was wartet man ja gerne.«

Ich überlege, ob das ironisch gemeint war. Hinter dem Mann stehen noch mehr Menschen. Als ich an den Schalter gekommen bin, langweilte sich der Fahrscheinverkäufer. Jetzt windet sich die Schlange in vier Runden um den Züricher Hauptbahnhof. Keiner beschwert sich. Eine Frau spielt Nintendo, viele tippen auf ihrem Handy, einige auf ihrem iPod. Zwei Männer haben sich hingehockt und balancieren ihre Laptops auf den Knien. Niemand ist laut, niemand schimpft, alle sind völlig gelassen. Hier hat man Zeit. Das habe ich schon gestern bei der Ankunft gespürt.

Fast direkt gegenüber vom Bahnhof, wenn man die Limmat überquert, liegt das Hotel Central Plaza. Bei dem Verkehr vor der Haustür war die gestrige Nacht laut, aber das habe ich in Kauf genommen. Im Foyer wurde ich freundlich empfangen. Von innen ist das Hotel moderner, als die Fassade vermuten lässt. Als ich nach meiner Ankunft das Zimmer nahm, wunderte ich mich, dass das Frühstück nicht inklusive ist, aber auch darüber ging ich mit einem Achselzucken hinweg. Meine Mutter hätte deswegen einen Aufstand gemacht. An der Rezeption liegen Flyer für eine Vernissage aus, die heute in einer kleinen Galerie in der Nähe stattfindet. Ich lasse sie liegen, da ich von Schickimicki-Kram erst einmal genug habe. Nachdem ich telefonisch den Flug gebucht habe, überlege ich, Anna anzurufen, damit sie sich keine Sorgen macht. Aber jetzt zolle ich erst einmal Zürich Zeit.

Es ist, als wäre ich in einer alten französischen Stadt am Mittelmeer. Die kleinen Gassen zwischen den prächtig verzierten Altbauten führen mich langsam durch ein Zürich, das zeigt, wie die großen Städte Europas aussähen, hätte es keinen Krieg gegeben. Ich habe mir vorgenommen, bis zum Fraumünster zu gehen, um die fünf Chagall-Fenster zu bewundern, und auf dem Rückweg das Spielzeugmuseum zu besuchen. Auch das Schweizerische Landesmuseum reizt mich. Ich müsste hetzen, um alles zu sehen. Stattdessen schleiche ich durch die Gassen und lasse mich von winzigen Läden mit Feinkost, Kleidung, Schmuck und allerlei schönen Dingen ablenken. Kleine Cafés mit Tischen wie von Pariser Bistros verengen die Gassen und laden ein, sich hinzusetzen und die Stadt an sich vorbeiziehen zu lassen. Ich gehe weiter, genieße die laue Luft und das Urlaubsgefühl. Habe ich eigentlich jemals eine Städtereise allein unternommen? Ich überlege und gehe die Städte durch. Paris, Riga, Budapest, London, Prag, Barcelona, Rom, Reval, Madrid, Luxemburg, Warschau, Zagreb, Oslo, Athen, Lissabon, Wien, Dublin, Douglas, Andorra, Valencia, Gibraltar, Palma, Mailand, Trier, Brüssel, Kopenhagen, Amsterdam, Moskau und viele mehr. Die meisten Städte habe ich mehrfach besucht, aber niemals war ich allein. Gut, in deutschen Städten schon, aber im Ausland? Nein, es war immer jemand bei mir. Ein fieser kleiner Gedanke gräbt sich aus den Falten meines Hirns in die Synapsen der Hirnrinde. Er hatte sich sehr gut versteckt, und ich will ihn nicht denken. Und dann kommt da noch einer. Der ist noch gemeiner. Was soll das? Es ploppt zweimal, und ich habe den Kampf verloren. Da sind sie und grinsen boshaft. Der erste Gedanke brüstet sich damit, dass ich offensichtlich immer nur im Takt anderer gegangen bin. Zum Beweis legt er mir meine Städtereisen vor. Lange Fußmärsche durch die Straßen, kein Halten, nie die Gelegenheit zum Malen. Immer nur von einem Punkt zum nächsten. Fotografieren. Fertig. Weiter. Und am Abend schmerzende Füße. Schnell, schnell, wir haben nur wenig Zeit, und die muss gut gefüllt sein. Und ich mache mit. Ich mag den Gedanken nicht. Er ist hässlich. Aber leider wahr.

Der zweite ist noch gemeiner. Er präsentiert mir süffisant mein Leben der letzten Jahre. Ich will endlich ohne das Geld meiner Eltern auskommen und werde dequalifiziert, muss in die Pampa ziehen und soll in einem schimmeligen, verfallenen Haus arbeiten. Ich befinde mich obdachlos auf Autobahnen und muss glücklich sein, dass ich Rasthofausstellungen machen darf. Ich freue mich über den angekündigten Zuwachs in unserer Familie, dann wird alles zerstört, und die Familie ist plötzlich gar nicht mehr vorhanden. Und ich bin immer nur Staffage, Ausstattung, das hübsche Gesicht als schmückendes Beiwerk. Bah. Was für ein mieser, fieser Gedanke. Ich weigere mich, ihn als wahr anzuerkennen. Es ist meine Familie, ich fühle mich in ihr geborgen und wohl, ich liebe diese fünf Wesen um mich herum. Der böse Gedanke lacht und zeigt mir das Bild der letzten Monate. Ohne meine Familie. Auseinandergedriftet.

Ich gehe weiter und sehe auf meine Füße. Sie tappen über Kopfsteinpflaster. Grau mit kleinen tiefen Gräben und manchmal etwas Grün. Es ist egal, was in meinem Kopf vorgeht, hier unten geht es einen Schritt nach dem anderen. Das ist beruhigend. Ich hebe den Blick wieder. Ein Paar lacht und hält sich an den Händen. Das gehört doch dazu! Wenn ich mich nach anderen richte, dann weil es mir Freude macht, mit ihnen zusammen zu sein. Bei einer Städtereise, im alltäglichen Leben oder bei Abenteuern. Das ist vollkommen in Ordnung, solange ich mit Menschen, nein, ganz allgemein mit Lebewesen, zusammen sein kann, die ich liebe, denen ich vertraue und die wahrhaftig sind.

Ein kinoleinwandgroßes Schaufenster, das komplett mit Glückwunschkarten ausgefüllt ist, schiebt sich in mein Blickfeld. Die Karten sind sortiert. Nicht nach Anlässen, sondern nach den Farben des Regenbogens. Blasse bis kräftige Töne aus der gesamten Palette. Ich rutsche den Regenbogen herab und lande wieder auf meinen Füßen. Die beiden gemeinen Gedanken verlieren ihre heiße Luft, schrumpfen, fallen in sich zusammen und lösen sich mit einem winzigen Pling auf. Ich atme durch und lasse mich durch Zürichs Altstadt treiben. Ich kaufe mir ein Schokoladeneis und genieße mein eigenes Tempo. Trotzdem.

Eine Menschentraube drängt in einen Eingang. Ich passe nicht auf und gerate in den Sog. Er zieht mich mit den anderen durch die Öffnung und spuckt mich in Räumen mit weißen Wänden und Gewölbedecken wieder aus. Die Menschen verteilen sich. Sie wirken zufrieden. Sie plaudern leise. Eine Kellnerin bietet mir auf einem Tablett Getränke an. Ich entscheide mich für einen Orangensaft. Die Wände sind professionell beleuchtet. Sie setzen Farben auf Leinwand ins perfekte Licht. Eine Ausstellung! Ein flüchtiger Blick auf den Eingang zeigt mir, dass es hier zurzeit keinen Ausgang gibt; ein längerer auf das nächstgelegene Bild, dass ich hierbleiben kann und möchte.

»Nachgemachter Expressionismus. Die Schmerzlosigkeit verursacht mir Krämpfe.« Meine Kopf-Mutter kann sich eines Kommentars nicht enthalten.

»Klar, Mutter, die sind ja auch nicht wie Bilder von Barjola, Schiele, Bloch, Wollheim oder Böckstiegel, sondern eher wie die von Kandinsky, Macke, Marc, Klee, Chagall oder Feininger.«

»Uninspirierte Ideenreproduktion! Historisch unbedeutende Auflagenprojekte. Das sind Fingerübungen. Einer Ausstellung unwürdig.«

»Niemand würde die Kritiker vermissen, wenn sie ab sofort schweigen, Mutter.«

Eine Frau mit Brille und sehr kurzen Haaren in einem langen

wildgemusterten Rock klopft an ein Sektglas. Augenblicklich ist es still.

»Im Namen unserer jungen Künstler begrüße ich Sie herzlich. Lassen Sie die Werke auf sich wirken und unterhalten Sie sich mit den Schöpfern. Wenn Ihnen ein Gemälde besonders gefällt, wenden Sie sich bitte an mich. Mehr möchte ich an dieser Stelle gar nicht sagen, außer: Ich wünsche Ihnen viel Spaß!«

Das war kurz und knapp. Wenn ich schon mal hier bin, schaue ich mich auch um. Die Bilder inspirieren mich. Klare, kräftige Farben stehen nebeneinander. Oft überhöhen sie den Bezug zu ihrem Motiv so stark, dass man ihn fast nicht mehr feststellen kann. So entstehen durch geometrische Abgrenzungen violette Bäume mit roten und gelben Streifen. Die Motive kommen häufig aus der Natur. Kein einziges Portrait ist dabei. Im Expressionismus waren Portraits praktisch Pflicht. Aber hier wird ja auch neu interpretiert. Einige Motive sind nicht zu erkennen. Sie wirken wie nicht mehr zu dechiffrierende Vergrößerungen.

Ich kaufe mir den Ausstellungskatalog. Diese Bilder will ich mir auch noch ansehen können, wenn ich weitergereist bin.

»Das sind dann 17,50 Franken. Gefallen Ihnen die Bilder?«

Gefallen oder nicht gefallen ist hier ein ernsthafter Parameter? Oder ist die kurze Kurzhaarfrisur nur für die eigentliche Galeristin eingesprungen? Meine Kopf-Mutter antwortet: »Wahrscheinlich nicht. Wenn das offenbarte Prinzip schon beim ersten Mal evident wird, braucht es keine Wiederholung. Da bleibt nur der Parameter der Ästhetik.«

»Evidenz … Ist denn nicht sowieso alles schon mal da gewesen?«, erwidere ich im Kopf.

»Kind, Wiederholungen sind nicht mal beim Kochen sinnvoll. Ernährungsphysiologisch gesehen.«

»Ja, sie gefallen mir außerordentlich gut«, sage ich laut. Ich frage mich, ob ich über den Versuch der Vergrößerung bis zur Molekularstruktur, über die Farbigkeit des Expressionismus und deren Per-

[184]

vertierung reden soll oder ob ich einfach sagen kann, was mich tatsächlich inspiriert. Ich entschließe mich für Letzteres. Was soll schon passieren – ich bin schließlich nicht im Haus meiner Mutter. Sie ist nur in meinem Kopf. »Sie wirken so lebendig durch das Nebeneinanderstellen der Farben.«

»Da haben Sie völlig recht. Genau dafür benutzen die Künstler diese Technik. Sie stammt aus dem Expressionismus, hier aber ohne dessen Protestgedanken und ohne das Motiv erst ›durchfühlen‹ zu müssen. Eher im Gegenteil.«

»Frieden durch Farbe«, sage ich.

»Richtig. Das ist es.« Die Galeristin lacht mich herzlich an. »Malen Sie selbst?«

»Ich bin auf dem Weg nach Tunesien. Ein bisschen auf Mackes Spuren, wissen Sie?«

»Dann haben Sie hier doch genau den richtigen Halt gemacht. Wussten Sie von der Ausstellung?«

»Nein, ich bin zufällig reingezogen worden.«

»Ach, nein, an Zufälle glaube ich nicht. Hier, das ist Iris. Sie hat die Bilder auf dieser Seite gemalt. Sie war vor zwei Jahren in Tunesien für Macke-Studien. Mögen Sie sich ein bisschen mit ihr unterhalten?«

Vielleicht gibt es wirklich keine Zufälle.

Ich bleibe.

»Du musst unbedingt die Wüste sehen! Sie hat ein wahnsinniges Licht, besonders am Morgen. Etwas Feines, gepaart mit Urtümlichkeit.« Iris bemüht sich, mir die wichtigsten Tipps für meine Tunesienreise mitzugeben, während wir durch Zürichs Gassen spazieren. Es ist nicht leicht, denn drei Männer aus der Ausstellung kleben an uns, als wären wir Fliegenfänger. Ihre Worte prasseln auf uns ein.

»Hier gibt es hervorragende Musik. Du tanzt doch, oder?« Ein Gesicht mit ausgeprägten Wangenknochen und langem Kinn grinst mich an. Blaublitzende Augen unter dunklen kurzgeschnittenen Haaren. Eine Nase mit kleinem Knick, gerahmt von blonden Locken, schiebt sich daneben: »Im ›Bazillus‹ ist immer was anderes los. Das rockt!«

»Du bist doch sicherlich schon halb verhungert. Unsere Canapés waren ja nicht abendfüllend. Direkt hier um die Ecke ist das beste Restaurant der Stadt!« Weiße Zähne unter großen dunklen Augen in einem fast ebenso dunklen Gesicht lachen mich an.

»Na sicher. Und dann flößen wir unserer Vegetarierin mal eben ein kleinpüriertes Steak ein, oder was? Nein, wenn du was zu Essen brauchst, kommt nur das ›SamSeS‹ in Frage.«

»Das ist doch so nicht wahr. Guten Flammkuchen gibt es hier überall. Dafür brauchen wir nicht so weit zu laufen.«

»Das ist doch direkt hinterm Bahnhof. Und überhaupt – wie kommst du denn jetzt auf Flammkuchen? Im ›SamSeS‹ gibt es gar keinen Flammkuchen.«

»Gibt es wohl.«

»Gibt es nicht.«

»Gibt es wohl.«

»Während die sich streiten, können wir ja vielleicht doch ins ›Bazillus‹ gehen«, sagen die Locken. »Da kann man auch was essen.«

»Das ist praktisch auf der gleichen Ecke wie das ›SamSeS!‹«

»Jungs, lasst die Dame doch erst mal selbst zu Wort kommen.«

Die Männer und Iris sehen mich erwartungsvoll an. Was soll ich sagen – *ich* bin doch die Fremde in der Stadt.

»Kommt ihr? Wir haben beschlossen, hier reinzugehen.« Iris weht mit ihrem farbenfrohen langen Rock in eine Bar und nimmt uns die Entscheidung ab.

In der folgenden Stunde beschreiben mir die drei Helden an der Bar die Vorzüge einer nie zerstörten Stadt, den Charme ihrer Bewohner und das Glück, hier leben zu dürfen. Dann kommen sie auf Fußball zu sprechen, und ich kann mich endlich weiter mit Iris unterhalten.

»Nett, die Jungs, aber ein bisschen zu …«

[186]

»Aufdringlich?«

»So würde ich das jetzt nicht sagen. Eher zu enthusiastisch.« Ich lache über meine eigene Wortwahl. Gibt es wirklich zu viel Enthusiasmus? Die drei Freunde schlendern zu einem Billardtisch. »Na ja«, füge ich hinzu und beobachte, wie sie sorgsam die Spitzen ihrer Queues kreiden. »Sie sind ja sehr höflich dabei.« Ich schaue wieder zu Iris: »Hast du eigentlich auch noch andere Studienreisen unternommen?«

»Oh ja. Ich war mehrfach in Asien. Indonesien und Papua-Neuguinea in meiner Grünphase. Indien und Sri Lanka in meiner Menschenmassen-Phase. China in meiner Kulturbauten-Phase.«

»Und in welcher Phase warst du, als Tunesien dran war?«

»In der bislang schönsten. Meiner Licht-Phase. Dafür war ich auch auf einem Segelkreuzfahrtschiff im Indischen Ozean unterwegs, im Okavango-Delta und an den Victoriafällen. Aber auch in Mexico City, Peking, Tokio und Kairo.«

Meine Kopf-Mutter mischt sich ein: »Der universalistische Anspruch an Kunst existiert nicht. Da kann sie auch Studien in Fingermalfarben-Daktylogrammen im stillen Kämmerlein machen. Die gesparte Zeit könnte sie in Konzeption und Leid investieren. Die besucht diese Orte, um Licht zu finden! Licht! Nicht hungernde Skelette. Nicht faulende Gliedmaßen. Keine Waffen in Kinderhänden. Keine Armutspiraterie. Wenn ihr schon kein eigener Schmerz zur Verfügung steht. Licht!!!«

Ich schlage meine Augenlider nieder und hoffe, dass Iris die Einwände meiner Mutter in meinen Augen nicht erahnen konnte.

Die blonden Locken und die blauen Augen schieben sich in mein Gesichtsfeld zurück. »Wir haben gerade gewettet, wen von uns du am ehesten küssen würdest.«

Ich lache und finde sie niedlich, aber es reicht mir jetzt. »Iris natürlich. Habt ihr das nicht gemerkt?«

Sie lachen, gehen ein paar Schritte rückwärts und machen laute Heulgeräusche. Die Augen blitzen, und die Hände schütteln sich, als hätten sie auf eine heiße Herdplatte gefasst. Die Jungs lachen und amüsieren sich prächtig.

Ich wende mich wieder Iris zu. »Was ist die nächste Phase?«

»Die Nestbau-Phase.« Sie grinst.

Ich denke an Vögel und Igel. »Tierbilder?«

»Nein, mein eigenes Nest. Ich bin schwanger. Noah ist der Vater.« Sie zeigt mit einem Kinnschwung auf den Mann mit dem großen Kontrast zwischen den Zähnen und der Haut. Als sie liebevoll in seine Richtung lächelt, unterbricht er seine Kugelanpeilung am Billardtisch und zwinkert ihr zu. Er kann das nicht gehört haben – er hat eine Verbindung zu ihr. »Nächste Woche ziehe ich bei ihm ein. Das Beste an unserer Beziehung ist, dass er versteht, was ich mache. Weil er es auch macht.«

Die Uhr in der Rezeption meines Hotels zeigt 4 Uhr an. Morgens. Ich bin erledigt. Der Nachtportier lächelt mir zu und wünscht mir höflich und zurückhaltend einen guten Morgen. Ich lächle zurück.

Kurz vor Mitternacht hatte ich mich daran erinnert, Anna Bescheid zu sagen. Sie sagte, sie sei froh, mich so ausgelassen zu hören, mit Kneipenklang im Hintergrund und lachenden Menschen. Es war eigentlich zu laut, um mehr als ein paar Worte zu wechseln, aber sie fragte mich noch eine Weile aus, wie meine Pläne seien, wann ich nach Afrika übersetze und wo ich dort wohne. Sie bat mich, ihr zu simsen, wenn ich gut gelandet bin. Die Gute.

Ich muss augenblicklich meine Schuhe ausziehen. Am liebsten wäre ich schon in der Stadt barfuß gelaufen, und bei der Sauberkeit der Straßen hätte ich auch keine Bedenken gehabt, aber der Boden ist mitten in der Nacht einfach noch zu kalt jetzt im Frühling. Als ich kippe, greife ich an der Theke der Rezeption direkt auf einen Stapel Flyer. Es sind die Flyer für die Ausstellung, die mich letztlich um mein Frühstück bringen wird. Aber das macht nichts. Ich bin berauscht. Mehr von den Gesprächen mit meinen Künstlerkollegen als

[188]

vom Wein. Das Fraumünster und das Spielzeugmuseum habe ich nun nicht mehr geschafft, aber das stört mich nicht, weil ich heute gespürt habe, wie erleichternd es ist, dem Fluss statt der Pflicht zu folgen. »Schaffen« ist das völlig falsche Wort für das Entdecken der Welt. Ich habe beschlossen, trotz der späten Stunde morgen ganz früh loszufahren und den Tag statt mit den nahe liegenden Sehenswürdigkeiten mit dem ferner gelegenen Freilichtmuseum Ballenberg zu verbringen. Iris hat mir auch davon berichtet, so begeistert, dass ich am liebsten jetzt schon aufbrechen würde. Das Gelände ist eine Stunde von Zürich entfernt. Echte Bauernhöfe, die früher irgendwo im Schweizer Land standen, sind abgetragen und dort wieder errichtet worden. Das allein ist schon so absurd wie liebevoll, aber Iris zitierte, was ich zu der Galeristin gesagt hatte, und unterstrich, dass man dort oben ein Licht zum Malen habe, das ganz automatisch »Frieden durch Farbe« schafft.

Ich bin aufgekratzt. Wenn ich schon nicht auf der Stelle zu den Höfen fahren kann, muss ich trotz der kurzen Nacht, die mir bevorsteht, noch irgendetwas machen. Mein Laptop schaltet sich ein, zeigt mir die Thunderbird-Oberfläche, öffnet eine leere Mail und schreibt die Adresse meines Honigkuchenbärchens in die Empfängerzeile. Ich setze mich davor, erzähle enthusiastisch von meinem Tag und schließe mit unserem »Miu Miu«. Dabei stelle ich mir vor, wie mein Liebster meine Mail nach dem Aufwachen liest und sofort antwortet. Ich sende sie ab. Vielleicht ist er ja noch wach und antwortet mir direkt. Ich klicke auf Empfangen. Eine Mail. Ich bekomme direkt Antwort! Was für ein Tag! Endlich!!!!

Mailer Daemon. *Your mail is undeliverable.*

Stimmt. Vor Monaten habe ich ihm schon mal geschrieben. Da ist dieselbe Meldung gekommen.

Ich stehe auf, gehe ins Bad und schminke mich ab, ohne mich anzusehen. Ich will mir nicht noch mehr die Stimmung verderben. Der Spiegel streckt mir die Zunge raus. Er mag es nicht, wenn man ihn ignoriert. Aber auch das ignoriere ich. Diese Funkstille muss ein

Ende finden! Die Situation macht mich ganz kribbelig. Wozu habe ich mir eine eigene Familie gesucht und mit ihr so viel durchgemacht, wenn sie gleich beim ersten echten Drama auseinanderbricht? Ein bisschen Distanz, ja, meinetwegen, aber es reicht jetzt! Susanne hat die Funkstille ausgerufen. Susanne kann sie auch wieder beenden. Es muss doch möglich sein, sie in der Richtung zu motivieren.

Ich setze mich noch mal vor den Laptop und berichte ihr von der Ausstellung und meinem Plan, nach Ballenberg zu fahren. Außerdem frage ich sie nach Yannick. Vielleicht ist sie noch wach, ruft die Mail ab und schreibt wieder zurück. Je mehr wir uns schreiben, desto eher will sie vielleicht auch wieder mit den Männern in Kontakt treten. Der Plan ist umständlich, aber gut. Es ist Susannes Aufgabe, den Frieden wieder auszurufen. Nach ein paar Minuten teste ich den Empfang. Es kommt nichts zurück. Na ja, sie schläft sicher schon.

Mein Hotelbett plustert sich auf und schlägt die Decke zurück. Ich lasse mich verführen und steige hinein, als das Empfangsgeräusch für eine Mail kommt. Der Laptop ist noch an. Susanne? Womöglich ist sie doch noch auf! Oder schon wieder. Ich lasse meine Beine auf den Boden gleiten und ziehe den Oberkörper nach, doch die Mail ist nicht von Susanne. Ich kenne die Adresse nicht. Wahrscheinlich Spam. Ich klicke auf die Mail, um sie direkt zu löschen.

Princesa, bist Du heil in Djerba angekommen? Ich denke an Dich. Alejandro

Unwillkürlich muss ich lächeln. Ich lösche die Mail nicht, sondern antworte.

Hallo Alejandro,
ich bin noch nicht auf Djerba. Ich bin in Zürich gelandet und fliege von hier aus weiter. Gerade komme ich von einer genialen Ausstellung und aufregenden Gesprächen mit den Künstlern. Du wärst begeistert gewesen.
Ich hoffe, Deinem Rücken geht es wieder besser.
So, ich gehe jetzt ins Bett. Wahrscheinlich siehst Du diese Mail erst, wenn

Du wieder wach bist, und so wünsche ich Dir einen schönen guten Morgen.
Caterina
PS: Ich mag es, dass Du an mich denkst.

Ruhig kuschle ich mich wieder ins Bett. Einen Augenblick später klingelt mein Handy. Es ist Alejandro. Leise erzähle ich ihm von meinen Erlebnissen. Nur den Mailer Daemon lasse ich aus.

> *Caterina Seite 245*

< Hartmut Seite 139

Weltmusik

18.03.2011

52° 13′ 45.78″ N, 21° 00′ 38.26″ E

Ich sitze vor dem Computer der Pensionswirtin und kratze an meiner rechten Kotelette. Sie ist nicht mehr da, nur noch glatte Haut, wo einst das krause Haar spross. Es fühlt sich an, als sei sie noch vorhanden. Phantomkotelette. Außerdem kratze ich mich, weil ich die Post meines ehemaligen Mitbewohners lese. Ich bin versunken in seinem Text, versunken in Los Angeles.

Die Asiamärkte in meinem Viertel sehen so ähnlich aus wie die in Bochum oder Dortmund, aber sie sind gedrungener. Die Gänge sind schmal und die Regale hoch. In den Kühltruhen liegen große Tiere. Vor der Tür wird dir sofort wieder bewusst, wo du bist. Die Luft und das Licht sind einzigartig. Selbst die Geräusche, das Hupen, das Gemurmel der Menschen, die Polizeisirenen, die man immer hört, acht, neun Blocks weiter. Du schaust auf das heruntergekommene Hi-Fi-Geschäft auf der anderen Straßenseite und weißt: Dahinter noch mal acht Querstraßen weiter, da ist bereits Watts, da ist Compton.

Ich muss lächeln. Ich spüre seine Faszination, sie sprüht aus jeder Zeile. Er wohnt an der Grenze zum Ghetto. Wäre er in Köln-Ossendorf oder Berlin-Lichtenberg, würde er sich vor Weltekel erbrechen, aber er ist in Koreatown, Los Angeles. Es fühlt sich für ihn an, als sei er in einen Film gezogen. Als wir uns kennenlernten, zur Oberstufenzeit, da kamen all diese Streifen auf, in denen afroamerikanische Jungkriminelle in weiten Hosen durch ihre Viertel wippten, stundenlange Nonsensdialoge über zu viel Ketchup auf den Fritten hielten und danach jemanden erschossen, als sei nichts dabei. Filme, die eigentlich warnen und mahnen wollten und in dieser Intention nach hinten losgingen wie ein Silvesterknaller, den man in der Hand behält, während man das Feuerzeug wegschmeißt. Filme, die selbst meine niederen Instinkte ansprachen, auch wenn ich mich dafür schämte und in meinem Kopf der Professor sprach. Mein Mitbewohner hatte keinen Professor im Kopf. Ihn faszinierte der Stoff ungebrochen. So sehr, dass er eine Zeitlang die Gesten und Sprüche nachspielte, den ganzen Lebenswandel, ohne das Morden natürlich. Er tat so, als mache er nur Spaß, wenn er in weitem, wippendem Gang auf mich zukam und den Arm wie ein Gummilasso schwang, um mich mit den Worten »Was geht, Nigger?« abzuklatschen und dann auf dem Bürgersteig, einen Zahnstocher im Mundwinkel, gegen Geld Würfel zu spielen. Heute ist ihm das peinlich, und ich würde es auch nie jemandem erzählen. Aber peinlich hin oder her: Die Vorlieben, die ein Mann in der Spätpubertät ausgelebt hat, verschwinden niemals ganz.

Hartmut, sie stehen hier an den Straßenecken, die Caines und O-Dogs. An der Tankstelle tauschen sie Geld und Ware aus, während ein weißer Proletarier mit Baseballkappe seinen Pick-up vollmacht. Sie tragen beige Baggy Pants und Feinrippunterhemden. Das ist tatsächlich so. Allerdings lassen sie einen vollkommen in Ruhe. Die Wohnviertel, die nördlich von Koreatown links und rechts von der Vermont Avenue abgehen, sehen schon gepflegter aus als das Durcheinander der kleinen Geschäfte und Sexshops südlich von mir. Sie haben allesamt »Neighborhood Watch«, das heißt, jeder achtet auf jeden, und wenn du einfach so länger als zehn Minuten dort spazieren gehst, bist du direkt verdächtig. Wenn Du's genau wissen willst, heißt mein Viertel Vermontkorridor oder auch Virgil Village. Mein Appartement ist dreißig Quadratmater klein und liegt immer in diesem gräulich gelben Licht, selbst wenn ich die Vorhänge nicht zuziehe. Der Straßenlärm des Freeway rauscht Tag und Nacht. Ich sehe ihn wie einen langen Wurm auf Stelzen, wenn ich aus dem Fenster schaue. Morgens fahre ich mit der U-Bahn zur Filiale, wo die Wagen stehen. Die U-Bahn ist zum Lecken sauber und sicherer als die Ruhr-Uni bei Nacht, denn jeder Winkel wird gefilmt, und es gibt Sicherheitsleute. In L.A. Pakete auszufahren ist immer wie ein Rein und Raus aus Korridoren. In den schmalen Straßen hast du das Gefühl, du quetschst dich durch das Chaos brasilianischer Favelas, nur eben mit Häusern statt Wellblechhütten. Du verlierst den Überblick und siehst nur noch abgeblätterte Ladenschilder, rot-weiß gestreifte Markisen und gestikulierende Menschen. Auf den breiten Straßen öffnet sich der Blick dann bis zum Horizont. Du hast den Eindruck, du schaust grundsätzlich auf die grünen Hollywood Hills, und die Palmen am linken und rechten Straßenrand scheinen so weit auseinanderzustehen, als hätte die Straße zehn Spuren.

»Trinken Schmidt Kaffee«, sagt die Pensionswirtin und stellt mir eine dampfende Tasse neben meine linke Hand. Ich nicke dankend, ohne sie anzusehen, und klebe mit den Augen im Text.

Du hast geschrieben, du wärst nicht in Frankreich, um Urlaub zu machen. So geht es mir auch in L.A. Ich gebe zu, dass es mich fasziniert, hier zu sein, aber hey, ich fuhrwerke mich mit einem UPS-Transporter durch den flächengrößten Moloch der Welt, von Mexiko City mal abgesehen. Die meisten Straßen haben einfach nur Zahlen, die Stadt ist ein Gitternetz aus Quadraten, in dem du dich vollständig verlieren kannst. Vor ein paar Tagen hatte ich eine letzte Tour nach Inglewood, bevor ich in die Zentrale zurückmusste, damit die Jungs, die hier das machen, was ich früher in Herne tat, die Wagen ausladen können. Ich hatte noch zwanzig Minuten, verfranste mich und brauchte siebzig. Ich schwitzte, mir wurde kotzübel, ich dachte, ich komme nie mehr da raus. Einmal falsch auf den Freeway, und alles ist vorbei. Du willst die Worte nicht hören, die mein Vorgesetzter benutzt hat, als mein Wagen erst eine Stunde später ausgeladen werden konnte als geplant. Der schlimmste Wutanfall von Stolle war ein Schlaflied für Babys dagegen. Mein Nachbar über mir hat jeden Tag zehn, zwanzig Gäste. Tätowierte Hispanos, die laut lachen, trinken und Knobelbecher auf den Tisch schlagen. Sonntag lag ein toter Hund auf dem Parkplatz hinter dem Haus. Der Parkplatz wird nie genutzt, es wächst Gras durch den aufgebrochenen Beton, ab und zu treffen sich auch dort junge Männer und tauschen etwas aus. In Hollywood selbst bin ich noch nie gewesen. Durchgefahren, ja, sogar ein Paket habe ich schon zu einem Fotoladen direkt am Walk Of Fame beim Chinese Theatre gebracht. Aber als Privatmensch war ich noch nie dort. Auch nicht am Strand in Santa Monica oder Venice. Ich bleibe in Koreatown, im graugrün-gelben Smog. Vorerst.

»Essen Schmidt Brot«, sagt die Pensionswirtin und stellt mir einen Teller mit belegten Scheiben neben meine linke Hand. Jetzt sehe ich sie an und lächele. Sie strahlt. Ich nehme ein Käsebrot und beiße hinein, den Blick wieder auf den Buchstaben. Ein paar Sätze in der Mail kommen mir seltsam bekannt vor, es sind die, in denen er von den Sekten und der Scientologyzentrale schreibt. Irgendwie wirken sie, als hätten sie einen anderen Tonfall als der Rest, aber das ist wahrscheinlich meine alte Germanistenkrankheit. Er ist in Los Angeles. Es ist folgerichtig. Ich flüchte ins eiskalte Sibirien, weil ich die Einsamkeit dort suche, wo keine Menschen mehr sind. Er flüchtet ins smogwarme L. A., weil er die Einsamkeit dort sucht, wo unfassbar viele Menschen sind. Das geht genauso gut. Ich bin ein bisschen lebensmüde, weil Sibirien einen ungeübten Mann umbringen kann. Er ist ein bisschen lebensmüde, weil Los Angeles einen ungeübten Mann umbringen kann.

Ich schreibe ihm, dass er auf sich aufpassen soll, so wie ich es tue, in Frankreich. Ich habe ein schlechtes Gewissen, ihn darüber anzulügen, dass ich nicht wie er an einen Ort gegangen bin, an den es mich schon immer zog und an dem man sich trotzdem bestrafen kann. Weil Sibirien doch einen Schritt härter ist als Koreatown. Zwei Schritte. Zehn. Ich kratze meine Phantomkotelette, als ich tippe. Die Pensionswirtin bringt neuen Kaffee.

Gegen 9 Uhr verlasse ich das Haus. Ich umarme meine Gastgeberin. Die Gänse schnattern im Hof. Das weiße Rollo reflektiert die Morgensonne gleißend wie Schnee. Es war kein anderer Gast zugegen während meines Aufenthalts. Vielleicht verwandelt sich die Pension jetzt, wo ich die Schwelle überschritten habe, wieder in ein Privathaus zurück. Vögel zwitschern. Niemand ist zu sehen. Ich gehe zur Hauptstraße. Das junge Pärchen mit dem ewigen Zukunftsfeld schlendert Hand in Hand auf der gegenüberliegenden Straßenseite. Sie turteln so offen, wie es kaum ein Paar in Deutschland tut, auch nicht auf dem Land. Er stübert ihre Nase und macht dabei glucksende Geräusche. Erst als er mich bemerkt, räuspert er sich, geht wieder aufrecht und zeigt ihr als Übersprungshandlung einen hässlichen Schornstein. Seine Freundin ist höflich und spielt das Spiel mit. »Oh, ein sehenswerter Schornstein!«, sagt sie wahrscheinlich gerade, weil sie ihrem Freund nicht böse ist, dass er vor einem anderen Mann ein ganzer Kerl bleiben will. Sie erkennen mich nicht wieder. Ich habe glatte Haut an den Schläfen. Jetzt zeigt der Freund vom Schornstein weg auf meine Straßenseite, zehn Meter hinter mich, und es sieht nicht mehr so aus wie ein Schauspiel. Ich drehe mich um. Jennifer Rush nestelt sich aus einem Gebüsch, die Hosenbeine in den Händen, als sei ihre Jeans ein Rock, den man hochhalten muss, damit sein Saum nicht dreckig wird. Sie hat mich doch erkannt, gestern am Fenster! Dann hat sie der Schwarzhaarigen und den beiden anderen gegenüber so getan, als wüsste sie nichts, und ist heimlich wiedergekommen, um mich nun allein zu erwischen. Sie ruft etwas und winkt.

Ich laufe los. Was soll nur werden, denke ich? Was ist das für ein Bild, vor allem aus der Luft? Der deutsche Mann pflügt sich durch schlesische Felder, Linien im Korn hinterlassend, hinter ihm die polnische Frau mit weitausholenden Armen. Auf ewig laufen sie, und in hundert Jahren schreibt einer eine mehrbändige Erzählung darüber, die mit den Worten beginnt: »Der Mann ohne Bart floh durch die Felder, und die Frau folgte ihm.« Ich sehe mich um. Mein Rucksack zerrt. Jennifer Rush macht Meter gut. Das Geräusch eines Autos nähert sich hinter mir, ein bauchiges Brummen aus umfangreichem Hubraum. Es wird gleichzeitig lauter und tiefer. Ich brauche ein paar Sekunden, bis ich bemerke, dass der große schwarze Landrover neben mir in Schrittgeschwindigkeit rollt. »Mein Freund, spring rein!«, ruft der Fahrer, den Ellbogen draußen, eine Sonnenbrille auf der Stirn. Er hat dunkle braune Augen, aber sie strahlen, als hätten sie das Türkisblau aller Ozeane gespeichert, die sie gesehen haben. Der Mann deutet auf die Hintertür. Jennifer Rush kreischt. Der Mann lässt das Rückfenster runter. Ich werfe meinen Rucksack hindurch, strecke mich nach dem Griff und öffne die Tür. Jennifer Rush gibt Sporen. Ich stürze in den Wagen. Der Fahrer gibt Gas, die Tür schlägt durch den Ruck von selber zu. Ich schaue über die Rückbank aus der Heckscheibe und sehe meine Stalkerin kleiner werden. Wirbelnde Arme und wehende Dauerwelle. Ihre Klage erhebt sich über Wünschendorf wie eine Wolke aus Leid. Ich atme tief aus, drehe mich um und lasse mich tiefer in die Polsterung sinken. Obwohl ich »lange Stelzen« habe, wie meine Mutter immer sagte, passen meine Beine vollständig auf die Rücksitze.

»Große Verehrerin?«, lacht mein Retter und dreht sich zu mir um. Er ist tief gebräunt und hat kurzes schwarzes Haar. Das glänzende Dunkel seiner Iris strahlt in einem Meer aus Weiß. Sieht er einen an, ist die ganze Welt sein Blick. Überall Retteraugen. Seine Stimme resoniert klar und tief in seinem Brustkorb. Sein Deutsch ist gut verständlich, aber den Akzent kann ich absolut nicht einordnen. Er könnte Marokkaner sein oder Ägypter. Es würde mich aber auch nicht wundern, gehörte er dem verschollenen Volk von Atlantis an.

Wir fahren. Seine Anwesenheit bewirkt, dass ich loslasse. Ich komme nicht mal auf die Idee, mich gerade hinzusetzen. Stattdessen hocke ich jetzt auf meinen Unterschenkeln wie eine zusammengerollte Katze und knete mit den Händen das Polster. Der Fahrer schaut wieder auf die Straße.

»Polnischer Mann«, sagt er, schüttelt den Kopf und hebt den Zeigefinger, »kein guter Ruf bei polnischer Frau. Deutscher Mann? Die Frau wird verrückt!« Seine Augen im Rückspiegel enthalten mehr Weiß, als ich es je gesehen habe. Der Landrover frisst die Straße und spuckt sie hinter sich wieder aus. Schnell lassen wir das Dorf hinter uns, und an den Scheiben rauschen knorrige Wälder vorüber.

»Deutscher Mann hin oder her, ich habe doch nichts gemacht«, sage ich. »Bloß in der Kneipe auf Alkohol verzichtet.«

»Bloß?«, lacht mein Retter. »Hier in Polen, Wodka ist wie Wasser. Außerdem …« – große Augen im Rückspiegel –, »du siehst gut aus.«

»Wer sind Sie?«, frage ich.

Mein Retter reicht seine Rechte an der Kopflehne vorbei nach hinten. Ich schüttele sie. Meine gesamte Hand füllt gerade mal seinen Handteller aus. Sein Händedruck ist kräftig, aber seine Haut weich und gepflegt. Die Nägel sind präzise geschnitten.

»Khaled«, sagt er. Sonst nichts. Er nimmt einen Schluck Wasser aus einer Flasche im Becherhalter unter dem Radio und reicht sie mir nach hinten. Ich trinke. In der Mittelkonsole klemmt ein iPod auf einer Dockingstation zwischen Taschentuchpackungen, einer Lederhülle für die Sonnenbrille, seinem Handy und einer Tüte Nüsse. Er zieht den iPod mit der rechten Hand raus und hält ihn mir hin. Das kleine Display leuchtet auf und zeigt Songlisten. »Musik?«

Ich lege die Flasche weg, beuge mich vor und nehme das Gerät in die Hand. Meine Füße lasse ich immer noch auf der Rückbank. Ich blättere durch die Liste. Sie verwirrt mich. Da, wo üblicherweise das Musikgenre stehen müsste – also Rock, Pop oder Jazz –, hat Khaled Ländernamen eingegeben. Die Liste beginnt mit Ägypten. Sie ist lang. Sehr lang. Ich sehe die Elfenbeinküste, Laos, Taiwan, sogar Tuvalu und Usbekistan. Nach allen Nationen der Welt endet die Liste auf Zypern. Khaled bemerkt, dass ich verwirrt bin, und sagt: »Viel unterwegs.«

Ich lächele. Was für eine Idee. Und wie naheliegend, eigentlich. Unsereins erfindet hundert Kategorien nur für die Musik, die in Europa und Amerika gemacht wird, und quetscht den ganzen Rest in die Schublade World Music. Im Jugendzentrum in Görlitz schlagen sich junge Männer die Nacht mit der Frage um die Ohren, ob From The Ashes Of Unseen Realms We Scream The Pledge Of Alliance nun Emocore, Screamo, Postcore oder doch eher Mathcore spielen, während sie nicht mal wissen, wo Tuvalu überhaupt liegt. Khaled sortiert Musik nach Ländern. Ich überfliege die Namen der Musiker und kenne fast keinen. Dieser Mann hat mehr Lieder aus Peru oder

Südafrika auf seinem iPod als aus den USA. Der Professor in meinem Kopf wirkt gütig und erfreut, obwohl er noch nichts von der Musik gehört hat. Ich scrolle durch die Liste und mache Stopp bei Venezuela. Ein Sänger legt los, einerseits so kraftvoll, als wolle er seine Stimme ohne Mikro wie eine Flipperkugel durch ganze Bergzüge zischen lassen, und andererseits so locker aus der Hüfte, wie es kein westlicher Durch-die-Zähne-Presser jemals hinbekommt.

»Juan Vicente Torrealba«, sagt Khaled auswendig.

Ich gleiche es mit der Liste ab. Es stimmt.

»Venezuela«, fügt Khaled hinzu. »Ist … wie sagt man? Traditional Music. Von den Farmern, den Landleuten. Mit Pop.« Während Herr Torrealba singt, lasse ich die Liste weiter vor meinen Augen sausen.

»Ist auch Polen drin«, kommentiert Khaled. »Das ganze Erdenrund!«

Er sieht wieder auf die Straße, das Lenkrad des Landrovers in den Händen, groß wie ein Schiffsruder.

Die Musik spielt. Bass, Trommeln, Bläser. Ich wippe mit dem Kopf. Ein Straßenschild zeigt an, dass wir zur Autobahn A2 kommen, wenn wir links abbiegen. Khaled biegt ab. Sein Telefon klingelt. Er geht ran und hält sich das kleine Ding ans Ohr. Er meldet sich nicht mit seinem Namen, sondern nur mit einem Brummlaut. Dann hört er zu, nickt, ist mit den Augen halb auf der Straße und halb bei seinem Gesprächspartner. Selber sagt er nichts. Fast nichts. Er bestätigt das Gehörte lediglich alle paar Sätze mit einem kurzen, seltsamen Wort. Es klingt wie »Bä«, mit ganz kurzem, trockenen »ä«, das fast in ein »ö« umkippt. Müsste ich es schreiben, würde ich »bae« in die Tastatur tippen. Es ist sein Universalwort für »Ich höre dir noch zu«, die kürzestmögliche Form, schneller ausgesprochen als ein »Mhm« und dabei härter, kantiger. Ein Geräusch gewordenes, huldvolles Nicken. Es drückt Zustimmung aus, so wie »gut« oder »o.k.«, denn als sein Gesprächspartner einmal etwas sagt, was ihm *nicht* passt, ist Schluss mit dem »bae«. Khaled legt den Kopf nach hinten, nimmt die zweite

Hand vom Steuer, gestikuliert, als stünde sein Gegenüber vor ihm, und stößt ein langes, halb gesungenes Schimpfwort aus, dem ein Wortschwall in einer Sprache folgt, die ich nicht verstehe. Khaled zähmt seinen Gesprächspartner und bekommt anscheinend, was er will, denn er senkt den Kopf wieder, legt die Hand ans Lenkrad zurück und tröpfelt noch ein paar »Bae! Bae!« aus seinen Lippen, bevor er auflegt. Er steckt das Telefon in die Mittelkonsole zurück, nimmt beide Hände vom Lenkrad, kippt sich in aller Ruhe Nüsse in die Hand und steuert den Riesenjeep derweil mit den Knien.

»Fahre nach Warschau«, sagt er. Seine Zähne knacken die Nüsse. Er sieht in den Rückspiegel. »Warschau gut? Mein Freund?« Ich antworte nicht sofort. Meine Hände kneten das Polster. Khaled neigt im Rückspiegel den Kopf nach vorn. Er sagt: »Oh, sorry. Willst du Nuss?« Ich lehne dankend ab. Er zuckt mit den Schultern, steckt die Tüte zurück und fragt mich noch einmal: »Freund, sag mir: Wohin?«

Was soll ich jetzt äußern? Ich kann nicht »Einsamkeit« sagen. Dann geht das ganze Theater wieder los, wie im Berliner Taxi. Die Augen im Rückspiegel warten auf Antwort. Ah, ich weiß! Ich sage einfach nur den echten Ortsnamen. Nicht weniger, aber auch nicht mehr. Keine Lebensbeichte. Keine große Offenbarung. Nur den Namen in der norwegischen Fassung, die kein Schwein kennt. Ich sage: »Ensomheden.«

Khaleds Augen fixieren mich ein paar Sekunden im Rückspiegel. Er hebt den Kopf, die Unterlider schieben sich ein Stück über das Weiß zurück, und er sieht nach vorn auf die Straße. Er nickt und sagt: »Sibirische Insel?«

Ich glaube, ich höre nicht richtig. Khaled, der immer noch mit den Knien lenkt, erinnert sich daran, dass er Hände hat, und legt sie wieder ans Lenkrad. »Hafen von Dikson«, sagt er. »Gefriertes Meer. Richtig? Gefriert? Gefroren? Eisschollen auf Wasser. Sehr kalt, mein Freund. Sehr, sehr kalt. Ich war dort …« – er überlegt – »einmal.«

»Ach, nur einmal«, sage ich, aber er überhört den Sarkasmus.

»Wegen Polarlichter. Musst du sehen im Leben.« Er gestikuliert mit der rechten Hand am Horizont in der Frontscheibe: »Wie sagt man? Ein schöner Moment leuchtet das Leben hindurch.« Er lächelt. Der Satz klang wie auswendig gelernt. Als ob ein Rockstar für sein Konzert in Deutschland ein paar akzentfreie Sätze vorbereitet und lautmalerisch in sein Gedächtnis brennt. Aber was noch viel schlimmer ist: Khaled kennt die Hafenstadt, von der aus man zur Einsamkeitsinsel übersetzt. Dieses kleine Loch aus Holzhäusern, Schleppkähnen und uralten Lastkränen zum Beladen von Frachtschiffen, die eingefroren in der Karasee stehen. Er kennt es … und fragt mich nicht, was ich da will.

»Ich will auf die Insel«, sage ich. »Ich will nicht in Dikson bleiben und Polarlichter gucken. Ich will auf die Insel.«

»Bae.« Khaled nickt. »Habe ich verstanden, mein Freund. Du willst auf die Insel.«

Ich nicke: »Ja, genau. Auf die verlassene Insel.«

»Bae.«

»Auf die Insel, die seit 1996 niemand mehr betreten hat.«

»Bae.« Khaled lenkt und wirft einen Blick auf sein Handy, das aufleuchtet, ohne zu klingeln.

»Das ist ganz schön wahnsinnig, oder?«, sage ich. »Ich meine, so ganz alleine auf einer verlassenen Insel in der Karasee?«

Khaled schweigt.

»Es gibt da nicht einmal Gebäude. Nur die alte Wetterstation. Sieht bestimmt aus wie die zugewucherte Zentrale der Isla Sorna in *Vergessene Welt*. Obwohl, in Sibirien wuchern keine Pflanzen. Da wuchert nur Eis.«

Khaled entfernt einen Nusssplitter aus den Zähnen.

»Wer weiß«, sage ich, »vielleicht ist der Fisch im Wasser tiefgefroren.« Khaled lacht nicht. Er nimmt sich neue Nüsse.

»Kein Mensch weiß, wie ich dort überleben soll. Wahrscheinlich bin ich nach einer Woche fast verhungert und versuche, unter einem Meter Eis das alte Funkgerät freizuhacken. Mit meinen Fingernägeln.«

Khaled kratzt sich am Knie.

»Und nach zehn Jahren finden sie mich dann, konserviert durch die Kälte, auf Knien vor dem Pult, die Finger verkrallt im Eis über den alten Knöpfen. Wie eine Skulptur.«

Khaled schmunzelt. Aber er sagt nichts.

Ich schnaufe und schlage, die Füße weiter unter meinen Hintern geklemmt, mit den flachen Händen auf meine Oberschenkel: »Verdammt nochmal, willst du micht nicht davon abhalten???«

Khaled schaut in den Rückspiegel, legt die flache Hand auf seine Brust und zieht die Brauen hoch: »Ich?«

»Ja, sicher du! Ist hier sonst noch jemand?« Ich rege mich auf. Wären meine Koteletten noch dran, würden sie jetzt vorwurfsvoll mit ihren haardünnen Ärmchen auf den provozierend gelassenen Fahrer zeigen. Ich klopfe auf meinen Rucksack. »Ich wollte sogar dahin *laufen*! Nach Sibirien. Verstehst du? Zu Fuß!«

»Du läufst nicht. Du sitzt im Landrover.«

»Ja, aber … das ewige Eis! Ensomheden! Du kennst das, du warst schon mal da … und dann hörst dir einfach nur an, was ich vorhabe?«

»Klar. Ich nehme Mann ernst.«

Spinnt der denn? Der soll mich doch mal ansehen hier auf seinem Rücksitz, die Unterschenkel eingeklappt wie ein Kind, das mit seinen Quartettkarten spielt. Sieht so etwa ein Mann aus? Ich fasse es nicht.

»Erst mal Warschau«, sagt Khaled. »Gut?«

Er fragt nicht, *warum* ich auf die Insel will. Er sagt nur an, wo es langgeht. Ich winke ab und drücke meine Füße unter meinem Hintern hervor. Sie sind eingeschlafen. Ohne dass sie den Fußraum berühren, lege ich sie wieder auf die Rückbank, drehe mich in die Embryonalstellung und quetsche mir meinen Rucksack als Kissen unter die Wange.

»Ja, gut«, sage ich, sehe hinaus und stelle mir vor, die polnischen Kiefern wären sibirische Tannen. Dann schließe ich die Augen.

Ich wache auf, als der Wagen hält. Ein Gähnen treibt meine Kiefer auseinander. Es kribbelt in der Nase und brennt in den Augen. Khaled schaltet den Motor aus.

»Toilette. Du auch?«, sagt er und öffnet die Tür.

Ich richte mich auf und sehe Autos, die links vom Parkplatz mit Tempo vorbeirauschen. Wir sind bereits auf der Autobahn. Ein Rastplatz mit Waldstück. Ich öffne die Hintertür, schwinge meine Beine auf den Asphalt und folge Khaled ins Gebüsch, denn das Gestrüpp ist die Toilette. Obwohl wir nur zum Pinkeln zwischen die Sträucher schleichen, schreitet Khaled so würdevoll daher, wie ich es noch bei keinem Mann gesehen habe. Sein Rücken ist gerade, und seine Hüften sind nach vorn gedrückt, ohne dass es militärisch aussieht oder ihm Mühe macht. Im Gegenteil. Seine Haltung drückt die maximale Gelassenheit eines Mannes aus, der den Raum beherrscht, ohne sich dafür anstrengen zu müssen. Mr. Lover Lover und Vorstandschef zugleich, Monarch und Maestro. Er hat eine Aura, so gelassen groß wie der Gesang des Venezolaners, der quer durch die Anden schallt. Khaled ist knapp zwei Meter groß, aber selbst, wenn er es nicht wäre, trüge er seine Schultern, sein Kinn und seine Nase höher als jeder andere, ohne dabei hochnäsig zu sein. Er schaut nicht auf die Menschen herab, er hat einfach nur den Überblick über die Welt. Man müsste ein neues Wort dafür finden. Weltnäsig vielleicht.

Ich stelle mich neben ihn und kann nicht anders, als kurz einen Blick auf sein Gemächt zu werfen, als ich sehe, wie sein kräftiger Strahl selbst kleine Bäume abknickt. Schnell schaue ich wieder auf mein eigenes Geschlecht, das ein trauriges Rinnsal in die polnische Fauna tröpfelt. Khaled zieht seinen Reißverschluss zu und hält sein Telefon ans Ohr, da er schon wieder angerufen wird.

»Ja?«, sagt er, auf Deutsch, als er aus dem Gebüsch stapft und sich auf das Gestrüpp konzentriert. »Vögelchen fliegt? Hm. Habe Idee. Beruhigt euch. Khaled kümmert sich.« Dann wechselt er wieder zu seinem »Bae! Bae!«, hört nur zu und schaut ab und an zu mir herüber.

Ich packe mein unterlegenes Gemächt wieder ein und ästele mich aus dem Busch. Als Khaled mit dem Telefonieren fertig ist, hebt er die Hand. Ein polnischer LKW-Fahrer, der soeben aus seiner Kabine gestiegen ist, während sein Laster noch Pressluft auspfeift wie ein schnaubendes Pferd, kommt auf ihn zu.

»Khaled!!!«, ruft der Mann, als seien sie alte Freunde.

»Tomasz!«, erwidert Khaled, zeigt auf den Trucker und sagt: »Tomasz ist großer Bandit.« Er umarmt den Mann, der etwas erwidert, sie wechseln ein paar Worte auf Polnisch oder Russisch, ich weiß es doch auch nicht, dann sagt Khaled: »Gut, kleiner Bandit. Kleiner Bandit. Mittlerer Bandit!« Er knufft ihn an der Schulter. Der Mann wirkt zufrieden. Mit »mittlerer Bandit« kann er leben.

Wie kann Khaled einen beliebigen polnischen Trucker kennen, der zufällig in der Pampa zum Pinkeln pausiert? Nach ein paar letzten Worten sind die Männer fertig und geben sich die Hand. Wir steigen wieder in den Wagen. Khaled setzt sich ans Steuer und lacht. Ich krabbele auf die Rückbank. Dieses Mal ziehe ich meine Schuhe aus, bevor ich die Füße auf das Polster lege. Ich bin nicht mehr auf der Flucht, wo alles eine hektische Ausnahme ist. Ich wohne jetzt hier, vorerst, da sollte ich mich benehmen. Khaleds Handy bimmelt. Er ist ein sehr gefragter Mann. Er spricht, während er den Wagen anlässt, klemmt sich das Handy ans Ohr, holt einen Block mit Stift aus dem Handschuhfach und notiert sich etwas, während er den Wagen mit den Knien vom Rastplatz zurück auf die Autobahn lenkt. Sein Schulterblick ist flüchtiger als der Flügelschlag einer Mücke.

»Warum du reist allein?«, fragt er mich, als er mit seinem Gespräch fertig ist. Seine großen Augen fixieren mich im Rückspiegel. Man kann Khaled nicht anlügen. Man kann ihm manche Dinge erzählen und manche eben nicht, aber lügen ist bei diesen Augen unmöglich. Ich will nicht über die Wahrheit reden. Ich kann nicht. Also erzähle ich ihm lediglich, dass es da zwei Paare gibt, die voneinander Pause machen und dass keiner mit keinem Kontakt aufnehmen darf, bis …

»… bis was?«, fragt Khaled.

Ich weiß keine Antwort.

»Menschen leben für Menschen«, sagt er.

»Ja, und wenn Menschen sich ausdrücklich wünschen, erst mal allein sein zu wollen, muss man das respektieren«, entgegne ich.

»Reden du lernst durch reden«, sagt Khaled.

Ich schnaufe. »Was war das denn jetzt wieder?«

»Cicero.«

»Vorhin hast du auch so einen Kalenderspruch gebracht. Der mit dem Moment, der durch das Leben leuchtet.«

»Besser guter Spruch aus Kalender als schlechter aus eigenem Kopf.« Khaled schmunzelt. Für ihn ist es alles ganz einfach, auch wenn es so klingt, als müsse er sich vor jedem Satz überlegen, welche Sprache noch gleich dran ist. Im iPod schickt ein anderer Sänger seine Klagen quer über die Anden. Er heißt Victor Jara. Die Genre-Leiste zeigt Chile an. Nach drei, vier Liedern döse ich ein, und Khaled führt sein nächstes Telefonat. Ich verstehe kein Wort. Es könnte Arabisch sein, aber auf jeden Fall klingt es so, als wolle er sein Gegenüber von einem Geschäft überzeugen, das schon lange geplant war, und als sei er nun doch überrascht, dass er plötzlich neue Überzeugungsarbeit leisten muss. Das orientalische Debattieren ist laut, schläfert mich aber trotzdem weiter ein. Erst der Ruck, den der Landrover macht, als Khaled mit Wucht die Bremsbacken auf die Scheiben presst, reißt meine Augen auf. Die Reifen quietschen. Ein Hund zischt von der Straße. Khaled verliert das Handy, und der Lautsprecher geht an. Am anderen Ende plappert aufgeregt eine junge Frau. Khaled hebt das Handy auf, schaltet es leise und sagt grinsend: »Viele Frauen auf der Welt ...« Ich schmunzele und schließe wieder die Augen.

Das Polonia Palace erinnert von außen an das Adlon in Berlin. Ein gepflegter Altbau in hellem Terracotta. Die Strahler an der Fassade sind so platziert, dass das Licht Säulen bildet. Im Foyer wachsen Palmen aus riesigen, runden Kübeln. Sie stehen nicht auf dem Boden, sondern in großen Ständern aus Gusseisen wie gigantische, aufgeschlagene Eier in Bechern. Alte Laternen an den Wänden, die gleichen wie draußen, so dass die Stimmung eines Innenhofs entsteht, einer mollig warmen Gasse mit Ledersofas, auf denen man Cocktails serviert bekommt. Ich möchte bloß einen Kaffee. Khaled sitzt abseits und verhandelt mit einem untersetzten Mann ohne Haare, der eine randlose Brille trägt und einen Aktenkoffer neben den Knöcheln stehen hat. Ich nippe an dem Kaffee und halte es für seltsam, hier zu sitzen, mitten in Warschau, von dem ich noch nichts gesehen habe außer diesem Hotel. Die Fahrt hat lang gedauert, fast vierhundert Kilometer waren wir unterwegs, aber trotzdem fühlt es sich so an, als wäre ich eben erst in der dörflichen Provinz Schlesiens gewesen und nun mit einem Schnipp in einen James-Bond-Film katapultiert worden. Das Stimmengewirr im Foyer verschmilzt mit dem Smooth Jazz, der aus unichtbaren Boxen auf die Palmen rieselt und von ihren Wedeln heruntertropft. Auf dem Steinboden knöttert ein Rollkoffer. Damenabsätze klackern.

»Möchten Sie noch einen Kaffee?«, fragt mich die Kellnerin in akzentfreiem Deutsch. Ich nicke.

Ich sitze unter polnischen Palmen und fahre ins ewige Eis. Aber nicht für meinen besten Freund, der wirklich unter Palmen sitzt, wenn auch unter struppigen, vom Smog verseuchten. Für ihn bin ich nicht in Polen, sondern in Frankreich, und ich sollte ihm frische Post schicken, die das bekräftigt. Die Kellnerin bringt frischen Kaffee. Ich ziehe den kleinen Stift aus meinem Telefon und tippe meine erste lange Post über das Gerät. Es dauert lange, eine Mail zu tippen, aber dafür konzentriert man sich auf jedes Wort.

Mein Lieber!
Deine Worte bringen mich nach L.A. Ich spüre die Hitze, ich rieche den Smog. Es ist, als rauschten die Palmblätter über mir. Erlaube Dir ruhig, Dir am Wochenende die Stadt anzusehen. Geh zum Santa Monica Pier, fahr nach Hollywood. Ich kenne Dich doch. Du würdest am liebsten Max Cherrys Kautionsmaklerbüro aus *Jackie Brown* suchen, oder? Aber fahr bitte nicht nach Watts,

nur um die Stelle zu finden, wo in *Menace II Society* Caine erschossen wurde, okay? Das ginge dann doch zu weit.

Gut. Das musste sein, diese Erlaubnis. Er soll in zwanzig Jahren nicht sagen, dass er in der Stadt seiner Träume war und sie absichtlich nicht genossen hat. Khaled hätte bestimmt einen Kalenderspruch dafür. »Besser heute mit Schuld genießen als später schuldlos bereuen.« Oder so. Mein Mitbewohner kann nichts für all die Dinge, die passiert sind. Er konnte nie was dafür. Eine Frage allerdings muss ich ihm stellen.

In Deiner ersten Mail neulich schriebst du, es ginge Yannick gut. Soweit ich aber weiß, müssen Haustiere drei Monate in Quarantäne, wenn sie in die USA einreisen. Wie hast Du das umgehen können? UPS-Verbindungen??? Ich weiß doch, Du würdest Dir eher selber mit einer abgesägten Pumpgun die Kniescheibe wegschießen, als unseren freiheitsliebenden Kater auch nur länger als zehn Minuten in einer Box eingesperrt zu lassen.

So. Die Frage war nötig, auch wenn ich mir ziemlich sicher bin, dass es die UPS-Verbindungen waren. Jetzt brauche ich noch ein Stück meiner Geschichte aus Frankreich. Etwas Neues und etwas Altes, ein erfundenes Detail aus der Gegenwart und eine Anspielung auf unsere gemeinsame Vergangenheit. Ich habe eine Idee für eine aktuelle Anekdote, öffne den Browser und suche mir auf dem winzigen Monitor mittels Google und Wikipedia die nötigen Fakten heraus.

Auf dem Campingplatz war gestern eine Fußballmannschaft zu Gast. Le Poiré-sur-Vie VF, ich glaube, die spielen in der vierten Liga. Sie haben eine Party zum 50. Geburtstag ihres Trainers gefeiert, vorne in der Bar. Ich musste aushelfen als Kellner und kam mit einem Spieler ins Gespräch, der gutes Englisch sprach. Er hat mir erzählt, dass Ricky Forson früher Mitglied des Vereins gewesen ist. Jetzt fragst Du Dich: Wer zur Hölle ist Ricky Forson? Es ist ein Nationalspieler von Togo, und – jetzt pass auf – er hat noch nie in einer Profimannschaft gespielt! Das ist wie bei uns beiden, als wir uns in der Schule überlegt haben, die Staatsbürgerschaft der Färöer-Inseln anzunehmen, um dort eine Tischtennis-nationalmannschaft zu gründen und nach Olympia zu fahren. Als ich um drei Uhr nachts nach der Party Müllsäcke hinter die Kneipe brachte, fiel mein Blick auf eine uralte, halbverrottete deutsche Fertignudeltüte in Dunkelblau. Band-nudeln in Champignonsoße, das war unsere Sorte! Weißt Du noch? Die Sorte aus dem real.-Kunststoff braucht lange, bis er sich auflöst. Ich frage mich, ob das noch unsere Tüte war, unser Müll von vor dreizehn Jahren.

Alles Liebe aus Lacanau

Dein

Hartmut

Ich lese den Text noch einmal und habe ein komisches Gefühl. Unser Campingplatz. Unsere Nudeltüte. Unsere Tischtennis-Idee. Schleime ich mich bei ihm ein? Habe ich ein schlechtes Gewissen? Und was wirft das für ein Licht auf mich? Selbst, wenn ich die Teufel rief, die unsere Familie auseinandergeschlagen haben, unterstelle ich ihm ja damit, dass er ohne mich gar nicht leben kann. Mein Schuldgefühl, ihn alleinzulassen, ist die Arroganz zu glauben, er sei ohne mich nicht komplett. Dabei ist es nicht er, der sich im ewigen Eis einfrieren lassen will wie ein Mammut. »Reden lernt man durch reden.« Ich sende die Mail ab.

Khaled steht auf und drückt dem kleinen Mann mit dem Akten-koffer die Hand. Er ist zwar zwei Köpfe winziger, aber er wirkt nicht unterlegen. »Macht macht größer«, denke ich. Wieder so ein Sinn-spruch. Khaleds Gewohnheiten färben ab. Er schaut zu mir, hebt den Arm und knickt das Handgelenk Richtung Hotelbar ab.

Einen Augenblick später lehnen wir unsere Unterarme auf das glänzend polierte Holz der Theke und stoßen an. Khaled hat Ginger Ale auf Eis bestellt. Für uns beide.

»Du trinkst auch nicht?«, frage ich ihn und überlege, ob es auf seine Religion hindeuten könnte.

»Du trinkst? Du verpasst ein Stück von Welt!«

Ich will mich schon wieder aufregen. Er legt seine Hand auf meine: »Stimmt Spruch oder stimmt Spruch nicht?«

Ich atme tief ein. Man kann es so betrachten. Ich meine, ich *habe* getrunken. Und wie. Vom sechzehnten Lebensjahr an war zwar Gemüse mein Fleisch, aber mein Wasser, das war das Bier. Und was hat es mir gebracht? Ich bin allein, und mein Musikarchiv beinhaltet keinen Künstler südlich von Marseille.

Khaled stellt sein Glas wieder ab, dreht sich zu mir und angelt mich mit seinen großen Augen: »Ich bringe dich hin!«

»Was?«

»Ensomheden. Dikson. Ich bringe dich hin.«

»Aber … hast du denn Zeit?«

Was für eine bescheuerte Frage. So was fragt man, wenn es darum geht, ob jemand ein Wochenende lang beim Umzug hilft. Nicht bei einem fünftausend Kilometer langen Trip ins ewige Eis.

Khaled deutet hinter uns ins Foyer: »Habe eben gutes Geschäft gemacht.«

»Ach. Und da denkst du dir – fahre ich mal mit einem Fremden nach Ensomheden? Ich habe ja sonst nichts zu tun.«

»Guck«, sagt Khaled. »Ich mache Geschäfte, ja? Überall. Leben wie Strömung im Meer. Folge Strömung. Habe Dollar, habe Dinar, habe Euro, aber wahre Währung …« – er hält sein Handy vor mein Gesicht – »sind Menschen. Ja?« Er lässt die Namensliste seines Adressbuchs vor meinem Auge sausen. Nach zwei Minuten ist sie immer noch beim Buchstaben A.

»Du kennst sie alle?«

»Stell dir vor, baust du Möbel. Ja? Zehn Stunden am Tag. Schaffst du viele Möbel. Oder … malst du Bilder. Picasso hat geschafft … warte … hundertfünfzigtausend Stück in seinem Leben. Jetzt, wenn du sagst: Ich? Treffe Menschen. Sammele Kontakt. Lasse niemanden aus. Hast du Netz auf ganzer Welt. Nur Frage der Zeit.«

Ich nicke, wortlos. Fast möchte ich brummig »Bae!« sagen, aber das wäre wohl zu viel des Guten. Wir trinken aus und fahren mit dem

Lift zu unseren Zimmern. Sie liegen sich gegenüber. Bevor wir aufschließen, schlendert ein Mann im Bademantel und mit Handtuch den dunkelblauen Teppich entlang, versunken in der Vorfreude auf den Saunagang. Schlagartig taucht er aus dieser Versunkenheit auf, als er meinen Begleiter erkennt. »Khaled!!!«, ruft er erfreut und breitet die Arme aus. Sie geben sich Wangenküsse. Ich stecke meine Karte in den Schlitz.

> *Hartmut Seite 264*

< Susanne Seite 151

Dreckelige Schwaadschnüss

18.03.2011
50° 55′ 16.57″ N, 6° 57′ 37.23″ E

»Susanne, wach auf! Du hast in einer Stunde einen Termin bei Dr. Schwarz! Hast du das denn vergessen? Susannchen, Kind, ist alles in Ordnung?«

Meine Mutter klingt außergewöhnlich beunruhigt. Habe ich Ausschlag, blute ich aus den Ohren, fallen mir Gliedmaßen ab?

»Ich bin nicht wach, Mutter!« Meine Güte, endlich mal eine Situation, in der *ich* morgens pampig sein kann! Müsste sich das nicht besser anfühlen? Wieso ist meine Mutter so, wenn es sich anfühlt wie Mundgeruch aus Bier, Fisch und Knoblauch vom Vortag?

Meine Mutter steht ruhig und mit hängenden Schultern da. Entweder hat sie mein Geschimpfe tief getroffen, oder sie denkt, dass dies die Idealreaktion auf eine Beschwerde über das Wecken sei.

Erstaunlich, dass sie mich überhaupt wecken muss. Normalerweise bin ich seit Monaten zuerst auf. Geht es mir gut? Durchaus. Will ich zurück ins Bett? Nö. Kann also keine Depression sein. Habe ich Schmerzen? Nein. Einen realen fiesen Geschmack im Mund? Nö. Also auch keinen Kater. Wie auch, mir ist kein Alkohol über die Lippen gekommen. Was war gestern Abend? Caterinas Mail, Versammlung, Udo, Flucht nach oben, Caterina geantwortet. Keine Lücken. Das ist doch schon mal sehr gut. Über alle anderen Möglichkeiten denke ich später nach. Ich muss mich fertig machen.

Im Bad begrüße ich Irmtraut. Meine Mutter hat sie schon aus der Wanne herausgesetzt. Mehr als duschen ist aber nicht drin, wenn ich noch pünktlich am Chlodwigplatz sein will. Vielleicht wäre es wirklich eine gute Idee, ein richtig schönes Zuhause für Irmtraut zu schaffen. In der Zeit, in der wir ständig unterwegs waren, war die Badewannenlösung notwendig, aber das ist vorbei. Was immer kommen mag, aber so eine Roadtour wie 2009 werde ich nicht mehr auf Dauer mitmachen. Wenn ich zurückkomme, recherchiere ich mal, was alles nötig ist, um Irmtraut ein wirklich schönes Heim zu bauen. Das ist genau das Richtige für mich.

Ich muss zur Haltestelle Mollwitzstraße rennen, damit ich die 15 noch kriege. Die nächste kommt erst zehn Minuten drauf, das ist zu spät. Der Weg zieht sich. Zwischen Mamas Haus und der Mollwitzstraße liegen auf dieser Seite nur Wohnhäuser im Siedlungsstil. Einige gehören der Post und eine ganze Menge der Kölner Immobilien-Treuhand GmbH und der GAGFAH, was auch immer sich hinter diesem Buchstabengebilde verbergen mag. Gut, man kommt an der Sparkasse und dem Feinkosthändler Ortsiefer vorbei, aber ansonsten langweilt man sich auf der Strecke. Auf der anderen Seite ist es schon spannender. Die haben die »Zollgrenze«, eine Kneipe, die tatsächlich mal die Zollgrenze zwischen Köln und dem Hinterland darstellte, den Juwelier Altherr, bei dem meine Mutter schon mal Schmuck für mich hat anfertigen lassen, und eine ganze Reihe von kleinen Läden.

Egal, jetzt habe ich ohnehin keine Zeit. Mit der Bahn um 11.09 Uhr bin ich um 11.31 Uhr am Chlodwigplatz, die Praxis liegt direkt gegenüber der Haltestelle. Ich komme also nur drei Minuten zu spät.

»Um es direkt vorwegzunehmen: Ich bin eine Koryphäe.« Frau Dr. Schwarz schaut mich streng an. »Ich bin die führende Ärztin in Köln, ja sogar in ganz NRW, im Bereich der Gynäkologie. Ich gebe Seminare, ich arbeite an der Universität. Ohne intellektuellen Anreiz würde ich das alles gar nicht machen. Also, Frau Lehmann, welche Beschwerden führen Sie zu mir?«

Ich bin der Frau Doktor dankbar. Sie erwartet Gehorsam. Keine

Betroffenheit. Kein Menscheln. Das brauche ich, um Arztbesuche zu ertragen. Und sie bietet es so sehr, dass ich sogar grinsen muss.

Ihre Autorität spiegelt sich in der tipptopp gepflegten Praxis. Nur auf den kleinen Glaslampenschirmchen über dem Empfang liegt eine leichte Staubschicht – wie eine Spur leiser Rebellion. Die Zeitungen im Wartezimmer warten akkurat drapiert auf Leser. Sie müssen andere Patienten für sich finden, denn ich werde schnell ins Sprechzimmer gerufen. Gemäldedrucke in blauen Holzrahmen verbreiten friesische Frische. Im Behandlungsraum präsentiert eine weiße Vitrine hinter ihren holzgefassten Glastüren Fachbücher, einen Miniaturtorso aus einem rötlichen Stein, zwei winzige Bahnhofsuhren für unterschiedliche Zeitzonen in einem blauen Holzgestell, eine Tiziano-Schale und einen dicken August-Macke-Bildband.

»Ich habe keine Beschwerden«, sage ich und erkläre betont sachlich: »Vor ein paar Monaten gab es bei einem Autounfall in Berlin einen unkomplizierten Abort. Der Arzt nannte das damals so.« Das tat er wirklich. Sprache kann vieles leichter machen. Und schwerer.

Frau Dr. Schwarz sagt: »Unkompliziert bedeutet, dass kein entzündlicher Prozess den Abort verursachte. Aus meiner Erfahrung heraus kann ich sagen, dass so etwas sehr häufig geschieht. Gerade bei oder nach einem traumatischen Ereignis. Ihre erste Schwangerschaft?«

»Ja … Mein Innenleben fühlt sich eigentlich wieder völlig normal an, und ich habe wieder absolut regelmäßig meine Menstruation. Meine Mutter hat mich zu einem Komplettcheck bei ihrer Hausärztin überredet, nachdem ich wieder hier nach Köln gekommen bin. Dabei kam heraus, dass meine Blutsenkungsgeschwindigkeit etwas erhöht war. Die Ärztin denkt, dass das mit dem Verlust meines Kindes zu tun haben könnte, und hat mich zu Ihnen geschickt.« Und der früheste Termin war ein halbes Jahr später, aber das kann ich so nicht sagen. Ich gebe der Gynäkologin die Untersuchungsergebnisse. Insgesamt 45 Werte, sorgfältig geheftet.

»Die Blutsenkungsgeschwindigkeit zu ermitteln hat lediglich

historischen Wert«, sagt Frau Dr. Schwarz. »Viele laufen ihr Leben lang mit einem erhöhten BSG-Wert herum, ohne klinische Befunde. Ich habe 30 Jahre Erfahrung und bin die führende Gynäkologin in NRW, ich leite Seminare, ich arbeite an der Universität, ich kann Ihnen aus meinem Erfahrungsschatz versichern, dass der BSG-Wert alleine überhaupt keine Aussagekraft hat. Ihre Hausärztin ist wahrscheinlich nur sehr bodenständig und bemutternd. Übervorsichtig, sozusagen. Sehen Sie sich allein diese Liste an. Was um Himmels willen soll denn Chromogranin A sein? Das habe ich in meiner ganzen Zeit als hochqualifizierte Medizinerin noch nicht gehört. Also das beeindruckt mich jetzt wirklich.«

»Ich freue mich, dass meine Werte Sie beeindrucken können.«

»Vor allem beeindruckt mich die Masse an Daten. Das kann doch nicht wahr sein. Sie können sichergehen, dass ich bei der nächsten Qualitätssicherungssitzung Ihr Datenblatt vorlege. Das ist doch eine Verschwendung von Geldern, solch ausufernde Untersuchungen anzuordnen. Man muss doch auf dem Boden bleiben. Und wissen Sie, was die Härte ist? Es wurde kein CRP-Wert gemessen! Wenn man schon den Verdacht hat, dass ein entzündlicher Prozess im Körper stattfindet, dann muss man doch wenigstens den CRP bestimmen!«

»Ich hatte keinerlei Einfluss auf die Untersuchung meines Blutes.« Ich hebe die Hände.

Frau Dr. Schwarz spricht weiter: »Man muss doch auf dem Boden bleiben. Sehen Sie, ich bin die führende Gynäkologin in NRW. Ich habe sogar ein eigenes Labor. Ich gebe nichts aus der Hand, wir arbeiten nicht mit Fremdlaboren. Ich gebe Seminare an der Uni. Sie sind nun meine …«, sie schaut auf meine Patientenakte, die sie nicht nur im Computer, sondern auch noch ganz klassisch per Hand führt, »… 22 126. Patientin. Ich kenne mich aus, und so etwas habe ich wirklich noch nicht gesehen. Und dann fehlt auch noch der aussagekräftigste Wert!«

»Dann nehmen Sie mir doch direkt noch Blut ab.«

»Ja, das das machen wir gleich. Jetzt werde ich sie erst mal gründlich untersuchen. Bitte machen Sie sich schon mal frei«, sagt sie und geht aus dem Behandlungsraum.

Als ich mich ausgezogen habe, sehe ich in einer Ecke des Schreibtischs eine erschöpfte Blutdruckmanschette liegen. Das kenne ich schon. Ich messe mit meinem eigenen Blutdruckgerät, das ich mir in der Schwangerschaft gekauft habe. Einerseits sollte ich immer messen, andererseits wurden die Ergebnisse von den Ärzten stets angezweifelt.

Frau Dr. Schwarz kommt wieder herein. »So, als Erstes messen wir mal den Blutdruck.«

»126 zu 71.«

»Woher wollen Sie das wissen?«

»Von meinem Handgelenksgerät. Das beste auf dem Markt.«

»Das ist Spielzeug. Die sind total ungenau. Darauf sollte man sich bloß nicht verlassen. Nur ein Arzt kann wirklich fachgerecht den Blutdruck messen.«

»Das stimmt nicht. Sie werden es sehen.«

»Ich höre nichts! Stethoskop im Ohr!«

»Hm.«

Die alte, müde Manschette pumpt sich um meinem Oberarm fest.

»Zirka 125 zu 70. Ich habe es Ihnen ja gesagt, diese Handgelenksgeräte sind einfach nur überteuertes Spielzeug.«

»Ja, genau.«

»Dann legen Sie sich bitte mal auf den Stuhl.«

Frau Dr. Schwarz beginnt mit der Untersuchung. Ich baue im Kopf den Motor eines W115/8 auseinander und wieder zusammen. Es dauert lange. Die Frau Doktor redet nicht mehr. Sie ist sensibel und hochkonzentriert. Das überrascht mich ein wenig, aber ich denke lieber weiter über den Mercedesmotor nach.

»Verursacht das Schmerzen?«

»Nein«, sage ich. Langsam steigt Panik in mir hoch. Ist jetzt nicht nur meine Werteliste beeindruckend, sondern auch noch meine Vagina?

»Hm. Ja. Gut. Der Uterus hat sich vollkommen zurückgebildet, Ovarien und Tuben fühlen sich gut an. Der Ultraschall ergab auch keine Auffälligkeiten. Ich gebe den Abstrich ins Labor, und wir schauen uns die Ergebnisse mit Ihren Blutwerten in ein paar Tagen an. Sie können sich jetzt wieder anziehen.«

Sie setzt sich zurück an ihren Schreibtisch, während ich mich davor anziehe. Erstaunlich unkonventionell – es gibt nicht mal einen Paravent. Frau Doktor Schwarz redet weiter: »Die Unterlagen hier sind ja recht frisch, und auch nach der Untersuchung kann ich keinen klinischen Befund feststellen. Wir warten noch die Werte ab, aber sehen Sie, mit meinen langen Jahren der Erfahrung, ich gebe erfolgreich seit vielen Jahren Seminare an der Uni, kann ich Ihnen versichern, dass eine erhöhte BSG keine relevante Aussagekraft hat. Viele rennen damit ihr Leben lang völlig gesund herum. Es ist gut, dass Ihre Hausärztin so vorsichtig ist, aber im Moment sehe ich da keinen Handlungsbedarf. Sollte der CRP-Wert extrem hoch sein, werden wir uns etwas überlegen müssen, aber selbst dabei ist eine leichte Erhöhung kein Problem.« Sie strahlt mich an. Ihre Strenge hat Pause, ihre Kompetenzbekundungen nicht.

Frau Dr. Schwarz hat schwer angegeben und es mir damit leichtgemacht. Dennoch kommen nach dem Besuch bei ihr Erinnerungen hoch. An das Krankenhaus in Berlin. Das gemeinsame, einsame Schweigen. Das *Greige* der Wände, wie Dr. Chang es nannte, der gutmütige Alternativmediziner, bei dem ich Lisa per Unterwassergeburt zur Welt bringen wollte. Einen Besuch bei ihm würde ich nicht so gut überstehen wie bei Frau Dr. Schwarz.

Ich will nicht ans Gestern denken, also nutze ich die Chance der Rückfahrt und denke ans Vorgestern. Die vorbeiziehenden Bahnstationen sind wie Fotos in einem Album und erinnern mich an die Vergangenheit in meiner Heimatstadt.

Die Bahn ist nur spärlich besetzt. Ein paar Reihen vor mir sitzt ein junges Pärchen, das über die letzte Englischarbeit spricht und dabei

Händchen hält. Rechts, auf einem der Einzelplätze, liest eine Frau in meinem Alter den *Kölner Express*. Sie ist dezent, aber sehr sorgfältig geschminkt, trägt hochgesteckte Haare und ein Glencheck-Kostüm mit eleganten Schuhen. Vorstellungsgespräch. Vielleicht bei einer Bank oder einer Versicherung.

An der Ulrepforte drängen sich pralle alte Plastiktüten in die Bahn. Sie ziehen einen schmuddeligen Mantel mit sich. Der darin befindliche Mann setzt sich vier Reihen vor mich und breitet die Tüten aus. Er murmelt etwas. Ich erwarte Geruch, doch es erreicht mich nichts. Ich sehe aus dem Fenster. Die Stadtmauer am Sachsenring zieht vorbei, doch mit der Ulrepforte verbinde ich mehr. An dem mittelalterlichen Gemäuer habe ich schon geknutscht. In Manfred war ich sehr verliebt. Eines Tages heiratete er eine andere. Ich war ihm zu jung. Ausgerechnet am Abend nach der Geburt seines Sohnes wollte er das erste Mal mit mir Sex. Er war aufgewühlt und hätte impulsiv seine ganze Ehe aufs Spiel gesetzt. Ich hatte ihn zu gern und lehnte ab.

»Dem Mariellche singe Sonn … Enä, nit dä Jupp. Dat wor dem Mariellche singe Kääl. Enä, dä Sonn! Dat Chresskind, dä Jesus. Dä hät gesaht, do solls dinge Nöchste esu leev han wie dich selvs«, schreit es aus der offenen Bahntür in die Eifelstraße. Die Frau schaut von ihrem *Express* zu der Quelle des herzhaften Ausspruchs, lächelt und liest weiter. Schmucklose Nachkriegshäuser mit zarten Pastelltönen stapeln sich an den Rändern der Straßen. Hier musste ich aussteigen, um zu meinem Ausbildungsplatz als Feinwerkmechanikerin zu kommen. Eigentlich gibt es drei Fachrichtungen für diese Ausbildung, aber das scherte meinen Meister nicht. Er fand, ich müsse alles können: Maschinenbau, Feinmechanik und Werkzeugbau. Und nach Feierabend ging es an die Reparatur der Firmenwagen.

»Däm Mariellche singe Sonn … jo, dat Chresskind, dat hät gesaht, zwei Hääre op eimol kann nümmes deene!« Er schaut mir kurz in die Augen. Dann kramt der Mann in den Plastiktüten, bis sie einen verblichenen Kulturbeutel ausspucken. Der Reißverschluss wehrt sich bis zum Barbarossaplatz.

Ich schaue zum Beginn der Luxemburger Straße. Wenn man einmal dort ist, wird die Nacht immer lang. Die Namen der Kneipen wechseln flott, wenn man vom »Blue Shell« absieht, einer Muschel in der Brandung.

Der Mann im schmuddeligen Mantel nimmt eine Nagelschere und ein Tuch. Ich höre, wie sich die Schere durch seine harten langen Nägel beißt und die Stücke am Tuch abprallen. Eine saubere Sache. »Däm Godd singe Sonn, eja, och dat Chresskind, dat es vun däm Johannes singem Verzäll, dä hät gesaht, dä Jesus es för et Pessahfest geschlaach woode, anstatt fun enem Schof. Esu kann et kumme met däm Fiere. Do muss mer ööntlich oppasse!« Er nickt traurig, während er den letzten Fingernagel kurz nach dem Basic-Biosupermarkt am Zülpicher Platz, als die Bahn langsam in den Untergrund fährt, abschneidet.

Am Rudolphplatz steigt das junge Pärchen aus. Ihre verschlungenen Hände streben in Richtung Ausgang. Oben wacht die imposante Hahnentorburg in gewohnter Weise über Recht und Ordnung.

Der *Express* liegt nun im Schoß des Glencheck-Kostüms. Brötchenkrümel verfangen sich in den Buchstaben.

Der Mann mit der fleißigen Körperpflege rückt sich im Sitz zurecht, legt ein Bein über das andere und öffnet die Schnürsenkel seiner schweren Arbeitsstiefel. Er zieht den Schuh und eine perfekt saubere Socke aus. Er legt auch hier das Tuch sorgfältig um den Fuß und fängt an zu schneiden.

Die Frau im Kostüm isst ein zweites Brötchen.

Als wir am Friesenplatz ankommen, steigt ein junger Mann in Radlerkleidung, mit Fahrrad auf der Schulter, ein. Ich sehe ihm kurz nach, denn seine rötlichen Koteletten machen Anstalten, eines Tages zu Korkenziehern zu werden, wie Hartmut sie trägt. Noch liegen sie brav an. Er hat sie getrimmt, wie seine strammen Waden. Er setzt sich ein paar Reihen hinter mich. Kurz darauf höre ich die klackernden Geräusche einer Handytastatur.

Kurz vor der Haltestelle Christophstraße wird mir bewusst, dass ich dort noch nie in meinem Leben aus- oder eingestiegen bin. Vielleicht sollte ich jetzt einfach mal ...? Zu spät. Es geht weiter zum Hansaring.

Die Nagelschere wandert zurück in den Kulturbeutel. Ein Kamm kommt zum Vorschein. Die Pflege geht weiter. Erst der Bart, dann der Kopf.

Auf dem Bahnsteig stehen mehr Menschen. Viele tragen orange Plastiktüten. Für die Schüler mit Scout-, Chiemsee- und 4You-Rucksäcken ist es noch zu früh. Ich stelle mir vor, welchen Schulrucksack Lisa wohl gerne getragen hätte. Ich sehe sie vor mir stehen, im Laden. Mit großen Augen hält sie mir ein Modell von *Hello Kitty!* entgegen. Ich seufze, berühre sie an der Schulter und zeige mit Nachdruck auf das Regal mit den Taschen von *Cars*.

Hier, am Hansaring, bin ich fast acht Jahre lang fünf Tage in der Woche ausgestiegen. Für die meisten ist dieser Ort zum Synonym für Saturn geworden. Für mich bleibt er es für das Hansagymnasium. Ein phantastisches Gebäude, über das ich immer wieder gerne den Blick schweifen lasse. Tauben nisten in den alten Erkern der ehemaligen Handelshochschule. Runde Bögen, hohe Decken, lichtdurchflutete Räume. Die Steinfliesen der Böden waren immer zu glatt für schicke Schuhe.

»Se sie nit, se ernte nit, ävver de leeve Hergott ernäht se doch«, sagt der Mann, der die Bahn als Badezimmer benutzt. Er nimmt die Haare aus dem Kamm und steckt sie zu den Nagelresten in das Tuch. Der Kamm gesellt sich zu der Nagelschere, doch eine Zahnbürste will den Pflegereigen fortsetzen. Zwei Kunststoffflaschen und eine Tube Zahnpasta gesellen sich hinzu.

Es geht weiter zum Ebertplatz. Meine Großeltern haben mal in der Balthasarstraße gewohnt. Ich erinnere mich an den Teich, der vom Ebertplatz in Richtung Rhein liegt, mitten in einem kleinen Park. Als Kind bin ich dort mit meinen Großeltern spazieren gegangen. Einmal lag plötzlich ein Fisch auf dem Rasen und zappelte. Ich bestand auf Rettung des kleinen glitschigen Wesens und ahnte, dass meine Großeltern da weniger sentimental geprägt waren. Mein Opa nannte mich immer »Krönzel«, also »Stachelbeere« – süß, aber stachelig. Meine Oma hielt mich zurück, und mein Opa ging tapfer hin. Er achtete stets auf korrekte Haltung, Kleidung und Benehmen. Er trug Hut und einen langen Mantel. Er bückte sich kurz und stellte sich wieder kerzengerade hin. Ich rechnete damit, dass er den Fisch tottreten würde, damit »das Leiden beendet« wäre. Doch mein Opa überraschte mich und kickte den Fisch ganz behutsam zurück ins Wasser. Er schaute ihm nach, und als er sich zu uns umdrehte, wurden seine Mundwinkel nur noch von seinem Hut aufgehalten.

Der pflegebewusste Mann ein paar Reihen vor mir gurgelt herzhaft und spuckt den Schaum in die leere Flasche.

»Däm Mariellche singe Sonn … Jo, dat es dä Jesus, wie off soll ich dat dann noch verklöre? Alsu, hä sät, singe Bap soll dat maache, wat hä för richtig häld und nicht wat dä Jung selvs meint. All dat litt em Hergott singer Häng.« Er wischt sich mit dem Mantelärmel seinen Mund trocken.

Die Kostüm-Frau auf der rechten Seite faltet den *Express* sorgfältig zusammen, legt ihn auf den Sitzplatz und geht zur Tür. Der nächste Leser wird eine Brötchenkrümeldusche erhalten. Sie kramt in ihrer Tasche, dreht sich noch mal um und gibt dem Mantel wortlos zwanzig Euro. Vielleicht kam sie doch nicht vom Vorstellungsgespräch.

»Sid bedank! Lever rich und gesund als ärm un krank!« Zwei vollständige weiße Gebisse grinsen sich an. Das Glencheck-Kostüm steigt an der Lohsestraße aus und nimmt seine Trägerin mit. Bisher verkörperte diese Haltestelle die pure Trostlosigkeit. Jetzt verbinde ich sie mit großzügigem Grinsen. »Sobald der Erste das Gefühl hat, ganz allein auf der Welt zu sein, geht das Elend los«, hat Hartmut mal gesagt. Früher. Vor Berlin. Vor der Zeit von Krieg und Bitterkeit.

»Sid gewess. Ich ben bei üch de ganze Zigg, bes an et Engk vune dä Welt! Säht dä Bap!«, ruft der Mantel laut, als er mit seinen Plastiktüten aus der Bahn an der Haltestelle Neusser Straße/Gürtel steigt. Vielleicht muss er zum Bezirksrathaus Nippes und hat sich deswegen besonders herausgeputzt. Bei der Abfahrt sehe ich, wie er auf dem

Bahnsteig das Tuch mit seinen Körperabfällen in einen Mülleimer entleert, es in eine Manteltasche steckt, die Schultern streckt und seine Plastiktüten zum Ausgang drängen.

Die Bahn fährt bergan, wieder der Helligkeit entgegen, der Mollwitzstraße. Hier muss ich raus. Diesmal werden meine Gedanken nicht christlich kommentiert.

»Udo, das ist ja ganz wunderbar. Da wird sich mein Susannchen aber freuen. Kann ich dir etwas anbieten? Einen Kaffee? Einen Armagnac? Nimm dir doch ein paar Kekse. Ach, das ist ja so schön geworden. Und das ist auch wirklich dicht?«

»Aber ja, Hildegard, keine Sorge, das ist hier alles stabil«, sagt Udo und nimmt sich einen Keks, als ich in mein Ess-Büro trete.

Am hinteren Ende, direkt unter dem Fenster, steht ein großer Schrank, auf dem sich ein gigantisches Aquarium befindet. Obwohl, Aquarien sehen von den Proportionen her anders aus. Dieses hier ist deutlich niedriger. Ich gehe darauf zu.

»Susannchen, da bist du ja wieder. Wie war es bei der Frauenärztin?« Ich schaue meine Mutter giftig an, und sie verstummt.

»Hallo, Susanne«, sagt Udo freundlich und stellt sich neben mich. »Erinnerst du dich an unsere Badewanne-Aquarium-Unterhaltung?«

»Hm.«

»Ich habe hier eine Ebene eingezogen und aus Korkröhre einen Aufgang gebaut. Und hier sind noch alte Mangrovenwurzeln. Darauf klettern Schildkröten besonders gerne. Das da über der oberen Ebene ist eine Wärmelampe. So kann Irmtraut schwimmen und sich sonnen. Aber das Beste ist, dass sie auch aus dem Fenster gucken kann – und dich sieht sie auch viel häufiger!«

»Hm.«

Der Glaskasten ist sehr attraktiv dekoriert. Udo hat ein Händchen dafür. Es sieht tatsächlich alles sehr stabil aus. Der Platz dürfte dem in der Wanne entsprechen, aber Irmtraut hätte mehr Abwechslung.

»Was ist denn, Susannchen, das ist doch alles ganz toll, was der Udo da gebaut hat!«

»Seit wann duzt ihr euch?«

»Seit der Versammlung. Da warst du schon oben. Was hat das mit diesem tollen Aquarium zu tun, Kind? Sag doch mal was! Guck mal hier, da ist der Schalter für das Licht, und da ist ein Wasserfilter. Und die schönen Pflänzchen und die dekorativen Steine, und hier kann sie sich auch mal verkriechen, wenn sie will.«

Meine Mutter wirkt rundum begeistert. Wahrscheinlich freut sie sich am meisten darauf, endlich problemlos die Wanne benutzen zu können.

»Also, eine Eiablage habe ich nicht reingebaut. Irmtraut ist noch nicht schwer genug, und sie ist ja nun auch allein. Aber guck mal«, sagt Udo und zeigt auf die Kopfseite des Glaskastens, wo die Sonneninsel gebaut ist, »hier ist ein Durchbruch, da kannst du die Scheibe rausnehmen. Und falls du mal züchten möchtest, lässt sich das Aquarium hier vergrößern oder die Eiablage einfach direkt dahinterbauen.«

Das ganze Teil ist großartig, aber das Spülwasserdilemma ist sicherlich noch nicht angesprochen worden.

»Wie viel kriegst du dafür?«

»Oh Susannchen, da wird Irmtraut sich freuen. Pass mal auf, wie die staunen wird! Hol sie doch mal«, hibbelt meine Mutter.

»Ich will erst den Preis wissen.« Ich schaue in ein grinsendes Gesicht, das Udo gehört.

»Lass uns erst mal Irmtraut holen.«

»Preis!«

»Einmal ausgehen. Abendessen, Kino, anschließend Cocktails.«

Ich lache laut auf. Es hört sich nicht charmant an.

»Abendessen und Kino?«

Ich schnaufe. Die Idee mit dem Aquarium ist super, und die Gestaltung wunderschön, aber das könnte ich auch ohne Spülwassermensch haben. Ich ärgere mich, dass ich nicht von allein darauf gekommen bin.

»Abendessen? Mittagessen? Snack?«

»Susanne! Jetzt stell dich nicht so an. Ein nettes Mittagessen in der Stadt wird doch wohl drin sein. Es ist so ein großzügiges Geschenk für Irmtraut.« Meine Mutter sieht die Schildkröte schon weiter in ihrer Wanne schwimmen.

»Ich hole Irmtraut«, sage ich und gehe ins Bad.

Sie kommt mit langem Hals angeschwommen und lächelt mich an.

»Na, komm her meine Kleine, du bekommst jetzt eine Luxusvilla«, sage ich und nehme sie aus der Wanne.

Im Aquarium sieht Irmtraut sich erst einmal um und gleitet dann ins Wasser. Ganz langsam schwimmt sie eine Runde, guckt sich ein paar Winkel an und klettert auf die Mangrovenwurzeln. Sie streckt den Hals aus, und ihre kleinen Knopfaugen zwinkern mir zu. Ich werde schwach. Für diesen dankbaren Reptilienblick nehme ich das Mittagessen gern in Kauf.

Ich sitze vorm Rechner. Irmtraut plätschert in ihrem Aquarium. Wir haben seit ein paar Stunden Udo-Pause, und ich stöbere in meiner elektronischen Post. Caterina hat in Zürich neue Freunde gefunden. Bei ihr geht alles immer so leicht. Das ist bewundernswert. Heute Abend maile ich ihr zurück, doch jetzt muss ich mich beeilen, denn die nächste Versammlung steht an, diesmal im Bezirksrathaus Nippes. »Offizielle Konstituierung der Bürgerinitiative gegen den Ausbau der Neusser Straße« heißt die Veranstaltung. Meine Mutter bleibt hier, denn der »Kölsche Klüngel« muss wie immer pünktlich öffnen. Die Udo-Pause endet allerdings, denn Herr Kau nimmt ihn und mich mit zu der Sitzung. Als wir uns vor dem Auto unseres Vermieters treffen, strahlt Udo mich an, als hätten wir ein Rendezvous. Ich lächele bemüht. Was will ich eigentlich auf dieser Versammlung? Sicher, das Haus sollte nicht abgerissen werden, aber ist das wirklich meine Sache? Ich will nichts mehr mit Politik zu tun haben. Politik führt immer nur ins Verderben. Sie hat mir meine Tochter, meinen Mann,

[223]

meine Freunde genommen. Als wir ankommen, spüre ich eine tiefe senkrechte Falte auf meiner Stirn. Ich reibe sie weg.

»1, 2, 3, Test, Test.« Rick ist mit dem Sound zufrieden.

Der Sitzungssaal ist voll. Es gibt eine kleine Bühne mit Tisch und drei Stühlen. Fotokameras warten auf ihren Einsatz, die Reihen füllen sich.

Eine Gruppe von Männern unterhält sich in der Nähe der Bühne. Herr Thier und die beiden Herren aus der Versammlung im »Kölsche Klüngel« stehen mit Leuten zusammen, die ich nicht kenne. Rick geht zu ihnen. Nicht weit davon sitzt ein Paar glühendroter Wangen unter steilen Zornesfalten. Die Komposition gehört Trude. Sie hat die Arme verschränkt und schaut demonstrativ von dem Männerpulk weg.

Drei Männer lösen sich daraus und gehen zur Bühne, Herr Thier und zwei von denen, die ich nicht kenne. Alle drei tragen teure Anzüge und dezente Krawatten, deren Muster aus der Entfernung nicht zu erkennen sind. Die ersten Fotoapparate lösen Blitzlicht aus, die Menschen setzen sich. Trude und Rick wechseln erregt ein paar Worte.

»Guten Abend, liebe Mitbürgerinnen und Mitbürger«, beginnt der mittlere Anzugträger. »Mein Name ist Neuhaus. Ich bin der Beauftragte der Stadt, um Ihre Bedenken bezüglich der Komfortverbesserung der Neusser Straße entgegenzunehmen. Seien Sie gewiss, dass wir uns aller Argumente sorgfältig annehmen werden. Ich darf Ihnen zunächst die beiden Führer der Bürgerinitiativen vorstellen: Zu meiner Linken sitzt Herr Budde. Er leitet die Initiative zum Erhalt der linken Straßenseite. Zu meiner Rechten sitzt Herr Thier. Er ist der designierte Vorsitzende der Bürgerinitiative, die sich heute konsolidieren möchte. Er vertritt die Interessen der rechten Straßenseite.«

Ein Murmeln hebt an. Es wird mit jeder Sekunde lauter.

Trudes hochrote Wangen springen auf: »Hä lüg! Dat Thier hät de Opdrag, gäge all zo sin!«

Die Worte wirken wie eine Initialzündung, denn Trude hat recht:

Herr Thier und wir sind gegen alles, so war es vereinbart und nicht anders. Der Saal brodelt. Die Blitzlichter geben alles.

»So beruhigen Sie sich doch, meine Damen und Herrn. So kommen wir doch nicht weiter«, ruft Herr Neuhaus ins Mikrophon.

Herr Thier hebt seine Arme. Die Menschen beruhigen sich.

»Es haben sich nach dem neuesten Kenntnisstand unwiederbringliche Tatsachen ergeben, die uns zwingen, unseren Kurs leicht zu korrigieren. Die Straße wird ausgebaut, und wenn wir gegen alles sind, verlieren wir den Kampf. Die Initiative von Herrn Budde hat das längst begriffen. Nur eine Spezialisierung hat den Hauch einer Chance der Durchsetzung. Wir müssen Vernunft walten lassen.«

Ein junger Mann mit Glatze und schmalem Backenbart springt auf und schreit: »Pure Vernunft darf niemals siegen!«

»So kommen wir doch nicht weiter«, sagt Herr Thier, »und deswegen sage ich hier und jetzt: Wir sind gegen den Ausbau der Neusser Straße – auf der rechten Seite. Die ist schützenswerter als die linke Seite ...«

»Hald ding Muul, do dreckelige Schwaadschnüss! Wat hässte üvverhaup met dem Budde ze dun? Do Hungksfott!« Rick gerät in Rage. Seine Augen sind dabei ganz ruhig. Er hat nicht getrunken. Er muss wirklich sauer sein.

»Mer sin gäge alles! Et es, wie et es!«, sagt eine junge Frau, gemessen und unumstößlich. Ich erkenne ihre Frisur. Im »Kölsche Klüngel« saß sie unauffällig in der Mitte des Raumes.

Die Journalisten halten Aufnahmegeräte in die Luft oder schreiben ganz altmodisch in Steno mit. Sie bekommen mehr zu tun, als sie dachten.

Bestätigungsrufe machen sich über dem Murmeln der Massen breit.

»Na, das können wir doch ganz einfach regeln, meine Mitbürgerinnen und Mitbürger«, sagt Herr Neuhaus. »Wir sind doch alle erwachsene Menschen, und wie sagen wir hier in Köln gern: Jedem Dierche sing Pläsierche. Mir liegt eine Unterschriftenliste vor, die muss kor-

rigiert werden. Wir machen jetzt eine Pause, in der Sie Ihren Namen
von der Liste streichen und, wenn Sie es für richtig halten, in eine
Liste für eine Bürgerinitiative gegen alles eintragen können.«

»Das geht so nicht. Ich protestiere aufs Schärfste«, sagt Herr Thier,
als würden ihm die Arme auf den Rücken gedreht, um ihm Handschellen anzulegen.

»Ich auch!«

»Herr Budde, Sie haben doch damit überhaupt nichts zu tun. Herr
Thier, ich nehme Ihren Protest zur Kenntnis.«

»Danke.«

»Gern geschehen.«

Ich bin froh, als ich am Abend endlich daheim in der stillen Wohnung vor dem Bildschirm sitze. Die Stimmen aufgeregter Bürger
klingen mir noch im Ohr. Irmtrauts kleine Krallen kratzen auf der
Korkrampe.

Liebe Caterina,
was für ein verrückter Tag.
Was ist denn ein Ballenberg? Ist der nur so hoch wie ein Fußballen, oder was
kann ich mir darunter vorstellen?
Ich freue mich für Dich, dass Du so eine schöne Zeit in der Schweiz hast!
So idyllisch geht es hier gerade nicht zu. Ich will nicht lange darüber reden, aber
es ist wie immer: Nur Lug und Betrug in der Politik. Und ich mittendrin. Was
mache ich da überhaupt? Ich sage nicht viel und halte mich im Hintergrund,
aber warum geschieht so was immer in meiner Umgebung? Das geht doch nie
gut aus! Ich bin müde.
Ich hänge ein paar Bilder von Irmtraut in ihrem neuen Heim an. Sieht sie nicht
richtig glücklich aus? Die Süße, die weiß nichts von Politik.
Sorry, aber ich habe keine Ahnung, wie es Yannick geht.
Deine Susanne

> *Susanne Seite 277*

< *Ich Seite 165*

Nestors Nickhaut

18.03.2011
51° 25' 13.60" N, 7° 14' 37.35" E

Eine Acht.

Ich komme von der Arbeit heim, und Yannick hat eine Acht gekackt. Da liegt sie, mitten im Zimmer, zwischen Schreibtisch, Bett, Regalen und Schrank. Sein Schließmuskel hat die zwei, drei langen Würste, die normalerweise im Katzenkasten landen würden, in so viele winzige Klümpchen unterteilt, dass es für das Legen der Ziffer gereicht hat. Stolz sitzt er daneben auf den Hinterbeinen, die Vorderpfoten symmetrisch vor sich abgestellt, mit ägyptisch geradem Rücken. Ich betrachte das Kunstwerk eine Weile, ziehe mein Handy aus der Hosentasche und fotografiere es, bevor ich mir die Küchentuchrolle hole und Klümpchen für Klümpchen aufhebe. Dann gehe ich ins Internet.

»Das geht so nicht weiter«, sage ich, und Yannicks Ohren zucken, während ich die Suchbegriffe »Katze«, »Hyperintelligenz« und »Langeweile« eintippe. Ein Forum über das Leben mit Hochbegabung vergleicht die Situation der besonders schlauen Menschen mit der Einsamkeit eines Hundes, der unter Katzen leben müsste. Ein Vergleich, den ich eher umgekehrt aufstellen würde. Ein Zooversand will mir Spielzeug verkaufen. Die Webseite schnurren.de betont die herausragende Klugheit von Bengalkatzen. Ich setze dazu an, neue Suchwörter auszuprobieren, als mir am untersten Bildschirmrand ein Name ins Auge fällt. Slepitzka. So hieß früher unser Stammtierarzt. Obwohl wir in Bochum lebten, nahmen wir immer den weiten Weg nach Düsseldorf in Kauf, wenn Yannick wegen irgendwas untersucht

werden musste. Dr. Slepitzka hatte seine Praxis in der Landeshaupt-
stadt. Er war der beste aller Veterinärmediziner, die ruhige Hand des
Westens. Ich klicke auf den Treffer in der Google-Suche, und es öffnet sich eine Animation, in der sich aus den Abdrücken von Katzen-
pfoten langsam die Einstein'sche Formel $e = mc^2$ ausbildet. Yannick
fiept. Die Formel verschwindet und gibt die Startseite frei: *Alles für
die Katz!* lautet der Slogan. *Patentierte Stimulation nach Slepitzka.* Das
ist er. Unser ehemaliger Tierarzt! Er hat eine Art Zentrum für artge-
rechtes Austoben gegründet und verspricht: *Schon wenige Besuche bei
uns befreien das Tier von 90 % aller bekannten Verhaltensstörungen.* Ich
klicke auf die Wegbeschreibung. Die Praxis liegt nicht mehr in Düsseldorf, sondern ganz in der Nähe, in Witten, jenseits der Kemnade,
wo das Gras grüner ist und die Studenten an der Privatuniversität
Klobrillen aus Tropenholz haben. Dr. Gerhardt Slepitzka. Ich fasse es
nicht.

»Na, wie findest du das?«, frage ich meinen Kater und denke daran, dass Yannick je nach Betrachtungsweise nicht bloß eine Acht, sondern sogar das Symbol für Unendlichkeit auf den Boden geschissen
haben könnte. »Ein Vergnügungspark für Katzen. Willst du dahin?
Yannick?« Der Kater sitzt nicht mehr hinter mir auf dem Boden,
sondern bereits in der Transportbox, die er sonst nur unter nahezu
palästinensischer Gegenwehr betritt. Das ist dann wohl ein Ja. Ich
notiere die Adresse für den Navigator, schließe die Box und fahre auf
die andere Seeseite.

Dr. Slepitzkas Zentrum wurde in einem Wohnviertel errichtet. Zum
Eingang durchschreitet man einen gepflegten Garten mit sorgsam ge-
stutztem Buchsbaum, Pampasgras, ein wenig Bambus und ein paar
schönen Zwiebelgewächsen mit kräftig orangefarbenen Blüten. Es
gibt keinen durchgängig gepflasterten Weg, sondern große, organisch
gehauene Platten aus hellem Graniststein, die wie Inseln über die
Beete führen.

Die junge Frau hinter der kleinen runden Empfangstheke erklärt

mir, wie's läuft. Sie hat große braune Augen, dunkle Locken, eine
Stupsnase und einen seltsam breiten Kiefer.

»Doktor Slepitzka macht bei jedem neuen Klienten grundsätzlich
eine Routine-Untersuchung, um eine Übersicht über den Stand der
Dinge zu bekommen.«

»Mmmkay …«

»Wenn Sie mögen, nehmen Sie so lange im Wartezimmer Platz.
Schließen Sie hinter sich die Tür und machen Sie drinnen die Box
auf.«

Die Box aufmachen? Im Wartezimmer? Ich frage mich, was sie
meint, öffne die Tür und schaue in das Gesicht einer Katze, welche
das Mäulchen auf der Stirn und die Augen unter der Nase hat. Ich
quieke.

Die Frauen, die mit ihren Körbchen und Kisten auf den Stühlen
sitzen, lachen. Die Katze, die mich anstarrt, hängt kopfüber an der
Decke des Wartezimmers. Die Decke ist auf zwei Meter abgesenkt
und der Raum komplett mit Sisal ausgekleidet. Vollständig! Der Boden, die Wände, die Decke – alles eine dichte Schicht der faserigen
Kordel, die Katzen so sehr lieben. Wie eine Gummizelle aus Tau. Die
Kopfüberkatze lacht, dreht sich um und rennt senkrecht die Wand
hinab. Yannick kratzt von innen an der Box, ich öffne sie, und er tritt
in das Paradies, irritiert wie ein Mann, der nicht glauben kann, dass
man ihm eben die Originalspielhalle aus *Tron* aufgeschlossen hat.

»Zum ersten Mal hier?«, fragt ein Frauchen in roter Bluse, deren
Katze rechts über ihrer Schulter an der Wand klebt. Ich nicke atemlos.

»Dann warten Sie erst mal, bis Sie die Hauptträume sehen.«

Yannick prüft mit der rechten Pfote, ob es auch wirklich wahr ist.
Spielte er den Hauptkater in einem Film, würde in dem Moment, wo
er die Sisalwand berührt, ein Glitzergeräusch ertönen.

»Was kann Ihrer?«, fragt mich die Blusenfrau und ich weiß nicht,
ob ich sagen soll: Unendlich scheißen. Sie nimmt mir die Entscheidung ab, indem sie von ihrem Racker erzählt: »Spinoza rechnet. Er
zutzelt Knöpfe oder Erbsen oder kleine Papierbällchen herbei, legt

zwei Zweierpaare nebeneinander und pitschelt mit der Pfote als dritte Formation eine Vierergruppe hin. Als meine Schwiegermutter es das erste Mal gesehen hat, bekam sie Schnappatmung.«

Yannick hat Spinoza gerade an der Wand getroffen. Knurrend stehen sich die beiden Kater gegenüber, im 90-Grad-Winkel, die Krallen im Sisal verhakt. Für sie ist die Wand jetzt der Boden.

»Meiner hat ein Problem mit griechischen Namen«, sage ich. »Er ist mehrsprachig.«

»Spinoza war Holländer«, antwortet die Frau.

»Ach, Sie sind das!«, begrüßt mich wenig später Doktor Slepitzka und legt die frisch angelegte Akte auf den Tisch seines Sprechzimmers. »Dachte ich mir doch: Den Mann kennst du von irgendwoher. Obwohl damals immer Ihr Mitbewohner seinen Namen für die Rechnungsanschrift hergegeben hat. Wie hieß er noch? Der Große mit den Koteletten?«

»Hartmut Hartmann«, sage ich und stelle die Box, in der Yannick die paar Schritte vom Wartezimmer machen musste, auf den Tisch.

»Hartmut Hartmann … genau.« Slepitzka legt den Finger ans Kinn. »Der hat doch auch dieses Buch geschrieben, oder? Aber gut …« – er klatscht in die Hände –, »wir sind nicht wegen ihm hier, sondern wegen Ihrer Untersuchung.«

»Genau«, antworte ich und zeige auf Yannick. »Also körperlich geht es ihm gut, deswegen sind wir ja auch nicht hier. Aber ich verstehe, wenn Sie trotzdem mal nachsehen wollen.«

»Ich will mal nachsehen, ja«, sagt Doktor Slepitzka, öffnet die Box, nimmt Yannick heraus, trägt ihn durch eine zweite Tür in einen Nebenraum, kommt mit leeren Händen wieder und zieht ein dunkles Rollo hoch, das an der linken Zimmerwand eine riesige Scheibe bedeckt hat. Dahinter kommt ein locker fünfzig, sechzig Quadratmeter großes Spieleparadies für Katzen zum Vorschein. So viele Stege, Kletterbäume, Seile und Wippen habe ich noch niemals in einem Raum gesehen. Es wirkt wie ein Wimmelbild oder eine Zeichnung dieses

M. C. Escher, bei dem Treppen sich auf paradoxe Art ineinander verknoten. Auf dem Fußboden huschen künstliche Mäuse und Laserpunkte herum, die man als Katze gern jagt. In einer Ecke am hinteren Ende des Raums sitzen vier Katzen aufmerksam vor einer Pädagogin und beobachten Tafeln mit Zahlen und Vögeln, die sie ihnen vor die Nase hält.

»So, dann kommen wir also zur Untersuchung«, sagt Doktor Slepitzka und schiebt mir einen eiskalten Abhörstöpsel unter mein Hemd auf die Brust.

»Ruhig atmen, bitte!«, sagt er. Dann misst er meinen Blutdruck.

»Aber … der Kater«, sage ich.

»Dem geht's gerade sehr gut«, sagt Slepitzka und hat natürlich recht. Yannick huscht über die Stege und Seile wie ein Kapuzineräffchen. Gerade macht er im Sprung einen Salto. Für eine Sekunde sehe ich eine goldene Münze in der Luft, die er bei Berührung mit einem »Pling!«-Geräusch aufsammelt, weil das immer passiert, wenn ein süßes Wesen springt und rennt.

»Die Untersuchung bei uns gilt dem Menschen der Katze«, sagt Slepitzka. »Ihr Kater hat sozusagen Sie als meinen Patienten mitgebracht.« Der Mann macht sich Notizen zu meinem Blutdruck und schaltet Musik ein. Chris Rea. Seine samtig kratzende Stimme raunt zu einem langsamen, bluesigen Rhythmus: »There's nothing to fear / nothing to fear.«

»Wie ist denn Ihre momentane Lebenssituation?«, fragt Doktor Slepitzka und sieht mir dabei tief in die Augen.

Man kann Doktor Slepitzka nicht anlügen. Man kann ihm manche Dinge erzählen und manche eben nicht, aber lügen ist bei diesen Augen unmöglich. Ich erzähle ihm von den siebzehn reizlosen Quadratmetern und der Tatsache, dass ich mir zu wenig Zeit nehme, daraus etwas Interessantes für den Kater zu machen. Ich erzähle ihm vom Zielscheißen in meine Schuhe, Yannicks Idee mit den Spanngurten für die Pizzakartons und der Unendlichkeits-Acht, die er heute gelegt hat. Bei Chris Rea jault die Slidegitarre.

»Da ist noch mehr, oder?«, brummt Doktor Slepitzka und legt mir die Hand auf die Schulter.

Ich schlucke, werde schwach und erzähle ihm von der Auflösung meiner Wahlfamilie und meiner Reaktion auf alle, die mich zu irgendetwas anderem als Arbeit aus dem Haus locken wollen.

»Ist der Mensch betrübt, geht die Katze ein wie eine Primel«, sagt Slepitzka, nachdem ich unter dem Bannstrahl seiner Augen und dem hypnotischen Gebrumme des Schmuserockers alles gebeichtet habe. »Wollen Sie, dass Ihr Kater eingeht?«

Ich werfe einen Blick durch die Scheibe in das Stimulations-Areal. Yannick jagt einen Laserpunkt und kriegt ihn kein einziges Mal.

»Den Algorithmus haben Mathematiker vom Max-Planck-Institut in Bonn programmiert«, sagt Slepitzka. »Die Bewegungen des Lasers wiederholen sich nur alle 3,4 Milliarden Mal. Eine Katze, die den Punkt in absehbarer Zeit kriegen würde, hätte einen höheren IQ als Einstein.«

»Oder Reflexe wie ein Weltmeister im *Senso*.«

Slepitzka lächelt milde. Er winkt der Katzenlehrerin mit den Täfelchen, Yannick wieder zu uns zu bringen. Dann beugt er sich nahe an mein Ohr: »Sie gehen aus dem Haus. Sie stimulieren sich, damit Sie ihren Kater stimulieren können.«

Es ist mehr als ein Rat, sogar mehr als ein Befehl. Es ist eine Feststellung. Ich gehe aus dem Haus. Als hätte Gott einen Sturm befohlen. Chris Rea brummt: »There's nothing to fear …«

Als ich das Wartezimmer passiere und der Locke hinterm Tresen »Auf Wiedersehen!« sage, sehen mich zwei Katzenaugen kopfüber an.

»Mäh?«

Yannick sitzt vor der Tür, als hätte er gehört, was der Doktor mit mir beredet hat. Ich soll rausgehen. Oder mit ihm spielen. Eines von beiden, aber nicht schon wieder auf dem Bett hocken und das blöde Auto durch Los Angeles lenken. Rechts von mir zischt erneut das lange Gebäude mit dem hellen Turm und dem runden Glasfenster

vorbei, von dem ich nicht weiß, ob es eine Kirche oder eine Sekten-
zentrale ist. Am Horizont brennt es auf der Straße, eine kleine Feuer-
säule und grauschwarzer Qualm. So signalisiert einem das Spiel, wo
es langgeht. Die Brände in der Stadt sind das, was für Skifahrer die
Orientierungsstangen sind.

Worauf warte ich noch?

Ich weiß, dass ich entweder mich oder meinen Kater mit echten Eindrücken erfreuen muss, aber ich sitze schon wieder vor den
virtuellen. Ich schalte das Spiel auf Pause, gehe zum Kühlschrank,
nehme mir ein Bier und werfe Yannick ein Stück Salami hin. Er ist
enttäuscht, denn es ist bereits fertig ausgepackt. Er schaut sich um, ob
er etwas findet, in das er es wickeln kann, damit ihm wenigstens die
Herausforderung des Aufnestelns bleibt. Ich trinke, einen Arm in die
Hüfte gestemmt, und bin ratlos. Also tue ich, was Menschen heute
tun, wenn sie ratlos sind und sich ihr Hirn wie Bauschaum aus dem
Hornbach anfühlt – ich prüfe meinen Posteingang. Yannick findet
nichts, um die Wurst zu verpacken, und entschließt sich dazu, sie an-
zustupsen und wie ein Beutetier vor sich herzutreiben. Mario sendet
mir ein Foto von Jochen, wie er deprimiert im Sessel sitzt und seinen eingegipsten Arm hält. Das Raumlicht ist fahl, und Jochens Blick
wirkt so verbittert wie der eines Unterhemdrentners, der seit zwanzig Jahren die Buchten vor seinem Haus beobachtet und noch nicht
einen einzigen Falschparker anschwärzen konnte. Mario schreibt:

Jochen ist mein Mann. Sein heiteres Gemüt war für mich immer wie eine ero-
gene Zone. Dein Schlag hat ihn ent-erogenisiert. Er ist mieser gelaunt als Heinrich der Achte, wenn sein Bein wieder eiterte. Und er ist ähnlich gnadenlos. Ich
mache den Umzug alleine weiter. Nein, komm nicht! Ich wollte es Dich nur
wissen lassen, dass ein gebrochener Jochen auch den Mario beschädigt.
M.

Es ist schon ein bisschen theatralisch. Ich darf nicht vorbeikommen,
also surfe ich zu Amazon und suche Jochens Wunschzettel, um ihm

ein Trostgeschenk zukommen zu lassen. Ich weiß, dass Jochen diese Liste auch als Gedächtnisstütze nutzt, aber ich werde etwas darauf finden, das sich als Geschenk eignet. Das letzte Produkt, das Jochen sich gespeichert hat, ist eine Lichtorgel mit sechs farbigen Reflektorlampen. Seltsam. Will er eine Disco aufmachen? Ich scrolle nach unten. Zwischen den unzähligen, uralten Musikalben, Filmen und Spielen, die ihm noch fehlen, stehen ein paar Schneiderpuppen. Männliche und weibliche Torsos zum Ausstellen von Klamotten. Ich ignoriere sie und schaue mir die Dinge an, die in Frage kommen. Das Beste sind die Formate. Bei Filmen sucht Jochen nach VHS. Bei Musikalben nach MCs. Gerne denke ich zurück an die Zeit, als wir auf seinem Balkon die Demos unten auf der Straße anschauten, kühles Bier neben den Klappstühlen und Peter Maffay im alten Recorder. Ich finde in seiner Liste ein Maffay-Tape mit Namen »1971–1979«. Die Schlagerphase bis kurz bevor er zum Rocksänger wurde. Das Bild zum Produkt ist unscharf, wie ein schmutziger gelbweißer Fleck. Ich wusste nicht, dass man bei Amazon als Gebrauchtanbieter auch eigene Bilder hochladen kann. Das Cover ist kaum zu erkennen. Gut möglich, dass es sich bei der Compilation um eine obskure Nachpressung handelt. Nennt man es Pressung, bei Kassetten? Wie auch immer, das ist dermaßen obskur, das wird Jochen gefallen. Ich bookmarke es und schreibe Mario:

Habe ein Geschenk, das Jochen aufheitern wird. Gib mir bitte Eure neue Adresse durch, dann sende ich es direkt dorthin.

Der

weiterhin Geknickte

Hartmut hat mir ebenfalls geschrieben. Er erzählt eine Geschichte vom Campingplatz und fragt mich scheinbar beiläufig nach Yannicks Einreise in die Vereinigten Staaten, die eigentlich eine dreimonatige Haustierquarantäne erfordert.

Du würdest Dir eher selber mit einer abgesägten Pumpgun die Kniescheibe wegschießen, als unseren freiheitsliebenden Kater auch nur länger als zehn Minuten in einer Box eingesperrt zu lassen.

Scheiße.

Da schreibe ich mir die Finger wund, und Hartmut hat schon eine logische Lücke entdeckt. Ich überlege mir, was ich antworten könnte, als Yannick aufhört, die wuselige Wurst zu jagen, und auf die Fensterbank springt. Er stellt sich auf und scharrt mit der Lederhaut seiner Pfoten am Fenster, denn draußen auf dem Geländer der Terrasse balancieren Füße.

Auf dem Geländer der Terrasse vor meinem Fenster balancieren Füße???

Ich springe auf und sehe genauer hin. Ein schlaksiger Mann in beiger Jeans und rotem Pulli steht tatsächlich auf dem Geländer, zehn Stockwerke über dem Uni-Center. Ich stürze aus dem Appartement, schließe meine Tür und stolpere auf die Terrasse. Der Mann auf dem Geländer hat strohblonde, dünne Haare, die ihm bis auf die Schultern fallen. Sein Bart ist ein Stoppelfeld. Das Kassengestell auf seiner Nase ist viel zu groß für seinen schmalen Kopf. Er sieht zu mir.

»Konzentrier dich!«, rufe ich, als würde er eine Turnübung machen, deren Sinn es ist, *nicht* in die Tiefe zu stürzen. Er runzelt die Stirn. Ein Mann kann kaum mehr als zwei Dinge gleichzeitig denken, habe ich mal gelesen. Er kommt ins Wanken. Mein Herz macht zehn Schläge auf einmal, aber danach pumpt es ruhiger als zuvor. Ich *muss* jetzt entschieden sein, also bin ich es auch. »Augen auf die Füße!«, befehle ich. Er gehorcht. Sein Stand wird sicherer.

»Und jetzt hierher auf die Terrasse!« Er zögert. Eigentlich wollte er schon unten sein, auf dem Pflaster des Uni-Centers, als Matsch und Knochen. Daran erinnere ich ihn lieber nicht. »Genau dorthin, zwischen die beiden Betonplatten. Da, wo viel Gras aus der Ritze wächst.«

Sein Blick folgt meinem Zeigefinger. Er murmelt: »Die vielseitig

[235   ]

verwendbare Bodenplatte aus Beton in den Farben Grau und Hellgrau ist eine grundsolide Lösung für stark strapazierte Außenterrassen.«

Ich weiß nicht, was er da brabbelt, also wiederhole ich meinen Befehl von eben: »Bodenplatte. Da springst du hin. JETZT!«

Er hüpft vorwärts vom Geländer auf die Terrasse, kommt ins Straucheln und stützt sich ab. Seine Hände landen exakt links und rechts der Ritze. Er bleibt einen Moment so, wie ein Hundertmeterläufer beim Start. Stöhnend richtet er sich auf. Seine Augen suchen über dem Rand der klapperigen Brille nach meinen. Eine Erinnerung flammt in ihnen auf, wie ein gedanklicher Post-it-Zettel. »Ich wollte doch eben …«, sagt er, dreht sich zum Geländer um und rennt wieder los. Zwei Schritte schafft er, dann schlingen sich meine Packer-Arme um seinen Hals und seine Brust, und ich reiße ihn zu Boden. Er stößt Luft aus, als wir aufprallen. Dann murmelt er: »Das Geländer aus verstärktem Stahl ist widerstandsfähig und wetterfest. Eine robuste Lösung für kostenbewusste Hausbesitzer.«

»Hör sofort auf mit der Scheiße!«, brülle ich ihn an, obwohl ich ihn gar nicht kenne. Ich bin stinksauer, weil er freiwillig sein Leben wegwerfen will. Für einen Augenblick sehe ich meine Wahlfamilie vor mir, hier im Sommer auf der Terrasse, inklusive Lisa, die keine Wahl hatte, ob sie leben oder sterben wollte. Hartmut am Geländer mit stolzem Vaterblick, die Koteletten im Wind. Caterina zufrieden im Klappstuhl, einen Cocktail in der Hand, den ich gemixt habe. Die Augen des Lebensmüden flitzen quer durch mein Gesicht und taxieren meine pumpenden Schläfen.

Ich japse: »Wenn du noch einmal versuchst, da runterzuspringen, ich schwöre dir, dann …«

»… bringst du mich um?«, sagt er.

Eine Weile liegen wir auf der Terrasse, eng umschlungen. Er zuckt noch ein paarmal, so dass ich erst mal mit ihm auf dem Boden bleibe. Er riecht nach Schweiß. Ich sage: »… dann mache ich dir einen heißen Kakao mit Zimt, egal ob du denkst, du hättest es nicht verdient. So!«

Er schaut vom Boden zu meinem Fenster. Auf seiner Brille klebt Staub. »Ist das dein Ernst?«, fragt er, und seine Stimme klingt dabei vollkommen anders als bisher. Weich und kindlich, wie von einem kleinen Jungen in Latzhose, der sich auf den Abend freut.

»Und ob!«, antworte ich und rupfe ihn vom Boden. Ich schubse ihn vor mir her in den Flur und schließe schnell die Terrassentür. Dann treibe ich ihn in mein Appartement. Kaum sind wir drin, schließe ich die Tür ab und stopfe den Schlüssel tief in meine Hosentasche.

»Miii-au!«, jubelt Yannick, weil endlich mal was los war. Und weil ich mich als Held erwiesen habe. Der Lebensmüde lächelt, als er den Kater sieht, und stolpert vor die Katzentransportbox, die noch nicht ganz sauber weggeräumt wurde.

»Oh! Eine *Trixie 39861 Capri III Open Top*. Sehr geräumige Lösung für bis zu zwei Katzen. Ordentliche Verarbeitung. Alles in allem ein gutes Produkt zu einem sehr guten Preis.«

Was redet der denn da immer?

Der Lebensmüde hält Yannick den Finger hin. Ich koche Milch auf.

»Ich heiße Nestor«, sagt der Lebensmüde, seufzend, langsam und betont tragisch. »Und du?«

Ich nenne ihm meinen Namen.

»Du hast es gut«, sagt er. »Mit so einem Namen erwartet keiner etwas Großes. Aber Nestor heißt Altmeister. Weiser Mann. Nestor war der Berater von Agamemnon. Ein Streitschlichter.« Sein Blick fällt auf die Spielhülle von *Midnight Club: Los Angeles*, die neben dem Fernseher liegt. »Das Spiel macht dort weiter, wo die Konkurrenz stehengeblieben ist. Tolle Graphik und Präsentation und eine sehr gute Spielbarkeit heben den Titel auf den Streetracer-Thron.« Er sagt es in demselben Tonfall, in dem er schon über die Bodenplatten, das Geländer und die Katzenbox gesprochen hat. Als schalte sich in ihm der Text von selber ein.

Ich löffele Kakaopulver in die Tasse. Nestor schaut auf die Packung und sagt: »Ach, du Scheiße! Das habe ich ja ganz vergessen!« Ohne Ansatz oder Warnung rennt er los, an mir vorbei und reißt die Tür auf, ehe ich überhaupt reagieren kann. Ich greife aus meiner Tür heraus ins Leere, denn er hat sich gar nicht nach rechts zur Terrasse orientiert, um erneut einen Sprung zu versuchen, sondern eilt wie ein ruckelig animiertes Kastanienmännchen den Wohnheimflur hinab. Ich schließe meine Tür und folge ihm ins schattige Treppenhaus. Es ist wie in einem dieser Verfolgeralbträume, nur dass ich dieses Mal der Jäger statt der Gejagte bin. Nestor hat immer eine Treppe Vorsprung.

»Jetzt warte doch mal!«

Im dritten Stock öffnet er die schwere Stahltür zum Zimmerflur, die fast vor meiner Nase zuschwingt. Hastig wie ein Süchtiger oder ein Mann, der schnellstens aufs Klo muss, schließt er sein Appartement auf. Er zieht nicht mal die Tür hinter sich zu. Ich betrete hinter ihm den Raum und renne nach den zwei Schritten Küchenzeile vor einen Wall aus Regalen und Kisten. Sie sind vollgestopft mit neuwertig wirkenden Waren aller Art. Es sind so viele, dass sie das kleine Appartement noch mal auf die Hälfte schrumpfen. Nur ein dunkler Schlauch ist noch übrig, an dessen Ende im Licht einer kleinen Schreibtischlampe ein Laptop surrt. Um an den Platz zu gelangen, muss man über Nestors »Bett« steigen, eine Matratze am Boden zwischen den Regalen. Auf dem Schreibtisch neben dem Rechner steht eine große Dose mit Pulver. Ein Sportlerdrink zum Auflösen mit aufdringlichem Schriftzug. Klotzige Buchstaben in Silber und Blau. Sie erinnern mich an den Titelbildschirm des alten Amiga-Spiels *Body Blows*. Ich sehe die Kämpfer vor Augen in den Treppenhäusern und auf den Parkplätzen und höre die schlichte Synthie-Musik, während die Fäuste fliegen.

»Gib mir mal die Milch aus dem Kühlschrank. Und einen Becher. Komm, schnell!« Nestor winkt mit der Hand, ohne sich umzusehen.

Ich öffne seinen brummenden Nahrungsverwahrer, greife den Tetrapak, nehme eine Tasse mit Werbeaufdruck des Teuto-Kletterparks bei Detmold, stakse über die Matratze und reiche Nestor die Sachen.

Als er die Tasse nimmt, stutzt er einen Augenblick. Dann schaufelt er das Fitnesspulver aus der Dose hinein, gießt auf, rührt um, trinkt und tippt, noch ehe er den letzten Schluck ganz runterhat, wieselflink mit zehn Fingern einen Text in eine Maske. Ich folge den Zeilen auf dem Bildschirm.

Wer ein kraftvolles Proteinpulver ohne Süßstoff sucht, wird an diesem Produkt nicht vorbeikommen. Es löst sich bestens in der Milch auf, unterstützt den Muskelaufbau nach dem Training nachweislich und besticht obendrein mit super Werten: 96,5 % Eiweißanteil!

»Was soll denn das?«, sage ich. »Du hast gerade mal den ersten Becher probiert. Du kannst über den Muskelaufbau doch gar nichts sagen. Und außerdem hast du eben nicht trainiert. Du hast versucht, dich vor meinem Fenster in den Tod zu stürzen.«

Er schaut sich kurz zu mir um. Seine Augen haben eine fahle, graue Schicht bekommen, wie die Nickhaut bei Krokodilen. »Ich hatte vergessen, dass ich heute noch das Eiweißpulver und einen Vatikan-Thriller besprechen muss.« Er dreht sich wieder zum Bildschirm, schreibt seine Rezension zu Ende, vergibt fünf Sterne und sendet sie ab. Es ist ein Text für Amazon. Nestor wechselt in das Gesamtmenü seiner besprochenen Artikel zurück. Unter seinem Nutzernamen steht: *Top 20 Rezensent.*

»Ich stelle mir das immer nur vor«, sagt er, schraubt die Eiweißdose zu, trägt sie an mir vorbei zu seinem leeren, von den Halogenstrahlern darüber hell erleuchteten Küchentisch, stellt sie ins Licht und macht ein Foto davon. Ich überfliege auf dem Monitor, über welche Produktsorten er schreibt. Es ist alles dabei, was man sich vorstellen kann. Spiele, Bücher, Küchengeräte, Schlittschuhe, Zahnpasta, Balancierseile, Rasierer, Karabinerhaken ... »Weißt du? Ich phantasiere darüber, wie es wäre, wenn ich wirklich spränge. So, wie man sich vorstellt, dass in der Fußgängerzone ein Fußballverteidiger von hinten angerannt kommt und einen mit den Stollen voran umtritt.

Oder dass ein irrer Verkäufer im Toom einem mit Zeigefinger und Daumen das Auge aufhält und Olivenöl hineingießt.« Er prüft die Fotos in der Digitalkamera, stellt die Eiweißdose in ein Regalfach mit der Aufschrift »Im Verkaufsbestand«, quetscht sich erneut an seinen Computer und richtet in Windeseile eine eBay-Auktion zu der Dose ein. *Bestes Fitnesspulver von Ironmaxx. Nur ein Löffel fehlt! Bezahlung bar bei Selbstabholung oder per PayPal.*

»Kennst du so was nicht?«, fragt er, während seine Finger mit Maus, Tasten und Menüs Dinge machen, denen meine Augen trotz ihrer Erfahrung mit hundert gleichzeitigen Explosionen in Ballerspielen nicht folgen können. »So willkürliche Phantasien?«

Würde ich jetzt ehrlich antworten, müsste ich zugeben, dass ich die Vorstellung mit der plötzlichen Blutgrätsche von hinten durchaus kenne. Stattdessen brülle ich ihm in den Nacken: »Du hast dich am Geländer nicht Phantasien hingegeben, du hast tatsächlich darauf balanciert!«

»Echt?«, fragt er, als wüsste er das nicht mehr. So wie man vergisst, was man noch gleich in der Waschküche wollte oder ob man beim Weggehen den Herd ausgemacht hat. Die Auktion zu dem Eiweißpulver ist eingestellt. Nestor greift nach einem 2500-seitigen Taschenbuch, schlägt es auf, hält es in der linken Hand und öffnet gleichzeitig mit der rechten einen Wikipedia-Eintrag zu dem Autor, der es verfasst hat, sowie zwei Kritiken auf den Onlineseiten von Spiegel und Focus, die es über das Buch schon gibt. Seine Augen springen zwischen dem Roman in seiner linken Hand und den Texten auf dem Monitor hin und her.

»Du kannst keine 2500 Seiten in einer Nacht lesen«, kommentiere ich das Offensichtliche.

»Ich brauche nur einen Eindruck«, sagt er, und der Atem stößt flach aus Nase und Brust. »50 Seiten vorne, 50 in der Mitte, das Ende und Texte aus dem Netz zur Einordnung. Bei Musik oder Spielen geht das schneller. Kaffee machen. Kannst du vielleicht Kaffee ansetzen?« Er macht einen Ruck mit dem Kopf und schlägt die Hand vor die Stirn. »Oh nein! Bei der Post steht noch eine Kaffeemaschine, die ich testen soll. Der Schein war gestern im Briefkasten. Ich glaube, der Text musste heute schon ins Netz. Das war ein Gesamtpaket mit Bloggen, Twittern und Forenbeiträgen. Oh nein, oh nein, oh nein.«

Ich habe keine Ahnung, was er da faselt, aber ich weiß mit einem Mal ganz genau, was ich tun muss. Ich greife seinen rechten Arm, presse ihn wie bei einem Ertrinkenden im 90-Grad-Winkel gegen seine Brust und ziehe ihn unter Geschrei aus seinem Schreibtischstuhl.

»Hey! Was soll das! Entführung! Skandal!« Nestor strampelt mit den Beinen – der spindeldürre Muskelpulvertester –, sein Stuhl fällt auf die Matratze, ich greife nach seinem Schlüssel auf der Spüle, schubse ihn in den Flur und sperre seine Bude ab. Er presst sich gegen das rote Holz und scharrt. »Lass mich da rein, ich muss arbeiten!«

»Du springst später wieder vom Dach, wenn das so weitergeht. Du musst nicht arbeiten, du brauchst eine Pause.«

»Aber …«

»Vorwärts!!!«, belle ich ihn an, und die Nickhaut über seinen Augen verschwindet. Er gehorcht und lässt sich von mir aus dem Haus treiben, quer durch das Uni-Center, durch den frühen Abend hindurch an der Sparkasse vorbei auf die zugige, breite Brücke zur Ruhr-Uni.

»Was machen wir hier?«, fragt er. Der Wind zerpfeift seine Worte wie auf dem Steg eines Hafens. Unten bremst quietschend die U 35. Seit Monaten lebe ich in dem Wohnheim, aber an diesem Ort hier war ich das letzte Mal vor Jahren mit Hartmut.

»Wir suchen eine Party«, sage ich zu meiner eigenen Überraschung. Auf dem Campus gibt es immer welche, das weiß ich noch. »Du bist der einzige Philosoph, der hier arbeitet«, habe ich früher immer zu Hartmut gesagt, »ansonsten malochen an dieser Akademie nur die Maschinenbauer und die Atomphysiker.« Hartmut regte sich daraufhin immer fürchterlich auf, woraufhin ich auf der Wiese vor seinem Institut die Philosophiestudenten fragte, was Schopenhauer eigentlich genau gesagt hätte. Hartmut kann es wörtlich samt Fußnoten und Erläuterungen. Die Antworten seiner Kommilitonen reichten von »irgendwas mit Pessimismus« bis hin zu »im Grunde das, was *Matrix* heute behauptet, aber nur der erste Teil«.

Wir erreichen den Campus. Im Glaskasten vor dem studentischen Theater wirbt ein Plakat für ein Stück, das im April aufgeführt wird. Es heißt *Tischtheater*. Aus dem Kulturcafé ein paar Schritte weiter ertönt das Krachen frisch eingestöpselter Gitarren.

»Da, siehst du!«, zeige ich zu den Menschen vor den Treppen. »Rockmusik und Bier für einen Euro. Auf die geistige Elite unseres Landes ist Verlass!«

Nestor und ich verbringen drei Stunden bei der Newcomer-Veranstaltung. Ich fülle ihn ab, so schnell ich irgend kann. Die Bands sind miserabel, weil sie nicht miserabel sein wollen. Bei Eisenpimmel oder Köterkacke ist der Name Programm, aber wenn ernst dreinschauende Studenten den Foo Fighters Konkurrenz machen wollen, dabei aber spielen, als fiele ihnen der nötige Schlag auf das Becken immer genau eine Sekunde zu spät ein, fehlt einfach die Stimmigkeit. Trotzdem habe ich irgendwie Spaß, obwohl ich weniger trinke als mein hagerer Psychoklient, der einer Band ihre Demo-CD abkauft und auf der Theke beginnt, eine Rezension dazu auf eine Serviette zu kritzeln. Auf dem Klo, das wir immer nur gemeinsam aufsuchen, damit er sich nicht ertränkt, ist wieder leicht die Nickhaut zu sehen, als er während des Strullerns lallt: »Der Optimierungsbedarf am Schlagzeug kann nicht darüber hinwegtäuschen, dass The Benevolant Three aus Essen-Kray im Post-Grunge eine Zukunft haben.«

Pffft.

Pffffffft.

Pffffffffffft.

Um Mitternacht pumpe ich meine Luftmatratze auf, während Nestor bereits darauf liegt und schnarcht. Erfreut schaut Yannick sich an, wie der suizidale Körper sich hebt. »Er muss heute hier pennen«,

erkläre ich dem Kater. »Damit er nicht noch mal vom Dach springt.«
Yannick schnurrt. Er hat nichts gegen einen Gast. Ein Gast ist Stimulation. Kaum habe ich Nestor auf Betriebshöhe gebracht und eine
Decke über ihn geworfen, kuschelt Yannick sich in seiner Armbeuge
ein.

»Ich könnte das persönlich nehmen«, sage ich, während ich meine
Socken ausziehe und meine Schlafhose vor mich halte, als müsse ich
prüfen, ob sie noch passt. Der Fernseher flimmert die Dauerschleife
des Los-Angeles-Spiels vor sich hin, da ich ihn seit meiner Verfolgung Nestors heute Nachmittag nicht ausgeschaltet habe. Ich muss
Hartmut immer noch darauf antworten, ob Yannick bei meiner
Einreise in die Staaten die Haustier-Quarantäne inklusive intensiver Verhöre durch die Homeland Security erleiden musste, da viele
Katzen schließlich von Persern abstammen. Nestor beginnt leise zu
schnarchen. Yannick legt eine Pfote auf seinen Oberarm. Ich weiß,
was ich Hartmut erzähle. Ich setze mich an den Rechner, öffne das
Mailprogramm und gebe gespielt zerknirscht zu, dass ich nicht gelogen hätte, als ich schrieb, es ginge dem Kater gut. Er sei nur eben
nicht bei mir, sondern bei meiner Mutter. Tagsüber im Grünen in
der Baumschule, abends im Hochhaus mit spannendem Blick über
die Stadt. Das klingt plausibel, denn auch, wenn ich niemals zurück
nach Wesel gezogen wäre, ist es wahrscheinlich, dass ich sie vor der
Abreise in die USA aufgesucht hätte. Schließlich kann man abstür-
zen. Hartmut wird mir glauben und sie nicht anrufen, denn er weiß
nicht, wie er meine Mutter nehmen soll, da sie kaum spricht, vor
allem nicht am Hörer. Ich schaue zu Yannick im Arm eines Fremden,
der heute Nachmittag noch vom Dach springen wollte. Dann erfinde
ich ein, zwei Anekdoten aus meinem Leben in den USA und sende
die Post ab. Mario hat mir die Adresse des neuen Hauses in Hattingen geschickt, mit dem Namen der Vorbesitzer, »weil wir noch gar
nicht angemeldet sind«. Weiter schreibt er nichts, sendet aber auch
keine neuen Fotos vom verbitterten Liebsten. Ich bestelle das obskure
Maffay-Tape bei Amazon, gebe die Adresse als Empfänger ein und

bitte den Secondhand-Dealer, wenn möglich ein wenig Geschenkpa-
pier drumherum zu wickeln und »Sorry!« draufzuschreiben. Die Pizza
Prosciutto habe ich heute verpasst, das erste Mal seit Monaten. Der
Schreibtisch bleibt kartonfrei.

> *Ich Seite 298*

< Caterina Seite 179

Die Ziege

18.03.2011

46° 44′ 53.03″ N, 8° 4′ 49.55″ E

Es zwitschert. Manchmal knirscht Kies unter Füßen, deren Menschen kaum sprechen. Es ist still hier. Nicht geräuschlos. Nur still. Die kurze Nacht hat sich gelohnt. Das Freilichtmuseum Ballenberg ist zwischen Bergen eingebettet. Die Sonne scheint, und sie wirken freundlich, sind aber zugleich derart mächtig und steil, dass von hier aus die Baumgrenze deutlich sichtbar ist. Wuchtige Hänge. Schlafende, steinerne Titanen.

Die Bauernhöfe aus den verschiedenen Jahrhunderten schmiegen sich in die sanften sattgrünen Wellen der Hügel des Freilichtmuseums, als wären sie organisch aus ihnen herausgewachsen. In den Häusern, die allesamt begehbar sind, fühle ich mich, als sei ich in Liliput. Erst dachte ich, die Menschen hätten sich früher einfach mit kleineren Möbeln, niedrigeren Decken und winzigen Türen begnügt, doch dann sah ich mir die Kleidungsstücke näher an. In den letzten vierhundert Jahren sind wir offenbar deutlich größer geworden.

In einem Haus liegt Uhrmacherwerkzeug; filigrane Rädchen und winzige Schräubchen. Natürlich. Was wäre die Schweiz ohne Uhren? Ich erinnere mich an ein Sprichwort zur Gelassenheit, das mein Süßer mal mit erhobenem, schaumbenetztem Zeigefinger zitiert hat, als er stundenlang in der Badewanne lag. »›Ihr habt die Uhren, aber wir haben die Zeit.‹ Sagt der Afrikaner.« Hier in der Schweiz haben sie beides. Neben dem ausgestellten Uhrmacherwerkzeug steht eine Schautafel. Stolz präsentiert sie ihr Wissen: Es waren die harten Winter in den Bergen, die so viel Langeweile aufkommen ließen, dass die

[245]

Bergbauern sich Beschäftigungen suchten, für die in den kleinen Räumen Platz war. Sie fanden wohl Spaß an den Herausforderungen des Winzigen. Ich fotografie die grazilen Teile. Natürlich ohne Blitzlicht; das schont die alten Materialien.

Als ich wieder draußen stehe und meinen Blick über die in die Hügel getupften Höfe schweifen lasse, gerate ich ins Träumen. Das wäre kein schlechtes Leben für uns. Ein Hof. Vielleicht nicht ganz so bergig gelegen. Im Sommer wären wir viel draußen, im Winter ließen wir uns neue Hobbys einfallen. Wir wären zusammen. Womöglich würden wir unsere Familie vergrößern. Nach und nach. Ich sehe meinen Liebsten und Hartmut, wie sie versuchen, fachgerecht das Dach einer Gartenhütte zu decken. Sie fluchen und lachen gleichzeitig. Schweiß glänzt auf ihren Stirnen. Hartmut zitiert einen Philosophen, der über die Bedeutung der Mühe geschrieben hat. Meine bessere Hälfte vergleicht die anstrengende Arbeit mit dem schwersten Videospiel, das ihm einfällt. Susanne gräbt um und zeigt einem kleinen Mädchen einen Regenwurm. Ihrer Tochter. Oder meiner. Irmtraut schwimmt durch einen neuen Teich. Yannick jagt einen Vogel vom Ast.

Traumgespinste.

Susanne schrieb, dass sie nicht weiß, wie es Yannick geht. Also hat sie weder mit meinem noch mit ihrem Liebsten Kontakt. Wir sind einsame Sterne in unterschiedlichen Galaxien. Und ich denke an Nachwuchs in einem Landidyll. Wie lächerlich.

Doch der Ärger, der sich nach der schönen Träumerei in mir aufgebaut hat, verfliegt mit dem nächsten Windhauch. Dieser Ort lässt ihn nicht zu. Ich werde wieder ruhiger, ganz locker, die Gedanken fließen. Kleine Zornblitzer kicke ich weg. Ruhe. Atmen. Langsam passe ich mein Innenleben wieder der Umgebung an. Werde gelassen und still.

Mein Blick wandert abwechselnd über die Landschaft und mein Skizzenbuch. Ich habe mich auf den dichten Rasen am Hang gesetzt und zeichne mit meinen Polychromos. Keine Kopf-Mutter weit und breit.

Ich bin ganz froh, dass ich zu diesem Ausflug nur trockenes Malzeug mitgenommen habe. Mein Aquarellkasten war eingeschnappt, als ich ihm erklärte, dass ich heute bei meiner begrenzten Zeit nicht darauf warten kann, dass die Farben trocknen, die ich nebeneinandersetzen möchte. Ich habe ihm versprochen, ihn auf meiner Reise noch ganz oft einzusetzen. Bis heute Abend wird er sich beruhigt haben.

Es meckert. Sehr laut und durchdringend. Auf einmal ist die Stille nicht mehr harmonisch. Ein tierischer Schmerzschrei durchbricht die klare Bergluft mit dem Geräusch eines eitergelben Kreidestrichs auf einer Schultafel. Es durchzieht meinen ganzen Körper, als wäre es mein eigener Schmerz.

Ich kann die Richtung ausmachen, aus der das Geräusch kommt, packe meine Sachen zusammen und laufe hin. Eigentlich idiotisch, denke ich mir, obwohl ich selbstverständlich helfen will. Dennoch: Schreien zeigt häufig Gefahr an. Warum rennen Menschen in solchen Situationen nicht davon? Aber ich sehe nichts, was mich selbst in Gefahr bringen könnte. Direkt an einer großen Holzscheune ist ein kleines Gatter montiert. Darin steht eine Ziege. Sie meckert in allen Tonlagen. Ich glaube, ich habe es richtig eingeschätzt: Das ist kein einfaches Meckern. Das arme Tier leidet.

Um das Gatter herum stehen fünf Leute. Vier Erwachsene und ein kleines Mädchen.

Eine Frau sagt: »Meine Güte, die ist doch schon so fett. Und dann bettelt sie derartig.«

»So ist das mit Ziegen«, sagt ein Mann.

»Meinst du damit etwa mich?«, fragt die Frau spitz zurück.

»Boah, das ist ja nicht zum Aushalten«, beschwert sich die zweite. »Lasst uns doch einfach weitergehen.«

Das kleine Mädchen hört, was ihre Familie redet, verharrt aber nachdenklich am Zaun, den Blick auf der Ziege: »Vielleicht hat sie Bauchweh.«

»Nee, die ist einfach nur echt dick. Ich will jetzt weitergehen. Mich nervt das Rumgezicke hier. Komm, auf!«

Ich stehe daneben und sehe mir die Ziege sehr genau an. Die vier Erwachsenen gehen fort. Das Mädchen bleibt stehen und guckt zwischen der Ziege und mir hin und her. »Ihr geht es nicht gut, stimmt's?«

»Ich glaube, da hast du völlig recht«, antworte ich der Kleinen. Ich zeige ins Gatter. »Guck mal, der Futternapf ist ganz voll, und sie hat noch frisches Heu in der Ecke liegen. Hätte sie Hunger, würde sie fressen.«

»Ja, das finde ich auch.«

»Annika, komm jetzt!«, tönt es.

Ich gehe in die Knie und schaue mir die Ziege genauer an. »Hey, Süße, was hast du denn?«, flüstere ich ihr zu. »Du Arme, niemand nimmt dich ernst.« Ich kraule die Ziege und gebe beruhigende brummende Geräusche von mir.

»Annika!!! Wenn du nicht kommst, musst du hierbleiben!«

»Ja, darf ich?«

»Nein! Komm! Jetzt!«

Ich schaue das Mädchen an. »Sieh mal«, sage ich, »ihre Hinterbeine stehen ganz breit. Der Bauch tut ihr wirklich weh. Aber schau hier mal ganz genau hin.« Ich zeige auf eine ausgebeulte Stelle. Unsere Blicke bleiben darauf kleben.

»ANNIKA!!!«

Das Mädchen lässt sich nicht beirren. Die Ziege steht ganz still. Ein Zittern geht durch ihren Leib wie eine Welle. Sie ist sichtlich froh, tröstende Wesen in ihrer Nähe zu haben. Annika und ich schauen weiter auf die ausgebeulte Stelle am Bauch.

»Ich werde jetzt fuchsteufelswild«, tönt es schrill von der Mutter des Mädchens. »Ich zähle bis drei und dann du bist hier, sonst …«

Die Beule zieht sich glatt und stülpt sich sofort umso stärker aus.

Annika reißt die Augen auf: »Das ist ein Ziegenfuß!!!!«

»Ja, das ist ein Ziegenfuß«, sage ich andächtig. »Ein ganz kleiner. Diese Ziege hier wird Mama.«

»Alle Mütter sind Ziegen!«, sagt Annika.

»Das wäre schön. Ziegen sind tolle Mütter«, antworte ich spontan, obwohl ich es überhaupt nicht weiß. Annika muss lächeln. Vorsichtig streichelt sie die werdende Mutter und sagt: »Du wirst eine tolle Mama. Viel Glück!«

Annikas eigene Mutter lässt nicht locker. »EINS!«

Die Ziege schnaubt. Wahrscheinlich hat sie eine Wehe, denn sie presst ihr Kinn schwer in meine Hand. Annika denkt, sie würde einfach nur mit uns kommunizieren. Sie strahlt glücklich.

»Annika, lauf ruhig«, sage ich. »Und wenn du einen Angestellten vom Museum siehst, sagst du ihm dann, dass die Ziege hier gleich ein Baby bekommt?«

»ZWEI!«

Annika nickt ernst. Sie nimmt die verantwortungsvolle Aufgabe mit jeder Zelle ihres Daseins auf. »Das mache ich«, sagt sie und streichelt ein letztes Mal das schwangere Tier.

»Und die letzte Zahl ist …«

Annika rennt los. Nach ein paar Schritten bleibt sie kurz stehen und dreht sich um: »Wie heißt du?«

»Caterina! Danke, Annika!«

Annikas Mutter eilt auf sie zu und reißt den Arm des Mädchens hoch. Schimpfend zieht sie ihre Tochter hinter sich her. Annika biegt ihren Körper nach hinten, um noch mal einen Blick auf uns zu werfen. Dann winkt sie.

Die Ziege stöhnt wieder und presst erneut ihren Kopf in meine Hand. Erstaunlich, wie schwer so ein Tier seinen Kopf machen kann. Da ist wieder das Zittern, das durch ihren gesamten Leib geht. Sie schreit nicht mehr, aber sie kann sich auch keinen Millimeter bewegen. Es geht los. Ich greife durch das Gatter und streichle vorsichtig ihren breiten Leib. Unter meiner Hand fühle ich die Konturen ihrer Zicklein genau. Wie konnten die Leute nur denken, sie wäre fett? Straff und ausgebeult ist sie. Die Zitterwellen kommen immer häufiger. Dazwischen sieht sie mich ausgesprochen dankbar an. Als ich klein war, wurde meine Mutter immer schnippisch, wenn ich alte Serien wie *Lassie* oder *Flipper* sah. Für sie war das alles eine unzulässige Vermenschlichung der Tiere. Das mag für diese Serien vielleicht zutreffen, aber meine Mutter hat noch nie einer Ziege in den Wehen beigestanden und ihr dabei in die Augen gesehen.

»Sind Sie die Caterina?« Ein großer Blaumann steht in festen groben Stiefeln vor mir. An seinem oberen Ende hängt ein Karl-Marx-Bart. »Ich soll Ihnen von der Annika Grüße ausrichten.«

»Dann sind Sie hier der Tierpfleger?«

»Ja, auch. Unsere Susi macht vor ihren Wehen immer großes Theater, aber diesmal habe ich nichts gehört. Vielleicht war ich zu weit weg.«

»Sie hat sehr laut geschrien. Ich saß da oben, als ich es hörte.«

Der Pfleger betritt das Gatter und tastet Susi ab. »Ach, dann weiß ich, warum ich nichts gehört habe. Der Wind stand ungünstig. Gut, dass Sie sich um sie gekümmert haben. Wenn es so weit ist, braucht sie einfach Trost und ein wenig Sicherheit. Erst dann kann sie loslassen.«

»Na ja, aber es geht doch los, wenn es losgeht, oder?!«, sage ich und höre mich dabei fast an wie der Schalterbeamte am Züricher Bahnhof.

»Nicht bei Ziegen. Ziegen sind Fluchttiere. Sie gebären erst, wenn sie sich sicher fühlen. Die meisten Ziegenhalter verpassen die Geburten der Kitze. Aber die Susi ist da anders. Sie will nicht allein sein, sondern jemand Vertrauenswürdigen an ihrer Seite haben. Vielleicht würde sie sich mit ihrer Herde zufriedengeben, aber wir trennen die Hochträchtigen gerne ab.«

Der Mann schaut der Ziege auf ihr Geschlechtsorgan. »Ah, da ist der Pfropf. Schön. Es dauert nicht mehr lang. Wollen Sie dabeibleiben?«

»Gern, wenn ich darf.«

»Die Susi hat nichts dagegen – warum sollte ich was dagegen haben?«

Er nimmt ein Stethoskop aus einer mitgebrachten Tasche, die mir erst jetzt auffällt. Bevor er es anlegen kann, zittert Susis Leib erneut.

»Ja, meine Gute, du machst das ganz toll!« Der Pfleger hört Susis Herzgeräusche während und nach der Wehe ab. Danach noch die ihres Kitzes. »Alles ganz normal, mein Mädchen. Du bist eine Gute.«

Langsam dämmert es. Mir wird bewusst, dass Annika und ihre Erwachsenen die letzten Besucher waren, die hier vorbeikamen.

»So, jetzt sollten wir mal langsam in den Stall umsiedeln. Na, komm Susi. Du kannst bestimmt ein paar Schritte gehen.«

Susi sieht das anders. Sie bewegt sich kein Stückchen und schaut mich mit ihren waagerechten Pupillen an.

Der Pfleger zeigt auf den Stall. »Seien Sie doch so lieb, gehen Sie mal da rein und rufen Sie die Susi von drinnen. Sie will Sie schließlich unbedingt dabeihaben.«

Ich mache, was der große weiße Bart sagt. Er hat recht: Die Ziege kommt sofort in den Stall, als ich sie rufe. Hier ist deutlich mehr Platz. Und es ist frisch eingestreut.

»Ich bin übrigens der Heinz.«

»Caterina.«

»Weiß ich schon.«

»Hm.«

Wir geben uns die Hand. Heinz geht um die Ecke und holt einen Heuballen. »Eine Weile kann das noch dauern. Hier kannst du dich solange setzen.«

»Und du?«

»Ich arbeite derweil hier in der Scheune. Du bleibst ja bei der Susi.«

Ich setze mich auf den Ballen, und Susi kommt zu mir. Sie presst sich mit ihrem ganzen schweren Leib an mich, beugt ihren Hals und legt ihren Kopf auf meine Schulter. Erst jetzt fällt mir der strenge Ziegengeruch auf. Er war sicher die ganze Zeit schon da, aber ich war wohl zu aufgeregt, um ihn zu bemerken. Aber es macht mir nichts. Sorgfältig streichle ich Susis Bauch. Sie stöhnt und presst Körper und Kopf so stark an mich, dass ich mit aller Kraft dagegenhalten muss, um nicht vom Heuballen zu fallen. Im nächsten Moment knickt sie in den Hinterläufen ein. Ich gleite mit ihr auf den Boden, damit sie ihren Kopf weiter auf mich pressen kann. Sie stöhnt, aber sonst kommt kein Laut mehr über ihre weichen Lippen.

Der Bauch zieht sich zusammen. Bleibt einen Moment so. Lockert sich wieder.

Langsam werde ich nervös.

»Heinz?!«

So lange kann das hier nicht mehr dauern.

Der Bauch zieht sich erneut zusammen, und das Tier drückt sich an meinen Körper. Ich werde morgen überall blaue Flecken haben. In einem leisen Dauerbrummton rede ich auf Susi ein. Heinz scheint nach draußen gegangen zu sein. So groß ist die Scheune nicht, dass er meinen Ruf überhört haben könnte.

Wieder zieht sich der Bauch gewaltig zusammen. Dieses Mal bleibt er lange so. Susi spannt ihren ganzen Körper an. Die eingeknickten Hinterläufe driften noch ein bisschen mehr auseinander, und der kurze Schwanz knickt vollständig zur Seite ab. Trotz meiner Position kann ich zwei eng zusammenliegende Beinchen und die Nasenspitze eines winzigen schwarzen Köpfchens in einer halbdurchsichtigen festen Hülle aus Susi herausragen sehen.

Es passiert!

Und es macht etwas mit mir. Hinter meinen Augen klopfen Tränen an. Ich drohe ihnen, und sie ziehen sich zurück. Ich muss jetzt bei der Sache bleiben. Susi kann noch mal lockerlassen, doch kurz danach verkrampft sich wieder der gesamte Körper. Ein Bündel schwarzweißer Flecken in graudurchsichtiger Hülle liegt nun hinter der Ziege. Und kein Heinz weit und breit.

Susi versucht, sich umzudrehen und aufzustehen, aber es klappt nicht. Sie hebt ihren Kopf, sieht mich an und dreht ihn dann, so weit es ihr möglich ist, nach hinten.

»Ist okay«, beruhige ich sie, »ich sehe nach deinem Kind. Ganz ruhig.«

Auf allen vieren krieche ich durch das von erstaunlich viel Flüssigkeit getränkte Stroh zu dem Bündel. Die graudurchsichtige Hülle sieht sehr fest aus. Ist sie vollständig geschlossen? Das Bündel regt sich nicht. Panik steigt in mir hoch. Ich bin nicht vorbereitet.

»Oh Gott, oh Gott, oh Gott, was mache ich denn jetzt nur? Heinz?!«

Ich warte nicht auf Antwort. Meine Hände ertasten die glitschige Hülle. Was tue ich hier? Ich hocke am Donnerstag in einem Stall in den Schweizer Bergen, während der Tierpfleger verschwunden ist, und muss eine Fruchtblase öffnen. Was sonst hätte ich von meiner Reise erwarten können?

Ich konzentriere mich. Sammle die Gedanken. Eine Freundin musste mal bei der Niederkunft ihres Pferdes die Fruchthülle zerreißen. Sie sagte, das Ding sei richtig zäh gewesen, aber irgendwie habe sie es geschafft. Eines ist klar: Die Fruchtblase muss hier und jetzt geöffnet werden. Ich denke an meine Freundin, packe die geleeartige Haut und stelle fest, dass sie tatsächlich zäh ist. Ich grabe meine Nägel ein und zerre daran.

Sie reißt auf. Ein Schwall Fruchtwasser ergießt sich über mich.

Ich müsste jetzt eigentlich würgen. Mich ekeln. Meine Mutter wäre längst schreiend davon gerannt. Aber ich spüre nichts davon. Im Gegenteil. Die Panik hat einer ganz neuen Form von Ruhe Platz gemacht. Ich *muss* handeln, also kann ich es auch. Ich nehme das Köpfchen des Kitzes und pule in der Nase und im Mund, bis alles offen aussieht. Die glitschigen Geräusche erinnern mich an Horrorfilme, die ich mit Susanne und den Männern in der WG gesehen habe. Zombies, Glibber und Gedärm. Aber was hier glitscht, ist das Leben, nicht der Tod.

Als ich mich an die Augen begebe, stöhnt Susi erneut, und ein Paar weiterer gespaltener Minihufe sind zu sehen. Ich frage mich, was ich mit der Nabelschnur machen soll. Das Ende steckt noch in Susi. Ob zu viel Blut rausläuft, wenn ich sie einfach abreiße? Solche Gefäße sind doch keine Einbahnstraße. Bei menschlichen Babys wird die Nabelschnur abgebunden, bevor sie durchtrennt wird. Ich nehme ein paar der durchfeuchteten langen Strohhalme und drehe sie zusammen. Das könnte funktionieren. Es funktioniert. Die Nabelschnur ist abgebunden. Jetzt nur noch abschneiden. Aber womit? Ich habe nichts. Ich sehe mich nach Heinz' Tasche um.

»Heinz!!!«

Nichts.

Ich häufe Stroh an, lege das schwarzweiße Kitz darauf und reibe es gründlich ab. Es atmet von allein und ist so gut wie trocken. Ich decke es mit weiterem Stroh ab. Ich muss etwas mit der Nabelschnur machen. Susi würde sie durchbeißen … Nein. Bei aller Liebe. Ich leiste hier schon genug. Wenn ich jetzt noch eine Nabelschnur durchbeißen soll, bin ich tatsächlich in einem der Horrorfilme gelandet. Ich denke daran, wie ich eben die Fruchthülle zerrissen habe, und versuche, mit den Fingernägeln die Nabelschnur so weit einzureißen, dass der Rest mit Kraft abzubekommen wäre. Aber es gelingt mir nicht.

Susi bekommt die nächste Wehe, und das zweite Kitz flutscht so schnell aus ihr heraus, dass es fast bis zur Stallwand geschleudert wird. Ich rutsche hin, aber es ist ihm nichts passiert. Dieses Kitz ist völlig weiß. Es hebt den Kopf und will aufstehen. Seine Fruchtblase liegt direkt bei Susi. Die Nabelschnur ist bereits abgerissen. Immerhin. Bei dem weißen Kitz binde ich sie mit nassen Strohhalmen ab und bin dabei erstaunt, dass gar nicht viel Blut herausgekommen ist. Dann pule ich auch in Mund und Nase des zweiten Kitzes und reibe es von Kopf bis Schwanz trocken. Danach ist es völlig erschöpft und hat nichts dagegen, dass ich es zu seinem Geschwisterchen lege.

Susi stöhnt erneut.

»Wie viele Junge bekommt denn so eine Ziege auf einmal?«, frage ich mich halblaut und sehe mich wieder im Horrorfilm. Allein mit einer Ziege, die nicht aufhört, zu werfen. Und der Stall füllt sich immer weiter mit Leibern und Blut …

»Eins bis drei für gewöhnlich. Hier ist eine Schere.« Heinz hält mir eine OP-Schere hin.

Ich frage ihn nicht einmal, wo er war, sondern mache einfach weiter. »Danke.« Ich drehe mich zu dem Schwarzweißen um und trenne das Junge mit einem Schnitt von seiner Mutter.

Susi stöhnt erneut und presst. Diesmal sehe ich keine Hufe. Ich schaue auf zu Heinz und wieder auf Susis Vulva. Sie presst ein letztes Mal, die Vulva öffnet sich, und heraus kommt ein großer dunkelroter Klumpen. Damit hatte ich jetzt nicht gerechnet. Ich erschrecke und weiche zurück. Dann schalte ich und begreife, dass das die Nachgeburt ist.

»Gutes Mädchen«, brummt es aus dem Rauschebart, als er zu Susi geht. Er untersucht die Nachgeburt, Susi und die beiden Kitze, die sich schon mit wackeligen Beinchen aus dem Stroh hochkämpfen und zu ihrer Mutter wollen. Auch Susi steht nun wieder auf. Sie sieht jetzt deutlich schmaler aus.

»Das weiße Kitz ist ein Mädchen und das andere ein Junge. Beide fit. Caterina, das hast du richtig gut gemacht.«

»Ich habe dich gerufen!«

»Ich habe Decken geholt«, sagt Heinz. »Normalerweise dauert die Geburt länger.«

Ich sitze von Kopf bis Fuß durchnässt in den unterschiedlichsten Körperflüssigkeiten. Ich habe eine Fruchtblase zerrissen und bin einer Ziege näher gekommen, als ich je gedacht hätte. Ich stinke. Ich bin glücklich.

Heinz hält mir die Hand hin. Ich ergreife sie, und er zieht mich hoch.

»Nimm die Decke. Ich kümmere mich mal um den Stall. Weißt du schon Namen für die Kleinen?«

»Ich?«

»Klar, du hast die beiden doch in Empfang genommen.«

»Darüber habe ich mir keine Gedanken gemacht.«

»Was hältst du von Caty? Caterina fände ich ein wenig zu lang für so ein kurzes Tierchen.« Heinz grinst.

»Das wäre toll.«

»Und wie ist es mit dem kleinen Kerl hier?«

Ich überlege und gehe die Männer in meinem Leben durch. »Es soll ein kurzer Name sein?«

»Das wäre gut.«

»Alex.« Alejandro wäre schließlich zu lang.

»Gut. Die Caty und der Alex.«

Ich grinse auch. Ein Ziegengeschwisterpärchen namens Caty und Alex.

Sie nuckeln am Euter ihrer Mutter und werden dabei gründlich saubergeleckt. Da habe ich meine Arbeit wohl doch nicht gut genug gemacht. Ich freue mich über den Anblick, klaube mit glitschigen Fingern meinen Fotoapparat hervor und halte den Moment von allen Seiten fest. Danach trete ich in die frische Abendluft.

Als Heinz fertig ist und weggeht, um neues Futter zu holen, kehre ich in den Stall zurück.

»Darf ich deine Kinder noch mal anfassen?«, frage ich Susi. Sie geht zur Seite, damit ich zu ihren Kleinen kommen kann, die sich bereits wieder im Stroh eingekuschelt haben. Ihr Fell ist ganz weich und zart. Caty nuckelt mit ihren Lippen an meiner Hand, und Alex lässt sich den Bauch kraulen. Susi legt sich dazu.»Das hast du wirklich toll gemacht!«, lobe ich sie.

»Grüezi!«

Laut und gar nicht freundlich erhebt sich auf meinem Weg zum Ausgang hinter mir eine Stimme, wuchtiger als die Berge um uns herum. Ein gehässiges kleines Kichern schließt sich ihr an.

Meine nasse Kleidung wird augenblicklich noch kälter. Ich versuche, es zu ignorieren. Was immer hier los ist, meine Laune ist sensationell, und ich fühle mich unglaublich stark. Kommt doch her, wenn ihr was wollt! Ich drehe mich um und antworte: »Grüezi!«

Ein Frettchengesicht sieht mich feixend von viel zu nah an. Ich weiche etwas zurück, was das Frettchengesicht erneut zu einem gehässigen Kichern veranlasst.

»Darf ich mal in Ihre Tasche schauen?« Mit Berggrollen und starkem Schweizer Akzent rollt mir die Nichtfrage von dem anderen Mann entgegen. Er ist kaum größer als Frettchengesicht und wirkt eher teigig und weich, wie ein zu kurz ausgebackener Pfannekuchen. Aber es ist nichts Sympathisches oder wenigstens Harmloses an dem Kerl. Er greift sich meine Tasche und wühlt darin herum.

»Malkram«, stellt er fest, »noch nicht zum Diebeszug gekommen, oder was?« Er hält mir seine Taschenlampe in die Augen. Einen Moment schließe ich die Lider, dann öffne ich sie einen Spalt und versuche dem Lichtkegel auszuweichen.

Frettchengesicht schnüffelt an mir. Ich weiche wieder aus. Der Museumsausgang liegt um die nächste Ecke. Heinz hat mir gesagt, dass die Drehtür, die nach draußen führt, jederzeit benutzbar ist. Er wollte mich begleiten, aber das Adrenalin hat mich großspurig gemacht, und ich habe sein Angebot abgelehnt. Das habe ich nun davon.

»Halt die mal fest«, donnert es wieder, und Frettchen klammert seine Klauen an meinen Oberarm. Berggrollen nimmt die Lampe aus meinem Gesicht und leuchtet weiter meine Tasche aus.

»Wer sind Sie denn überhaupt?«, wehre ich mich. »Sie sind doch hier das Diebesgesindel!«

Der Griff von Frettchengesicht wird härter. Es zischt mich an.

Mein Handy klingelt. Berggrollen nimmt es aus meiner Tasche und sieht drauf. Er klickt den Anruf weg, schaltet das Gerät aus und stopft es in die Tasche zurück.

»Wir sind hier das Gesetz. Und wir stellen die Fragen. Haben Sie das verstanden?« Das schweizerische Berggrollen wird immer lauter und bedrohlicher. »Sie haben sich unbefugt Zugang auf ein Privatgelände verschafft. Das ist Hausfriedensbruch. Offensichtlich waren Sie auf Beutezug. Das Malzeug gehört in einen der Höfe.«

»Was reden Sie denn da? Das ist doch völlig absurd.«

»Sie kommen jetzt erst mal mit in unsere Hütte. Da nehmen wir Ihre Personalien auf, und morgen früh übergeben wir Sie der Polizei. Die nimmt Sie dann in Arrest.«

»Ich bin nicht unbefugt hier! Zum einen habe ich Eintritt bezahlt –«

Frettchengesicht schnüffelt weiter. Der Geruch, der an mir klebt wie eine Fliege an einem Tropfen alten Honig, muss ihm gefallen.

Berggrollen donnert: »So sind Sie also hier hereingekommen! Und dann haben Sie sich versteckt, bis zugesperrt wurde. Wir haben weit nach Schließzeit. Selbst wenn ich Ihnen glauben würde, müssten Sie ein neues Tagesbillett lösen.«

»Lassen Sie mich dann in Ruhe?«

»Wann?«

»Wenn ich ein neues Tagesbillett löse. Die zwanzig Franken habe ich noch.«

»Jetzt ist keine Öffnungszeit! Oder wollen Sie mich bestechen? Sie sind unbefugt! Sie haben Malzeug gestohlen! Sie sind eine deutsche Verbrecherin!« Das Berggrollen wird immer lauter. Er blickt mich so zornig an, als wäre ich von Al-Qaida beauftragt, das ganze Tal wegzusprengen.

»Nein, ich habe einer Ziege geholfen zu gebären.«

Frettchengesicht kichert.

»Deswegen bin ich auch klatschnass!«

Frettchengesicht lässt mich schlagartig los. Soso, Fruchtwasser, Blut und andere Körperausscheidungen sind also doch nicht so sein Ding.

»Aha, Sie geben also zu, unrechtmäßig einen erheblichen Eingriff in das Eigentum des Museum getätigt zu haben.«

Ich reibe meinen Arm. Das wird einen gewaltigen blauen Fleck geben. Ich hätte früher sagen sollen, womit ich durchtränkt bin.

»Sie haben viel Phantasie«, antworte ich. »Haben Sie schon mal daran gedacht, dass das notwendig gewesen sein könnte?«

»Für so was haben wir Tierpfleger.«

»Ja, genau. Heinz bat mich darum, zu bleiben. Sie können ihn ja fragen. Er ist noch oben im Stall.«

»Es gibt hier keinen Heinz«, sagt das Frettchengesicht. Es klingt

[258]

wie das Auskratzen eines leeren Bergwerks. Es pikt mich mit einem langen Ast.

»Au!«

»Schnauze!«, kratzt die Stimme des Frettchengesichts.

»Was glauben Sie denn, warum ich so nass bin und so rieche?« Ich wende mich wieder an Berggrollen. Er erscheint mir nicht ganz so verrückt.

»Schnauze, Deutsche!«, sagt Berggrollen mit zugekniffenen Augen. »Ihr wisst ja immer alles besser. Ihr mit eurem hochgestochenen Deutsch. Ihr nehmt uns die Arbeit weg und stellt uns als blöd dar. Und jetzt kommt ihr noch her, um zu klauen und zerstören!«

»Das Einzige, was ich zerstört habe, war eine Fruchtblase, die nicht von alleine geplatzt ist.«

»Sie geben es also zu!«

Ich friere immer mehr. Die Nachtluft ist deutlich kühler als am Tag. Ich bin nass bis auf die Unterhose und diskutiere mit zwei Schwachköpfen.

Das Berggrollen setzt wieder an: »Sie sagen, Sie hätten Geburtshilfe geleistet.«

»Richtig.«

Frettchengesicht pikt mich weiter mit dem Ast.

»Jetzt werden Sie hier mal nicht frech«, belehrt mich Berggrollen. »Zeigen Sie mir erst mal Ihre Papiere!«

»Meine Papiere? Ich denke, Sie wollen die Personalien in Ihrer Hütte aufnehmen.« Mittlerweile wäre mir eine stinkende Bereitschaftshütte auch lieber als die Kälte hier.

»Ich sagte, wir stellen hier die Fragen! Also, Papiere!«

»In meiner Tasche. Im Portemonnaie.«

Er kramt erneut in meinen Habseligkeiten und findet die Papiere.

»Aha. Und wo haben Sie Ihre Arbeitserlaubnis? Und Ihre Aufenthaltserlaubnis?«

»Ich habe weder das eine noch das andere, weil ich in der Schweiz nur ein paar Tage Zwischenstation mache.«

»Natürlich. Die Deutschen haben doch immer eine gutklingende Ausrede.« Das Frettchengesicht zischelt und unterstreicht jedes Wort mit einem Stupser auf meinen Arm.

»Schwarzarbeit also. Das wird ja immer schöner. Dann frage ich lieber mal direkt nach Ihrer Genehmigung, bei Tieren überhaupt einen solchen Eingriff vornehmen zu dürfen!« Berggrollen schiebt die Daumen in die Gürtelschlaufen seiner Hose, streckt die Brust raus und nimmt den Kopf weit nach hinten. Ihm ist klar, dass ich so was nicht habe. Und selbst wenn, hätte ich es nicht dabei.

»Sie meinen die tierärztliche Approbation.«

»Äh … ja.«

»Glauben Sie allen Ernstes, so was nimmt man zu einer Geburt mit?« Mir ist kalt, Schwachkopf! Ich werde lauter. »Sehen Sie mich an, los! Ich bin nass! Haben Sie das verstanden? Ich bin nass von Kopf bis Fuß! Was meinen Sie, woher das wohl kommt?« Er nimmt die Daumen aus den Gürtelschlaufen. Ich lasse mein eigenes Berggrollen ertönen. »Was bilden Sie sich überhaupt ein? Sie sind offensichtlich nicht in der Lage, einen Dieb von einer Koryphäe der Tiermedizin zu unterscheiden! Morgen treffe ich mich in Hofstätten mit Dr. Huwyler und Herrn Zmoos und werde berichten, was hier los ist. Sie werden in der ganzen Schweiz keinen Job mehr finden. Und eines sage ich Ihnen – in Deutschland auch nicht!« Ich greife mir den Stock von Frettchengesicht und reiße ihn aus seiner Hand. »Und das hier ist Körperverletzung!« Ich wedele mit dem Stock umher. Der Ast will auf die beiden Gestalten niederprasseln. Ich muss ihn mit aller Macht davon abhalten.

Berggrollen hält mir meine Handtasche hin. Ich greife hinein und nehme meinen Notizblock zur Hand. »Name!«

Die beiden sind bleich geworden. Ihre Gesichter leuchten nun in der Dunkelheit wie früher die hellneongelb reflektierenden Sternchen, die meine Freundinnen über ihren Betten an die Decke geklebt hatten. Ich durfte das nicht. Meiner Mutter war es zu kitschig.

Berggrollen und Frettchengesicht geben keinen Ton von sich.

»Ich will Ihre Namen notieren, damit mein Bericht korrekt ausfällt.«

Nichts. Kein Ton. Die Namen des Vorsitzenden der Geschäftsleitung und des Betriebsleiters des Freilichtmuseums haben Wirkung gezeigt. Sie sind mich aus meinen Synapsen angesprungen, samt einer guten Portion absoluter Gewissheit. Ich überlege trotzdem, woher ich sie weiß. Ein Faltblatt des Museums? Oder hat Iris sie erwähnt, als sie vom Ballenberg schwärmte? Immerhin kennen diese Idioten augenscheinlich die Namen ihrer Chefs, wenn schon nicht den ihres Kollegen aus dem Stall.

»Äh, also Sie haben da … Sie haben etwas miss … missverstanden. So war das alles nicht gemeint«, jammert das Berggrollen, das schon keines mehr ist.

»Scherz«, nuschelt das Frettchengesicht und schlägt nahezu sittsam die Augen nieder.

»Wir wollten Ihnen eigentlich nur eine Decke anbieten.«

»Oder einen Kaffee.«

»Namen!«

»Kurt Wyss«, sagt das Kieselrieseln.

»Urs Roth«, flüstert das ameisengroße Frettchen. »Was ist mit dem Malzeug, wenn Sie Veterinärin sind?« Frettchen zischelt wieder etwas mutiger.

»Auch Fachleute haben Hobbys!« Damit drehe ich mich um und gehe die letzten zwanzig Meter zum Ausgang. Ich blicke nicht zurück und benutze den Ast als Spazierstock. Meine Handknöchel leuchten schon so weiß wie die Gesichter der Wachleute. Ich hasse Lügen. Wieso reicht denn nicht einfach die Wahrheit?

»Uf Widerluaga!«, höre ich das ehemalige Berggrollen noch leise rieselnd sagen. Ich glaube nicht, dass er es ernst meint.

Ich stehe im Bad meines Hotelzimmers und wasche in der Wanne meine Kleidung. In Ballenberg habe ich mir vor meinem Mietwagen die Sachen vom Leib gerissen und mich in meine lange Strickjacke eingewickelt. Sie hätte als Minikleid durchgehen können, aber es hat mich niemand mehr gesehen. Ich bin durchgefahren, bis ich in der Tiefgarage des Hotels ankam.

Der Geruch geht schneller aus den Sachen, als ich dachte. Nur das Auswringen ist ein Kraftakt. Ich sende meiner Oma einen stillen Gruß. Sie hat oft und gern davon erzählt, wie sie einst ihre Miele-Wäscheschleuder bekam. Als Erste von all ihren Freundinnen. Jetzt verstehe ich ihre Freude darüber besser. Die runde Maschine, die von oben befüllt wurde, steht so klar vor mir, dass ich sie jetzt am liebsten benutzen würde. Aber ich schaffe es auch so. Wer Zicklein aus der Fruchthülle holen kann, ist auch in der Lage, per Hand seine Wäsche zu waschen.

Die Hose kommt auf die Heizung. Sie braucht mehr Wärme, um zu trocknen. Pulli und Unterwäsche hängen auf Bügeln im Bad.

Mein Bett lockt. Weiße Wäsche auf fülligen Federn. Aber egal, wie müde ich bin, ich muss unbedingt noch Susanne schreiben. Draußen hupt jemand.

Liebe Susanne,

was für ein schönes neues Heim für Irmtraut! Mensch, da war dieser Udo aber richtig spendabel.

Dir ist schon klar, dass Dich niemand zwingt, bei dieser Bürgerinitiative mitzumachen, oder?! Lies doch lieber ein gutes Buch oder mach etwas, was Du schon immer machen wolltest. Einen Ausflug. Irgendwas, das Dir Freude bereitet. Du hast alle Erlaubnis der Welt, Dich aus jeglichem Irrsinn rauszuhalten!

Steck Deine Energie lieber in die Erfüllung eines Traums.

Ich habe heute was total Irres gemacht. Ich war ja in dem Freilichtmuseum in Ballenberg (wunderschön!!!). Da gab es eine schwangere Ziege. Und ich war dabei, als sie ihre Babys bekam. Ich habe sogar die Fruchtblase aufgerissen, die Nabelschnur durchtrennt und den Kitzen Namen gegeben! Ganz alleine! Das war ein unglaubliches Erlebnis, und ich bin noch immer ganz benommen! Davon muss ich Dir unbedingt mal live erzählen.

Ich bin total erschöpft und muss jetzt unbedingt ins Bett.

Fühl Dich ganz herzlich von mir umarmt,

Deine

Caterina

Meine Augen brennen, als ich die Mail absende. Von dem unangenehmen letzten Teil meines Tages erzähle ich ihr lieber nichts. Sie soll sich keine unnötigen Sorgen um mich machen.

Ich schalte mein Handy wieder an. Alejandro hat angerufen. Es war sein Anruf, den der Parkwächter weggedrückt hat. Aber es ist zu spät, um zurückzurufen. Ich werde es morgen versuchen. Und am Nachmittag fliege ich nach Tunesien!

> *Caterina Seite 315*

< Hartmut Seite 192

Der Pfropf

19.03.2011

55° 57′ 12.32″ N, 21° 04′ 21.91″ E

Khaled und ich fahren nach Litauen. Er will den Weg nach Dikson entlang der Küste zurücklegen, anstatt sich einfach immer östlich zu halten und erst auf dem richtigen Längengrad das Lenkrad gen Norden zu drehen. Täten wir das, müssten wir Weißrussland durchqueren, und diesen Staat meidet er lieber. Es sei dort zurzeit nicht sicher. Es geht um Öl- und Gasstreitigkeiten und doch eigentlich um Volksstolz. Also brausen wir mit dem Landrover über die Landstraßen Litauens. Dreihundertfünfzig Kilometer haben wir schon hinter uns gebracht. Heute Morgen waren wir noch in Warschau, Frühstück im Polonia Palace, und jetzt ziehen bereits die baltischen Wälder und Felder an uns vorbei. Im iPod spielen Abuela Coca aus Uruguay eine heitere Mischung aus Latin Rock und Ska. Khaled hat keine Lust, litauische Musik zu hören, bloß weil wir gerade durch das Land fahren. Er möchte etwas, das zur Sonne passt, die das Gras vor den Fenstern so grün färbt, als hätte ein Kind in einem Werbespot beim Vorbeifahren die Landschaftsflächen wie in einem Malbuch ausgefüllt. Khaled pfeift und tippt mit den Fingern auf dem Lenkrad herum. Eine Sonnenbrille von Ray-Ban bedeckt seine Augen. Es kommt vor, dass er hundert Kilometer lang überhaupt nichts sagt, ohne dass man sich zum Sprechen gezwungen fühlt. Ich sitze wieder hinten, auf der Rückbank, die Beine hochgelegt, eine Decke darüber. Ich werfe sie zur Seite, nehme die Füße vom Polster, stelle sie das erste Mal während des Fahrens auf den Boden und sage: »Wie kann das hier so schön sein?«

Khaled macht wieder seinen Rückspiegelblick. »Wie meinst du?«
Ich zeige nach draußen: »Ja, hier, Litauen!«

»Wie soll Litauen aussehen?«, fragt Khaled.

Ich erinnere mich daran, wie ich einmal krank war und tagelang
Fieberträume hatte. Mein Mitbewohner versorgte mich mit Tee und
Tabletten. Große, weiße Antibiotika-Pillen, die ich nicht schlucken
konnte, ohne zu würgen. In meinem Fieberwahn träumte ich von
einem Krankenhaus in einer verfallenen, eiskalten Gegend. Ich lag
draußen im Frost und beobachtete, wie drinnen im Warmen die Patienten auseinandermontiert wurden wie Androiden. Kupfer, Draht
und der Geruch nach Korrosion und Eisen. Ich war gelähmt, und
immerfort stopften mir junge Soldaten weiße Pillen in den Mund,
bis mir die Zähne ausfielen. Die Szene spielte in Litauen. Ich träumte
sogar das Wort dazu, *Litauen*. Es schallte in meinem Kopf.

»Du schläfst?«, sagt Khaled und dreht sich zu mir um, um festzu-
stellen, dass ich nur tagträume. Oder besser: tagalbträume. Er fragt
mich noch mal, jovial lächelnd: »Wie soll Litauen aussehen?«

Ich sage: »Ich weiß nicht genau. Grau. Alt. Mit Pfützen.« Ich denke
an meinen Traum. An apokalyptische Videospiele, in denen es immer
Nacht ist und die Fensterscheiben der Ruinen Risse wie Spinnennetz-
muster haben.

»Nichts grau, du siehst?«, lacht Khaled, und die saftigen Weiden
spiegeln sich in seiner Sonnenbrille. Ich sehe in mich hinein, in meine
innere Landkarte der Welt, und muss feststellen, dass ich mir sämtliche Länder dieser Art so vorstelle. Litauen. Lettland. Usbekistan.
Ich habe studiert, jahrelang. In den ersten Semestern habe ich nachts
bunte Farbbeutel an die Fenster von Burschenschaften geworfen, um
ihnen ihr rassistisches Schwarzweißdenken auszutreiben, und jetzt
fahre ich durch das sonnengegerbte Litauen und muss mir eingestehen, dass ich bis heute alle Oststaaten pauschal für die Endzeitkulisse
aus *Fallout* hielt, in der lallende Zombies aus verfallenen Gebäuden
wanken.

Es ist halb acht abends, als wir das Kungis Inn im Küstenkurort Palanga erreichen. Niemand wankt. Niemand lallt. Der Mann, der aus der Tür tritt, als Khaled den Kofferraum öffnet, breitet stattdessen die Arme aus, ruft »Khaled!!!« und grüßt meinen Reiseleiter in der Landessprache. Khaled grüßt in selbiger zurück, ruft »Kasimir!« und zieht statt einer Schrotflinte gegen lallende Zombies eine Flasche Portwein aus dem Wagen. Kasimir nimmt sie dankend an und klopft Khaled an den Oberarm, weil er die Schulter mangels Körpergröße nicht erreichen kann. Es wirkt, als sei die Flasche eine alte Wettschuld. Die Männer lachen.

»Das ist Kasimir«, sagt Khaled. »Großer Bandit.« Er überlegt kurz, ob er diese Einschätzung relativieren muss. Dann schüttelt er den Kopf. »Großer Bandit, keine Frage!«

Heute Morgen waren wir noch in Warschau. Jetzt stehen wir 640 Kilometer weiter nördlich vor einem Hotel an der Ostsee, einem kleinen weißen Bau, umgeben von kräftigen Kiefern. Vom Meer kommt ein leichter Wind, so dass sich das Rauschen der Bäume mit dem Rauschen des Wassers mischt. Ich ziehe meinen Rucksack aus dem Landrover. Morgens James Bond in Warschau, abends Kururlaub in Palanga – es ist, als könne dieser Wagen alle Orte der Welt erreichen. Das kann zwar theoretisch jedes Auto, aber praktisch fühlt man es nur bei Khaled. Man setzt seine Füße in seinen Landrover und stellt sie zehn Stunden später in einem völlig anderen Teil der Welt wieder auf den Boden. Als sei der Globus nur eine Kulisse, die man tatsächlich komplett *er-fahren* kann. Und als hätte niemand mehr Erfahrung im *Er-fahren* als der Mann mit der Ray-Ban, der mich nun ins Hotel winkt, während er immer noch mit Kasimir plaudert. Mag sein, dass sein Litauisch genauso gebrochen klingt wie sein Deutsch, aber er kann sich überall verständigen.

Mein Zimmer hat eine rote Couch und einen massiven Holztisch mit nach innen geschwungenen Beinen, der wirkt, als hätte Breschnew damals seine Schnapsgläser darauf abgestellt. Bevor ich den Rucksack von meinem Kreuz nehme, öffne ich das Fenster und habe Blick aufs Meer. Kiefern, Dünen, Vögel. Für einen kurzen Moment spült dieser Anblick die Beklemmung aus meiner Brust, die dort seit Monaten wie ein Pfropf festsitzt, und ich atme frei, als hätte ich die Erlaubnis, Ferien von mir selbst zu machen. Ich erschrecke mich, ramme das Fenster zu und lasse meinen Blick durch das Zimmer huschen, als sei der Brustpropf wie ein Tennisball auf den Boden gefallen und unter den Nachttisch gerollt. Ich darf keinen Urlaub von mir selbst machen. Ich bin auf dem Weg in die Einsamkeit! Ja, sicher, ich habe zufällig einen Helfer gefunden, der mich fasziniert, aber ein Fenster aufzureißen und aufs Meer zu schauen, als sei ich in einem Sanatorium, das geht einfach nicht! Ich hätte mit Susanne hierherreisen müssen und mit Lisa. Unsere Tochter hätte an diesem Fenster stehen und auf das Wasser zeigen sollen. Kleine Hände, verkrallt in mein T-Shirt und eine piepsige Stimme, die quengelt: »Zum Strand! Papi, zum Strand!«

Ich laufe aus dem Zimmer und verlasse das Hotel. Direkt dahinter liegt der Kiefernwald. Ich erinnere mich daran, was mein bester Freund und ich taten, als wir in der Provinz Hohenlohe glaubten, unsere Frauen verloren zu haben. Wir hatten Grund zu der Annahme, sie hätten uns endgültig verlassen, also gingen wir in die Tannen. Wortlos wollten wir mit dem Unterholz verschmelzen. Jetzt bin ich hier, Tausende von Kilometern von Susanne entfernt und eine ganze Wirklichkeit weit weg von meiner Tochter, die es in *diesem Leben* nicht mehr gibt, obwohl sie hier sein sollte. Ich laufe in die Kiefern, der Sand unter meinen Sohlen wechselt mit morschen Ästen und Nadelboden. Ich renne tiefer und tiefer hinein, aber egal, wie weit ich gehe, es wird einfach nicht dunkel. Wo ich auch stehe, folgen mir das Licht und das Rauschen der Ostsee. Ich hocke mich hinter den dicksten Stamm, den ich finden kann, ramme meinen Rucksack auf den Boden und reiße den alten Discman heraus. Vielleicht können The Sorrow etwas Finsternis in dieses verfluchte Geäst bringen. Es kann schließlich kein

Zufall sein, dass dieselbe beschissene Lebenslinie, die mir die Tochter genommen hat, mir als Begleitung für meinen Bußweg ausgerechnet diese CD vor die Füße gerotzt hat. Egal, was der Professor in meinem Kopf sagt! Ich schaue auf die Hülle, als ich die Tasten drücke. Stück zwei handelt vom Tod und heißt »Crossing Jordan«. Das Schlagzeug spielt einen stufenweise gesteigerten Wirbel, und die Leadgitarre sirrt eine kalte Melodie. Mit der Bassdrum setzt die Rhythmusgitarre ein und schießt maschinelle Riffs in den Wald. »Torn apart«, schreit der Sänger am äußersten Limit der Stimmbänder, wo die Schläfen platzen. Wie unnatürlich das eigentlich ist. Kein südliches Land der Welt bringt von sich aus so ein Gekeife hervor. Der iPod von Khaled beweist es. Es mag sein, dass junge Iraner, Thailänder oder Peruaner amerikanischen Verzweiflungs-Metal importieren, aber die ursprüngliche Art, Trauer auszudrücken, klingt bei ihnen völlig anders. Bei uns nicht. Wir schreien wie am Spieß »left me alone / you passed away without the word and all alone«, und irgendwann können wir nicht mehr und müssen singen. Dann kommt der scheiß Refrain, nur zwei Zeilen, als Melodie: »Forever in my mind / My memories are all I've got.« Mehr halten wir nicht aus, denn dann kommen die Tränen, und weil auch die unerträglich sind, überdecken wir sie erneut mit Maschinengewehrriffs und beginnen, die Fingernägel in hartes Holz zu treiben, die Rinde aus den Kiefern zu reißen und zu flennen, bis das Schreien wieder Singen ist und tatsächlich die Worte ertönen: »When no one understands / the darkness that I wander in.« Dann reißen wir uns die Kopfhörer von den Ohren und schleudern den Discman in den Wald, weil wir uns schämen vor lauter Selbstmitleid und Pathos und weil der Professor recht hat, wenn er den knochigen Finger hebt und sagt, dass eine dramaturgisch perfekte Band uns nicht auch noch den Luxus eines Soundtracks für die Trauer bieten darf. Mit echtem Schmerz und echter Buße hat das alles nichts zu tun, das wissen wir, schlagen erneut auf den Baum ein und kratzen uns die Nägel blutig, bis kräftige Khaled-Arme uns packen und umdrehen, dunkle Augen in einem Meer aus Weiß die ganze Welt einnehmen und die tiefe Stimme »ruhig, ruhig« sagt, bis wir tatsächlich ruhiger werden.

Khaled geht in die Hocke, weil ich am Baum hinab zu Boden sinke, die Augen nass verschmiert. Er wartet, bis ich wieder regelmäßig atme, und fragt: »Warum du willst zur Einsamkeit?«

Er ist mir nachgegangen, in den Wald, und hat mich toben gehört. »Was ist los?«, hakt er nach.

Ich kann ihm nicht antworten. Ich will ihm nicht antworten. Der Pfropf sitzt wieder in meiner Brust. Gut so. Ich stehe auf und sammele den Discman ein, der aufgesprungen im Unterholz liegt. Die CD ist noch drin. Der einsame Wolf will nicht weichen.

»Hartmut«, sagt Khaled und es klingt wie »Harthmuuuth«.

Ich winke ab, nehme den Rucksack, schnaufe und gehe an ihm vorbei ins Hotel zurück.

Das Kungis Inn hat DSL, und Kasimir leiht mir einen alten Laptop, damit ich auf dem Zimmer meine Post bearbeiten kann. Khaled brummt, als der Hotelchef mir das Gerät gibt, er selbst telefoniert ausschließlich und scheint dem Getippe zu misstrauen. Dafür beherrscht er unerschöpflich viele Sprachen. Lediglich Telefonate auf Deutsch hält er sehr knapp. Er beendet sie meist schnell, sobald er merkt, dass ich zuhöre. Fast so, als wären ihm seine begrenzten Kenntnisse peinlich. Dabei habe ich ihm nicht mal auf die Nase gebunden, dass ich Germanist bin.

Ich höre ihn, draußen auf der Terrasse mit Kasimir und zwei lauten, bärtigen Einheimischen. Die Männer stoßen mit dem Portwein an, während Khaled einen Zuckerlöffel in seiner Teetasse klimpern lässt. Touristen sind außer uns keine zu sehen. Zu früh im Jahr. Wollte ich wieder das Haus verlassen, um noch mehr Fingernägel in der Borke zu lassen oder mich ins Meer zu stürzen, müsste ich an den Männern vorbei. Es dämmert bereits, aber ich habe die Vorhänge meines Zimmers zusätzlich zugezogen, um die Dunkelheit zu beschleunigen. Die Post lenkt mich ab. Yannick ist im Weseler Hochhaus untergekommen, wird mir aus Los Angeles gebeichtet, flankiert von der neuesten Geschichte aus dem Berufsalltag unter Palmen:

Lieber Hartmut!

Zwei Dinge darf man in Los Angeles niemals tun, wenn man mit dem Wagen unterwegs ist.

Erstens: Aus dem Fenster heraus nach dem Weg fragen.

Zweitens: Aussteigen, den Wagen verlassen und nach dem Weg fragen.

Und jetzt rate mal, was ich heute gemacht habe …

Also, es war folgendermaßen. Paket nach Venice. Bei Venice denkt jeder nur an Venice Beach, wo junge Frauen inlineskaten, Bodybuilder ihre Übungen machen und die Figuren aus *Private Practice* mit Kaffeebechern am Geländer stehen. Aber hinten raus ist Venice ein Moloch! Alles quadratisch. Die Straßen haben durchaus Namen, es ist nicht so, dass es immer nur die 3rd Street, 4th Street usw. gibt. Aber die Namen verwirren nur. Es verlaufen zum Beispiel immer eine Avenue und ein Court parallel zueinander. Vernon Ave neben Vernon Ct (man kürzt alles ab), Indiana Ave parallel zu Indiana Ct. Du wirst bekloppt. Ich war jedenfalls in der Indiana Ave unterwegs und musste natürlich in den Indiana Ct. Das Navi behauptete die ganze Zeit, ich sei da, klar, ich hatte ja auch Ave eingegeben. Also mache ich, was man in Deutschland macht. Ich suche nach Passanten auf dem Bürgersteig, werde langsamer und lasse das Fenster herunter. Vier junge Männer, einer weiß, drei schwarz, bemerken mich, stupsen sich gegenseitig an, drehen sich um, stieben auseinander. Der Weiße zieht eine Kanone, am hellichten Tag, der Schwarze schimpft wie ein gerupfter Beo, den man nach zehn Jahren aus dem Käfig lässt. Mein Herz rutscht mir in die Hose, ich denke, ich gucke nicht richtig. Jähzornig fuchtelt der tätowierte Typ mit seiner Waffe herum, bis ihn der Beo beruhigt. »Parcel Service!«, ruft er, »Parcel Service!«, und der Weiße steckt seine Waffe weg. Ich tippe zitternd auf mein Navi, damit sie kapieren, dass ich nur nach dem Weg fragen wollte. Niemand fragt in Los Angeles nach dem Weg. Wenn hier ein Auto ganz langsam neben dem Bürgersteig herfährt, denkt man als Erstes an ein Drive-by-Shooting. Da sitzt das Schießeisen locker.

Ich fahre weiter und kapiere immer noch nicht, dass ich in die Parallelstraße muss. Die Straße endet an der Querstraße, Hampton Drive. Du weißt, wie eng bei UPS die Zeittoleranz bemessen ist. Ich *muss* jemanden fragen, also halte ich an. Und steige aus. Du erinnerst dich an Punkt 2, den man in Los Angeles vermeiden soll? Gegenüber ist das Tor zu einem Hof geöffnet. Die Wand rechts daneben ist mit Wellblech verkleidet, darüber hängt ein breites Banner mit dem Titel *Beach Boys Racing*. Ein alter, blauer Chevrolet steht davor, mit breiten Reifen und goldenen Felgen. Ein Autotuning-Laden. Dort frage ich, denke ich mir, und gehe auf das Tor zu, als zwei der Besitzer einen Kunden im Feinrippunterhemd auf die Straße schubsen. Ich drehe ab und laufe davon. Gehe einfach weiter, setze einen Fuß vor den anderen. Es ist wie ein Verlegenheitslecken bei Yannick, gemischt mit Angst. Ich vergesse meinen Job, ich will nur weg. Nach fünfhundert Metern stehe ich schon am Strand. Und dann denke ich mir, jetzt kommt es auch nicht mehr darauf an, laufe in den Sand, ziehe die Schuhe aus und stelle mich ans Meer.

Ich schmunzele. Die Mail geht noch weiter. Das Meer macht ihn klarsichtig, und als er wieder in den Wagen steigt, fällt ihm der Unterschied zwischen Court und Avenue ins Auge. Er freut sich außerdem, dass ich nicht sauer bin, dass er nicht sofort verraten hat, wo Yannick steckt. Ich bin ihm nie böse. Er kann gar nicht lügen, man sieht es ja wieder hier. Die Geschichte mit den Jungs am Straßenrand, die sofort eine Waffe ziehen, ist so schräg, dass sie passiert sein *muss*. Ich spüre das an der Art, wie er die Szenerie beschreibt. Angst, Verwirrung, Verlegenheitshandlungen. Wären wir noch zusammen und etwas Vergleichbares wäre ihm in Bochum oder Berlin geschehen, er hätte es nicht mal erzählt. Aus Scham. Er trägt einen seltsamen, altmodischen Männerstolz in sich. Er erzählt nicht von Schiss in der Hose und Weglaufen aus Verlegenheit. Es rührt mich, dass er so viel schreibt und noch dazu zugibt, vor lauter Konfusion erst mal ans Meer gelaufen zu sein. Ich schmecke kaltes Bier im Mund und spüre den blechernen Körper einer Dose in der Hand, mit der wir, den Blick aufs Meer, gemeinsam anstoßen.

»Menschen leben für Menschen«, hat Khaled gesagt. Der Vorhang, mit dem ich das letzte Licht des litauischen Tages ausgesperrt habe, bewegt sich im lautlosen Kiefernwind. Unten stoßen immer mehr Männer aus Palanga zu der geselligen Runde dazu.

»Menschen leben für Menschen.«

Ich muss Susanne ihre Zeit lassen, es geht nicht anders, aber meinen besten Freund so einsam stehen zu sehen, drüben am Strand von Los Angeles, das bricht mir das Herz. Ich stelle mich ans Fenster, ziehe das Handy aus meiner Hose und spiele mit meinem Adressbuch. Meine Finger wählen Caterinas Nummer aus, und ich lasse sie einfach machen. *Hallo Caterina*, geben sie in die Tastatur ein, *wie geht es Dir so?* und noch einen freundlich flötenden Satz. Dann setzen sie tatsächlich ein Smiley dahinter, eine Geste der Verlegenheit nach all den Monaten des Schweigens. *Liebe Grüße* senden sie, meine Finger, während sich unten vor dem Hotel Autos und knötternde Mofas nähern. »Khaled!!! Khaled!«, rufen ihre Fahrer, frische Gläser klingen, und meine Finger senden die SMS an Caterina ab, als wäre die Welt so handhabbar, wie Khaled sich das vorstellt. »Reden du lernst durch reden«, hat er gesagt. »Ahhhhhhh!«, rufen die Männer, und Hände klopfen auf muskulöse Schultern.

Ich will an den Strand.

Sofort.

Es ist sogar mehr als ein Wollen. Es fühlt sich an, als sei ich im Prinzip schon da und nur mein Körper warte immer noch in diesem finsteren Loch. Und je länger er hierbleibt, obwohl ich längst am Meer bin, desto mehr zieht und zerrt und zerreißt es mich. Als gäbe es für diesen Nachtspaziergang keine alternative Zeitlinie. Ich schalte den Computer aus und gehe an der Männerrunde vorbei zu dem Pfad, der zwischen Düne und Wald zum Strand führt. Khaled hält mich nicht auf, prüft mich aber mit seinem Blick sehr genau. Er ist wach, nüchtern, immer in der Welt. Am Strand atme ich durch. Die Nacht ist tiefschwarz, aber das Mondlicht glitzert auf den sanften Wellen der Ostsee. Ich ziehe die Schuhe aus und gehe barfuß an der Brandung entlang.

Warum frage ich Khaled nicht, wer er ist? Was er tut? »Gute Ge-schäfte«, das kann doch alles bedeuten. Er könnte Waffenhändler sein oder Söldnervermittler. Woher stammt er? Hat er eine Frau? Kinder? Ich weiß im Grunde nichts über ihn. Ich googele ihn nicht mal. Ich schätze, trotz seiner zehntausend Kontakte im Telefon würde ich im Netz nichts über ihn finden. Vielleicht will ich auch gar nichts wissen, weil ich mich in seiner Gegenwart das erste Mal im Leben nicht so fühle, als trüge ich die Nummer 10 auf dem Trikot und müsse das Spiel leiten. In Khaleds Gegenwart darf ich endlich mal die 7 sein oder die 2. Ein Mitspieler, der den Ball bedient, wenn er ihn be-kommt, aber grundsätzlich abwarten darf, was geschieht. Außerdem mag ich seine Maulfaulheit. Er sagt nichts, wenn er nicht muss, schon gar nicht über sich selbst, und ich genieße das. Was für eine Flut von Geschwätz ich in den paar Wochen über mich ergehen lassen musste, in denen ich Texter bei der Berliner Werbeagentur war. Kha-led ist groß und hat Haltung, aber diese ganzen kleinen Marketing-männchen waren flirrende Schemen aus Geplapper und Daten, die ungefragt Meldungen ausschwitzten; laufende Gitternetze, durch die man hindurchgreifen konnte wie durch heiße Luft. Ihre Sätze waren endlos, und nur schlecht als Kumpeleien getarnte Selbstdarstellun-gen flatterten wie Kolibris um sie herum, während sie redeten und redeten und erst aufhörten, wenn man ihnen klarmachte, dass man den »Gefällt mir«-Knopf längst gedrückt hatte und sie nicht länger nach der falschen Liebe heischen mussten. Khaled, der dort hinten leise Karten klopft und Gläser klingen lässt, ist alles, was sie nicht sind.

Ich bleibe stehen und schaue mir das Meer an. Ich denke an Su-sanne. Ihre traurigen braunen Augen, als wir uns getrennt haben. Ihre glücklichen Augen, früher, in Bochum. Ich sehe sie im Baumarkt in ihrer Tarnkluft mit Firmenlogo, wie sie sich als Fachfrau ausgibt, die schweren Stiefel an den Füßen. Ich küsse ihr Handgelenk. Der Mond steht über dem Wasser. Eichendorffs Gedicht fällt mir ein, ich kann nichts dagegen machen, es läuft in meinem Kopf ab wie die Namen eines Filmvorspanns: »Es war, als hätt der Himmel / die Erde still geküßt.« Ich schlucke. Der Pfropf in meiner Brust löst sich wieder, wie ein eingefrorener Stein an einem abtauenden Steilhang. Es ist schön, hier zu stehen, in Mond und Rauschen. Es ist sogar schön, an romantische Dichtung zu denken. An Reclamhefte. Da stand sie drin, die »Lyrik der Romantik«, damals im Proseminar im Kellergeschoss der Universität, angesetzt von des Dozenten klugem Kopf von 18 bis 20 Uhr, weil um diese Zeit nur kam, wer wirklich die Literatur liebte. Das Reclamheft, bleistiftzerschunden. Wir zerlegten die Romantik wie Chirurgen, ohne sie dabei zu zerstören. Im Gegenteil. »Und meine Seele spannte / weit ihre Flügel aus / flog durch die stillen Lande / als flöge sie nach Haus.« Der Mond steht still und ewig. In meiner Hand spüre ich den Bleistiftstummel, den ich damals aus Prinzip bis zur letzten Holzfaser aufbrauchte, und der Duft des Salzwassers mischt sich mit dem des Bodenreinigers der Universitätsputzfrauen, die vor der Tür des Abendseminars bereits zu wischen begannen. Einmal, zweimal bumpert der Aufnehmer vor die Tür, da fällt hier in Litauen der Pfropf aus meiner Brust in den Sand. Ich stürze nach unten und fächere die winzigen Körner durch. Ja, Mond, um das Meer zu erleuchten, reicht deine beschissene Kraft, aber nicht, um den Pfropf wiederzufinden! Der Sand fühlt sich auch noch gut an in meinen Händen, und mit jeder Sekunde dieses Gefühls verschwindet der Pfropf tiefer im Boden. Ich stehe auf, schüttele die Hände aus und renne fort von diesem verfluchten Ort, an dem Reclamromantik mir die Beklemmung klaut, durch den Dünenweg, vorbei an den Tischen, es sind nun schon mehrere, rauf aufs Zimmer. Schlüssel rum, Vorhang zu und rein in das alte, knarrende Bett, das Herz rasend. Ich reiße alle Decken und Laken zu mir und wühle so lange in ihnen herum, bis ich den Pfropf wiederfinde. Aus den Tiefen des Strandes würgt ihn der Stoff hier nun wieder hervor; ich ramme ihn in meine Lunge und werde kurzatmig. So muss es sein.

Eine Weile liege ich, als es an der Tür klopft. Es ist Khaled.

»Hartmut. Kommst du zu uns.« Es ist keine Frage, sondern ein Befehl.

»Ich bin schon im Bett.«

»Schlaf ist großer Dieb! Raubt dir halbes Leben!«

Ich muss schmunzeln. Der Pfropf wackelt. Ich drücke meine Arme über Kreuz auf die Brust.

»Will nicht!«

Khaled schnauft. »Dann du versprichst, wirklich zu schlafen? Schlafen, nicht denken.« Er überlegt, ich höre sein Atmen vor der Tür. Gleich kommt noch ein Kalenderspruch. Nur ein paar Sekunden. Er holt Luft und sagt: »Denken ist noch größerer Dieb! Raubt dir ganzes Glück!«

Ich liebe ihn für diese Sprüche. Aber ich bleibe liegen.

»Gut Nacht!«, beschließt er den kargen Dialog durch die Tür und wartet noch einen Moment. Nach ein paar Sekunden entfernen sich seine Schritte.

In tiefster Nacht schlurft Khaled über den Flur in sein Zimmer und verabschiedet ein paar der anderen Männer, die ebenfalls hinter Türen verschwinden, weil sie selbst für eine Mopedheimfahrt zu viel getrunken haben. Ich höre die Geräusche im Halbschlaf, wie man sie als kleiner Junge hört, wenn man während der Geburtstagsfeier der Eltern schon seit Stunden im Bett liegt. Sobald die Gäste gehen und im Flur vor der Tür stehen, hebt einen das Gebrabbel ein ganz kleines bisschen aus der zähen Schwärze des Schlafes. Man liegt immer noch tief in der Grube und weiß nicht, ob man es träumt. Man weiß nur, dass man es mitbekommen möchte, halb bewusstlos, alle Glieder gelähmt. Als auf dem Flur die Türen zu sind und Khaled seine gerade aufschließen will, klingelt sein Handy, und er wechselt vom abgehackten Litauisch in einen geflüsterten, aber flüssigen arabischen Wortschwall. Es klingt, als ob er einen anderen Menschen beruhigen müsse. Wie Berge und Täler aus Konsonanten und Vokalen, schnell und langsam, als ob er mit den Worten die Welt ordnet, weil sie seinem Gesprächspartner gerade auseinanderfällt. Ich versuche, aus meiner Schlafohnmacht höher aufzusteigen, doch mir entfährt nur ein unbeabsichtigtes Grunzen. Khaled zischt drei, vier Wörter in den Hörer, legt schnell auf und schließt die Tür seines Zimmers. Ich sinke zurück in die Grube.

> *Hartmut Seite 334*

< Susanne Seite 211

Sendemast zu Gott

19.–20.03.2011
50° 56′ 28.38″ N, 6° 57′ 25.45″ E

»Susannchen, Liebes, wo bist du? Kind, so sag doch was?«

»Mama?«

»Ja, ach Kind, ich habe dich überall gesucht. Deine Schuhe und deine Jacke waren da, aber ich habe dich trotzdem nicht gefunden. Was machst du denn hier unten?«

»Ich wollte nur in den Garten, als ich den Postboten an der Tür gesehen habe. Und nun schau hier«, sage ich, während ich die Türen der Thekenkühlung öffne.

»Oh, das ist unglaublich! Susanne!!!« Meine Mutter umarmt mich euphorisch und sieht genauer hin. »Da kann man ja nun jeden Winkel sehen, und das Thermostat erkenne ich jetzt sogar, wenn ich einen Schritt zurückgehe. Susanne, das ist phantastisch! Danke schön, meine Kleine!« Sie streckt ihren mageren Körper komplett in einen der Kühlschränke. Wahrscheinlich inspiziert sie, ob auch wirklich alles sauber ist.

»Das Licht ist frostsicher und hält ewig. Sogar die Schrumpfschläuche sind frostsicher, aber so kalt werden die Kühlschränke ja nicht.«

Meine Mutter klettert wieder heraus. Sie strahlt. Als sie sich zu ihrer üblichen Länge auseinandergefaltet hat, umarmt sie mich erneut.

»Kind, wie schön! Der Tag fängt ja richtig gut an!«

Als ich eine halbe Stunde später vor dem Bildschirm sitze, schreibt Caterina mir zurück, dass ich durchaus daran denken darf, die Bürgerinitiative zu meiden und die anderen ihren Kampf ohne mich kämpfen zu lassen. Aber kann ich das wirklich? Es ist doch auch meine Mutter betroffen und das Haus meiner Kindheit. Da muss ich mich doch engagieren. Ich mag keinen Entschluss treffen. Mir fällt ein, dass ich noch herausfinden wollte, was dieser Blutwert besagt, den die Koryphäenärztin für überflüssig hielt. Chromogranin A. Sieh mal einer an. Google sagt, es ist ein Tumormarker für verschiedene Arten von Krebs. Schilddrüse, Darm, Hypophyse, Bauchspeicheldrüse und Lunge. Okay, ist eine Gynäkologin fachlich inkompetent, wenn sie das nicht weiß? Nein, eigentlich nicht. Mut zur Lücke. Ist Mamas Hausärztin übervorsichtig, weil sie diesen Wert hat testen lassen? Auf meine Schilddrüse muss ich tatsächlich aufpassen. Schon als Kind wurde bei mir entdeckt, dass ich an der Schwelle einer Autoimmunerkrankung der Schilddrüse stehe. Ich darf schon lange kein jodiertes Speisesalz mehr zu mir nehmen. Na ja, zumindest nicht regelmäßig. Und Lunge … ich habe zwar nie selbst geraucht, aber immer in Großstädten gelebt, bin mit rauchender Verwandtschaft und in verqualmten Gaststätten groß geworden. Die Frauen in meiner Familie mütterlicherseits neigen zu den unterschiedlichsten Lungenproblemen. Ob Lisa davon verschont geblieben wäre? In Berlin? Wäre sie nicht gestorben, wären wir vielleicht noch dort. Sie wäre in dem Moloch groß geworden. Meine Großtante hatte Diabetes. Und ich eine unerklärliche erhöhte Blutsenkung. Na, zumindest weiß ich durch den Chromogranintest jetzt, woran es nicht liegen kann. Kein Mut zur Lücke ist manchmal auch ganz nett.

Ich drifte ein wenig ab und surfe. *Ist Beyoncé schwanger? – Japan geht unter. Nach Dreifach-Katastrophe aus Erdbeben, Tsunami und atomarem Super-GAU steht zu befürchten, dass die Insel Japan im Meer versinkt. – Justin Timberlake trifft sich mit … – Massenpsychose in den USA – Fukushima: Betreiber gibt keine Auskunft. – Neuseeland: das Paradies. – Esprit: 50 % Rabatt – Köln Weidenpesch ist gegen alles.*

Ich mache den PC aus. Hat ja doch alles keinen Zweck. Ich überlege, ob es noch irgendwas im Haus zu tun gibt. Selbst in der Küche sind die Vorbereitungen für heute Abend abgeschlossen. Meine Mutter hat sich noch etwas hingelegt. Alles ist ruhig, nur in mir nicht. Meine Hand greift zum Lisa-Diamanten.

Ich stehe auf, sortiere meine Wäsche auf dem Esstisch neu, poliere an Irmtrauts Glasheim herum, kaue testweise auf einem Nagel, was mir nicht gefällt, sehe noch mal nach, ob meine Mutter einen Arbeitszettel für mich hinterlassen hat, und fühle mich insgesamt nutzlos und überflüssig. Wenn ich nichts zu tun habe, bleibe ich offensichtlich auch noch völlig im bewussten Zustand. Wenn man mal ein Blackout gebrauchen könnte … Vielleicht sollte ich schlafen. Kann ich jetzt aber nicht. Ich komme mir vor wie eine Versuchsratte in einem langweiligen Labyrinth. Verloren stehe ich in der Wohnung, als ich plötzlich mit absoluter Gewissheit spüre, was ich zu tun habe. Wo ich hinmuss.

Es fühlt sich an, als sei ich im Prinzip schon da und nur mein Körper warte immer noch in diesem Zimmer, während mein Geist schon vorgerannt ist und winkt wie ein ungeduldiges kleines Mädchen.

Darauf hätte ich auch früher kommen können.

»Irmtraut«, verkünde ich laut, »ich muss zum Dom!«

Mein Blick ist auf die Steinplatten unter meinen Füßen gerichtet. Ich drehe mich in die richtige Richtung, halte meine Augen geschlossen und hebe den Kopf etwas an. Ich spüre den Wind und die Geräusche. Ich höre Autos und Stimmen in unterschiedlichen Sprachen. Füße auf Steinplatten. Schlurfende Schritte auf Stufen. So klingen sie nur am Dom. Noch vor ein paar Jahren hätte ich hier den Geruch frischer Reibekuchen in der Nase gehabt, aber die gelbe Rievkochebud wurde längst abgerissen, mitsamt dem hässlichen Treppengebilde, das den Bahnhofsvorplatz mit dem Dom auf dem Hügel verband. Ich weiß, dass dort nun eine große Freitreppe auf mich wartet, die ich noch nie gesehen habe. Ich hoffe sehr, dass sie besser zur altehrwürdigen Kathedrale passt.

Ich öffne langsam die Augen. Ja, eine hübsche Freitreppe. Es sitzen viele Leute darauf. Wie im Sommer auf der Spanischen Treppe in Rom. Nur, so warm wie dort werden die Stufen nicht sein. Mein Blick wandert nach oben. Sandstein. Mir fällt auf, wie hell der Dom wirkt. Hat der saure Regen so sehr nachgelassen? Als Kind erstaunte es mich, dass das majestätische Gebäude angeblich auch von außen einmal nicht schwarz, sondern hellbeige gewesen sein sollte. Es erstaunte mich aber auch, als mir meine Mutter bei einem Spaziergang am Rhein erzählte, sie sei in ihrer Kindheit in ihm geschwommen. Ich sah nur eine dreckige Brühe und dachte, dass ich niemals freiwillig einen Zeh in dieses Wasser tunken würde. Auch das hat sich geändert.

Mein Blick gleitet über die vier mächtigen Nordeingänge, eingerahmt durch einen Haupt- und zwei Nebenspitzbögen, die sich in der Tiefe verjüngen. Überall sind Türmchen und Streben, die den Blick magnetisch nach oben leiten. Über dem Hauptspitzbogen folgt ein weiterer, diesmal mit Fenstern und Fensterrosen.

Irgendwo hibbelt es. Wie ein kleines, unscheinbares Erdbeben. Da, schon wieder. Ich höre es kichern. Ich sehe nach oben, kann aber nichts entdecken. Mein Blick steigt höher und höher, hinter der Fassade beginnt bereits das Dach. Links und rechts der Eingänge endet in weiteren Türmchen, Spitzen und vielen filigranen Schmuckornamenten das Strebewerk – ein Sandsteingerippe, das die schweren Mauern an ihrem Platz hält. Längs ausgerichtete Mauervorsprünge verstärken den Eindruck des nach oben Strebenden. Die Architektur zieht meinen Blick weiter und weiter über die kleinen Türmchen am Ende der Spitzbögen zum Rand des steilen Daches. 12 000 Quadratmeter Bleiplatten, die mit einem effektiven Regenwasserableitungssystem verbunden sind. Es stammt noch aus der originalen mittelalterlichen Konstruktion. Eine Meisterleistung. Rechts sehe ich einen Teil der inzwischen wieder kompletten Domfenster in ihren schmalen Spitzgiebelfassungen. Innen eine unglaubliche Pracht, sind sie von außen recht unauffällig und unscheinbar.

Mein Blick wandert nach rechts oben und bleibt am Nordturm

hängen. Seine Dachkonstruktion wirkt wie ein mit Wäschestärke behandeltes und zum Kegel geformtes Deckchen aus lichtdurchlässiger Brüsseler Spitze. Nur eben aus Stein und riesig. Der Dom fängt mit dieser Spitze einen Sonnenstrahl für mich ein und sendet ihn zu mir.

»Hallo! Ich freue mich auch, dich zu sehen«, lächele ich.

Auf der Freitreppe sehe ich in zufriedene Gesichter. Die Menschen räkeln sich auf den Stufen. Ich berühre eine davon. Der Stein ist wirklich eiskalt.

Es hibbelt schon wieder. Diesmal etwas stärker. Ich sehe mich um. Niemand wundert sich. Der leichte rötliche Hauch war doch eben noch nicht auf dem Sandstein, oder? Und wieder ein Kichern. Ein dunkles Kichern. Sehr leise, aber deutlich zu hören.

Ginge ich jetzt einfach geradeaus, stünde ich direkt im Seitenschiff, aber ich brauche meine Zeremonie, wenn ich den Dom besuche. Einen ganz bestimmten Weg, unabkürzbar. Also wende ich mich nach links und gehe zum hinteren Teil des Doms, dem Chorpolygon. Dort findet sich ein winziger Friedhof nur für die Domherren. Außerdem liegen ein paar alte, ersetzte Domspitzen vor den Mauern. Wie passend. Die kleine Anlage ist sehr gepflegt, mit sattem grünem Rasen, schmalen Wegen und flachen Grabsteinen. Rechts liegt das Museum Ludwig mit seinen charakteristischen Dächern, die wie langgezogene Kreissegmente wirken. Mein Weg führt mich um das Chorpolygon herum, zwischen Dombauhütte und Römisch-Germanischem Museum. In der Grundschule sagte ich immer, ich würde später mal in der Dombauhütte als Steinmetz arbeiten. Bis ich in Kunst eine Fünf bekam. Motoren stehen mir wohl doch näher als Meißel. Mein Blick steigt erneut nach oben zu verwitterten Figuren und frisch ausgewechselten Wasserspeiern. Ein langes Spitzenornament löst sich wie eine Liane von einer Strebe und lotst mich zu einer Stelle auf dem Roncalli-Platz an der Südseite. Ich bleibe einen Moment stehen. Nur wenige Menschen sind hier. Ein einzelner Skateboardfahrer rattert über den Asphalt. Langsam, als wisse sogar er, dass der Dom keine Hektik mag.

Die steinerne Spitzenornamentliane gibt ein Zeichen, und die Sonne verjagt eine Wolke. Der Dom zeigt sich mir von seiner schönsten Seite. Er darf eitel sein. 786 Jahre sind seit dem Entschluss, ihn zu bauen, vergangen. Dazwischen 300 Jahre Baupause. 70 Bombentreffer im Zweiten Weltkrieg. Und am Nordturm stehen noch immer zwei große Gerüste. Der Kölner hält an mindestens einem Glauben fest: »Es dä Dom ens fäädig, geiht de Welt unger.«

Es schnippt. Ich sehe genauer hin. Der Dom erwartet Aufmerksamkeit. Er zeigt mir alle neuen Stellen, die seit meinem letzten Besuch hinzugekommen sind. Man erkennt sie kaum, denn auch die ganze Südseite ist heller, als ich sie in Erinnerung habe. Das Gemäuer strahlt im Sonnenlicht. Der Dom erzählt mir, dass letzten Monat der alte Klöppel vom »Dicken Pitter« weggebracht wurde, der riesigen Hauptglocke des Domgeläuts. Man hat dem Pitter versprochen, bis Ende des Jahres hätte er einen neuen Klöppel.

»Soll ich dir für die Übergangszeit eine Kopie von meiner CD machen?«, frage ich und zwinkere dem Dom zu. Als gute Kölnerin besitze ich das Läuten der Kathedrale natürlich auf Konserve. Der Dom lächelt und verneint. Er kennt seinen Pitter. Der Klang steckt in jedem Molekül seines Gemäuers.

Es hibbelt schon wieder. Der Dom ist aufgeregt. Er will, dass ich endlich hereinkomme.

Als ich durch die Vordertür den Hauptraum betrete, schickt er mir zur Einstimmung einen Hauch Weihrauch entgegen und lässt ein paar Orgelpfeifen tönen. Ein Domschweizer im langen roten Gewand schnuppert. Ein anderer schaut erst zur Orgel, dann zu seinem Kollegen. Sie zucken mit den Schultern und gehen auf ihre Posten.

Ich mache eine Runde durch die herrlichen heiligen Hallen, mit besonderem Augenmerk auf die Fenster. Das neueste wurde erst 2007 entworfen. Die Sonnenstrahlen führen auf den hellen Säulen und dem Mosaikboden mit himmlischer Leichtigkeit einen vielfarbigen, huldvollen Tanz auf. Es fühlt sich an, als nehme er mich mit. Als könnte ich auch alle Last von mir werfen. Als wäre das doch wieder möglich, noch in diesem Leben. Ich lobe die Fenster und deren Farbenspiel. Der Dom freut sich.

Als ich wieder am Haupteingang ankomme, gehe ich durch den Mittelgang weit nach vorn zum Altar und setze mich in eine Bank. Der große goldene Sarkophag mit den Gebeinen, die angeblich von den Heiligen Drei Königen stammen, von denen selbst die Bibel stellenweise behauptet, es seien einfache Hirten aus der Gegend gewesen, glänzt und glitzert. Als würden das Gold und die Edelsteine aus sich selbst heraus leuchten wie Sterne. Wegen seines Inhalts wurde das Gotteshaus gebaut.

Die beiden großen Türme zucken kurz, fast wie zuvor die Schultern der Domschweizer. Der Dom erzählt mir, dass schon 1965 vierhundert Muslime in ihm das Ende des Ramadan gefeiert haben. Er sehe sich nicht als Reliquienschrein, eher als Sendemast zu Gott.

Wie zum Beweis fühle ich mich in einen Ruhezustand versetzt, wie ich ihn schon lange nicht mehr erleben durfte. Sogar meine Füße werden von unten gewärmt. Ich überlege kurz, an welcher Stelle sich die römische Fußbodenheizung befindet; ich müsste in etwa darüber sitzen, aber ich weiß, dass sie üblicherweise nicht benutzt wird. Meine Ruhe wird immer tiefer. Atem und Herzschlag schwingen im Optimalzustand. Ich fühle mich geborgen, als wäre ich im Fell eines riesigen schnurrenden Yannick eingekuschelt. Der kleine Diamant auf meinem Dekolleté bewegt sich leicht auf und ab, als würde das Schnurren des großen Katers hier widerhallen.

Mit einem gewaltigen Schütteln leitet der Dom meine Heilung ein. Er will es versuchen, und ich lasse es zu. Entschlossen präsentiert er mir die ersten fünf Artikel des Kölschen Grundgesetzes.

»Et es, wie et es.« Deswegen muss ich den Tatsachen ins Auge sehen.

»Et kütt, wie et kütt.« Wenn etwas wirklich unabwendbar ist, muss ich lernen, damit zu leben.

»Et hät noch immer goot gegange.« Der Rest funktioniert, und dafür darf ich dankbar sein.

»Wat fott es, es fott.« Es hilft nichts, sich an etwas zu klammern, das weg ist.

»Et bliev nix, wie et wor.« Und die allgegenwärtige Veränderung kann auch Gutes bringen.

Vor dem Hinausgehen zünde ich für Lisa eine Opferkerze an. Ich bleibe einen Moment lang stehen, den Blick auf den vielen flackernden Lichtern. Ob es so schnell geht? Ob der Dom glaubt, nun sei alles wieder gut? Glaube ich es? Ich weiß nur, dass ich mich besser fühle. Viel besser. Auf dem Bahnhofsvorplatz drehe ich mich noch mal zu meinem steinernen Freund um und bedanke mich. Er zwinkert mir zu.

Das Badewasser läuft ein. Es ist schon ganz praktisch, dass Irmtraut nun ihr eigenes Zuhause hat. Vielleicht sollten wir mal nach einem Partner Ausschau halten. Nur nicht in der Wohnung meiner Mutter. Daran muss sich etwas ändern. Mit Ende zwanzig sollte niemand mehr dauerhaft bei der eigenen Mutter wohnen.

»Liebes, nimm doch bitte den Abfall mit, bevor du die Kneipe aufschließt, um die Suppe aufzusetzen und den Getränkelieferanten zu empfangen. Der hatte heute einen Unfall und kommt deswegen so spät. Und wenn du im Keller die neuen Getränke durchgezählt und abgehakt hast, kannst du noch einen Beutel Blumenerde mitbringen. Ich komme sofort nach, wenn ich das neue Besteck ausgepackt und poliert habe, nachdem ich eben noch durchsaugen konnte.«

»Aber Mama, ich wollte gerade in die Wanne gehen.«

»Ach, ich dachte, du wolltest runter. Gleich gibt es doch wieder eine Versammlung.«

»Nein, wollte ich nicht. Zumindest nicht so früh, die Versammlung fängt erst in zwei Stunden an.«

»Ach so. Ja. Entschuldige.«

Sie ahnt nicht, wie rasend es mich macht, wenn sie so ist. Sie spielt Spiele mit mir, und ich gehe jedes Mal darauf ein. Das ist auch ein Tanz, dem man kaum widerstehen kann, aber nicht so ein erbaulicher wie der der bunten Lichtstrahlen im Dom.

»Okay, ich mach's«, sage ich wütend. »Ich lasse das Wasser wieder ab. Erholung und Sauberkeit werden sowieso überbewertet.«

»Nein, Kind, lass mal, geh baden. Du musst dich schonen.«

»Nein, ich gehe jetzt runter.«

»Gut, dann nimm doch auch noch die Servietten mit.«

»…«

»Was?« Meine Mutter lässt kleine Fragezeichen über ihrem Kopf aufsteigen.

»Ich bin nicht dein Dienstmädchen!!!«

»Susanne! Das sage ich doch gar nicht! Wie kommst du nur darauf? Das verletzt mich aber sehr.«

»Du behandelst mich oft genug so. Ich kann dir gar nicht sagen, wie sehr mir das auf den Senkel geht!«

»Susanne, Kind, musst du immer so direkt sein? Das geht doch auch diplomatischer!«

»Mutter. Das war diplomatisch!«

»Aha.«

»Ja.«

»Soso.«

»Ja, das ist eben so! Wenn mich was stört, halte ich mich mit diplomatischer Höflichkeit zurück und warte, bis sich was ändert. Üblicherweise 30 Sekunden, bei dir erheblich länger. Irgendwann siegt aber immer die Pragmatik.«

»Diplomatisch …«

»Du verstehst mich nicht.«

»Susanne, niemand versteht das!«

Ich schnaufe und knalle die Tür hinter mir zu. Doch mein Zorn wird noch auf der Treppe von einem breiten Grinsen weggewischt. Meine Lebensgeister sind wieder erwacht. Ich habe meiner Mutter den üblichen Tanz verweigert. Was für ein gutes Gefühl!

Ich hetze den Lieferanten, zähle schon beim Abstellen mit und erledige alles andere nebenher. Ich bin bei jedem Handgriff voll da. Kein Aussetzer. Ich bin wieder ich! Zügig tue ich, was getan werden *muss,* und belohne mich dabei mit der Aussicht auf das, was getan werden *kann.* Und das ist ein schönes, ausgiebiges Vollbad, von dem mich nun auch meine Mutter nicht mehr abhalten wird.

»Wat soll dat sin? Mer han doch de katholische Kirch hee! Die müsse mer doch nit aanbaue.«

»Das ist doch der Witz dabei. Ihr Kölner sprecht Kirche wie Kirsche aus. Das wird in Köln der Hit! Diese Kirschbauerngemeinschaft in Italien, die haben hervorragende Ware, setzen aber nicht alles ab, was sie produzieren. Die suchen nach neuen Ideen. Und jetzt kommen wir ins Spiel. Wir produzieren sonnenundurchlässige Aufkleber in Kreuzform, pappen sie auf die Kirsche und haben am Ende ein helles Kruzifix auf der Frucht. Damit wird aus einer normalen Kirsche die ›Katholische Kirsche‹. Das wird ein Renner in Köln!«

Im Gastraum werden fröhlich Ideen ausgetauscht. Eigentlich beginnt gleich die nächste Sitzung der Bürgerinitiative. Protest und Revolution. Aber die Wartezeit bis zum Beginn nutzt der Kölner gern, um verwegene Geschäftsmodelle zu entwickeln.

»Von den Kirschen kann man auch einen Likör machen. Oder einen süßen Schnaps mit ganzen Früchten. So sanft und melodisch wie der kölsche Dialekt. Oder vielleicht geweiht?! Der darf natürlich nicht ›Ratzinger‹ heißen. Das wäre der Name für einen harten Schnaps. So einer, der unnachgiebig ist und alles durchspült. Aber vielleicht Meisner oder Frings. Nach den Kardinälen.« Der Sitznachbar des Kirschenmannes hört aufmerksam zu. Er hat die potentiellen Flaschen bereits vor Augen.

Die Stimmen werden leiser und aufgeregter. Ich blicke mich um und sehe Rick vor dem Stammtisch stehen. Er gibt einem RTL-Journalisten vor laufender Kamera ein Interview. Rick wirkt sehr aufgeräumt, seine Augen sind ruhig. Ernste Gesichter sitzen am Stammtisch. Ich trete näher hinter die Kamera.

»Sie sind also gegen alles?«

»Das ist korrekt. Wir wollen generell keinen Ausbau der Neusser

Straße«, sagt Rick und holt Luft, um das weiter auszuführen. Doch Trude donnert dazwischen: »Met de Atomkraff muss och Schluss sin!«

»Ävver de Fingstöbb-Plakette müsse widder fott!« Der große Pils-Mann, der Rick vor ein paar Tagen wieder auf die Beine geholfen hat, muss ein wahrhaft glücklicher Mann sein. Seine einzige Sorge sind die nutzlosen Feinstaubplaketten.

»Eja, dat brängk suwiesu nix«, bestätigt Trude.

»Dät mäht nor de klein Betriebcher kapodd«, sagt ein weiterer Mann vom Stammtisch. Es scheint doch ein aufreibendes Thema zu sein.

»De Bänker! Wann dat Hildche pleite geiht, hilf ihm och keiner«, sagt eine Frau, die am Stammtisch ständig erfolglos versucht, mit dem Pils-Mann anzubändeln.

»Dä FC muss Sorg drage, dat dä Poldi för immer bliev. Ich ben dogäge, dat die gode Spiller immer avhaue«, kontert der Pils-Mann.

»Ich ben gäge de Stüür«, toppt Trude. Gegen Steuern zu sein, ist eine sichere Bank. Die muss nie gerettet werden.

»Eja! De Stüür muss winnigstens op ene Bierdeckel passe«, sagt Trudes beste Freundin Lis.

»Es ald ens versproche woode«, wiegelt der Pils-Mann ab. Feinstaubplaketten und gute Spieler beim FC sind ja auch wichtiger.

»Evvens! Dat kann doch nit sin, dat mer all en uns Freizigg nor üvver dä Papiere klevve. Dat weed luuter vertrackter«, beschwert sich Lis noch mal eingehender.

Meine Augen werden immer größer. Was soll das denn hier? Es geht doch nur um die Neusser Straße?! Die Forderungen sind ja alle gut, aber es kommen immer mehr.

»Ich ben gege dä Kreege. De müsse sich all nor mir nix, dir nix verdrage. De USA un Russland un China. Un de Israelis met de Palästinensere. Wat soll dat üvverhaup, et hät noch immer god gegange.« Aha, der Pils-Mann will auch noch was Substantielles von sich geben. Ein Kriegsgegner. Originell.

»Ich bin gegen Altersarmut bei Künstlern und will eine angemessene Rente!« Das konnte nur von Rick kommen.

Da sind doch zwischen den Kopfhaaren des Interviewers kleine Hörnchen. Ich sehe sie ganz genau.

Die anderen Gäste sind immer ruhiger geworden und hören mit roten Wangen zu. Der Stammtisch formuliert Schlag auf Schlag weitere Forderungen. Alle grundsätzlich vernünftig, aber zu einer Bürgerinitiative gegen Straßenausbau passen sie so gut wie eine Ameisenkolonie in einem Amaranthschokopudding. Der Interviewer greift nicht ein. Im Gegenteil. Sobald einer schweigt, hält er einem anderen das Mikro unter die Nase.

Als ich mich umdrehe, sehe ich Udo hinter mir. Ich fasse ihn am Arm und ziehe ihn aus der Kneipe.

»Was war das denn?« Udo ist ebenso verblüfft wie ich.

»Keine Ahnung. Interessiert mich auch nicht. Ich halte mich da raus. Das kann doch nur in die Hose gehen.«

»Ach, das wird doch noch geschnitten. Und dann kommt es einmal ins Vorabendprogramm, und der Drops ist gelutscht. Das war doch noch nicht mal der WDR.«

»Eben! Das war RTL! Die verbraten doch alles gleich mehrfach.«

»Mal sehen. Und jetzt gehen wir ins Städtchen?«

»Nein, Udo. Wir hatten einen Deal für ein Mittagessen. Auch wenn es jetzt schon später ist, heißt das nicht, dass wir daraus eine heiße Nacht machen.«

»Och …«

»Ich kann auch direkt wieder nach oben gehen, und du kriegst in einer Viertelstunde das Aquarium zurück!«

»Ich klettere über den Balkon und stelle es wieder rein. Dann bin ich der Einzige, der in Köln mit vollen Händen einbricht, um mit leeren wieder zu gehen.«

»Udooo …«

»Nein, nein, ist schon gut. Also, wo möchtest du hin?«

Ich gebe mich geschlagen. »Zollgrenze.«

»Zur Konkurrenz?«

»Meine Mutter hat da auch schon gegessen. Die sieht das nicht so eng. Außerdem kommen all die Leute, die sich die Pferderennbahn und danach die alte Zollgrenze ansehen, am Schluss immer zum ›Kölsche Klüngel‹ und bleiben den Rest des Abends dort hängen. Die ›Zollgrenze‹ ist zwar älter, aber nicht erfolgreicher. Meine Mutter hat die mal angeboten bekommen. Schick. Altehrwürdig. Aber zu hohe Pacht.«

Ein paar Minuten später sitzen wir im Restaurant ›Zur alten Zollgrenze‹, das alle immer nur *die Zollgrenze* nennen. Der Weg ist nicht weit, nur ein paar Hausnummern die Straße hinauf. Auch hier herrscht Früh. Das Logo der Kölschsorte prangt auf dem goldenen Zapfhahn und als Leuchtschlauchbild an der Wand.

»Also gut, worüber möchtest du reden?«, frage ich Udo, nachdem wir bestellt haben. Udo schluckt. Er sieht hilflos aus. Ich hake nach: »Du wolltest doch ein Date mit mir.«

»Äh … ja. Ich dachte, wir unterhalten uns einfach ein bisschen. Ganz locker.«

Der Kellner kommt zurück und zündet die Kerze zwischen Udo und mir an.

»Klar, können wir machen«, sage ich. »Worüber?«

Udo überlegt und sagt: »Ist das Essen denn gut hier?«

Ich verdrehe die Augen. Nur Wetter wäre schlimmer.

»Weiß ich nicht. Ich war schon lange nicht mehr hier essen.« Ich mache es ihm aber auch nicht leicht. Warum sitzt mir eigentlich nicht Hartmut gegenüber? Ich sollte ihn wirklich anrufen. Ich vermisse ihn.

»Und Irmtraut fühlt sich wohl?«

So, wie er das sagt, fühlt Udo sich sichtlich *nicht* wohl. Entweder ist er wirklich in mich verknallt, oder irgendjemand zwingt ihn, mich zu umgarnen. Wie komme ich nur immer auf diese Gedanken?

»Klar fühlt Irmtraut sich im Aquarium wohl. Wofür hattest du dir eigentlich dieses Riesenteil angeschafft?«

»Für mein Hobby. Dann habe ich mir eine bessere Möglichkeit ausgedacht, konnte das Aquarium aber nicht zurückgeben.«

»Also, um Spülwasser zu sammeln.«

Udo läuft hochrot an. Damit hätte ich nicht gerechnet. Er wusste nicht, dass ich es schon weiß.

»Weiß deine Mutter davon?«

Ich könnte schwören, dass ihm bei der Frage ein Schauer über den Rücken läuft.

»Ist sie nett zu dir?«

»Ja, sehr.«

»Dann weiß sie es noch nicht.«

Auf Udos Stirn bilden sich kleine Tröpfchen. »Wie meinst du das?«

»Wie soll ich das schon meinen? Du sammelst dreckiges Spülwasser in Flaschen im Keller neben dem Vorratskeller und dem Bierkeller eines gastronomischen Betriebs. Und darüber sammelst du noch mehr von dem Zeug. In Jahrgängen geordnet. Also große Mengen.«

»Aber doch alles ganz sauber!«

»Klar. Und Herr Kau fängt demnächst damit an, große Schränke mit Schimmelpilzkulturen in Petrischalen zu füllen.«

»Das ist doch was anderes.«

»Tatsächlich?«

Die Rottönung geht in Magenta über und erreicht Udos Hals und seine Ohren. »Ja, sicher. Ich benutze Glasflaschen. Ich fülle sie bis zum Rand auf und verschraube sie gründlich. Es kann sich so weder Schimmel noch Gas bilden. Es bleibt alles sauber.«

»Mensch, Udo, erklär das mal dem Gesundheitsamt. Und dann meiner Mutter, wenn die ihr den Laden zumachen!«

»So habe ich mir das alles nicht vorgestellt.« Damit meint er nicht die Gefahr für den ›Kölsche Klüngel‹. Schwimmen seine Augen etwa?

»Tut mir leid, ich wollte dich gar nicht so hart angehen. Du musst

nur einsehen, dass dieses Hobby in der Nähe einer Kneipe früher oder
später zur Katastrophe führt.«

Udo lässt seinen Kopf tief auf seinen Brustkorb sinken.

»Warum machst du das denn überhaupt?«, frage ich ihn. »Ich
meine, höchstens das Sammeln von Klorandkotkrusten könnte eke-
liger sein.«

»Es ist nicht so einfach.«

»Dann versuch doch mal, meine Intelligenz auszureizen!«

Udos Mundwinkel gehen leicht nach oben, und die Augen wechseln vom Leid zur Leidenschaft für sein Hobby. »Das willst du doch
gar nicht wissen.«

»Gut möglich. Also überzeuge mich.«

Udo atmet tief durch. Er sieht aus, als würde er eine hochkomplexe
Begründung sortieren müssen. »Wie viel Zeit verbraucht ein allein-
stehender Mensch in einer Industrienation ohne Spülmaschine mit
dem Akt des Spülens? Wie viel Wasser wird dabei verbraucht? Wie
viel Spülmittel? Du brauchst nicht zu überlegen, du wirst nicht darauf
kommen. Es sind im Durchschnitt 219 Stunden im Jahr. Das sind
auf ein durchschnittliches Leben hochgerechnet ganze zwei Jahre Le-
benszeit. 3650 Liter im Jahr, 292 Kubikmeter im ganzen Leben! Nur
von dem Spül, der von einer einzigen Person verursacht wird – ohne
Besuch. Damit kann man ein ganzes Nichtschwimmerbecken füllen.
Selbst wenn man mit dem Spülmittel sparsam umgeht, braucht man
davon drei Liter im Jahr. Das sind 240 Liter im Leben. Und wir reden
hier nur vom Geschirrspülen. Wir waschen aber auch unsere Wäsche,
uns selbst, unsere Autos, dann die Industrie …«

»Du willst also gegen Umweltsünden protestieren?«

»Nein, es ist mir wichtig, das Profane zu würdigen. Die Zeit, das
Wasser und das Spülmittel werden benutzt und gebraucht. Es interessiert niemanden. Es war da und hilfreich, und dann ist es weg, und
man soll möglichst nichts mehr davon sehen. Das Spülwasser steht
für alles, was wir ständig runterspülen und wegschmeißen, was uns
aber ursprünglich erfreute, nützlich war oder gar am Leben erhielt. Es

ist wichtig, das Profane zu würdigen.« Udos Augen leuchten, er geht völlig in seiner enthusiastischen Begründung auf.

Fast hat er mich überzeugt. »Es gibt aber auch gute Gründe, Abwasser nicht zu behalten.«

»Jetzt komm mir doch nicht mit den hygienischen Verhältnissen des Mittelalters.«

»Wollte ich gar nicht. Ich denke eher an heutige Slums ohne Abwasserkanäle und die Krankheiten, denen die armen Leute dort ausgesetzt sind.«

»Ja, sicher. Ich achte ja auch sehr sorgfältig auf die hygienische Aufbewahrung der Reste des Profanen. Aber verstehst du, ich will nicht einfach immer alles entsorgen, nur weil es seinen Dienst getan hat.«

Das ist natürlich blanke Theorie. Aber das sage ich ihm nicht. Er ist zu begeistert. »Du hast mehrere Jahrgänge im Keller, aber lange nicht so viele Flaschen, wie Spülwasser entstanden sein muss.«

»Ich hebe immer nur 107 ml pro Tag auf. Pro Woche mache ich so eine Flasche voll. Ich wollte am Anfang das komplette Spülwasser von einer Woche sammeln und hab schon mal in der Badewanne angefangen, bis das bestellte Aquarium gekommen ist. Als es dann geliefert wurde, wusste ich schon, dass sich das Spülwasser ohne Luftabschluss zu stark verändert. Jetzt fülle ich es direkt in die Flaschen ab. So bleibt es authentisch.«

Der Kellner bringt unser Essen. Meine Muscheln in Curry-Koriandersauce duften herrlich. Ich stelle mir das Spülwasser nach dem Essen vor und verdränge den Gedanken schnell wieder.

»Udo, ich verstehe ja deine Beweggründe. Es ist auch lobenswert, dass du dein Hobby, nun ja, weitgehend verschlossen hältst. Aber mal davon abgesehen, dass das alles andere als sexy ist, gefährdest du damit klammheimlich die berufliche Existenz meiner Mutter. An dieser Erkenntnis führt einfach kein Weg vorbei.«

Udo stiert seine Blätterteigpasteten mit Fischragout an, als ob darin die Lösung für dieses Dilemma geschrieben stünde.

»Das Sammeln des Profanen ist ja gar nicht mal so ungewöhnlich«, sagt Udo leise. »Viele Leute sammeln leere Getränkedosen auf Regalen, leere Streichholzschachteln in Vitrinen oder Butterfolien in Alben. Die können so was auch mal zeigen und sich über ihre Gedanken unterhalten.« Er sieht hoch.

Ich merke, dass das ein wunder Punkt für ihn ist.

»Es ist schwer, sich wieder zu lösen«, sagt er.

Ich verberge, wie schwer ich schlucken muss, und sage, in meinen Muscheln stochernd: »Ja, es ist immer schwer, sich von etwas zu lösen.«

Etwas schlapp sitze ich am Rechner. Gestern ist es später geworden. Zwei Flaschen Weißwein haben Udo und mich zu weiteren Gesprächen überredet. Sie versprachen, keine Kopfschmerzen zu verursachen, und hielten ihr Versprechen. Ein wenig müde bin ich aber doch.

Ich will nur kurz nachsehen, ob Caterina geantwortet hat. Sie hat Ziegen zur Welt gebracht. In der Schweiz. Wie kommt Caterina dazu, in der Schweiz Ziegen gebären zu lassen? Ihre Mail zwickt mich in die Magengegend und führt meine Hand zu meinem Lisa-Diamanten.

Es ist eine rührende Geschichte, und das schreibe ich ihr auch. Sie kann ja nichts dafür.

Liebe Caterina,
ich freue mich sehr für Dich, dass Du den Zicklein helfen konntest, das Licht der Welt zu erblicken. Ich war erst wegen Lisa etwas traurig. Du verstehst schon.
Udo hat mich zum Essen eingeladen. Als Gegenleistung für Irmtrauts Aquarium. Er ist netter, als ich dachte. Trotzdem braucht er, glaube ich, Hilfe. Er sammelt Spülwasser nach Jahrgängen in Flaschen. Ich sollte ihn mal Hartmut vorstellen.
Ich sende Dir einen YouTube-Link zu dem Beitrag bei RTL Aktuell von gestern, falls Du es nicht gesehen haben solltest. Die haben das Interview mit Rick und den Leuten vom Stammtisch mit der vollen Kaskade der Beschwerden gesendet. Das musst Du gesehen haben.

Ich zucke hoch. Augenblicklich strömt Adrenalin statt Blut durch meine Adern. Etwas war an meinem Fenster. Da, schon wieder. Es knallt dumpf gegen die Scheibe, und ich verfalle wieder in meine Schockstarre. Meine Angstdressur. Dann sehe ich, wie etwas Durchsichtiges das Glas hinunterläuft. Ich traue mich wieder zu atmen. Es sind nur Wasserbomben.

Aber … Wieso schmeißt jemand Wasserbomben gegen mein Fenster? Was ist das überhaupt für ein Krach? Ich mache meine Gute-Laune-CD von AC/DC aus und merke, wie enorm der Lärm ist. Es klingt wie ein Schwarm aus Hunderten von Gänsen. Ich gehe seitlich auf das Fenster zu. Wenn die Geschosse fester als kleine Ballons mit Wasser werden, will ich nicht in der Schussrichtung stehen. Die Angst kehrt langsam zurück. Nicht als Flut, wie eben. Nun steigt sie wie ein fieser leichter Nebel aus den Teppichporen. Als ich zwischen dem Vorhang und der Wand durchschaue, sehe ich einen Demonstrationszug bis hinter die Mollwitzstraße. Überall Menschen. Sie gehen in Richtung Scheibenstraße.

Ich ducke mich und gehe unterhalb des Fensters auf die andere Seite. Von hier aus kann ich bis kurz vor die Kurve mit der kleinen Annakapelle blicken. Auch in dieser Richtung ist alles voller Menschen. Eine gigantische Demonstration! Die Leute gehen in Richtung Mollwitzstraße.

Moment … Die streben aufeinander zu! Ich lasse alle Vorsicht fahren und schaue mit klopfendem Herzen direkt aus dem Fenster. Die Leute treffen sich genau vor unserm Haus! Auch in der Schmiedegasse stehen die Massen. Jemand macht eine Anlage an und spielt laut »Get up, stand up« von Bob Marley.

Die Menschenmasse wippt.

»Stand up for your right!«

Da stehen echt viele Menschen für ihr Recht.

Der Reggae beruhigt mich etwas, aber ich bekomme trotzdem wieder Atemnot. Hartmut und die Jungs haben sich Demos früher von oben angesehen, auf Jochens Balkon. Als wäre es alles ein Spaß. In

Berlin mussten sie unser Firmengelände gegen Nazischläger verteidigen. Ich habe es im Ohr, das männliche, kehlige Gebrüll. Überall »gerechter Zorn«. Als ob es so was gäbe.

Ein paar Blätter Schreibpapier werden hochgehalten. Ich kann nichts entziffern. Die Demo ist nicht besonders gut vorbereitet. Und wogegen gibt es hier etwas zu demonstrieren? Haben die von Udos Spülwasser erfahren? Hat meine Mutter öffentlich Freibier versprochen? Oder sind das etwa …? Die Musik geht aus, und meine Ahnung bestätigt sich. Ich höre Ricks Stimme durch ein Mikrophon.

»Es ist unglaublich, was hier passiert! Ich danke euch, dass ihr so schnell und zahlreich gekommen seid! Wir müssen unser Recht in die Hand nehmen. Wir dürfen uns nicht mehr alles gefallen lassen! Wir müssen Klartext sprechen! Wir sind gegen alles!«

Großer Jubel bricht aus. Die Menschen stehen viel zu eng beieinander. Alles quetscht und drängt. Wenn nur einer umkippt, dann wird das so was wie bei der Loveparade im letzten Jahr. Ich zittere.

Ich ziehe das große Becken mit Irmtraut in die Küche. Die ist weit genug weg von der Straßenseite. Wie praktisch, dass Rollen unter dem Unterschrank sind. Dann haste ich zurück zum Computer.

Caterina, ich muss Schluss machen. Hier bricht das Chaos aus. Du hast völlig recht – so was mache ich nicht mit. Es versammelt sich gerade ein gigantischer Flashmob, und Rick schwingt große Reden. Ich muss nach meiner Mutter sehen.
Susanne

»Mama, geht es dir gut?«

Meine Mutter steht im Gastraum hinter dem Tresen und poliert ihre Gläser. Sie lächelt mich ganz ruhig an: »Ach, das sind doch nur ein paar Jecke. Mach dir mal keine Sorgen.«

»Keine Sorgen? Hast du gesehen, was da draußen vor sich geht?«

»Rick kümmert sich darum.«

»Mama, der heizt die doch nur auf. Der denkt doch, dass das seine Chance für ein Comeback ist! Und merkt gar nicht, dass er nicht Fans, sondern Fanatismus heraufbeschwört.«

»Susanne, ganz ruhig. Das hier ist Köln. Wir können mit großen Ansammlungen umgehen. Geh doch einfach hoch und schlaf eine Runde. Du siehst erschöpft aus. Wenn du wieder aufwachst, ist alles vorbei.«

Mein Mund bleibt geschlossen, meine Entgegnungen finden keinen Ausgang. Ich drehe mich um, gehe hoch und rufe die Polizei an. Es seien bereits mehrere Mannschaftswagen unterwegs, es gebe jedoch keinen Grund zur Beunruhigung. Dies sei schließlich Köln.

Ich sehe nach Irmtraut. Sie schläft völlig entspannt mit ausgestrecktem Kopf und geschlossenen Augen unter der Wärmelampe. Sie würde spüren, wenn das, was da draußen los ist, Gefahr bedeuten würde. Der Panzer würde wirken, als wäre er leer.

Ich streichle sie. Sie dreht schlafend ihren Kopf ein wenig zu meinem Finger hin. Sie ist hier gut aufgehoben.

Aber ich nicht. Ich muss weg.

Eine Viertelstunde später lege ich einen Zettel auf den Küchentisch: *Bin in Neuseeland. Susanne.* Den zweiten werfe ich Udo in den Briefkasten: *Tipp: Such nach seltenen Tierarten. Platziere sie.*

Caterina maile ich, dass ich nach Neuseeland fliege und mich melde.

Ich habe online ein Last-Minute-Ticket nach Wellington gebucht.

Es war sehr günstig, hat aber trotzdem mehr als ein Drittel der Summe gekostet, die ich für den Wagen bekommen habe, mit dem ich aus Berlin gekommen bin. Üblicherweise bereist man Neuseeland über Auckland, das ist kürzer und bequemer. Aber es ist mir egal, wie lange ich unterwegs bin. Ich will nur weg. Weit weg vom »gerechten Zorn«. Ans andere Ende der Welt.

Mit meinem Koffer gehe ich durch die Hintertür zum Hof hinaus und klettere am hinteren Ende des Gartens über die Mauer. Das Geschrei der Demo dringt nur gedämpft herüber. Hier gibt es keine Menschen.

Ich halte ein Taxi an.

> *Susanne Seite 345*

< *Ich Seite 227*

Kois werten nicht

20.03.2011
51° 26′ 29.51″ N, 7° 16′ 3.09″ E

Ich liege bereits wach, als das helle Morgenlicht durch die Ritzen meines heruntergelassenen Rollos dringt. Neben mir liegt Caterina, ihr Köpfchen auf meiner Brust, und das Licht erleuchtet das Rot ihrer Haare in tausend, ach was, in Millionen verschiedenen Nuancen. So haben wir gelegen, früher auf meinem Hochbett in der WG. Ich wurde jeden Sonntag ganz von selber wach, fünf Minuten vor dem ersten Strahl. Ich wusste genau, wann die Sonne durch die Ritzen bricht und Caterinas Haar zum Glühen bringt. Sie schlief noch weiter, tief und fest, manchmal bis zehn oder elf Uhr vormittags. Schlug sie schließlich die Augen auf und hob den Kopf, fragte sie mich: »Wie lange bist du schon wach?« Ich Idiot antwortete darauf immer nur »Seit gerade eben« oder »Soll ich Frühstück machen?«, weil ich dachte, dass sich die Wahrheit kitschig und pathetisch angehört hätte: »Seit dem Sonnenaufgang genieße ich das Spiel des Lichtes in deinem Haar, Caterina, sechs Stunden lang, und müsste ich eine Wahl treffen, wie ich die Ewigkeit verbringen möchte, dann so.« Das kann doch kein Mensch sagen. Das klingt wie eine Ballade von Sarah Connor. Aber jetzt würde ich es gerne sagen. Also, wenn Caterina hier wäre. Das Licht spielt aber nicht in ihrem Haar, sondern in dem gräulichen Geschlönz auf Nestors Kopf. Den gestrigen Tag hat er vollständig auf meinem Zimmerboden verschlafen, da der ausgiebige Suff beim Newcomerfestival seinen dürren Körper ausgeschaltet hatte. Ich habe ihn eingeschlossen, bin zur Arbeit gefahren und habe ihn immer noch schnarchend vorgefunden, als ich von der Schicht wiederkam. Nun pennt er nicht mehr, sondern hackt Texte in den Rechner, als müsse er die verlorene Zeit aufholen.

»Morgen«, sagt er und dreht sich zu mir um, als ich mich aus dem Bett schäle. »Kaffee ist schon durchgelaufen. Oh, da fällt mir ein, dass bei der Post ja noch die Maschine steht, die dringend betextet werden muss.«

Ich gehe aufs Klo und frage ihn, während es plätschert: »Was ist das eigentlich, was du da machst?«

»Das ist mein Beruf«, antwortet er und zeigt, als ich aus der Badbox komme, in Richtung Campus. »Theoretisch schreibe ich an der Uni noch meine Doktorarbeit in Literatur, aber praktisch war ich schon seit Jahren nicht mehr da. Praktisch …«, er geht zu meinem Rechner, öffnet den Browser und surft zu Amazon, »mache ich jetzt das! Ach nein, das weißt du ja schon.« Er öffnet weitere Fenster. Accounts bei Lovelybooks, Ciao, Dooyoo oder Buchgesichter. Mehrere Blogs. Foren zu Kochthemen, Autothemen, Sportthemen. Twitterkanäle.

»Ich habe viele Namen«, sagt er. »Für viele Meinungen.«

»Und wie geht das?«

»Ich bezahle Studenten, Hausfrauen oder Arbeitslose dafür, dass sie mir ihre Zugangsdaten und ihre Identitäten vermieten, damit ich als ein einziger Mensch quasi mit tausend Zungen reden kann.«

Ich muss kurz verstehen, was er mir da erklärt hat, habe es nach fünf Sekunden begriffen und sage dann: »Nein, das meine ich nicht. Ich meine, wie verdienst du Geld damit?«

»Die Firmen bezahlen mich. Spielefirmen, Plattenlabels, Küchengerätehersteller. Nichts ist heutzutage wichtiger als authentische Texte von echten Kunden.«

»Soso.«

»Ja. Bei den einfachen Sachen muss ich sogar absichtlich Grammatikfehler einbauen, damit es echt aussieht. Bei Klassik-CDs natürlich wieder nicht, da benutze ich Wörte wie ›wohltemperiert‹ oder ›gleichsam‹, damit es gebildet klingt.«

[299   ]

»Und die Firmen befehlen dir, bis wann was im Netz stehen muss?«

»Genau.«

»Du kannst das doch alles gar nicht lesen. Oder hören. Oder trinken.«

»Muss ich auch nicht. Es geht ja nur darum, dass pünktlich zur Veröffentlichung überall was steht.«

Nestor sieht mich mit weiten Pupillen an, fast eifrig, wie ein Junge, der eine Eins geschrieben hat und die gute Nachricht noch eine Sekunde lang am Esstisch zurückhält. Dann kann er nicht mehr. »Soll ich dir mal zeigen, wie man eine Rezi komplett trocken schreibt?«

»Trocken?«

»Ja, trocken. Ohne das Produkt zu kennen.« Nestor schaut sich im Regal meine CDs an. »Hier, Frenzal Rhomb zum Beispiel. Die habe ich nie gehört, okay?« Er hält »Shut Your Mouth« in den Händen. Auf dem wie gezeichneten Cover küsst ein Mann seine Gattin, als er von der Arbeit heimkommt. Sie steht verschämt im Bademantel vor dem Haus, während im Hintergrund ihre paar Dutzend Liebhaber aus dem Fenster flüchten. Er dreht die Hülle um: »Die Plattenfirma ist die von NoFX, das sagt schon mal viel über den Kontext. Melodischer Punkrock, Poppen, Tralala. Es kann aber durchaus sein, dass sie rauer und gröber sind. Das darf ich dann nicht ignorieren.« Seine Nickhaut fährt langsam herauf. »Ich brauche also noch ein paar genauere Referenzen.« Er öffnet eine Seite namens MusicMap, die Landkarte der Musik. Er tippt den Namen der Band ein, und in einer Grafik sirren artverwandte Gruppen um ihn herum. »Je näher dran, desto ähnlicher«, erklärt Nestor. Die Bands, die direkt neben dem Namen kleben, sind Chixdiggit und Mr. T Experience. Etwas weiter außen schweben Bif Naked und Lagwagon. »So, und das reicht schon, wenn's ganz schnell gehen muss.« Nestor öffnet sein Amazon-Konto und tippt drauflos. »*Das boshaft freche Cover und Songtitel wie ...*« – Nestor schaut auf die Hülle und legt sie wieder ab – »*›Everything's f****d‹ oder ›I love f*****g up‹ weisen die Richtung.*

Frenzal Rhomb aus …« – Nestor schaut in den Tab mit dem Wikipedia-Eintrag – *»Australien spielen gutgelaunten Punkrock kalifornischer
Schule mit Kodderschnauze und dem Hauch Rotz, der sie von der aal-
glatten Konkurrenz wie Blink182 abhebt. Ihr mittlerweile …«* – Nestor
surft zur Seite der Plattenfirma, da Wikipedia diese Information nicht
hergibt – *»viertes Album vereint grundsolide Knüppelkracher mit eher
behaglich rumpelnden Raufboldnummern und ist eine Bereicherung für
jede Party, auf der das Bier noch aus Dosen getrunken wird. Kein Meilen-
stein, aber grundsolide Genrekost für Fans.«* Er nimmt die Finger von der
Tastatur und sieht mich an. Seine Augen sind von der Nickhaut verdeckt.

»Das ist doch total bescheuert«, sage ich.

»Du kennst die Platte. Sag mir eines: Ist irgendwas von dem, was
jetzt da in der Rezi steht, nicht zutreffend?«

Ich stülpe die Lippen nach vorne. »Ehrlich gesagt, nicht.«

»Siehst du. Alles nur ein großes Sortieren. Außerdem gehen manche
Phrasen immer. ›Grundsolide Genrekost für Fans‹ schreibe ich zum
Beispiel auch bei Ballerspielen und Slasherfilmen. Einmal habe ich
die Phrase aus Versehen bei einem Dampfgarer benutzt, da war ich
nicht ganz aufmerksam. Ich meine, Dampfgarer können grundsolide
sein, aber sie haben nicht wirklich Fans. Ich habe noch nie von einem
Menschen gehört, der Dampfgarer sammelt. Ha!« Nestor lacht kurz
cholerisch auf, so dass Yannick zuckt, der immer noch in der warmen
Decke auf der Matratze liegt.

»Und hier ist zum Beispiel ein Doppler. Zwei Meinungen zu einem
Roman.« Er surft zur Produktseite eines jungen Schriftstellers, den
ich nicht kenne. Das Buch heißt *Stoppelfelder*. Auf dem Cover sieht
man eine heruntergekommene Bushaltestelle in Laternenlicht und
Nieselregen. An erster Stelle steht die Besprechung eines Users namens **Literatourer**, ein 5-Sterne-Lob.

37 von 39 Kunden fanden die folgende Rezension hilfreich

***** Feingeschliffenes Provinzporträt, 12. Juni 2010

Von

Literatourer (Bochum) – Alle meine Rezensionen ansehen

Rezension bezieht sich auf: Stoppelfelder (Broschiert)

Der Autor Christoph van Royen ist zwar erst 29 Jahre jung, hat aber ganze 29 Jahre Erfahrung mit der deutschen Provinz, die in seinem sensationellen Debüt eindringlich porträtiert wird. Beeindruckend seine Zeichnung der Charaktere, deren Abgründe und Attitüden nur ein verzweifelter Kampf um mehr Freiheit sind. Im Falle von Protagonist Benjamin dreht sich dieser Kampf allerdings nicht um den Ausbruch aus der Enge des Dorfes. Er ringt vielmehr um den Respekt seiner in die Metropolen geflüchteten Freunde, um die Anerkennung seiner Entscheidung, zu bleiben. Van Royen hat das sprachlich fein geschliffene Porträt eines Zweifrontenkampfes geschrieben, in dem die Freiheit, das Leben des Bürgers zu führen, so hart erkämpft werden muss wie vor dreißig Jahren die Freiheit, sich aus dem Staub der Stoppelfelder zu machen.

Ich schaue Nestor an, dessen langer Arm an meiner Schulter vorbei zur Maus führt. Er scrollt ein Stück nach unten und tippt auf eine andere Besprechung des Buches. Ein Verriss mit nur einem Stern.

8 von 12 Kunden fanden die folgende Rezension hilfreich

* Reaktionäres Spießer-Revival, 13. Juni 2010

Von

Klarseher (Dortmund) – Alle meine Rezensionen ansehen

Rezension bezieht sich auf: Stoppelfelder (Broschiert)

Hochgelobt von der Kritik, wirft uns der junge Provinz-Pate Christoph van Royen gesellschaftlich um dreißig Jahre zurück. Seine »Stoppelfelder« sind eine innige Rechtfertigung des ländlichen Spießerlebens und wenden einen schlichten psychologischen Trick an: Der Außenseiter ist immer der Held. Benjamins Freunde – billige Klischeetypen der New Economy – drängen ihn in diese Rolle. Ein an den Haaren herbeigezogener Konflikt. In Wirklichkeit wäre es ihnen schlichtweg egal. Wahrscheinlich würden sie ab und zu zum Grillen kommen und das Landleben mit retroromantischer Ironie einen Abend lang genießen. Stattdessen macht van Royen sie zu gehässigen Feinden der »Freiheit«, weiter das Leben der Großeltern leben zu dürfen. Fehlen nur noch die Bundfaltenhose, der Erntegold-Tabak und die tägliche Ohrfeige gegen das ungehorsame Eheweib. Widerlich.

Nestor nickt und nimmt den Arm vom Schreibtisch. »Die sind beide von mir!«, sagt er. »Ich bin Literatourer. Und Klarseher. Und viele andere. Ha!« Wieder so ein lauter Lacher. Er treibt Yannick aus der Decke und unter das Bett. »Das Lob hat der Verlag bezahlt, der das Buch herausgibt. Den Verriss zahlt die Konkurrenz. Das ist häufig so bei Literatur. Musiker machen das weniger. Manche buchen bei mir das Rundumpaket mit Verleumdung und Diffamierung. Da schreibe ich dann noch Leserbriefe an Zeitungen und stelle Foren voll.« Nestors Nickhaut saust hinab, aber dafür lächelt er jetzt irre. Seine Augen verformen sich zu glitzernden Spiegeleiern.

Ich stehe auf, kratze mich am Ohr und nehme meinen Rucksack, da ich wirklich zur Arbeit muss. »Aber, Nestor, sag mir eines«, hauche ich und spiele dabei scherzhafte Dramatik: »Wie findest du das Buch *tatsächlich*?«

Nestors Spiegeleiaugen geraten in Wallung. Sie zittern und flattern wie die Ränder, die in der Pfanne dunkel werden. Er lacht erneut und steigert sich hinein, es ist wie das Gackern eines mechanischen Gockels, dem die Scharniere rausschießen, sein Kopf hüpft, und feine Fettspritzer aus der Spiegeleipfanne fliegen durch die Luft.

»Ich weiß es nicht!«, johlt er, als ginge ihm diese Erkenntnis gerade das erste Mal durch den Kopf. »Ich habe a-b-s-o-l-u-t k-e-i-n-e A-h-n-u-n-g! Haaaaa!!! Aber gelesen habe ich es. Glaube ich …«

Ich schiebe meinen linken Arm durch die Rucksackschlaufe und sage: »Ich gehe jetzt arbeiten.«

»An einem Sonntag?«

»Wisse eines, Nestor: Der Paketdienst schläft nie.« Ich fixiere ihn.

»Kann ich dich auch im Wachzustand alleine lassen, oder springst du wieder irgendwo runter?«

»Bei welchem Dienst arbeitest du denn?«

»Bei UPS, am Fließband.«

Nestors Nickhaut schnellt nach unten: »Schnelle Lieferung, freundliche Mitarbeiter, hohe Zuverlässigkeit. Wenn der braune Wagen mit der goldenen Schrift um die Ecke biegt, weiß man, was man hat.«

»Ich muss dich also einsperren, ja?«

»Das wäre Freiheitsberaubung. Ich müsste von hier drinnen die Polizei anrufen, die brechen dann die Tür auf …«

»Nestor!«

»Ja, du kannst mich allein lassen.«

Ich öffne die Küchenschublade, greife unter den Knoblauchquetscher und die anderen unnützen Utensilien, die mein Untervermieter dagelassen hat, und drücke Nestor meinen Zweitschlüssel in die Hand. Ich weiß nicht, was mich treibt, aber ich habe das Gefühl, dass der Mann einen Vertrauensbeweis braucht. Eine Verantwortung, die ihn darin hindert, Unsinn zu machen. Yannick versteckt sich zwar vor Nestors Lachen, weil es laut ist, aber er hat die ganze Nacht in seinem Arm geschlafen. Das ist ein kolossaler Beleg dafür, dass hier Hopfen und Malz nicht verloren sind. Mein Kater hat einen IQ von 125. Von seinem EQ will ich gar nicht erst reden.

»Schreib deine Texte hier, wenn du willst. Kraul den Kater.«

Die Nickhaut ist weg, und Nestors Kinderstrahlen ist wieder da. »Ehrlich? Ich darf beim Kater bleiben?«

»Ja.«

Yannick kommt wieder unter dem Bett hervor und streift Nestor um die schmalen Beine.

»Danke! Das mache ich!«

»Und keine Kopfsprünge. Ich verlass mich drauf.«

Nestor reicht mir seine hagere Hand.

»And now entering the arena«, ruft Martin und macht dabei die bauchige Sprachmusik des amerikanischen Wrestling-Ansagers nach, »from the skyscrapers of Querenburg, weighing 182 pounds – the man with the amazing name of …«

»Schnauze!«, unterbreche ich ihn. Das Radio dudelt bereits, das Band läuft jeden Moment an. Stolle springt von einer rollbaren Gittertreppe, die vor den Transportern steht, und blafft in die Halle: »Reißt euch am Riemen. Ich will keinen weinenden Arjen Robben sehen. Ich will eine ganze Halle voller unzerstörbarer Christoph Dabrowskis!«

»Jawoll, Chef!«, brüllen die Aus- und Einpacker bis auf einen, der BVB-Fan ist. Christoph Dabrowski ist die Nummer Fünf des VfL Bochum, ein knallharter Klopper aus Kattowitz in Polen.

Martin klatscht mich ab und schiebt mich in den Laster: »Mach du heute die Wände, und ich räum das Band ab.«

Ich ziehe mich hoch. Meine Schritte hallen in dem noch leeren LKW-Hänger, den ich in den nächsten Stunden randvoll machen werde. Es riecht nach Metall, trocken und streng. Heimatduft. Das Band läuft an. Das fühlt sich gut an, immer wieder. Erst leer, dann voll. Wand für Wand. Herausfordernd, wenn die Größen der Kartons schlecht passen, aber berechenbar. Wie ein Spiel auf »difficult«. Es gibt Kraft und macht den Rücken gerade. Jemand dreht das Radio lauter.

Nach einer Stunde – ich habe bereits drei Wände sauber gestapelt und fühle mich durchflutet von Packfreude – rammt Martin mir einen Riesenkarton vor die Füße. Ich greife kraftvoll in die Packstrapse, als im Radio »Every Breath You Take« ertönt.

Zack! Caterina-Bilder. Wie sie geguckt hat, als wir nach der Ankunft in Großbärenweiler vor dem Fachwerkhaus standen, das Hartmut blind gekauft hatte. »Fast schon wieder interessant«, nannte Caterina die gruselige Ruine, als ihr noch nicht klar war, dass wir bereits da waren und vor unserer gemeinsamen Zukunft standen. »Die haben Risse im Gebälk groß wie Seemanns-Schenkel!« Den Satz habe ich mir auch gemerkt. Und wie sie flüchteten, unsere beiden Frauen, vor der

Ruine und den toten Ratten, zu ihrem Untervermieter Pierre, einem kultivierten Pianisten mit frischer Marmelade, und ich besorgte mir einen Job im örtlichen Getränkemarkt, und Caterina rief mich zwischen den Kästen auf dem Handy an und verführte mich dazu, mit ihr in Hörweite der Kundschaft Telefonsex zu machen.

»Au!« Martin wirft mir das nächste Paket in die Kniekehlen, und ich knicke um, als wäre Nestors Phantasie wahr geworden und ein wildgewordener Spieler hätte hier im Hänger bei mir eine Blutgrätsche angesetzt. Ich klage nicht, ich bleibe einfach liegen. Stolle stoppt das Band. Das Warnsignal ertönt.

»Was ist denn jetzt wieder?«, fragt er Martin und betrachtet mich, zerschunden zwischen den Paketen.

»Er rührt sich nicht mehr«, sagt Martin.

Stolle rüttelt an meiner Schulter. »Bist du bewusstlos?«

»Nicht mal Telefonsex können wir machen, weil sie vom Oberdeck aus anrufen muss. Oder wenigstens einen Boten zu mir nach unten schicken. Zwischen die Kartoffelsäcke.«

»Jetzt ist er verrückt geworden«, sagt Martin.

»Steh auf«, ächzt Stolle und zieht mich dabei hoch. »Erkan, komm hier rüber, ablösen! Das Band wieder an!!!«

Jemand schaltet das röhrende Gummi ein. Stolle wuchtet mich aus dem Laster. »Tut mir leid«, flüstere ich.

Stolle fasst mich an den Schultern und klinkt seinen Blick in meinen ein. Seine Pupillen sausen von links nach rechts. »Klär deine Sachen«, sagt er. »Dann kommst du wieder. Du bist mein Christoph Dabrowski. Ich verschachere dich nicht auf dem Transfermarkt, wenn es mal nicht läuft, aber ich kann dich nicht spielen lassen, wenn du nicht einsatzfähig bist. Also klär deine Sachen.«

»Stolle …«

Er hebt die Hand, und seine Augen rasten ein, ohne sich auch nur einen Hauch nach links oder rechts zu bewegen.

»Klär erst deine Sachen.«

Ich verspreche es ihm, und er löst Augen und Hände.

»Ich bin wieder da«, rufe ich, während ich die Tür aufschließe, in der Erwartung, dass Nestor an meinem Schreibtisch sitzt und eine Begrüßung zurückflötet. Es hockt aber kein hagerer Workaholic am Rechner, sondern Yannick, der das Stromkabel im Maul hat. Er nagt daran herum wie an einer Lakritzstange und sieht mich an wie ein Junge, der beim Pornogucken erwischt wurde.

»Wo ist Nestor?«, frage ich ihn, und seine Schwanzspitze berührt beim Schwingen ein Post-it am aufgeklappten Bildschirm: *Bin an der Uni.*

An der Uni? Er hat gesagt, seine Doktorarbeit liege auf Eis. Er war seit Jahren nicht an der Uni. Außerdem ist heute Sonntag. Da sind nur sehr wenige Menschen auf dem Campus. Eine gute Gelegenheit, um … oh nein! Das darf nicht wahr sein! »Ich muss weg!«, sage ich. Yannick klagt, da sein Napf leer ist. Ich reiße den Kühlschrank auf, finde auf die Schnelle nur Tomatensoßenthunfisch für Menschen, reiße die Dose auf und kippe sie in die Schüssel. »Halt die Stellung«, hechele ich, ziehe die Tür zu und laufe los.

Während ich zur Uni renne, denke ich daran, wofür dieser Campus berühmt ist. Er ist das Mekka der Selbstmörder, ein Paradies aus Höhen und Beton. Die Sprungmöglichkeiten sind grenzenlos, von den Rundum-Balkonen der achtstöckigen Gebäude bis hin zu den verschachtelten Ebenen im Hörsaalzentrum oder im Audimax. Überall Todesoptionen. Seit neuestem bieten sich sogar die Parkhäuser an der Ostseite als Möglichkeit des Untergangs an. Alle Einfahrten sind versperrt und geschlossen, denn es herrscht höchste Einsturzgefahr. Zu Fuß kann man jederzeit zwischen Bärenklau und Brennnessel hindurch in die offenen Ebenen steigen. Es würde reichen, kraftvoll gegen einen Pfeiler zu treten, bis es knackt und man unter vier Stockwerken aus Beton und morschem Gitterdraht begraben wird.

Ich frage mich, wo er es versuchen könnte, und laufe auf dem Campus zu den Gebäuden hinab, in denen Hartmut studiert hat. Nestor hat ungefähr das Gleiche gelernt. Philosophie, Literatur: Alles, was die Leute bekloppt macht, so dass sie nur noch mit Worten, aber nicht mehr mit dem Leben umgehen können. Ich suche beim Rennen die Balkone des GB-Gebäudes mit den Augen ab, doch sie verschwimmen. Der gelbe Koloss wirkt noch riesiger, als er ohnehin schon ist. Es könnte eine Zwölf-Meter-Yacht an seiner Flanke kleben, sie würde so winzig wirken wie ein Fensterbild aus Zuckerguss. Hartmut hat mir erzählt, dass seit Jahren niemand mehr auf die Balkone darf. Alle abgeschlossen, selbst für das Personal. Nur noch wenige Restschlüssel sollen existieren, aus grauer Vorzeit, als Windows 95 erschien und die Studenten die Standorte eines Buches noch in Zettelkästen nachschlugen. Die Haupteingangstür lehnt nur an. In einem Glaskastenraum ganz hinten am Ende des langen Ganges gestikuliert ein Dozent, der ein Wochenendseminar gibt.

Ich laufe ins Gebäude und drücke die Aufzugtasten vor den Toiletten, die Hartmut so liebte. Irgendwas sagt mir, dass Nestor hier ist, in seiner alten Heimat, wo die Texte noch kompliziert sind und man die Bücher, über die man spricht, wenigstens theoretisch gelesen haben muss. Die Klos stinken immer noch »drakonisch«, wie Hartmut es nennt. Wie tausend Jahre in Pisse eingeweichtes Linoleum. Der Aufzug kommt, und ich fahre in den achten Stock. Hier unter dem Dach sitzen die Romanisten. Sie befassen sich mit Spanisch, Französisch und Italienisch. Früher habe ich geglaubt, Romanisten würden Romane interpretieren. Was hat Hartmut gelacht! Nestors Fachrichtung sitzt zwar vier Stockwerke tiefer, aber wenn er springen will, wird er das höchste Stockwerk wählen. Der Aufzug hält im sechsten Stock, und eine einsame Gelehrte blickt mich an. Das geht mir zu langsam. Ich stürze aus der Kabine und nehme für den Rest die Treppen. Auf den alten, breiten Holzgeländern kleben Sticker der Dortmunder Ultras und der Bochumer Antifa. Oben angekommen gibt es einen Zwischenraum mit einer alten Glaswand, an der ein paar Plakate kleben. »Gestrandet – Literatur aus dem verschollenen Leben« steht auf einem, »Abgründige Geschichten mit Johannes Opfermann.« Hinter der Plakatscheibe führt eine Tür auf den Balkon. Sie ist geöffnet. Ich hatte die richtige Ahnung. Und trotzdem: Herzrasen. Kalte

Hände. Zorn. Ich steige auf den Betonweg in schwindelnder Höhe. Die gelbe Farbe blättert vom Beton, und Reste von Laub, das bis hierher nach oben geweht wurde, schwimmen in Lachen niemals absickernden Regenwassers. Ganz am Ende, klein wie ein Punkt, steht Nestor. Er blickt ins Lottental. Für die Sonntagsspaziergänger, die gerade unten auf dem Campus ihre Hunde ausführen und zufällig hinaufsehen, bin ich ein winziges, rennendes Männchen an der Flanke eines Kolosses.

»Du Wichser!«, schreie ich, überrascht von meiner Energie, »dafür habe ich jetzt echt keine Zeit!«

Nestor dreht sich um, ganz ruhig. »Du hast mich gefunden«, sagt er. Unter uns rauschen die Bäume. Am Horizont stehen Höfe wie in die Landschaft getupft.

»Ist das dein Spiel?«, japse ich. »Sich immer schön aufhalten lassen kurz vorm Selbstmord? Da mache ich nicht mit!«

Nestor lässt Schultern und Arme sinken und schaut so betroffen, als sei er mit einem mobilen, herrlich duftenden Pizzawagen durch Äthiopien gefahren und hätte die Stückchen an Angelhaken immer wieder knapp vor den sich ausstreckenden Hungerhänden weggezogen.

»Auf dem Zettel, den ich an den Computer geklebt habe, stand nur ›Bin an der Uni‹. Nicht: ›Rette mich, ich will springen!‹ Wenn man nah am Text bleibt, sagt der Zettel nichts dergleichen aus.«

»Jetzt komm mir nicht mit Dialekt!«

»Wieso Dialekt? Habe ich Dialekt? Mein Großonkel war Franke, aber …«

»Ich meine das, was die Schlauen in diesem Gebäude hier tun. Dieses Hin-und-her-Diskutieren, bis alle bewusstlos sind.«

»Ach, du redest von Dialektik!«

»Ja. Was weiß ich.«

Er lacht für eine halbe Sekunde laut auf und streicht mit der Hand den Beton des breiten Geländers. Die Nickhaut schießt über seine Pupillen. »Kräftig im Auftrag und selbst durch Wind und Wetter nicht entfernbar – Die Volltonfassadenfarbe von Pufas lässt Sie auch nach dreißig Jahren nicht im Stich.«

»Wo hast du den Schlüssel für die Tür her?«, frage ich. »Ich denke, es gibt nur noch ein Dutzend.«

»Drei«, antwortet er. »Es gibt nur noch drei. Insgesamt. Drei Schlüssel für alle Gebäude. Sie werden teuer gehandelt. Ich habe bei eBay über dreihundert Euro dafür gezahlt.«

»Unter welcher Artikelbezeichnung? ›Exklusiver Selbstmordschlüssel der Ruhr-Uni-Bochum, gut erhalten‹?«

»So was handelt man unter Codewort, du Dummerchen.«

Ich schnaufe.

Nestor wedelt mit dem Schlüssel vor dem blauen Himmel: »Über dreihundert Euro. Da *musste* ich doch wenigstens mal gucken.«

»Runter hier«, befehle ich, »und her mit dem Schlüssel.« Er gibt ihn mir. Wir verlassen den Balkon. »Knopf drücken«, weise ich ihn an, und er drückt »02« am Aufzug. »Nein«, ändere ich das Kommando. »Wir laufen. Das heitert auf.« Nestor folgt mir ins Treppenhaus. Dieser militärische Ton funktioniert einfach bei ihm.

Wir steigen hinab. Er schüttelt den Kopf über die Aufkleber am Holzgeländer. Im vierten Stock, seiner alten Heimat, lehnt er sich in Sekundenschnelle darüber und versucht, sich in den schmalen Spalt zwischen den Treppen zu stürzen. Ich packe ihn am Hosenbund. »Lässt du das jetzt wohl bleiben! Ich glaub, mein Schwein pfeift!« Ich gebe ihm eine Ohrfeige. Er sieht mich aufmerksam an, als wenn er es ganz interessant gefunden hätte.

Wir fahren den Rest mit dem Aufzug.

Das Wochenendseminar hat Pause. An einem Tisch im Erdgeschoss vor der geschlossenen Cafeteria flirtet der blonde, attraktive Dozent mit einer rothaarigen, attraktiven Besucherin. Sie ist wahrscheinlich Gasthörerin, denn sie sieht nicht aus wie eine mädchenhafte Studentin, die sich mit Interpretationen abmüht, sondern wie eine Frau mit Feuer. Der Dozent lächelt wie Patrick Jane, der *Mentalist*. Er lässt einen Kuli durch seine Finger tanzen, aber man merkt, dass er viel lieber mit ihren Fingern spielen würde.

»Wir gehen spazieren«, beschließe ich und lotse Nestor in Richtung des Botanischen Gartens.

Vor dem Eingangstor sagt Nestor: »Der Botanische Garten Bochum ist gerade im Frühjahr und im Sommer einen Ausflug wert. Liebevoll gepflegt, besticht er durch seinen Abwechslungsreichtum.« Ich funkele ihn an. Er sagt: »Das habe ich bei TripAdvisor geschrieben. Da heiße ich travelguyNRW.«

Wir gehen hinein, und sofort ändert sich der Klang, denn unter unseren Sohlen knirscht nun der Kies der botanischen Wege. Alles duftet. Die Sonne weitet Blüten. In der Ferne quaken die Frösche im Urwaldteich. Unser Weg führt zum Chinesischen Garten, dem bekanntesten Teil des Geländes. Nestor atmet tief ein. Ihm liegen Texte zu den Pflanzen auf den Lippen, aber er öffnet sie nicht. Stattdessen fragt er: »Wie heißt du bei Amazon?«

»Ich schreibe nicht.«

»Nirgendwo?«

»Ich habe schon einen Beruf.«

»Du besitzt viele Spiele, viele CDs. Hast du nie das Bedürfnis, dich darüber zu äußern?«

»Ich bin mit meiner Mutter im Hochhaus aufgewachsen«, offenbare ich ihm. »Nur sie, ihre Schwester und mein kleiner Cousin, eine Etage unter uns. Wenn im Fernsehen Nirvana lief, sagte meine Mutter ›Krach!‹, und ich sagte: ›Cool!‹ Lief Chris de Burgh, sagte ich ›Kitsch!‹, und meine Mutter sagte: ›Schön.‹ Lieh ich mir einen Film aus der Videothek im Erdgeschoss und der Thekentyp fragte beim Zurückgeben, wie er war, sagte ich: »Gut.« Manchmal auch »okay« oder seltener mal: »Supergeil.« Das sind so meine Äußerungen und ich denke, die muss man nicht aufschreiben.«

Nestor seufzt. Wir sind am Chinesischen Garten angekommen. Im Wassergraben rund um die Mauern dümpelt Entengrütze vor sich hin. Wir gehen hinüber, wandeln durch die Flure und setzen uns auf die Steinbank der kleinen Zentralterrasse, von der aus man beobachten kann, wie der Wasserfall den Koi-Karpfen auf den Kopf fällt. Hinter den Mauern des asiatischen Wunderlands erheben sich Kiefern, Pinien und Fichten. Die teuren Fische zischen durch den großen Teich.

Nestor beobachtet sie. Die Nickhaut erscheint: »Tetra Pond Koi Excellence Complete ist das optimale Futter für Ihre schwimmenden Schätze. Es schwimmt lange oben, und die Wasserqualität wird nicht beeinträchtigt.«

»Jetzt hör doch mal auf mit der Scheiße und genieße einfach den Tag!«, schimpfe ich. Die Fische machen winzige Bläschen.

»Das will ich doch«, sagt Nestor. »Aber weißt du, was mir gerade im Kopf herumgeht, während wir hier sitzen? Ich schreibe einen Bericht über diesen Spaziergang. Über das Idyll hier. Für einen meiner Blogs.«

»Und wer bezahlt dir das?«

»Niemand.«

»Wie, niemand? Du hackst den ganzen Tag bezahlte Berichte in die Tastatur, und am Feierabend hackst du weiter?«

»Weißt du, wie viel es gibt, das noch vollkommen unbesprochen ist? Über das noch keiner einen Text verfasst hat? Das sind Tausende von kleinen Restaurants, Gärten, Parklandschaften, Hotels, Buslinien. Oder Tetra Pond Koi Excellence Complete, das gibt es schon monatelang, und ich war der Erste, der eine Rezension dazu eingestellt hat.«

»Du schreibst eine Rezension über Koi-Futter einfach so? Ohne Gage?«

»Ja.«

»Wo ist dein Teich?«

»Ich habe keinen Teich. Weißt du doch.«

Ich könnte ausrasten. Meine Stimme bricht in diese übertrieben trillernden Höhen aus, die farbige Schauspieler in Komödien verwenden, wenn sie den genervten Partner des weißen Hauptcops spielen: »Wieso zur Hölle schreibst du dann über Koi-Futter?«

»Ich … ich kann nicht anders. Deswegen verdiene ich doch heute Geld damit, über manches zu schreiben: weil es schon immer so war, dass ich über alles schrieb. Ich habe als Kind damit angefangen, Jahre vor dem Internet. Ich saß neben dem Radio, schrieb den Titel eines Liedes auf und notierte mir: ›Die neue Single von Bon Jovi rockt amtlich und überrascht mit fingerfertiger Soloarbeit.‹ Ich habe auch ständig Tagebuch geschrieben. Dabei habe ich mich dann selber eingeholt und darüber geschrieben, dass ich gerade Tagebuch schreibe und dann darüber, dass ich gerade darüber schreibe, dass ich Tagebuch schreibe.«

Ich schaue ihn an. Eine Amsel badet am Rande eines feuchten Felsens. Als ich den Kopf wieder wende, ist die Steinbank leer, und Nestor hängt außen am Geländer, die Füße verkantet zwischen den Streben und den Kopf im Wasser. Er gurgelt. Die Karpfen wissen nicht, ob sie herbeischwimmen oder flüchten sollen. Ich beuge mich über den Stein und ziehe den dürren Depressiven am Hosenbund nach oben. Seine fisseligen Haare verlieren das Wasser so schnell, als könnten sie es nicht ausstehen. Er würgt einen Schwall in den Teich zurück. Es kommt kein Fisch mit.

»Du hörst jetzt sofort auf damit, dich irgendwo runterzustürzen!«

Nestor klagt: »Aber *das hier* wäre wirklich ein schönes Ende. Ersaufen im Wasser des inneren Friedens. Weißt du, was Buddhisten und Koi-Karpfen gemeinsam haben? Sie werten nicht. Sie beobachten nur. Und Karpfen haben nicht mal ein echtes Gedächtnis. Buddhisten und Kois würden niemals Rezis schreiben.«

Ich starre Nestor an, atme tief durch und formuliere meinen nächsten Befehl: »Du willst nicht mehr so viel denken? Gut. Wir gehen jetzt zu mir, und du bespielst den Kater. Dann hältst du Mittagsschlaf. Und heute Abend ziehen wir beide durchs Bermudadreieck.«

»Bei der Post steht immer noch die Kaffeema–«

Ich packe ihn am Kragen und fixiere ihn mit den Augen wie einen soldatischen Kameraden im afghanischen Häuserkampf, der sich zusammenreißen muss. Nestor fügt sich und geht vor, als wir den Chinesischen Garten verlassen. Wüsste ich es nicht besser, hätte ich den Eindruck, eine halbe Sekunde bevor sein Kopf hinter dem niedrigen Torbogen des Ausgangs verschwindet, ein listiges Lächeln in seinem Mundwinkel zu sehen.

> *Ich Seite 358*

< *Caterina Seite 245*

Die besetzte Frau

20.03.2011

33° 35' 41.29" N, 11° 4' 26.98" E

Mein Handy vibriert auf dem kleinen gemauerten, weißgestrichenen Schminktisch. Eine blaugemusterte Kachelreihe umrandet Tisch und Spiegel. Tunesisches Interieur. Das Telefon zeigt eine SMS an. In meinem Körper gibt es in der Herzgegend einen kleinen Hüpfer, weil ich mir augenblicklich Alejandros Gesicht vorstelle. Sofort darauf rufe ich das Gesicht von meinem Schmusetiger ab und stelle mir vor, ich hätte den ersten Tag in Tunesien gestern mit ihm verbracht. Aber es nützt nichts. Der Hüpfer galt einem anderen. Ich schäme mich, seufze und öffne die SMS.

Hallo Caterina, wie geht es Dir so? Was machst Du Schönes? :-) Alles Liebe, Hartmut

Hartmut! Als wenn nie was gewesen wäre. Hätte er sich nicht mal früher melden können? Oder gab es für ihn keinen Anlass? Was wäre für ihn ein angemessener Anlass? Sehnsucht kann es ja wohl kaum sein. Wir verstehen uns gut und mögen uns sehr, aber Hartmut liebt nur eine Frau. Susanne. Und das ist auch gut so. Vielleicht hofft er, ich hätte Kontakt zu ihr. Nein. Wenn Hartmut Kontakt zu Susanne haben will, greift er zum Hörer. So eine kleine nichtssagende SMS würde er nur schreiben, wenn ihm etwas unangenehm ist und er nicht weiß, wie er es sagen soll.

Ich gehe um das große Doppelbett herum, öffne die Flügeltüren zu dem kleinen ebenerdigen Balkon ohne Abgrenzung, betrachte einen

Busch mit winzigen gelben Blütchen, gehe in die Hocke, um genauer hinzuschauen, freue mich über orange Miniaturpünktchen, die ich niemals gesehen hätte, wäre ich nicht in die Hocke gegangen, und stehe wieder auf.

Das ist es. Das muss es sein. Ich nehme mein Handy und lese die SMS erneut. Da ist keine versteckte Botschaft. Ich lasse das Telefon fallen. Die Nachricht ist dermaßen neutral gehalten, dass Hartmut sich schon sehr angestrengt haben muss. Es wird ihm sehr peinlich sein. Er nimmt Kontakt auf, weil er mir das Ende meiner Beziehung schonend beibringen soll. Nicht mal so viel Courage hat der angebliche Mann meines Lebens, um mit mir persönlich Schluss zu machen. Wahrscheinlich denkt er nicht mal daran, dass er mich informieren sollte, im Gegensatz zu Hartmut.

Aber wenn es so wäre, hätte Hartmut doch das Kind direkt beim Namen genannt. Nein, hätte er nicht. Hartmut tastet sich ran. Möglicherweise weiß er nicht, ob sein bester Freund mir nicht doch schon etwas gesagt hat.

Wie konnte ich nur so dumm sein? Ich hatte doch schon längst den Verdacht, dass der Mann, mit dem ich seit fünf Jahren zusammen bin, nichts mehr mit mir zu tun haben will. Aber was heißt seit fünf Jahren? Die letzten Monate kann ich ohnehin abziehen.

Meine Knie sind wackelig, und ich setze mich, aber ich bin zu angespannt. Ich stehe wieder auf, laufe um das weiße Bett in meinem warmen weißen Hotelzimmer, setze mich wieder hin, drehe eine Locke, stehe wieder auf. Ich bin sauer. Ich kämpfe gegen alle Gefühle, die ich für einen anderen Mann haben könnte, und er lässt einfach über seinen Freund mit mir Schluss machen. Ganz sanft natürlich. Verfickte Scheiße! Ich spüre einen Schmerz in der Hand und merke, dass sich meine Fingernägel in die Handflächen eingegraben haben. Was für ein elendes Spiel.

Aber so leicht mache ich es den beiden nicht. Ich gebe mir keine Blöße.

Ich simse Hartmut zurück, dass es mir sehr gutgeht, was ich mache und wo ich bin. Außerdem frage ich explizit und ausschließlich nach Yannicks Befinden. Die beiden sollen mal nicht meinen, dass ich ihnen auch nur eine Träne hinterherweine.

Ich gehe ins Bad und sehe in ein verzerrtes Gesicht, gerahmt von blaufloralen Kacheln. Obwohl ich nicht weine, sind meine Augen gerötet und geschwollen. Die Haut fahl, in der Stirn tiefe Furchen. Ein Schwall seltsam riechendes Wasser repariert nur einen Bruchteil der optischen Katastrophe.

Mein Handy liegt auf der Tagesdecke, die genau wie die Kacheln im Bad gemustert ist, und vibriert schon wieder. Nicht noch eine solche Nachricht! Ich überlege kurz, ob ich das Ding einfach ausschalten soll, weiß aber, dass eine ungeöffnete Nachricht im Moment nur zu noch mehr zornigen Gedanken führen würde. Ich werfe dem kleinen schwarzen Gerät Vernichtungsblitze zu. Es weicht aus und grummelt. Ich reiße es an mich, öffne blind die SMS und atme einmal tief durch. Es kann nur Hartmut sein, mit einer direkten Antwort auf meine Nachricht von eben.

Caterina, mi corazón! Schönste! Ich musste gerade ganz intensiv an Dich denken. Ist alles in Ordnung bei Dir?
Das Atelier ist gestern Abend fertig geworden. Dein Teil hat ein Fenster dazubekommen! Es war hinter dem riesigen Regal an der Seite versteckt! Du weißt, eines der ganz großen, die sogar bei der Renovierung nicht verschoben wurden. Ich wollte Dir dort ein Fenster einbauen lassen, und als das Regal weg war, ist da schon eines! Ruf mich an, wenn Du magst, ja? Egal, zu welcher Uhrzeit.
Alejandro

Mir knicken die Knie ein, und ich lasse mich an der Wand auf den Boden sinken. Eine Mücke summt. Ich schließe die Augen und versuche die beiden Tornados unter meiner Schädeldecke in sanfte Brisen zu verwandeln. Es gelingt mir nicht. Sie kreisen und kreisen und reißen alles mit sich mit.

Erst als mein Magen unmissverständlich Füllung einfordert, stehe ich auf. Ich gehe ins Bad. Mein Gesicht sieht wieder so aus wie immer. Mir fallen Sommersprossen auf meinem Nasenrücken und auf den Wangen auf. Die Strandspaziergänge gestern und heute Morgen haben dafür schon ausgereicht.

Mit meinem Laptop unter dem Arm gehe ich durch die Gartenanlage zwischen kleinen weißen Häusern, die jeweils in Vierergruppen zusammenstehen, verbunden durch schmale Wege, die wie zwei rechtwinklige Tetris-Steine aneinanderkleben und aus der Vogelperspektive ein Kreuz bilden. Ich habe eine Luftaufnahme in einem Prospekt gesehen. Die Häusergrüppchen sehen darin aus wie weiße Windräder auf hellbraunem Grund mit dunkelgrünen Punkten. Es wächst und blüht in der ganzen Anlage, alles ist ausgesprochen gepflegt. Selbst jetzt in der Abenddämmerung durchdringt mich das tunesische Licht, das ich gesucht habe.

Auf dem Flug von Zürich nach Djerba unterhielt ich mich mit einer Stewardess über Tunesien. Sie hatte viel Zeit für mich. Rund zwanzig Passagiere teilten sich vier Flugbegleiter. Sie erzählte mir vom Club Sangho auf dem Festland, am Rande von Zarzis, in dem sie selbst gern Urlaub macht. Sie schilderte mir den Komplex in den schillerndsten Farben und überzeugte mich damit, dass man dort selbst in einer vollbelegten Hochsaison Ruhe finden könne; in der jetzigen Situation sei es sogar fast einsam, doch die Qualität würde trotzdem stimmen. Später hörte ich, wie sie einen anderen Fluggast beruhigte und sagte, dass er absolut sicher sei, solange er nicht weiter in den Süden führe als Ben Guardene und im Norden möglichst Tunis miede.

Sie pries das Land an, als wäre sie eine hochdotierte Sonderbotschafterin, die bei den letzten Tunesientouristen für eine positive Wahrnehmung des Landes sorgen sollte. Ich überlege, ob ich Susanne von Hartmuts Aktivität bei dem Komplott schreiben soll, denn daran ist gar nichts Positives wahrnehmbar.

Am Pool, in dessen Mitte eine Insel mit Palme steht, die man über eine tunesischblaue Brücke erreichen kann, bleibe ich stehen. Das Wasser ist so ruhig, dass es künstlich wirkt, wie in einem Diorama. Dann muss das Diorama aber entweder sehr groß oder ich stark geschrumpft sein. Letzteres scheint mir wahrscheinlicher, aber ich sollte es verifizieren. Ich streife meine Sandale ab, strecke den großen Zeh aus und rechne sicher damit, auf eine feste Fläche zu stoßen. Aber der Zeh taucht ins Wasser ein und wird nass. Schlussfolgerung: Entweder ist das kein Diorama oder ein so gutes, dass ich damit leben kann.

Ich schüttle den Fuß, schlüpfe wieder in die Riemchensandale und setze meinen Weg zum Haupthaus fort. Auf der großen Terrasse aus Natursteinen und Holzbalken kann man tagsüber essen, wenn man den Speisesaal meiden möchte. Dinner wird ausschließlich drinnen serviert. Alles so hübsch und beschaulich wie ein Feriendomizil auf Risa.

Kurz vor der Treppe zur Terrasse bleibe ich erneut stehen. Was habe ich gerade gemacht, als ich den Zeh ins Wasser getaucht habe? Ich hatte einen Gedanken und habe ihn auf seinen Wahrheitsgehalt überprüft. Das ist eigentlich Susannes Vorgehensweise. Ich bewundere das so sehr, dass ich schon vor Jahren angefangen habe, es nachzuahmen. Wenn ich daran denke.

Aber vorhin? Da habe *ich* die Tornados losgetreten, einen für jeden Mann. Nicht Hartmut. Nicht mein Bärchen. Nicht Alejandro. Ich selbst!

Hartmut kann genauso gut wirklich nur meinen, was er schreibt. Er will wissen, wie es mir geht und was ich mache. Nichts weiter. Von meinem Bärchen weiß ich gar nichts. Weder etwas Positives noch etwas Negatives. Das an sich ist zwar schon negativ, aber es entspricht der Vereinbarung. Und Alejandro? Der ist vielleicht einfach nur nett zu mir und kümmert sich. Er mag mich, und ich mag ihn, wir verstehen uns gut, wir können prima miteinander kreativ arbeiten, aber jede weitere Schlussfolgerung wäre ebenfalls nur eine Unterstellung. Ich muss aufhören, mir wegen irgendwelcher Spekulationen Sorgen zu machen. Es reicht, wütend oder traurig zu werden, wenn die Fakten klar und eindeutig auf dem Tisch liegen.

So, damit wären Männer abgehakt.

Eine schmale grau-rot getigerte Katze setzt sich an den Pool. Während sie mich beobachtet, gleitet ihr Schwanz ins Wasser. Sie bemerkt es gar nicht, das Wasser scheint noch warm genug zu sein. Ich zwinkere ihr zu und schaue direkt danach weg. Internationale Katzensprache für ein freundliches »Komm doch mal her, wenn du magst«. Mit einem leisen »Mau« steht sie auf und merkt plötzlich, dass ihr Schwanz zu schwer ist. Sie hüpft einen halben Meter vorwärts, dreht sich dabei um und sieht, dass niemand hinter ihr ist. Energisch hockt sie sich hin und leckt ihren ganz dünn gewordenen Schwanz trocken. Ich bin nicht mehr interessant. Trotzdem nehme ich auf den Treppenstufen Platz und sehe ihr zu. Sie sitzt auf den Hinterpfoten und hält mit beiden Vorderpfoten ihren Schwanz fest, der ihren Bemühungen ausweichen will. Im Hintergrund das blaue Diorama-Wasser, drum herum weiße Liegen und Arkaden. Ich mache ein Foto von der Katze.

Mein Herz ist wieder leicht wie eine Cirruswolke.

Im Foyer rufe ich meine Mails ab. Im Hintergrund läuft leise arabische Musik. Die Verbindung ist langsam. Eine Nachricht scheint sehr groß zu sein. Ich warte. Eine Frau mit langen blonden Haaren und wiegendem Gang ruft ihre kleine fünf- oder sechsjährige Tochter, die mit zarten, fliegenden, fast weißblonden Haaren und ausgebreiteten Ärmchen durch die Halle läuft: »Solveig, komm bitte her, wir wollen jetzt frühstücken!«

»Ich niihicht.«

»Okay, es gibt aber erst wieder zu Mittag was.«

»Guuhut.«

»Fein. Ich gehe dann essen. Bleib aber in der Nähe. Und wenn du doch noch Hunger kriegst, kommst du an unseren Tisch.« Sie klingt sehr streng und guckt ein bisschen gleichgültig. Trotzdem spüre ich die Liebe zu ihrem Kind. Sollte ich mal Kinder bekommen, hätte ich viel zu lernen, besonders, was das Loslassen angeht. Wahrscheinlich wäre ich nicht in der Lage, mein Kind einfach ohne Aufsicht frei herumlaufen zu lassen. Ich wäre überfürsorglich. Solveig lacht, fliegt weiter durch die Halle und macht dabei leise brummende Geräusche.

Jetzt sind alle Mails vollständig. Natürlich: dicke Schwänze, dicke Möpse, dünne Taillen. Das Übliche. Und eine Mail von Alejandro. Im Betreff nur ein grinsendes Smiley. Ich merke, dass ich lächle, und öffne die Nachricht. Sie besteht nur aus einem großen Foto. Es zeigt ein aufgeräumtes Atelier mit neuer Aufteilung. Die Sonne scheint durch die nun sauberen Fenster an der rechten Seite, und geradeaus kann man durch ein besonders großes auf einen weißblühenden Kirschbaum sehen. Neben diesem Fenster steht meine Staffelei, und vor dem Fenster macht sich ein neuer großer Arbeitstisch mit einigen meiner Malutensilien breit. Davor steht ein Regiestuhl aus Holz und Leinen. Auf der Rückenlehne prangt in großen Buchstaben *Caterina*. Ich wusste es doch – Alejandro ist einfach nur sehr aufmerksam. Er will, dass ich mich wohl fühle. Das ist doch nett. Mir wird ganz warm. Das Bild von meinem neuen Arbeitsplatz scheint meine Magenflüssigkeit und mein Blut wie mit einer Taschenheizung auf einen Klick erhitzt zu haben. Wohlig durchströmt es meinen Körper.

Ich lächle und bemerke den Kellner erst, als er neben mir steht.

Er sieht auf mich herunter und fragt höflich: »Vous désirez quelque chose à boire?«

»Oui, un jus d'orange, s'il vous plaît.« Bei meiner Orangensaftbestellung lächele ich einfach weiter. Zu sehr. Der Kellner dreht sich im Weggehen noch mal zu mir um.

»Vous êtes libre?«

Was? Er fragt, ob ich ein Buch bin? »Pardon?«

»Je vous tiens compagnie?«

Welche Kompanie? »Je ne comprends pas.«

»Es tu occupée?«

Wieso duzt der mich denn jetzt? Und wieso sollte ich besetzt sein?

[321]

Ich bin doch keine Toilette! Empört schaue ich ihn an. Er wird rot, und endlich begreife ich.

»Oui!!!« Meine Haare wandeln sich zu den Schlangen der Medusa und schnappen mit ihren Giftzähnen nach der plumpen Anmache.

»Excusez-moi«, flüstert der Kellner und verschwindet so schnell, wie es ihm möglich ist. Ein Kollege bringt mir überaus vorsichtig den Orangensaft.

Nach dem Frühstück buche ich einen Jeep-Ausflug in die Sahara und erkundige mich nach den Bussen, die nach Houmt Souk und Zarzis fahren. Ich bin auf die Gassen von Houmt Souk gespannt, gerade weil die Touristen momentan so spärlich ins Land tröpfeln. Wenn meine Vermutung stimmt und tatsächlich so wenig los ist, hätte das den Vorteil, sehen zu können, welche Händler auch von den eigenen Landsleuten leben und welche üblicherweise vom billigen Kitsch für Touristen. Das ist zumindest soziologisch interessant. Für das wirtschaftliche Überleben der Menschen ist die Situation natürlich eine Katastrophe.

Ich erhalte die Abfahrtszeiten und ein paar gutgemeinte Ratschläge. Ich soll keinen tiefen Ausschnitt tragen und den Männern, wenn überhaupt, nur kurz direkt in die Augen sehen. Wenn es geht, die Haare zusammenbinden. Nein, ein Kopftuch brauche ich nicht.

Danach schlendere ich durch den kleinen, lichtdurchfluteten Gewölbebasar am Haupthaus, in dem alle Geschäfte geschlossen sind, zurück durch die große Gartenanlage mit den weißen Bungalowwindmühlen, auf denen halbrunde Kuppeldächer thronen. Ich habe schon gelernt, dass die nicht einfach nur Zierrat sind. Die Dachform hat den Vorteil, dass die Sonne darauf immer nur eine kleinstmögliche Fläche bestrahlen kann. So bleiben die Häuser im Inneren stets angenehm temperiert.

Hin und wieder zirpt eine Grille. Sie sind träge, es ist noch zu früh.

Ich passiere den Pool und die Bungalowreihe, deren Balkonflügeltüren sich direkt in Richtung Strand öffnen lassen. Im Moment wohnt niemand darin.

Als ich den Strand erreiche, läuft ein braungebrannter Junge auf mich zu. Er ist vielleicht zehn, elf Jahre alt. Er zeigt mir seine weißen Zähne und mimt einen flirterfahrenen Erwachsenen. Mit dem Auge zwinkernd sagt er: »Salut! Française?«

Ich schüttele den Kopf und gehe ein paar Schritte weiter.

»Italiana?«

Ich schüttele den Kopf erneut. Er überlegt und lächelt dabei breit.

»Española?«

Das erstaunt mich. So viele spanische Touristen hat Tunesien eigentlich nicht. Dass er zuerst danach fragt, ob ich Französin oder Italienerin bin, kann ich verstehen, aber direkt danach kommen die meisten Touristen üblicherweise aus Deutschland.

»Российский?« Zweifellos, wenn es klingt wie »ruski«, muss es ›russisch‹ heißen. Ein kleines Sprachgenie. Ich gucke anerkennend, muss ihn aber wieder enttäuschen.

»English!« Jetzt ist er sich sicher, doch ich lache und hebe entschuldigend die Hände.

»Deutsche!!!«

»Du hast es erfasst, ich bin eine Deutsche.«

Er freut sich und hüpft ein bisschen.

»Du siehst nicht aus wie Deutsche.«

»Wie sieht denn eine Deutsche aus?«

»Nicht wie du. Strenger.«

»Aha.« Ich freue mich auch. Wenn ich nicht streng wirke, hält sich die Ähnlichkeit mit meiner Mutter in Grenzen. Gute Nachrichten weiß ich zu schätzen.

»Willst du reiten? Ich habe gutes Pferd. Ganz billig. Eine Stunde 60 Dinar.«

»60 Dinar ist nicht billig. Für das Geld kann ich von hier bis Tunis und zurück und dann noch mal nach Tunis mit dem Zug fahren – und mir dazu noch Orangensaft kaufen.«

»Macht nicht so viel Spaß. Aber gut. 50 Dinar.«

»Wo ist denn das Pferd?«

»Komm mit, ich zeige.«

»Ach nein, viel zu teuer.«

»Ich mache gute Preis. 40 Dinar. Ich lege drauf. Pferd muss hungern. Aber du nette Frau. Gib mir Hand drauf.«

»Für 40 Dinar verkaufst du mir das ganze Pferd.«

»Ja, ganze Pferd.« Er guckt mich irritiert an.

»Für immer. Nicht nur für eine Stunde.«

»Nein, für Stunde. Ganze Pferd, eine Stunde. Gute Geschäft.«

»Gutes Geschäft, wie? Pass auf. Hier meine Sandalen. Für 140 Dinar gehören sie dir.«

»140 Dinar. Viel zu viel!« Er winkt verächtlich ab, dreht sich halb um, bleibt aber stehen und dreht sich zurück.

Ich nutze sein Zögern und sage: »Na gut, 130 Dinar und eine Stunde auf deinem Pferd.«

»Sind gebraucht. Nicht neu.«

»Dein Pferd ist auch gebraucht.«

»10 Dinar und eine halbe Stunde auf Pferd.«

»125 Dinar und das ganze Pferd.«

»Du bist keine Deutsche! Was bist du? Mit dir man kann nicht handeln.«

»Tut mir leid, aber das ist mein letztes Angebot.«

»Ich erzähle überall, dass man mit dir nicht handeln.«

»Nein! Das kannst du doch nicht machen! Ruiniere nicht meinen Ruf!« Ich gucke entsetzt.

»Letztes Angebot: Sandalen gegen Pferd und 200 Dinar. Nach einer Stunde gibst du Sandalen zurück. Schlag ein. Geschäft. Gutes Geschäft.«

Ein älteres Paar schlendert am Wasser entlang. Der Kleine sieht sie und rennt, ohne sich zu verabschieden, zu ihnen hinüber. Die Runde zwischen uns hat er verloren, aber es macht ihm nichts. Neues Spiel, neues Glück. Ich stelle mir vor, wir würden daheim im Supermarkt so verhandeln, augenzwinkernd, miteinander spielend, einen Tanz aufführend. Das Leben wäre langsamer. Und schöner.

Ich suche mir einen Platz im Schatten einer schrägstehenden Palme und binde mir die Haare zusammen. Im Sand liegt ein kleines weißes Boot mit umlaufendem Rand in Rot und Blau und einem orangefarbenen Kiel. Überall blättert die Farbe ab. Seetang liegt in dunklen Bündeln verteilt auf dem Strand, wie abgespultes Band alter Tonbänder. Kleine, feine Muscheln glitzern in der Sonne, und Wellen mit winzigen Schaumkrönchen benetzen den Sand. Weiter landeinwärts stehen ein weißes Holzhaus zur Vermietung von Wasserfahrzeugen, das jetzt geschlossen ist, und einige Sonnenschirme mit Dächern aus getrockneten Palmblättern. Von beiden Motiven fertige ich erst Skizzen und dann Aquarelle. Mein Kasten, den ich mitgebracht habe, ist froh, dass er wieder zum Einsatz kommt. In der heißen Sonne trocknet die Farbe schnell und ergibt wunderbare Flächen. Ich bin dennoch nicht zufrieden und fange noch mal von vorn an. Dieses Mal arbeite ich geometrischer.

»Nutzlose Fingerübungen. Du hast eine hervorragende Ausbildung genossen. Besser wirst du nicht mehr. Technisch gesehen.«

Oh nein, meine Kopf-Mutter. Punktlandung.

»Mutter, lass mich doch einfach in Frieden!«

»Das ist Kaffeehaus-Malerei.«

»Das sind Fingerübungen. Hast du gerade selbst gesagt.«

»Du vergeudest dein Talent. Sitzt hier und lässt es dir gutgehen. Sonne, Strand und Meer. Wie albern.«

»Okay, Mutter, wie du willst. Du möchtest, dass ich leide, um zur wahren Kunst zu kommen? Gut, von mir aus. Ich werde einfach depressiv. Rolle mich in meine Kissen ein, stehe nicht mehr auf, mache unter mich.«

»Caterina!«

»Ich kann auch Amalgam in meine Zähne spachteln lassen und durch die Quecksilbervergiftung verrückt werden.«

»Das dauert zu lange.«

»Dann ritze ich mich eben. Hin und wieder dann auch mal ein bisschen zu tief. Immer so, dass du mich findest und möglichst viele deiner geliebten Dinge mit dem roten Blut des tiefen Leides überzogen sind.«

Meine Kopf-Mutter macht spitze Lippen. »Du nimmst mich nicht ernst. Für Kunst muss das Innerste nach außen gestülpt werden. Wenn dein Innerstes nur aus bunten Farbflächen besteht, würde mich das schon sehr enttäuschen.«

»Ich mache daraus eine Performance. Ich lade alle ein, wickle mich in deine Damasttischdecken und stelle mich auf den verehrten Familienesstisch. Dann lasse ich die Tischdecken fallen, und alle sehen auf meinem nackten Körper tiefe Schnitte, aus denen das Blut tropft und den Tisch durchtränkt. In meiner Hand Klingen, die weiterschneiden und schneiden und schneiden. Bis mein Innerstes nach außen gestülpt ist und du siehst, dass es aus bunten Farben besteht, und zwar zumeist aus hellem und dunklem Rot! Natürlich läuft eine Kamera. Die Aufnahme kann vervielfältigt und verkauft werden. Oder gegen Gebühr im Internet runtergeladen. Ganz modern. Das ist große Performance Art, wie du sie willst.«

Meine Kopf-Mutter ist still. Ich bin gespannt, wie lange. Aber die Zeit nutze ich, schiebe die Diskussion beiseite und konzentriere mich auf meine Aquarelle.

Der Junge eilt weiter am Stand entlang auf der Suche nach Kunden für sein günstiges Pferd. Er sieht zu mir hoch und winkt. Ich winke zurück. Lachend hüpft er weiter. Seine Füße platschen vergnügt im Wasser.

Nach dem Mittagessen ziehe ich mir eine leichte Bluse mit halsnahem Ausschnitt an, binde meine Haare zusammen und gehe die steile Rampe zur Straße hoch. Der Bus soll in vier Minuten eintreffen.

Ich warte fünf, als ich eine große Staubwolke von Zarzis kommend sehe. Der Bus hält, und ich zahle passend.

Einen halben Kilometer weiter hält er wieder. Der Fahrer öffnet die Tür und schreit mit kehliger Stimme etwas heraus. Zwei junge Männer schreien etwas anderes herein. Dem Ton nach zu urteilen tauschen sie übelste Beleidigungen aus und beginnen jeden Moment mit schweren Kriegshandlungen. Wäre ich mal besser auf dem Hotelgelände geblieben. Der Fahrer nickt, und die beiden Männer steigen ein. Sie müssen nicht zahlen. Kurz vor dem Römerdamm, der nach Djerba über das Meer führt, lässt der Fahrer die beiden Männer wieder aussteigen. Sie schreien sich erneut etwas zu und greifen nach ihren Waffen. Ach nein, es sind nur ihre Taschen. Die Tür schließt sich.

Eine Freundin meiner Mutter war Anfang der Siebziger hier. Damals konnte der Damm immer nur aus einer Richtung befahren werden. Saß man nicht gerade neben dem Fahrer, dachte man, es gäbe gar keinen Weg, weil der Damm so schmal war, dass man rechts und links vom Fahrzeug nur Wasser sah. Jetzt fahren wir auf einer gut ausgebauten zweispurigen, ganz gewöhnlichen Straße. Abgesehen davon, dass sie von Männern mit Maschinengewehren bewacht wird.

Als wir in der Nähe des touristischen Marktviertels in Houmt Souk, das nichts anderes als »Großer Markt« bedeutet, ankommen, treffe ich zum ersten Mal seit meiner Ankunft auf bunte Geschäftigkeit. Ich sehe sogar ältere Männer mit weißen Gewändern und intensiv roten, dezent braunen und tiefschwarzen Turbanen. Die Bilder in dem Buch über Macke kommen mir in den Sinn, und ich mache Fotos, ohne den Männern zu nah zu kommen. Da läuft ein Fez. Ebenfalls in Karminrot, aber schmaler als bei Macke und ohne Troddel. Noch einer, diesmal in Indischgelb. Zwei sich unterhakende Mädchen in dunkelblauer Schuluniform schlendern auf mich zu. Auf Französisch frage ich sie nach dem Markt.

Ich stehe auf einem innenhofartigen Platz, der von Geschäften umschlossen wird. Mein Fotoapparat ist bereit. Vögel zwitschern. Die Luft wiegt sich unaufgeregt. Es ist leise. Ich stelle mir vor, wie laut es hier üblicherweise ist, und genieße das fahle Licht und die Stille. Geradeaus befindet sich im ersten Stock ein Teppichhandel. Die Steintreppe, die dort hinaufführt, ist vollständig mit Teppichen ausgelegt, als führte sie zu einem Harem aus alten Zeiten. Sogar die Geländer sind damit behängt sowie sämtliche Wände des Eingangs, so dass er kaum zu erkennen ist. Traditionelle Muster und Farben wechseln sich nur selten mit moderneren ab. Unterhalb der Treppe steht ein Händler mit Lederwaren. Ich rieche seine Artikel, bevor ich sie sehe. Der Geruch ist strenger, als er sein dürfte, und kommt wahrscheinlich aus der Spraydose. Geldbörsen, Gürtel und kleine Taschen. Das Leder ist oft geprägt und in allen möglichen Tönen eingefärbt. Ein paar der hochgeprägten Elemente sind bunt lackiert. Es sieht billig aus, und ich frage mich, ob sich für so etwas tatsächlich Abnehmer finden. Im Moment ist so wenig los, dass der Händler nicht einmal Lust hat, mich in eine Verhandlung um seine Waren zu locken.

Viele Geschäfte sind geschlossen. Blaue Gittertore vor weiß abblätternden Holztüren an den kleinen Läden zeigen, wie desolat die Lage im Tourismus zur Zeit ist. Zwischen den Toren steht ein kleiner runder Mann mit kurzem violetten Fez über einem Lachen aus braungebrannten Falten im Eingang seines Geschäftes. Er trägt nach oben gebogene Ledersandalen und eine Pluderhose wie aus Tausendundeiner Nacht. Dazu ein T-Shirt mit dem Schriftzug von Metallica. Sein Laden ist höchstens doppelt so breit wie er selbst. Große geflochtene Körbe mit bunten Gewürzen stehen davor. Ihr schwerer Duft mischt sich in der Luft. An den Längsseiten des schmalen Geschäfts stehen Regale, die mit vielen kleinen Kisten vollgestopft sind. Ich beobachte, wie der Mann von einer Touristin angesprochen wird. Er setzt sie auf einen Holzschemel, damit sie beide auf gleicher Höhe sind, gibt ihr ein fingerhutgroßes Glas mit heißem Pfefferminztee und hält ihr nach und nach alle möglichen Kistchen mit Gewürzen und Kräutern unter die Nase. Sie lässt sich ganz auf das Geschehen ein. Es wird viel gelacht. Dann beginnt der kleine Mann einzupacken. Die Frau zeigt mit ausgestrecktem Arm auf die Kisten und Körbe, aus denen sie etwas haben möchte. Er misst ab und verpackt alles sorgfältig in halbdurchsichtige Plastiktütchen. Der Händler nennt seine Preise. Jeden einzelnen und den Preis für alles zusammen. Ich kann es an den Gesten ablesen. Die Kundin wiegt ihren Kopf hin und her und hält die Hände schulterhoch mit locker geöffneten Händen. Er wiegt seinen ganzen Oberkörper und nennt einen neuen Preis. Sie hält die Hände enger und verschränkt dann die Arme. Er reißt seine in die Luft und dreht sich um die eigene Achse. Der Stummfilm geht weiter. Die Frau hebt das Kinn und schüttelt den Kopf. Der Händler senkt den Kopf, schaut sie mit Dackelblick an und lächelt. Sie öffnet die Arme wieder und lächelt ebenfalls. Er nennt einen neuen Preis. Ihre Bewegungen werden zackig, und sie versucht aufzustehen. Sanft drückt er sie, die Hände auf ihren Schultern, auf den Schemel zurück, läuft durch den Laden und kommt mit einem großen Strang geräucherter roter Peperoni wieder. Der Strang ist fast so lang wie er selbst. Er legt ihn auf die Tüten und nennt einen neuen Preis. Die Frau lacht, öffnet die Arme und steht auf. Sie zahlt. Lachend packt der Mann sämtliche Tüten und die Peperoni in einen großen Beutel und legt noch einen riesigen Strauß getrockneter Pfefferminze obendrauf. Sie umfassen gegenseitig ihre Oberarme, geben sich vier Luftküsse und strahlen.

Ich muss erneut an die Heimat denken. An scheppernde Einkaufswagen, geschoben von nervösen Menschen, die eigentlich schon längst wieder zu Hause sein wollen. Hier geht es beim Einkaufen genauso sehr um den Weg wie um das Ziel. Ich muss wieder an das afrikanische Sprichwort denken und wandle es im Kopf ab. »Ihr habt die Supermärkte, aber wir haben die Zeit.«

Ich gehe weiter.

Ein paar der Läden haben hinter dem Gitter keine Holztüren, und man kann hineinschauen. Ich sehe große, kunstvoll mit Suren beschlagene Messingteller. Die meisten Touristen, die sie kaufen, werden die Suren nicht als Schriftzeichen, geschweige denn als religiöse Zitate wahrnehmen, sondern nur als exotische Ornamente. Im Hotel habe ich sehr lange auf einen Teller geschaut, bis mir auffiel, dass die Muster nicht wirklich gleichmäßig waren. Der Mann an der Rezeption hat es mir erklärt. Es funktioniert wie bei Alejandro: Die Touristen wollen etwas Bedeutsames haben und bekommen es, auch wenn es etwas anderes ist, als sie denken.

Ein Laden mit Keramik ist ebenfalls geöffnet. Mitten in der Ware sitzt ein tunesischblauer Turban auf weißer Kleidung. Unter dem Turban befindet sich ein schlafender Händler. Ich sehe mir das Tonzeug an. Rechts stehen naturbelassene Töpfe, Schalen, rautenförmig durchbrochene Lampen, Vasen und einfache kleine Figuren in hellem Terrakotta. Nur wenige haben eine klare Glasur, und wenn, dann von innen. Auf der linken Seite sieht es vollkommen anders aus. Dort stapeln sich Schalen, Teller, Schüsseln und Tajines in allen Farben und mit kleinteiligen Mustern.

Ich biege um eine Ecke und stehe vor einem Laden mit Schaufenster. Hinter dem Glas liegen mit Marzipan gefüllte Datteln und Kekse, die aussehen wie eingeschneite Kieselsteine. Die Verkäuferin bemerkt mich vor dem Schaufenster, schnappt sich ein Messingtablett und berührt kaum die Treppe, als sie mit einem großen Lächeln auf mich zustürmt. Sie redet auf mich ein. Arabisch. Nach ein paar Versuchen ist klar, dass sie keine europäische Sprache spricht und mein Arabisch sich auf »as salam aleikum«, »bes slema« und »schukran« beschränkt. Es macht nichts. Wir verstehen uns trotzdem. Ich probiere eine gefüllte Dattel. Sie ist frisch und ungesüßt. So liebe ich diese Frucht. Das Marzipan dagegen ist süßer als in Deutschland, aber unglaublich aromatisch. Ein dezenter Rosenwasserduft steigt mir in die Nase. In der Mitte befindet sich noch eine geschälte Mandel. Ich schließe die Augen und genieße die Gesamtkomposition. Als ich die Augen wieder öffne, strahlt die Verkäuferin und bietet mir mehr an. Ich lache und folge ihr in den Laden.

Als ich kurz darauf mit einer großen Tüte purer und gefüllter Datteln sowie den erst sehr trocken wirkenden und dann umso schmackhafteren verschneiten Keksen wieder an die Luft trete, beschließe ich, dem Gewürzhändler ebenfalls einen Besuch abzustatten.

Der Besetzt-Kellner ist heute nicht an der Bar im Foyer des Hotels. Ich stelle meine Einkäufe, die sich um eine kleine Keramikschale und viele Gewürze erweitert haben, auf einen Hocker neben mir. Der Tee bei dem kleinen runden Gewürzhändler, mit dem ich mich beim Verhandeln prächtig amüsiert habe, war stark und süß. Jetzt brauche ich Wasser.

»Do you speak English?«, sagt ein starker deutscher Akzent schräg hinter mir.

»Ja«, antworte ich und sehe über meine Schulter. Eine rote Nase unter einem Strohhut streckt sich mir entgegen.

»Ach wie schön, Sie sprechen Deutsch. Ich bin der Franz. Ich setz mich mal hierher.« Er nimmt sich einen Hocker ohne Tüten und offenbart ein schreckliches Klischee: Seine käsigen Beine stecken mit ihren unteren Enden in weißen Tennissocken und braunen Sandalen. Ihr oberes Ende umhüllen weite, beige Shorts. Darüber hängt ein Hawaii-Hemd. Ich dachte, die wären ausgestorben. Weiße, krause Brusthaare ragen heraus.

Ich wende mich meinem Wasser zu.

Der Mann rückt seinen Hocker näher und beugt den Oberkörper zu mir.

Er durchbricht die meisten meiner Kreise.

»Reisen Sie alleine?«

Es ist außer mir niemand hier, abgesehen vom Barkeeper, der unter der Theke Getränke einräumt. Das Hawaii-Hemd kann nur mich meinen.

»Jo.«

»Ich auch. Das mache ich gerne. Man lernt auf diese Weise viel mehr nette Menschen kennen, als wenn man zu zweit oder gar in einer Gruppe unterwegs ist. Da hängt man ja doch immer nur aufeinander.«

»…«

Erst der Kellner, jetzt die Tennissocke. Was wollen die alle von mir? Ich versuche, meinen Hocker unauffällig wegzurücken. Er bleibt auf dem Boden kleben.

»Sie haben aber viel eingekauft. Alles Souvenirs für die Lieben daheim? Ja? Ich mache das ja schon seit Jahren nicht mehr. Die Leute wollen doch gar keine Mitbringsel. Sie gefallen ihnen nicht, sie brauchen sie nicht, sie schmeißen sie weg. Dafür gebe ich kein Geld aus.«

»...«

Millimeter für Millimeter bringe ich meinen Körper wieder auf Distanz.

»Aber vielleicht schaue ich mal für mich rum. Haben Sie das alles in Zarzis gekauft?« Sein Atem riecht streng nach vorgestrigem Knoblauch. Das üppig aufgetragene scharfe Rasierwasser strengt sich an, versagt jedoch bei der Überdeckung kläglich.

»Houmt Souk.«

Der Barkeeper erhebt sich und fragt den Mann auf Französisch, was er trinken möchte.

»Sprechen Sie kein Englisch? Oder Deutsch?«

»Trinken?« Der Barkeeper zeigt krumme Zähne.

»Ja, also ich hätte dann gerne einen Ananassaft. Frisch gepresst, wenn es geht.«

»Flasche.«

»Gut, dann aus der Flasche. Kann ich das Glas vorher sehen?«

Der Barkeeper nickt und lächelt. Er öffnet eine Flasche, schüttet den Saft ins Glas und stellt dem Hawaii-Hemd das Getränk auf die Theke.

»Ich wollte das Glas vorher sehen«, sagt der Mann dem Barkeeper und wendet sich dann an mich: »Die putzen nämlich oft nicht richtig.«

»Aha.«

Der Barkeeper lächelt, nickt und entfernt sich.

»Na, dann gehe ich das Risiko mal ein.« Er nimmt einen Schluck. »Eine gute Spermienpflege!«

Ich überlege, was sich anhören könnte wie Spermienpflege. »Eine gute Ich-spar-mir-die-Pflege«, »Eine gute sperr-mir-Fliege«, »Eine

[332]

gute Schwebfliege«. Das muss es sein. Er ist ein Entomologe, der gerade eine der vielen Schwebfliegenarten gesehen hat.

»Das wissen Sie doch auch, oder?«

»Ich interessiere mich nicht übermäßig für Insekten.«

»Sie sollten einem Mann nicht sagen, dass Sie seine Spermien für Insekten halten.«

Oh, mein Gott. Dieser Mann mit krausweißem Brusthaar will tatsächlich mit mir über seine Spermien reden!

»Das Sperma eines Mannes ist heilig! Das habe ich mal von einem Inder gelernt, der in Castrop neben mir gewohnt hat. Man soll keinen Alkohol trinken und nichts Scharfes essen, wenn man der Frau etwas Gutes tun will. Besser ist Ananas. Und was soll ich sagen – es stimmt. Ich trinke seit Jahren jeden Tag Ananassaft.«

»Aha.«

»Ja. Und die Frauen sind begeistert.«

»Sind sie das?« Ich nehme meine Tüten, rutsche vom Hocker und gehe.

»Wollen Sie sich schnell mal überzeugen?«

Am liebsten würde ich jetzt stehen bleiben und ihm eine Ohrfeige verpassen, die seine Hypophyse zerstört und die Spermienproduktion für den Rest seines Lebens zum Versiegen bringt. Doch meine Hände krampfen sich um die Tüten. Sie wollen den Mann nicht mal schlagend berühren. Meine Füße verstehen das und drängen in Richtung Ausgang.

»Wenn Sie jetzt zu tun haben, stehe ich Ihnen gerne später zur Verfügung. Ist nicht viel los hier, und Sie reisen ja auch alleine. Ich bin noch zwei Wochen hier.«

Ich breche den Weltrekord im Schnellgehen.

> *Caterina Seite 372*

< Hartmut Seite 264

Die Schuld

21.03.2011
56° 57' 46.6" N, 24° 12' 37.4" E

Khaled sitzt bereits am Tisch, als ich den Frühstücksraum betrete. Sein nächtliches Flüstertelefonat wisperte mir gestern noch den ganzen Tag im Ohr herum, während er mich dazu drängte, stundenlang mit ihm am Strand spazierenzugehen und abends einer kleineren Männerrunde beizuwohnen, bei der es nicht ums Feiern, sondern um »gute Geschäfte« ging. Nach vierstündigem Palaver beschloss Khaled, das Kungis Inn doch nicht zu kaufen.

Das Frühstück habe ich gestern Morgen schlicht verpennt, schaffe es dieses Mal aber rechtzeitig. Wir wollen heute weiterfahren. Khaled winkt mich zu sich und zeigt auf einen Brotkorb, hartgekochte Eier, Schüsselchen mit Marmelade, eine Schale mit Gewürzgurken und Silberzwiebeln sowie einen Teller mit Wurst und Käse.

»Alles hier!«, sagt er und gießt mir Kaffee ein. Der Käse ist alt. Hart biegt sich der Rand nach oben, während die Mitte schwitzt wie eine Altmännerstirn. »Kasimir kann Frühstück nicht«, lacht Khaled und kippt sich scharfe Nüsse aus seiner Landrover-Tüte auf den Teller. Dazu isst er ein Ei. »Geht nur Ei und Glaskost. Hier, Gurken und so. Nimm kein Brot. Ist zu hart. Liegt schon seit Perestroika.«

Ich reibe meine Schläfen, nehme absichtlich das uralte Brot und lege den vergammelten Käse darauf. Er riecht ungut. Mein Versuch, das Brot zu essen, fühlt sich an, als hätte mich ein psychopathischer Genicktrittmörder dazu gezwungen, in die Bordsteinkante zu beißen. Ich lasse das Steinbrett aus Teig auf den Teller fallen. Es ist so hart, dass die Keramik einen Sprung bekommt.

[334]

Khaled schüttelt den Kopf. »Du *willst* leiden?«, fragt er.

Ich antworte auf der Stelle »Ja!« und haue auf den Tisch, so dass die Gurke springt. »Ja, ich will leiden!« Ich nehme die Scheibe Käse und beiße davon ab. Der Rand schmeckt wie Hornhaut, der Innenteil wie Schweißfuß. Ich muss würgen und lege den Rest auf den Teller. »Aber es klappt nicht! Khaled. Verstehst du? Ja, toll, mieser Käse, okay. Aber der Kaffee, der ist schon wieder gut. Vorgestern habe ich Post von meinem Freund bekommen und sogar seiner Freundin geschrieben. Ja? So, von wegen Menschen und Reden und so. Am Strand habe ich mich für einen Moment sogar richtig wohl gefühlt. Ich musste an Poesie denken, an ein Gedicht. Ich ramme meine Finger in die Bäume und höre Heavy Metal mit einem einsamem Wolf auf der Hülle. Das ist doch alles kein Leid, das ist … das ist wahrscheinlich genau das Pathos, das meine Freundin nicht mehr ertragen hat. Verstehst du? Deswegen will ich ja zur Einsamkeit. Ich kann nicht leiden. Nicht richtig. Es ist echt, in mir drin, aber sobald es rauskommt, ist es Schauspiel. Und da innen drinnen« – ich schlage auf meine Brust –, »da will der Schmerz sogar manchmal Pause machen. Einfach Pause machen. Und du hast ihm gestern auch noch dabei geholfen mit dem Spazieren und Verhandeln und allem. Aber das geht nicht. Es ist zu früh. Bevor der Schmerz sich Urlaub gönnen darf, muss er noch viel tiefer gehen.«

»Warum?«, fragt Khaled. Einfach nur fünf Buchstaben.

Ich will »Geht dich nichts an!« antworten, aber Khaled hat wieder seinen Kopf gesenkt, so dass die Augen raumgroß werden und Iris wie Pupille in einem hypnotischen weißen Meer kleben.

»Weil ich schuldig bin«, sage ich, und Khaled hört zu. Nur ab und zu wandert eine scharfe Nuss in seinen Mund, immer mit der rechten Hand. »*Ich* habe alles versaut. Das ganze Leben. *Ein* ganzes Leben.« Der Pfropf weitet sich in meiner Brust. Ich kann darüber nicht sprechen, blicke zur Seite, Glasaugen, schlürfe am Kaffee.

»Nuss?«, fragt Khaled, und ich nehme eine. Sie ist zwei Sekunden in meinem Mund, als mir klar wird, warum sich auf einmal der Frühstücksraum dreht. Sämtliche Feuermonster aller Videospiele, die ich jemals gespielt habe, speien ihr tödliches Rot durch meine Kehle und verbrennen die Schleimhäute. Meine Ohren werden zu Heizstrahlern, und alle Gewerkschaften der Jahrhundertwende klopfen mit ihren stählernen Hämmern von innen gegen meine Augenhöhlen. Ich grapsche mit den Händen nach Hilfe und Wasser, aber es steht nur Kaffee auf dem Tisch. Meine Finger krachen auf die Teller und das Steinbrot. Ich erblinde, sehe nichts mehr, durch meine Ohren pfeift ein weltkriegslauter Tinnitus.

»Scharf?«, fragt Khaled durch das Pfeifen hindurch und meint es nicht mal spöttisch. Er kann nicht verstehen, dass ich mich so anstelle. Sein Gesicht ist nur ein Schemen im dunklen Nebel; ich spüre, dass meine Finger beim Grapschen in Marmelade gelandet sind, führe sie zum Mund und stopfe so viel, wie es geht, hinein. Die Marmelade schmeckt grauenvoll. Die Pflaumen und Kirschen müssen schon schlecht gewesen sein, als sie verarbeitet wurden, aber sie sind die einzige Chance gegen das Verbrennen. Ohne Schimmelkirschen zerfalle ich zu glühender Asche. Ich bin der Mottenmann, Carrie das Feuerkind und Luzifer in einer irdischen Hülle, die ihm nicht passt. Nachdem alle Marmelade in mir ist, lässt das Feuer langsam nach, und ich sinke schwitzend in den Stuhl. Khaled sieht mich unschuldig an.

Ich flüstere, lispelnd und mit geschwollener Zunge: »*Das* kaust du den ganzen Tag???«

»Ja. Sicher.« Er zuckt mit den Schultern. Dann reicht er mir eine kleine Wasserflasche aus Plastik, die an seinem Stuhlbein gestanden hat.

»Weiterfahren?«, fragt er. Ich nicke. Die Endgegner, Feuerteufel und Jahrhundertwendeschmiedehämmer purzeln leise schreiend in meinen Magen hinab. Khaled schnippt sich eine Nuss in den Rachen.

Wir fahren. Der iPod spielt Etnika, eine Band aus Malta, die mit Bläsern, Trommeln und Dudelsack traditionelle Lieder von Hochzeit bis Beerdigung neu interpretiert. Khaled summt mit und trommelt auf dem Lenkrad. Ich lasse mein Telefon neue Post aus dem Äther ziehen.

[336]

Caterina antwortet mir, und ihre Sätze passen zur heiteren, fremden Musik. Sie ist gerade in Tunesien, auf Bildungs- und Selbstfindungsreise. Sie folgt den Spuren von Macke und Klee. Ich sehe die Bilder dieser Künstler vor mir und frage mich, was sie gerade in mir auslösen. Wie benenne ich das am besten? Grundlose Beruhigung. Meine Finger wollen zum Touchpen greifen, um eine Antwort zu tippen. Mein schuhloser rechter Fuß liegt lässig im Cockpit über der Lüftung.

Im Cockpit?

Ich nehme ruckartig den Fuß vom Luftstrom.

Ich sitze vorn?

»Alles gut?«, fragt Khaled.

Ich schaue auf den Tacho. Wir sind schon hundertfünfzig Kilometer gefahren, und mir wird jetzt erst bewusst, dass ich das zum ersten Mal mache. Ich bin einfach vorne statt hinten eingestiegen. Khaled hat es nicht kommentiert. Ich stecke das Telefon in die Tasche und falte die große alte Straßenkarte auf, die im Türrahmen steckt. Das Papier ist an den Rändern weich und dünn, als hätte Khaled es jahrzehntelang zwischen den Fingerkuppen zerrieben. Wir fahren auf der A12 Richtung Norden, die sich an der Grenze zu Lettland in die A8 verwandelt. Draußen ist alles schön. Wälder, Flüsse, Weiden, Höfe. Ein Bildband über das Münsterland oder die Pfalz hat sich aufgefaltet und um den Jeep gelegt. Wo ich hingucke, sehe ich Gegend. Kein Fallout, kein grauer Staub, keine Atemmasken. Und meine Finger, die Caterina bereits das nächste geflötete Hallo senden wollen. Es ist zum Mäusemelken. Ich studiere die Karte des Landes, dem wir uns nähern. Rund um die Hauptstadt Riga ist mehrfach der Stern Israels abgedruckt. Ich versuche, die Wörter daneben zu entziffern.

»Was ist das?«, frage ich Khaled und halte ihm die Karte hin. »Die Judensterne hier. Und da. Was ist das?«

Er schaut kurz drauf und kneift die Augen zusammen.

»Biķernieki und Salaspils. Schlimme Geschichte. Konzentrationslager. Mordwald. Nazis. Zweiter Weltkrieg. Ganz schlimm.«

»Mordwald?«

»Ja. Biķernieki. Viele Leichen. Tausende Tote. Eine Schande.« Khaled schüttelt den Kopf und schaut auf den Tacho. Als sei es für ihn undenkbar, dass Menschen tun, was sie tun, wenn sie gerade mal nicht Frieden haben. Womöglich ist er doch kein Waffenhändler.

»Da will ich hin«, sage ich.

»Nach Biķernieki?«

»Ja. Du wolltest doch sowieso in Riga Zwischenstopp zum Mittagessen machen, oder?«

»Ja. Ich habe Freund in Riga, Krišjānis. Ist Koch. Wenn wir wollen, er brät uns ein Lamm.«

»Gut. Dann bring mich vorher in den Mordwald.«

»Ernst?«

»Und wie.«

Khaled nimmt eine Nuss, schiebt sie zwischen untere Zahnreihe und Lippe, rollt sie wieder hoch und schluckt sie wie ein Bonbon. Dann nickt er: »Okay. Ich respektiere. Aber nicht beklagen, wenn die Seele danach noch schwerer.«

»Das ist der Sinn der Übung«, murmele ich.

»Wie?«

»Ach, nichts …«

Zwei Stunden später stehen wir im Wald. Kiefern, überall, ein beruhigender Duft. Und die Sonne, die auch in Lettland jeden Winkel erfüllt. Eine flache Treppe aus hellem Stein führt aus dem Waldstück hinab zu der kleinen Gedenkstätte. In ihrer Mitte stehen vier weiße Stelen mit einem gleichmäßigen Kreuz als eine Art Dach, ein marmorner Gedenkstein darunter. Khaled übersetzt für mich, was daraufsteht: »Ach, Erde, bedecke mein Blut nicht, und mein Schreien finde keine Ruhestatt!«

Drum herum erstreckt sich in alle Richtungen ein Feld aus groben, scharfkantigen Granitsteinen; dicht an dicht in den Boden gesteckt wie namenlose Grabsteine oder wie schwarze, abgestorbene Zähne. Ich starre zehn Minuten auf die Gesamtskulptur und empfinde nichts. Der Ort ist geformt wie ein Kunstwerk, aber das formlose Grauen, das Chaos und die Agonie – das kann es nicht ausdrücken. Weil ein Kunstwerk eben gemacht ist, mit Ruhe und Bedacht. In diesem Wald aber fand ein Massenmord statt. Tausende von Menschen aus dem Gut Jungfernhof, die als nicht arbeitsfähig galten, wurden zwischen diesen Kiefern ermordet. Ihre Brüder, Onkel oder Söhne, die arbeiten konnten, bauten ein Stück weiter westlich das KZ Salaspils auf. Sie schufteten in bitterster Kälte, um einen Ort zu erschaffen, der dazu diente, sie später umzubringen. Diesen Wahnsinn kann kein Werk ausdrücken, keine Musik, kein Bild. Nicht mal ein Schrei, der nun begänne und den man dann fortführte, hundert Jahre lang, ohne abzusetzen. »Ach, Erde, bedecke mein Blut nicht, und mein Schreien finde keine Ruhestatt!«

Ich gehe in den Wald zurück, zwischen die Bäume. Selbst hier sind die Fundorte der Massengräber markiert. Mal in Form eines großen Rahmens aus Beton, mal durch einzelne Steine und Stelen. Ich lasse auch sie hinter mir und gehe weiter bis in den Teil des Waldes, wo keine Menschenhand ein Gedenken geformt hat. Wer weiß, ob nicht trotzdem auch hier Leichen lagen und ein paar Meter unter der Erde verwest sind, unmarkiert und anonym. Ich möchte irgendwie, das dem so ist, dass ein paar der Toten nicht mit Stein bedeckt wurden, sondern die Natur aus ihrem Fleisch als Humus neues Leben schuf. Die Natur kennt kein Gut und Böse. Es ist ihr egal, ob Bestatter in schwarzen Anzügen einen Sarg in ihren Boden hinablassen, während im Friedhofsrestaurant der Begräbniskaffee wartet, oder ob deutsche Nazis und lettische Kollaborateure ausgemergelte Leichenberge in mit Schaufeln ausgehobene Gruben rollen. So oder so macht sie Büsche daraus, Pilze und Blumen und kräftige Kiefern, die so verflucht gut duften wie ein Fußbad aus dem Reformhaus.

»Verdammte Scheiße!«, brülle ich und stoppe meinen Fuß, der gegen einen Baum treten will, gerade noch rechtzeitig ab. In diesem Baum steckt das Leben ermordeter Juden. Er ist viel mehr Gedenkskulptur als jeder einzelne hergebrachte Stein. Ihn als deutscher

Mann mit Namen Hartmut und nordischen Vorfahren zu treten wäre wohl kaum die richtige Geste. Khaled sagt nichts. Er steht nur hinter mir im sonnigen Wald, in dem die Vögel zwitschern, seine Ray-Ban auf der Stirn, als seien wir bloß spazieren, in unserem nimmer enden wollenden Kururlaub.

»Ich dachte, wenigstens an diesem Ort ginge es tiefer rein, das Messer, verstehst du?« Ich drücke die Fäuste auf meine Brust. »Das ist … wie soll ich das ausdrücken, Khaled? Es gibt nichts Schlimmeres als das hier! Hier wurden Kinder verscharrt, Großeltern, hier unter uns, überall. Ich bin ein Deutscher, Khaled, und ich bin schuldig.«

»Hast du ermordet diese Menschen?«, entgegnet Khaled.

»Nein, mit schuldig meine ich nicht hier. In *meinem* Leben. Ich habe …« Ich kann es immer noch nicht sagen. Warum kann ich es nicht endlich in Worte fassen? »Ich will, dass die Schuld mich vernichtet! Auf irgendeine Weise soll sie mich zerstören. Und jetzt stehe ich hier mit dir, und weißt du, wie ich mich fühle? Wie bei einem Sonntagsausflug als Kind ins Museum. Wo man weiß, dass man ernst sein muss und ruhig, obwohl man kaum was versteht von den Skulpturen an der Wand. Und egal, wie ernst man sein soll, meine Güte, es scheint die Sonne, und gleich gibt es noch ein Eis. Es gibt ja gleich noch ein Eis!«

Khaled reibt seinen rechten Nasenflügel. »Du willst Schuld?« Khaled schüttelt den Kopf. Jetzt murmelt er, ich verstehe kaum etwas, nur »Mohamed« und »Jesus«. Er hebt den Arm und zeigt ziellos zwischen die Zweige: »Gut. Denk an deinen Großvater, bae? Oder Urgroßvater?«

»Das kann ich eben nicht!!«, klage ich, und Khaled weitet erstaunt die Augen, wie schnell diese Behauptung aus mir herausschießt. Da ich ihm immer noch nicht von Lisa erzähle, habe ich das Gefühl, ich schulde ihm wenigstens *eine* Wahrheit, die ich noch niemandem verraten habe, nicht einmal Susanne oder meinem besten Freund. Aber Khaled verrate ich sie jetzt, ausgerechnet ihm, dem Schweigsamen. »Mein Urgroßvater, Hartmut Hartmann senior, ja? Jahrgang 1906,

[340   ]

ein junger Mann zur Nazizeit. Weißt du, was mit dem los war? Er wollte in die Partei, und sie *ließen* ihn nicht!!!« Die Geschichte ist unglaublich, aber wahr. Meine Mutter hat sie mir mal erzählt, als sie betrunken war. »Mein Schwiegeropa«, lallte sie, »sogar zu blöd für die Nazis.« Sie hatte zu der Zeit Streit mit meinem Dad. Ich erzähle weiter: »Khaled, stell dir das vor! Hartmut Hartmann senior war fasziniert vom Faschismus. Nicht von den Morden und Schlachtereien, die später kamen, sondern von den Anfängen. Den Visionen, der Philosophie, dem Okkultismus. Richard Wagner. Die Oper. Die Nazis waren eine Jugendbewegung, Khaled, lauter junge Männer mit Testosteron und Dramatik, süchtig nach Pathos. Am Anfang, da war das *Herr der Ringe* und *Kampf der Titanen* und die letzte große Schlacht um Hogwarts. Hätte es damals schon Manowar gegeben, hätten sie mit der Metalgitarre zum Halali geblasen. Und da drunter, ja? Da fütterte mein Uropa alles mit Philosophie aus. Heidegger und Nietzsche und Spengler. Und dann alles schön zur großen Erzählung vermengt. Seit 1929 wollte er der NSDAP beitreten, aber sie ließen ihn nicht rein. Nicht, weil er *zu blöd* war, wie meine Mutter gehässig sagte, sondern weil sie ihm ansahen, dass er *zu lieb* war. Dass er nur ein Schwärmer war, ein Nachtfalter großer Ideen. Er hätte vielleicht gegen Soldaten gekämpft, im Stahlgewitter, aber er hätte niemals Unschuldige umgebracht. Das haben die gesehen, beim Bewerbungsgespräch, jedes Mal. Weil die ja schon wussten, wer sie wirklich sind. Keine Visionäre, sondern nur dreckige, kleingeistige, feige, sadistische Ratten. Verstehst du mein Problem? Meine Familie trägt die schwere Bürde der Unschuld auf ihren deutschen Schultern.«

Khaled wartet noch einen Augenblick, ob mein Redeschwall wirklich vorbei ist. Ich lehne mich an eine Kiefer. Todesbaum. Lebensbaum.

Khaled nimmt die Sonnenbrille von der Stirn, lehnt sich neben mich, blickt in den Wald und sagt: »Du musst mir nichts erzählen.«

Ich schweige.

»Musst nichts sagen … alles gut.«

Ich schließe die Augen und atme aus.

»Musst nichts sagen …

… nichts …

… gar nichts …«

Die Kiefernluft duftet. Über uns stößt sich ein großer Vogel von einem Ast ab und flattert laut davon. Blätter rieseln aus der Krone.

»Alles gut …«, brummt Khaled, immer tiefer, »… alles gut.«

»Ich habe meine Tochter verloren!«, schreie ich und mache einen Schritt weg vom Baum. Die Tränen sind schneller da, als ich sie bemerken kann. Tränen von Wochen, von Monaten. Schleuse auf.

»Ungeboren, bei einem Unfall.« Ich zeige mit den Händen auf den Waldboden. »Sie liegt nicht mal irgendwo begraben. Meine Frau … meine Freundin trägt sie um den Hals, als Diamanten. Ich habe sie angeschrien dafür, weil ich ein Grab wollte. Sie, die Mutter! Sie hat doch auch ihr Kind verloren, und ich schreie sie an!«

Khaled steht regungslos an der Kiefer und hört zu. Er bewegt sich nicht mal einen Millimeter, um mich nicht zu stören. Alles ist jetzt sein Ohr. Ich laufe hin und her, auf Blattwerk und knackenden Zweigen.

»Ich bin daran schuld, Khaled! Ich bin … ich war wie mein Urgroßvater. Ein Schwärmer, ein Revolutionär. Immer wollte ich alles verändern. In meiner ersten Wohnung habe ich in der Nachbarschaft Strom und Wasser abgestellt, damit die Menschen in der Not lernen, sich gegenseitig zu helfen! Ich habe Leute dazu aufgerufen, öffentlich in den Busch zu scheißen, um durch die Bußgelder die marode Stadtkasse zu füllen. Ich habe ein ganzes Buch geschrieben über alles, was falsch läuft. Brandreden habe ich gehalten, im Stau, den Kopf emporgeschwungen, voller heiligem Zorn. Das Dach eines Lasters war mein Bürgerbräukeller. Und ich hatte natürlich immer recht. Wie alle immer recht haben, wenn sie die optimale Welt erschaffen wollen.«

Khaled steht kieferngerade. Kein Mucks.

»Es gibt ein Computerspiel«, sage ich, »*Operation Flashpoint*, da sieht die Landschaft, in der man kämpft, genauso aus wie hier. Weite

Felder und Hügel. Nadelwälder. Ab und zu ein Dorf mit Höfen und
Scheunen. Es ist das anspruchsvollste Kriegsspiel aller Zeiten. Der
Trick ist, deine Position nicht zu verraten. Wenn du aus dem Hinter-
halt schießt, dann wechsele sofort den Ort. Sonst wissen sie, woher
die Salve kam. Und dann richten sie ihre Rohre auf dich.« Ich schleudere den Kopf hin und her und lache nach den vergossenen Tränen,
bitter und trocken: »Khaled. Ich habe nach dem Schießen nicht nur
nicht den Ort gewechselt – ich habe ganze Leuchtfeuer gezündet. Bis
alle es sahen, im Tal, an den Scheunen. Ich habe jahrelang die Aufmerksamkeit auf meine Position gelenkt, und am Ende hat es meiner
Tochter das Leben gekostet. Ich wollte die Scheißwelt retten, aber ich
es habe nicht mal hingekriegt, meine Familie zu beschützen.«

So.

Da hat er es geschafft.

Ich bin leer.

Meine Beine knicken weg, und ich plumpse würdelos auf den
Waldboden. »Ich weiß nicht, wo sie jetzt ist«, schluchze ich noch.
»Lisa. Wenn ich wenigstens einen Glauben hätte. Aber ich weiß nicht,
wo sie jetzt ist.«

Khaled setzt sich neben mich, legt den Arm um meine Schulter
und sagt kein Wort.

Zurück im Wagen, schließt Khaled die Tür und schaltet augenblicklich die Musik wieder an. Heiterer Calypso. Ich sehe bunte Röcke
kreisen und halbnackte Männer lachend die Steel Drums schlagen.
Es klingt wie eine Mischung aus einer Schlussszene in *Das Traumhotel*
und dem nostalgischen Soundtrack des Piraten-Adventures *The Secret
Of Monkey Island*. Ich funkele Khaled vorwurfsvoll an. Wie kann er
nach den Augenblicken eben diese Musik anmachen?

Khaled grinst, die Hand am Lautstärkeregler. Er macht die Musik
etwas leiser, lässt die Fenster herunter, streckt den linken Arm nach
draußen und sagt: »Siehst du?«

»Was sehe ich?«

»Stehen wir am Mordwald. Hast du mir erzählt deinen Schmerz. Spiele ich Calypso. Und was passiert?«

Ich schnaufe. Mein Fuß beginnt, der Steel Drum zu folgen.

»Nichts!«, sagt Khaled. »Hören wir Calypso am Rande der Hölle und es passiert nichts. Regnet nicht Pech und Schwefel.«

Er lacht. Knufft mir an die Schulter. Schaltet den Motor an. Der Landrover gurgelt, zwanzig Liter Verbrauch als Sünde auf den Calypso direkt obendrauf, ein Motor wie ein Drachengrollen. Jetzt wippt sogar mein Kopf den Rhythmus mit. Wir werden nicht verdammt. Wir verschwinden nicht. Mein ganzer Körper wippt Calypso, im Rückspiegel den Wald des Todes. Würde Lisa das wollen? Was würde sie wollen?

»Kopf aus, Herz an«, sagt Khaled und kurbelt uns mit knirschenden Reifen auf die nächste befestigte Straße zurück. Seine Augen strahlen weiß und weise. Seine Halsmuskeln spannen die gebräunte Haut. Ich übergebe das Kommando meinen Gliedern, und während die Füße weiterwippen, nehmen meine Finger das Telefon und tippen eine Antwort an Caterina. Mein Kopf ist stark genug, meine Finger daran zu erinnern, wo ich angeblich bin. In Südfrankreich natürlich und nicht an einer KZ-Gedenkstätte auf dem weiten Weg ins ewige Eis. Mehr Einfluss erlaube ich dem Gehirn nicht bei der Arbeit des Herzens. Sie flötet wieder, diese Post, aber sie enthält das erste Mal die Frage, auf die es einzig und allein ankommt: *Hast Du denn was von Susanne gehört? Ich vermisse sie so.* Mein Kopf erhebt Einwände gegen diesen Bruch der Vereinbarung, aber meine Finger halten das Telefon aus der offenen Scheibe und schleudern die Nachricht in den Fahrtwind, wo sie niemand mehr auf ihrem Weg aufhalten kann.

> *Hartmut Seite 425*

< Susanne Seite 277

Buh-buk!

22.03.2011
41° 20′ 34.46″ S, 174° 45′ 33.36″ E

Es ist wärmer, als ich dachte. Hier sollte eigentlich Spätherbst sein. Stattdessen kommt mir ein Schwall subtropischer Hitze entgegen, der mich umhaut nach 32 Stunden Eisluft aus Klimaanlagen.

Ich bin froh, endlich aus den Flugzeugen raus zu sein. Mein Hintern ist völlig platt, und mein Kopf dröhnt nach. Ein paar Stützkniestrümpfe, die ich wegen einer Apothekenwerbung in Heathrow kaufte, kostenloses Wasser im Flugzeug und meine Fähigkeit, überall schlafen zu können, konnten das Schlimmste verhindern.

In der Reihe vor mir gab es über einen längeren Zeitraum regelmäßig Streit, weil sich ein asiatisches Paar von einem jungen Deutschen gestört fühlte, wenn er auf die Toilette musste. Er saß am Fenster, doch sie waren nicht bereit, mit ihm die Plätze zu tauschen. Der junge Mann musste lautes Schnarchen anbetteln, um vorbeizudürfen. Das Schnarchen hörte stets beim ersten Ton auf, aber das Betteln musste mindestens fünf Minuten pro Richtung vollzogen werden. Dann setzte sich der Asiate – laut den Schnodder in der Nase hochziehend – auf und schimpfte auf den jungen Mann ein. Zwischen Wasserabstinenz und kompletter Neuseelandabstinenz, insbesondere für ihn als Deutschen, war jede Empfehlung dabei, in einer Lautstärke, die das gesamte Flugzeug aufrüttelte. Die Frau sage nichts. Sie saß auf ihrem Sitz vollständig zusammengeklappt in eine graue Strickjacke eingewickelt. Nach neun Stunden nahm der Tonfall des Asiaten so bedrohliche Züge an, dass eine Stewardess den jungen Mann in die Business Class einlud. Es wurde geklatscht. Die Flug-

[345]

begleiterin kam noch mal zurück, lehnte sich weit zu dem asiatischen Paar und sagte sehr bestimmt und sehr leise etwas. In der Reihe vor mir wurde es ruhig. Ich hörte nicht mal mehr ein Schnarchen.

Mit meinem Koffer in der Hand stehe ich nun vor dem Flughafengebäude in Wellington, in Spuckweite zwischen Lyall und Evans Bay. Ich habe Bilder von Surfern auf hohen Wellen im Kopf, sehe hinter einem großen Parkplatz eine Golfanlage und rundum grüne Hügel. Die Filmheimat von Gollum.

Ich brauche ein Zimmer.

»Hey, du hast doch hinter mir gesessen.« Ein breites Lachen schiebt sich in mein Gesichtsfeld. »Ich bin Arne«, sagt das Lachen und zeigt Zähne.

»Ich saß in der Econonomy«, sage ich. Schließlich hat er einen Teil seines Fluges am Ende gratis in der Business Class verbracht.

»Oh Mann, das war vielleicht heftig«, lacht er. »Ich war so froh, dass die Stewardess mir einen anderen Platz gegeben hat. Ich hätte sogar mit einem Notsitz vorliebgenommen. Haben die noch was gesagt?«

»Nein, nachdem du weg warst, war der Typ komplett still. Und die Frau hat ja sowieso überhaupt keine Geräusche von sich gegeben.«

»Komische Leute, oder? Ich komme seit vielen Jahren hierher, und noch nie war jemand so unfreundlich zu mir. Ich meine, der hat ja sogar gesagt, dass ich als Deutscher hier nichts verloren hätte! Für den sind wir Feinde!«

»Hab ich mitbekommen. Wieso eigentlich?«

»Alte Commonwealth-Connections. Wenn die Queen ruft, stehen alle stramm. Auch während der beiden Weltkriege. Aber sonst sind die Kiwis wirklich total in Ordnung. Ich meine, alle von ihnen, egal, welcher Herkunft.«

»Hm.«

»Ich hab hier ein Auto stehen. Wo willst du hin? Kann ich dich ein Stück mitnehmen?«

»Das ist nett von dir, aber ich komme schon klar.«

»Aha. Okay, dann mach's mal gut. Vielleicht sieht man sich ja noch mal. Nau mai auf Neuseeland.«

»Bitte?«

»Willkommen auf Neuseeland!«

»Ach so. Danke!« Ich lächle kurz, nehme meinen Koffer und gehe. Wohin, bleibt offen.

»Wie heißt du noch gleich?«

»Susanne.«

Er winkt mir heiter hinterher.

Ich bin froh, nur einen kleinen Rollkoffer mitgenommen zu haben. Die unbewegte Luft drückt, als ich den Stewart Duff Drive entlanglaufe. Hatte ich nicht mal was von »Windy Wellington« gehört? Auf der anderen Straßenseite beginnt der Golfplatz. Ich hätte auch ein Auto mieten sollen. Aber hier herrscht Linksverkehr. Vorhin dachte ich, es wäre eine gute Idee, sich erst mal daran zu gewöhnen, bis ich mich selbst hinters Steuer setze. Ich könnte wieder zurückgehen. Hier fahren aber auch Busse. Das wäre ebenfalls eine Option.

Ob Bus oder Auto – ich weiß ja noch gar nicht, wohin. Vielleicht sollte ich einfach so lange geradeaus gehen, bis ich an einen Strand komme. Notfalls übernachte ich dort und sehe morgen weiter. Eines ist sicher: Egal, in welche Richtung ich laufe, der nächste Strand ist nicht weit.

Hinter mir hupt es blechern. Ein Motorgeräusch schleicht sich an. Das Hupen wird lauter, aber nicht schöner. Man wird doch wohl auf einem Bürgersteig gehen dürfen, oder? Ich mache mich auf eine Tirade auf Englisch gefasst, stemme meine Hände in die Hüften, achte darauf, meine Brauen zornig zu senken, obwohl das in Kombination mit Kopfschmerzen ziemlich unangenehm ist, und gehe in Kampfstellung, ehe ich mich umdrehe.

»Hey, Susanne, so sieht man sich wieder«, tönt es aus dem Strahlen, das seitlich aus dem Fenster eines rostigen hellgrauen Ford Pick-up hängt. »Hast du schon was vor, oder magst du eine kleine Rundfahrt mitmachen?«

»Ich mache Urlaub.«

»Prima. Da wir das geklärt haben, schmeiß deinen Koffer auf die Ladefläche.«

Ich komme der Aufforderung nach und setze mich nach vorne neben Arne. Eine Sekunde zögere ich, als ich die Hand nach dem Türgriff ausstrecke. Immerhin kenne ich den Mann kaum. Aber hey, ich bin einfach so nach Neuseeland geflogen. Und ich mag seinen Wagen. Er wirkt, als könne sein Fahrer kein schlechter Mensch sein.

»Ich schätze alte Autos«, sage ich. »Man kann so schön lange daran schrauben und ist hinterher umso stolzer, wenn sie wieder fahren. Aber ein Mietwagen ist das nicht.«

»Hab ich auch nicht gesagt. Daisy ist mein Auto auf Neuseeland. Ich lebe meistens hier. Wegen Mere und Hu.«

»Und du bist Horton, oder wie?«

»Sehr komisch. Wieso bist du hier? Und wieso hast du keine Unterkunft?«

»Wer sagt denn, dass ich obdachlos bin?« Mein Schädel brummt wie ein ganzer Hornissenkorb. Ich bin froh über die frische Brise, die durch das offene Fenster weht.

»Gut, dann sag mir, wohin ich dich fahren soll.«

»In ein ruhiges Guesthouse.«

»Egal, welches?«

»Nein, es sollte wirklich ruhig sein. Und vielleicht ein bisschen Natur drum herum. Aber nicht zu weit weg von der Stadt. Ich will sie mir ansehen, bevor ich entscheide, wie ich weitermache.«

»Du bist also ein Trolley-Packer.« Arne grinst mich frech an.

»Horton, entweder weißt du ein Guesthouse, oder du fährst mich einfach zur Touristeninformation. Die wird es in Wellington ja wohl geben. Du kannst mich auch direkt hier wieder rauslassen.«

»Guesthouse«, sagt Arne, ohne sein Lächeln zu verringern. Er drückt einen Knopf in der Mittelkonsole, und Wellington Access

Radio spielt leise Rihanna. Na, die hätte ich auch zu Hause haben können.

Vom Bett aus kann ich aufs Meer sehen. Und zwar nicht nur irgendwie: Die ganze Wand ist aus Glas, mit Türen auf einen Balkon. Nur ein paar weiße Streben und ein schmales Balkongitter unterbrechen den Blick. Das Meer in der Owhiro Bay glitzert und lockt. Mir geht es wieder gut. Das Kopfweh ist weg. Ich trete auf den Balkon und sehe, dass zwischen mir und dem Ozean noch ein paar Häuser und verwilderte Grundstücke liegen. Rechts und links geht es ziemlich steil die grünen Hügel hinauf, die aus der Nähe betrachtet doch eher Berge sind. Die Luft ist glasklar und drückt nicht mehr. Salziger Wind weht sanft vom Wasser hoch. Die Intensität der Farben würde Caterina in Jauchzer ausbrechen lassen.

Ich verlasse das Guesthouse, ohne jemandem über den Weg zu laufen. Das Wasser zieht mich zu sich, auch wenn ich weiß, dass der Pazifik gerade zu dieser Jahreszeit nicht so ein Kuschelsee ist wie das Mittelmeer. In Australien ist zurzeit Quallensaison. Begegnungen mit den dortigen Würfelquallen enden oft tödlich, aber wir sind fast 4000 km weiter südöstlich. Ich muss mich unbedingt erkundigen, worauf ich hier achten muss. Wieso weiß ich so wenig über Neuseeland?

»Wusstest du, dass es hier in der Gegend eine Kolonie Seehunde gibt?«

Ich erkenne Arnes Stimme hinter mir.

»Hallo, Horton, hast du mir aufgelauert?«

»Ich wollte dich zu uns zum Dinner einladen und habe dich hier unten gesehen.«

Den Mann kann wohl nichts aus der Ruhe bringen. Ich drehe mich zu ihm um und sehe in gleich zwei strahlende Lächeln. Ein junges Mädchen ist bei ihm, das wie eine Kopie von ihm aussieht, aber mit einem Touch Māori und einem Touch Weiblichkeit.

»Das ist Hu, meine Tochter.«

»Kia ora«, sagt Hu. Ich bin augenblicklich verzaubert.

»Das ist Susanne. Sie mag alte Autos.«

»Hallo, Hu«, sage ich ein bisschen verlegen. Ich war wohl nicht gerade sehr höflich, wenn Arne nichts anderes von mir weiß, als dass ich alte Autos mag. Er war nett zu mir, hat mich aufgelesen und in ein wunderbares B&B-Guesthouse gebracht. »Das ist also deine Tochter. Ist Hu nicht ein japanischer Name?«

»Schon«, sagt Hu, »es ist ein japanischer Jungenname. Er bedeutet Tiger. Find ich ziemlich cool. Ich heiße aber eigentlich Huhana. Das ist Māori und heißt auf Deutsch Susanne.«

»Och, sieh mal einer an«, sage ich und bin erstaunt, wie sehr mich etwas so Banales erfreuen kann.

Wir gehen den Weg zurück. Kleine, einfache weiße Häuser mit bunten Dächern säumen unregelmäßig die Straße, dazwischen viel Grün. Das, was ich bislang gesehen habe, trägt etwas Wildes, Eigenständiges und zugleich sehr Gelassenes in sich. Ich glaube, hier bin ich gut aufgehoben.

»Ich habe dich im Flugzeug höchstens auf Anfang zwanzig geschätzt, Arne. Wenn das stimmen würde, hättest du Hu sehr früh gezeugt. Oder sie ist einfach nur extrem groß für ihr Alter.«

»Ich bin schon fünfzehn«, sagt Hu in einem empörten Tonfall. Ich schaue zu ihr und merke, dass sie mich nur necken will.

Arnes Strahlen wird zu einem gewaltigen Lachen, das die Bäume zwischen den Häusern an die Berghänge presst. »Ich war wirklich sehr jung, aber dem Kindergarten war ich doch schon entwachsen. Das erste Mal bin ich mit sechzehn als Öko-Backpacker für die Sommerferien hergekommen. In dem Sommer habe ich das beste Souvenir der Welt hiergelassen.« Er sieht seine Tochter liebevoll an und nimmt sie in den Arm.

Ich spüre einen tiefen Stich in mir. Diese Liebe hätte ich so gern bei Hartmut und Lisa gesehen. Meine Hand greift zu dem Diamanten. Ich spüre, wie sich etwas wandelt und dass ich mich für Arne und Hu freuen kann.

»Meine Eltern waren nur über das Moko auf meinem Oberarm

entsetzt. Als sich Hu ankündigte, hat mich Meres Vater in den Stamm aufgenommen und mir die Tätowierung verpasst.«

Ich betrachte die Farbe unter Arnes Haut. Du hast meine Tochter geschwängert, also kriegst du meinen Stempel aufgedrückt. Tut weh, aber die Geburt wird auch kein Zuckerschlecken. Rohe Sitten und klare Verhältnisse. Das hat was.

Eine verführerische Duftnote kitzelt meine Geruchsnerven. Wir folgen dem Reiz zu einem der weißen Häuschen. Der Duft kommt von zwei elektrischen Grills. Zwischen ganzen Fischen und Fleischstücken liegen Spieße mit Paprika, Zucchini und Pilzen.

»Das habe ich eingeführt«, sagt Arne leise zu mir. »Wir Kiwis grillen gerne, aber normalerweise nur Fleisch und Fisch. Ich habe Jahre gebraucht, bis jemand mal mein gegrilltes Gemüse probiert hat.«

In dem kleinen Garten zwischen Haus und Berghang stehen rund zwei Dutzend Leute, die sich lebhaft miteinander unterhalten. Eine Frau mit großen braunen Augen und Grübchen kommt zu uns.

»Heare mai. My name is Mere.« Sie fügt noch eine Reihe weiterer Namen hinzu, die ich mir nicht merken kann. Arne flüstert mir zu, dass das ihre Stammesnamen sind.

Meres Grübchen vertiefen sich immer weiter, während sie mir die anderen Gäste vorstellt. Unter anderem die Besitzer des Guesthouses, die Japanerin Natsuko und ihren niederländischen Mann Maarten mit ihrer kleinen Tochter Lina. Klingt fast wie Lisa. Sie ist ein paar Monate älter, als Lisa jetzt wäre. Helle Locken stehen ihr kreuz und quer vom Kopf. Ich muss mich anstrengen, nicht neidisch zu werden.

»Na, da bekommt man doch Hunger, oder?«, fragt Arne und hält mir einen Teller mit einem Steak und gegrilltem Gemüse vor die Nase. »Ist das okay?«

»Es riecht köstlich.«

»Komm, setzen wir uns. Steak schneidet sich so schlecht im Stehen.« Er lacht meine Vermieter an und führt mich zu einem Tisch auf der Terrasse, an dem nur noch zwei Kinder sitzen, die sich mit großem Ernst auf ihr Essen konzentrieren.

»Das ist ein bisschen viel, oder?«, fragt Arne.

»Nö.«

»Ach komm, du willst eigentlich deine Ruhe haben, und nun bist du plötzlich von grinsenden Gesichtern umgeben.«

»Na besser, sie zeigen mir die Zähne, weil sie lachen, als wenn sie sie fletschen würden.«

Arne lässt wieder sein Berge erschütterndes Lachen hören.

»Du bist richtig«, sagt er und sieht mich mit viel zu viel Zuneigung an. Er kennt mich doch gar nicht, und zwei Schritte weiter stehen seine Frau und seine Tochter. Jetzt starre ich auch sehr konzentriert auf meinen Teller.

»Früher waren die Māori sehr kriegerisch«, sagt Arne unbefangen. »Die Stämme haben sich wegen der Territorien untereinander bekämpft, und Fremde hatten auch nicht viel zu lachen, bis die Māori deren Feuerwaffen zu schätzen lernten. Ihre Barbecues nach den Kämpfen waren aber immer gut mit Fleisch bestückt.« Und schon wieder ein strahlendes Lachen.

»Kannibalismus?«, frage ich und halte im Kauen inne.

»Ja.«

»Und das hier ist …«

»Rind«, kommt zwischen Arnes Zähnen hervor. Er grinst.

»Hm. Verstehe. Und mittlerweile ist man hier generell so gastfreundlich.«

»Keine Sorge. Das Barbecue richtet Mere aus, weil ich wieder zu Hause bin. Ich war drei Monate in Deutschland.«

»Bei der Familie?«

»Ja, aber auch beruflich. Ehe du fragst … ich bin Ornithologe. Hin und wieder muss ich nach Deutschland, um meiner Uni Rechenschaft abzulegen und ein Blockseminar zu geben.«

Mere tritt von hinten an Arne heran und hält ihm die Augen zu. Er greift nach ihren Händen, schiebt sanft ihre Arme beiseite und ertastet ihr Gesicht. »Ich weiß, wer das ist. Keno! Nein? Olivia? Auch nicht? Dann, ich weiß, ich weiß. Lily! Nicht? Grace, Jessica, Emily?! Puh, dann weiß ich es doch nicht.«

Mere wickelt sich um Arne und hält seinen Kopf so in ihren Händen, dass ihre Stirn und Nase seine berühren. Das, was ich eben als zu viel Zuneigung bei Arne interpretiert habe, schrumpft angesichts dieses Anblicks nun zu freundlichem Interesse zusammen. Ob Hartmut und ich auch so wirkten, wenn wir zusammen waren? Ich merke, wie ich mich entspanne und die kleine Feier plötzlich genießen kann.

Mere sagt etwas in einer Mischung aus Māori und Englisch zu Arne, dreht sich elegant aus seinen Armen heraus und mischt sich wieder unter ihre Gäste.

»Ihr liebt euch sehr«, sage ich und lächle Arne zu.

»Wenn am Anfang einer Beziehung alles schiefläuft, was schieflaufen kann, und man trotzdem zusammenbleibt, ist nichts selbstverständlich. Ich freue mich an jedem Tag meines Lebens, dass es Mere gibt. Und natürlich auch unsere süße Hu.«

Hu steht am Rand des Gartens und dreht eine Haarsträhne. Ein Bein ist angewinkelt und schwingt ein bisschen hin und her. Sie hat ihren Kopf ein wenig zur Seite geneigt und guckt mit großen Augen nach oben in das Gesicht eines hochgewachsenen jungen Mannes, der auf sie herunterschaut, als wäre sie ein Vögelchen, das man beschützen müsste. Arnes Lächeln ist einem erstaunten Gesichtsausdruck gewichen. »Mein Baby«, sagt er leise.

»Ist kein Baby mehr, kann aber welche bekommen«, stelle ich fest und bereue meinen unangebrachten Realismus auf der Stelle.

Noch bevor sein Stuhl ein dumpfes Plock auf der Terrasse machen kann, als er umkippt, steht Arne bereits neben seiner Tochter. Es wirkt sehr charmant, wie er sie von dem jungen Mann wegführt, doch Hu kräuselt die Stirn. Arne hebt den Stuhl wieder auf und schiebt ihn Hu unter den Po. Er setzt sich auf den Tisch. »Huhana, Liebes, ich äh … also, du weißt, wie hart die ersten Jahre für deine Mutter und

[353]

mich waren. Du bist der Sonnenschein unseres Lebens, aber weißt du, wenn ein Mann und eine Frau sich sehr lieb …«

»Pāpā! Kōkā hat schon längst mit mir über Verhütung gesprochen, und mit dir will ich gar nicht darüber reden! Außerdem haben Liam und ich uns nur übers Reisen unterhalten. Er hat mich gefragt, ob ich schon mal in Europa war, und ich habe es ihm erzählt. Ich bin verantwortungsbewusst. Im Gegensatz zu meinen Eltern, als sie in meinem Alter waren!« Sie steht auf, wirft ihr Haar in einem prächtigen Schwung über ihre Schulter, hält den Kopf hoch und geht wieder zu Liam.

»Oh Gott, hoffentlich haben wir sie wirklich gut genug erzogen«, seufzt Arne.

»Wer ist denn Kōkā? Ist nicht hier, oder?«

»Doch, Mere ist Hus Kōkā. Das heißt nichts anderes als Mutter.« Arne setzt sich wieder auf den Stuhl. »Erziehung ist so schwierig.«

»Ich finde, ihr habt eure Sache richtig gut gemacht, und alles andere ist Hus Entscheidung, auch mit fünfzehn. Also ganz ruhig. Davon abgesehen – ihr habt es ja auch geschafft.«

Arne dreht seinen schlichten goldenen Ehering am Finger. Er strahlt nicht mehr. Er sieht wie jeder normale Vater aus, dem klar wird, dass er die Liebe seiner Tochter früher oder später mit anderen Männern teilen muss. Ich hätte Hartmut gern getröstet oder wenigstens abgelenkt, wenn es so weit gewesen wäre. Dieser Trost wäre so viel einfacher gewesen.

Hu steht wieder bei Liam. Mere beobachtet Arne. Dann blickt sie auf, hält ihre Hände an den Handrücken zusammen, macht mit den Fingern Flatterbewegungen und zwinkert mir zu.

»Hast du dich in der Ornithologie auf irgendwelche Arten oder Gattungen spezialisiert?« Ich hätte nicht gedacht, dass die kleine Ablenkung so gut funktioniert, aber Mere kennt ihren Mann.

In Arnes Gesicht geht augenblicklich wieder die Sonne auf, und er fängt an zu erzählen.

Ich halte mir die Taille. Ich habe Seitenstechen. Entweder ist der Berg steiler, als ich dachte, oder ich habe falsch geatmet. Mitten in den grünen Büschen und Bäumen oberhalb meiner Unterkunft hocke ich mich hin und hole tief Luft. Was für eine Schnapsidee. Den Rest des Abends hat mir Arne von neuseeländischen Laufvögeln erzählt, den ausgestorbenen Moa, die es auf bis über zwei Meter Höhe und bis 270 Kilogramm brachten, und vom Wappentier Neuseelands, dem Kiwi. Man erzählt sich über diesen großen Vogel, dass er sich einst opferte, um seine Vogelfamilie zu schützen – er verzichtete auf ein Leben im Blätterdach und unter der Sonne, tauschte es gegen ein Leben auf dem Boden ein und vertilgte fortan die Käfer, die bis dahin die Bäume auffraßen. Der Kiwi wusste, dass er seine bunten Federn verlieren würde und niemals mehr fliegen könnte, und trotzdem erklärte er sich zu dem Opfer bereit. Zur Belohnung sollte er der beliebteste aller Vögel werden.

Arne hat mir berichtet, dass es sehr schwer ist, Kiwis zu sehen. Sie sind nachtaktiv, sehr scheu – und kommen nur noch selten vor. Natürlich muss ich genau das auch noch reizvoll finden. Ich rupfe an einem Zweig herum. Der Mond erhellt gerade so viel, dass ich den Zweig in meiner Hand sehen kann. Ich richte mich wieder auf und horche. Überall raschelt es. Eine Eule ruft. Es klingt wie eine Mischung aus Kuckuck und Kauz. Arne hat mir auch von der Eule Morepork erzählt, einem Kuckuckskauz mit großen gelben Augen. Ich kneife meine Augen zusammen und versuche, das wenige Licht zu bündeln. Es ist sinnlos. Ich sehe Unterholz und Blätter. Wieso sollte ich ausgerechnet hier einen Kiwi finden? Arne sagt, er hätte in dieser Gegend noch nie einen gesehen. Es gibt hier auf der Nordinsel zwar in großen Gebieten ein braunes Exemplar, aber in diesem Areal leben keine mehr. Ich weiß nicht, warum, aber es ist mir egal: Ich suche trotzdem nach dem Vogel.

Vielleicht da vorn. Da scheint das Mondlicht besser durch. Ich gehe ein paar Schritte. Langsam, um durchatmen zu können. Es piepst und raschelt. Jetzt ist es wieder still. Ich rieche den feuchten

Waldboden. Die Luft ist sauber und klar. Da vorne ist die Lichtung. Noch einen Schritt und … kein Wald mehr. Nur noch Mond und Meer. Ich überblicke die kleine Owhiro Bay, weiter und weiter, in tiefem gekräuseltem Blau, auf dem der Mond sich spiegelt. Irgendwo dahinten streift die Südinsel Neuseelands meinen Blick, lässt ihn an sich abgleiten und lenkt ihn weiter zu den Pinguinen der Antarktis. Ob ich in diese Richtung sehe oder mich umdrehe und in die andere Richtung blicke oder ob ich die Route nehme, auf der ich hergekommen bin – ich bin immer rund 20 000 km von zu Hause entfernt. Ich bin so weit weg, wie ich mich fühlte, als ich noch mitten unter den anderen mit meiner Trauer allein war.

Ich weiß, es ist ungerecht, es so zu sehen. Alle trauerten. Lisas Vater trauerte. Mein Hartmut. Ich weiß das. Aber ich konnte es nicht spüren.

Und nun kann ich in jede Richtung schauen, und doch könnte mich kein Schritt noch weiter wegführen. Mein Herz ist schwer wie ein Stein. Ich stehe auf dem Kamm eines kleinen Berges auf Neuseeland, sehe die Schönheit und spüre nur die Kluft.

»Buh-buk«, ertönt es direkt über meinem Kopf. Eine Eule betrachtet mich neugierig. »Buh-buk!« Da ist er, der Neuseeland-Kuckuckskauz, der Morepork. Er ist unscheinbar. Graubraun und kaum zu unterscheiden von dem Ast, auf dem er sitzt. »Buh-buk.« Er amüsiert sich. Er kneift die großen gelben Augen zusammen und lächelt. Hier lächeln wohl immer alle. Er schüttelt sich, plustert sich auf und sortiert seine Federn wieder dicht zusammen. »Buh-buk.«

»Ja, ist ja gut. Buh-buk! Was soll das? Müsstest du nicht wegfliegen? Oder fürs Essen sorgen?«

Der Morepork dreht seinen Kopf bis auf den Rücken, wieder zurück und über die andere Schulter erneut auf den Rücken. Dann guckt er mich noch mal an und blinzelt. Er amüsiert sich wirklich. Was um alles in der Welt ist denn so witzig an meiner Situation? Der Kauz schlägt seine Flügel auf, bleibt aber dabei sitzen. Es scheint wohl auf der Hand zu liegen. Aber ich komme nicht drauf. Er streckt seinen Kopf und seinen Körper vor, um wegzufliegen. Ich gehe einen Schritt zurück und merke, dass er doch auf dem Ast sitzen bleibt. Er lächelt zufrieden. Dieses elende Lächeln.

»Ach! Sicher! Ich bin einen Schritt gegangen! Das meinst du! Mannomann, was für eine kluge Eule du doch bist.«

Ich setze mich auf einen Baumstamm, der dort liegt, blicke auf das Meer mit dem Mond und kann es endlich genießen. Der erste Schritt, denke ich. Und jeder weitere führt mich näher zu meinen Lieben und zurück zu Hartmut.

Der Kauz fliegt zu mir herunter, setzt sich neben mich und kuschelt sich in sein Gefieder ein.

> *Susanne Seite 388*

< *Ich Seite 298*

Wannenunterhaltung

22.03.2011
51° 31′ 22.30″ N, 7° 31′ 45.90″ E

Das Klackern der Tastatur weckt mich um 4.45 Uhr in der Nacht. Nestor und ich sind um drei Uhr nach Hause gekommen. Die zweite Kneipentour durchs Bermudadreieck in Folge. Ich wollte mich eigentlich nur in Ruhe verkriechen, da kommt ein Depressiver, und schon ist täglich Party. Dieses Mal habe auch ich etwas hemmungsloser zugeschlagen, aber immer noch nicht so sehr, dass ich ihn im Falle des Falles nicht am Hosenbund aus einem Brunnen hätte ziehen können. Ich habe Nestor zurück ins Haus geschleift und ihn auf die Luftmatratze geworfen. Wenn ich ihn betrunken mache, dringt das Leben langsam in ihn ein, flutscht dann aber umso schneller wieder aus ihm heraus wie aus einem nicht zugeknoteten Ballon, dem die Luft entweicht. Das alles ist gerade mal eineinhalb Stunden her, und jetzt sitzt er da mitten in der Nacht und hackt in die Tastatur.

»Weißt du noch, wie das siebzehnte Lied hieß, das in der Disco lief? Ich hab den Rezensionstext schon fertig, so ist das nicht. *Der massiv pumpende Dance-Track überträgt die Klangästhetik des Neunziger-Jahre-Hardtrance in die Moderne, wo R'n'B-Gesang, Vocoder-Effekte und poppige Eingängigkeit im Vordergrund stehen.* Das kann man doch so schreiben. Oder meinst du, ›Klangästhetik‹ ist ein zu kompliziertes Wort für eine Rezension zu einem Dance-Track? Ja, du hast recht. *Klangästhetik* schreibt man, wenn man eine Surround-Sound-Neuauflage alter Mike-Oldfield-Platten bespricht.«

Nestors Stimme kratzt wie winzige Pommesgabeln in meinen Gehörgängen. Ich habe Kopfschmerzen und einen Geschmack von Kupfer, Blei und Batteriesäure auf der Zunge. Vor allem aber bin ich todmüde und derartig schwer, dass irgendeine andere Aktion als Atmen für mindestens drei weitere Stunden undenkbar ist.

»Pass auf. Dann schreib ich das jetzt so: *Der massiv pumpende Dance-Track überträgt den Sound des Neunziger-Jahre-Hardtrance in die Gegenwart, wo* –«

Ich atme, schnaufe, springe aus dem Bett und packe Nestor an den Schultern. Kann ich mich also doch bewegen. »Wir waren heute Nacht auf der Rolle, damit du tanzt, trinkst und geil wirst, wenn du dir bei diesem Lied die wackelnden Hintern der Frauen anguckst. Geil, hörst du? Hardschwanz, nicht Hardtrance!«

»Aber …«

»Nix, aber! Es ist mitten in der Nacht. Du müsstest da auf der Matratze liegen und mit dem Kater im Arm deinen Kater ausschlafen. Oder dir einen hobeln auf die heißen Hintern. Aber was machst du? Schreibst Rezis über die Lieder, die wir in der Disco gehört haben! Du musst endlich deinen Autopiloten abschalten und leben, du Kopfgeburt!«

Nestor lässt Ohren und Haare hängen. Ich gehe um den Stuhl herum und schlage mit der flachen Hand auf die linke obere Ecke des Schreibtischs. »Weißt du, was hier liegen müsste? Die ersten vier Pizzakartons für den neuen Turm! Und? Liegen sie da? Nein! Beschwere ich mich deswegen? Sag, beschwere ich mich deswegen?«

»Also, auf indirekte Art tust du das gerade schon …«

Ich zische: »Schlaf jetzt. Ich will nichts mehr hören.« Nestor atmet ein. »Das ist ein Befehl!«

Zwei Minuten später schnarcht er auf der Matratze.

Barrruuuuuuuhhhhhhhhgrubb.
Barrruuuuuuuuuuuuuuuuhhhhhhhhgrubb.
Barrruuuuuuuuuuuuuuuuuuuuuhhhhhhhhgrubb.

Yannick schnurrt so laut, dass ich wach werde. Er schwebt einen Meter hoch in der Luft auf Höhe meines Bettes. Seine Beine hängen nach unten. In seinem Bauchfell sind Nestors Hände komplett verschwunden; nur die dürren Arme des Mannes ragen aus dem schwarzen Knäuel heraus, während seine Finger den Kater durchkneten. Sanft stemmt Nestor den Kleinen dreißig Zentimeter auf und ab. Yannick würde säuglingsgleich gibbeln, wenn er es könnte. So schleicht sich durch Nestors zusätzlichen Liftservice lediglich ein weiterer Laut in das Schnurrgeräusch.

Barrruuuuuuuhhhhhhhh-iiiii-grubb.

Barrruuuuuuuuuuuuuuuhhhhhhhh-iiiii-grubb.

Barrruuuuuuuuuuuuuuuuuuuuhhhhhhhh-iiiii-grubb.

Nestor merkt, dass ich wach bin und meinen Kopf gedreht habe.

»Du hast mich gestern Abend gefragt, was ich gern tun würde.«

»Hab ich das?« Ich reibe mir die Augen.

»In der Disco. Zwischen Lied neun und zehn. Ich hab gesagt, ich würde gern mal Squash spielen gehen. Weil das keiner mehr macht. Nur Geschäftsleute in den achziger Jahren haben das getan, mittlere Führungsebene bei Henkel oder Horten.«

Ich schaue auf den Radiowecker. Halb acht. Habe ich ihm nicht vor knapp zwei Stunden erst Schlaf befohlen?

»Was würdest *du* gerne machen?«

»Schlafen.«

»Nee, sag mal ehrlich. Ich hab auch mitgespielt.«

Ich drehe mich auf die Seite, stecke einen Fuß in den Spalt zwischen Matratze und Bettgestell und murmele: »Ich will eine richtige Badewanne.«

»Prima!«, ruft Nestor, setzt Yannick ab und steht auf. »Dann gehen wir jetzt eine besorgen!«

Ein Gähnen reißt meine Kiefer auseinander, das Unterteil nach Garmisch-Partenkirchen, das Oberteil nach Flensburg.

»Jetzt?«

»Wir sind im Ruhrgebiet. Hier laufen überall auch unter der Woche Trödelmärkte, wo es auch Großwaren gibt. Wenn wir da keine Wanne finden, dann gibt es keine Wannen mehr auf der Welt.«

»So früh …«

»Willst du, dass ich die letzten zwanzig Lieder aus der Disco auch noch rezensiere?«

Ich grunze. Mein T-Shirt belegt, dass der Mensch in der Nacht drei Flaschen Schweiß absondert.

»Du hast gesagt, ich soll leben. Jetzt will ich leben und mit dir eine Wanne kaufen gehen, und das ist auch wieder nicht richtig.«

Ich stelle es mir vor, auf dem Bauch, die Decke am rechten Ohr, den Fuß am Holz. Eine Badewanne. Es ist bescheuert und unvernünftig, unrealistisch und absurd. Aber das sind manche Spiele auch, die zu schaffen man niemals für möglich gehalten hätte. Man machte trotzdem einfach drauflos, dachte nicht groß dabei nach und stand am Schluss vorm Endgegner. Ich lasse den Zipfel los, strecke den Arm aus der Decke in Richtung Küchenzeile und bewege den Finger auf und ab, als ob ich auf einen Knopf drücke: »Kaffee.«

Nestor klatscht in die Hände: »Mit dem größten Vergnügen!«

Eine Stunde später schlendern wir über einen mächtigen Trödelmarkt am Wambeler Hellweg in Dortmund. Struppige Baumreihen begrenzen das Gelände, das sonst ein Parkplatz zu sein scheint, auf dem hilflose Siebzehnjährige mit Papa für die Fahrschule üben. Nestor hat das große Ex-Taxi gefahren und die Ladefläche mittels Umklappen der Rückbank und Vorschieben der Vordersitze auf Gesicht-in-der-Scheibe-Niveau tauglich für den Transport einer Badewanne gemacht. Die Standsortimente deuten darauf hin, dass wir tatsächlich eine finden könnten. Immer wieder unterbrechen wuchtige Waren das kleinteilige Flohmarkteinerlei. Riesige amerikanische Kühlschränke, eichene Schrankwände, alte Motorräder mit Beiwagen. Ein Mann in lederner Weste bietet sogar einen tonnenschweren Schmiede-Amboss feil. An der Rückseite seines Standzeltes hängen Flaggen der Südstaaten und Motivposter von zigarrerauchenden Keilern, die Helme mit Spitzhaube tragen. Langsam bekomme ich gute Laune. Nestor lächelt auch, solange sein Blick auf der Suche nach einer Wanne im aufrechten Gang über den Platz und seine zigtausend Waren gleitet. Heften sich seine Augen allerdings an einem einzelnen Produkt fest, droht die Nickhaut sich vors Auge zu schieben.

»Passen?«, fragt eine rundliche Frau mit blondem Lockenwickler-haar ihren Kunden, der seine Tennissockenfüße vor ihrem Stand in einen klobigen Wanderschuh schiebt. Auf dem Flohmarkt duzt jeder jeden, das ist ein ehernes Gesetz. Der Mann dreht den Fuß und inspiziert den Neubesitz an seinen Füßen.

»Ja, siehste!«, krakeelt der Goldschopf. »Hasse schöne Schuhe für zehn Euro!«

Der Kunde hält sich am Stand fest und hebt den Kopf, auf dem eine alte Baseballkappe klebt, wie sie nur Männer über fünfzig tragen. Sie ist klein, der Schirm flach statt rundgebogen, und sie umschließt tatsächlich eng den Schädel, statt einfach nur lose obenauf zu sitzen wie bei den jungen Atzen, die zwischen Haar und Kappe noch drei Gürteltiere verstecken können.

»Hasse 'n Geschäft gemacht!«, kommentiert ein attraktiver Türke in schwarzem T-Shirt und hellgrauer Anglerweste den Kauf. Er steht neben der Lockenwicklerfrau hinterm Stand wie ein Coach. Der Schuhkäufer rappelt mit einer Packung Tic Tacs und kippt dem Coach und der Verkäuferin ein paar Atemerfrischer in die offenen Klauen.

Nestor steht am Stand gegenüber und nimmt eine alte Maxi-CD von Caught In The Act in die Hand. Er dreht sie um und liest auf der Rückseite die Bezeichnungen der Remixe nach. Er spitzt die Lippen, legt sie wieder ab und zeigt quer über die kleinen Stände zum Eckreich eines Händlers, der mit einem riesigen Unimog angereist ist. Nestor beschleunigt, schwingt die Arme beim Gehen und winkt mir, ihm zu folgen. Der Mann mit dem Unimog nimmt so viel Platz ein wie zehn kleine Stände und verkauft unter einer riesigen, aufgespannten Militärplane antike Nähmaschinen, Werkbänke, Schubkarren … und eine alte gusseiserne Badewanne mit Füßen! Schwierige Videospiele hin oder her: Ich hätte nicht gedacht, dass unsere Tagesmission tatsächlich zum Ziel führt. Nestor zeigt mit seinen Spinnenfingern auf das schwere Stück. Die Außenwand ist dunkel und zerkratzt. Die weiße Emaille des Inneren scheint unversehrt. Der Händler ist zurzeit noch mit einem anderen Kunden beschäftigt, der auf zwei seltsame, geschmiedete Dekorationsobjekte zeigt.

»Watt kosten die Ochsen?«

»Beide zusammen hundertzwanzig.«

»Hundertzwanzig Euro für ein Paar Ochsen?«

»Ja. Ich lass auch noch ein bisschen handeln.«

»Zehn.«

»Zehn??? Hast du Geschwüre? Das ist schwere Schmiedekunst!«

»Gut, aber wer braucht schon Ochsen?«

»Du hast mich doch danach gefragt, du Bischek!«

Der Bischek schnauft, schürzt die Lippen, verschränkt die Arme und lehnt sich nach hinten, als könnten die Ochsen ihn beißen.

»Zwanzig Euro, nehme ich sie mit.«

»Hundertzehn.«

»Nein. Für hundertzehn Euro muss mein arbeitsloser Schwager auf dem Amt dreißig Formulare ausfüllen.«

»Es zwingt dich keiner, die Ochsen zu kaufen, du Lorbass.«

»Die wirst du niemals los.« Der Lorbass kippt seine Hand seitlich auf und ab, legt den Kopf schief und guckt, als tue er dem Verkäufer mit seinem Ratschlag einen Gefallen. Dann schlurft er davon.

Ich schreite in der Zwischenzeit langsam auf die Wanne zu wie ein christlicher Pilger auf den Altar im Petersdom. Ich will sie. Ich will diese Wanne. Mit einem Mal weiß das jede Zelle von mir. Diese Wanne muss heute mit mir in meine Bude fahren! Alle Synapsen in meinem Kopf stehen auf Baden. Die ganze Welt türmt sich auf zu einem einzigen glitzernden Schaumbläschenberg. Dahinter erscheint ein schmales Gesicht, dessen Lippen an den Bügeln einer Brille herumkauen, während die schmalen Augen die Wanne fixieren. Die Hand, welche die Brille hält, zieht die Bügel aus dem Mund und lässt sie wackeln, während die Lippen zu dem Verkäufer sagen: »Ein schönes Stück. Sehr spezielle Krallenfüße. Sie sehen aus wie Katzengesichter.«

Der Mann hat recht. Ein Grund mehr, weshalb es meine Wanne ist.

»Ich gebe Ihnen zweihundert Euro dafür«, sagt der Brillenmann. Der Verkäufer lächelt. Es ist sicher das erste Mal, dass er heute gesiezt wird. Der Brillenmann hat einen Gehilfen mit Sackkarre dabei. Der Gehilfe ist doppelt so breit wie sein Boss und hat die Hände auf die Griffe der Karre abgelegt. Seine Wangen sind speckig und seine Knopfaugen dunkel.

»Sie wissen, was die Wanne wert ist, oder?«, sagt der Verkäufer. »Ja, das wissen Sie ganz genau.«

»Weiß ich das?« Der Brillenmann schmunzelt. Er hat gepflegte Nägel. Der will die Wanne nicht zum Baden haben. Das ist ein Spekulant, ein Antiquitätenexperte. Nur Profis haben einen Sackkarren-Caddy dabei.

»Moment!«, unterbreche ich das Zwiegespräch und finde es schon ärgerlich, dass ich es überhaupt tun muss, denn schließlich stand ich bereits als Erster vor der Wanne, wenn auch schweigend. Hastig krame ich in meiner Geldbörse und treibe meine Fingerkuppen zwischen die zerknüllten Quittungen, damit sie mir sagen, wie viele Scheine sie dort finden. Ich habe dreihundert Euro dabei. Nestor steht unschlüssig auf dem Weg und sieht zu dem Stand zurück, an dem er die Maxi-CD in Händen gehalten hat.

»Dreihundert!«, sage ich und halte dem Verkäufer mein offenes Portemonaie vor die Nase. »Ich gebe Ihnen dreihundert dafür.«

»Dreihundertzehn«, sagt der Antikhändler.

Mein Herz beschleunigt. Ich stehe vorm Endgegner, jetzt muss ich ihn auch besiegen. Ich bade heute Abend, das ist bereits fest in meiner Seele eingraviert wie eine Zeitlinie, die nicht mehr verhindert werden darf.

»Nestor!«

Er träumt.

»Nestor!« Ich trete ihm auf den rechten Fuß.

»Aua!«

»Wo bist du denn gerade?«

»Mir ist klargeworden, dass ich noch keinen einzigen Text über die Chart-Acts der neunziger Jahre geschrieben habe. Caught In The Act, Bobby Brown, Vanilla Ice …« Ich trete ihm auf den linken Fuß.

»Aua!«

»Hast du Geld dabei?«

»Ja.«

»Wie viel?«

Er sieht nach. »Rund hundert Euro.«

»Wir bieten vierhundert für die Wanne!«, sage ich.

Der Verkäufer zieht die Brauen hoch, schmatzt und schaut wieder zum Antikmann. Der steckt seine Brille in die Tasche seines karierten Hemdes, klappt sein Lederetui auf und zieht vier Hunderter heraus. Er wartet eine Sekunde. Dann zutzelt er einen Zehner hinterher. »Vierhundertzehn.«

Der Verkäufer haut auf seinen Tisch: »Verkauft an den Herrn mit der Brille.«

Der Antikmann nickt. Sein Assistent löst die Hände und kippt die Karre. Ich krame in meinen Münzen. Stecke die Nase in Nestors Hartgeld. Nur 20-Cent-Stücke und zwei Einer. Mehr haben wir nicht, und hier zählt nur Bares. Meine Ohren sausen.

»Der badet doch gar nicht!«, schimpfe ich. »Der spekuliert doch nur. Lässt die Wanne von seinem Schergen da aufbocken und verkauft sie am anderen Ende des Platzes für fünfhundert weiter.«

»Er hat zehn Euro mehr dabei«, sagt der Verkäufer, der das Geld noch nicht in die Hand bekommen hat. »Alles andere ist mir egal.«

Der Karrenfahrer macht einen Schritt in Richtung meiner Wanne, und ich springe los, Arme um seinen Hals, ihm direkt auf das Kreuz. Er grunzt überrascht, dreht sich und schleudert mich auf den Boden zwischen die Eisenwaren. Ich krache mit dem Rücken gegen eine Schubkarre. Auf dem Weg vor dem Stand bleiben die Ersten stehen.

Ich rappele mich auf, greife nach einer Gießkanne aus Blech und werfe sie nach dem Knopfaugen-Gorilla. Er schlägt sie aus der Luft wie Godzilla einen Hubschrauber. Ich stürze auf ihn zu und versuche einen Bodycheck. Schulter gegen Solarplexus. Er taumelt, und wir rollen über den Boden. Das Publikum wächst.

»Die Felder den Bauern!«, höre ich mich schreien, als ich auf den Mann einhaue und meinerseits Faustschläge auf die Schläfe einstecke. »Die Maschinen den Arbeitern! Und die Wannen den Badenden!«

»Jawoll!«, ruft einer aus der Menge.

»Jetzt hört doch auf mit dem Wahnsinn!«, fleht Nestor.

Der Gorilla bekommt am Wegesrand eine Bierflasche zu fassen. Nestor greift nach einer Schaufel.

»Stopp!«, ruft der Chef des Gorillas, bevor er mir die Flasche ins Gesicht dreschen kann, zieht seine Brille aus der Hemdtasche und setzt sie wieder auf. Der Gorilla lässt die Flasche klimpern und mich los. Ich stehe auf und bringe zwei Meter Abstand zwischen uns. Der Spekulant schüttelt den Kopf, deutet auf die Sackkarre und winkt seinem Handlanger, mit ihm die Fliege zu machen.

»Ruhrgebiet ...«, sagt er und schüttelt den Kopf, als er geht.

Wir haben den Endgegner besiegt.

»Tut uns leid, dass Sie jetzt zehn Euro weniger kriegen«, sage ich, als wir dem Verkäufer die Wanne bezahlen.

»Das ist nicht euer Ernst, oder?«, antwortet er. »Seht euch doch mal um – so viel Publikum hatte ich an meinem Stand noch nie.«

Es kreischt, während der Aufzug im Wohnheim nach oben fährt und die Katzengesichtfüße der gusseisernen Wanne am Blech der Kabine ihre Spuren hinterlassen.

»Pass auf, sie fällt doch!«

»Sicher fällt die Wanne, wenn die Tür aufgeht!«

Die Aufzugtüren öffnen sich, als wir im zehnten Stock ankommen, und das gusseiserne Monstrum, das eben noch an ihnen lehnte, kracht auf den Boden und rammt mit seinen Füßen Kerben in den

Stein. Es lärmt unglaublich. Unten konnten wir die Wanne gerade mal zu zweit hochstemmen, bis die Türen sich zuschoben.

»Was für eine Maloche!«, ächzt Nestor.

»Ja«, sage ich. »Ist es nicht herrlich?«

Wir tragen das Ungetüm in winzig kleinen Trippelschritten über den Flur zu meinem Appartement und setzen auf dem kurzen Weg insgesamt siebenmal ab. Es stört mich nicht. Im Gegenteil.

»Das war eine ganz feine Sache, heute Vormittag«, sage ich, während Nestor sich auf seinen Oberschenkeln abstützt.

»Was?«, hechelt er, »dass du beinahe mit einer Flasche erschlagen wurdest?«

Ich weite meine Augen und tue so, als erstaune mich seine Skepsis.

»Nestor!«, hauche ich und beuge mich über unsere gusseiserne Beute zu ihm vor, »das war eine astreine, rustikale Ruhrpottrauferei. Hm? Das ist was ganz Feines. Das darf kaum ein Mann heute noch erleben, das sag ich dir.« Ich schmunzele. Nestor schüttelt den Kopf. Ich habe den Endgegner besiegt. Ich habe eine Badewanne.

Hundert Trippelschritte und einen völlig ausgelaugten Nestor später steht der Zuber mit den Katzengesichterfüßen mitten in meinem Zimmer und nimmt zwischen Kleiderschrank, Regal, Bett und Schreibtisch fast den gesamten Raum ein. Yannick läuft aufgeregt um das neue Objekt herum und schnuppert an den Füßen.

»Hast du dir mal überlegt, wie du sie ...«

Nestor braucht seine Frage nicht zu Ende zu bringen, denn er sieht bereits, wie ich zwei Töpfe mit Wasser auf dem Herd aufsetze, um einen Hitzeschub reinzukriegen, und für die große Menge mit dem Putzeimer das warme Wasser aus der Dusche zu holen beginne. Rauschend füllt der Duschkopf meiner Plastikbox, in der ich mich so lange mit würdelosen Versuchen gequält habe, den ersten Eimer. Feierlich trage ich ihn zum Zuber, vergewissere mich, dass der Stöpsel sitzt, und schütte das Wasser hinein. Nach zehn Eimern nehme ich in der Küche die Punk-CD aus dem Ghettoblaster, lege Queen ein, hole meine Badeschaumflaschen und kippe zu Freddie Mercurys kraftvollem »Hallelujah!« die ersten blauen, grünen und roten Zusätze hinein.

Nestor schaut sich das Ritual an. »Dir ist aber schon klar, dass du nach dem Baden die ganzen zweihundertfünfzig Liter auch wieder per Hand abschöpfen musst?«

Ich nehme den ersten Topf mit kochendem Wasser vom Herd, trage ihn zur Wanne und sehe Nestor durch den Dampf des heißen Wassers hindurch an: »Ja. Und weißt du was? Darauf freue mich fast genauso wie auf das Baden selbst.«

»Du rennst nachher hundert-, zweihundertmal zwischen Wanne, Bad und Spüle mit dem Eimer hin und her.«

»Ich nehme meine zwei großen Fußbadplastikwannen, und für den Rest stelle ich einen Topf unter den Ausguss und ziehe den Stöpsel. Aber es wird trotzdem lange genug dauern. Lange genug. Dabei wird der Fernseher laufen, schöne Berieselung, und ich werde bei jedem Gang genau wissen, dass darauf noch einer kommt. Und darauf. Und darauf. Es gibt nichts Besseres, als zu wissen, was als Nächstes passiert.«

Nestor nickt zögerlich.

»Und weißt du, was passiert, wenn diese Wanne voll ist?«

Er beugt sich beiläufig hinab, um Yannicks Kopf zu tätscheln, der ihm um die Beine streift.

»Ich mache die Rollos runter, stelle Kerzen auf und lege mich in die Wanne. Ach ja, und vorher schmeiße ich dich raus.«

»Okay«, sagt er. »Ich hole dann in der Zeit die Chart-Acts der Neunziger nach.« Ich hebe bedrohlich den kochend heißen Topf. Nestor sagt: »War'n Scherz!«

Das Rollo rattert.

Das Feuerzeug facht die Kerzen an.

Der Laptop ist im Ruhezustand, genau wie ich. Eben habe ich die Post geprüft und ein paar Zeilen von Mario gelesen:

Die alte Maffay-Kassette ist angekommen. Jochen musste das erste Mal seit langem wieder schmunzeln. Vor allem, weil Du sie verpackt hast wie ein Vierjähriger. Es hielt aber nicht lange an. Er wollte zu »Ich bin frei« Luftgitarre spielen, auch wenn das bei den Liedern der Schlagerphase unpassend ist. Es ging natürlich nicht, wegen des Gipses. »Ich bin unfrei«, sang er fortan bei jeder Zeile, »ich bin unfrei.«

Ich ignoriere Jochens Theatralik einfach, und es gelingt, denn ich kann alles ignorieren, wenn ich meinen Körper in eine heiße Wanne senke.

Vollständig.

Das erste Mal seit Monaten.

Rechter Fuß. Linker Fuß. Rechtes Bein. Linkes Bein. Arsch. Hüfte. Bauch, Brust, Schultern.

Ahhhhhhhhhhhhhhhhhhhhhhhhhhhhhhhhhhhhhhh ...

Ich stöhne wie unter Onanieverdacht im Babybecken, nur dieses Mal tatsächlich ganz bewusst laut. Die Badezusätze betäuben mich mit Duft. Der Tag ist ausgesperrt, und an der Wand des dunklen Zimmers tanzen Schatten. Die Bläschen glänzen im Kerzenlicht. Ein paar von ihnen sammeln sich als Schaumberg auf den Brüsten von Caterina, die sich soeben aus dem Wasser heben. Ein Tropfen Wasser gleitet zwischen ihnen herunter bis zum Bauchnabel. Ihre Lippen sind feucht, und ihre Augen mustern mich in der Wanne, während ihre Zehen, die früher mit dem Gras gespielt haben, jetzt mit meinem Schwanz spielen, der augenblicklich so hart wird, dass es mir in der Brust die Luft abdrückt. Flink umspielen ihn ihre süßen Füße, lösen sich, umschlingen meinen Körper und verhaken sich hinter mir, während sie ihre Arme auf meine Schultern legt. Langsam zieht sie sich zu mich ... und das Bild schwindet, weil es eben nur ein Bild ist. Ich brauche Caterina bei mir, um sie zu spüren, jetzt sehe ich nur noch mich, würdelos wichsend im warmen Wannenbad. Ich bringe es schnell zu Ende, Wasser schwappt auf den Linoleumboden, und Yannick hebt ab wie ein Grashüpfer.

Ich atme tief aus, so dass eine Kerzenflamme flattert, und drehe den Kopf auf in Richtung Schreibtisch, wo Laptop und Handy liegen.

Warum rufe ich Caterina nicht einfach an?

Weil sie schweigt?

Ich bin doch ein Mann. Ich wuchte Pakete und gusseiserne Wannen. Ich prügle mich auf Flohmärkten. Warum kann ich nicht zum Hörer greifen? Warum kann ich nicht aus meinem Rattenloch heraus auf das verdammte Oberdeck laufen, an den Iren in der dritten Klasse, dem einfachen Volk und den Butlern vorbei, die Tür des Salons aufstoßen und »Caterina!« rufen?

Weil ein guter Mann das nicht tut.

So habe ich es gelernt. Mein Leben lang quoll es aus den traurigen Augen meiner Mutter. Ein guter Mann drängt nicht. Ein guter Mann wartet auf die Signale der Frau.

Ich erinnere mich daran, wie ich früher in der Wanne lag, in unserem Hochhaus in meiner Heimatstadt. »Wir beide«, sagte meine Mutter immer und nicht viel mehr, den Blick versonnen über der Stadt. »Wir beide.« Nach meinem Vater, den ich nie richtig kennengelernt habe, ließ sie keinen einzigen Mann mehr in die Wohnung. In der Videothek im Erdgeschoss habe ich mir niemals Pornos geliehen, da ich mich schuldig fühlte für meine gesamte Spezies, die niemals auf die Signale der Frauen wartet, sondern sich nimmt, was sie will, wie ein Horde Barbaren oder Urzeitaffen. Die Zahl der erschossenen und geschlitzten Kerle auf den Videokassetten und DVDs summierte sich über die Jahre zu abertausend Toten. Ich hatte nie ein Problem damit, wenn Männer anderen Männern Speere, Schwerter und Eisenstangen in die Brust stachen. Aber wenn ein Mann in eine Frau eindrang, stand das für mich grundsätzlich unter dem Verdacht der Nötigung. Caterina war meine erste richtige Freundin. Ich habe nicht das Recht, sie zu nötigen. Was ist, wenn sie mich danach erst recht nicht mehr zu sich lässt?

Yannick springt auf den Wannenrand und ist überrascht, wie schmal er ist. Seine Krallen finden keinen Halt auf dem Gusseisen, und ich kann ihn gerade noch packen, bevor er ins Wasser fällt und mich vor lauter Panik filetiert. Ich werfe ihn rüber aufs Bett, und er faucht, obwohl er weiß, dass ich uns beide vor einem Blutbad gerettet habe. Ich schließe die Augen und lasse meinen Kopf in das Onanie-wasser gleiten.

> *Ich Seite 400*

< Caterina Seite 315

Das Skorpionnest

22.–23.03.2011
32° 8′ 34.69″ N, 10° 5′ 9.01″ E

Ich kann mich nicht sattsehen. Seit Stunden sitze ich auf dieser Düne inmitten der Sahara. In meinem Rücken eine Oase mit Dattelfarm, in der wir übernachten. Große leere Zelte verteilen sich dort, in denen Pritschen unbelegt bleiben. Wir sind zu fünft. Der Fahrer, ein französisches Paar, eine Italienerin und ich. Die Italienerin liegt schon im Bett. Ihr ist der Weg zwischen Tataouine quer durch den Geröllabschnitt vor der Sahara bis Ksar Ghilane nicht gut bekommen. Das Paar trinkt sehr viel Wein und schwimmt in einer warmen Thermalquelle. Normalerweise gibt es hier viele Touristen, die mit Autos durch die Wüste brettern wollen. Die kleine Oase boomt – wenn nicht gerade die Revolution im Land und der Krieg vor der Haustür in Libyen die Touristen an andere Orte treiben.

Unser Fahrer unterhält sich rauchend mit Bewohnern der Wüsteninsel. Er rotzt in den Sand.

Eigentlich sollten wir einen Kamelritt in die Wüste unternehmen, zu der alten, halb im Sand versunkenen Kaserne Fort Ghilane, doch der Kamelführer hat sich geweigert. Für drei Leute lohne es sich nicht. Ich habe ein paar Ansichtskarten vom Fort gekauft und es mir auf der Düne gemütlich gemacht.

Die Luft ist absolut klar. Es kommt mir vor, als könne ich viel weiter sehen als üblich. Das perfekte Blau des Himmels stören keine Wolken, keine Kondensstreifen. Aber auch keine Vögel. Es gibt durchaus Tiere in der Wüste, aber im Moment verstecken sie sich.

Ich höre nichts. Nicht mal Reden oder Lachen unten aus der Oase.

Keine Grillen, keine Vögel. Einfach nur nichts. Es ist windstill, daher rauscht es nicht mal an meinen Ohren. Es ist wirklich still. Alles wirkt friedlich.

Am Horizont trifft das perfekte Himmelblau auf sattes Saharabeige. Eine klare, deutliche Trennungslinie. Saharabeige ist nicht nur irgendein Beige. Es ist ein Beige, in das sich das Orange von abendlichen Sonnenstrahlen mischt. Der Farbton stammt vom Sand selbst, der fast so fein ist wie Gesichtspuder. Ich lasse ihn ständig durch eine Hand laufen. Er ist weich wie Samt.

Mit der anderen versuche ich, die Farben mit meinen Aquarellfarben nachzuahmen. Ich habe nicht das Gefühl, als würde es mir gelingen, aber das macht nichts. Ich schaffe die Formen der Dünen. Das alleine zaubert schon eine faszinierende Stimmung.

Mein Aquarellkasten seufzt vor Zufriedenheit.

Unmittelbar vor mir gräbt sich eine kleine flache Echse mit langem Schwanz aus dem Sand. Endlich mal ein Lebewesen. Ihre Farbe entspricht exakt der des Sandes. Sie bleibt still sitzen und ist nur noch durch Licht und Schatten zu erkennen. Das reizt mich, und ich male sie in mehreren Varianten. Naturgetreu und expressionistisch. Von schnell dahinskizziert bis vollständig ausgearbeitet. Lange bleibt sie mit geschlossenen Augen sitzen. Ich kann mir nicht vorstellen, dass sie mich nicht bemerkt haben könnte. Schließlich mache ich Geräusche. Als ich fertig bin, schlägt sie die Augen auf und rennt schnell weg. Ihr Körper biegt sich auf den kurzen Beinen hin und her. Sie berührt kaum den Boden.

Die Nacht im Zelt ist eiskalt. Ich zittere am ganzen Körper, trotz Kleidung und gesammelter Decken von vier unbenutzten Pritschen. Die Temperatur kann höchstens um den Nullpunkt liegen. Mir fällt es schwer zu atmen. Die anderen drei jammern. Wir würden uns am liebsten eng aneinanderkuscheln, aber die durchgelegenen Einzelpritschen lassen das nicht zu, selbst wenn wir sie zusammenrücken würden. Es gibt keine Wärmequelle in dem Zelt, und der Rest der

Oase ist totenstill. Ich überlege, ob ich irgendwo Material gesehen habe, mit dem wir ein Feuer machen könnten. Es ist stockfinster, und wir haben kein Licht. Wie sich herausstellt, hat niemand an ein Feuerzeug oder Streichhölzer gedacht. Nicht einmal noch mehr Decken lassen sich organisieren, denn in den anderen Zelten sind die Pritschen, von denen wir sie nehmen könnten, gar nicht erst aufgebaut worden.

Wir werden hier ausharren müssen.

Mein Engelchen würde jetzt sagen, dass meine Lebenskraftleiste gefährlich in den roten Bereich kommt. Aber da er nicht weiß, in welcher Situation ich bin, kann er es nicht mal denken.

Die Französin fängt leise an zu weinen. Ihr Mann brummt. Es klingt nicht nett.

Es ist so kalt, dass mir langsam das Denken schwerfällt. Ich überlege trotzdem, ob ich aufstehen soll. Bewegung könnte mich wärmer halten. Aber ich bin so müde.

Mein Handy vibriert. Eine SMS. Empfang? Mitten in der Sahara?

Ich krieche vollständig unter die Decke und öffne die Nachricht.

Caterina, pequeñita, gerade bin ich aus einem schlechten Traum aufgewacht. Ich hoffe, Du hast bessere Träume heute Nacht. Ist das Foto angekommen? Alejandro

Ich sende eine schnelle Antwort und tippe danach sofort eine längere über die Situation, in der ich gerade stecke. Alejandro überredet mich, doch aufzustehen und nach draußen zu gehen. Als ich ihm wieder mit einer Nachricht antworten will, klingelt es. Er will, dass ich mir ein Tuch vor Nase und Mund binde.

Ich muss fünf Stunden herumlaufen. Wir erzählen uns Geschichten aus unserem Leben. Lachen hält wärmer als Laufen. Trotzdem zittere ich oft am ganzen Körper so stark, dass meine Zähne wortwörtlich aufeinanderklappen, wenn ich versuche, etwas zu sagen.

Als die Sonne aufgeht, kehre ich auf meine Düne zurück, fotografiere den Sonnenaufgang und sende Alejandro das Bild.

Ich fühle mich großartig.

»Non!« Ich bleibe hart.

Der Fahrer redet auf mich ein, ich weiche zurück und halte mir mehrere Lagen Stoff vor mein Gesicht.

»Non!«

Der Fahrer schimpft. Ich kann das durchaus verstehen. Er hat die Verantwortung für mich während der Reise.

»Kann ich vielleicht bei der Übersetzung helfen?« Eine hübsche Tunesierin in meinem Alter lächelt mich an. Ihr Deutsch ist akzentfrei.

Ich deute auf den Fahrer: »Er versteht mich ganz gut. Er sieht es nur nicht ein.«

»Was denn?«

»Dass ich nicht mit zurückfahren will. Alle sind krank. Sie husten, ihre Nasen laufen, ihre kleinen Augen sind blutunterlaufen. Es geht ihnen richtig schlecht.«

»Und Sie sind gesund?«

»Ja. Die Nacht war eiskalt. Wir haben furchtbar im Zelt gefroren. Aber ich bin irgendwann aufgestanden und habe mich mit Bewegung warmgehalten.« Und mit einem wundervollen Telefonat.

»Ich verstehe. Und wenn Sie sich jetzt stundenlang in den Jeep mit drei Virenbrutkästen setzen, stecken Sie sich an, und der Urlaub ist vorbei.«

Ich lache laut. »Treffend!«

Die Tunesierin redet mit dem Fahrer und wirkt dabei wie ein direkter Abkömmling Königin Kleopatras. Der Fahrer meckert, spuckt wieder auf den Boden und befiehlt den anderen einzusteigen. Er fährt schneller los, als er sollte, und staubt die gesamte Oase ein.

Die Tunesierin, die mich gerettet hat, sieht der Staubwolke einen Moment nach. Dann dreht sie sich wieder zu mir.

»Ich bin Rahime.«

»Caterina.«

»Und, wissen Sie schon, wie es weitergeht?«

»Nö.«

»Ich schon. Ich fahre gleich über Medenine nach Zarzis. Wenn Sie mögen, können Sie mitfahren.«

»Das wäre toll. Ich wohne dort im Sangho.«

»Das kenne ich. Da kann ich Sie auch direkt hinbringen.«

Rahime lebt auf dem Gestüt ihres Mannes in Zarzis. Sie erzählt von den Pferden und hört gespannt zu, als ich ihr von meinem Ballenberg-Abenteuer berichte. Rahimes lange schwarze Haare wippen in einem Zopf hin und her, als wir über die Schotterpiste fahren.

Ich sage: »Heute ist die Fahrt besser zu ertragen als in der Touristenkutsche gestern.«

»Das liegt an dem Auto. Es hat gute Federn.«

»Wie kommt es, dass du so gut Deutsch sprichst? Das klingt ja absolut perfekt.«

»Bis zu meinem dreizehnten Lebensjahr habe ich mit meinen Eltern in Deutschland gelebt. Ich bin vollkommen deutsch aufgewachsen. Meine Eltern waren der Meinung, dass man die Kultur, aus der man kommt, nicht vergessen darf, aber die, in die man geht, mit offenem Herzen leben muss.«

»Und dann?«

»Hast du hier schon Skorpione gesehen?«

Ist das ein Code für »Frag nicht«?

»Nein, wie kommst du darauf?«

Sie hält an.

»Da ist ein Skorpionnest. Willst du mal sehen?«

»Sollten wir die nicht lieber in Ruhe lassen?«

»Wer nichts riskiert, hat weniger vom Leben.« Rahime zwinkert mir zu. »Keine Sorge, es ist nicht gefährlich, wenn man weiß, was man tut. Und selbst wenn sie dich erwischen, ist es nicht schlimmer als ein Bienenstich.«

»Okay, dann zeig mir mal das Nest.«

Wir steigen aus. Gestern Nacht war ich schon froh über meine festen Schuhe, jetzt lobe ich sie erneut. Sie wippen vor Freude mit den Spitzen.

Rahime geht zielstrebig zu einem größeren Stein, der auf ein paar kleineren aufliegt.

»Hier ist es. Stell dich da hin. Sie sind nicht so schnell, aber du solltest auch nicht zu nah dran sein.«

»Warte, ich mache ein Foto.«

»Bist du so weit?

»Heb hoch.«

Rahime legt das Nest frei. Es wimmelt von Skorpionen. Einige sind ungefähr zehn Zentimeter lang und bräunlich. Die meisten bringen es höchstens auf anderthalb Zentimeter. Sie sind weiß und werden von den erwachsenen Tieren auf dem Rücken getragen. Ich schieße Bilder, bis der Speicher voll ist.

»Da haben wir ein wirklich schönes Nest erwischt.« Rahime legt den Stein vorsichtig wieder ab und lächelt stolz.

»Wow, das war beeindruckend«, sage ich.

Wir fahren weiter. Ich kontrolliere die Bilder. Rahime berichtet weiter von ihrer Kindheit.

»Meine Eltern sind bei einem Autounfall gestorben, und ich kam nach Tunesien zu meinen Großeltern. Da lernte ich einen Freund der Familie kennen. Hamadi. Mit fünfzehn war er ein toller Mann für mich. Ich habe mich augenblicklich verliebt.«

»War es schwer, nach Tunesien zu kommen?«

»Nicht wirklich. Tunesien war für mich ein Urlaubsland. Ich hatte hier immer schöne Zeiten. Außerdem war ich froh, nicht mehr in Deutschland zu sein. Allein, ohne meine Eltern.«

»Das verstehe ich gut. Manchmal muss man einfach raus«, sage ich und hake nach: »Und was war mit Hamadi?«

»Er wurde tatsächlich mein Mann. Meine Großeltern waren unglaublich stolz auf mich. Hamadi war damals doppelt so alt wie ich.

Charmant, spontan, lebenslustig, durchsetzungsstark und sehr sportlich.« Sie lächelt wie ein Mädchen, das sich daran erinnert, früher einmal für einen Popstar geschwärmt zu haben. »Am wichtigsten war ihnen aber, dass er aus einer einflussreichen Familie kam. Er hatte Verbindungen in die ersten Kreise der Regierung. Im Moment ist das kein Vorteil, aber er hat in alle Richtungen vorgesorgt. Er ist überall beliebt. Also fast.«

»Fast?«

Rahime schweigt. Sie drückt eine Taste am CD-Player. Geigen erklingen.

»Das ist ja Vivaldi!« Ich lausche den Klängen. Sie harmonieren mit der Wüste wie Schokoladeneis mit Bourbonvanillesahne.

»Ich liebe klassische europäische Musik. Mozart, Bach, Grieg, Tschaikowski, alle, aber am meisten Vivaldi«, sagt Rahime. »Er erfreut mein Herz.« Sie wird wieder still.

Ich sitze am Mittwochmittag in einem Jeep, der uns durch das Beige und Blau des Saharagerölls schüttelt, während eine junge tunesische Frau, die Skorpionnester öffnet, laut Vivaldi spielt. Was mehr hätte ich von meiner Reise erwarten können?

Als Rahime mich am Eingang des Sangho entlässt, lade ich sie für morgen zum Essen ein und gebe ihr meine Zimmernummer. Das kleine Restaurant im Sangho ist geöffnet. Es soll erstklassig sein.

Dann gehe ich die Auffahrt hinab und sage an der Rezeption Bescheid, dass ich wieder da bin. Meine Gruppe wird erst in zwei Stunden erwartet. Ich habe keine Lust, zu erklären, wieso ich schon früher eintreffe, und gehe grinsend durch die Blumenbeete zu meinem Bungalow. Während die Bilder von meinem Handy auf den Laptop übertragen werden, dusche ich. Dann lege ich mich schlafen. Mein Magen knurrt und fordert sein Recht. Als er merkt, dass ich zu müde bin, gibt er Ruhe.

Zum Frühstück nehme ich meinen Laptop mit. Das W-LAN funktioniert nur in der Lobby. Ich will wissen, ob sich Susanne weiter in den Kölner Politikstress einbringt oder auf meinen Rat hört.

Die Lobby liegt träge im frühen Sonnenschein. Ein paar Staubpartikel schweben regungslos in der Luft. An der Rezeption, der Theke und im Speisesaal sehe ich niemanden. Von der Terrasse klingen ein paar gedämpfte Frühstückslaute herüber. Ganz leicht rieche ich frischen Kaffee.

Ich setze mich in die weichen Polster und klappe meinen Laptop auf. Während er hochfährt, überlege ich, ob ich gleich mein Zeichenzeug holen oder morgen früh damit herkommen soll. Das Handy hüpft in meiner Tasche hin und her. Es hat recht. Wer weiß, was morgen ist. Morgen um die Zeit kann hier eine Menschenhorde rumlaufen, oder es regnet, oder ich sehe ein besseres Motiv. Selbst wenn ich sofort losrenne, könnte es sein, dass sich alles verändert hat, bis ich mit meinen Malutensilien wieder da bin. Ich höre also auf mein Telefon und fotografiere die Szenerie, um den Moment einzufangen.

Ich habe Post und muss laut lachen. Die Lobby zuckt aus ihrem Morgenschlaf. Susanne fliegt nach Neuseeland! Sie hat nicht nur auf meinen Rat gehört, sich von der Politik zu entfernen, sie fliegt gleich komplett ans andere Ende der Welt!

Ich schüttle lächelnd mit dem Kopf und schreibe, dass ich ihr eine wunderbare Reise wünsche.

Die nächste Mail stammt von Hartmut.

Hallöchen Caterina,
schön, dass Du geantwortet hast. Die Funkstille macht mich ziemlich fertig. Yannick geht es prima. Er ist gerade bei der Mutter Deines Liebsten und hat eine gute Zeit zwischen Hochhauswohnung mit Ausblick und Baumschule mit Rinde zum Kratzen. Dein Süßer hat ihn seiner Mutter übergeben, weil er für eine Weile in Los Angeles ist. Mir ist übrigens aufgefallen, dass sich seine Mailadresse leicht verändert hat. Sie lautet jetzt packer_p@gmx.de, mit Unter- statt Bindestrich.

Ich befinde mich zurzeit ebenfalls in südlichen Gefilden. Nicht ganz so tief unten wie Du, aber immerhin in Frankreich, in Lacanau-Océan an der Atlantikküste. Ich arbeite als eine Art Hausmeister auf einem alten Campingplatz, den wir früher oft besucht haben.

Hast Du denn was von Susanne gehört? Ich vermisse sie so.

Ich hoffe, Du findest das Licht, das August Macke fasziniert hat.

Liebe Grüße,

Hartmut

In Los Angeles. Er ist in Los Angeles. Meine Spucke wird bitter. Deswegen ist er nicht zu erreichen. Er amüsiert sich in Kalifornien. In der Stadt seiner Träume. Seine Schwärmereien klingen mir noch in den Ohren, und nun verwirklicht er seinen Traum ohne mich. Dabei wollte er seine Lieblingsgegend unbedingt nur mit mir erkunden. Nun ist er als freier Mann im Land der unbegrenzten Möglichkeiten und hat es nicht mal für nötig gehalten, mir seine neue Mailadresse mitzuteilen. Von wegen *Lebensplanung bis 2075*. Bis 2010 hat er es gerade mal hinbekommen, und kaum bin ich außerhalb seines Blickfeldes, vergisst er mich und macht seine Träume wahr.

Ich hatte doch recht. Er hat mich abserviert. Auf die feigste und schäbigste Art überhaupt.

Ich kopiere seine neue Adresse in eine leere Mail.

Hi,

ist das wirklich wahr? Du bist in Los Angeles?

Muss ich jetzt noch fragen, wieso Du Deine Adresse und Telefonnummer geändert hast und Dich über all die Monate nicht einmal meldest? Nein, muss ich nicht. Jetzt weiß ich es ja.

Du lebst jetzt Deinen Traum, den Du angeblich nicht ohne mich leben könntest. Super.

Weißt Du was, bleib doch einfach da. Du hast mich einfach nur enttäuscht.

Caterina

Ich sende die Mail ab und bereue es schon. Das war nicht souverän. Ich hätte es einfach ignorieren müssen. Es reicht doch, dass ich Bescheid weiß. Und ich blöde Kuh warte auch noch monatelang.

Ich schalte den Computer aus und gehe zum Frühstück. Heute Morgen dürfen es direkt fünf fettige Minicroissants sein.

Auf dem Rückweg zum Bungalow verblühen die Blumen, an denen ich vorbeigehe.

Den ganzen Tag arbeite ich konzentriert an den Aquarellen, deren Motive ich gezeichnet oder fotografiert habe. So bleibe ich in einem ausgeglichenen Zustand. Mehr Zorn nützt niemandem. Mir schon mal gar nicht.

Meine Kopf-Mutter schweigt weiterhin. Die Süße dieser Tatsache übertrifft die der tunesischen Schneezucker-Kekse bei weitem.

Die Skorpione sind großartig geworden, und die Blätter mit dem Houmt-Souk-Thema könnten ebenso aus Mackes Zeit stammen. Ich freue mich über unsere unterschiedliche Pinselführung und sehe mir noch mal alle Bilder an. Ich war richtig fleißig, denn ich habe meinen zunächst verunglückten Start fortgesetzt, alle Motive sowohl realitätsnah als auch expressionistisch zu malen. Dann packe ich zusammen, um mich für das Abendessen fertig zu machen. Hoffentlich hat das weiße Brusthaar mit dem Sperma versüßenden Ananassaft eine willigere Touristin gefunden. Ich vermisse den Sex und die Zärtlichkeiten, aber hier fällt mir die Beherrschung ausgesprochen leicht.

In Bad Homburg war das nicht so, und doch ich war ich ihm die ganze Zeit über treu. Ihm, dem Kalifornier. Der fiese kleine Schmerz schleicht sich in die Herzgegend zurück, und ich versuche, ihn zu ignorieren. Es hat ja sowieso keinen Sinn mehr. Ich überlege, ob ich Alejandro anrufen soll, doch in diesem Moment wäre das eine ganz schlechte Idee. Wenn ich mich für ihn entscheide, dann bestimmt nicht, weil gerade jemand meine Liebe achtlos in die Tonne geworfen hat.

Das Handy klingelt. Es ist Alejandro. Ich lächle. Er hat seinen

Radar auf mich eingestellt. Spürt, wenn es mir schlechtgeht. Trotzdem ist es vernünftiger, ihn jetzt wegzudrücken. Ich schreibe ihm *Kann gerade nicht, ich melde mich. C.* und stelle mein Handy aus.

Es klopft. Ich sehe mich schon die Tür öffnen und vor Alejandro stehen. Unwillkürlich muss ich grinsen, denn genau das ist ihm zuzutrauen.

Stattdessen steht auf dem Flur Rahime.

Sie sieht mich aus großen, verheulten Augen an. »Darf ich reinkommen?«

»Natürlich. Was ist denn passiert?«

Ich lasse sie ins Zimmer, und Rahime verriegelt die Türen zur kleinen Terrasse und das Fenster im Bad. Dann zieht sie sämtliche Vorhänge zu, schließt die Tür ab und setzt sich auf mein Bett.

»Er hat es herausgefunden.« Sie schluchzt.

»Wer hat was herausgefunden?«

»Hamadi.« Sie wiegt den Kopf hin und her. »Ich schäme mich so. Was mache ich bloß hier? Ich kann dich nicht da reinziehen. Es tut mir leid.«

Sie springt auf und will die Tür öffnen, doch ich gehe zu ihr und nehme sie in den Arm. Kaum schließen sich meine Arme auf ihrem Rücken, weint sie, als würde die Erde in wenigen Minuten mit Anlauf in die Sonne stürzen.

Nach einer Weile löse ich mich von ihr und schiebe sie ein wenig von mir weg. »Ganz ruhig. Ich hole dir jetzt Taschentücher und ein Glas Wasser, und dann erzählst du mir, was passiert ist. Meine Freundin Susanne sagt: ›Es gibt immer eine Lösung‹, und meistens hat sie damit recht.«

Ich drücke sie behutsam auf das Bett. Die Tagesdecke wickelt sich um Rahime und wird sie so schnell nicht mehr aufstehen lassen.

Ich hole Tempos und Wasser.

»Hamadi hat herausgefunden, dass ich fremdgegangen bin.«

»Du bist fremdgegangen? Zwischen gestern Nachmittag und heute Abend?« Ich reiße die Augen auf.

[382]

»Nein, schon letztes Jahr.« Rahime schluchzt erneut. »Hamadi war im Ausland, und ich war in der Zeit oft mit Touristen unterwegs. Weil ich deutsch reden wollte. Das mache ich immer, wenn er auf Reisen ist, damit ich nicht aus der Übung komme. Aber diesmal …«

Die Tränen schütteln sie schon wieder.

Ich setze mich neben sie auf die weiche Matratze und lege meinen Arm um ihre Schultern.

»Diesmal war da ein Mann. Ich habe mich so gut mit ihm verstanden. Wir haben Blödsinn gemacht und ständig miteinander gelacht. Er war einfühlsam und liebevoll. Ich habe mich eben geborgen gefühlt.«

»Aber hast du nicht gesagt, dass dein Mann ähnlich war?«

Sie presst Luft durch halbgeschlossene Lippen. Das bittere Lachen einer enttäuschten Frau. »Ja, charmant war er, mein ›Mann‹. Bis zur Eheschließung. Schon am Morgen nach der Hochzeitsnacht fing er an, sich über mich lustig zu machen. Kaum hatte er mich sicher, wurde er widerlich und gemein. Und eines Tages nicht mehr nur mit Worten.« Sie zeigt auf eine verblasste Narbe zwischen ihrem linken Ohr und ihrer Kinnspitze, die mir zuvor gar nicht aufgefallen war. Das Schlucken fällt mir schwer. Das hier ist nicht einfach nur ein harmloser Freundschaftsdienst.

»Er hat mich in einen Spiegel geworfen. Kannst du dir so was vorstellen? Mein Kiefer war auch noch gebrochen. Als ich aus dem Krankenhaus kam, flehte meine Großmutter mich an, zu ihm zurückzugehen. Er hatte doch so viel Macht. Hätte ich ihn verlassen, wäre das eine große Schande für ihn gewesen, und er hätte seine Macht ausgespielt.«

Ich stelle mir die Situation vor. »Meine Güte«, sage ich, »Tunesien ist doch ein zivilisiertes Land! Wie kann das denn sein?« Ich bekomme Angst.

»So zivilisiert kann ein Land gar nicht sein, dass es darin nicht auch männliche Barbaren gäbe«, sagt Rahime mit kehliger Stimme. Sie faltet ein Taschentuch vor ihrer Nase auf und schnaubt kräftig hinein.

»Wie ging es weiter?«, frage ich.

Rahime knuddelt das Taschentuch zusammen und lässt es aufs Bett sinken. Ihre Hand bleibt darauf liegen. »Um nicht nur in der obersten Regierungsebene Freunde zu haben, hat Hamadi ein paar Methoden angewandt, die nicht legal waren. Ich wusste davon. Also stellte ich ihn vor die Wahl. Entweder verrate ich ihn, oder ich bleibe offiziell als seine Frau bei ihm – doch falls er mich jemals wieder anfassen oder mir etwas zustoßen sollte, würden die Beweise, die ich sicher deponiert hatte, an die entsprechenden Leute gehen.«

Sie nimmt einen Schluck von dem Wasser.

»Ich verstehe.« Meine Kopf-Mutter schweigt. Das ist seltsam, denn was Rahime mir hier offenbart, wäre eine prima Secondhand-Sorrow-Story, auf der ich meine Kunst aufbauen könnte. Dazu noch die Furcht, die sich mittlerweile durch all meine Knochen zieht, da ich eine Frau beherberge, die vor einem gewalttätigen Gatten mit Verbindungen flieht – eine wunderbare Vorlage. Ich horche erneut in mich hinein, aber die Kopf-Mutter scheint ausgezogen zu sein. Ich fühle mich so erleichtert, dass ich unter der Kuppeldecke schweben könnte, würde die Furcht mich nicht an den Boden ketten.

»Ich wollte mit Männern eigentlich gar nichts mehr zu tun haben. Mir reichte meiner, selbst wenn er mich tatsächlich nicht mehr anfasste. Dafür hatte er andere Frauen. Manchmal wohnten sie sogar ein paar Wochen bei uns. Er hoffte, das würde mich demütigen, aber mit der Zeit wurde es mir gleichgültig. Ich empfand seine Machtspielchen nur noch als banal.«

»Unoriginell«, bestätige ich ihre Schilderung.

»Ganz genau!«

Sie nimmt die Hand vom Bett, unter der das zerknuddelte volle Taschentuch ausharrt, und nimmt sich ein neues. Sie weint nicht mehr, aber einmal Schnäuzen ist noch nötig.

Ich frage: »Und dann hast du diesen Mann kennengelernt.«

Rahime legt das zweite volle Tuch neben das erste und räuspert sich. »Ja, einen deutschen Touristen.« Sie legt den Kopf leicht schief und hebt die Schultern an. »Was soll ich sagen? Ich fühlte mich begehrt, und es war schon so lange her. Außerdem gab der Mann auch den kleinen Dingen einen Wert. Nicht nur im Umgang mit mir. Wenn wir an einem Bungalow entlanggingen und das kleine, blaue Holzschild mit der Nummer lag auf dem Boden, hockte er sich hin, steckte es wieder rein und klopfte in aller Ruhe daneben die Erde glatt. Den Tuchverkäufern am Strand kaufte er grundsätzlich etwas ab. Und er sammelte Sandsorten. In Gläsern. Als erwachsener Mann! Das war so … so anders. Als wir uns zwei Wochen kannten, ist es schließlich passiert. Er verlängerte seinen Urlaub und blieb ganze sechs. Dann musste er zurück. Und ich merkte, dass ich mich unsterblich verliebt hatte.«

Sie reibt sich die Augen, nimmt die vollen Taschentücher, steht auf, geht ins Bad und wirft sie in den kleinen Mülleimer. Sie dreht den Wasserhahn auf und benetzt ihr Gesicht.

»Das ist vielleicht jetzt eine doofe Frage«, rufe ich in das Rauschen und Plätschern herüber, »aber hättest du ihn nicht einfach nach Deutschland begleiten können?« Und mir ganz nebenher Verfolgung, Drama und Tod im Orient ersparen?

Quietschend dreht sie den Hahn zu und steht in der Badezimmertür, ein Handtuch zwischen den Fingern. »Ich habe ihn gebeten, mich nicht zu kontaktieren. Es wären zu viele unbekannte Variablen ins Spiel gekommen. Zu riskant. Und da mein deutscher Pass im Safe meines Mannes liegt, hätte ich auch nicht einfach ausreisen können.«

Ein Mann, der den Pass wegschließt. Unglaublich.

»Das Ganze ist jetzt ein Jahr her?«

»Ja. Nächste Woche ist es genau ein Jahr her, dass wir uns kennenlernten.«

»Wie hat dein Mann das nach all dieser Zeit rausgekriegt?«

»Zu wenige Touristen.«

»Muss ich das verstehen?«

»Du siehst doch, wie wenig hier los ist. Normalerweise ist jetzt schon Hauptsaison. Die Hotels müssen Kosten sparen. Sie entlassen massenweise Leute. Und die wissen dann nicht mehr, wie sie ihre Familien ernähren sollen.«

»Ach so … verstehe. Hotelangestellte sind nur so lange diskret, wie ihr Magen voll ist.«

»So zynisch würde ich das nicht ausdrücken.«

»Ich schon. Der Kerl, der dich verraten hat, wusste, was passieren würde. Sonst wäre die Information nichts wert gewesen, und er hätte sich den Gang zu deinem Mann sparen können.«

»Sicher, aber wenn deine Kinder Hunger haben, ist dir egal, ob ein Flittchen seine Strafe bekommt.«

Aha, meine Einschätzung war also korrekt. Ihr reicher und mächtiger Mann will sie bestrafen. Ich sehe mich bereits Horden wilder Männer mit meinen Pinselschäften erstechen, bevor wir für den Rest unseres Lebens quer über das Erdenrund fliehen. Ich komme niemals mehr nach Hause, und meine Lieben darf ich nicht anrufen, weil sie dann selbst in Lebensgefahr wären. Meine Mutter würde darauf warten, dass noch Kunstwerke von mir gefunden würden, die ich kurz vor meinem tragischen Ende aus mir herausgepresst habe, mein Vater würde seine Geschäftstermine um den Jahrestag meines Verschwindens herum koordinieren, und Hartmut und Susanne schmissen eine Rose in den Atlantik und würden ihre erste Tochter Caterina nennen. Mein Ex fickt sich in Los Angeles, wo er einfach wohnen geblieben ist, die Seele aus dem Leib und weiß nicht mal, dass ich verschwunden bin. Alejandro schiebt das Regal wieder vor das Fenster und arbeitet.

Und alles nur, weil ich mir keine Erkältung zuziehen wollte.

»Du bist kein Flittchen«, sage ich, »und eine Strafe hast du auch nicht verdient. Ich rufe jetzt den Zimmerservice an und bestelle uns was zu essen. Dann entwerfen wir einen Schlachtplan. Du hast doch auch Hunger, oder?«

»Mein Magen knurrt deinen schon länger an.«

»Dieses Problem ist leicht zu lösen.« Ich nehme die Tonschale und

lege ein paar der Süßigkeiten hinein, die ich in Houmt Souk gekauft
habe.

»Nur für den Anfang«, sage ich, reiche ihr die Schale und greife
nach dem Telefon.

> *Caterina Seite 414*

< Susanne Seite 345

Die Durian

23.–24.03.2011
41° 20′ 34.46″ S, 174° 45′ 33.36″ E

»No, no, no, that's totally impossible.« Maarten und Natsuko diskutieren bereits seit zwanzig Minuten mit fünf Thailändern im Frühstücksraum. Es geht um eine Kühlbox. Oder vielmehr um deren Inhalt. Es wird sehr verhalten gesprochen, aber die beiden Besitzer des Guesthouse bleiben hart.

Maarten kommt bleich an meinem Tisch vorbei und lächelt gequält. »Die haben eine Durian!« Er schüttelt den Kopf und geht weiter, als wäre damit alles gesagt.

Natsuko diskutiert weiter. Sie ist sehr höflich, bleibt aber bei ihrer Meinung. Sie zeigt auf die anderen Gäste im Raum. Die Thais wirken jovial und sind nicht bereit, auf ihr Begehren zu verzichten. »There's no prohibition sign against Durian.« Natsuko wirkt verzweifelt. Offenbar ist das ein gutes Argument. Maarten kommt mit einem großen Messer zurück. Ein Blutbad!

»Maarten, es gibt doch sicher eine andere Lösung«, rufe ich und halte seinen Arm fest.

»Was soll ich sonst tun?« Maartens niederländischer Akzent ist deutlich zu hören. »Ich kann nicht zulassen, dass unsere Gäste das hier machen. Aber auf der Straße geht es auch nicht.«

»Das kann doch nicht dein Ernst sein. Nur weil sie eine Duam haben ... Was ist das überhaupt? Nun steck doch erst mal das Messer weg! Maarten!«

Natsuko und die Thais haben aufgehört zu diskutieren und warten ab, was zwischen Maarten und mir passiert. Das ist im Augenblick spannender. Ein Thai holt eine Kamera raus. Er knipst, steht auf, geht um uns herum und schießt weitere Fotos. Die Thais am Tisch stecken die Köpfe zusammen, so dass sie lächelnd mit aufs Bild kommen. Der Fotograf nimmt Maartens Messerhand und positioniert sie mitten ins Bild. Er freut sich, dass er so spektakuläre Aufnahmen machen kann.

Natsuko sagt etwas zu ihrem Mann, das ich nicht verstehe.

»Du weißt nicht, was eine Durian ist?«, fragt er mich daraufhin.

»Nein. Das sag ich doch.«

Maarten lässt das Messer sinken. Der Fotograf knipst weiter.

»Die Durian ist eine Frucht.«

»Ihr geht mit einem Messer aufeinander los wegen einer Frucht?!«

»Die Durian ist nicht irgendeine Frucht. Sie ist die Königin der Früchte. Sagen die einen. Die anderen sagen, sie sei die Königin des Gestanks.«

»Ihr geht mit einem Messer aufeinander los wegen Obst. Ich fasse es nicht.«

»Sie stinkt.«

»Ja, meine Güte, dann riecht sie nicht gut, was soll's! Darüber muss man doch nicht so lange streiten und dann auch noch – Messer!!!«

»Du verstehst nicht. Das Messer ist für die Durian.«

»Dann dürfen sie sie essen?«

»Ja, aber nicht in diesem Raum. Es ist ein Kompromiss. Ich gebe ihnen ein altes Messer, und statt zum Strand zu laufen, dürfen sie sie hinten im Garten essen, auf unserer Terrasse, wenn sie alle Abfälle wieder einpacken und weit weg entsorgen. Natsuko traut ihnen nicht und denkt, sie könnten die Reste in den Wald schmeißen oder in eine Mülltonne irgendwo hier im Viertel.«

»Jetzt mach aber mal einen Punkt. Das sind doch nur Früchte!«

Der Thai fotografiert weiter.

»Eine Frucht.«

»Von mir aus, eine Frucht. Wenn sie sie essen wollen, kann sie ja wohl nicht so schlimm sein.«

Maarten übersetzt meine Worte. Alle im Raum lachen. Natsuko, die anderen Gäste, die Bedienung und sogar die Thailänder. Der Fotograf redet auf mich ein. Es ist klar, was er will. Ich soll mitkommen und etwas von der Frucht probieren. Maarten und Natsuko nicken. Ihre Körper beben vor lautlosem Lachen.

Wir gehen gesammelt auf die Terrasse. Alle wollen sehen, was gleich passiert. Langsam wird mir mulmig. Ein paar Gäste telefonieren und teilen ihren Liebsten mit, dass eine verrückte Deutsche gleich eine Durian essen wird. Andere halten ihre Handys griffbereit, um das Ereignis zu filmen oder zu fotografieren. Ich spüre, wie ich schwitze. In Australien gibt es kleine Beeren in Griffhöhe von Kleinkindern. Eine einzige davon hat genügend Gift, um mehrere Erwachsene zu töten. Neuseeland ist doch nicht ganz so gefährlich wie Australien, oder?

Natsuko verschließt Fenster und Türen, als sie rauskommt. Maarten holt einen Gartenschlauch und steht mit einem Toilettenreiniger in der Hand bereit.

Der Älteste der Thais öffnet die Kühltasche. Darin befindet sich ein weiterer Kühlbeutel und in Tüchern eingewickelte Kühlakkus. Der Mann holt die innere Kühltasche raus und schält sie von einem melonengroßen Teil ab, das in Papier eingewickelt ist. Vorsichtig drückt er das Papier an den Rändern hinunter. Zum Vorschein kommt eine völlig überdimensionierte Litschi in einem durchsichtigen Vakuumpack. Die großen dicken Stacheln sind leicht gebräunt und der Rest eher grünlich, aber ansonsten sieht sie lediglich wie eine melonengroße Litschi aus. Das kann doch so schlimm gar nicht werden. Ich mag frische Litschis.

Der Thai öffnet den Vakuumbeutel. Die Menschen um mich herum stöhnen auf. Ich rieche ein wenig Schwefel. Wie Eiersalat mit Zwiebeln. Ungewöhnlich für eine Frucht, aber davon falle ich jetzt nicht um. So schlimm ist das doch wirklich nicht. Die Menschen fotografieren mich. Ich lächle. Wieso stellen die sich so an?

Der alte Thai nimmt das große Fleischermesser in die eine Hand und die Durian in die andere. Einhändig dreht er die Frucht geschickt, bis etwas erscheint, das wie ein sehr pickeliger Hintern aussieht. Auch nicht besonders erschreckend. Jeder Pfirsich und jede Pflaume hat so was. Genau hier schneidet er ein.

Der Geruch wird intensiver. Der Schwefel schlägt stärker durch. Die Menschen um mich herum werden bleich. Sie unterdrücken ihren Ekel, weil sie meine Reaktion sehen wollen.

»Was? Riecht wie ein Schwefelbad in Bad Orb. Halb so wild.« Es ist mir bewusst, dass mich nur Maarten verstanden hat. Trotzdem sind die anderen beeindruckt.

Den Thais dagegen läuft das Wasser im Mund zusammen. Sie werden ganz nervös. Ihr Frühstück ist nur wenige Minuten her, und trotzdem wirken sie wie ein Gehege voller Wölfe, die sich seit drei Wochen nur ein Eichhörnchen teilen konnten. Der Alte bricht den Rest der Frucht auseinander und holt mit dem Messer lange dicke vanillegelbe Fruchtstücke aus den Kammern. Die Schale ist sehr dick und die Ausbeute nicht besonders groß. Ein lautes Palaver geht los, und plötzlich landet Geld auf dem Tisch.

»Sie wetten, wie viele Kerne in einem Segment stecken«, erklärt mir Maarten, der sich sehr zusammenreißen muss, um Worte und nicht sein Frühstück aus dem Mund fallen zu lassen.

Der alte Thai schneidet in die weiche Masse und quetscht zwei dunkelbraune kastaniengroße Kerne heraus. Der jüngste Thai macht Luftsprünge und Freudenlaute, als er das Geld einsteckt. Die anderen murren, sabbern aber kurz darauf schon wieder.

Die Handys und der Fotoapparat klicken.

Der Alte schneidet ein Stück von dem Fruchtfleisch auf einer Serviette ab und gibt es mir. Es ist totenstill. Nicht mal vom Wald auf dem Berg oder von der Straße kommen Geräusche. Neuseeland hält die Luft an, bis ich in eine Durian beiße.

Der Geruch ist wirklich sehr schwefelig. Gepaart mit rohen Zwiebeln, die schon mindestens einen Tag geschnitten rumliegen und einem recht alten Limburger Käse. Die Masse ist weich. So schlimm kann es nicht werden. Im Zweifel ist es eine herzhafte Frucht.

[391]

Ich beiße rein und nehme ein ordentliches Stück in den Mund. Die Menge jubelt. Ich bin überrascht. Die Durian schmeckt gut. Etwas süßlich. Die Farbe schlägt im Geschmack durch: Ich schmecke eindeutig Vanille. Oh, jetzt kommt die leicht angefaulte Zwiebel dazu. Schärfe auch. Merkwürdig, aber gut. Sie schmeckt eindeutig besser, als sie riecht. Ich weiß gar nicht, was alle haben.

»Du darfst heute keinen Alkohol mehr trinken! Eigentlich müsstest du Mangostan dazu essen, damit du die Durian besser verdauen kannst, aber wichtiger ist das mit dem Alkohol!«, warnt mich Maarten.

»Wiescho?«, frage ich mit vollem Mund.

»Derbe Magenkrämpfe.«

»Okay. Kriege ich noch ein Stück?«

Die Leute um mich herum unterliegen der Faszination zwischen Ekel und Bewunderung, wie man sie einem Schwertschlucker entgegenbringt. Die Thais essen nun auch schon und geben begeisterte Geräusche von sich. Sie bieten den Umstehenden etwas von ihrer Durian an, aber niemand sonst hat den Mut.

»Hast du schon mal probiert? Ist wirklich lecker!«

»Ja, sicher, habe ich schon. Ist mir nicht so gut bekommen.«

Ich beiße noch mal herzhaft hinein. Das Zwiebelaroma nimmt zu, auch die Intensität der Schärfe. Das Vanillearoma nimmt ab. Es kommt mehr überreifer Limburger dazu. Die Frucht ist mächtig. Sie ist eigentlich viel zu groß. Und diese riesigen Kerne. Die sollten doch sicherlich im Magen eines Tieres zum nächsten Keimort transportiert werden.

»Fressen Elefanten Durians?«

Maarten übersetzt. Die Thais schütteln den Kopf oder zucken die Schultern. Jetzt ist nicht die Zeit, um zu reden.

Mir reicht es. Das dritte Stück lehne ich ab. Ich habe genug. Die Frucht ist wirklich sehr sättigend.

Ich werde mit Applaus entlassen, muss aber meine Hände mit Toilettenreiniger unter Maartens Gartenschlauch waschen.

»Geh vorne wieder rein und lass die Fenster zu, bis die hier fertig sind. Und wie gesagt: bitte kein Alkohol heute!«

Ich nicke fröhlich. War doch alles gar nicht so wild.

Ich putze mir zum vierten Mal die Zähne und die Zunge. Mein Gaumen fühlt sich an, als würde er in Fetzen hängen. Die zerfleddernde Schärfe der Durian, die nach dem Essen zuzunehmen scheint, ist tückisch. Ich habe gerade noch mal geduscht, aber ich rieche aus jeder Pore nach Limburger mit alten Zwiebeln. Doch das Schlimmste ist das Aufstoßen. Der Geschmack der Durian geht mir schwallweise noch mal durch den Kopf. Wenigstens nicht auch noch das Fruchtfleisch. Vor und nach dem Verzehr ist die Durian furchtbar, währenddessen immerhin noch eine Mutprobe. Die kann doch nicht wirklich für Menschen gedacht sein. Obwohl … der erste Bissen war auf eine exotische Art lecker. Ich hätte gern Hartmut mit einer Durian gesehen.

Mein Handtuch zieht sich fester um mich, als es an meiner Zimmertür klopft.

»Ja?«

»Hier ist Arne. Ich soll dich zu einem Ausflug einladen. Darf ich reinkommen?«

»Moment bitte!« Ich rupfe mit Schwung das sich festklammernde Handtuch ab und ziehe mir eine Jeans und ein Shirt über. Das muss reichen. »Komm rein. Was für ein Ausflug ist das denn?«

»Was riecht denn hier so ekelig? Ist der Müll nicht ausgeleert worden?«

»Durian«, murmele ich leise.

»Du hast hier eine Durian???«

»Nein, ich habe gerade ein Stückchen Durian gegessen. Jetzt ist mir flau im Magen, und ich stinke. Egal, wie oft ich dusche.«

»Gut, dass wir erst morgen fahren wollen. Bis dahin riechst du nicht mehr so schlimm.«

Arne zieht sein Shirt aus, dreht daraus eine Wurst und bindet sie sich vor die Nase.

»Na, danke.«

Das Strahlen ist wieder da. Man sieht es, obwohl es von der Shirt-Wurst verdeckt wird. Im Moment bin ich aber faszinierter von Arnes Stammes-Moko. Der strahlende Ornithologe surft oder schwimmt wohl gern. Sein durchtrainierter Oberkörper sieht zumindest danach aus. Darauf macht sich das Tattoo sehr gut. Eigentlich mag ich Tätowierungen nicht, aber das hier ist anders. Die schwarzen Stellen sind leicht erhöht, was nur beim originalen Tā-Moko-Verfahren passiert. Das Moko zieht sich von Arnes rechter Schulter über die halbe rechte Brust und bis zur Hälfte seines Oberarms. Breite geometrische Muster, in geraden und leicht gekrümmten Linien, Strichen und Punkten. Sehr exakt, sehr regelmäßig und doch viele unterschiedliche Elemente. Ich glaube, eine stilisierte Schildkröte zu sehen. Vielleicht sind da auch noch andere Tiere. Ich will nicht zu aufdringlich gucken, aber das ist schon ziemlich sexy. Hartmut würde so ein Tattoo auch gut stehen. Aber nur als Zierde? Das wäre albern. Arne hat einen echten Grund für seinen Körperschmuck. Den besten, den es gibt.

»Wir fahren über die ganze Nordinsel, und wenn du mitkommst, klappern wir auch alle Sehenswürdigkeiten ab, damit du schauen kannst, wo du vielleicht ein paar Tage hinmöchtest, wenn dir Wellington langweilig wird. Mere und Hu würden sich sehr freuen, wenn du mitkommst.«

»Das ist aber nett. Gerne.«

»Gut, dann lüfte dich noch ein bisschen aus … ich hole dich morgen früh ab. Und nimm ruhig ein paar Sachen zu viel mit. Man weiß nie, was unterwegs alles passiert.«

Im Luftzug, den Arne verursacht, als er versucht, nicht allzu schnell aus dem Raum zu fliehen, rutscht die Tagesdecke halb vom Bett. Der nächste Schwall Durianduft steigt mir aus dem Magen.

Ich lese meine Mails. Draußen wird es langsam dunkel. Seit Arne heute Vormittag bei mir war, habe ich nichts gemacht. Gut, ich habe die Durian verdaut. Damit ist man im Grunde schon voll beschäftigt. Udo und meine Mutter haben geschrieben und mir Links zu den Nachrichten aus Köln geschickt. Es sieht schlimm aus, und ich bin froh, dass ich nicht mittendrin stecke.

Kölner Stadtanzeiger   22. 03. 2011

WUTBÜRGER GEGEN ALLES

Auch gestern versammelten sich überall in der Kölner City aufgebrachte Wutbürger, um gegen alles zu demonstrieren. Während die Proteste in Weidenpesch weiterhin von Schlagersänger Rick Muller angeführt werden, kam vor dem Hauptbahnhof eine kopflose Menge zusammen, die gegensätzliche Forderungen stellte. Die Partei Bibeltreuer Christen forderte »ein Deutschland nach Gottes Geboten« und wurde von Mitgliedern der atheistischen Giordano-Bruno-Stiftung mit Tomaten beworfen. Tierschutzvereine hatten Infostände aufgebaut und gingen mit den Stiften ihrer Unterschriftenlisten auf eine Gruppe Jäger los, die eine Lockerung der Abschussquoten für Rotwild verlangte. Die Ultras des 1. FC Köln riefen das Finanzamt dazu auf, »die Bonzen aus der VIP-Lounge« mit einer »Podolski-Steuer« zu belegen, um den Stürmer unbefristet an den Verein zu binden. Mitglieder der Piratenpartei forderten die Einrichtung eines Internierungslagers für Musiker am Butzweiler Hof, um sicherzustellen, dass sie auch dann weiter ihrer Bestimmung folgen, wenn ihre Gier nach Geld gar nicht mehr befriedigt wird.

In anderen deutschen Städten gab es ebenfalls Flashmobs und spontane Kundgebungen. In München gestalteten sich die Proteste friedlich, doch in Hamburg-St. Pauli und Berlin-Kreuzberg schien es zeitweise, als sei der 1. Mai vorverlegt worden.

Unter dem Artikel gibt es zwei Videolinks. Einer zeigt die chaotischen Zustände vor meinem geliebten Dom. Traurig schaut er auf die Menschen herab, die sich gegenseitig mit Gemüse bewerfen, und schüttelt kaum merklich sein jahrhundertealtes Gebälk.

Der andere Link zeigt Rick in einer Vorabendsendung. Die Moderatoren befragen ihn so kurz zu den Protesten, dass er nicht mal dazu kommt, den ursprünglichen Grund zu erwähnen, und schicken ihn dann auf die Bühne. Er hat ein neues Lied geschrieben, die Musik klingt hastig auf dem Keyboard zusammengezimmert, aber der Text sitzt in jeder Silbe. Er kommt mir irgendwie bekannt vor. Als hätte Rick einen anderen Schlagerstar beklaut.

Ihr habt uns tausend Mal belogen
Ihr habt uns tausend Mal geleimt
Habt uns eiskalt und frech betrogen
Und jetzt habt ihr uns zum Feind

Ricks Augen glänzen, als er das singt. Er sonnt sich in seinem neuen Ruhm, und mir läuft ein Schauer den Rücken hinunter. Wenn eine Punkband »jetzt habt ihr uns zum Feind« singt, hakt man es ab und tätschelt den zornigen jungen Männern das Köpfchen. Aber wenn ein grauhaariger Mann einen so aggressiven Satz im Schlagertonfall vorträgt, kann das nicht gut enden. Die Durian gräbt meinen Magen um. Ich sehe kurz vom Laptop auf. Dort draußen liegen das Meer und die bewaldeten Hügel. Ein Land ohne Wutbürger. Ich sollte den Rechner ausmachen, aber meine Neugier ist stärker. Ich klicke noch einen Link an. Er führt zu Deutschlands größter Talkshow. Der Schauspieler Hennes Bennicke hat ein Buch geschrieben, das zu den Protesten passt. *Wut macht gut* heißt es. Der Moderator hält es in die Kamera. Auf dem Cover sieht Bennicke die Leser so vorwurfsvoll an, als hätten sie gerade ein Reh ermordet. Ich stelle mir vor, Rick und er würden plötzlich das Land regieren. Ein Durianschwall füllt meinen Schädel mit Schwefel und lässt meine Ohren sausen. Bennicke richtet seinen Zeigefinger wie einen Degen auf einen jungen Fußballer oder Castingstar, der neben ihm sitzt, und raunt: »Nix lachen, hier! Die Welt geht unter! Da müssen wir alle mal ein bisschen überlegen, Junge. Da müssen wir alle mal unsere Hose geraderücken und was tun, Junge. Diese Gleichgültigkeit, die kotzt mich an, ganz ehrlich. Wut macht gut!«

Ich stoppe das Video.

Er hat unrecht. Wut macht nicht gut. Hartmut und ich haben an eine experimentelle Regierung, die alles radikal »richtig« machen wollte, unsere Tochter verloren. Ich schließe den Browser und lese nur noch die Mail meiner Mutter.

Meine liebe Susanne,
hier geht's drunter und drüber. Der Umsatz ist toll, aber sonst läuft nichts, wie es soll.
Udo hat Biostudenten beauftragt, in den Tiroler Alpen Kurzohrmäuse und in der rechtsseitigen Niederung der Donau rumänische Hamster zu beschaffen. Udo sagt, die Idee stammt von Dir. Strenggeschützte Tiere. Das kann doch nicht gutgehen. Susanne, was hast Du dem armen Jungen da für Flöhe in die Ohren gesetzt? Gut, wenn es klappt, wird hier niemals mehr was gebaut ...
Es kommen jeden Tag so unglaublich viele Leute. Tägliche Bierlieferungen! Zwei zusätzliche Köche. Fünf zusätzliche Kellner. Eine zweite Putzfrau. Eine Klofrau. So viel Personal hatte ich in der Kneipe über die ganzen Jahre nicht.
Wie lange willst Du eigentlich wegbleiben?

Irmchen geht es prima. Sie liebt ja dieses neue Aquarium. Udo spricht jeden Tag mit ihr. Ist das nicht lieb von ihm?
Ich vermisse Dich, erhole Dich gut, mein Mäuschen,
Deine
Mama

Ich bekomme ein schlechtes Gewissen. Eigentlich müsste ich ihr helfen. Oder ... nein! Man muss auch seine eigenen Grenzen erkennen und danach handeln können. Aber meine Mutter hat recht: Das mit den seltenen Tieren war eine ziemlich blöde Idee.

Hallo Udo,
bitte blas die Aktion mit den Tieren ab. Ihr müsst Euch was anderes einfallen lassen. Das geht doch so nicht. Wir können die Fledermäuse und Hamster doch nicht einfach aus ihrem Lebensraum reißen, für unsere Zwecke benutzen und womöglich damit die Arten gefährden. Wie bin ich bloß auf so was gekommen? Aber vielen Dank, dass Du Dich so gut um meine Mutter und um Irmtraut kümmerst. Das rechne ich Dir hoch an.
Hast Du meiner Mutter mittlerweile von den Flaschen erzählt?
Susanne

Es wird langsam dunkler. Aus meiner derzeitigen Position sehe ich die Sonne weder auf- noch untergehen. Die Thais höre ich schon lange nicht mehr. Der Geschmack der Durian schwappt immer noch in regelmäßigen Abständen meine Speiseröhre hoch. Ich gehe auf den Balkon und genieße die Abendluft, die mit einem leichten Zwiebelaroma durchsetzt ist. Es kann aber auch sein, dass ich mir das nur einbilde.

»Buh-buk«, kommt leise aus dem Berg und lockt mich nach draußen. Ich brauche noch einen Spaziergang, und vielleicht sehe ich den Kiwi ja doch mal.

»Buh-buk.«

Das Frühstück mit der anschließenden Durian war meine einzige Mahlzeit heute, und dennoch ist mein Magen noch immer gefüllt wie die Einkaufskarre meiner Mutter, nachdem sie einen Monatseinkauf beim Handelshof gemacht hat.

Der steile Weg auf den Berg nimmt mich heute noch mehr mit als gestern. Ich schleife meinen Bauch hinter mir her, erst auf dem Asphalt und dann auf dem feuchten Waldboden. Kleine Äste stechen in sein weiches, wabbeliges Gewebe. Es stöhnt um mich herum. Mein Herz klopft bis unter die Schädeldecke. *Junge Deutsche verwandelt sich inmitten des Happy Valley Parks in eine Durian und wird stark stinkend von Wanderern entdeckt.* Wenigstens das Seitenstechen bleibt mir heute erspart.

»Buh-buk.«

Ich sehe mich um, kann aber den Kauz nicht entdecken. Ich gehe weiter, bis zum Rand, zu meinem Stamm, und setze mich.

»Buh-buk.«

Das Stöhnen hört auf. Es kam wohl von mir. Ich atme noch mal tief durch.

»Buh-buk.«

»Na, komm doch her.« Heute will der Kauz wohl nicht. Ich versuche, seine Augen in den Bäumen zu erspähen. Es gelingt mir nicht.

Es raschelt, und Flügel schlagen. Im nächsten Moment höre ich »Buh-buk« aus größerer Entfernung. Wahrscheinlich stinke ich ihm zu sehr.

Mein Magen drückt. Wenigstens ist die Aussicht genauso atemberaubend wie gestern Nacht. Vielleicht sogar noch besser, denn die Bäume um mich herum neigen sich weit von mir weg.

Kiwis werde ich heute nicht mehr sehen. Falls welche hier gewesen sein sollten, haben sie längst Reißaus vor mir genommen.

Ein fieser kleiner Rülpser bestätigt meine Gedanken.

> Susanne Seite 446

< Ich Seite 358

Real Life Assistance

24.03.2011
51° 26′ 52.87″ N, 7° 15′ 19.08″ E

Wow, denke ich mir, als ich auf dem Foto, das Google Earth mir öffnet, in die Flutlichter starre. Das gibt es ja wirklich! Ein Gebäude ohne Wände mit drei Stockwerken offener Räume, aus denen Männer Golfbälle in den dunkelblauen Abend schießen. Das Foto der »Majestic Golfland Drivin' Range« wurde vom anderen Ende des Rasens aufgenommen, nachts, wenn Ruhe einkehrt, kurz bevor die Lichtmasten mit einem Surren und einem abschließenden »Klonk« ausgeschaltet werden. Still liegen die Bälle zu Tausenden weiß glänzend auf dem Rasen, über den hoch oben Netze gespannt sind, damit die Männer die harten Kugeln nicht aus dem Gelände heraus auf parkende Autos dreschen. Es gibt einen Krimi, in dem die Ermittler einen Verdächtigen genau hier ansprechen, während er im zweiten Stock der gepflegten Abschlagruine den Schläger schwingt. Oder war es eine Folge des *Mentalist*? Ich muss das herausfinden. Jedenfalls habe ich nun wieder einen Ort, über den ich Hartmut schreiben kann. Ich bewege mich in meiner simulierten kalifornischen Freizeit immer noch nicht aus dieser Gegend heraus, um am Strand Party zu machen, aber ich entdecke selbst hier an jeder Ecke einen Ort, den man irgendwo schon mal auf der Leinwand oder in der Leuchtröhre gesehen hat.

Das Icon meines Mailprogramms zeigt einen kleinen Briefumschlag. Ich wechsle eben schnell das Fenster, um den Spam, der alle dreißig Minuten hereinschwappt, zu löschen, damit ich in Google Earth weitermachen kann.

So, »bwin News«, weg damit, »CreditPlus Bank News« in den

[400]

Junk-Mail-Ordner, »Geldsparer News« in den Junk-Mail-Ordner, »Los Angeles Traum« in den Junk-Mail … Moment mal. »Los Angeles Traum«? Ist das Tourismus-Spam? Werbung vom Reisebüro? Ich schaue auf den Absender – und halte die Luft an. Es lärmt mit einem Mal in meinen Ohren. Ein richtiger Rums, wie Schreien und Trommeln, dann ein lautes Klingeln. Die Nachricht ist von Caterina.

Herzschlag und Stoffwechsel beschleunigen in einer Sekunde von null auf hundert. Ich stehe auf und gehe durch den Raum, immer um die Wanne herum, die ich vorgestern nach dem Baden noch in aller Ruhe ausgeschöpft habe. Plastikschüssel für Plastikschüssel, Weg für Weg, während im Fernsehen verlotterte Familien unter Aufsicht ihr Haus ausmisteten. Jetzt sind meine Hände eiskalt, und in meiner Kehle klemmt eine halbaufgetaute Lammkeule quer. Diese Art von Aufregung ist nicht schön, denn sie besteht nicht aus Vorfreude wie die Aufregung, wenn man weiß, dass gleich der Sex losgeht oder wenn sich kurz vor dem Kuss die Lippen nähern. Diese Aufregung ist eher wie die Furcht eines Knappen in einem Ritterfilm, wenn er vor den Thron der ihn heimlich liebenden Königin zitiert wird und er noch nicht weiß, ob sein Betragen nun zur Belohnung oder zur ewigen Verbannung führen wird. Oder wenn einen die Schergen der hohen Familie auf dem Kreuzfahrtschiff aus dem Laderaum an Deck zerren – die Sonne verschließt mit ihrem Gleißen die Augen im rußverschmierten Gesicht – und im Salon die Angebetete wartet. Die Seeluft fächert durch die Fenster ihr Kleid auf, sie hebt die Hand, und man weiß nicht, ob sie die Geduld lobt, mit der man so lange schweigend im Bauch des Schiffes auf ihren Ruf gewartet hat, oder ob sie wortlos den Arm ausstreckt und auf das Fenster zeigt, damit ihre Diener einen ins offene Meer werfen können, weil man den Test nicht bestand und das eigene Verhalten zu verhalten war.

Habe ich mich deswegen an die Funkstille gehalten? Weil ich es immer noch besser finde, nichts zu wissen, als in hohem Bogen im eiskalten Atlantik verklappt zu werden?

Yannick will, dass ich nachsehe. Er sitzt mit den Hinterbeinen auf der Tastatur und schabt krallenlos mit den Pfoten auf dem Monitor.

Ich setze mich zu ihm, schiebe ihn von den Tasten und denke mir für einen wunderschönen, ruhigen Augenblick: Was kann schon passieren? Yannick schnurrt. Ich bin ich. Und das ist meine Caterina.

Dann lese ich die Mail … und stürze in den eiskalten Ozean.

Lange sitze ich vor den wenigen Zeilen, die sie geschrieben hat. Sie hat von Kalifornien erfahren. Dem Kalifornien, in dem ich nicht einmal bin.

Du lebst jetzt Deinen Traum, den Du angeblich nicht ohne mich leben könntest.

Sicher, genau so muss das für sie aussehen. Endlich ist die Frau weg, und der Mann macht Halligalli. Mein Gehirn sendet mir Erinnerungen aus den ganz frühen Tagen in unserer WG, die mich innerlich schamrot werden lassen. Es ist erst ein paar Jahre her, aber ich wirke auf dem Streifen wie ein Teenager. »Da laufen sie tatsächlich rum«, schwärmte ich Caterina vor, einfach nur getrieben von der Freude, eine Freundin zu haben, der gegenüber ich kindlich euphorisch sein durfte. »Die Skaterkids aus den Extremsport-Videos. Die Punkrocker. Die Gamedesigner. Die Gangster.« Wie albern das war. Ich habe Videos immer wieder an den Stellen gestoppt, deren Schauplätze ich mal in echt sehen wollte. Die Shopping Mall aus *Jackie Brown* und den Parkplatz dahinter, auf dem Robert De Niro Bridget Fonda erschießt. Die Nachbarschaft in South Central, in der Ice Cube am Morgen nach dem Rachemord zu Cuba Gooding jr. sagt: »Es wär nichts für dich gewesen.« Der Schrottplatz von Monster Joe, wo sie in *Pulp Fiction* Jimmys Leiche entsorgen. Natürlich muss Caterina jetzt denken, ich haue in Los Angeles auf den Putz, mit meinen Muskeln von UPS und meiner Baggy Pant am Strand von Venice. Flirte mit Frauen. Gehe jeden Abend auf ein anderes Konzert. Wippe mit ausladenden Schritten durch die Viertel und begrüße meine Nachbarn mit lässigen Gesten.

Sie schreibt, ich soll einfach da bleiben.

Sie schreibt, ich habe sie enttäuscht.

Ihre Sätze sind Bleikugeln in meinem Magen, ummantelt mit Titanium und gefüllt mit Quecksilber. Ich habe ihr niemals meine neue Telefonnummer gemailt, das ist richtig, weil ich auch durch eine solche Nachricht die Funkstille gebrochen hätte, aber ich weiß nicht, was sie mit meiner angeblich anderen Mailadresse hat. Ich habe den Account nicht verändert, lediglich neu angemeldet vor einigen Monaten, weil der Anbieter Zicken machte und beim Einloggen ständig behauptete, die Adresse existiere überhaupt nicht. Los Angeles … von allen Möglichkeiten, was in ihrer Post stehen könnte, hätte ich an diese niemals gedacht. Caterina glaubt, ich habe mit ihr bloß Ballast abgeworfen, um meine Freiheit auszuleben. Sie muss jedes Geturtel zwischen uns, jedes »Miu Miu«, jede Fahrt aufs Land und jedes kleine Monster, das wir auf der Playstation gemeinsam gezüchtet haben, nachträglich als Lüge betrachten. Und meinen Liebesplanungskalender bis 2075 hat sie wahrscheinlich schon längst verbrannt.

Es klopft.

»Weg!!!«, brülle ich und werfe einen Schuh gegen die Tür, noch bevor der Klopfende überhaupt Seminararbeit oder Salzstreuer bestellen kann. Schritte entfernen sich auf dem Flur. Yannick drückt seinen Kopf gegen meine Hand, weil er spürt, dass nichts mehr stimmt. Denn genau so ist das für mich. Es ist das Worst-Case-Szenario, das schlimmste Gefühl, das es geben kann. Es gibt einen Raum in meiner Welt, da ist ein großer Hebel mit den Markierungen »okay« und »nicht okay« am Rande der halbrunden Skala. Männer können diesen Hebel überhaupt nicht bedienen. Ich kann mich mit ihnen streiten, ihnen aufs Maul hauen und ihnen sagen, was sie besser tun oder lassen sollen, ohne mich deshalb schlecht zu fühlen. Frauen allerdings betätigen den schweren Hebel mit Leichtigkeit, und bewegt er sich unter ihren Fingern ratternd in die Position »nicht okay«, ist die Welt für mich tatsächlich ausgehebelt. Ich existiere dann zwar noch, aber ich kann nicht leben, ohne alle paar Atemzüge Luftnot zu bekommen. Meine Magensäure wird so stark, dass sie die Bleikugel zersetzt und das Quecksilber austreten lässt. Ich habe nie verstanden, wie andere Männer lebendig bleiben und beim Trinken sogar darüber scherzen können, dass »die Alte daheim« gerade sauer ist. Ich bin ein lebender Toter in dieser Verfassung, und ich bleibe es so lange, bis die Frau auf Söckchen über die Dielen in den Kontrollraum geht, lächelt und den Hebel wieder auf »okay« zurückstellt.

Ich schaue auf die Uhr. Drei. In zwei Stunden beginnt in Herne die Spätschicht. Ich rufe Stolle an.

»Christoph Dabrowski«, begrüßt er mich.

»Ich will wieder spielen. Kann ich zur Spätschicht kommen?«

»Hast du deine Sachen geklärt?«

Ich schweige. Nur ein Laut wie »humpf« fällt aus meinem Hals in den Hörer. Stolle ist unanlügbar.

»Dann kann ich dich nicht spielen lassen.«

»Aber ich brauche das heute.«

»Wir haben heute Inspektoren hier. Wenn die sehen, wie einer mit voller Wucht ein Paket neben eine drei Meter breite LKW-Öffnung wirft, ist das Ansehen unserer ganzen Mannschaft dahin. Willst du das? Als meine Nummer 10?«

Ich schnaufe.

»Jetzt sei mal ein Mann und klär deine Sachen, du Funzel.«

»Ja, ja …«, flüstere ich und lege auf.

Ich erhebe mich, knete mit der linken Hand die Knorpel meiner Nase und poliere mit dem Daumen der rechten den Nagel meines Ringfingers. Ich muss raus, ich kann hier jetzt nicht bleiben. Caterina hat den Hebel nicht nur umgelegt, sie hat ihn mit beiden Händen gepackt, Schwung geholt und wie eine Figur bei einem Finishing Move mit so großer Wucht auf den Boden geknallt, dass die Dielen gebro-

[404]

chen sind und das ganze Kontrollgebäude spektakulär eingestürzt ist. Ich verlasse das Haus und laufe, weil es das ist, was ich tue, wenn ich aus der Welt gehebelt wurde. Laufen.

Ich habe kein Ziel, wenn ich Verzweiflungslaufen praktiziere. Dachte ich jedenfalls. Bis ich mich plötzlich in unserem alten Wohnviertel wiederfinde. Die Brenscheder und die Wiemelhauser Straße treffen mit ihren beiden Ende die Markstraße und rahmen in diesem Dreieck die Gaststätte Seier ein. Viele Jahre hat sie uns Trost in Form von Pommes Spezial gespendet. Gegenüber stehen die weißen Häuser mit den roten Dächern und blauen Dekorationsstreifen. Links daneben das IT-Büro, in dem Hartmut während seines Burn-outs den Kaffeefilter zwischen den Zähnen zerfetzt hat. Ich habe beim Laufen nur auf die Ritzen im Pflaster geguckt und meinen Füßen die Kontrolle überlassen – und sie haben mich hierhergeführt, zum Gelände unseres alten Hauses, das längst nicht mehr steht. Wo es war, ist jetzt karger, gepflegter Vorplatzboden, gesäumt von bepflanzten Keramiktöpfen. An der Kante hin zur Straße wurden Bäume direkt in den Boden gesetzt. Das neue Haus ist exakt um die Breite unseres alten Hauses nach hinten versetzt gebaut. Es ist groß, weiß und edel. Ich frage mich, ob sich unter dem Vorplatz noch unser alter Keller befindet oder ob sie die Katakomben einfach zugeschüttet haben. Behutsam setze ich auf dem Bürgersteig gegenüber Fuß vor Fuß zwischen die Ritzen. Ein Geschmack schießt mir auf die Zunge. Mayo, Ketchup, Zwiebeln und zuletzt, tief im fettigen Matsch, die halb aufgelösten Fritten. Ich will in Seiers Imbissbude gehen. Die tätowierten Veteranen hinter der Grilltheke sollen mir die Pommes Spezial einpacken, und dann will ich, dass sich bei jedem Schritt mit der Tüte über die Straße unser altes Haus wieder bildet. Stein für Stein, Ziegel für Ziegel. Die Fliesen sollen drinnen an die Wanne fliegen, und im Wohnzimmer sollen sich die 350 Spiele für die alte, graue Playstation klackernd ins Regal sortieren.

Ein Schild über den Fenstern und an der Flanke der Gaststätte verrät mir, dass das unmöglich ist. Das Gebäude steht zum Verkauf. Seier gibt es nicht mehr.

Ich überquere die Straße, und nichts Altes bildet sich neu. Da, wo jetzt die Pflanzenkübel stehen, war früher mein Zimmer. Ich schleiche links vom Haus den Weg entlang, der damals zur angebauten Scheune und dem Hinterhof führte. Mein Blick erhascht den perfekt gestalteten Garten. Wir selbst haben diese idyllische Hügellandschaft einst von zwei Landschaftsplanerinnen gestalten lassen, nachdem der Beamte Grün uns klargemacht hatte, dass die Stadt einen lebensgefährlichen und undurchschaubaren Urwald hinter dem Haus nicht duldet. Unsere verschnörkelte Rosenlaube steht noch. Caterina und ich haben darunter geturtelt, bis Hartmut die Szene wegen Kitschverbots unterbrach. Den Gartenteich – Irmtrauts erstes Zuhause, bevor sie in Motelbadewannen schwamm – haben die neuen Besitzer um das Doppelte vergrößert. Er hat jetzt zwei Ebenen.

»Ja, sieh mal einer an!«, ertönt hinter mir eine Männerstimme. Ich zucke zusammen. Ich fühle mich hier zwar zu Hause, bin aber unbefugt auf dem Grundstück. »Unser alter Nachbar!«, sagt die Stimme. Ich atme aus. Sie kommt nicht aus dem neuen Haus, sondern vom Gartenzaun der Miethäuser links des Anwesens. Herr Häußler steht neben seinem Schuppen, auf eine Schaufel gelehnt. Als Hartmut damals im Viertel absichtlich den Notstand verursacht hat, wurde darin von Fremden Unzucht getrieben. Herr Häußler hat immer noch seinen Bart. Er hat ein Loch ausgehoben. Daneben steht ein kleiner Baum. Der Ballen ist noch mit Jute umhüllt.

»Mächtiges Haus«, sage ich und zeige auf den noblen Bau, der unseren ehemaligen »Schandfleck des Viertels« ersetzt hat.

»Familie Hubert«, sagt Herr Häußler und reibt sich die Nase mit seinem Gartenhandschuh. »Anständige Leute. Er macht in Elektronik. Seine Firma sitzt im Technologiezentrum Ruhr, an der Uni.«

Ich nicke und schaue sinnierend in den Paradiesgarten.

Herr Häußler sagt: »Und Sie? Was macht die Familie?«

»Gut, gut«, antworte ich. »Wetter stimmt. Katze schnurrt …«

»Schön«, sagt Herr Häußler. Ich habe den Eindruck, dass er weiterpflanzen will.

»Ja, dann geh ich mal wieder«, sage ich, und Herr Häußler lupft seine grüne Baseballkappe mit Aufdruck eines Gartencenters.

»Wir sehen uns ja dann«, sagt er, viel spontaner als jeden anderen Satz gerade beim Smalltalk. Ich bleibe stehen, schaue zu ihm zurück und runzele die Stirn.

»Irgendwann mal!«, fügt er schnell hinzu, »meine ich. Irgendwie, irgendwo, irgendwann.« Er lacht und zeigt über die Straße zur Gaststätte. »Vielleicht kaufen Sie ja das Seier. Oder Ihr ehemaliger Mitbewohner. Dem ist doch alles zuzutrauen.«

Ich erwidere nichts. Herr Häußler fährt mit der Pflanzung fort. Das weiße Haus reflektiert das Sonnenlicht so stark, dass es mich blendet.

Nestor öffnet mit schwarzen, faltigen Ringen unter den Augen seine Tür. Die roten Adern glühen in seinem Augapfel. Sein Rachen stinkt, als pflege er das Hobby, heimlich tagsüber durch Ämter zu schleichen und an jedem Kaffeebecher zu nippen, dessen Inhalt bereits erkaltet ist oder der ungespült seit mehreren Tagen in der Teeküche steht. Ich stelle fest: Ab einem gewissen Alter kann man sich seine Freunde nicht mehr allzu wählerisch aussuchen.

»Ich bin noch nicht durch«, sagt er, und seine dürren Tastaturhände zittern, als er über seine Matratze zum Schreibtisch stakst. Links neben dem Laptop ragt ein zwei Meter hoher Stapel Maxi-CDs in die Höhe. Rechts hat der Turm einen knappen Meter Höhe angenommen.

»Links muss ich noch, rechts ist im Netz«, sagt er. Ich überfliege die Titel auf den schmalen Hüllen. »Look Who's Talking Now« von Dr. Alban. »Mr. Vain« von Culture Beat oder »Max Don't Have Sex With Your Ex« von E-Rotic.

»Ich bin neulich noch mal zum Trödelmarkt zurück«, erklärt Nestor, während er hastig tippt. »Habe dem Mann mit der Caught-In-The-Act-CD eine ganze Kiste Neunziger-Maxis abgekauft.«

»Du hast doch versprochen, dass du so einen Quatsch lässt. Gestern war doch auch nix.«

»Einen Tag lang konnte ich mich zurückhalten, aber heute Nacht habe ich wieder damit angefangen.«

»Das ist nicht Amazon«, sage ich, da er den Text in eine völlig andere Maske tippt.

»Nein, das ist WordPress«, sagt er. »Ich habe einen Blog zur Dance- und Chartspopszene der Neunziger eröffnet.«

»Warum???«

Nestor tippt den Satz zu Ende, speichert den Artikel, postet ihn und dreht sich zu mir um: »Weil es sonst keiner macht. Dieses Land ist unbesiedelt, zumindest, was halbwegs passable Texte angeht.«

Ich stehe auf seiner Matratze, schaue über seinen Kopf hinweg aus dem Fenster, falte die Hände und reibe mit dem Mittelfinger der linken die Schwimmhaut zwischen Daumen und Zeigefinger der rechten Hand.

Nestor greift nach der nächsten Maxi auf dem »Noch nicht besprochen«-Stapel, lässt die Hand aber darauf ruhen. Es ist »Up'n Away« von Mr. President. Ich lese den Titel und habe den billigen Kirmesrefrain mit der Sängerin augenblicklich im Ohr. »Up'n away / we need a place to hide.«

»Willst du mich nicht aufhalten?«, fragt Nestor.

Ich antworte nicht.

»In den Chinesischen Garten gehen? Zum Fußball? Auf irgendein Schützenfest?«

Ich klopfe ihm auf die Schultern und sage: »Später, mein Freund. Jetzt muss ich dringend eine Mail schreiben gehen!«

Mein Kuschelmäuschen!

Miu Miu?

Miu Miu?

Ja, ich bin in Los Angeles, weil ich dieses Angebot von UPS bekommen habe, und es tut mir leid, dass ich Dir niemals meine neue Telefonnummer gesendet habe. Ich wollte die Funkstille nicht brechen und Dich zu irgendeiner Reaktion zwingen. Und wie hätte ich Dir nur meine Nummer schicken sollen, ohne ein paar Sätze dazu zu schreiben? Ich bin sehr traurig, dass Du glaubst, ich würde hier in Los Angeles ohne Dich die Sau rauslassen. Das ist nicht so! Glaub mir! Ohne Dich bleibt die Sau im Käfig.

Du denkst Dir jetzt wahrscheinlich: Und was macht der doofe Sack in seiner Freizeit, wenn er schon in der Stadt der Träume ist? Caterina, ich mache im Grunde das, was ich schon immer gemacht habe, seit ich Hartmut kenne. Ich helfe einem Verrückten. Das Projekt heißt *Real Life Assistance* und ist ein neues Modell einer psychiatrischen Klinik hier in der Nähe, das noch nicht öffentlich gemacht wurde, weil es erst mal ausgewertet werden muss. Die Idee ist: Einerseits arbeiten echte Psychologen mit den Patienten deren Probleme auf. Andererseits kommt jeden Tag ein Pate aus dem »echten Leben« zu Besuch, geht mit dem Patienten im Park der Klinik spazieren und redet mit ihm »von Mann zu Mann«. So ein Pate bin auch ich.

Mein Patient heißt Neill, und er ist süchtig danach, alles in Worte zu fassen. Als er eingeliefert wurde, schrieb er zwanzig Stunden am Tag Blogs und Tweets und Rezensionen. Er hat Computerverbot in der Klinik, zur Entwöhnung, aber er kritzelt jetzt alles mit Filzstiften voll. Die müssen sie ihm geben, sonst ritzt er sich mit allem, was er findet und schreibt mit seinem Blut. Er kann nicht mehr leben, er kann nur noch schreiben. Ich wurde ihm zugeteilt, weil ich durch ein paar Erzählungen über Hartmut nachweisen konnte, dass ich echte Erfahrung mit manischen Männern habe.

Die Voraussetzung für diese Aufgabe ist, dass man nicht studiert hat. Man muss »grounded« sein, wie man hier sagt.

Eben sind Neill und ich noch lange gelaufen. Es gibt einen Chinesischen Garten auf dem Klinikgelände, da sitzt er am liebsten. Er liebt die Kois. Ich erzähle ihm manchmal von mir, wenn er nicht reden will. Wie sehr ich Dich vermisse. Was uns passiert ist. Dann hält *er* plötzlich *meine* Hand.

Meine Heldin, glaub mir: Hollywood, Santa Monica, Sunset Strip – das sehe ich nur aus der Frontscheibe des Lieferwagens. Alles hupt, alles drängt, alles stinkt. Ich möchte gerne aussteigen und mir alles ansehen – aber nur mit Dir! Ich möchte hoch in den Laurel Canyon spazieren und die Villen suchen, wo Slash oder Frank Zappa wohnen – aber nur mit Dir! Ich habe viele der Schauplätze von den Videos, die ich immer finden wollte, beim Fahren gefunden. Die kann ich Dir alle zeigen.

Wenn Du möchtest, dass ich komme, fliege ich los, und wir holen das alles nach! Sag nur, was Du wünscht, und ich laufe zum Flughafen!

Ich liebe Dich,

Dein

Amateurbetreuer

PS: Was meinst Du denn mit meiner Mailadresse? Ist doch wie immer.

Ich sende die Mail ab. Sie ist nicht gelogen. Ein paar Stockwerke unter mir arbeitet der neurotische Nestor drei Meter Eurodance ab, obwohl ihn nicht einmal jemand dafür bezahlt. Ich müsste eigentlich zu ihm, aber ich will warten, ob womöglich sofort Antwort kommt. Das ist nie so, und ich weiß das, aber trotzdem drücke ich bereits auf »Senden & Empfangen«, als meine Post gerade mal dreißig Sekunden raus ist. Das werde ich jetzt mindestens noch hundertmal in der nächsten Stunde tun. Der Hebel ist weiterhin auf »nicht o.k« gestellt, und ich bin noch nicht wieder in der Welt. Ich kann nicht spielen, nicht aufräumen, nicht duschen oder meine Nägel schneiden. Nicht mal eine Pizza habe ich verdient, und ich habe auch keine Ahnung, welche heute dran wäre. Ich schalte den Fernseher ein. Demonstrationen auf N24. Demonstrationen auf NTV. Sogar Demonstrationen auf RTL.

»Am heutigen Tage veranstaltet die in Köln gestartete Volksbewegung *Gegen alles!* Massenproteste in sage und schreibe dreiundzwanzig Städten. Während die Ereignisse am Geburtsort ihres Geschehens immer noch von Schlagersänger Rick Muller angeführt werden, haben sich in München der Kabarettist Wilfried Angler und in Berlin die jungen Rockmusiker der Band Fitnessverein den Märschen angeschlossen.« Yannick tatscht mit der Pfote nach den Demonstranten. Ein Moderator fragt einen Experten: »Organisationen wie Attac mühen sich jahrelang ab, aber die aus einer Bierlaune heraus gegründete Bewegung *Gegen alles!* entzündet in nur wenigen Tagen einen

[410]

Flächenbrand. Warum?« Der Experte erwidert: »Sie haben das Stichwort gerade schon gesagt: Bierlaune. Diese Bewegung ist eben *keine* Kopfgeburt eines Intellektuellen, sondern ein feuchtfröhliches Ergebnis vom Stammtisch. Aber: getrieben von dem Gefühl, verraten und verkauft worden zu sein. Jeder kann sich damit identifizieren.«

Sie zeigen die Kneipe, in der diese Bewegung angefangen hat, von der ich erst jetzt etwas mitbekomme, weil ich keine Nachrichten gucke und stattdessen für Lügengeschichten recherchiere. Die Wirtschaft kommt mir bekannt vor. »Yannick!«, sage ich, »das ist das Haus von Susannes Mutter!«

Der Kater sieht mich an, springt vom Bett und stellt sich vor den Napf, als führe diese Erkenntnis notwendigerweise zum Auffüllen des Troges. Ich öffne eine Dose, als es an der Tür klopft.

»Mach auf, du Stuffpumpen!«

Martin. Die Spätschicht bei UPS ist vorüber. Ich öffne die Tür.

»Heute kommst du aber mit!«, befiehlt er. »Heute spielen die Pestpocken und Zwangsentsamung!«

»Martin …«

»Ja, was ist denn los mit dir? Heilige Kuh! Ist das eine Badewanne aus Gusseisen? In dem kleinen Zimmer?« Martin tapst um die Wanne herum und beugt sich nach unten, als ob er dort einen geheimen Zulauf finden könnte.

»Martin …«

Er schwingt seinen Bodybuilder-Körper wieder hinter dem Gusseisen hervor, macht eine flotte Drehung und beugt sich über meinen Laptop. »Warte, ich zeig dir schnell ein Live-Video von Zwangsentsamung. Wenn du das gesehen hast, gehst du sofort mit.« Er hält inne. Auf dem Bildschirm flimmert immer noch meine Mail an Caterina. Er liest.

»Weg da!«

Er liest weiter, ganz ruhig. Er weiß sowieso, dass ich ihn nicht überwältige kriege. Sein Kreuz ist nach den Jahren als bester UPS-Packer eine pyrenäische Hügellandschaft aus Muskeln geworden.

[411]

»Daher weht der Wind«, sagt er, »Ärger mit der Perle.«

»Jetzt lies nicht meine Post!«

Es hat keinen Zweck. Er ist schon durch. Luft pumpt seinen Brustkorb auf Kleinwagengröße auf. Er schüttelt den Kopf. »Das ist nicht dein Ernst, oder?«

»Ja, ich weiß, ich bin nicht in Los Angeles.«

»Das meine ich nicht, was weiß ich, was du da für Schwindeleien erzählst und warum. Ein Kerl kann schwindeln, so viel er will, solange es einem guten Zweck dient. Aber der Schluss … Alter, was ist das denn für ʼne laffe Scheiße: *Wenn Du möchtest, dass ich nach Hause komme, fliege ich los?* Mit so einem Wimpernkönig arbeite ich zusammen am Band?«

»Was ist denn daran jetzt falsch?«

Martin reißt den Arm hoch. Yannick, der sich ihm nach einer Weile der Beobachtung gerade das erste Mal auf der Schreibtischplatte nähern wollte, wirft sein unsichtbares Jetpack an und hebt rückwärts ab.

»Entweder du fliegst heim oder du fliegst nicht heim!« Er lässt seine Augen durch die kleine Hochhausbox sausen, in der wir uns befinden, weit weg von L. A. »Also, symbolisch jetzt. Du fliegst oder du fliegst nicht zu deiner Frau, aber du gehst doch nicht hin …« – Martin geht ein wenig in die Kniebeuge und patscht sich mit voller Wucht die Innenseite seiner Hand vor die Stirn – »… und schiebst dem Mädchen wieder die Entscheidung rüber wie son Puzzle, das der kleine Junge nicht gelöst kriegt. Jetzt soll *sie* sagen, was *du* als Nächstes tun sollst? Hast du keine eigenen Gefühle, oder was? Uhhhh, wähhhhh, ich bin so verwirrt, jetzt sag du mal, was ich jetzt mache! Das ist so sexy, Alter, da sind die Jungs von Zwangsentsamung noch glatt der scheiß George Clooney dagegen!«

Ich höre mir an, was mein Arbeitskollege Martin zu sagen hat, und sinke augenblicklich in den langen Hänger.

»Aber ich kann doch nicht einfach so entscheiden«, jammere ich und höre das erste Mal, wie würdelos ich klinge, weil Männer wie Martin in ihrer Klarheit ein Spiegel sind.

[412]

»Ja. Genau. Deswegen kriegst du auch kein Paket mehr vom Band.«
Er geht an der Wanne vorbei zur Tür und rammt mich auf dem Wege
mit der Schulter, als sei er persönlich beleidigt.

In der Tür fragt er mich ein letztes Mal, den Blick im Struktur-
putz der Flurwand gegenüber meiner Tür: »Kommst du jetzt mit oder
nicht?«

Ich schlucke.

»Ja, genau«, sagt er und geht. Am Ende des Flurs ruft er: »Alte
Bahnhofstraße 214, falls du deine Eier wiederfindest.«

Ich knalle die Tür zu, dass die Scharniere ächzen.

Dann drücke ich bis in die Nacht auf »Senden & Empfangen«.

> *Ich Seite 460*

< Caterina Seite 372

Der blaue Steg

24.03.2011

33° 35′ 25.19″ N, 11° 4′ 35.48″ E

»Merci.« Ich nehme das Tablett an der Tür meines Zimmers aus den Händen des Kellners, der mich neulich gefragt hat, ob ich besetzt sei. Wenn ich etwas bestelle, kommt immer er. Ob gestern Abend, heute Morgen, heute Mittag oder jetzt. Sein Gesicht ist stets hochrot. Er sieht mir nicht mehr in die Augen.

»De rien, madame«, sagt er, höflich und zurückhaltend.

»Un moment«, rufe ich ihn zurück. Ich lasse die Tür einen Spalt geöffnet, während ich mein Portemonnaie suche, und ziehe einen Zehn-Dinar-Schein heraus. Kleiner habe ich es gerade nicht. Aber die Zeiten sind schlecht, und er hat noch kein Trinkgeld von mir bekommen. Als ich mich wieder umdrehe, schaut er augenblicklich auf seine Füße. Hat er im Raum etwas gesehen? Nein, Rahime steht hinter der Tür.

Ich will ihm das Geld geben. Er lehnt ab. Ich sage, er soll es nehmen und alles, was zu viel ist, seiner Mutter geben oder seinen kleinen Geschwistern etwas Schönes kaufen. Er sieht mich erstaunt an, nimmt den Schein und bedankt sich mit einer tiefen Verbeugung.

»Kann er mich bemerkt haben?«, fragt Rahime und schaut durch einen kleinen Spalt zwischen den Vorhängen nach draußen.

»Das testen wir jetzt«, sage ich. »Stell dich mal wieder hinter die Tür.« Sie macht es, und ich gehe raus. Ich lasse die Tür etwas geöffnet. Nicht mal so weit wie vorhin, doch ich kann Rahime dahinter stehen sehen. Der Spiegel verrät ihr Versteck. Aber erkennen konnte der Kellner sie sicherlich nicht.

»Er hat dich niemals gesehen«, lüge ich, winke ab und überlege, wie wir weiter vorgehen sollten. Meine Bluse zittert. Ich bitte mir Contenance aus, als wäre ich meine Mutter. Ein erschreckender Gedanke. Aber die Bluse gibt Ruhe.

Wir brauchen Hilfe.

Während Rahime duscht, packe ich meine Handtasche mit dem Nötigsten und meinen Koffer mit dem Rest. Sicherheitshalber. Die Bilder stecke ich in die Plastiktüte aus der Schweiz. Dann die Kleidung. Zu guter Letzt die Süßigkeiten aus Houmt Souk. Was immer wir tun, wir werden etwas zu naschen haben.

Als Rahime aus dem Bad kommt, sage ich: »Ich werde jetzt mal einen Freund anrufen, der immer gute Ideen hat. Wir müssen ja mal langsam einen Plan entwickeln. Ist das in Ordnung, Rahime?«

»Du meinst, du kennst jemanden, der wirklich helfen kann?«

»Ich hoffe es.«

Sie nickt. Ein wenig misstrauisch, aber sie nickt.

»Gut.«

Ich wähle Hartmuts Nummer. Er ist am nächsten zu uns. Susanne ist in Neuseeland, mein Ex weilt in Los Angeles, Alejandro rückt in Deutschland Regiestühle. Hartmut ist auf seinem französischen Campingplatz eindeutig am nächsten. Und er ist stresserprobt.

Nach dreimal Klingeln hebt er ab.

»Hier ist Caterina!«, rufe ich und schildere ihm ohne große Vorrede unsere Lage. Daraufhin muss ich erfahren, dass Hartmut gar nicht in Frankreich ist, sondern sich gerade in St. Petersburg befindet. Er hat mich belogen. Vollkommen grundlos. Ich hatte nicht mal danach gefragt, wo er sich gerade aufhält. Wo sind die beiden Männer hin, denen ich vertraut habe?

Vor dem Hintergrund hektischen Straßenlärms und russischer Sprachfetzen sagt Hartmut: »Vertrau mir, Caterina. Ich rufe dich in einer halben Stunde zurück, und dann haben wir einen Plan.«

»Hm.«

»Ich lege jetzt auf.«

»Hm.«

»Bis gleich.«

»Hm.« Ich drücke die rote Taste und beschließe, dass es sinnvoller ist, selbst zu überlegen, was wir tun könnten. St. Petersburg ... ich glaub, ich spinne.

»Rahime, meinst du, dein Mann sucht dich persönlich?«

»Ja, zusammen mit seinen Gorillas.«

»Kennst du den Code für den Safe, in dem dein Pass liegt?«

»Der hat keinen Code. Er wird mit einem Schlüssel geöffnet.«

»Und weißt du, wo der ist?«

»An einer Kette um Hamadis Hals.« Das Licht im Zimmer wird dunkler.

»Und natürlich gibt es keinen Zweitschlüssel«, sage ich und seufze.

»Stimmt.« Sie dreht ihre Haare und wirft sie über die Schulter.

Ohne Pass werde ich sie nicht so ohne weiteres nach Deutschland schaffen können. »Wie sind denn die Grenzkontrollen nach Syrien und Libyen?«

»Normalerweise streng. Im Moment weiß ich es nicht.«

Ich sehe mich im Zimmer um, doch da ist nichts, was mich inspirieren könnte. »Hast du noch irgendwelche Verwandten?«, frage ich.

»Nur meine Großmutter. Mein Großvater ist ja schon tot.«

»Und sie hatten keine weiteren Kinder?«

»Nein. Caterina, ich würde mich nicht hier bei dir verstecken, wenn ich irgendeine andere Möglichkeit gesehen hätte. Was hat dein Freund denn nun gesagt?«

»Dass er in einer halben Stunde anruft und dann einen Plan hat.«

»Dann lass uns doch einfach warten.«

Ich will Rahime nicht erklären, dass ich nicht mehr weiß, wie ich noch Vertrauen zusammenkratzen soll, nachdem ich gehört habe, dass Hartmut die Wahrheit über seinen Aufenthaltsort um schätzungsweise 2500 Kilometer gedehnt hat.

Ich überlege. Alejandros Familie lebt in Spanien. Ob die helfen würden? Da klingelt das Handy. Die halbe Stunde ist noch lange nicht um.

»Pass auf«, sagt Hartmut. »Khaled hat einen Plan. Wenn ihr zum Strand geht und euch rechts haltet, kommt eine Hotelanlage, das ist das Odyssee. Hier wartet ihr vor dem blauen Steg. Ein junger Mann namens Houssen wird euch abholen und durch das Odyssee ins Hotel Giktis führen. Das ist eine riesige vergammelte Anlage, die niemand überschauen kann. Im Grunde wie die Ruhr-Uni für Ferien. Die haben zurzeit fast gar keine Gäste, aber 335 Zimmer und Bungalows. Houssen bringt euch zu einem, in dem ihr sicher seid. Wir kommen so schnell wie möglich. Ganz fest versprochen!«

Hartmut klingt aufgekratzt und entschlossen. Wie früher, wenn er wieder ein Projekt hatte. Doch sein Enthusiasmus kann mein Misstrauen nicht so schnell zerstreuen.

»Und wenn ihr angekommen seid? Dann sitzen wir zu fünft in einem einsamen Bungalow? Und wer ist überhaupt Khaled?«

»Nein, wenn wir da sind, reisen wir ganz offiziell aus Tunesien aus.«

»Rahime hat keinen Pass.«

»Dann hat sie einen. Caterina, bitte vertraue mir.«

»…«

»Vertraust du mir, meine Kleine?« Hartmuts Stimme wird ganz samtig, als wolle er mich verführen und gleichzeitig trösten. Kein Wunder, dass Susanne das mag. Auf meine Frage, wer Khaled ist, werde ich heute keine Antwort mehr bekommen.

»Was bleibt mir anderes übrig?«, sage ich. Meine Stimme bleibt hart. Ich lege auf, gehe ins Bad, nehme meine restlichen Sachen und werfe sie in den Koffer.

»Wann hast du denn gepackt?«, fragt Rahime überrascht.

»Vorhin. Wir müssen weg. Jetzt.«

Rahime nickt und zieht sich an. Ich sehe in den Schränken und Schubladen nach, ob ich alles mitgenommen habe.

Da fällt mir noch etwas ein.

»Warte hier, Rahime, ich muss noch mein Zimmer zahlen. Sonst gibt es später Ärger bei der Ausreise. Mach das Licht aus.«

Ich gehe zur Rezeption und sage, dass ich am nächsten Morgen früh abreisen und daher schon jetzt zahlen möchte. Ich bemühe mich, locker zu wirken, aber innerlich sehe ich überall Verfolger.

Das weiße Brusthaar erspäht mich und steuert winkend auf mich zu. Er muss stehen bleiben, als ein eleganter Tunesier mit zwei bulligen Begleitern durch den Haupteingang kommt. Ich schlucke, nehme die Rechnung an mich und bedanke mich artig für den netten Aufenthalt. Dann kehre ich, so schnell ich kann, durch unbeleuchtete Ecken zu Rahime zurück.

»Schnell, komm, schnell.«

Ich greife nach meinem Koffer und meiner Tasche, und Rahime und ich rennen los zum Strand. Das Gelände ist nur spärlich beleuchtet, aber der Mond scheint hell. Ich schaue mich um und sehe kaum zehn Meter weit. Das Licht hat weniger Kraft, als ich dachte.

Durch den Sand ist es schwieriger, aber mit dem wenigen Gepäck kommen wir trotzdem recht gut voran. Am Steg steht tatsächlich eine große, schmale Gestalt in blauer Hose und gelbem Hemd. Animateurskleidung. Der Mann läuft uns entgegen und nimmt mir meinen Koffer ab.

»Je m'appelle Houssen.«

»Caterina.«

»Rahime.«

»Suivez-moi!«, sagt Houssen.

Was denn auch sonst? Wir sind schließlich für nichts anderes hier, als um ihm zu folgen. Ihm, einem völlig Fremden, der von einem anderen Fremden hierherbeordert wurde, der wiederum der neue Freund eines alten Freundes ist, dem ich nicht mehr vertrauen kann.

Der schlaksige Animateur führt uns durch das Gelände des Odyssee.

Hier sieht man noch weniger, aber er kennt den Weg. Ich komme mir vor, als würde ich durch ein Labyrinth laufen. Büsche greifen nach uns, hinter Häuserecken stehen Männer mit langen Messern, ich spüre, wie sich ein großes Fischernetz über uns wirft und uns zu einem Bündel verschnürt. Mein Herz klopft, und meine Adern pumpen Adrenalin.

Houssen verschwindet in einem dicken Busch. Wir beiben davor stehen und begreifen nicht. Houssens Kopf kommt wieder hervor.

»Vite, vite!« Er streckt seine Hand aus, die Rahime greift. Er zieht sie in den Busch. Sein Kopf erscheint noch mal. Diesmal direkt mit Hand.

»Alors madame, vite!«

Ich gehorche und lasse mich durch den Busch und einen Zaun ziehen.

Das vollkommen menschenleere und selbst im sanften Mondlicht ungepflegte Gelände verschluckt uns. Ich fürchte, es wird uns niemals mehr ausspucken.

Ein paar Schritte weiter spüre ich Beton unter den Füßen. Entweder wachsen zwischen den Platten viele Pflanzen, oder es liegen Schläuche quer über dem Weg. Oder Schlangen. Ich entscheide mich für die Pflanzen.

Der Schatten, der Rahime sein muss, sackt zusammen und bleibt auf dem Boden liegen. Ich bin sofort bei ihr. »Rahime«, flüstere ich, »sag doch was.«

»Mir geht's gut. Ich bin nur gestolpert.«

»Pst!« Houssen hilft Rahime auf. Als sie einen Schritt gehen will, unterdrückt sie einen Schmerzenslaut. Sie kann nicht alleine stehen. Houssen stellt meinen Koffer ab und nimmt Rahime auf den Arm. Er versucht eine Hand frei zu kriegen, geht in die Knie und tastet nach meinem Koffer.

»Non!« Ich greife nach meinem Trolley. Houssen muss nicht auch noch mein Gepäck tragen. Diesmal sage ich selbst: »Vite!«

Ich röntge den Boden mit meinen Blicken und achte auf jeden meiner Schritte. Noch eine Verletzte können wir nicht gebrauchen, und die Strecke ist mühselig. Sämtliche Wege sind ungepflegt. Das kann nichts mit den Touristikeinbußen durch die Revolution zu tun haben. Hier ein Loch im Beton, dort Kiesel auf dem Weg. Ich denke an Hartmuts Worte: Im Grunde wie die Ruhr-Uni für Ferien. Dort fühlt man sich nachts ähnlich wie hier. Mit dem Unterschied, dass die Beete an der Uni nur hinter dem Campus im Botanischen Garten blühen. Hier sprießt es überall. Der Gärtner ist das Einzige, an dem nicht gespart wird. An allem anderen schon. Oder wir befinden uns auf einem Teil des Geländes, dessen Bungalows gar nicht mehr vermietet werden. Es riecht nach altem Fisch. Ich muss würgen, reiße mich zusammen und atme einfach nicht mehr. Doch schon nach wenigen Sekunden halte ich es nicht mehr aus. Ich muss Luft holen und atme einen großen Schwall Fischgestank ein. Der Würgreiz überwältigt mich erneut. Houssen sieht sich besorgt nach mir um. Ich wedele mit dem Handrücken in seine Richtung, als wollte ich eine Fliege vertreiben. Houssen versteht und geht weiter. Der Geruch lässt nach, und mein Magen beruhigt sich. Als gar kein Gestank mehr feststellbar ist, hält Houssen an. An dem Reihenbungalow blättert wie an allen anderen der Putz ab. Houssen schließt die Tür auf und trägt Rahime auf ein frisch bezogenes Bett. Ich betrete den kleinen Raum, stelle meinen Koffer an die Wand und schließe leise die Tür.

Houssen winkt mich mit dem Zeigefinger heran und zeigt mir das Bad mit frischen Handtüchern und aufgefülltem Toilettenpapier. Er hat gut vorgearbeitet. Erstaunlich, dass er daran gedacht hat. Wasser und Essen stehen ebenfalls in dem Zimmer. Ich frage mich, wie er das so schnell organisiert hat.

Houssen instruiert mich, kein Licht zu machen. Außerdem sollen wir uns immer erst vergewissern, dass niemand vorbeikommt, bevor wir die Toilettenspülung benutzen oder gar die Dusche. Er sagt, dass er nur einmal am Tag kommen wird, um Nahrung zu bringen. Wir müssen uns einteilen, was wir haben. Er läuft rot an, als er uns das verkündet, entschuldigt sich und schlüpft aus der Tür.

Ich sehe mich um. Das Zimmer ist winzig. Im Sangho war es definitiv schöner. Aber was macht man nicht alles, wenn jemand in Not ist. Ich denke an Susi, die Ziege, und ihre Kitze, Caty und Alex. Mein persönlicher Assoziationsblaster führt mich von den Kitzen zu Alejandro und einem warmen, dann zu meinem Ex-Freund und einem eisigen Gefühl. Ich muss mit dem Denken aufhören. Mir wird wieder schlecht.

Ich horche, ob draußen etwas zu hören ist, gehe ins Bad und drehe den Wasserhahn auf. Er röchelt, er brodelt, er schreit. Ich reiße die Augen auf und sehe wilde Tunesier das Zimmer stürmen. Es zischt. Das Wasser ist da, und der Lärm hat aufgehört. Selbst in der Dunkelheit sehe ich, dass die Flüssigkeit nicht klar ist. Ich vermute rostrot. Eine schöne Farbe, wenn man sie nicht trinken oder sich mit ihr waschen muss. Ich drehe auch die Dusche an und betätige die Toilettenspülung. Ich brauche jetzt was Kaltes.

Nach einer Weile ist das Wasser, soweit ich es erkennen kann, wieder klar. Ich stelle die Dusche ab und mache ein Handtuch nass. Es ist wirklich kalt. Ich wringe das Handtuch aus und bringe es in den Nebenraum. Zwei Polster aus einer Sitzecke stopfe ich unter Rahimes Bein. Das Handtuch wickele ich um ihren Knöchel. Rahime stöhnt leise. Ich sage: »Beim Bezahlen habe ich drüben im Sangho einen Mann in einem sehr schicken Anzug gesehen. Deutlich über vierzig. Bei ihm zwei richtig bullige Kerle. Alles Tunesier. Da war nicht zufällig Hamadi dabei?«

Rahime wird schlagartig blass. Das sehe ich sogar ohne Licht.

»Waren seine Schläfen weiß, und zwar nur die Schläfen? Ziemlich hart abgesetzt.«

»Ja, genau.«

»Das war er. Er hat mich gefunden!«

»Hat er nicht. Wir sind hier. Er nicht.«

In der Dunkelheit erahne ich abgeblätterte Wandfarbe. Es riecht muffig.

Rahime sagt ängstlich: »Er kann sich doch denken, dass wir nicht weit gekommen sind. Vielleicht hast du Spuren im Sand hinterlassen.«

»Nicht mehr als du.«

»Ich meine mit dem Trolley.«

»Den habe ich getragen.«

»Das ist gut.« Rahime reibt ihre Wangen. »Wieso wusste er, dass ich im Sangho war? Es gibt so viele Hotels in Zarzis.«

»Der Kellner hat dich im Spiegel gesehen. Aber eigentlich war ich mir sicher, dass er dich nicht erkennen konnte.«

»Dann müsste er aber schnell reagiert haben, um uns zu verraten.«

»Das ist richtig.«

Ich nehme das Handtuch und halte es erneut unter kaltes Wasser. Für Rahimes Knöchel ist das kalte Wasser nützlich, aber auch das ganze kleine Zimmer strahlt eisblaue Frostigkeit aus. Es ist nicht das Blau, das ich in Tunesien zu finden hoffte. Und das ich gefunden *habe*! Ich konnte so wunderbare Aquarelle malen. Zum Glück habe ich rechtzeitig gepackt und musste sie nicht in der Hektik zurücklassen. Ich sehe mich mit Alejandro im Atelier die Bilder ausbreiten und darüber reden. Wir sprechen über das Licht, die Farben und die Formen. Diskutieren, was gelungen ist und woran ich noch weiterarbeiten könnte. Falls ich lebendig wieder nach Hause komme.

»Rahime, wir müssen unbedingt etwas schlafen.«

»Ich weiß nicht, ob ich das kann«, sagt sie, doch ich sehe in den kalten Schatten, wie ihre Jacke sich fest um sie schließt. Als ich Rahime zudecke, macht sie sich klein.

Im Halbschlaf fällt es mir ein.

»Rahime, schläfst du?«, frage ich leise.

»Nein«, flüstert sie zurück.

»Ich weiß jetzt, wer deinem Mann gesagt hat, wo du sein könntest. Es war nicht der Kellner.«

»Wer denn?«

»Der Fahrer. Von der Sahara-Tour. Du hast dich in Ksar Ghilane ziemlich heftig mit ihm gestritten, damit ich nicht mit den verschnupften Gästen zurückfahren musste. Du hast ihm Befehle erteilt. Vor allen Leuten.«

»Das hat sich schlimmer angehört, als es war. Aber du könntest trotzdem recht haben. Es war ein kleiner Ehrverlust für ihn. Vor den Gästen, den Leuten in Ksar Ghilane und vor allem im Hotel. Er hat mich auf jeden Fall erkannt. Wäre ich nicht die Gattin des großen Hamadi, hätte er sich von mir gar nichts sagen lassen.«

»Feinde kann man sich nur leisten, wenn man keine Geheimnisse hat.«

»Offenbar.«

»Pst.«

Wir hören schwere Schritte und gedämpfte arabische Stimmen mit kehligen Lauten. Rahime hat recht. Arabisch hört sich immer ein wenig so an, als würden die Leute sich streiten. Trotzdem bilde ich mir ein, dass mindestens eine der Stimmen noch gereizter klingt. Die Männer gehen an unserer Tür vorbei. Die Stimmen werden leiser. Als sie gar nicht mehr zu hören sind, hüllt uns die Dunkelheit noch ein bisschen mehr ein.

»Das war er«, haucht Rahime.

Mein Herz klopft, aber ich muss sie beruhigen. »Dachte ich mir schon«, sage ich, gelassener, als ich bin, »aber was sollen sie machen? Sie wissen nicht, ob wir überhaupt hier sind, und selbst wenn, wo sollen sie anfangen zu suchen? 335 Zimmer aufzubrechen dauert so seine Zeit und macht zudem viel Lärm.«

»Er kann sich Schlüssel besorgen.«

»Offensichtlich nicht, sonst hätte er sie bereits benutzt.«

»Ist dein Handy komplett aus?«

»Nein, ich habe auf Vibrationsalarm gestellt. Wenn Hartmut anruft, sollten wir das wissen.«

»Dann solltest du jetzt drangehen.«

»Ich höre nichts.«

»Jetzt hat's auch aufgehört.«

Ich greife zu meiner Tasche. Mein Handy springt mir in die Hand und zieht mich unter die Bettdecke.

Eine SMS.

Caterina, mi vida, ich bin täglich unruhiger. Sag mir, dass bei Dir alles in Ordnung ist. Sonst komme ich nach Tunesien. Alejandro

Meine Wangen erwärmen sich. Das muss an der Luft unter der Bettdecke liegen. Ich tippe:

Lieber Alejandro,
es ist verzwickt, aber ich bin in Sicherheit. In den nächsten Tagen komme ich nach Deutschland zurück. Ich freue mich darauf, Dir meine Bilder zu zeigen. Das Foto von meinem neuen Arbeitsplatz habe ich natürlich erhalten und mich direkt darin verliebt. Vielen Dank! Du hast Dir so viel Mühe gegeben. Es ist toll geworden!
Ich rufe Dich an, wenn ich in Deutschland bin.
Deine
Caterina

> Hartmut Seite Seite 425

< Hartmut Seite 334

Großer Pirat

25.03.2011
33° 8′ 17.33″ N, 11° 13′ 35.17″ E

Eben noch St. Petersburg, jetzt Djerba. Die Stimmen der eifrigen Russen rattern noch in meiner Ohrmuschel. Sie haben »gute Geschäfte« mit Khaled gemacht, obwohl er die ganze Zeit nüchtern blieb. Ich hatte das erste große Etappenziel auf dem Weg zur Einsamkeit geschafft und dann? Anruf, Umkehr, ab in den Süden.

Djerba.

Wenn meine Mutter dieses Wort aussprach, dachte ich in meiner Kindheit grundsätzlich an weiße Strände, strahlende Menschen und die Spiegelung des Meers in den Sonnenbrillengläsern großer Frauen in Sommerkleid und weißem Strohhut.

Djerba.

Ein Synonym für Ferien in Hochglanzoptik, so wie Litauen ein Synonym war für finstere Landschaften apokalyptischer Kriegsspiele. Und jetzt das. Ich brause mit Khaled durch Straßen, deren kleine Häuser aussehen wie in *El Mariachi* oder *Desperado*. Weiße, abgeblätterte Fassaden und hellblaue Fensterläden. Uralte Ladenschilder aus verwittertem Holz, kleine Obststände vor Gitterfenstern und brüchige Bordsteine. Es ist nicht finster, im Gegenteil, es atmet Sonne, aber es wirkt auch so, als könne jeden Augenblick der Messerwerfer mit den Narben im Gesicht um die Ecke biegen und Antonio Banderas mit zwei Kanonen in der Hand auf die Motorhaube fallen.

»Da fehlt der erste Stock«, sage ich und zeige auf ein Haus, in dessen Erdgeschoss die Kellnerin faltige Männer bewirtet, während die Etage über dem Café noch im Rohbau ist.

[425]

»In Tunesien«, kommentiert Khaled und isst eine Nuss, »du baust, bis Geld alle. Kommt neues Geld, machst du weiter.«

»Und in der Zwischenzeit darf man im Erdgeschoss ein Café betreiben?«

»Sicher«, nickt er, als sei das südlich von München überall das Normalste auf der Welt. Junge Männer knöttern auf Mopeds an uns vorbei. In einer sandigen Gasse steht eine Ziege zwischen zwei Häusern, vor denen Autos parken. Ein Pick-up überholt uns. Seine Stoßstange hängt halb herunter, da sich das Panzertape, mit dem sie festgeklebt wurde, gelöst hat. Straßenschilder sehe ich kaum, Hausnummern überhaupt nicht. Ich bin in dem Land, das einen historischen Wandel durchmacht, weil sich ein Gemüsehändler verbrannt hat. Wenn ich die Leute so beobachte, kann ich mir kaum vorstellen, dass sie genug Zorn haben, eine Revolution durchzuziehen.

Ich frage mich, was uns in Zarzis erwartet. Ob es Caterina gutgeht. Wer das Mädchen ist, das sie versteckt. Eben wollte ich noch in das ewige Eis, jetzt rumpele ich im März bei 24 Grad im Schatten durch das wuselige Leben einer Gegend, deren Unfertigkeit so locker und selbstverständlich daherkommt wie die Gastfreundschaft radikaler Hausbesetzer, die dich in ein schmuckloses, eiskaltes Zimmer führen, auf dünne Matratzen in rostigen Etagenbetten zeigen und mit stolzen Lachen sagen: »Hier ist euer Reich, macht es euch gemütlich!«

Genau solche Leute aus meinem alten Bekanntenkreis soll mein bester Freund aufsuchen, sobald er aus Los Angeles wieder daheim angekommen ist, damit sie einen Unterschlupf für Rahime vorbereiten. Meine Mutter hat sich früher stetig große Sorgen wegen meines »Umgangs« gemacht, aber man muss sich überlegen, welche Türen einem in der Not tatsächlich geöffnet werden. Meiner Erfahrung nach sind es eher die, von denen die Farbe abblättert, als die, die zweihundert Meter hinter dem Stahltor mit der Fischaugenkamera liegen. Khaled passt in keine dieser beiden Kategorien. Als ich ihn beim Abflug in St. Petersburg gefragt habe, womit wir am Ziel überhaupt vorankommen sollen, hat er geantwortet: »Ich habe Landrover überall auf Welt.« Mein Schmunzeln über diese Angeberei ist erst vergangen, als er in der heißen Sonne Tunesiens über den Parkplatz schlenderte, die Hand mit dem Funkschlüssel hob und sich mitten unter den geparkten Wagen mit einem freudigen »Uh-uh uh-uh« sein Gefährt bemerkbar machte.

Khaled pfeift, bleibt mitten auf einer belebten Kreuzung stehen und grüßt einen Mann, der von einem Bollerwagen aus Orangen verkauft. »Khaled!!!«, ruft der Weißbärtige, als sei mein grenzenloser Freund auch hier Stammgast.

»Issam!«, antwortet Khaled und kommentiert für mich kurz den Mann: »Issam kleiner Bandit.« Er hält einen Schwatz auf Arabisch. Es geht ihm so flüssig von den Lippen wie seine Flüsterei in der Nacht, die ich glaube, gehört zu haben. Das Gespräch mit Issam dauert an, und die anderen Verkehrsteilnehmer kurven hupend um die wuchtige, schwarze Landrover-Insel herum. Ihr Hupen ist nicht wütend, eher heiter, manche winken sogar. Sie haben keinen Diktator mehr. Khaled nestelt tunesische Scheine aus seiner Tasche und kauft dem Mann eine riesige Tüte Orangen ab. Kaum hat er sie, gibt er endlich wieder Gas, winkt mit links, wirft mir mit rechts eine Frucht zu und beginnt, sich selbst eine zu schälen, während er das Schlachtschiff von Auto mit den Knien durch Gassen lenkt, die stärker bevölkert sind als die Kölner Severinstraße am Rosenmontag. Der Wagen lässt zwischen sich, Mopedfahrern, Häuserwänden und Werbetafeln häufig nur einen Millimeter Platz, aber Khaled bleibt so locker, als glitte das Ding auf unsichtbaren Schienen.

»Gute Orangen?«, fragt er mampfend, und ich nicke, statt ihn daran zu erinnern, dass wir eigentlich in Eile sind.

Von der Insel Djerba führt ein Damm rüber aufs Festland, an dessen Nordostküste der Urlaubsort Zarzis gelegen ist. Der Damm ist bloß zwei Spuren schmal, links und rechts erstreckt sich das Mittelmeer.

»Wasser für Djerba«, sagt Khaled und zeigt auf zwei Rohre, die in ihren Fassungen neben der Straße herführen. Sie sind kaum dicker als ein Medizinball und wirken so fragil, dass ein Schlag mit dem Samuraischwert sie leicht teilen könnte.

»Durch die Pipeline läuft das gesamte Trinkwasser für die Insel?«, frage ich und lache, weil es mir so absurd vorkommt. Das große Djerba, Urlaubsparadies in der Phantasie meiner Kindheit, abhängig von zwei läppischen überirdischen Rohren auf einem windumtosten Damm.

»Ja«, bestätigt Khaled.

Ein Unfall genügt, denke ich, ein ausscherender LKW und ganz Djerba verdurstet. »Da ist noch nie was passiert?«

Khaled schüttelt den Kopf.

Auf dem Festland gibt es noch mehr Rohbauten als auf der Insel. Aber was heißt schon »roh«? Khaled meint es nicht scherzhaft, als er im Vorbeifahren auf ein paar Gerippe zwischen Steppenboden und kleinen Büschen zeigt, sie »Villen« nennt und »kannst du kaufen« sagt. Die »Villen« haben noch keinen Boden, keine Fenster, keinen Garten, keine Türrahmen. Khaled hebt die Hand und macht eine Schätzbewegung: »Nimmst du 200 000 Euro, hast du Haus im Paradies. Ist jetzt sicher, ohne Ben Ali. Billig. Baust selber fertig. Machst du gutes Geschäft.«

Ich denke zurück an das Fachwerkhaus in Großbärenweiler und erschrecke mich, weil mich das, was ich hier sehe, trotz meiner Erfahrungen mit unrettbaren Ruinen anregt. Die »Villen« stehen da wie hingerotzt, flüchtig skizziert von einem Künstler, der die Leinwand verlassen hat, weil er an den Strand wollte. Zu Tausenden liegen Ziegel aus rotem Ton rund um die Baustellen, zum Verarbeiten gestapelt, aber auch in Trümmern und Splittern, als hätten die Männer eines Abends ein großes Tontaubenschießen veranstaltet. Zwischen den Ziegeln liegen Plastikkanister, Reifen und leere Tonnen im Sand. Kabel hängen ungekürzt aus den Wänden, und eine Treppe in den ersten Stock wirkt nicht wie neu gebaut, sondern wie frisch entkernt.

»Wie weit ist es noch?«, frage ich.

Khaled schaut auf seine Nusstüte, als wisse sie die Antwort. »Zwanzig Minuten«, schätzt er, doch kaum hat er es ausgesprochen, hält er schon wieder an, weil ihn jemand am Straßenrand erkannt hat.

»Khaled!!!«

»Ammar!«

Der Mann nähert sich auf dem Bürgersteig rechts von uns, so dass Khaled sich über mich beugt, um ihm ein paar Wangenküsse zuzuhauchen. Der kantige, arabische Singsang beginnt erneut, sie lachen und zünden im Hirn des anderen Kopfkino-Raketen mit den Anekdoten aus zwei Jahren. Ich stelle fest, dass mich diese Tradition aufregt, und das nicht nur, weil wir uns gerade auf einer Rettungsmission befinden. Ich selbst habe in meinem *Manifest für die Unvollkommenheit* darüber geschrieben, dass man gepflegt Zeit vergeuden soll. Jetzt bin ich einem Land, wo die Leute es tatsächlich tun, und möchte die ganze Zeit auf meine Armbanduhr tippen und zur Eile mahnen. »Khaled«, merke ich zaghaft an und zupfe ihn am T-Shirt. »Caterina. Rahime. Rettung.«

Er bemerkt es, lässt aber noch sieben Sätze sprudeln, bevor er sich von seinem Bekannten verabschiedet und sich wieder gerade in den Fahrersitz setzt. Er sieht mich an, der Motor brubbelt im Stand.

»Geduld ist Schlüssel der Freude. Arabisches Sprichwort.«

»Aber wir sind doch nicht zum Vergnügen hier!« Jetzt keife ich, kneife die Augen zusammen und werde an den Schläfen rot, wo einst meine Koteletten saßen.

Khaled berührt meine Schulter, legt den Gang ein und fährt weiter.

Die Hotelanlage Giktis, in der Caterina und Rahime sich verstecken, liegt zwanzig, dreißig Meter tiefer als die Küstenstraße. Auf der Fahrt durch Zarzis war am Horizont rechts von uns die ganze Zeit das Mittelmeer zu sehen. Da ich nervös bin, fummele ich an Khaleds iPod herum, scrolle durch die Titel und finde unter Deutschland, eingequetscht zwischen Dänemark und Djibouti, lediglich »Wind of Change« von den Scorpions, »Roboter« von Kraftwerk und »Wer wirft den ersten Stein« von Peter Maffay.

»Du hast nur drei deutsche Titel hier drauf, und einer davon ist ›Wer wirft den ersten Stein‹ von Peter Maffay?«

Khaled nimmt die Hände vom Steuer: »Habe ich gefragt Freunde nach typisch deutsche Rockstar. Sie sagen: Maffay. Obwohl, ist Rumäne.«

»Ja, aber das Lied war nicht mal eine Single. Wir haben das früher bei einem Freund auf dem Balkon gehört, während unten auf der Straße Demonstrationen tobten. Volksaufstand.«

»Aufstand? In Deutschland? War nicht zuletzt 1989?« Khaled stellt sich dümmer, als er ist, und scheint froh zu sein, dass nun das Tor des Hotels vor uns erscheint. Ich hebe den Finger, um weiterzudiskutieren, doch Khaled ignoriert es und grüßt durch mein Beifahrerfenster hindurch den Mann, der im kleinen Wachhaus sitzt.

»Khaled!!!«, ruft er die international anerkannte Begrüßung. Es würde mich auch nicht mehr wundern, wenn ihn im Vatikan der Papst so begrüßt. Wir rollen einen steilen Weg hinab. Rechts von uns sind die Rabatten bunt bepflanzt, links führen Stufen aus hellem Bruchstein hindurch, die lange niemand mehr betreten hat. In einer prangt ein hundegroßes Loch. Der Eingang des Gebäudes sieht mondän aus. Heller Marmor und breite Säulen, ein Angestellter wischt, was eigentlich schon sauber ist. Im Foyer plätschert Wasser neben einer breiten Wendeltreppe ins Untergeschoss. Uralter Dixieland-Jazz aus unsichtbaren Boxen versetzt den Raum unter orientalischen Leuchtern in die Zwanziger. Links hinten schaut man auf einen Schmuckladen. Am Ende rechts beheimatet das Foyer ein Kiosk mit Postkartenständern, Limonadenkühlschrank und einem Karton voller gebrauchter Taschenbücher. Der Rezeptionstresen ist so lang, dass Terence Hill eine halbe Stunde bräuchte, um einen Gegner komplett darüberzuschleifen. In kleinen, gleichmäßigen Holzfächern lehnen die Schlüssel für 335 Zimmer mit ihren schweren, goldfarbenen Anhängern. Das freudige »Khaled!!!« ertönt im Kanon, als der kleine Rezeptionist aufspringt und gleichzeitig junge Männer aus dem Schmuckladen, dem Kiosk und der Tür zum Poolbereich herangestürmt kommen. »Khaled! Khaled!« Sie umschwärmen und umarmen ihn. Der junge Mann, der von draußen kommt, ist dünn und groß, trägt Flipflops und ein gelbes Hemd mit der Aufschrift *Animateur*.

»Das ist Houssen«, stellt Khaled ihn mir vor. Unser Kontaktmann. Der, der Caterina und Rahime versteckt hat. »Houssen ist Familie«, lacht Khaled, zeigt dann der Reihe nach auf den kleinen Rezeptionisten, den Schmuckverkäufer und den Kioskmann und sagt: »Die anderen? Große Banditen!« Sie lachen.

In einer Sitzecke schräg hinter der Wendeltreppe, wo das Foyer in die Bar übergeht, sitzt eine Gruppe Tunesier und palavert. Die Sprachmusik ist laut und dynamisch, sie schwillt an und ab wie ein Tosen auf hoher See und trägt zugleich diese Gelassenheit in sich, die mich nervös macht.

»Das ist Nationalmannschaft«, kommentiert Khaled und schmunzelt. Der Schmuckverkäufer, dessen Haltung man zu Hause als äußerst linkisch bezeichnen würde, zeigt Khaled einen Zettel, der wie ein Scheck oder Schuldschein aussieht. Khaled nickt, als entspräche die Summe seinen Erwartungen. Was ist das für ein Mann? Lebt auf der ganzen Welt und hat überall seine Geschäfte am Laufen, sogar mit linkischen Schmuckverkäufern in überalterten tunesischen Bettenburgen. Der kleine Rezeptionist springt auf und stemmt sich mit seinem untersetzten, knuddeligen Körper auf den Tresen, um Khaled einen Extraschmatzer zu geben.

»Größter Bandit von allen!«, betont Khaled und kneift dem winzigen Mann in die Wange.

Houssen wartet die Zeremonie geduldig ab und schlappt schließlich mit seinen Flipflops zur Tür, hinter der Treppen von einem kleinen Balkon hinunter zum großen Poolbereich führt. Die Hauptflügel des Hotels sind um das Becken herumgebaut. Houssen blickt uns wortlos und ernst an. Wir nicken. Er führt uns zu jetzt zu Caterina, von der wahrscheinlich nicht mal die Banditen etwas wissen, geschweige denn die plapperfreudige Nationalmannschaft.

Wir folgen dem schlaksigen Animateur in das weitläufige Gelände.

[431   ]

Eine Dusche, zehn Meter rechts vom Pool, steht unauffällig zwischen zwei Büschen wie eine Skulptur aus vergangener Zeit. Mit großen Steinplatten gepflasterte Pfade führen durch einen Garten, den weitere Flügel des Hotels umschließen, dann geht es über einen breiten Weg links hinab am nächsten Gebäude vorbei. Kleinere Häuser, noch ein Pool, rechts ein hochaufragender Block hinter einer Mauer, an der eine Speisekarte angeschlagen ist. Discothek und Pizzeria. Ein großer, handgemalter *Bowling*-Schriftzug. Neben einer Unterführung rankt eine Pflanze aus dem schmalen Streifen Erde zwischen Betonweg und Mauer. Das Gelände geht auf der anderen Seite der Straße weiter, die über uns verläuft. Wir drehen uns nach links und schauen Hunderte von Metern weit in einen Park mit großen Agaven und kleinen weißen Bungalows. Terrakottaschalen stehen auf weißblauen Pollern an den Wegen. Einzelne Palmen erheben sich in den blauen Himmel. Eine uralte Minigolfbahn aus Stein liegt zwischen den Rabatten. Sie wirkt noch verlassener als die Dusche. Hindernisse sind abgebrochen und liegen neben den Löchern wie pompejanische Mauerstücke. Die Bungalows haben kleine Nummern, die in Ständern aus lackiertem Metall vorne am Wegesrand stehen. Manche davon liegen auf dem Boden. Bei allem nachlässigen Verfall, dem man Stein und Stahl ausgesetzt hat, sind die Beete auch hier aufs Allerfeinste gepflegt. Kein totes Blatt liegt auf der frisch geharkten Krume. Ganz links führt der Weg an der hohen Mauer vorbei, die das Gelände von der eben unterquerten Straße abgrenzt. Überall quillt das Gras aus den Ritzen zwischen den Betonplatten. Im zwei Meter breiten Boden zwischen Weg und Mauer wachsen große Pinien. Habe ich meinen Weg zu ihnen also doch noch gefunden.

Houssen führt uns im Schatten der Mauer entlang. Er hat die Frauen in einem dieser äußeren Häuser versteckt. Obwohl das Hotel trotz des nagenden Zahnes der Zeit in mir das Gefühl weckt, die Schuhe auszuziehen und über die sonnengewärmten Steine zum Strand laufen zu wollen, stimmt es wirklich, was ich halb im Scherz am Telefon zu Caterina gesagt habe. Dieses gigantische Gelände ist im

Grunde wie die Ruhr-Uni für Ferien. Es scheint niemals zu enden, ist verwirrend gebaut, vollzieht an jeder Ecke die Hochzeit von eifriger Pflege und sorglosem Verfall und bringt es fertig, dass selbst Beton den Wurzeln Nahrung gibt. In die Wege, die wir gerade passieren, haben Kinder oder Liebende Namen eingeritzt. »Jules & Marie« oder »Mickel & Aline«. Daneben steht überall die Jahreszahl 1999. Es fällt mir schwer, mir vorzustellen, dass diese Bodenplatten erst 1999 gegossen wurden. Sie wirken eher, als wären hier schon in den Sechzigern Gäste drübergelaufen, Männer mit Hüten und Frauen, die gerade die Beatles entdeckt haben. Ich erwarte bei diesem Gedanken, dass der Professor hinter einer Agave hervorguckt und einen Vortrag gegen die Beatmusik als falschem Bewusstsein beginnt, aber zu meinem Erstaunen bleibt die Agave allein.

Ich stelle mir vor, wir wären aus ganz normalen Gründen hierhergekommen. Unsere Familie, mit Lisa. Wir hätten den größten aller Banditen an der Rezeption nach Minigolfschlägern gefragt, und er hätte uns angesehen, als wollten wir Saurierskelette ausgraben. Gleich sehe ich Caterina wieder. Sie ist *seine* Freundin, nicht meine, aber ich bin so aufgeregt, dass meine Hände in der Hitze ganz kalt werden. Es ist das erste Mal seit so langer Zeit, dass ich jemanden aus unserer Familie wiedersehe. Ich bin nicht vorbereitet. Ich wollte allein in das ewige Eis.

Houssen erklärt Khaled etwas auf Arabisch, und er übersetzt es für mich: »Die Männer waren hier. Verfolgermänner. Fragen herum, in allen Hotels. Laufen über Gelände wie Dingos. Houssen sagt, der Mann von dem Mädchen, er hat viele Kontakte. War, wie heißt es? Architekt? Nein, Bauunternehmer. Unter Ben Ali. Großes Netz.«

Ich sage: »Komm schon, Khaled. *Du* hast viele Kontakte.«

Er winkt ab und sieht dabei quer über die Beete und Agaven in die Ferne, als beginne er gerade, seinen Plan zu schmieden. »Mein Freund«, sagt er, »eines du musst wissen. Ich habe nur Kontakte zu freien Männern.« Er neigt den Kopf und fixiert mich mit seinem Rückspiegelblick. Er zählt sie auf, die freien Männer, den Zeigefinger am Daumen: »Große Banditen. Kleine Banditen. Mittlere Banditen. Nationalmannschaft. Und Familie.«

Houssen schaut sich in alle Richtungen um, bevor er mit dem Zeigefinger am Hosenbund unauffällig auf eines der Häuschen zeigt. Die Fensterläden sind geschlossen. Da ist sie drin. Caterina. Houssen steht Schmiere. Pfeifend schlendert er in Schlappen, einfach nur ein Animateur, der Pause hat.

»Du gehst«, sagt Khaled. »Kennt dich.«

Die Tür öffnet sich. Licht fällt auf das breite Bett, das am Kopfende mit kleinen Mosaiksteinen verziert ist, deren Muster über den gemauerten Nachttischchen ausläuft. Aus der Wand ragt eine schmale Theke mit den gleichen Mosaikkacheln. Sie fungiert als Schreibtisch. Der Raum wirkt karg, vor allem, da keinerlei Bilder an der Wand hängen.

»Hartmut!«, höre ich Caterinas Stimme im Dunkel, noch bevor ich ihr hübsches Gesicht sehe. Das flüchtige Mädchen sitzt auf dem Bettrand. Ihre langen schwarzen Haare fallen ihr auf den Rücken wie ein seidener Schleier. Caterina sieht mich merkwürdig an. Als sei ich ein anderer geworden. Nicht nur, weil die Koteletten ab sind. Das hat sie sofort gesehen, ein Blick rechts, einer links, dann ist es abgehakt. Ihr Fremdeln geht tiefer.

Ich mache einen Schritt auf sie zu und drücke sie so fest, dass ihr die Luft wegbleibt. Tränen schießen mir in die Augen, sekundenschnell, der Pfropf fliegt mit Hochdruck aus meiner Brust und flippert durch das Zimmer. Ich lasse ihn. Caterina windet sich kichernd aus meiner Umklammerung. Der skeptische Blick ist noch da, aber sie hat gespürt, dass ich es bin.

»Wo sind deine Koteletten?«, fragt sie und lächelt dabei, wie man lächelt, wenn bleischweres Schweigen endet und man endlich wieder gemeinsam atmen und über veränderte Frisuren plaudern kann, ohne das Gefühl zu haben, heuchlerisch wie viktorianische Landfrauen einen schwelenden Konflikt zu überspielen.

»Lange Geschichte«, sage ich und füge schnell hinzu: »Du hast mir immer noch nicht mitgeteilt, wie's Susanne geht.«

Caterina lächelt beruhigend: »Du wirst es nicht glauben. Sie ist einfach so nach Neuseeland geflogen. Um die halbe Erde. Erzähl ich dir alles genauer unterwegs, ja?«

Neuseeland. Einfach so. Hier einsteigen. Dort aussteigen. Es ist das Schönste, was man tun kann, wenn das Ziel stimmt.

Ich drehe mich um: »Das ist Khaled.«

Caterina gibt ihm die Hand: »Ich weiß zwar immer noch nicht, wer Sie sind, aber danke, dass Sie uns helfen.«

Rahime steht vom Bett auf und schwebt herbei. Sie mustert uns sehr misstrauisch, weil sie ihr Grundvertrauen in Männer verloren hat. Allerdings scheint Khaled sie weniger nervös zu machen als ich. Wir lassen es geschehen. Soll sie uns prüfen, solange sie möchte. Nach zwanzig Sekunden verändert sich ihr Blick. Sie deutet ein Lächeln an.

Caterina erzählt Rahimes Geschichte, die junge Frau muss gar nichts mehr selbst sagen. Caterina berichtet mit roten Wangen. Man wird automatisch selber zornig auf diesen Hamadi. Zum einen, weil man nicht den Pass seiner Frau im Tresor einschließt, sie wie ein Schoßhündchen hält und dann jagt wie einen Hasen. Zum anderen, weil die Kräfte so ungleich verteilt sind. Der Diktator und seine Führungsriege sind weg, aber Hamadi und sein Netzwerk stülpen sich weiterhin wie ein Krake über das kleine Land. Rahime kann Tunesien über keinen der Flughäfen verlassen. Die Fährverbindung von Tunis nach Malta ist noch leichter zu überwachen. Kein regulärer Weg per Wasser oder Luft ist passierbar. Weil Hamadi überall seine Beobachter hat und weil der Staat gerade jetzt umso mehr darauf achtet, sein Volk nicht zu verlieren. Tausende von Tunesiern haben nach dem Ende der Diktatur die Chance genutzt und sind ins Ausland abgehauen. Junge Männer bezahlen Schleuser für lebensgefährliche Überfahrten nach Italien. Nicht alle wollen das Land nach der Revolution in Ruhe neu aufbauen. Wer 32 Jahre lang dem Gefühl ausgesetzt war, im Gefängnis zu leben, der geht hinaus, sobald die Tore offen stehen, und fängt nicht an, den Innenhof aufzuräumen. Vor allem nicht, wenn er allein für die roten Tonsplitter drei Tage bräuchte.

»Hartmut sagte am Telefon, Rahime hätte bald einen neuen Pass?«, fragt Caterina.

Khaled nickt und kaut eine Nuss. »Bilel.«

»Wer ist Bilel?«

»Bilel ist … großer Bandit. Sehr großer Bandit. Eigentlich … Pirat. Großer Pirat. Blackbeard.« Khaled lacht.

»Und der Pirat handelt mit Pässen?«

»Pirat handelt mit Zukunft«, erwidert Khaled, schlagartig ernst. »Hast du Geld? Kaufst du bei ihm ein Leben. In seinem Büro. Gehst du rein, bist du Hartmut. Gehst du raus, bist du Horst.« Khaled schmunzelt über sich selbst, dass ihm gerade dieser deutsche Name einfällt.

»Und wo hat Bilel sein Büro?«

»Ras Jidr.«

Rahime horcht auf: »An der libyschen Grenze? Wo jetzt das Flüchtlingslager ist? Choucha?«

»Großer Pirat hilft Menschen«, antwortet Khaled. »Normal Hilfe? Umsonst. Luxushilfe? Dinar. Viele Dinar. Bei Bilel Rahime wird eine neue Frau. Dann wir verschwinden.«

»Du willst mit uns an die Grenze zu Libyen fahren?«, stoße ich aus. »Das hast du mir aber noch nicht erzählt.«

»Alles hat seine Zeit«, sagt Khaled.

»Ich dachte, wir gehen irgendwo zu einem Beamten, er steht erfreut vom Schreibtisch auf, ruft ›Khaled!!!‹, und dann läuft das. Stattdessen willst du an die Grenze zu Libyen? Da herrscht Krieg. Die UN kann jeden Moment Luftangriffe auf Gaddafi fliegen!«

»Auf Gaddafi. Nicht auf Lager. Kein Hasenfuß sein, kurz vor dem Ziel.«

»Was heißt denn hier Hasenfuß?«, rege ich mich auf und laufe durch das Zimmer. Ich habe Grund zur Sorge, denn ich kenne Gaddafi. Jawohl. Ich kenne ihn so gut, wie ich Professor Adorno kenne oder all die anderen Köpfe, deren Texte sonst niemand vollständig gelesen hat. Raus aus meinem Elternhaus und drin in der Uni, wollte ich wissen, was es mit »dem Irren« auf sich hat. So nannte ihn meine Mutter immer. Der Irre. Große Sonnenbrille, eckiger Kopf, schmaler Schnurrbart. Der Irre hat Bücher geschrieben, und ich habe sie gelesen, heimlich. Hätte ich es zu Schulzeiten getan, wäre ich von meiner Mutter in die Geschlossene verfrachtet worden. Gaddafis *Das Dorf, das Dorf, die Erde, die Erde und der Selbstmord des Astronauten* wirkt, als hätten sich Helge Schneider, Dietmar Dath und Peter Sloterdijk zusammengetan. Wäre es unter ihren Namen erschienen, hätte es das Feuilleton aufgemischt. Ich schob *Das grüne Buch* und *Vision* hinterher, schwärmerische Universaltheorien für eine perfekte Gesellschaft. Das Wort »der Irre« galt nach der Lektüre erst recht, bekam aber eine andere Färbung. Wenn dieser Mann wirklich glaubt, dass er in seinem Land umsetzt, was er in seinen Büchern schreibt, dann muss ihm die Revolution gegen ihn so vorkommen wie die größtmögliche Frechheit undankbarer Kinder, denen er doch eigentlich gerade das Paradies baut. Oder wie ein Staatsstreich, den das Ausland lenkt. Beides muss ihn fuchsteufelswild machen. Niemand ist gefährlicher als ein Mann, der seinen Zorn für gerecht hält. Und der die Mittel hat, diesem Zorn Ausdruck zu verleihen.

»Können die Frauen hierbleiben und warten?«, frage ich.

»Rahime muss mit. Für Fotos. Bilel macht neues Leben.«

»Fotos?«, fragt Rahime.

Caterina greift nach ihrer Hand und sagt: »Ich bleibe hier nicht allein.«

»Dann los«, sagt Khaled, öffnet die Tür des Bungalows, ruft »Houssen!« mit Betonung auf der zweiten Silbe und befiehlt ihm etwas in schnellem arabischen Flüsterton. Der hagere Animateur nickt. Khaled schließt die Tür. »Houssen holt Landrover«, sagt er, »hier vorn ist Tor in der Mauer. Wir fahren und gucken, was Bilel auf Lager hat.«

Eben war ich noch im Motel an der Avus, und jetzt flüchte ich aus einer tunesischen Hotelanlage, um an der libyschen Grenze eine Identität ab Lager zu kaufen. Draußen knirschen Reifen.

Houssen begleitet uns nach Ben Guardene. Er hat die Rückbank und den gesamten Laderaum mit Waren vollgestopft. Wasserflaschen. Kartons voller Kekse und Kaffee. Gerollte Isomatten. Luftmatratzen. Planen. Das hat zum einen den Zweck, dass Rahime sich darunter verstecken kann, und zum anderen, dass im Wagen ersichtlich kein Platz mehr ist. Das sei wichtig, erklärt Khaled, denn wäre noch Platz, müsste er jeden Mann mitnehmen, der danach fragt. Diesen Dienst zu verweigern wäre auffälliger, als den Landrover gelb anzustreichen und *Flucht!* auf das Dach zu pinseln. Die Kartons sehen nicht so aus, als hätte Houssen sie spontan gepackt.

»Macht ihr das öfter? Sachen zur Grenze bringen?«

Houssen hebt die Hände, und Caterina übersetzt meinen Satz für den Animateur ins Französische, damit Khaled sich auf die Straße konzentrieren kann. Ich habe die Sprache Rimbauds und Sartres leider niemals gelernt, da ich im Gymnasium Latein gewählt hatte. Houssen hört sich Caterinas Dolmetscherei an, klopft auf die Hilfsgüter und nickt.

Khaled erklärt, eine Hand am Steuer und die andere zur Untermalung schwingend: »Schiiten, Sunniten, Charidschiten – vergisst du alles. Islam? Islam heißt: alles eins. Islam heißt: Helfen. Gegenseitig helfen.« Ich schaue ihn betroffen an. Er lenkt seine Augen auf das Fach neben der Gangschaltung: »Nimm Nuss.«

Am Ortsausgang müssen wir halten. Ein Bauarbeiter hebt die Hand. Sein Kollege zieht ein Überlandstromkabel über die Straße und reicht es auf der anderen Seite mit einer Hakenstange zu einem Mastkletterer hinauf. Es gibt keine Absperrung, keine Polizei und keine Sicherheitsvorkehrungen.

»Das ist eine Falle!«, sage ich und stupse Khaled an der Schulter. Mir wird heiß und kalt. Alle anderen bleiben ruhig. Selbst Caterina.

»Das sind sicher Männer von Hamadi.« Houssen lacht. Den Namen Hamadi muss man nicht übersetzen.

»Das ist nicht witzig«, protestiere ich.

»Ruhig«, brummt Khaled und winkt dem Bauarbeiter, der in beide Richtungen die Autos aufhält.

»Gleich ziehen sie Kanonen und zerren uns aus dem Wagen«, sage ich und öffne das Handschuhfach, um wenigstens eine Taschenlampe zu finden, die sich als Knüppel eignet.

Caterina legt mir die Hand auf die Schulter: »Das ist normal, Hartmut. Bleib locker.« Ich knalle das Handschuhfach zu und zeige mit beiden Händen ruckartig nach vorn wie Ryu, wenn er in *Street Fighter 2* seinen Feuerball abschießt. »Das ist doch nicht normal, wenn drei Männer einfach so eine Überlandleitung anbringen. Der eine mampft ein Fladenbrot dabei.«

»Genauso läuft das hier«, sagt Caterina. »Es gibt auch keinen TÜV.«

»Ja, sicher«, rege ich mich auf, »genauso wenig wie Verkehrsregeln.« Ich zeige auf Khaled: »Seit ich diesen Mann kenne, fährt er ohne Gurt. Ich komme mir die ganze Zeit wie ein Spießer vor, weil ich mich seit Polen anschnalle. Man kann schon froh sein, wenn er überhaupt mal mit seinen Händen lenkt.«

Der Mastkletterer hat die Stromleitung montiert. Schlaff hängt sie über der Straße. Der Westenmann winkt. Khaled gibt Gas.

Links und rechts von uns ist jetzt nur noch Steppe. Karge Büsche. Verrostete Autoleichen. Hier und da brennen Müllhaufen oder Reifen. Der süßliche Geruch verschmorten Gummis liegt in der Luft. Caterina zieht ihren Block aus der Tasche und macht eine Bleistiftskizze. Danach bringt sie ein paar Farben an, mit professionell aussehenden Buntstiften von Faber-Castell.

»Wir sind auf der Flucht, und du malst in aller Ruhe Autogerippe?«

»Soll ich lieber kreischen? Oder mich mit einer Kalaschnikow aus dem Fenster lehnen?«

»Nein, aber ein bisschen Panik, ein bisschen Hektik. Das ist doch nicht zu viel verlangt! Was kosten diese, diese … Polychromos da? Allein der Name, *Polychromo*. Auf der Flucht malt man nicht mit goldgeprägten Stiften. Man schaut wirr um sich und hämmert mit

Kinderfilzern aufs Blatt, die man im Hotelkiosk an sich gerissen hat.«

»Das könnt ihr alle gut«, sagt Caterina. »Sagen, wie man eigentlich was zu machen hat.«

Khaled gibt Vollgas. Die asphaltierte Straße ist schmal, aber der Rand aus Kies und Schotter noch mal so breit wie die Piste selbst.

»Habt ihr auch kein Tempolimit?«, frage ich.

»Haben wir schon, ist uns egal«, antwortet er. Er macht eine Handbewegung, als würde er eine faule Tomate über seine Schulter werfen: »Gesetze, pah! Gibt nur zwei Gesetze: Ehre Gott. Helfe Mensch. Ah, drei. Mache gutes Geschäft.«

Wir fahren eine Weile durch das Ödland. Rahime streckt vorsichtig den Kopf aus den Planen. Am Horizont liegt ein uraltes Fußballstadion mitten im Nichts, unheimlich wie die alte Avus-Tribüne.

»Bis wann wurde da gespielt?«, frage ich Houssen, und Caterina übersetzt. Houssen antwortet.

»Er sagt, die spielen da noch«, sagt Caterina. Profifußball in einer Betonruine in der Wüste. Meilen nach dem Stadion passieren wir ein einsames, flaches Haus, in dessen Fenster allen Ernstes ein gelber Lichtschlauch auf *Internet* hinweist. Neben der Steinhütte stehen alte, rostige Ölfässer. Caterina steckt einen der Polychromos in seine Klemmfassung zurück, streicht mir über die Phantomkotelette und sagt: »Ich bin froh, dass du hier bist.«

Ben Guardene ist die letzte Stadt vor der Grenze. Das Flüchtlingslager liegt auf ihrem Territorium. Rahime verschwindet unter den Planen.

»Tanken«, sagt Khaled und lenkt den Landrover in die überfüllten Gassen. Ein Ort wie aus sandstaubfarbenen Ego-Shootern. Djerba und Zarzis wirken wie Hochglanzbroschüren dagegen, obwohl auch dort so viel Zeug zwischen den Hotels liegt, als hätte in Kreuzberg drei Monate lang die Müllabfuhr gestreikt. »Da ist Tankstelle!«, sagt Khaled und zeigt auf ein winziges, fensterloses Haus, vor dem auf dem Boden und in Regalen dreckige Plastikkanister voller Benzin stehen. Für die Mopeds bieten sie Zweiliterportionen an, abgefüllt in alten Fanta-Flaschen. »Libyer«, erklärt Khaled, »bringen Sprit über die Grenze.« Er fährt an den Rand, ruft dem faltigen Verkäufer seinen Tankwunsch zu und nestelt einen Schein aus der Tasche, während der alte Glücksritter die Dieselsuppe in den Landrover kippt. Ein Mann steht neben dem Regal mit den Fanta-Spritflaschen und sieht uns lange an. Khaled lenkt mich ab, indem er mich knufft: »70 Cent. Nicht wie Europa.«

Ich sehe wieder zu den Fanta-Flaschen. Der Mann ist weg. Als wir losfahren und Khaled den Landrover auf die Hauptstraße zurücklotst, folgt uns ein dunkler Transporter.

»Khaled?«

»Ja?«

»Der Bus hinter uns folgt uns seit der Tankstelle.«

Es fällt mir schwer, den Kanisterverschlag so zu nennen. Es macht mich fertig, wie mich die Gesetzlosigkeit fertigmacht. Khaled schaut in den Rückspiegel.

»Seit Tankstelle?«

»Ich habe da einen Mann gesehen, vielleicht war es nichts, aber …«

»Was hat er gemacht?«

»Nichts. Nur geguckt. Unseren Wagen beobachtet.«

Rahime schluchzt unter den Planen. Khaled schweigt und reibt sein linkes Auge. »Houssen!«, ruft er, als säßen wir nicht in einem Auto, sondern als müsste er seinen Befehl durch den Hotelflur bellen. Der schlaksige Gehilfe sitzt sofort stramm. Khaled erklärt ihm sein Vorhaben und wiederholt es für mich auf Deutsch: »Halten wir bei Bank. Testen, ob sie folgen.«

Ich halte Ausschau nach Leuchtreklamen oder Logos eines Geldinstituts, doch Khaled stoppt den Jeep in zweiter Reihe vor einem der verwachsenen Häuser. Der Transporter, der uns folgte, schiebt sich im Verkehr vorbei. Er passiert noch vier, fünf Gebäude, dann quetscht er sich ebenfalls an den Straßenrand.

»Houssen bleibt im Wagen mit Frauen«, sagt Khaled.

»Aber ...«, sagt Caterina ängstlich.

Er beruhigt sie: »Nur zwei Schritte. Wir sind hier.«

Ich steige mit Khaled aus dem Wagen. Es riecht nach Sprit, Schweiß und frischen Grillspießen. Ich schaue die Straße hinab durch das Gedränge zum Transporter.

»Nicht gucken«, brummt Khaled, strahlt über das ganze Gesicht und begrüßt den Mann hinter dem Schalter der Bank. Die »Bank« ist eine illegale Wechselstube. Der »Schalter« ein uralter, hellblauer Schreibtisch, von dem die Farbe abblättert. Hinter ihm reicht der Verschlag weit in die Tiefe hinein. Auf zerschlissenen Sofas trinken Männer Kaffee aus Gläsern. Der »Bankdirektor« kennt Khaled und begrüßt ihn mit Wangenküssen, verkneift sich aber, laut seinen Namen auszurufen. Khaled tauscht ein paar Scheine, wir steigen wieder in den Wagen, fahren los und passieren den dunklen Transporter. Bleib stehen, flehe ich innerlich, bleib stehen, doch kaum sind wir fünfzig Meter an ihm vorbei, schert er wieder in den Verkehr ein. Ohne dass jemand ausgestiegen ist. Ich will Khaled darauf aufmerksam machen, doch er und Houssen haben es längst bemerkt. Sie tauschen hastige arabische Worte aus. Rahime wimmert unter den Planen. Dann gibt Khaled so gnadenlos Gas, wie ich es noch nie bei ihm erlebt habe.

Ich habe Angst. Kalte Angst, vor allem, da Khaled keine Kalendersprüche mehr parat hat. Ich halte Caterinas Hand. Kilometerlang zischen an den Fenstern alte Gebäude mit Vorzelten vorbei, in denen Schwarzhandel mit Waren aus Libyen betrieben wird, wie Khaled hastig erklärt, die Augen immer im Rückspiegel. Hinter den Häusern sieht man bis zum Horizont nur Steppe. Reifenstapel, Teppiche, Paletten voller Klimaanlagen in riesigen Kartons. Uralte Pick-ups, die nur noch aus Rost bestehen, rumpeln die billig eingekauften Waren aus Libyen hierher. Der Transporter hängt uns im Nacken, bis die betriebsame Handelszone hinter und die Straße zur Grenze offen vor uns liegt. Khaled drückt das Pedal durch, und der Bus wird kleiner und kleiner. Die Angst nicht.

Links und rechts der Straße tauchen nach einer Weile Zäune und

Zelte auf. Bewaffnete Posten stoppen unsere schnelle Fahrt, rufen »Khaled!!!« und winken uns weiter. Mein Hirn ist kaum fähig, zusammenzubringen, was es vor den Scheiben sieht, weil es so etwas nur aus dem Fernsehen kennt. Wir durchqueren gerade ein gigantisches Flüchtlingslager, das kilometerweit vor der Grenze in die Wüste wächst. Der Gegenverkehr nimmt wieder zu, große Laster und rostige Reisebusse kommen uns entgegen. Die Straße öffnet sich zu einem weitläufigen Platz vor kolossalen, rechtwinkligen Torbögen. Die Grenze zu Libyen. Khaled stellt den Wagen ab. Vom Transporter ist nichts zu sehen. Auf der rechten Seite des Platzes versammeln sich die Menschen vor einem größeren Gebäude, in dem eine Imbissstube untergebracht ist. Nur fünfhundert Meter weiter betritt man ein Land, über das womöglich bald die Bomber fliegen, und hier backt man Pizzastreifen.

Khaled zeigt auf das Gasthaus: »Da rein.« Caterina steigt aus dem Wagen und setzt so vorsichtig ihren Fuß auf den Boden von Ras Jidr, als sei er glühende Lava. Rahime lüftet die Plane. Khaled gibt ihr ein Kopftuch und führt sie aus dem Wagen. »Houssen!«, befiehlt er, und sein Assistent beginnt genau in dem Augenblick, wo wir loslaufen, die Aufmerksamkeit auf sich zu ziehen, indem er die Verteilung der Spenden ausruft.

An einem großen runden Tisch in der Ecke des dunklen Speiseraums sitzt ein gedrungener Mann und blättert in einem mit Kugelschreiber vollgekritzelten Block. Jede Seite ist maximal ausgenutzt. Die Schrift sitzt auf den Linien wie angeklebt.

»Bilel«, sagt Khaled und der Mann blickt auf. Das übliche ›Khaled!!!‹ sendet er nur mit seinen glänzenden Augen. Die Männer geben sich Wangenküsse. Auf dem Notizblock sind Namen, Herkunftsländer und Personennummern von Flüchtlingen verzeichnet. An Bilels Brusthemdtasche ist ein eingeschweißter Pass des UNHCR angebracht. Er winkt uns, zu folgen. Wir passieren die Kaffeetheke und durchqueren einen Flur, der an Toiletten vorbeiführt, die noch schlimmer stinken als die Klos der Ruhr-Uni. Am Ende befindet sich eine Tür ohne Klinke. Bilel sieht sich um, zieht eine Klinke aus der Tasche, steckt sie auf den Stift, öffnet das finstere Loch und winkt uns hinein. Der Raum ist fensterlos. In der rechten Ecke steht Bilels Schreibtisch, geflutet von einer alten Lampe. Links ist ein Minifotostudio aufgebaut. Rechts gammelt eine alte Garderobe mit Klappspiegeln und dicken Glühbirnen vor sich hin. Hinter dem Schreibtisch führt ein Durchgang in einen schmalen Raum mit Betten.

Bilel lässt sich in seinen Stuhl plumpsen, lächelt Rahime an und deutet auf den Stuhl vor dem Schreibtisch. Sie setzt sich. Der große Pirat beugt sich vor, schiebt den Finger unter den Klappdeckel der Akte und öffnet sie. Rahime schaut auf das Papier. *Juliette Boullée.* Ihr neuer Name. Der große Pirat hat zur Zeit nur eine Französin auf Lager. Rahime stößt Luft aus ihrer kleinen Nase. Bilel senkt fragend den Kopf, flüstert »–ayyid?« und stemmt sich vorsichtig aus dem Stuhl. Rahime macht schmale Lippen: »Ja, ja, ist gut. Französisch ist gut.«

Bilel steht auf, öffnet einen Spind und zieht sich eine Frisörschürze an. Mit einem kratzenden Geräusch von Stahl auf Blech zieht er eine große Schere hervor und deutet auf den Stuhl vor der Garderobe. Caterina schaut erschreckt. Rahime begreift.

Khaled sagt: »Sie wachsen wieder.«

Sie tut mir so leid, verfolgt von einem jähzornigen Mann mit Verbindungen, getrieben in ein dunkles Loch hinter den Toiletten, in denen ihr nicht nur ihr Name, sondern auch noch ihre Haare genommen werden sollen.

Es klopft an der Tür. Ich zucke zusammen. Durch das Holz dringt Houssens Stimme. Die Farbe seines Gesichtes lässt mich bereits ahnen, was er in einem nervösen Mix aus Arabisch und Französisch zu berichten hat. Hamadis Männer sind draußen, irgendwo zwischen den Menschen. Rahime stehen die Tränen in den Augen. Bilel und Khaled beraten sich. Konzentriert. Ernst. So, als ob kein Wort überflüssig wäre. Dann wendet sich Khaled im fahlen Schein der Lampe wieder zu uns, zeigt auf den schmalen Raum mit den Betten hinter Bilels Tisch und sagt: »Bleiben wir bis morgen.«

»Hier???«, entgegnen Caterina, Rahime und ich im Dreiklang.

»Houssen wird fahren mit Landrover zurück nach Zarzis. Morgen früh, er kommt zurück mit anderem Exemplar.«

Das scheint mir ein gangbarer Plan zu sein, falls Hamadis Männer uns vorhin wirklich auf den Versen waren. Rahime atmet aus, müde und ergeben, steht auf, seufzt und setzt sich auf den Stuhl vor den Spiegel, um sich ihre wunderschönen Haare abschneiden zu lassen.

> *Hartmut Seite 466*

< Susanne Seite 388

Der Haka am Marae

25.03.2011
40° 59′ 59.95″ S, 174° 58′ 22.61″ E

»Du hast wirklich einfach so in eine Durian gebissen?« Hu betrachtet mich mit einer Mischung aus Faszination und Ekel.

»Im ersten Moment schmeckt sie super.«

»Im ersten Moment stinkt sie wie die Hölle.«

»Ja, schon, aber trotzdem schmeckt sie lecker. Gerade die Differenz zwischen Geruch und Geschmack macht das Erlebnis umso verblüffender.«

»Aha. Wenn also etwas zum Himmel stinkt, sollte man sich sofort reinstürzen?«

Ich lache und sehe die raue Schönheit Neuseelands an mir vorbeiziehen. Wir sind erst eine Weile unterwegs, und schon gibt es außer der Straße keine Anzeichen von Zivilisation mehr.

»Nicht unbedingt. Aber es lohnt sich immer, sich etwas Neuem zumindest anzunähern.«

»Und dann ist einem drei Tage lang schlecht«, stellt Hu fest.

»In der Tat«, sage ich und verziehe den Mund, auch wenn ich nur 24 Stunden mit der Durian in meinem Leib kämpfen musste. »Aber es war ein echtes Erlebnis. Eines, das überrascht, von dem man nicht süchtig wird und das einen nicht in Lebensgefahr bringt. Die Kombination hat doch schon Seltenheitswert, oder?«

Arne guckt kurz zu mir und lächelt. Die Rundreise über die Nordinsel Neuseelands bestreiten wir mit Meres Auto, einem VW Golf von 1990. Nicht ganz so rostig wie Arnes Pick-up und für vier Personen geräumiger. Es klappert trotzdem an allen Ecken und Enden.

Mere ist eingeschlafen. Sie war gestern auf der Geburtstagsfeier einer Freundin. Es ist spät geworden. Hu sitzt am vorderen Rand des Rücksitzes und umklammert meine Lehne. Sie ist aufgeregt und freut sich über den langen Ausflug. In den letzten Tagen hat sie minutiös alle Stationen geplant, die sie mir von ihrem Land präsentieren möchte.

»Ich kenne ein Erlebnis, das die gleiche Kombination aufweist und trotzdem viel leichter zu haben ist.«

Arne wird blass. Er schnappt nach Luft. Ich sehe zwar nur sein Profil, aber ich ahne, dass seine Furcht in Liam, Hus Verehrer, begründet ist.

»Pavlova mit Erdbeeren, Hokey Pokey Ice Cream und Sahne, dazu Anzac Biscuits. Ahhhh.«

Arne atmet hörbar aus. Er ist erleichtert.

»Ich nehme an, das ist was zu essen.«

»Zu essen? Nein!!! Es ist etwas, um darin zu schwelgen, um dafür zu sterben!«

»Jetzt übertreib mal nicht. Die Kombination ist doch einfach nur total süß«, sagt Arne.

Es schmatzt von hinten. Das kommt nicht von Hu. Ich drehe mich um und sehe Mere im Schlaf grinsen und genießen. Einen Augenblick später ist ihr Gesicht wieder vollkommen entspannt.

Hu spitzt überheblich ihren Mund und sieht abwechselnd mich und ihren Vater an: »Seht ihr, das ist der ultimative Kick! Wir werden das unterwegs einfach mal essen. Dann wirst du schon sehen, Susanne.«

»Ach, um Himmels willen. Soll sie denn noch mal ein paar Tage Bauchschmerzen obendrauf legen?«

»Lass nur, Arne, ich bin sehr gespannt auf die Leckerei.«

»Prima!!!« Hu hüpft voller Vorfreude auf der Rückbank herum, als sei sie höchstens zehn. Dann lehnt sie sich wieder nach vorn und greift vorsichtig nach meinem Diamanten. »Willst du nicht mal erzählen, was es mit dem auf sich hat?« Hu schaut sich den Stein gut an und legt ihn wieder auf mein Dekolleté.

»Wie kommst du darauf, dass er eine besondere Bedeutung hat?«

Arne blickt kurz zu uns, dann wieder auf die Straße. Er strahlt in seiner unnachahmlichen Art. »Uns ist allen aufgefallen, wie oft du ihn anfasst.«

»Tatsächlich?«

»Ja«, sagt Arne.

»Genau. Also?«, hakt Hu nach.

Als ich schweige, sagt Arne: »Wenn sie nicht erzählen möchte, dann ist das auch vollkommen in Ordnung, Hu-Sweetie.«

»Das ist meine Tochter«, sage ich. »Ich meine, die gepresste Asche des Körpers meiner Tochter«, erkläre ich weiter und sehe aufmerksam in Hus und Arnes Gesichter. Hu schlägt beide Hände vor ihren Mund. Arnes Strahlen ist verschwunden, als er mich noch mal ansieht. Er prüft, ob ich sie auf den Arm nehmen will. »Ein Autounfall im letzten Jahr. Sie war noch nicht geboren. Ich war vollkommen fertig. Mein Mann wollte Lisa traditionell begraben. Ich habe mich durchgesetzt und einen Teil der Asche in Holland zu einem Diamanten pressen lassen. Wir haben uns so gestritten. Immer und immer wieder. Ich habe ihm Vorwürfe gemacht, als wenn er Schuld an Lisas Tod hätte.« Mein Hals schnürt sich zusammen, aber ich will es sagen. Ich müsste es eigentlich endlich Hartmut sagen. Ich trage das Wissen schon viel zu lange allein mit mir herum. »Der Diamant wurde nur aus einem kleinen Teil der Asche gemacht. Den Rest habe ich in einem Friedwald bei Köln verstreut. Allein. Niemand von meiner Familie weiß das.« Wieder verkrampft sich mein Hals, als wenn ich es nicht aussprechen sollte. »Ich wollte ihn bestrafen. Er war so auf seine Politik versessen. Ich wollte nicht, dass er weiß, dass Lisas Körper nun doch eins mit der Welt wird.«

Hu schlingt still ihre Arme von hinten um mich. Arne nimmt meine Hand und streichelt sie. Dann hellt sich sein Gesicht wieder auf. »Du sagst es ihm, wenn du zurück bist, und ihr geht zusammen dorthin.« Das war kein Vorschlag, das war eine unverrückbare Feststellung. Als hätte er in die Zukunft gesehen.

Ich weiß, dass er recht hat.

»Da ist es!« Hu quietscht vor Freude. Wir parken auf einem abgelegenen Gelände zwischen bestimmt fünfzig anderen Autos. Als wir aussteigen, höre ich zuerst das Gebrumm von vielen Menschen und Musik. Dann rieche ich Rauch. Wir gehen durch ein kleines Waldstück und landen auf einem großen Platz mit einem langen Haus. Auf der Vorderseite hat es einen Eingang und ein Fenster, ansonsten praktisch nur Dach. Die Holzkonstruktion ist reich verziert. Ich nehme mir vor, mir später alles genauer anzusehen.

»Das ist das Marae. Das Versammlungshaus«, sagt Arne.

Überall stehen Tische, Bänke und Stühle. Ein Stück rechts daneben befinden sich zwei große Gruben. In einer brennt sehr viel Holz. Die Flammen schlagen deutlich höher als das Haus.

»Und da hinten wird der Hangi vorbereitet.«

»Ich dachte, Hangi ist diese Begrüßungsgeste mit viel Stirn und Nase.«

»Was du meinst, ist Hongi. Sieh mal!« Er zeigt auf Mere und Hu, die gemeinsam von einem riesigen, schweren Mann hochgehoben und dabei fast zerquetscht werden. Es macht ihnen wohl nichts aus, denn sie quieken beide um die Wette. »Das ist Meres Lieblingscousin Hohepa. Das heißt ›er wird wachsen‹. Wir hoffen alle, dass dieses Namensomen nicht sein ganzes Leben lang wirkt.« Arne lacht laut über seinen eigenen Witz und stellt mich vor.

Hohepa greift mit strenger Miene nach meinem rechten Unterarm und beugt sich mit weitgeöffneten Augen zu mir herunter. Seine Stirn ist schwitzig. Ich kann ja schon froh sein, dass die hier nicht noch die Bützje-Kultur meiner Heimatstadt kennen. Ich denke an Rick mit den durchdrehenden Augen und seinem Verlangen, einen Kuss zu bekommen. Hier ist es nur eine schwitzige Stirn. Da muss ich jetzt wohl durch. Ich neige meinen Kopf etwas nach vorne, in dem Moment, als Hohepa mir entgegenkommt. Hoffentlich bekomme ich jetzt keine Kopfschmerzen. Nun berühren sich auch unsere Nasen. Ich muss ihm in die Augen sehen. Ernsthaft. Und dann ein Summgeräusch machen. Er schiebt meinen Arm ein bisschen hin und her. Dann löst er sich und gibt mir noch ein paar Wangenküsse. Er lacht und presst mich an seinen großen Körper. So war das aber nicht geplant. Hu hatte mich genau instruiert. Wieso hat sie mir das verschwiegen?

Menschen drängen sich um mich. Die nächsten Begrüßungen gehen flotter. Es gibt nun auch keine Umarmungen mehr. Dafür Schnaps- und Bier- und Zwiebelfahnen, dazu Mundgeruch wie von schlechten Zähnen, Mundgeruch wie von einem kranken Magen und immer mal wieder einen kräftigen Schwall Schweiß. Öfter allerdings der Duft von Parfüm, Rasierwasser, Duschgel und Kokoshaarpflege. Ich bekomme nun doch Kopfschmerzen. Ich brauche eine Pause. Es gibt keine. Arne, Mere und Hu begrüßen selbst viel und ausdauernd. Ihnen macht es Spaß. Ich kriege kaum noch Luft. Über allem liegen auch noch Qualmschwaden, wenn es dem Wind gerade gefällt, sie zu mir zu wehen. Ich war noch nie in so kurzer Zeit so vielen Menschen so nah. Es ist anstrengend. Es dauert Stunden, Tage, Monate.

Nach zwanzig Minuten bin ich durch. Jetzt brauche ich eine Kur.

Hu hüpft um mich herum. »Habe ich nicht eine tolle Familie?« Sie hüpft weiter. Ich muss lachen und nicke.

Das Feuer bricht geräuschvoll in einem imposanten Funkenregen zusammen. Die Frauen rennen zu den Tischen, packen große Metallkörbe, die mit Alufolie ausgekleidet sind, voll mit Fleisch, Gemüse, Süßkartoffen und Teigkugeln und jeweils einer Wasserschüssel. Die Männer schaufeln aus der Feuergrube glühende Lavasteine, die augenblicklich an der Oberfläche wieder dunkel werden, und kippen sie in die zweite Grube. Dann stellen sie die fertigen Körbe darauf, decken sie mit nassen Tüchern ab, schütten das Ganze mit Erde zu und decken es wieder mit Steinen ab. Große Dampfschwaden steigen auf. Eine Bodensauna für Nahrung.

Hohepa hebt seine langen Arme und ruft irgendetwas. Alle antworten. Überhaupt ist es sehr laut, und es gibt viele große Gesten. Die Männer präsentieren sich, als könnten sie vor lauter Kraft kaum gehen. Die Frauen kommunizieren mit hohen Stimmen, auch gern über größere Entfernungen. Es wird eine Mischung aus Englisch und

Māori gesprochen. So kann ich den meisten der lauten Gespräche leicht folgen.

Ich setze mich an einem der Holztische auf eine einfache Bank und schaue mir eine Weile das Treiben an. Ich stelle fest, dass ich mich von der Begrüßungsüberrumpelung recht schnell erhole und die Menschen sympathisch finde.

Arne kommt mit zwei Bier in den Händen zu meinem Platz.

»Sie sind wie das Land. Rau, aber herzlich.«

»Das merke ich. Langsam.«

»Das war dir zu viel, oder?«

Ich schiebe meinen Kopf weit nach vorn zu ihm und schaue ihm intensiv in die Augen.

Er lacht. »Ja, so gucken sie. Genau so! Aber vor Hangi kommt eben Hongi …« Arne hat viele Lachfältchen. Das ist nicht weiter erstaunlich, aber es wundert mich immer wieder, dass er trotzdem so jung wirkt.

Jemand macht die Musik lauter. Es ist Musik, wie sie auch auf Partys in Deutschland gespielt wird: Rihanna, Chris Brown, Katy Perry, David Guetta und Kelly Clarkson. Nichts Aufregendes, aber auch nichts, was weh tun würde.

Mere kommt herüber und setzt sich dazu. Ohne weitere Vorrede sagt sie: »Honey, don't upset yourself … Liam is here.«

Ich sehe mich um und entdecke nach einer Weile den gutaussehenden jungen Mann in einem offenbar sehr intensiven Gespräch mit Hu.

Arne entdeckt sie auch. Sein Gesicht ist neutral. Dann wacht das Strahlen wieder auf. »I trust her. She's a perfect big girl.«

Mere streichelt ihm über seine Wange.

Bei ihnen ist alles immer so leicht.

»Haka-Zeit«, sagt Arne zu mir, als Hohepa sich von seinem Platz erhebt. »War gar nicht geplant, aber diesmal sind so viele Gäste hier.«

Hohepa instruiert Leute, auf dem gesamten Platz Standfackeln anzuzünden.

»Gäste? Bin ich nicht die einzige Fremde?«

»Susanne, du bist doch keine Fremde mehr! Aber davon abgesehen, ich würde sagen, ungefähr ein Viertel der Anwesenden gehört nicht zu Meres Familie.«

Die Sonne geht gerade unter, und ich habe schon gehört, dass der Hangi bald seinen Zweck erfüllt hat. Im Dampf und Rauch des Erdofens mischen sich langsam ganz zart die Duftnoten der unterschiedlichen Speisen. Wenn die leichten Schwaden vorbeiziehen, knurrt mein Magen sie ungeduldig an. Wir sitzen hier nun schon seit Stunden. Ich musste immer wieder erzählen, dass ich aus Arnes ferner Heimat komme, ihn aber vorher nicht kannte und dass ich freiwillig Durian gegessen habe. Einzig ein kleiner Junge sagte mir, dass er Durian liebt und sogar gern die Kerne isst. Seine Mutter bestätigte es. Ihr Mund bemühte sich um ein Lächeln, aber der Ekel war ihr deutlich anzusehen. Eine Weile unterhielt ich mich mit einer Gruppe junger Männer über alte Pick-ups und die Optimierung der Ladeflächen. Aber unter all den Menschen ist mir bei der familiären Stimmung gar nicht aufgefallen, dass hier Gäste im Sinne von reisenden Fremden oder Freunden wären.

Während Hu ununterbrochen bei Liam war, ist Mere über das gesamte Gelände gestromert wie eine nie ganz festzumachende Veränderung in einem Suchbild. Arne hat die ganze Zeit neben mir gesessen und jedem den Platz zwischen uns verweigert.

»So, die Pflicht ruft«, sagt er nun und zwinkert mir vergnügt zu. »Hältst du mir den Platz frei?«

Mir ist kalt auf der Seite, an der Arne eben noch war. Erst jetzt wird mir klar, wie dicht wir zusammengesessen haben. Ich merke, dass ich rot werde, und halte nach Mere Ausschau. Sie geht gerade in das Versammlungshaus, auf das auch Arne zuhält. *Deutsche Schlachtplatte. Zwei Deutsche nach Eifersuchtsdrama im Erdofen gelandet.* Kulturell gesehen gar nicht so abwegig. Ich seufze, trinke mein Bier und warte ab.

[452]

Ein Schrei. Durchdringend. Aggressiv. Dann Stille.

Das Versammlungshaus öffnet seine Tür und spuckt zehn Männer und vier Frauen aus. Die Frauen bleiben auf der Veranda stehen, die Männer stellen sich davor. Ihre Gesichter sind traditionell tätowiert. Die Männer komplett, die Frauen nur am Kinn. Ich erkenne Hohepa an seiner Statur, und mir wird klar, dass auch Arne und Mere unter den anderen sind. Also keine Tätowierung, nur Farbe. Hohepa schreit vor, die Männer schreien nach. Sie gehen leicht in die Hocke und zeigen unter fellartigen Lendenschurzen Bein und Po. Die vier Männer in der ersten Reihe haben nicht nur ein Moko an Schulter, Brust und Oberarmen, sondern auch eines von der Taille bis zum Knie.

Sie schlagen ihre Hände auf die Oberschenkel. Selbst in der Dämmerung unter Fackelschein sieht man, wie sich jeder Handabdruck scharf rot abbildet.

Zu den lauten Schreien der Männer gesellen sich nun die hohen Stimmen der Frauen. Kein Wunder, dass man hier gerne über größere Distanzen schreit. Das ist Training. Mit der Zeit erkenne ich, dass es sich nicht um irgendwelche unartikulierten Laute, sondern um ganze Sätze in Māori handelt.

Die Bewegungen sind zackig und aggressiv. Oft so, als würden die Männer ihre Wut nur schwer unterdrücken können. Sie machen weitgehend die gleichen Bewegungen, aber doch jeder individuell genug, dass es die Gefahr, die von der Unberechenbarkeit des Individuums für die Gruppe ausgeht, deutlich widerspiegelt. Es ist laut und beängstigend. Wenn sie einen stampfenden Schritt auf uns zu machen, zucke ich zurück, obwohl ich weiß, dass das nur Show ist. Mein Körper lässt sich viel eher darauf ein als mein Verstand. Meine Füße stampfen, und mein Oberkörper geht auf der Bank mit. Vielleicht ist es die Schwingung des Schalls, aber jeder einzelne Schlag auf die Oberschenkel und die Unterarme der Männer verwandelt sich an meinem Körper in gebündelte Kraft. Ich merke, wie meine Stirn sich zusammenzieht oder sich meine Augen aufreißen, wenn die Tänzer das machen. Allein beim Herausstrecken der Zunge kann ich meinen

Körper gerade noch so zügeln. Ich lasse mich mehr und mehr von dem stampfenden aggressiven Rhythmus Hohepas und seiner Krieger mitreißen, die Lautstärke und die zwei Tonhöhen ziehen mich in den Bann. Ich zeige der Welt die Zähne. Ohne Lächeln.

»Don't be ashamed. I've been seeing that my whole life and I'm still touched. It has a completely unique power.«

Verwundert schaue ich die ältere Māori-Dame an und frage mich, wovon sie redet. Bei einem Windhauch merke ich, dass mein Gesicht feucht ist. Sie hat recht. Ich habe diese Kraft gespürt.

»Du bist ja richtig mitgegangen«, sagt Arne, als er und seine Frau zurückkommen. Mere lächelt mich an, legt mir die Hand auf den Rücken. Bevor sie wieder an einen anderen Tisch verschwindet, sagt sie: »I liked how you liked it.«

Arne quetscht sich zwischen mich und die ältere Dame.

»Du bist da noch tätowiert«, sage ich und meine einen kurzen breiten Strich auf der Wange.

Arne schiebt seinen T-Shirt-Ärmel hoch und reibt grinsend an dem erhabenen Moko. »Das geht nicht mehr ab.«

Ich nutze die Gelegenheit und tue etwas, das ich schon länger machen möchte: Ich streiche mit der flachen Hand kurz über die Tätowierung. Kaum zu fassen, wie sexy schwarze Narben auf mich wirken. Ich schaffe es zu grinsen und sage: »Da hast du wohl recht, aber gilt das auch für das hier?« Mein Daumen streicht über die übriggebliebene Schminke an Arnes Wange. Ich zeige ihm meinen schwarzen Daumen und gebe mich amüsiert.

»Your Moko is not big enough for the Durian German.«

»Not masculine enough!«

»Not strong enough!«

Arne erträgt lachend die Lästereien der Umsitzenden, bis der Hangi geöffnet wird.

Wir gehen zu dem Erdofen. Als er abgedeckt wird, jubelt meine Nase, mein Gaumen erbebt, und mein Magen knurrt aggressiv die

Menschenmassen um mich herum weg. Er scheint nicht sehr erfolgreich zu sein, denn ich spüre, wie sich eine Hand auf meine Taille legt. Unter meinem Hemd. Direkt auf meiner Haut. Es fühlt sich nicht grapschend an, sondern zärtlich und selbstsicher. Wahrscheinlich ein falscher Griff in der Menge. Ich fasse die Hand und drehe mich zu dem daranhängenden Arm um. Es ist Arnes. Sein Blick sagt: ›Ich weiß, was du gedacht hast.‹ Er entzieht mir seine Hand und gibt mir einen Teller. Ich schaue in den Erdofen. Jetzt in der Dunkelheit sieht man die Lavasteine nach all den Stunden noch innerlich glühen.

Das Essen sieht perfekt aus. Nichts wirkt nach all der Zeit verkocht oder ungleichmäßig gegart. Und der Geruch ist wirklich einmalig.

»Möchtest du Schaf, Rind oder Huhn?«

»Ich probiere gern ein bisschen von allem.« Falsche Antwort. Wieder so ein Blick. Das Gemüse nehme ich mir lieber selbst.

Als ich Mere sehe, frage ich sie, ob sie nicht mit uns essen möchte. Auch Hu und Liam kommen an unseren Tisch.

Das Essen ist köstlich. Lecker gewürzt, und alles hat ein leichtes Raucharoma. Ich entspanne mich und genieße unsere Runde.

Aus dem Erdofen kommt noch immer eine leichte Wärme. Es ist schön hier, wenn es so still ist. Der Mond scheint hell. Alle schlafen, draußen auf Liegen oder auf Matten im Marae.

Ich sehe mir die Schnitzerei am Hausgiebel an. Figuren und Zeichen. Ein paar davon meine ich von den Mokos der Männer wiederzuerkennen, aber ich kann mich auch irren. So gut ist das Licht hier nicht. Im Versammlungshaus ist jeder Balken ebenfalls stark mit Schnitzereien dieser Art verziert. In der Mitte des Marae steht ein Tiki – eine Götterstatue mit Moko-Linien im Gesicht, wie sie auch die Tänzer vor ein paar Stunden getragen haben. Ich bin berauscht von den Eindrücken und freue mich über die Ruhe. Jetzt brauche ich nur noch einen Blick aufs Meer.

Immer, wenn ich heute auf Toilette ging, habe ich einen anderen

Weg genommen, um mich hier ganz nebenher ein wenig umzusehen. Dabei habe ich entdeckt, dass man nicht weit gehen muss, um an eine Stelle zu kommen, von der aus man aufs Meer schauen kann. Es ist nicht so nah wie in Wellington, aber ich werde es sehen können.

Immer wieder bleibe ich stehen und genieße mit geschlossenen Augen die Geräusche und Düfte der Natur. Der Weg nimmt mich an die Hand und führt mich direkt dorthin, wo ich hinmöchte. Eine Lichtung öffnet den Blick über weite Täler und ganz hinten zu den Wellen, auf denen sich das Mondlicht spiegelt. Ich seufze und lehne mich an einen Baum.

Es schnauft. Ich reiße die Augen auf, um mehr zu sehen. Es schnauft noch einmal. Ich bin doch wirklich zu dusselig. Wer weiß, ob es hier nicht größere Tiere gibt. Bären, Raubkatzen? Nein, also nicht, dass ich wüsste. Aber selbst Wildschweine können schon recht unangenehm werden. Da, schon wieder. Aber es kommt immer aus derselben Richtung, und wenn mich nicht alles täuscht, aus derselben Entfernung. Vielleicht ist ja auch jemand verletzt. Es schnauft noch mal. Ich gehe da jetzt hin.

Mein Herz klopft bis in meinen Hals. Das nächste Schnaufen sagt mir, dass ich näher an die Quelle komme. Ich gehe um einen Busch herum und sehe zwei Menschen mit genüsslich geschlossenen Augen im Mondlicht. Der Mann hockt auf den Knien und hält eine schmale Frau von hinten in seinem Schoß, eine Hand auf ihrer Brust und eine Hand an ihrer Vulva. Die Frau beugt sich nach vorn von ihm weg und gibt das Schnaufen von sich, das ich die ganze Zeit gehört habe. Der Mann legt den Kopf an ihren Rücken. Die beiden Körper schwingen harmonisch miteinander. Langsam. Sie haben alle Zeit der Welt. Sie genießen.

Ich grinse und will sofort gehen. Da richtet sich die Frau auf und sieht mich direkt an. Es ist Mere. Sie ist für einen Moment erstaunt, dann lächelt sie und winkt mir, zu ihr zu kommen. Ich mache wohl ein Geräusch, denn der Mann hebt seinen Kopf und öffnet auch die Augen.

Arne! Eigentlich nicht überraschend. Ich sollte augenblicklich gehen.

Nun sagt Arnes Blick mir, was er denkt. Wie er darauf reagiert, dass ich ihnen zusehe, merke ich, als Mere lauter aufstöhnt als vorher und mir stärker zuwinkt. Arne lässt Meres Brust los, streicht über ihren Körper und legt seine Hand so an ihre Taille, wie er sie am Hangi auf meine gelegt hat.

Es zieht überall in mir. Mein Körper will. Er will wohl schon länger. Nicht nur mit Arne. Ganz allgemein. Es ist einfach zu lange her. Ich schließe einen Augenblick meine Augen und spüre Hartmut in mir. Er ist der Einzige, den ich wirklich will.

Mein Körper drängt zu Arne und Mere: »Na komm schon, das wird nett.«

»Misch dich nicht ein.«

»Was soll das heißen? Ich brauche das wie Wasser und Brot!«

»Du kommst auch gut ohne Brot klar.«

»Sei nicht so spitzfindig. Ich muss jetzt unbedingt Sex haben.«

»Zum Überleben brauchst du Sex schon mal gar nicht.«

»Doch. Sex! Du hast doch nur Angst, du Feigling!«

»Halt. Den. Mund.«

»ICH WILL JETZT SEX!«

»Kommt nicht in Frage. Würden wir hinterher bereuen.«

»Blödsinn. Hinterher würden wir uns richtig gut fühlen.«

»Ich will mich aber nur mit Hartmut wohlfühlen.«

»Der ist 20 000 km und ein halbes Jahr von dir entfernt.«

»Schnauze!«

»Nicht in diesem Ton! Ich bin immerhin dein Körper. Ich halte dich seit drei Jahrzehnten am Leben. Und ich weiß selbst am besten, was ich brauche. Und jetzt brauche ich SEX!«

»Nein.«

»Guck doch mal genauer hin. Das macht dich doch auch scharf.«

»Ja. Trotzdem: Nein.«

»Ich werd jetzt schon mal feucht.«

»Bist du doch schon die ganze Zeit.«

»Sieh mich an, ich tropfe!«

»Ja, das merke ich. Spielt aber keine Rolle.«

»In den letzten Monaten habe ich so oft alles allein machen müssen. Du warst ständig abgeschaltet. Ich habe gut funktioniert. Das musst du selbst zugeben.«

»Das stimmt ja auch. Dafür bin ich dir auch sehr dankbar.«

»So. Und jetzt will ich meine Belohnung.«

»Nein.«

»Wenn ich nicht augenblicklich Sex bekomme, falle ich tot um. Sofort. Auf der Stelle. Hier und jetzt. Und das wird erst mal richtig peinlich.«

»Okay, dann mach doch!«

»Juchu, die Macht der Überzeugung. Es gibt Seeeeheex!«

»Nein, es gibt Totumfallen!«

»...«

»Na los, ich zähle bis drei, und wir fallen tot um.«

»AAAAAAAAAAAAAAAAAAAAAAAAAAAAAAAAAHHHHHHH-HHHHHH!«

»Tot umfallen. Nicht schreien.«

»Geht nicht.«

»Dann lass uns abhauen.«

»Ich kann auch zunehmen! 10 Kilo, 100 Kilo. Wie ich will.«

»Von mir aus. Mach doch. Wenn du dich damit besser fühlst.«

»ICH WILL SEX!!!!«

»Okay ... Pass auf ... Fangen wir damit an, dass wir uns bedanken.

»Oh, ja, ja!!!«

Ich lächle, lege meine Handflächen flach aneinander in Brusthöhe und nicke leicht. Mere und Arne verstehen den kleinen Dank.

»Und jetzt einen Schritt vor den anderen.«

»Ja!!!!!! Ich spüre schon die Hände auf mir. Oh ja!!! Moment, das ist die falsche Richtung. Du lenkst falsch. Sex gibt es da vorne. STOPP! UMDREHEN! Das kannst du doch nicht machen!«

Mein Körper zetert den ganzen Weg über. Als ich wieder am Versammlungshaus bin, setze ich mich auf die kleine Terrasse. Ich schließe die Augen und stelle mir Hartmut vor.

»Ich will Sex. Menno. Dann lass uns noch heute nach Deutschland fliegen. Wir könnten in anderthalb Tagen Sex haben, na komm, bitte! Bitte!!!! Solosex ist doch nicht abendfüllend. Das ist doch nicht das, was du wirklich dauerhaft willst. Wir können bald bei Hartmut sein.«

»Ich weiß doch nicht mal, wo Hartmut ist. Außerdem sind wir nicht um die halbe Welt geflogen, um nur ein paar Tage zu bleiben. Wir bleiben erst mal hier und genießen den Aufenthalt. Basta.«

»Och menno ...«

Ich wiege meinen Körper ein bisschen, um ihn zu trösten, und verspreche, dass ich ihn wenigstens mit Solosex über Wasser halten werde.

Plötzlich erscheinen Mere und Arne vor mir. Ich stehe auf. Mere nimmt mich an den Schultern und legt ihre Stirn und ihre Nase an meine. Ihr Blick ist sehr liebevoll. Dann nimmt sie mich kurz in den Arm und gibt mich an Arne weiter.

»Du hättest wirklich zu uns kommen können. Das wäre vollkommen in Ordnung gewesen«, sagt Arne.

»Ich weiß.«

»Du brauchst deinen Hartmut«, stellt Arne fest.

Ich nicke.

Arne gibt mir einen kleinen Kuss auf den Mund, setzt sich auf die Terrasse, zieht mich links und Mere rechts neben sich und lässt seine Arme um uns, bis wir müde werden.

> *Susanne Seite 489*

< Ich Seite 400

Würdeloser Winseler

25.03.2011
51° 26′ 52.87″ N, 7° 15′ 19.08″ E

Klack.
Klack.
Klack.
Ich drücke die linke Taste des Laptop-Pads jetzt seit Tagen. Jedenfalls fühlt es sich so an. Es gibt nur noch mich, das Mailprogramm und die Hoffnung, dass Caterina antwortet und den Hebel in der Kontrollzentrale für die Lebenslegitimation des Mannes wieder auf »okay« umlegt.
Aber – es kommt nichts.
Klack.
Klack.
Klack.
Immer nur Werbung. Dealgigant, MED-Apotheke, Swiss Money, Spenden für Fukushima, Tunesienhilfe, Fernsehlotterie. Wie sagte meine Mutter immer? Sie wollen alle nur dein Bestes – dein Geld.
Klack.
Klack.
Klack.
Warum liest sie nicht meine Post? Oder liest sie und schweigt? Anrufen kann ich sie nun erst recht nicht mehr. Das würde meine Mutter »würdeloses Winseln« nennen. Einer der beiden Zustände, in dem sie Männer früher beschrieb. Entweder waren sie »aufdringliche Affen« oder »würdelose Winseler«. Am besten war es folglich, wenn sie die Frauen ganz in Ruhe ließen.

Klack.

Klack.

Klack.

Ich muss runter zu Nestor gehen. Ich lasse ihn sitzen in seinem Wahn, den Zwei-Meter-Turm aus Maxis neben sich. Ich bin doch sein Therapeut in der Real Life Assistance. Ich muss nach ihm sehen.

Ich stehe auf und fahre ins Erdgeschoss. Im Aufzugblech sind die Kratzer, die wir mit den Füßen der Wanne verursacht haben. Ich nähere mich Nestors Tür. Am Schildchen daneben steht der Name *Luis Alberto Camorra*. Hinter dem roten Holz höre ich allerdings kein fanatisches Tippen, sondern eine schöne Klaviermelodie. Sie klingt nicht wie von CD, sondern selbstgespielt. Ich kenne sie. Das sind die Töne, wegen deren sich Hartmut mal einen Tag lang mit Zwölftonmusik und Free Jazz geißelte, weil er diesem eleganten Samtpop verfallen war und sich das nicht erlaubte. Da drin spielt jemand Donald Fagens »The Nightfly« auf einem Klavier. Ich bollere gegen die Tür. Augenblicklich verstummt die Musik. Ich höre hastige Schritte. Glas splittert auf dem Boden. Nestor flucht. Die Tür öffnet sich. Vor der Spüle liegt eine zersprungene Flasche Tomatenketchup.

»Na super«, sagt er, »das war Jütro-Ketchup, den muss ich rezensieren und habe noch kein bisschen davon probiert.« Er beugt sich zum Boden und steckt den Finger in die Trümmer.

Ich halte ihn auf: »Lass das, du schluckst winzig kleine Splitter, und die perforieren deinen Darm.«

Ich suche den Raum mit den Augen nach einem Klavier ab. Auf dem Schreibtisch vor dem Rechner liegt eine aufrollbare Keyboard-Matte. Ich stapfe über die Matratze zu dem Instrument und drücke eine Taste. Nestor schließt die Tür.

»Ich wusste gar nicht, dass du Klavier spielen kannst.«

»Was heißt können?«, winkt er ab. »Ich habe ein bisschen geklimpert, während das Nudelwasser kocht.« Auf dem Herd steht ein Topf, dessen Deckel leise Dampf entlässt.

»Du hast ›The Nightfly‹ gespielt. Das Lied hat, nun ja … eine gewisse Bedeutung in meinem Leben.«

Nestor wischt sich den Ketchup vom Finger: »Kann gar nicht sein. Das war nur ein wenig Improvisation. Und überhaupt, was machst du hier?«

»Nach dir sehen?«, antworte ich, schnippisch wie ein Schulmädchen. Auf dem Schreibtisch liegt nur die Klaviermatte. Die CD-Stapel wurden ins Regal geräumt.

»Hast du schon alle Maxis durchgebloggt?«

»Was? Ja. Ich koche jetzt«, sagt er, öffnet den Schrank und holt Nudeln, Zwiebeln und ein Glas Würstchen heraus. »Das muss ich alles noch testen. Also gibt's heute Nudeln mit Röstzwiebeln, Wurst und Ketchup. Wobei, der Ketchup ist ja nun hinüber.«

Nestor wirkt irgendwie anders als sonst. Nervös und fahrig, aber völlig ohne Nickhaut. Er legt eine Zwiebel auf ein Brettchen und nestelt ein kleines Messer mit gelbem Plastikgriff aus der Schublade.

»Was schreibt man denn zu Zwiebeln?«, frage ich. »Ein grundsolider Klassiker für Fans‹, oder was?«

»Es gibt große Unterschiede in den Ausprägungen der Allium cepa.«

»Testest du diese Klaviermatte, oder hast du sie schon länger?«

»Ich teste sie.«

»Ich hab in deinem Warenbestand noch nie ein Instrument gesehen.«

Nestor schiebt seine Augenbrauen nach vorn und grummelt. Der Ärger übermannt ihn beim Häuten der Zwiebel.

»Das ist mein Zimmer, da kann ich doch wohl testen, was ich will.«

Was regt er sich so auf? Ist ja fast so, als hätte ich ihn bei etwas erwischt. Nestor hackt die Zwiebel gekonnt in kleine Würfel. Immer noch keine Nickhaut. Er schaltet die Herdplatte ein und zeigt auf den Topf. »Das sind nur Nudeln für eine Person. Ich habe unterschrieben, dass ich diese Sachen unbeeinflusst prüfe.«

Ich reagiere nicht.

»Okay!«, sagt Nestor, stellt sich vor mich und sieht mir in die Augen. »Dann gestehe ich dir halt jetzt noch etwas Intimes, wo du schon von meinem Schreibzwang und meinen Sprungphantasien weißt.«

Ich schaue verlegen ins Regal. Was kommt jetzt?

Nestor sagt: »Ich habe die Angewohnheit, nach Nudelmahlzeiten in aller Ruhe meine Nudel zu polieren. Manchmal sogar mittendrin. Weil das geil ist, nach dem Akt noch die Hälfte der Carbonara vor sich zu haben. Kohlenhydrate sind meine Zigarette danach.«

»Ach, du willst allein sein?«, frage ich.

Sein Mund steht halb offen, als hinge üblicherweise eine Pfeife darin. Die Nickhaut bleibt weiterhin fern, aber seine Augen glitzern nun zwiebelglasig.

»Deine Auffassungsgabe ist unfassbar«, sagt er. »Haben sie dir schon beim CERN eine Hilfsstelle bei der Weltformelsuche angeboten?«

Ich ringe mir ein Lächeln ab.

Den Rest des Tages verbringe ich in der Wanne. Caterina will mich nicht. UPS will mich nicht. Selbst Nestor will mich nicht. Ein neuer Tiefpunkt. Ich habe den Schreibtisch nahe genug an den Zuber gezogen, so dass ich alle paar Minuten auf den Empfangsknopf für Mails drücken kann. Es kommt nichts. Yannick umkreist den Laptop und platziert zwischen jede Tastenreihe frische Haare. Ich fühle mich so trübe wie das Wasser, in dem ich viel zu lange aufweiche, und scrolle noch mal durch den Spam, der sich den ganzen Tag über angesammelt hat. Dealgigant, MED-Apotheke, Swiss Money, Spenden für Fukushima, Tunesienhilfe …

Yannick unterbricht sein Kreisen und reibt sein Köpfchen wie wild am rechten, oberen Rand des Klappmonitors. Der Laptop wackelt. »Yannick, ist gut jetzt.«

Der Kater reibt und rammt. Seine Markierungsdrüsen hinter dem Ohr geben alles. »Mau!!!«

Ich drehe mich in der Wanne zur Seite, um Yannick wegzudrücken, und sehe erstmals den Absender der Mail mit dem Betreff »Tunesien-hilfe«, die ich für Spenden-Spam gehalten habe. Es ist Hartmut!

Mein Lieber, wenig Zeit für Erklärungen. Du musst ins Flugzeug steigen und nach Hause kommen! Ich reise zeitnah mit einem neuen Freund aus Tunesien an. Wir bringen eine junge Frau mit, die Caterina aufgegabelt hat und die sich auf der Flucht vor ihrem Mann befindet. Sie muss versteckt werden, ohne Beweise für ihre Anwesenheit!!! Das ist wichtig, denn ihr Gatte hat Verbindungen. Bitte kontaktiere meine alten Freunde aus dem Untergrund. Die wissen, wie man Leute versteckt. Das besetzte Haus in unserer Heimatstadt, an der großen Brücke. Weißt du noch? Du musst persönlich hin. Die Leute aus dieser Szene trauen nur ihren Nasen. Dich haben sie schon mal beschnüffelt. Ansonsten zu keinem Fremden ein Wort! Wir wissen nicht genau, wie lange wir brauchen, aber bitte: Flieg sofort los! Sie sitzen uns im Nacken.
Dein H.

Ich hocke atemlos im Gusseisen. Caterina ist auf der Flucht, weil sie einer Frau hilft, ihrem tunesischen Tyrannen zu entkommen? Und nicht *ich* helfe ihr dabei, sondern Hartmut mit einem »neuen Freund«? Ich überlese sogar die Mail, weil ich sie vorsorglich für Spam halte? Das ist alles verkehrt. *Ich* müsste bei so etwas den Helden geben, halb aus dem Fenster des Wagens gelehnt und Salve um Salve auf die Verfolger feuernd. Ich weiß doch, wie es aussieht in diesen Regionen, wo jeder Ziegenhirte ein Terrorist sein kann. Ich habe Voodoos karierte Hemdschulter wackeln gesehen. Caterina kann sich gerade nicht mit dem Gnadenhebel beschäftigen, weil sie Besseres zu tun hat und mich dabei an ihrer Seite bräuchte. Yannick ritzt meinen rechten Arm mit der Kralle und schaut dann wieder auf den Monitor. »Tu was!«, heißt das, »du selbstmitleidiger Saftsack!«

Er hat recht.

Ich muss tun, was ich tun kann, jetzt und hier. *Sie muss versteckt werden*, schreibt Hartmut über das Mädchen, dessen Schicksal sich meine Caterina angenommen hat. Das kann ich doch leisten, hier, im

Hochhausturm der falschen Identitäten! Ich muss nur endlich tun, was ich von Anfang an hätte tun sollen: Die Wahrheit sagen.

Lieber Hartmut!

Ich habe eine Lösung für Eurer Problem. Wir brauchen Deine alten Freunde nicht zu reaktivieren. Ich selbst befinde mich in einem Gebäude, das Menschen verschwinden lässt. Ich habe gelogen, weil ich nicht wollte, dass Du Dir um mich Sorgen machst. Ich war nie in Los Angeles, sondern die ganze Zeit in Bochum. Ich bin im Uni-Center, Wohnheim Q100, es ist das optimale Versteck! Kein Name an den Türen stimmt. Ein Terrorist von 9/11 hat hier gelebt und im Keller seine Wäsche gewaschen. Was kann es Sichereres geben? Kommt hierher! Die Q100 ist ein vierzehn Stockwerke hoher Untergrund! Yannick ist ebenfalls in diesem Hochhaus und war niemals in dem meiner Mutter. Ich habe auch einen neuen Freund am Start, er wird Dir gefallen, denn er ist besessen. Bitte umarme Caterina von mir und sage ihr, wie sehr ich bereue, dass sie glauben musste, ich vergnüge mich in Kalifornien wie ein Geschiedener, der endlich seine Freiheit genießt.

Ich will die Antwort gerade absenden, als mir einfällt, wie es aussehen muss, wenn Hartmut Caterina von meiner Lüge erzählt und sie womöglich erst *danach* die Geschichte meines heldenhaften Einsatzes als ehrenamtlicher Therapeut der Real Life Assistance liest. Diese Mail ist in ihrer Box, so oder so, und kein Hartmut dieser Welt kann sie dort heimlich löschen.

PS: Bitte sag Caterina, dass meine letzte Post aus Los Angeles im Grunde die Wahrheit war, auch wenn mein »Patient« hier im Wohnheim sitzt. Ich erkläre ihr das alles, wenn Ihr da seid, ja? Oder meinst Du, es ist irgendwie möglich, dass sie vor der Rückreise nicht mehr in ihre Post sieht???

Würdeloser Winsler, denke ich, und sende es ab.

> *Ich Seite 476*

< Hartmut Seite 425

Die Festivalsynapse

26.03.2011

33° 8′ 54.30″ N, 11° 33′ 23.26″ E

Ich habe kaum geschlafen in dem kleinen Bettenschlauch, der Koje des großen Piraten. Sogar die Handys haben wir ausgeschaltet. Wer weiß, ob Hamadis Männer nicht abgewartet haben bis zum späten Abend, als Pizzatheke und Kaffeebar nur noch wenige Menschen beherbergten und sich Stille über die Grenze legte? Wer weiß, ob sie nicht gerade dann draußen herumgeschlichen wären, die Toiletten geöffnet und in dem Moment ein Bimmeln hinter der Tür ohne Klinke gehört hätten?

Nun ist es Morgen und »die Luft rein«, wie Khaled und Bilel bestätigen. Neuer Tag, neues Glück. Für uns und die anderen Flüchtigen, die bereits wieder von Libyen hereinströmen, als ich mit einem Kaffeebecher in der Hand vor die Tür trete. Der Automat hinter der Theke spuckt die braune Brühe in exakt die gleichen Becher wie an deutschen Autobahnen. Neben dem Gerät stapeln sich bis an die Decke Kartons mit TUC-Keksen.

Draußen blendet mich die Sonne. Rahime, Caterina und Khaled besprechen letzte Dinge mit Bilel, aber mich treibt es vor die Tür, denn ich muss endlich sehen, was ich gestern in der Hast nur wie einen Tagtraum wahrnahm. Ich schalte mein Telefon wieder ein und lese, dass mein bester Freund die ganze Zeit gelogen hat und niemals in Kalifornien war. Dafür kann er uns sofort ein Versteck bieten. Er hockt im Studentenwohnheim in Bochum! Ich weiß nicht, was ich denken soll. Wir haben uns gegenseitig angelogen. Er bittet mich darum, Caterina am Lesen seiner letzten Mail zu hindern. Hat er etwa

[466]

Angst, sie könne ihm das alles *so* übelnehmen? Die beiden gehören doch zusammen, zwei Endloszukunftsfelder. Ich antworte ihm kurz und knapp, da mein Blick nicht auf dem Display, sondern in der Welt sein will. Ich stehe erst seit ein paar Minuten hier draußen und habe bereits seltsam gute Laune. Ich weiß nicht, warum, aber »die Luft« ist wirklich gerade »rein« für mich. Ich atme so frei, als hätte mich irgendetwas gedankengedopt.

Ein Bus hält quietschend neben den Zäunen und pustet Pressluft aus. An Sperrzäunen steht eine lange Reihe Dixiklos. Das aufgeregte Gemurmel Tausender Menschen wird hier und da durchsetzt von Musik. Arabischer Pop und Hip-Hop aus einem alten Kassettenrekorder. Ein Infostand der Organisation Islamic Relief bietet Flugblätter feil. Stolz flattert das Logo im Wind, *Faith inspired action* steht darunter. Ein Pressefotograf mit laminiertem Ausweis um den Hals wird von ein paar libyschen Männern bedrängt. »Gaddafi worse than Hitler!«, palavern sie und zeigen auf das riesige Grenztor, durch das sie es in die sichere Zone geschafft haben. »Worse than Hitler!« Einer spuckt auf den Boden. Die Schwarzafrikaner, die mit den alten Bussen oder gar zu Fuß als Flüchtlinge die ersten Schritte auf tunesischem Boden machen, sind nicht so erregt. Im Gegenteil. Sie tragen große Plastiktüten oder ziehen Trolleys über den Asphalt. Das Rattern der Hartgummiräder erinnert mich an die Stimmung auf Flughäfen. Eine Gruppe trägt zerschlissene Rucksäcke auf den Schultern und Turnschuhe an den Füßen. Der Adidas-Aufdruck ist längst abgerieben, nur noch ein *a* hängt wie eine Hautschuppe herunter. Die Menschen sind erleichtert und froh, am Ziel zu sein. Sie strahlen. Ist es ihre gute Laune, die mich so ansteckt, oder was ist das für ein seltsames Hochgefühl? Ausgerechnet hier, inmitten von lauter Not und Elend?

»Uganda!«, sagt ein Mann neben mir, deutet auf die Trolley-Zieher und macht mit Zeige- und Mittelfinger laufende Beine nach. Ich nehme all meine Erinnerungen an den Diercke-Atlas aus dem Erdkunde-Unterricht zusammen und öffne innerlich die Karte Afrikas. Uganda … von hier aus betrachtet kommt erst mal Libyen, das Spielfeld Gaddafis. Es klingt nach nicht viel, nach flachen Häusern, alten Reifen und Tankstellen der OiLibya, an denen die Schwarzhändler ihre Pick-ups füllen. Aber das Land ist riesig, so groß wie Deutschland, Benelux, Frankreich und Spanien zusammen. Unter Libyen folgt der Tschad, noch mal so lang wie Libyen breit. Dann Zentralafrika … Berge, Steppe, Wildtiere. Und selbst dann, nach all den Hügeln und Löwen und Wasserlöchern, kommt immer noch nicht Uganda, sondern ein weites Stück lang die Republik Kongo mit den größten erhaltenen Regenwaldgebieten des Kontinents. Ein Dschungel, so lang wie die Strecke von Kiel nach Paris. Erst dann Uganda, das Land, wo diese Menschen herkommen. Zu Fuß, wie der Mann neben mir mit seinen Fingern andeutet. »LRA«, sagt er, und seine Hände zittern, während er eine Zigarette dreht. Er entblößt gelbe Zähne, als er das Blättchen anleckt. »Lord's Resistance Army«, sagt er, so langsam und deutlich, wie er kann. Er spricht eigentlich kein Englisch, aber den Begriff hat er sich gemerkt. Er steckt die Zigarette an, zieht daran, lässt sie im Mundwinkel hängen und simuliert mit den Händen ein Maschinengewehr. Er presst die Augen zusammen, hustet, senkt den Kopf, klopft mir auf die Schulter und zieht davon, heiser röchelnd wie einer, der sich sagt: Junge, du weißt nichts vom Leben.

Zu Fuß … durch den Kongo, Zentralafrika, Tschad und Libyen. So weit wie viermal quer durch Europa. Monate und Wochen. Wie muss sich das anfühlen, nach Millionen von Schritten und Bildern im Kopf schließlich hier auf diesem Vorplatz anzukommen und das erste Mal ausatmen zu können, in der freien Welt? Ich wollte zu Fuß nach Sibirien und bin eineinhalb Dörfer hinter der Neiße schon in ein Auto gestiegen. Doch selbst wenn ich die sechstausend Kilometer nach Ensomheden absolviert hätte, dann, um das Nichts zu suchen. Die Leute mit den Rucksäcken sind durch einen halben Kontinent gelaufen, um ein neues Leben zu finden.

Der Fotograf knipst die Libyer, die ihn bedrängen. Der alte Kassettenrekorder, der eben Hip-Hop gespielt hat, eiert nun tatsächlich einen Song von Linkin Park zwischen die Klos. Ich höre die Akkorde, und mir wird schlagartig klar, welcher Art das Gute-Laune-Doping ist, das mich überfallen hat. Diese Grenzstation hier erinnert mich an ein Festival! Betriebsames Gewusel, Dixiklos, Infostände, lärmende Radios … mein westlicher Geist kann nicht anders, als bei diesen Bildern das Gefühl freudiger Unruhe auszulösen, das man empfindet, wenn man am dritten Tag ungeduscht aus dem Zelt kriecht. Mein Gehirn kann keine anderen als diese Gefühle feuern; es hat halt nur Festivalsynapsen auf Lager und noch keine Botenstoffe für Flüchtlingslager entwickelt. Ich schäme mich.

Khaled erscheint hinter mir mit den Frauen und ruft entsetzt: »Nein!«

Ich folge seinem Blick und sehe Houssen, der lächelnd neben unserem neuen Tarnfahrzeug steht – keinem Landrover, sondern einem kleinen VW Beetle in Animateurhemdgelb.

Wir fahren mit dem kleinen Wagen die Straße hinunter, die wir gekommen sind. Khaled hat mir genauer erklärt, was es mit der Lord's Resistance Army auf sich hat. Rahime, die jetzt Juliette Boullée heißt, sitzt hinter mir. Sie trägt nun eine humorlose, blonde Kurzhaarfrisur. Sie schweigt. Wir müssen sie alle paar Minuten mit Juliette ansprechen, damit jeder sich daran gewöhnt. Um uns herum sehe ich sie nun mit offenen Augen, die endlosen Reihen des Flüchtlingslagers Choucha. Bis zum Horizont ein Meer aus Schlauchzelten. An den Zäunen zu beiden Seiten der Straße hängen Stofftransparente. Große Schriftzüge der Hilfsorganisationen UNHCR und Red Crescent, aber auch Flaggen der Heimatländer, aus denen die Flüchtlinge angereist sind. Es scheint ganze »Stadtviertel« zu geben. Ich erkenne die Farben des Niger, des Sudan und Namibias. Zwischen den Männern, die rauchen, den Frauen, die Kanister schleppen, und den Kindern, die sich hier und da einen Ball zuspielen, schlendern Soldaten. Sie tragen Mundschutz. An den Wegrändern türmen sich Müllberge auf, über denen die Fliegen sirren. Zerfetzte Plastikstühle, zersplitterte Fernseher, sogar ein Kühlschrank liegt im heißen Sand. Die Festivalsynapsen feuern immer noch ihre Gedanken an Sommerveranstaltungen in meinen Kopf. Mein Gehirn ist eine Referenzmaschine. Unabschaltbar. Rechts wächst ein schmaler Streifen Nadelbäume entlang der Straße. Größere Zelte in Braun und Beige stehen im schützenden Schatten der Kronen. Ein Mann spaziert entspannt hinter dem Zaun entlang und trinkt Cola aus einer Literflasche. Er trägt ein Lionel-Messi-Trikot.

Houssen, der den Beetle fährt, da Khaled sich weigert, ein solches Fahrzeug zu führen, zeigt nach vorne. Ein Stau vor einem Kontrollposten. Ein paar Dutzend Autos, LKWs und Busse. Wir halten am Ende der Schlange. Khaled öffnet die Tür, als erlebe er das nicht zum ersten Mal. »Kann dauern«, sagt er, steigt aus und vertritt sich die Beine, nah am Wagen bleibend. Ich überlege einen Augenblick und verlasse das Auto ebenfalls. Ich bin aufgedreht, und meine Sinne nehmen alles schärfer wahr als sonst. Ich steige einfach so aus einem Wagen, zweihundert Meter vor einem Kontrollposten inmitten eines Flüchtlingslagers. Eine zerknüllte Blechdose liegt vor mir auf der Erde, und ich schieße sie durch die Gegend, um meine überschüssige Energie loszuwerden. Sie poltert vor die Füße zweier Kinder, die hier im Notstand leben. Ein Mädchen und ein Junge in roten Jogginganzügen. Sie quietschen und nehmen es als Spielaufforderung. Der Junge schießt die Dose zu mir zurück, ich passe quer zum Mädchen. Sie tritt das Weißblech mit der Picke, und es erhebt sich einen Meter über den Boden. Sie freut sich und hüpft, reißt die kurzen Ärmchen in die Luft. Am Zaun hinter ihnen hängt die Flagge von Uganda. Sie strahlen, diese Kinder, nach viermal Europa zu Fuß. Sie haben in den letzten Wochen mehr durchgemacht als jeder von uns in seinem ganzen Leben. Sie hausen auf unbestimmte Zeit in einem Flüchtlingslager und quietschen, weil jemand mit ihnen Dosenfußball spielt. So, wie die Dose scheppert, rappelt und rattert es gerade in mir. Die Zahnräder und Stellschrauben springen an, um alle Maßstäbe, die mein Leben lang in mir eingestellt waren, zu berichtigen. Unter dem Lachen der Kinder verwandelt sich die Festivalsynapse in ein neues, nie zuvor dagewesenes Hochgefühl, das mich auf der Stelle zu meinem Telefon greifen und das Mailprogramm öffnen lässt. Ich setze mich wieder in den Wagen, winke den Kleinen und tippe den Rest des Weges bis zum Flughafen die wichtigsten Worte, die ich Susanne jemals geschrieben habe.

Am Flughafen von Djerba gibt es zwei große Eingangstüren. Vor einer stehen Soldaten und ordnen eine Menge von etwa hundert Schwarzafrikanern, die mit Koffern und Tüten aus einem Bus steigen, der ebenfalls von der Grenze kommt. Sie reisen weiter in Länder, die ihnen Asyl gewähren, zumindest hoffe ich das. Ich will nicht daran denken, dass hinter den Flughafentoren ein Flieger startet, der sie umgehend in den Tschad oder nach Angola zurückbringt und auf diese Weise in nur einem Tag eine Wanderung von Monaten zunichtemacht. Ich blicke in ihre Gesichter. Sie sehen nicht wütend aus. Wir Deutsche, die Französin und der Grenzenlose nehmen den anderen Eingang. Wir verabschieden Houssen mit jeweils vier Wangenküssen.

In der Halle mit den Schaltern springt Rahimes, nein, Juliettes Blick zwischen allen Anwesenden umher und hakt sie der Reihe nach ab. Es ist wenig los im Gebäude. Von zehn, fünfzehn Schaltern sind nur zwei für den Tunisair-Flug nach Frankfurt geöffnet. Die Afrikaner nehmen wohl einen Flug, der nichts mit freundlichen Ticketausgeberinnen und Gepäckanhängern zu tun hat. Vor dem Herrenklo herrscht reger Verkehr. Putzwasser läuft bis vor die Tür hinaus und lässt die Sohlen quietschen. Am Schalter sitzt eine dunkelblonde Frau, die ihre langen Haare behalten durfte, klappt Rahimes, verdammt nochmal, Juliettes, Reisepass auf und sieht von dem Bild darin erstaunt zu ihr auf.

»C'est fait aujourd'hui?«, sagt sie.

»Hui?«, frage ich Caterina.

»Aujourd'*hui*! Heute«, übersetzt sie für mich und knetet nervös den Saum ihrer Hosentasche. »Die Frau am Schalter sagt, das Foto sehe aus, als wäre es heute gemacht worden.«

»Scheiße«, flüstere ich.

Juliette lächelt die Frau an und erwidert: »Je ne vieillis pas.«

»Was?«

»Sie sagt, sie wird nicht älter.«

Die Schalterfrau lacht, studiert aber weiter den Pass und blättert darin herum. Sie presst die Lippen aufeinander.

»Er hat Verbindungen«, spreche ich Caterina ins Ohr. »Hamadi, ihr Mann. Was ist, wenn der Flughafen Alarm schlagen soll, sobald eine Frau eincheckt, die noch nie im System aufgetaucht ist?«

»*Der* Flughafen schlägt nicht Alarm. Nur einzelne Menschen tun das. Und die da sieht nicht wie eine Agentin des bösen Gatten aus.«

»Everything okay?«, fragt Khaled nun die Frau, doch sie hebt die Hand, nimmt einen Telefonhörer ab und spricht mit jemandem über das, was ihr vorliegt. Dabei knibbelt sie am Passpapier herum. Rahime wippt aufgeregt mit der rechten Ferse auf und ab und wirkt dabei gar nicht wie eine selbstbewusste Französin, sondern wie ein Schulmädchen vor der Aufführung in der Aula. Khaled beugt sich zu ihr und flüstert ihr etwas ins Ohr, melodisch und beruhigend zugleich.

»Scheiße, das geht nicht gut. Caterina, wir müssen einen Präventivschlag machen!«

»Hartmut, nein! Von jetzt an gibt es keine Präventivschläge mehr. Nur noch bedächtiges Vorgehen.«

Die Beamtin sieht zu unserem Zischeln und Tuscheln auf. Caterina lächelt sie breit an. Ein Mann kommt herbei, dunkler Anzug, Sonnenbrille in der Brusttasche, Autoritätsbart, Knopf mit Kabel im Ohr. Knöpfe im Ohr sind niemals ein gutes Zeichen.

Die Frau erklärt ihm ein paar Dinge auf Arabisch, zeigt auf den Pass, tippt auf ihren Bildschirm. Der Mann verzieht den Mund und schaut prüfend an Juliette auf und ab. Er tippt etwas ein. Ich schaue zu Khaled. Der hält auf Höhe seines Oberschenkels die Hand flach und bewegt sie, als patsche er auf dem Köpfchen eines Jungen herum.

Der strenge Chef der Schalterbeamtin richtet sich auf, hält die linke Hand an den Knopf und spricht etwas in seinen Kragen. Er ist so groß wie Khaled. Zwei Männer hinter der Gepäckdurchleuchtung reagieren auf seinen Spruch und richten sich auf. Er winkt und ruft ihnen unverstärkt zu, dass sie rüberkommen sollen. Sie quetschen sich an den Passagieren vorbei, die ihr Handgepäck aufs Band legen und ihre Schlüssel in die Plastikwannen werfen. Sie nähern sich uns zügig. Juliette lächelt weiter, wechselt aber dreimal in der Sekunde das Standbein. Khaled tätschelt immer noch den Jungenkopf, scheint sich aber nicht mehr ganz sicher zu sein, ob es weiterhin Grund zur Ruhe gibt. An seiner Schläfe läuft das erste Mal, seit ich ihn kenne, ein Tropfen Schweiß herunter.

»Es klappt nicht!«, zische ich Caterina zu. »Das sind Sicherheitsleute. Sie werden uns alle festnehmen und zu diesem Hamadi schleppen, direkt hinein in die ehemalige Infrastruktur des Diktators. Sie sperren uns in Kellerräume unter den Schwarzmarkthütten und zerren uns die Zehnägel raus.«

»Hör auf damit!«, sagt Caterina, nimmt aber meine Hand.

Die Sicherheitsmänner nähern sich, Uniform, Ohrknöpfe, Funkgeräte, glänzende schwarze Gürtel. Ich löse mich von Caterina und gehe in die Kniebeuge, die Arme angewinkelt. Wie ramme ich sie um? Mit einer doppelten Closeline oder einem Bodycheck? Das werde ich kurz vor dem Aufprall entscheiden. Einer der beiden greift in seine Uniformjacke. Er wird einen Taser ziehen oder direkt eine Kanone. Handschellen oder Plastikstrapse. Besser Bodycheck. Ich laufe los, komme aber keinen Schritt weit, da Khaleds kräftige Hand mich längst am Hosenbund festhält wie einen tollwütigen Dreijährigen im Brustgeschirr.

Die Sicherheitsleute runzeln die Stirn darüber, welch seltsames Spiel mein großer Freund und ich da gerade treiben, und setzen von einem Moment auf den anderen ein Lächeln auf. Derjenige von beiden, der in seine Jacke gegriffen hat, hält Juliette freudig eine verzierte Klappkarte vor die Nase. Die Schalterfrau klatscht in die Hände wie ein Mädchen, das sich freut, wenn die Freundin ihr Geschenk auspackt. Der Chef steht mit gemütlichem Grinsen hinter ihr und sagt: »Félicitations!«

»Glückwunsch?«, ruft Caterina überrascht aus.

Die Schalterfrau darf Juliette erklären, was hier gerade geschieht, und Caterina übersetzt es mir. Juliette ist die einmillionste Passagierin seit dem letzten einmillionsten Passagier. Sie mussten sich nur vergewissern, sich auch wirklich nicht verzählt zu haben. Der Gutschein, den der Mann ihr überreicht, welchen ich soeben samt seines Kollegen umrammen wollte, erlaubt ihr freies Einkaufen in allen Souvenirshops des Obergeschosses, sobald wir die Gepäckkontrolle passiert haben. Khaled lässt meinen Hosenbund los, und ich falle fast vornüber.

Gesegnet mit einer Gewinnerin, durchqueren wir die Gepäckkontrolle ohne Probleme. Nur meinen alten Discman muss ich aus dem Rucksack holen. Die Hülle von The Sorrow fällt heraus, und der Gepäckprüfer schüttelt den Kopf, weil wir Deutschen uns lieber mit zähnefletschender Wolfsmusik quälen, als unsere Hüften zu quirligen Rhythmen zu schwingen. Die Sicherheitsleute begleiten Juliette, Caterina und Khaled zu den Souvenirläden, um sicherzugehen, dass sie ihren Gutschein auch ausnutzt. Die Verkäufer sind informiert und wedeln freudig mit Tüchern, falschem Schmuck und kleinen Kamelen aus gefülltem Leder. Es ist ein unglaublicher Schruz, aber sie muss ihn nehmen, alles andere wäre unhöflich. Die Andenkenhändler schlagen große Leinsäcke auf und füllen alles hinein, was sie ohnehin nicht mehr verkauft kriegen. Rahime-Juliette hat eine lange Flucht vor ihrem Mann hinter sich gebracht, doch anstatt sich in einen Schalensitz fallen lassen zu dürfen, tanzen nun aufgekratzte Krämer um sie herum und überschütten sie mit Gewinnen. Es ist so, als hätte sie auf der Zufahrtsstraße einer Kirmes den Trostpreis-Lieferantenlaster gerammt. Sie hat keine Kraft, sich zu wehren.

Während Khaled und Caterina der armen Rahime-Juliette helfen, ihre Lederkamele und Muschelketten zu verstauen, setze ich mich von der Gruppe ab und schleiche zum menschenleeren Café am Ende des Gates. Warmes, oranges Licht. Muffinsorten mit Kreide notiert, in

Schönschrift auf Dekotafeln. Ein Eisschrank von Häagen-Dasz. Hinter der Theke sogar deutsche Biersorten. Löwenbräu, Clausthaler und Holsten alkoholfrei. Das Mobiliar ist aus dunklem Holz. Im Fernseher flimmern Aktienkurse. An einem Ecktisch gibt es öffentliches Internet. Ich bestelle mir einen Kaffee, setze mich an einen Fensterplatz und beobachte ein Flugzeug, das sich geduldig in Parkposition rangiert.

Es ist vorbei. Die Geistertage auf der alten Tribüne. Die kalte Matratze in Görlitz. Die Pension in Polen. Das Meer von Litauen, die Wälder von Lettland, das Treiben in St. Petersburg. Alles schon weit weg. Der kurze Aufenthalt hier in Tunesien kommt mir hingegen vor, als wären es Wochen gewesen. Was ich im Lager Choucha gesehen habe, füllt meinen Geist für Monate. Die zwei Kinder in den roten Jogginganzügen spielen vor meinem inneren Auge die Dose hin und her. Meine Augen folgen wohl schon seit längerem dem Rangieren der Maschinen auf dem Rollfeld, als am Internet-Terminal des Cafés eine kleine Hand auf das Holz neben der Tastatur haut. Oberschenkel schieben knarrend den Stuhl nach hinten, und Lippen formen einen zischenden Laut zwischen Spott und Enttäuschung. Caterina macht die drei Schritte vom Computer zur Theke und bestellt sich einen Tee mit gleich drei Muffins. Mist, richtig. Er wollte, dass ich mit ihr rede, damit sie seine letzte Post aus Los Angeles nicht liest, wenn sie schon längst weiß, dass er niemals da war. Ich habe nicht gesehen, dass sie sich an den Rechner gesetzt hat. Sie bezahlt die Muffins und verspeist den ersten in weniger als zwei Sekunden. Beim Kauen bildet sich ein Zornfältchen zwischen ihren Augen. Es ist süß. Die Souvenirkrämer am anderen Ende der Halle schenken Rahime drei gigantische Koffer, um ihre Restposten zu verstauen.

> *Ich S. 476*

< Ich Seite 460

Das Frauenzimmer

26.03.2011
51° 26' 52.87" N, 7° 15' 19.08" E

BRÖÖÖÖÖÖÖÖÖÖÖÖÖÖÖÖÖÖÖÖÖÖÖÖÖÖÖÖK!!!!

Der gelbe Hochdruckreiniger lässt das Wohnheim erzittern. Haiko Bobelin hat gesagt, es sei das stärkste Gerät für den privaten Gebrauch. Zusätzlich zur normalen Düse hat er mir einen flexiblen Aufsatz verkauft, den man wie den Hals einer WC-Ente unter den Rand des Klos biegen kann. Yannick ist das Theater zu laut. Er kauert unterm Bett und hat sich einen Vorrat kleiner Salamis mitgenommen. Hartmut hat mir geantwortet. Seine Post prangt auf meinem Monitor.

Mein Lieber, ganz schnell. Wir sind quitt. Mit dem Lügen. Ich war auch niemals in Frankreich. Phantastisch, dass Du uns helfen kannst. Der Flug geht heute. Ich denke, es wird später Abend, bis wir da sind. Mit Caterina, das wird schon wieder. Jetzt müssen wir erst mal die junge Frau retten. Und kein Wort zu Fremden, hörst du?
In Eile, Dein H.

Caterina kommt hierher, meine Caterina vom Oberdeck! Schon heute Abend! Sie wird Hartes hinter sich haben, staubige Wüstentage, aber trotzdem oder gerade drum muss mein Klo sauber sein. Sogar Supermacho Martin von UPS putzt die Toilette, wenn »eine neue Perle« das erste Mal seine Wohnung betritt. »Frauen verzeihen fast alles«, sagt er, »Schimpfworte, Wochenend-Prügeleien beim Fußball, sogar Seitensprünge. Aber wenn sie dich besuchen, den Klodeckel öffnen und in der Schüssel ein braunes Fanal vorfinden, ist es aus. Spuren im Klo sind die maximale Geringschätzung der Frau. Du kannst froh sein, wenn sie nur verbittert geht und dich nicht in deinem eigenen Flachspüler ertränkt.«

BRÖÖÖÖÖÖÖÖÖÖÖÖÖÖÖÖÖÖÖÖÖÖÖÖÖÖÖÖK!!!!

Während ich immer wieder auf den Abzug drücke, denke ich über das Telefongespräch mit Mario nach, das ich vorhin hatte. Ich habe ihn sofort nach Hartmuts Mail angerufen. »Sie kommen!«, habe ich auf den Anrufbeantworter gebrüllt, »Hartmut und Caterina! Sie kommen zu mir!«, immer wieder, bis Jochen selbst drangegangen ist. »Das freut mich«, brummte er, »aber wir haben noch zu tun. Ein Casino richtet man schnell ein als einarmiger Bandit, doch für einen Hof braucht man beide Hände.« Er ist immer noch sauer, trotz der Kassette. Ich denke an seine WG mit Mario. Wenn Jochen seine Hand benutzen kann, poliert er bei sich daheim sogar die Schrauben, mit denen das Klo in den Boden eingebracht ist.

BRÖÖÖÖÖÖÖÖÖÖÖÖÖÖÖÖÖÖÖÖÖÖÖÖÖÖÖÖK!!!!

Das Problem ist, dass die Spuren in dieser Toilette nicht meine sind. Es sind auch keine »Spuren« – der gesamte Krümmer ist schwarz! Als ich einzog und mich das erste Mal mit dem *Kicker* auf den Topf setzte, dachte ich: »Interessant, hier haben die Installateure einen schwarzen Krümmer verbaut.« Erst nach ein paar Artikeln über den VfL Bochum, MSV Duisburg und Schalke 04 wurde mir bewusst, dass es sich nicht um eine moderne Krümmerlackierung, sondern um die akademische Scheiße von Jahrzehnten handelt. Unter den Rändern sieht es nicht besser aus. Schieße ich mit dem Flexi-Aufsatz das Wasser in das uneinsichtige Dunkel, krümeln kurz darauf harte Bröckchen an der Flanke hinunter wie Steinschlag an Autobahnwaldhügeln.

BRÖÖÖÖÖÖÖÖÖÖÖÖÖÖÖÖÖÖÖÖÖÖÖÖÖÖÖÖK!!!!

Ich trage eine Anstreicherkluft und eine Schwimmbrille gegen den feuchtbraunen Dunst, der aus dem tosenden Toilettenschlund aufsteigt. Es klopft. Yannick schmatzt unter dem Bett.

»Ich hab zu tun hier drin!!!« In diesem Wohnheim lernt man zu brüllen. Was anscheinend niemand lernt, ist, die Klobürste zu benutzen.

»Ich bin's, Nestor!«

Ich stelle die Kärcherkanone ab, schiebe die Schwimmbrille auf die Stirn, stapfe feuchte Fußspuren hinterlassend zur Tür und öffne.

Nestor steht im langen Hänger. »Tut mir leid, dass ich so abweisend war«, sagt er und sieht mich mit gesenktem Kopf an wie ein Hund, der sich dem Rudelführer wieder unterordnen möchte. Er bemerkt mein seltsames Outfit und begradigt seine Haltung. »Was ist das denn für ein Ganzkörperkondom? Treibst du alleine noch perversere Spielchen als ich in meiner Nudelstunde?«

»Ich reinige das Klo.«

Nestor betritt die Bude und schielt um die Ecke in meine Baustelle. »Alter Schwede! Der K 5.660 T400? Mit Flexi-Aufsatz! Das ist aber ein ganz nobles Gerät, mein Lieber!«

»Mag sein«, erwidere ich und zeige ins Klo. »Aber das da schafft er auch nicht.«

»Das kann nicht sein«, sagt Nestor und nimmt die Wasserkanone.

»Komm, lass«, gehe ich dazwischen, »ich mach das schon.«

Nestor lässt nicht und hat die Düse bereits ins Klo gesteckt. »Ich habe diesem Gerät vor einem Jahr eine 5-Sterne-Wertung gegeben«, sagt er, »da wird es ja wohl mit dem Wohnheimklo fertig!« Er stochert in der Schüssel.

»Jetzt gib das her!«, sage ich, »du bist doch gar nicht in Einsatzkleidung.« Ich greife nach dem Gerät, aber er hält es fest wie ein kleiner Junge seinen Bagger.

»Jetzt lass mich doch mal. Fünf Sterne!«

Ich zerre. Er drückt auf den Abzug. Die Düse befindet sich nicht im Wasser, sondern knapp über der Oberfläche.

BRÖÖÖÖÖÖÖÖÖÖÖÖÖÖÖÖÖÖÖÖÖÖÖÖÖÖÖÖÖK!!!!

Zwei Sekunden stehen wir still, die Augen geschlossen. Ich in meinem Anzug, die Schwimmbrille noch auf der Stirn, Nestor völlig ungeschützt in Jeans und T-Shirt. Die Fontäne aus dem Klo hat das komplette Plastikbad von innen braun glitzernd benetzt. So muss man sich fühlen, wenn man bei Rock am Ring im gutgefüllten Dixie sitzt und die Vandalen es umkippen.

»I-c-h g-l-a-u-b-e d-a-s n-i-c-h-t«, sage ich, und ein brauner Tropfen dringt in meinen Mund, als ich die Lippen öffne.

Nestor sagt: »Öhm …«

Yannicks Gespür für interessante Neuigkeiten besiegt seine Angst. Er kommt unterm Bett hervor, schaut um die Ecke, kapiert, was passiert ist, und lacht sich kaputt. Schauerlich schüttelt sich sein kleiner Katzenkörper.

Ich schalte die Dusche ein, um die Wände abzuspritzen, doch zunächst halte ich mein Gesicht in den heißen Strahl. Eine Gnade im Stress der letzten Stunden, in denen ich mir ständig Caterinas Blick vorstelle, wenn sie dieses »Bad« betritt. Wie immer, wenn warmes Wasser meine Haut berührt, werden meine Gedanken leiser, und meine Instinkte übernehmen das Kommando. Ich ziehe das Ganzkörperkondom aus und entkleide mich bis auf die Boxershorts.

»Es ist noch Bier im Kühlschrank«, sage ich und bedeute Nestor, dass er es zu uns in die tropische Dusche holen soll. Er klimpert die Flaschen aus der Tür, stellt sie aufs Waschbecken und beginnt ebenfalls, seine versauten Klamotten auszuziehen. Erstaunlich, wie schnell er meine Absichten begreift und mitmacht. Zwei Minuten später sitzen wir nur in unseren Shorts unter der heißen Dusche, jeder ein Bier in der Hand. Ich ziehe den Vorhang zu und sperre die Welt aus. Die dicken Tropfen prasseln auf das Plastik und das Braunglas. Pock, pock. Klink, klink.

»Das ist schön«, sagt Nestor.

»Ja«, sage ich und denke daran, dass ich genau dieses Ritual sonst nur mit Hartmut praktiziere. Zu zweit unter der Dusche sitzen, im warmen Regen, Bier trinken und reden. Allerdings sind wir dabei völlig nackt.

»Ich glaube, jetzt bist du dran, oder?«, sagt Nestor, und ich drehe den Kopf. Die Tropfen glitzern an seiner Hakennase.

»Womit?«, frage ich.

»Damit, intime Dinge zu verraten. Ich weiß nichts über dich, ist dir das überhaupt schon mal aufgefallen?«

Er hat recht. Es ging immer nur um ihn, als hätte ich überhaupt keine Probleme. Nestor fächert seine Finger auf und zählt ab: »Du weißt von mir, dass ich mir gerne Sprünge vom Dach vorstelle und fiese Blutgrätschen, die plötzlich von hinten kommen. Du weißt, dass ich eine Schreibneurose habe und immer, wenn ich Nudeln koche, meine Nudel poliere. Da gibt es ein gewisses Ungleichgewicht, meinst du nicht?«

Ich meine schon. Mir fallen heiße Tropfen auf Kopf, Hals und Schultern, und gleichzeitig fließt kühles Bier in meinen Hals. Ich will nichts lieber, als diesem hageren Verrückten hier und jetzt mein Herz ausschütten. Aber: *Kein Wort zu Fremden* hat Hartmut geschrieben. Mein Freund, der nicht unter dieser Dusche hockt und der meine Sorge um Caterinas Gnade mit der läppischen Zeile *Das wird schon wieder* abtut.

»Nestor?«, frage ich und nehme noch einen Schluck Bier, das mein Hirn im Schädel schwimmen lässt wie eine Badeinsel im Baggersee.

»Ja?«

»Bin ich ein Fremder für dich?«

»Nein. Und das, obwohl du mir so wenig erzählst. Wir haben eine Wanne aus Gusseisen gemeinsam hier heraufgeschleppt.«

Ich lache, gerührt, ein Schluchzlachen, öffne den Mund und schließe ihn erst wieder, als die Dusche mein gesamtes Leben bis hin zur baldigen Ankunft meiner wichtigsten Menschen samt Flüchtlingsfrau restlos aus mir herausgeprasselt hat.

Meine Geständnisse machen Arbeit. Und Lärm. Nicht aus dem Kärcher, sondern aus dem Computer. Arabische Sänger jaulen und klagen wie zuletzt in diesem Wohnheim, als hier noch der Terrorist des elften September in den schwarzen Krümmer gekackt hat. Nestor sitzt vor dem Bildschirm und öffnet in einer Sekunde hundert Fenster zu Musikern aus dem Maghreb. Downloadfenster ploppen auf wie Seifenblasen, Ladebalken treten gegeneinander im Wettrennen an, Prozentzahlen rattern in ihren Rahmen. Mein iTunes füllt sich mit der Musik des Morgenlandes. Nestor will dem Flüchtlingsmädchen einen schönen Empfang bereiten. Er ist ganz außer sich, seit er die Geschichte gehört hat.

»Stell dir das vor«, sagt er im Getöse der orientalischen Klangspiralen, »eine Frau, gewöhnt an weite Horizonte mit Olivenbäumen und hellblauem Himmel. Eine Wüstenblume, geflüchtet und entwurzelt!«

»Nestor …«

»Sie muss wenigstens ein bisschen Heimat vorfinden. Sie kommt schließlich nicht in eine schöne Fachwerkstadt am Rande der Grimm'schen Berge, sondern in *dieses* Haus hier!«

Wie von Geisterhand springt mein Drucker an und spuckt im Rhythmus der Musik Seiten aus. Rezepte zu tunesischen Gerichten. In welchem Pop-up-Fenster hat Nestor die denn noch geöffnet?

»Ich mache die Musik fertig«, sagt Nestor, »geh du in der Zeit einkaufen! Fladenbrot, Couscous, Harissa, Kichererbsen, Oliven. Was du im Toom und Reformhaus nicht findest, musst du im Afrikaladen holen. Vielleicht bringst du da auch Dekoration mit. Tücher und Teppiche.«

Der Afrikaladen liegt in Bahnhofsnähe gegenüber dem Hotel Ibis, genau mittig zwischen dem Punkladen und dem Antiquariat.

»Wo soll sie schlafen, wenn sie satt ist?«, frage ich. Nestor dreht sich um. Die Fenster auf dem Monitor spiegeln sich in seiner Brille. »Die tunesische Frau? Wo soll sie schlafen? In meiner Badewanne? Im Kleiderschrank?«

Nestor blickt mich erstaunt an. Wieso habe ich mich das nicht eher gefragt? Wo ist meine praktische Vernunft geblieben?

»Wenn jemand versteckt werden muss, heißt das nicht, dass er in eine Schublade passt«, füge ich hinzu.

»Wir brauchen ein leeres Zimmer«, sagt Nestor.

[481]

»Und zwar sofort«, bekräftige ich. Wir überlegen zwei Sekunden. Dann hebt sich unser beider Blick in Richtung Decke.

Fünf Minuten später stehen wir mit Haiko Bobelin vor der Tür von Appartement 715. Auf dem Namensschild steht in schludriger Schrift: *Igor Kranjic*.

»Gute Tarnung, oder?«, lächelt Haiko und schließt die Tür auf. Haiko kann alles besorgen. Man muss nur fragen. »Das …«, hebt er mit der Hand auf dem Knauf feierlich an und wartet noch einen Moment, »… ist das Frauenzimmer!« Er stößt die Tür auf. Vorhänge. Pastelltöne. Designermöbel. Ein Duft von Lavendel.

»Wow«, sagt Nestor, der bereits in der Badbox steht. »Guck dir das an! Der Krümmer hier ist strahlend weiß!«

Haiko erklärt: »Es ist das einzige Zimmer im ganzen Turm, bei dem jemals die komplette Badeinheit ausgetauscht wurde.«

Ich hebe die Hand.

Haiko sagt: »Glaub mir, du willst nicht wissen, warum. Ich habe jedenfalls sofort zugeschlagen und es als Frauenzimmer angemietet, weil ich weiß, wie viele Frauen flüchten, wenn sie das erste Mal in dieses Haus kommen. Ein Männerzimmer habe ich übrigens auch, im zweiten Untergeschoss. Da ist es umgekehrt. Da haben wir den Krümmer noch absichtlich nachgeschwärzt.«

»Wir nehmen es«, sage ich. »Für … ich weiß nicht, wie lange.«

»Zahlt mir wöchentlich, dann passt das«, sagt Haiko.

Nestor lässt den Stoff des seidenen Vorhangs durch seine Finger fließen. »Wir empfangen die Frauen direkt hier«, sagt er.

Haiko lächelt. Er denkt, wir hätten ein Doppelrendezvous.

»Und was, wenn Caterina mein eigenes Zimmer sehen will und doch dort in den Krümmer guckt? Sie fasst mich nie mehr an.«

Haiko hebt den Zeigefinger. »Dafür habe ich eine provisorische Lösung!«

Am Abend ist das Frauenzimmer vorbereitet. Der Lavendelduft, dessen Quelle ich bis jetzt nicht ausmachen kann, wird übertüncht von den Gerüchen des tunesischen Büfetts, das wir auf dem Schreibtisch, der Anrichte neben der Spüle und in den griffhohen Regalen aufgebaut haben. Ich frage mich, ob der gebratene Fisch mit ganzen Köpfen wirklich sein musste, aber ich möchte Nestor nicht kritisieren. Er hat gekocht wie ein Besessener und dabei die Lieder der tunesischen Popstars gesungen. Eine Dame hat es ihm besonders angetan. Sie heißt Elissa. Ihre Melodien klingen einerseits so exotisch wie ein Sandwirbel zwischen den Türmen der Moschee und andererseits so eingängig wie ein sich wiederholendes Ohrwurm-Sample in einem Hit von 50 Cent. Die Wände sind mit Tüchern dekoriert, die Haiko ebenfalls noch vorrätig hatte, genauso wie die orientalisch gemusterten Schüsseln und Schalen, in denen sich neben den Fischen auch Lammfleisch mit Reis, scharfgewürzte Hammelwürstchen, Fladenbrot, Kichererbensalat, Couscous und Berge von Oliven finden. Den Laptop mit den insgesamt 218 Titeln, die Nestor gefunden hat, haben wir hier heruntergetragen. In meinem Zimmer drei Stockwerke über uns ist der Kot im Krümmer mit weißer Unterwasserfarbe übergemalt. Das reicht für den ersten Blick. Haiko war begeistert, dass Nestor das Produkt kannte. Sie haben danach noch zehn Minuten über Futter für Koi-Karpfen gefachsimpelt.

Ich schaue auf die Uhr. Genau wie vor drei Sekunden.

Sind auf der A45 Höhe Lüdenscheid und in rund einer Stunde da, hat mir Hartmut vor einer Stunde gesimst. Gleich kommen sie. Caterina. Hartmut. Meine Familie. Dann ist alles wie früher. Dann wird alles gut.

Hartmut hat noch eine SMS geschrieben: *C. hat deine letzte Mail vor dem Abflug noch gelesen. Sorry. Aber mach dir keine Sorgen. Sie ist C., oder?* An den letzten Worten halte ich mich fest. Hartmut hat recht. Sie ist Caterina. Und ich bin ich. Alles wird gut.

Das Fenster des Frauenzimmers zeigt zur Nordseite. Man kann von hier aus auf das Wohnheimparkhaus sehen. Der arabische Pop dreht

Spiralen aus Klang. Nestor kostet eine Olive. Ich kann nichts essen, keinen Bissen. Auf dem obersten Deck des Wohnheimparkhauses erscheint ein schwarzer Landrover. So ein Schlachtschiff habe ich hier noch nie gesehen. Die studentischen Puntos und Polos, die sonst dort unten stehen, könnte man als Rettungsboote links und rechts daran anknoten. Es ist dunkel, 22.30 Uhr. Nur schwacher gelber Laternenschein erhellt das Deck. Ich kneife die Augen zusammen, um die Personen zu erkennen, die aus dem Schlachtschiff steigen.

»Sie sind es!«, krächzt meine Stimme schneller, als mein Kopf es begreift. »Nestor, sie sind es!«

Ein großer Mann steigt aus dem Wagen und sieht sich um, als frage er sich, wo zum Teufel er hier gelandet ist. Dann Hartmut, ohne Koteletten, das fällt mir auf, weil sie sich sonst im Laternenlicht abzeichnen wie alte Dornenbüsche. Die hinteren Türen gehen auf. Die junge Flüchtlingsfrau, die aussieht wie eine schroffe Version von Amélie in Blond und … Caterina!

Da ist sie, nur noch hundert Meter Luftlinie zwischen uns.

»Er hat sich rasiert«, sage ich, weil ich vor lauter Aufregung etwas sagen muss. »Hartmut hat sich rasiert.« Dann wirbele ich herum. »Gut«, sage ich, »alles bereit?«

»Alles bereit!«, sagt Nestor.

Mein Telefon klingelt. Ich schreie auf. Nestor schmunzelt. Ich hebe ab. Hartmut ist dran: »Die Zimmernummer!«

»Was? Wie? Ach so. 715. An der Tür oben im Flur steht *Igor Kranjic*, nicht wundern. Aber wir stehen sowieso im Flur!« Mein Gott, bin ich nervös. Tausend Tassen Kaffee und die Hormone Hunderter verwirrter Teenager. Einen Augenblick später klingelt es. Nestor drückt auf. Er startet die Playliste von vorn, und wir stellen uns auf dem Flur vor der Tür zurecht. Jeder von uns hält einen kleinen Teller mit Vorspeisen in der Hand. Dazu hängt uns ein Kellnertuch über dem Unterarm. Elissa singt ihren Wüstensand-Hit, als sich die Glastür am Flurende öffnet. Da sind sie. Caterina und die Flüchtige ganz vorn, dahinter Hartmut und der große Begleiter. Er liest hochinteressiert die Türschilder mit den falschen Namen, als sei es möglich, dass er hier jemanden kennt.

Gleich wird alles gut.

Nestor und ich haben uns große Mühe gegeben. Wir haben ein Frauenzimmer mit Büfett und Musik. Wir spielen Kellner. So etwas führt immer dazu, dass der Hebel durch die Frau wieder auf »okay« gestellt wird. Wenn meine Mutter früher sauer auf mich war, habe ich im Hochhaus selber Brot gebacken. Ich legte ihren geliebten Chris de Burgh auf, wenn sie von der Arbeit wiederkam, trug eine Schürze und lächelt sie an im Ofenduft. Sie lächelte, ganz weich, und legte den Hebel wieder um.

»As salam aleikum!«, sagen Nestor und ich einstudiert und grinsend, als die Frauen uns erreichen. Die Oliven auf den Tellern glitzern. Drinnen singt Elissa. Caterina und die junge Tunesierin sehen uns mit winzig kleinen Augen an. Sie nehmen nichts von den Tellern. Die Tunesierin rümpft die Nase. Mein Herz stemmt sich in meinem Hals dagegen, einfach aus dem Rachen geschleudert zu werden.

Ich sage, eine Butlerstimme nachahmend: »Eine kleine Vorspeise für reisende Heldinnen. Drinnen finden Sie das ganze Büfett.«

Die Tunesierin betritt das Appartement, ignoriert die leckeren Speisen und öffnet die Badbox. »Oh, wie herrlich«, sagt sie, »ein sauberes Klo!«

Caterina steht vor mir und sieht mich an. Ich kann nicht sagen, wo der Hebel steht. Ich glaube, sie ist gar nicht im Hebelraum.

»Miu …«, flüstere ich über den Vorspeisenteller, »Miu Miu?«

Im Appartement geht die Klospülung. Die Tunesierin verlässt das Bad. »Dieser Fisch …«, sagt sie, und es klingt nicht begeistert.

»Probieren Sie, Madame!«, versuche ich es nun mit gespieltem französischen Akzent, aber ich kriege kein Lächeln in Caterinas Gesicht. Nestor steht wie bestellt und nicht abgeholt neben mir. Caterina hebt den Arm und legt ganz kurz die Hand auf meine Wange. Ich neige den Kopf und presse ihn dagegen, damit ich mehr von ihr spüre, doch sie nimmt sie bereits wieder weg. Es fühlte sich seltsam an. Nicht wie bei der Freundin. Eher wie bei einer Krankenschwester, die den nötigsten Trost spendet, weil es ihre Pflicht ist.

»Wir sind unendlich müde«, sagt Caterina. »Ist das unser Zimmer?«

Ich verstehe nicht so richtig, deute auf die Tunesierin, die sich drinnen aufs Bett gesetzt hat und antworte: »Das ist ihr Zimmer, ja.«

Caterina geht hinein. Einfach so. Ohne weitere Worte. Nestor folgt ihr und beginnt drinnen, um die Frauen herumzuflattern und ihnen die Speisen anzupreisen.

Hartmut erreicht mich und bleibt vor mir stehen. Der große Begleiter ist auf den Querflur abgebogen und liest restlos alle Namensschilder. Hartmut hat tiefe, schwarze Augenringe. Er schüttelt langsam den Kopf, als könne er nicht fassen, dass es mich noch gibt, und umarmt mich wortlos. Er drückt dreimal kräftig zu und presst fast die gesamte Luft aus mir heraus, während ich mit ausgestrecktem Arm den Teller balanciere. Hartmut lässt los, wirft einen schnellen Blick durch die Tür und zischt: »Ich habe doch gesagt: keine Fremden.«

»Er ist ein Freund«, entgegne ich. »So wie deiner da. Ich darf doch wohl auch einen neuen Freund haben.«

»Meiner hat mir quasi das Leben gerettet.«

»Ich habe meinen davon abgehalten, hier vom Dach zu springen. Nicht nur quasi.«

»Wirklich? Wie heißt er?«

»Nestor.«

»Meiner heißt Khaled.«

Mir kommt eine Idee. Ich frage Hartmut wie früher, als wir uns kennenlernten und auf der Stufenfahrt die ganze Nacht Science-Fiction-Rollenspiele spielten: »Was hat deiner für Spezialfähigkeiten?«

Hartmut sagt: »Kennt alle Menschen. Kann hundert Sprachen. Fährt super Jeep. Ist immun gegen Schärfe. Und deiner?«

»Schreibt hundert Rezis in drei Tagen und hat einen der drei letzten Schlüssel für die Balkone der RUB.«

»Ist nicht wahr!«

Wir lachen. Wir sind wieder bei uns. So einfach ist das unter Männern. Im Frauenzimmer geht die Musik aus. Die Tunesierin selbst hat sie abgeschaltet.

»Was ist los?«, frage ich, als ich reingehe.

»Sorry, aber das Gedudel geht mir auf die Nerven.«

»Aber das ist doch ...«

»Meine Heimatmusik? Das stimmt, mal abgesehen davon, dass ich in Deutschland aufgewachsen bin. Aber hört ihr den ganzen Tag eure Heimatmusik?«

Caterina sagt: »Die Lavendelfarben sind angenehm, aber das Zimmer ist komplett ausgestopft mit Fischgeruch! Hier sollen wir schlafen?«

»Wieso denn immer *wir*?«, platzt es aus mir heraus.

»Wo ist Yannick?«, mischt Hartmut sich ein.

»Oben, bei mir.«

»Das ist gar nicht dein Zimmer?«

»Natürlich nicht. Das ist das Zimmer, das ich extra für ...« – ich schaue die junge Frau an, und sie sagt mir ihren Namen – »Juliette hergerichtet habe. Ich dachte, wir gehen dann später zu mir und ...«

Caterina unterbricht mich: »Aha. Ich schlafe also mit drei Männern in einem winzigen Raum, und die arme Juliette verbringt ihre erste Nacht nach der Flucht alleine in einem Wohnheim voller Fremder?« Caterina schlägt das Bett auf. Es ist kein Standardbett mit 80-Zentimeter-Matratze wie sonst hier, sondern Kingsize. Juliette kriecht hinein wie ein kleines Mädchen, das längst schlafen müsste. Caterina räumt die Fleischschüsseln in den Kühlschrank und drückt mir die Fischplatte in die Hand. »Bitte nimm sie mit nach oben. Wir reden morgen, ja?«

»Aber ...«

»Ist okay«, sagt Hartmut, »du warst nicht dabei. Wir sind wirklich vollkommen am Ende nach den letzten zwei Tagen.«

Ja, genau. Ich war nicht dabei.

Scheiße.

Wir Männer verlassen das Zimmer. Der große Khaled ist fertig mit dem Lesen der Namen, schlendert zu uns und sagt: »Oh. Fisch.« Er packt einen der Bratfische am Schwanz und verspeist ihn bis auf den Kopf am Stück. Gut, dass Nestor sie sorgsam entgrätet hat. Die Frauen löschen das Licht. Caterina steht an der Tür.

»Aber …«, sage ich erneut, und meine Stimme rutscht gegen meinen Willen in die Höhe.

»Morgen …«, sagt sie und schiebt die Tür zu.

Ich sinke in den langen Hänger.

Khaled nimmt mir die Fischplatte aus den Händen und fragt: »Wo nun lang?«

Nestor zeigt ihm den Weg.

> *Ich Seite 506*

< Susanne Seite 446

Der Kiwi

26.–27.03.2011
41° 20′ 34.46″ S, 174° 45′ 33.36″ E

Als die Abschieds-Hongis längst ausgetauscht sind und wir gerade weiterfahren wollen, kommt die ältere Māori-Dame noch mal zum Auto und gibt mir einen kleinen grünen Anhänger. Sie lächelt, geht weg, und ehe ich mich richtig bedanken kann, winkt sie mir schon von weitem zu.

»Das ist ein Hei-Tiki aus Greenstone. Eine Art Jade. Es ist ein Fruchtbarkeitssymbol«, sagt Hu müde. Sie hat die ganze Nacht mit Liam geredet. Die beiden wollten nicht schlafen, wenn sie stattdessen nebeneinanderliegen und reden konnten, hat mir Hu rasch erzählt, als ihre Eltern das Frühstück holten. Ich schließe daraus, dass Arnes Vertrauen gerechtfertigt war.

»Aha, also muss mich ein Mann nur scharf ansehen, wenn ich den Anhänger trage, und schon bin ich wieder schwanger, oder wie muss ich mir das vorstellen?«

Hu lacht und steckt sich Stöpsel in die Ohren. Liam hat neue Lieder auf ihren iPod geladen. Als sie sich auf der Rückbank an ihre schlafende Mutter kuschelt, sagt Arne: »Dann trag ihn mal besser erst, wenn du wieder zu Hause bist.« Ich sehe ihn an und merke, dass das ein Necken unter Freunden war.

Wir sind eine Weile gefahren, als ein lautes, knallendes Geräusch Arne und mich aufschreckt. Arne lässt den Wagen am Seitenrand ausrollen. »Das hat sich schlimm angehört«, sagt er und steigt aus. Er macht die Motorhaube auf, und ich verlasse ebenfalls den Wagen.

»Das war die Steuerkette, Arne.«

»Kann man das reparieren?«

»Klar, man kann alles reparieren. Aber nicht hier und jetzt. Der Wagen muss aufgebockt werden, man braucht Spezialwerkzeug, und man müsste den Motorblock abstützen. Genau hier, hinter dieser Motorwand«, ich quetsche meine Hand in das Innenleben des alten Autos, »befindet sich die Steuerkette. Dazu müssen wir das alles hier ausbauen. Aber selbst wenn wir alles öffnen könnten, hätten wir ja keine neue Steuerkette und neue Dichtungen. Und vielleicht sind auch die Zahnräder in Mitleidenschaft gezogen worden.«

»Wie sieht so was aus?« Hu ist aufgewacht und auch ausgestiegen.

»Im Grunde wie eine Fahrradkette.«

»Die kriegt man doch hier überall.«

»Sie sieht nur im Prinzip so aus. Die muss aber millimetergenau passen. In der Länge, in der Breite und natürlich in den Abmessungen der einzelnen Glieder. Wie gesagt, die anderen Teile brauchen wir auch.«

»Okay.« Arne wirkt vollkommen entspannt. »Wie lange dauert so eine Reparatur?«

»Wenn sich ein guter Mechaniker direkt daranmacht und alle Ersatzteile vorrätig hat, ist das ein Tag Arbeitszeit.«

»Dann rufe ich jetzt mal einen Abschleppwagen.«

Arne entfernt sich vom Auto. Eine laue Luft weht schweren Frangipani-Duft heran. Hu macht die Motorhaube zu und setzt sich auf den Kotflügel. Sie bietet mir einen ihrer Ohrhörer an. Es laufen Lieder von The Datsuns, einer Band aus Neuseeland. Ihr Album »Smoke And Mirrors« habe ich schon 2006 beim Kawasaki-Reparieren in der Bochumer Scheune gehört. Als träfen sich AC/DC, ZZ Top, Led Zeppelin und die Stones. Herrlich kernig.

Arne kommt strahlend zurück. »Der Abschleppwagen ist in zwanzig Minuten da. Die Werkstatt, mit denen die zusammenarbeiten, hat keine passende Steuerkette vorrätig, deswegen bringt er den Wagen direkt in unsere daheim. Da habe ich auch schon angerufen. Es dauert ein paar Tage, bis alle Ersatzteile angekommen sind.«

Mere klettert nun auch aus dem Wagen. Arne erklärt ihr, was los ist. Sie sagt, wir sollen morgen einfach den Pick-up nehmen und zu dritt losfahren. Arne, Hu und ich, so würden wir ja reinpassen. Ich soll wegen eines Autoschadens nicht auf meinen Ausflug verzichten müssen.

Ihr völliger Mangel an Eifersucht fasziniert mich. Ich frage mich, ob ich das auch könnte. Wie die schöne Mere beim Sex aussieht, weiß ich ja nun. Ich stelle mir vor, wie nicht Arne, sondern Hartmut genussvoll in ihr steckt, und werde prompt von einer bitteren Welle weit hinaus in den Pazifik gespült. Eine Meute Haie schwimmt auf mich zu und zerfetzt mich. Ich schüttle mich und weiß, dass ich Meres Gelassenheit wohl nie haben werde.

Vielleicht kann ich wenigstens etwas von Arnes entspannter Haltung zu dem, was das Leben zu bieten hat, mit nach Hause nehmen. Ich atme durch, schließe die Augen und lausche weiter den Datsuns.

Liebe Susanne,
vielen Dank für Deine nette Mail. Du brauchst Dir keine Sorgen um die Tiere zu machen. Es ist alles schiefgelaufen. Die Studenten, die ich in die Alpen geschickt habe, sind abgestürzt und liegen im Spital. Und die anderen wurden von der rumänischen Polizei als Wilderer verhaftet, als sie gerade den ersten Wildgoldhamster eintüten wollten.
Es tut mir leid. Ich hätte es selbst machen sollen.
Heute gibt es hier wieder eine große Versammlung. Also eigentlich eine »Reclaim the Streets«-Party. Du kannst Dir einen Live-Stream ansehen. Es soll gegen 10 Uhr losgehen. Vielleicht siehst Du ja meine Mail rechtzeitig.
Bis bald mal,
Udo

Hier ist es 20.30 Uhr. Die Party müsste schon im vollen Gange sein. Ich öffne den Stream. Wahrscheinlich hätte ich das von unterwegs nicht gekonnt, aber hier in Wellington klappt es. Ich bin froh, dass ich mein Guesthouse-Zimmer für die geplante Woche Abwesenheit behalten habe. Wir haben die Tour abgebrochen. Ich bin im Abschleppwagen mit zurück hierhergefahren und genoss das Erstaunen des Fahrers darüber, was ich alles über Autos weiß. Unseren Ausflug setzen wir in ein paar Tagen fort, wenn der Golf wieder fahrbereit ist. Ich möchte Mere dabeihaben.

Im PC sehe ich Massen. Auf der Neusser Straße sind so viele Menschen versammelt, dass nicht ein Zentimeter des Pflasters zu erkennen ist. Manche tragen Bauwesten auf der nackten Haut und spritzen mit Bier aus Halbliterdosen um sich, als seien sie auf einem Festival oder einem Deichkind-Konzert. Punks mit Nietengürteln und Ketten über Lederkutten grölen Unverständliches. Auf einem Planwagen spielt eine Band und heizt die Menge an. Ich glaube, es ist Ska-Punk, so ein hektisches Gehoppel mit Bläsern zwischen den Gitarren. Am »Kölsche Klüngel« stehen Leute auf einem Podest, die im Vergleich zum Rest spießig gekleidet sind. Sie wechseln sich mit einem Megaphon ab. Es ist nichts zu hören. Wahrscheinlich auch da unten nicht. Die kleine pummelige Trude steht auch auf dem Podest. Das könnte der Stammtisch sein, aber außer Trude erkenne ich niemanden.

Es fliegen Gegenstände. Ich gucke genauer hin, kann aber nicht erkennen, was da passiert. Da. Einer der Gegenstände trifft jemanden. Er knickt ein. Die, die um ihn herumstehen, wenden sich nach hinten und schlagen drauflos. Inmitten der Meute gibt es einen Pulk, über dem in einem Asterix-Comic eine dichte Staubwolke liegen würde. Hier sieht man verknotete Leiber.

Ich halte Ausschau nach meiner Mutter und nach Rick auf dem Podest, finde sie aber nicht. Also suche ich auch in der Menge. Hier und da blitzen für Sekunden ein Silberschopf oder ein hellrotblonder Wuschel zwischen den schwarzen Kapuzen, gelben Bauhelmen und blauen Iros auf, aber es könnte jeder einfache Bürger sein, der irgendwie in die Meute geraten ist. Vielleicht haben sie sich längst verbarrikadiert, und Rick schimpft darüber, dass nicht er auf dem Planwagen seinen Protestschlager vorträgt, sondern »blutige Amateure« ein rumpeliges Geholper zum Besten geben.

Unter dem Live-Stream können User, die gerade zuschauen, Kommentare posten. Niemand von ihnen sieht, was ich sehe. Alle sind begeistert.

RIIIIOOOOOOOOOOOT!!!
macht kahputt, was euch kaput macht!
Super Sache, das alles! Die Band is cool. Ska rulez!
Wicser da oben alleplattmachenrichtigso!
Fick Faschos! Hail punkrock!

Die Haut auf meinem ganzen Körper zieht sich zusammen, als würde sie sich verkrampfen. Meine Mama ist da mittendrin. Und Irmtraut obendrüber. Und Trude und Rick und die Kaus. Das ist Krieg, und meine Leute sind mittendrin! Ich stehe auf und gehe um mein Bett. Mir ist kalt und schlecht. Ich gehe wieder zum Laptop und setze mich. Mir wird schlechter. Die hauen alles kurz und klein! Ich hätte Irmtraut nicht dalassen sollen. Ich hätte meine Mutter nicht alleinlassen sollen. Ich sitze hier im rauen Paradies, und meine Mama kämpft um ihr Leben. Meine Güte, ich muss doch irgendwas tun!

Der Live-Stream bricht zusammen. Ich suche nach anderen Seiten, die die Kämpfe übertragen, finde aber nichts. Ich googele *Party* und den Straßennamen. Keine Videos. Lediglich tausend Ankündigungen, dass man hinkommen soll. *Goile Scheiße*, schreibt einer in seinem Blog mit dem Namen *Atzen-Alarm*. Die Seite Indymedia verkündet, dass heute zwischen 10 und 16 Uhr in Köln-Weidenpesch endlich der Kapitalismus überwunden wird.

Was soll ich bloß machen?

Ich springe wieder auf. Ich muss brechen. Ich renne zum Bad.

Über der Toilette merke ich, dass ich nicht kotzen muss. Ich muss was tun! Ich bin zu aufgedreht, um einen klaren Gedanken zu fassen.

Ich schnappe mir mein Handy. Roaming-Gebühren hin oder her. Aber erst muss ich ein bisschen ruhiger werden.

Ich gehe den vertrauten Weg zum Berg hoch. Mir ist so übel. Ich versuche tief durchzuatmen, was wieder zu akutem Brechreiz führt.

Was macht meine Mutter im schlimmsten Fall?

In Situationen, in denen andere kreischend davonlaufen, wird meine Mutter ruhig. Sie nimmt die Situation auf, wägt Lösungsmöglichkeiten ab und wählt meistens die sinnvollste. Gut. Im schlimmsten Fall kann sie abhauen, über den Hinterhof, so wie ich. Irmtraut wird sie mitnehmen. Darauf kann ich mich verlassen. Udo wird nicht von ihrer Seite weichen. Auch da bin ich mir sicher. Ich bleibe auf halber Strecke stehen und kann vorsichtig atmen, ohne dass sich mir der Magen umdreht. Ich nehme mein Telefon und wähle die Nummer vom »Kölsche Klüngel«. Die Baumwipfel neigen sich etwas zur Seite, damit das Signal ungehindert durchkann. Das Telefon klingelt.

Es geht niemand dran.

Ich versuche es in der Wohnung. Der Anrufbeantworter.

»Mama? Mama, wenn du mich hören kannst, dann nimm Irmtraut und verschwinde durch den Garten, hörst du? Die Neusser Straße ist voll mit Randalierern. Ich habe Angst um euch! Bitte, bitte nimm Irmtraut und deine Freunde und verschwindet durch den Garten. Bitte, Mama!!!«

Ich versuche es noch mal im »Kölsche Klüngel« und dann auf dem Handy. Ich weiß, dass meine Mutter ihr Handy nur selten bei sich trägt, aber vielleicht ja heute. Nein, leider nicht. Ich hinterlasse auf der Mailbox auch eine Nachricht. Ich glaube nicht, dass meine Mutter weiß, wie man sie abhört.

Die Panik schwillt wieder an, fast wie mein Hals, wenn ich Haselnüsse esse. Vor mir bewegt sich etwas im Unterholz. Fünfzehn Zentimeter über dem Boden schwebt eine flauschige bräunliche Kugel. Ein längeres Stück mit pelziger Verdickung am äußeren Ende und einem überlangen, leicht krummen, sehr schmalen Schnabel streckt sich daraus hervor und stößt einen langen schrillen Pfiff aus. Meine Ohren klappen nach hinten wie die von Yannick. Hoffentlich gibt das keinen Tinnitus.

Unter dem schrillen kugeligen Plüsch befinden sich dicke Beine, die ich erst für Äste gehalten habe. Die Kugel schwebt also nicht. Wäre auch ungewöhnlich, denn Kiwis können nicht fliegen und somit auch nicht schweben.

Ist der niedlich. Und laut.

Der Kiwi sieht mir direkt in die Augen und nimmt den Hals wieder hoch.

»Nein! Nicht noch mal pfeifen!«

Der Kiwi nimmt den Kopf wieder runter und legt ihn leicht schräg.

Mein Handy vibriert. Eine SMS von GMX. Sie besagt, dass ich eine Mail von Hartmut habe. Eine Mail von Hartmut!!!!

Als ich sie öffne, zittere ich mehr als vorhin.

Meine Augen laufen über. Ich sinke in die Hocke und weine, völlig lautlos. Das Handy liegt in meiner Hand, doch ich kann nichts mehr darauf lesen. Ich sehe gar nichts mehr. Ich spüre aber, dass die flauschige Kugel noch da ist. Sie beobachtet mich.

Von oben hüllt mich ein leises »Buh-buk« ein.

Die Bäume rauschen wie das Blut in meinen Ohren.

Ich bleibe lange so hocken. Ich setze mich nicht richtig hin, ich stehe nicht auf. Es ist unbequem, aber ich kann mich nicht bewegen.

Erst als meine Augen nicht mehr tropfen, öffne ich meine Lider und sehe dem Kiwi direkt in seine glänzenden Knöpfchen. Er hat sich nicht von der Stelle bewegt, sich aber ebenfalls hingekauert.

»Buh-buk«, kommt es wieder leise von oben.

»Habt ihr auf mich aufgepasst? Danke. So einen merkwürdigen Menschen habt ihr noch nie gesehen, nicht wahr?« Langsam richtet sich mein Körper auf.

Der Kiwi bleibt auf dem Boden hocken, der Kauz kniept mir mit seinen gelben Augen von einem Ast über mir zu.

Ich seufze leise.

»Ich wollte noch bleiben, aber ich muss nach Hause.«

»Es tut mir leid, aber es geht nicht anders.«

Hu sitzt auf ihrem Bett und weint.

»Was würdest du denn machen, wenn Liam dir so was schreibt?«

»Ich würde zurückschreiben, dass das ja alles okay wäre, aber ich gerade nicht könnte.« Hu zieht die Nase hoch. Jetzt ist sie wieder ganz Kind.

»Würdest du das wirklich?«

»Ja, er hat doch alles im Griff. Der kann ruhig noch ein bisschen auf dich warten. Außerdem hat er Strafe doch wohl verdient.«

»Und was ist mit meinen Freunden? Die brauchen jede Hilfe.«

»Hm.«

»Du hast einen Plan ausgearbeitet über einen 2000-km-Ausflug. Für eine Frau, die du kaum kennst, Hu. Ich bin mir sicher, für deine Freunde, die du schon dein Leben lang kennst, würdest du alles machen!«

»Vielleicht.«

»Meine Mutter braucht auch Hilfe. Die Bilder im Netz waren furchtbar. Ich habe Angst um sie.«

»Für meine Mama würde ich auch sofort zurückkreisen. Kommst du denn noch mal wieder?«

»Ich verspreche dir, ich komme wieder. Und wenn du dann noch Lust hast, machen wir deine Rundreise.«

»Wirklich versprochen?«

»Ja, definitiv! Ich werde alles in meiner Macht Stehende tun, um noch mal zu euch zu kommen!«

»Versprochen?«

»Versprochen! Komm, lass uns zurück in den Garten gehen. Deine Eltern machen sich bestimmt schon Sorgen.«

»Die machen sich keine Sorgen um mich.«

»Wie kommst du denn darauf?«

»Sie haben mich nicht gefragt, wo ich die ganze Nacht war.«

»Auf der Feier?«

»Ja.«

»Sie wussten, dass du mit allen anderen im Marae warst.«

»Aber nicht, was ich da gemacht habe.«

»Du hast die ganze Nacht über mit Liam geredet.«

»Aber das wissen sie nicht. Wenn du es ihnen nicht erzählt hast.«

»Wenn überhaupt, dann ist das dein Job, ihnen davon zu erzählen. Aber Hu, das ist kein Zeichen für Sorglosigkeit, sondern für Vertrauen. Sie wissen, dass du in dem Punkt cleverer bist als sie. Na, komm jetzt.«

Hu rollt sich von ihrem Bett, richtet sich auf und guckt in den Spiegel. »Ach du meine Güte. Ich muss mich erst wieder zurechtmachen!« Sie hüpft durch das Zimmer ins Bad und lässt den Wasserhahn laufen.

Ich grinse und gehe in den Garten. Es sind nicht viele Leute da. Es ist erst Mittag, und das Treffen zum Grillen wurde spontan einberufen. Zum Abschied. Heute Abend fliege ich zurück.

Liam unterhält sich mit einer Frau, die ich noch nicht kenne, und einem jungen Paar, das ich schon bei dem ersten Grillabend hier im Garten gesehen habe.

Mere steht am Grill bei einem sehr großen Maori mit so übermäßig trainierten Muskeln, dass ihm kein Hemd mehr passt. Er hat sich wohl entschlossen, mit nacktem Oberkörper durch die Welt zu gehen. Sein Moko reicht ihm aus. Mere kichert und fasst ihn an.

Arne steht mit verschränkten Armen auf der Terrasse am Haus gelehnt und sieht zu ihnen. Er merkt nicht, dass ich mich neben ihn stelle.

»Na, ganz so einfach ist das wohl auch bei euch doch nicht immer.«

Sein Gesicht erhält im Sekundenbruchteil das so gut bekannte Strahlen. Er nimmt die Arme auseinander und legt einen locker um meine Taille. Oberhalb des T-Shirts. »Was sagt Hu? Soll ich noch mal reingehen?«

»Nein, sie kommt gleich raus«, sage ich und wende mich wieder dem Geschehen am Grill zu. »Und was ist damit?«

Arne folgt meinem Blick und sagt: »Mere und ich gehören zusammen. Daran gibt es nichts zu rütteln.«

»Hat das was mit mir zu tun? Eine Reaktion auf den Abend vorgestern?«

Arne schüttelt den Kopf. »Aber nein, das darfst du nicht denken. Wir mögen dich wirklich beide! Es ist leicht, wenn wir einen Menschen beide toll finden.«

»Und wenn dem nicht so ist?«

»Dann halten wir uns zurück. Normalerweise. Nur bei ihm gelingt ihr das nicht.« Arne deutet mit dem Kinn zu dem Muskelmann. »Iorama und Mere haben sich in der Elementary School kennengelernt und waren seitdem zusammen.«

»Mit sechs?«

»Hm.«

Iorama flüstert Mere etwas ins Ohr. Sie wickelt eine Haarsträhne um einen Finger und wirft lachend den Kopf in den Nacken.

»Ohne Unterbrechung?«

»Ja.«

»Oh. Und wie konntest du dazwischenfunken?«

»Er war ein Jahr in den USA.«

»Ich verstehe«, sage ich und frage nach einem Moment: »Könnte sie überlaufen?«

»Bei niemand anderem ist die Gefahr größer. Ich fliege nicht nach Deutschland, wenn er in der Nähe ist. Aber letztlich muss sie tun, was sie tun muss, um glücklich zu sein.«

»Das ist ein Drahtseilakt.«

Mere geht ein paar Schritte vor Iorama und wiegt ihre Hüften.

»Eigentlich nicht. Wie gesagt, wir gehören zusammen, und daran gibt es nichts zu rütteln.«

Das personifizierte Selbstvertrauen strahlt mich an. Arne wieder ist vollkommen locker. Ich glaube, er meint das wirklich ernst.

Der Kölner Dom fängt an, seinen »Dicke Pitter« in meiner Hosentasche zu läuten.

»Das ist meine Mutter. Da muss ich ran.«

Arne sieht mich amüsiert an.

»Hallo, Mama!«

»Hallo, Susanne, Kind, hör mal …«

»Geht es dir gut? Wie geht es Irmtraut? Steht das Haus noch? Nun sag doch was!« Ich höre mich schon fast an wie meine Mutter. Ich drehe mich von Arne weg.

»Wieso jetzt? Also ich rufe an, weil ich den Tee suche.«

»Was? Welchen Tee?«

Arne windet sich über meine Schultern und macht ein fragendes Gesicht. Ich lache und drehe mich noch mal weg.

»Na, den Tee, den wir damals mal aus Wien mitgebracht haben. Als wir den Pana besucht haben. Der hatte doch damals ein Hotel bei Wien. Weißt du das denn schon nicht mehr? Kind, so was musst du doch noch wissen.«

»Mutter, ist dir klar, dass das Telefonat Geld kostet?«

»Du sagst doch immer, du hast Flatrate.«

»Ich bin aber im Ausland. Das kostet mich ein Vermögen!«

Arne schaut zum Grill, und ich folge seinem Blick. Mere wird gerade gefüttert. Ich kann nicht genau sehen, womit. Ich vermute, mit Spaß. Ach, es sind doch nur Erdbeeren.

»Das kann ja gar nicht sein. Ich habe schließlich dich angerufen. Also der Tee, damals aus Wien. Der duftet doch so aromatisch. In den hohen schmalen Blechdosen. Den finde ich einfach nicht. Ich habe schon alles abgesucht, und ich will jetzt unbedingt den Tee haben. Etwas fernsehen und dazu Tee trinken. Das ist doch nicht schwer zu verstehen.«

Jetzt pflückt Iorama Hu von der Liege und setzt sie sich auf die Schultern. Dann nimmt er Mere und lässt sie auf seinem Rücken reiten. Die drei amüsieren sich köstlich. Liam, Arne und die Frau, die ich nicht kenne, sind zu still und kneifen die Augen zusammen. Nur das junge Paar lacht in Richtung Iorama-Reittier.

»Geht es dir wirklich gut, Mutter?«

»Wieso sollte es mir nicht gutgehen? Ich frage dich doch nur nach dem Tee. Ich weiß noch ganz genau, dass wir in die Wohnung zurückgekommen sind und du noch einen Abend hierbleiben wolltest –«

»*Du* wolltest, dass ich noch eine Nacht bleibe.«

»Ach, dann erinnerst du dich also. Wir haben den Tee zusammen weggepackt. Ich sehe uns noch, wie wir mit ihm in der Küche gestanden haben. Und ich meine, ich hätte ihn in die Ecke gestellt. Weil die Dose doch so dekorativ war. Weißt du noch, Kind. Nun sag doch mal was.«

»Die Roaming-Gebühren betragen in diesem Moment zweihundert Euro.«

Iorama lässt sich theatralisch auf den Boden fallen, wälzt sich im Gras und stöhnt laut. Die beiden Frauen sind begeistert.

»Wovon redest du denn da?«

»Roaming-Kosten! Telefon! Ausland!«

»Also Kind, wenn du so wirst, dann können wir auch gerne später telefonieren.«

»…«

»Dann sag mir doch eben noch schnell, was du meinst, wo der Tee ist.«

»Ich weiß es nicht. Dreihundert Euro.«

Iorama springt vom Liegen direkt in die Hocke auf die Füße, nimmt dabei Mere und Hu an jeweils eine Hand und zieht sie so locker mit hoch, als würde er Püppchen schleudern.

»Nun mach schon, ich habe den ganzen Tag gearbeitet. Ich habe mir den Feierabend redlich verdient. Susanne? Susanne. Sag doch was. Susanne, Liebes!«

Der Hals der Frau neben Liam zieht sich zusammen. Er wird dünn wie ein Strich und lässt ihr keine Atemluft.

»Ich überlege.« Nur wenn ich ihr eine plausible Antwort präsentieren kann, wird sie wieder auflegen. Ich muss Zeit schinden. »Erzähl doch mal von gestern.«

[500]

»Ist alles in Ordnung. War nichts besonderes. Was meinst du? Irmchen hat gefressen und schwimmt munter …«

»Ich meine den Straßenkampf.«

Iorama spielt nun Fangen mit Hu. Er greift sich zwischendurch kurz Mere, hebt sie hoch, lässt ihre Beine um sich herumrotieren, stellt sie wieder hin und jagt weiter Hu. Die drei haben Spaß, ein herzerwärmendes Familienidyll. Arnes Strahlen versteckt sich hinter tiefhängenden Wolken. Liam liest angestrengt die Aufschrift auf einer Bierflasche. Neben Liam entstehen über dem engen Hals rote Augen.

»Ich weiß von keinem Straßenkampf. Wir waren aber gestern gut besucht. Es hat so richtig gewimmelt, wenn du das meinst. Drück dich doch mal verständlich aus.«

»Es waren Käfer drin!«

»Ich hatte gestern keine Käfer in der Kneipe. Es wimmelte von Menschen.«

Die Frau mit den roten Augen steht auf. Ihre Schultern zucken, als würden sie ein Erdbeben ausgleichen wollen.

»Im Tee.«

»In welchem Tee?«

»Mutter! Fünfhundert Euro! In dem Tee, den du gerade suchst. Da waren Käfer drin. Letztes Jahr. Du hast ihn weggeschmissen, weil es in der Dose geraschelt hat und du meintest es würde darin vor Käfern wimmeln.« Es ist mir wieder eingefallen. Es lebe das assoziative Denken!

Als die Frau an mir vorbeigeht, sehe ich, dass sie jünger ist, als ich dachte.

»Richtig, Susannchen! Das war es. Ich habe ihn weggeschmissen. Der gute Tee. Ach, hätte ich ihn doch noch. Wenn du wieder nach Hause kommst, könntest du dann vielleicht über Wien kommen und mir neuen Tee mitbringen, nachdem du mal geguckt hast, was aus Panas Hotel geworden ist? Susannchen, ja? Das ist nett!«

»Ich komme nicht über Wien zurück. Oder vielleicht doch, wenn man es wörtlich nimmt, aber ich kann da nicht aussteigen.«

»Was hält dich denn davon ab? Für deine liebe, arme, alte Mutter einmal auszusteigen und ein bisschen Tee zu besorgen …«

»Soweit ich weiß, ist das Aussteigen auf 10 000 Metern Höhe ungesund.«

»Was redest du denn da? Also jetzt fängt meine Serie an. Ich lege auf. Liebes, fühl dich umarmt, und ich gebe Irmi einen Kuss von dir. Tschöhö!«

Ich gucke auf mein Handy. Meine Mutter hat aufgelegt, bevor ich Luft holen konnte.

Mere wird wieder hochgehoben und auf die Schulter des Muskelmannes geworfen. Sie quiekt und lacht. Die Frau kommt aus dem Haus zurück in den Garten. Ihre Haltung ist straff. Sie lächelt unter roten Augen.

»Emily. Ioramas Frau«, sagt Arne und deutet auf das Rot, »hofft seit Jahren, schwanger zu werden. Sie glaubt, dann würde alles anders.«

Iorama fasst Mere überall an und kitzelt sie, während sie noch über seiner Schulter in fast zwei Meter Höhe liegt. Ich bewundere Arne für seine Selbstsicherheit und Ruhe.

»Mal gewinnt man, mal verliert man. Ich habe diese Woche eben gleich zweimal gegen einen anderen verloren.« Er grinst mich an und streicht mir eine Strähne aus dem Gesicht.

»Arne«, flüstere ich verschwörerisch, »das da ist doch schon noch mal eine andere Situation als das mit mir. Und du lebst damit über all die Jahre einfach so?«

Er dreht sich etwas zur Wand und flüstert zurück: »Ich kotz im Strahl!« Arne hält sich die Nase zu und öffnet weit den Mund. Er macht gurgelnde Geräusche.

»Du hältst dir die Nase zu?«

»Ja, dann ist der Druck stärker.«

»Aber dir ist schon klar, dass es dann einen Rückstau in den Nasennebenhöhlen gibt?«

Er lacht sein Bäume-an-die-Bergflanken-drücken-Lachen.

»Danke! Das habe ich jetzt gebraucht.«

»Das war wirklich nicht nötig, ich hätte auch ein Taxi nehmen können!«

»Och … ich hatte eh in der Gegend zu tun«, lügt Arne munter, während seine Augen vergnügt zwinkern. An seinen Stimmbändern klettert ein kleines Knübbelchen Melancholie: »Die Zeit war viel zu kurz! Du konntest viel zu wenig in Neuseeland erleben.«

Wir stehen mitten im Flughafengebäude. Ein paar Reisende gehen gelassen an uns vorbei. Niemand eilt. Es ist ruhig. Die meisten Läden haben schon geschlossen, es gibt nur einen offenen Flugschalter. Zu dem muss ich hin. Ich verlasse Neuseeland, und das passt mir nicht.

»In den paar Tagen habe ich mehr erlebt, als ich je gedacht hätte, hier erleben zu können! Da fällt mir ein … Ich habe dir nicht erzählt, dass ich oben im Park einen Morepork gesehen habe, oder? Und einen Kiwi!«

»Auf unserem Hügel?«

»Genau.«

»Das ist ja toll! Moreporks gibt es da häufiger. Sie sind zwar gut getarnt, doch auch Laien hören sie oft, und ihre Gewölle liegen überall rum. Aber ein Kiwi! Bist du dir wirklich sicher?«

»Kugeliger brauner Plüsch auf zwei dicken Beinen mit langem dünnen Schnabel?«

»Das ist mal eine echte Sensation! In dieser Gegend gibt es doch seit Jahrzehnten keine Kiwis mehr. Wo genau hast du ihn gesehen?«

»Wenn man die Straße hochgeht, ist hinter der Z-Kurve links ein kleiner Parkplatz und hundert Meter weiter ein unbefestigter Fahrweg. Da bin ich dann ins Gelände gegangen, geradeaus in Richtung offenes Meer.«

»Weiter oben gibt es auch noch eine schmale Straße.«

»Richtig. Ich bin im spitzen Winkel auf ihr Ende zugelaufen. Auf der halben Strecke habe ich ihn gesehen.«

»Ich gehe direkt morgen hoch und untersuche die Gegend.« Arne strahlt mich mit seinem typischen Lachen an, kommt mit seinem Kopf ganz nah an meinen, sieht mir intensiv in die Augen und legt kurz seine Stirn und seine Nase an meine. Dann umarmt er mich und gibt mir zwei kleine Küsse auf die Wangen.

»Wenn du in Deutschland bist, oder nein … wenn ihr zusammen oder einzeln irgendwo in Europa seit, dann meldet euch bitte«, sage ich. »Ich möchte euch alle wiedersehen!«

»Dann komm doch zurück und verbring noch ein bisschen Zeit mit uns Kiwis.«

»Gerne. Sehr gerne!«

»Wir sind zu allem bereit«, sagt Arne und strahlt mich an.

Ich gehe einen Schritt zurück und hebe den Arm, um noch kurz zu winken, ehe ich zum Schalter gehe. Ich nehme ihn wieder runter. Da ist noch etwas zu tun. Ich strecke mich vor und küsse Arne.

»Och nö! Das darf ja wohl nicht wahr sein!« Mein Körper mischt sich direkt ein. »Gestern auf etepete und jetzt so was!«

»Das verstehst du nicht«, antworte ich ihm. »Das bedeutet Freundschaft …«

»Ja, natüüürlich.«

»… Verbundenheit …«

»Bestimmt.«

»… Anerkennung seiner Wirkung auf mich.«

»Ich brech ins Essen.«

»Ist aber die Wahrheit.«

»Na gut. Wo ein Wille, da ein Gebüsch. Wo geht's jetzt hin? Flughafentoilette? Also gestern war's schon erotischer …«

»Ach, sei still! Koste es aus! Mehr gibt es nicht!«

Er seufzt, gibt aber Ruhe und genießt den kurzen Moment.

Als Arne und ich uns lächelnd voneinander lösen, sagt er: »Skype uns, wenn du angekommen bist.«

»Das mache ich. Hältst du mich auf dem Laufenden mit Hu und Liam?«

Arne schluckt. Dann lächelt er wieder. »Auf jeden Fall. Er ist ein guter Junge.«

»Danke, Arne!«

»Wofür?«

»Dafür dass du bist, wie du bist.«

> Susanne Seite 518

< Ich Seite 476

Nase im Ohr

27.03.2011
51° 23′ 26.16″ N, 7° 14′ 29.11″ E

Ich habe Hartmut das Bett überlassen und selbst die Nacht in meiner Wanne verbracht. Ohne Wasser ist sie merklich unbequemer. Khaled hat auf der Lebensrettungsluftmatratze geschlafen, auf der Nestor seine erste Nacht bei mir verbrachte. Vom Schlafengehen bis fünf Uhr morgens ist Yannick – bei jedem Schritt mit den Krallen das Betttuch hochziehend – im Kreis um den schlafenden Hartmut herumgestapft. Und hat dabei geschnurrt. Ein unablässiges bruuu-zupp-schlupp, bruuu-zupp-schlupp, bruuu-zupp-schlupp. Hin und wieder hat er den Weg um den Kopf herum abgekürzt und stattdessen Hartmuts atmende Brust überquert. Das klang dann wie eine Djembe, die gedämpft angeschlagen wird: bruuu-zupp-schlupp, bruuu-zupp-schlupp, pock-pock-pock, bruuu-zupp-schlupp. Als Yannick endlich zwischen Hartmuts Beinen eingeschlummert ist, bin ich aufgestanden. Ich kann nicht schlafen, solange der Stand des Hebels nicht geklärt ist. Nun stehe ich um halb sieben mit einem riesigen Papptablett voller süßer Teilchen vom Bäcker vor der Tür des Frauenzimmers und klopfe.

Sie reagieren nicht.

Ich klopfe lauter.

Der ganze Flur schläft.

Mein Telefon klingelt. Panisch flüstert Caterina mir in die Muschel: »Sie sind da. Hamadis Männer. Er hat sogar Schergen in Deutschland.« Mein Atem stockt. »Wo seid ihr denn, verflucht?«, zische ich zurück. »Es ist doch klar, dass ihr das Frauenzimmer nicht verlassen dürft. Hallo?«

Caterina hat bereits aufgelegt.

Ich wähle erneut. Besetzt. Wo könnten sie sein? Ich rufe Hartmut an. Besetzt. Nervös laufe ich den Flur auf und ab und überlege, was jetzt zu tun ist. Ich müsste es eigentlich wissen. Müsste einen Plan haben. Habe ich aber nicht. Ein mir unbekanntes Grollen kommt aus meiner Kehle. Es klingt männlich, aber ich weiß immer noch nicht, was ich tun soll. Wütend klatsche ich das Tablett mit dem Kleingebäck an die Flurwand. Die Glastür springt auf. Hartmut und Khaled stürmen den Flur mit lodernden Augen. Hartmut hält ein Küchenmesser in der Hand. Khaled schwingt ein mächtiges Vierkantholz. Wo er das wohl herhat?

»Du bist schon da, sehr gut!«, schreit Hartmut. »Mach sie platt!«

»Ja, aber wo denn?«

»Wie, wo?« Hartmut und Khaled bleiben stehen.

Die Tür des Frauenzimmers öffnet sich. Caterina streckt den Kopf heraus. Sie schaut nacheinander auf mich, den Süßgebäckpflatschen an der Wand gegenüber und die Kampfgenossen mit Messer und Kantholz.

»Habt ihr sie schon vertrieben?«, fragt sie.

»Hier war doch niemand außer mir«, sage ich wie ein Fünfjähriger. »Und wo wart ihr?«

Hartmut zieht mich von der Tür weg in den Querflur. »Mann, wie dusselig kann man nur sein! Um diese Uhrzeit kommst du ohne Vorankündigung hierher, es passiert, was passieren muss, und dann nutzt du nicht mal die Chance, dich als Held darzustellen? Sag wenigstens, dass jemand weggerannt ist, als du gekommen bist.«

Ich betrete wieder den Frauenflur.

Juliette steht im Schlafanzug vor dem Süßpflatschen, steckt den Finger herein, leckt ab und sagt: »Das wäre ein schönes Frühstück gewesen.«

Ich sage: »Da ist jemand weggerannt, als ich gekommen bin.« Leider grollt meine Stimme nun nicht mehr unfreiwillig, sondern reißt eine Oktave in die Höhe aus.

Caterina schüttelt den Kopf und verdreht die Augen: »Ja, sicher ...«

Ich suche bei Hartmut wortlos nach Hilfe. Er zuckt mit den Schultern und sagt: »Wenn wir schon alle wach sind, lasst uns hoch zum einsamen Kater gehen.« Er hebt die Reste des Kleingebäcks auf, die samt Pappe auf dem Boden gelandet sind. »Vielleicht können wir auch hiervon noch was retten.«

Als ich oben meine Zimmertür öffne und neben mir Caterina erscheint, springt Yannick vom Bett und umkreist ihre Knöchel so schnell, dass sich zwischen ihren Füßen ein Unendlichkeitszeichen aus schwarzem Fell bildet. Caterina jauchzt vor Vergnügen. »Yannick, mein Süßer!«, ruft sie und versucht, ihn zu fassen, was unmöglich ist. Sie kommt aus dem freudigen Quieken überhaupt nicht mehr heraus. Es fühlt sich gut an. Womöglich kommt alles in Ordnung. Hartmut, Khaled und Juliette betreten mein Zimmer. Khaled setzt einen Kaffee an. Hartmut beginnt, mit dem Küchenmesser, das er eben zum Kämpfen benutzen wollte, die sauberen Teilchen der Teilchen auszuschneiden. Caterina bekommt Yannick endlich zu fassen. Er klammert sich mit seinen kleinen Ärmchen um ihren Hals fest und lässt sich nicht mehr lösen. Wie ein schwarzer Pelz klebt er auf ihrer Brust. Seine Nase steckt in ihrem Ohr. Caterina deutet mit ihrer auf die Tür der Terrasse. Wie? Sie will raus? Will sie nicht erst mal mein Zimmer sehen? Nein, sie will raus. Das bedeutet: Sie will knutschen. Auf der Terrasse, am Morgen, unseren Sohn zwischen uns. Sie ist wieder da. Alles wird gut.

Ich öffne die Tür, gehe vor zum Geländer mit dem schönsten Blick und spitze die Lippen. Meine Augen sind geschlossen. Nichts passiert. Ich öffne sie wieder. Caterina ist nicht mit zum Geländer gekommen. Sie schließt die Terrassentür und kommt auf mich zu.

»Warum hast du gelogen?«

»Mit Los Angeles? Ich wollte nicht, dass Hartmut sich Sorgen macht.« Sie presst die Lippen zusammen und schaut kurz zur Seite.

»Was hätte ich denn schreiben sollen? ›Ich hause jetzt in einem

[508]

Wohnheim und habe monatelang wie ein Käfer auf dem Rücken in meiner Dusche gelegen, bis ich endlich mit meinem neuen psychopathischen Kumpel eine Wanne aus Gusseisen gefunden habe.‹?«

Caterina wirft den Kopf wieder herum. Yannick schiebt ihn die letzten Zentimeter in die richtige Nase-im-Ohr-Position und schnurrt weiter.

»Ja!«, sagt Caterina. »Das wäre zum Beispiel süß gewesen. Stattdessen bekommst du Post von mir, merkst, wie sehr mich dein Trip verletzt, und erfindest die Real Life Assistance als ehrenamtlicher Therapeut …«

»Das war im Kern sogar die Wahrheit! Wenn du Nestor gestern näher kennengelernt hättest, wüsstest du das. Er wollte von dieser Terrasse springen. Ich habe ihn gerettet und mich um ihn gekümmert!«

Caterinas Hände kneten stoisch Yannicks Fell, als wären sie von unserem Gespräch überhaupt nicht betroffen. »Ja, dann schreib mir doch das!«

Ich schaue auf meine Füße.

»Und gerade eben unten, das war doch wieder eine Lüge. Du hast den Krawall auf dem Flur selbst veranstaltet.«

»Aber es war doch keine Absicht.«

»Du hast mir nie von selber geschrieben! Monatelang!«

»Habe ich wohl!«, lüge ich. Es geht schneller, als ich überhaupt denken kann. Ich will doch nur, dass alles wieder gut ist. Meine Ohren sausen. »Vielleicht ist meine Post im Spamfilter gelandet.«

»Jetzt lügst du schon wieder!«, entgegnet Caterina mit einer Sicherheit in der Stimme, die man nur hinkriegt, wenn man ganz genau weiß, dass man recht hat. Ich runzele die Stirn. Caterinas Hand krault.

Sie sagt: »Du konntest mir auf meine Mail antworten, aber vorher wäre deine Post gar nicht bei mir angekommen. Ich habe auch seit Monaten eine neue Mailadresse. Genau wie du!«

»Ich habe keine neue Mailadresse, ich habe sie bloß noch mal neu angemeldet, weil ich nicht mehr ins System kam!«

Yannick hört einen Moment auf zu schnurren, dreht sich zu mir um und guckt vorwurfsvoll. Dann wendet er sich wieder Caterinas Ohr zu.

Sie sagt: »Deine alte Adresse lautete packer-p@gmx.de. Deine neue lautet packer_p@gmx.de. Mit Unterstrich! Du hast dir eine neue gemacht und sie für die alte gehalten.«

»Oh.«

»Ja, oh!«, klagt Caterina. Sie ist in den Hebelraum zurückgekehrt und zeigt darin auf das Räderwerk, in das ich selbst jede Menge Blockierstäbe geworfen habe.

»Und wie konntest du *mir* dann schreiben?«

»Weil Hartmut mir die Änderung mitgeteilt hat.«

»Und warum sagt er mir nix?«

Yannick zieht die Nase aus Caterinas Ohr und wiederholt seinen anklagenden Blick von eben. Das Stirnfell kräuselt sich.

Caterina sagt: »Hartmut soll *dir* mitteilen, dass du deine Adresse geändert hast?«

»Du hast doch auch eine neue gehabt!«

»Ja, aber ich war die ganze Zeit daheim bei meinen Eltern. Du hättest mich jederzeit erreichen können. Außerdem ist das kein Grund, mich anzulügen.«

Meine Füße stehen genau links und rechts der Ritze, auf die Nestor auf meinen Befehl hin gesprungen ist.

Caterina seufzt: »Es gibt Männer, die treffen Entscheidungen. Die sind da, wenn man sie braucht.«

»Du hättest auch mich rufen können! Ich hätte sie alle …«

»Ich dachte, du wärst in Los Angeles!!!«

Ich lasse die Arme sinken und falle in den langen Hänger. Sie sieht mich an mit zärtlichem Bedauern. Ja, so muss ich das beschreiben, auch wenn es wie ein Schlagertitel von Helene Fischer klingt. Zärtliches Bedauern. Kein Mann sollte mit zärtlichem Bedauern angesehen werden. Ich weiß, ich müsste jetzt stark sein, aus dem Hänger herauskommen, sie an den Schultern fassen und irgendetwas sagen, das ihre Welt wieder ordnet. Ich bin Packer, ich ordne den ganzen Tag. Caterina wartet.

Es fühlt sich an, als ob diese Situation eine entscheidende Weiche stellt, und das Seltsame ist, dass ich mir genau das nicht vorstellen kann. Ich kann mir einfach nicht vorstellen, dass es Situationen gibt, in denen das, was ich sage und tue, für immer Auswirkungen hat. So eine Bedeutung habe ich doch nicht.

So eine Bedeutung hat nur die Frau.

›Schwachsinn!‹, brüllt Martin in meinem Inneren, die Halsmuskeln geschwollen und Schweiß auf der Tätowierung. ›Sei ein Mann!‹

Caterina wartet.

Ich sage, leise wie ein Hase im Gebüsch: »Und wie geht es jetzt weiter?«

Caterinas Blick verändert sich. Aus dem zärtlichen Bedauern wird trauriges Bedauern. Yannick springt aus Caterinas Armen, läuft zur Terrassentür und kratzt daran. Wir gehen ins Zimmer. Die Teilchen der Teilchen wurden verspeist. Auf der Anrichte stehen zwei Teller mit ausgeschnittenen Süßklumpen, die für uns gedacht sind. Juliette und Khaled unterhalten sich gerade über eine Möglichkeit der Einbürgerung. Auf Deutsch, damit Hartmut mitreden kann. Der kratzt nachdenklich seine Phantomkoteletten.

Juliette seufzt: »Na, das kann ja noch lange dauern, bis ich aus diesem kleinen Zimmer rauskomme.«

Caterina reißt die Augen auf: »Was soll das heißen? Rahime muss die ganze Zeit in diesem unmöglichen Turm leben?«

Ich frage: »Wer ist denn Rahime?«

»Du hast dir also überhaupt keine Gedanken gemacht?«, sagt Caterina.

»Juliette ist Rahime«, bemerkt Hartmut beiläufig.

Mir brennt das Gehirn zwischen den Ohren. Ich sage: »Aber das ist doch ein super Versteck. Deutschland einziger Anonymturm!«

»Hier kann man aber nicht leben«, erwidert Caterina, »sondern nur existieren.«

Aha. Der Lagerraum der Titanic ist den feinen Damen vom Oberdeck nicht komfortabel genug.

»Also, du hast dir keine Gedanken darüber gemacht?«

»Doch, natürlich«, lüge ich schnell. Ich schnappe mir mein Telefon und gehe auf die Terrasse. Ich scrolle durch meine Kontakte. Bei Jochen und Mario fällt es mir wie Schuppen von den Augen. Ihr neuer Hof! Einsam gelegen. Noch unter dem Namen des Vorbesitzers gemeldet. Das FBI könnte ihn als Versteck nutzen, hat Mario gesagt. Ich wähle die Nummer.

Ich telefoniere mit Mario und erkläre ihm die ganze Geschichte. Dass es nicht nur um ein Wiedersehen mit Hartmut und Caterina, sondern um humanitäre Hilfe geht. Das Gespräch dauert eine halbe Stunde. Es endet damit, dass Mario sagt: »Aber das letzte Wort hat Jochen.« Er holt ihn an den Hörer. Bei den Demos in der Straße unter seiner alten Wohnung hat er damals grundsätzlich ein paar junge Aktivisten vor der Polizei in seiner Besenkammer versteckt. Jochen sagt: »Flucht? Asyl? Menschen verbergen? Das mache ich doch mit links. Geht ja auch gerade nicht anders!«

Ich werde rot.

Jochen sagt: »So schön die Kassette ist, du schuldest mir *Tail'gator* für den Game Boy, originalverpackt mit Anleitung.«

Ich versuche mich, an das Spiel zu erinnern. Da ist es wieder. Kindheit. Mein Gott. *Tail'Gator*. Das Krokodil-Jump'n'Run. Jetzt liegt es mir in den Fingern. Das ganze Spielgefühl. Der träge Sprung und der Schlag mit dem Schwanz, der gut getimt sein muss. Ist das lange her.

»OVP?«, sage ich. »Da muss ich ja jahrelang jede Tauschmesse abklappern.«

»Das musst du dann wohl«, sagt Jochen.

»Gut«, sage ich und bin froh, dass wenigstens er mir wieder wohlgesinnt ist.

»Dann kommt mal rüber«, sagt er.

[512]

Der neue »Hof« unserer alten Freunde hat seinen Namen wirklich verdient. Vor dem Haupthaus erstreckt sich ein wuchtiger, großer Garten mit einem Gemüsebeet auf der linken und einer Wiese mit bepflanztem Wall auf der rechten Seite. In der Mitte führt ein Weg aus Naturstein zu einem großen Blockhaus. Hinter dem Gemüsebeet gackern Hühner in ihrem Gehege. Ein Hahn plustert sich auf und kräht laut in die Vormittagsluft. Yannick steht vor dem Zaun und legt die Ohren zurück. Andere Tiere sind nicht zu sehen. Jochen und Mario beschränken sich vorerst auf ihre gefiederten Eierspender. Hinter dem Haus steht eine riesige Scheune aus hellem Holz.

»Die deutsche Version einer tunesischen Ranch!«, sagt Juliette-Rahime und läuft begeistert durch den Garten.

Khaled hält sich die flache Hand über die Augen, blickt zum Horizont über die Raps- und Getreidefelder und sagt: »Guck, Hartmut. Wie Straße nach Ben Guardane. Keine Nachbarn, meilenweit.«

Hartmut erzählt viel von seinen Abenteuern mit diesem Mann, als wir den Tag über vor der Blockhütte sitzen und grillen. Jochen und Mario folgen auch in ihrem neuen Heim dem Prinzip, nichts zu verwenden, das jünger als fünfzehn Jahre ist. Die Sorte Curryketchup auf dem Tisch hat es immer schon gegeben, ebenfalls die Senfmarke und die Bierbrauerei. Im Kassettenrekorder spielt Alannah Myles den Blues, und Nestor, den wir geweckt und mitgenommen haben, fachsimpelt begeistert mit dem einarmigen Jochen über B-Filme, 90er-Maxis und anderen Trash. Hartmut malt mit Worten Bilder über den Grill, von litauischen Landschaften und tunesischer Tatkraft. Er schaut zwischendurch häufig auf sein Handy, da er auf Antwort seiner Susanne wartet, der er während der Flucht aus Nordafrika geschrieben hat. Caterina wirft ebenfalls schon den ganzen Tag ähnliche Blicke auf ihr Telefon. Manchmal geht sie auf die Toilette, steht danach lange an der Flanke der Scheune und lässt ihre süßen Daumen über die Tasten rasen. Ich muss irgendetwas tun. Es kann doch nicht so bleiben, dass der Hebel klemmt. Warum gibt es für solche Dinge kein In-Game-Tutorial?

»Gefällt dir das?«, frage ich Caterina, die schnell ihr Telefon wegsteckt. Ich zeige über das Gelände. Ihre Augen glänzen. Ganz so, als hätte sie schon immer von einem Hof auf dem Land geträumt. Oder als sei der Traum erst vor kurzem in sie eingezogen.

»Unglaublich, was die beiden in der Kürze der Zeit aufgebaut haben. Und Jochen sogar nur mit einem Arm.« Sie sieht mich tadelnd an.

»Ich dachte, er wollte mir Yannick entführen!«, entgegne ich und merke, dass ich knatsche. Na super. Ich bin der würdeloser Winseler aus der Plastikbox im Turm, der solche Höfe nicht nur nicht selbst aufbauen kann, sondern andere mit der Suppenkelle daran hindert. Musste Jochen ihr unbedingt die Wahrheit über seinen Gips sagen?

»Was glaubst du, ist in der Scheune?«, lenke ich ab und haue mit der flachen Hand gegen das Holz. Jochen und Mario haben uns heute schon alles gezeigt. Sie betreiben ihre Retro-Kultur noch konsequenter als früher. Im Erdgeschoss haben sie das Wohnzimmer im Stil der frühen Neunziger eingerichtet, mit einer riesigen, über Eck gebauten Couchlandschaft und großer Schrankwand, in deren von innen beleuchtetem Mittelteil sich Bier-, Wein- und Sektgläser aufreihen. Ihre Küche ist Achtziger, mit richtigen runden Herdplatten und einer Mikrowelle, in der sich eine Kindertagesstätte einrichten ließe. Im Untergeschoss verbirgt sich ein Siebziger-Jahre-Partykeller mit Tanzfläche aus schwarzweißen Karos, zwei Plattenspielern mit Crossfader und dem Komplettbestand der damaligen Tanzmusik inklusive jeder einzelnen Single von ABBA. Das Gartenhaus verwandelt sich abends auf Wunsch zu einer Sechziger-Jahre-Kiffer-Höhle, einem schmuddeligen Unterschlupf für Outlaws, die vor der geöffneten Tür stundenlang ins Feuer starren, während drinnen der Soundtrack der Freiheit aus den Rillen knistert.

»Hey, Jochen!«, rufe ich in den Garten hinüber. »Mach doch mal die Scheune auf!«

»Geht nicht«, ruft er zurück. »Das Gesamtkunstwerk da drin ist noch nicht fertig.«

»Was soll das heißen?«, entgegne ich, und Jochen kommt gemäch-
lich mit seinem Gips auf uns zu.

»Was ist da drin?«

Jochen sagt, die Augen verdrehend wie ein Kind bei *Dingsda*, das
überlegt, wie es den gesuchten Begriff beschreiben soll: »Es ist bunt.
Es ist spektakulär. Es ist selten. Und es gibt einem das Gefühl, endlich
wieder zu Hause zu sein.«

Caterina hört sich das Rätsel mit mir an, lässt sich aber schon wieder von ihrem Telefon ablenken. Mir dämmert es.

»Nein …«, sage ich. »Ihr baut da drin eine Spielhalle, oder? Mit all
den alten Originalen? Als Automaten? Bunt? Spektakulär? Selten? Zu
Hause sein?«

Mir läuft der Sabber aus dem Mundwinkel, stärker als beim Grillen, zu dem Nestor zusätzlich die nicht aufgebrauchten Reste unseres
tunesischen Büfetts mitgebracht hat. Ich sehe die alten Videospiele
vor mir, als Aufstellgeräte mit Münzeinwurf. Sehe mich da drinnen
Turniere in *Pac Man* und *Donkey Kong* austragen. Fühle den Hart-
schalensitz unter mir, wenn ich im Original-*Out Run* meine Runden drehe. Oder in *Ridge Racer*, dem ersten Spiel, das jemals für die
Playstation erschien. Heute sehen sie alt aus, aber damals hat man
extra für sie halbe Autos zum Reinsetzen gebaut, mit Pedalen und
Lenkrad.

»Hab ich recht, Jochen, hab ich recht?«, frage ich und zerre an
seinem gesunden Arm. Er hebt nur die Brauen. »Was meinst du?«,
wende ich mich an Caterina, doch sie steht schon gar nicht mehr
neben mir. Unter den schönen Blättern eines Ginkgo-Baumes, den
Jochen und Mario in den Hang gepflanzt haben, tippt sie ihre Nachrichten.

Am Abend betrete ich behutsam das Zimmer, in dem Caterina mit
Rahime untergekommen ist. Dunkle Möbel und kurze Betten aus
Massivholz. Ein Spiegelschrank mit zwei Flügeltüren. Welche Zeit
stellen Jochen und Mario hier nach? Die Fünfziger? Rahime weilt ge-

rade im Bad. Das ist gut. Ich halte ein schönes schwarzes Notizbuch in der Hand, das Jochen mir gegeben hat, und stehe genau zwischen den Türen des Spiegelschranks. Bewege ich mich, bewegen sich gleich drei von mir, endlos in die Tiefe vervielfältigt.

»Was ist das?«, fragt Caterina, die es sich für die zweite Nacht ohne mich bequem gemacht hat.

»*Unser Leben bis eben*«, antworte ich und freue mich, das mir dieser Reim eingefallen ist. Ich habe meinen Laptop hierher mitgenommen und die letzten zwei Stunden damit verbracht, all unsere verpassten gemeinsamen Termine aus *Unser Leben bis 2075* in Schönschrift in das Notizbuch zu übertragen.

»Alles, was wir nachholen müssen«, sage ich und setze einen Hundeblick auf. Das wird klappen.

»Soso, was wir nachholen *müssen*«, sagt Caterina. »Ich *muss* zum Beispiel noch zum Zahnarzt.«

»Dürfen. Wollen. Die Gnade erleben, tun zu können. Mein Gott, du weißt doch, was ich meine!« Ich schlage mit aller Wucht die Faust auf das Holz des Spiegeltisches, weil es mich so zornig macht, dass sie nicht einfach den Hebel umlegt.

Caterina springt aus dem Bett und schließt die Tür. »Spinnst du?«, sagt sie. »Rahime ist vor einem Mann geflüchtet, der sie in einen Spiegel geworfen hat, und jetzt randalierst du in ihrem Schlafzimmer herum?«

Da ist die Mühe schon wieder hin, denke ich. Traurig liegt *Unser Leben bis eben* auf dem Boden.

»Was tippst du ständig auf dem Telefon herum?«, raunze ich sie an.

»Ach, du willst die Wahrheit?«, spottet sie. »Ich schreibe einem sehr, sehr guten Freund. Und Kunstkollegen. Sonst noch was?«

Wie soll ich das jetzt verstehen? Sie hat doch keinen anderen! Wenn sie einen anderen hätte, wäre der Hebel längst umgelegt und die Sache klar. Der Hebel bleibt aber unangetastet. Vielleicht braucht es nach so vielen Monaten einfach ein paar Tage, bis wir beide wieder einen Modus finden.

Rahime betritt das Schlafzimmer. Sie lächelt mich an. Ganz freundlich und offen, als wäre ich kein schlechter Mann.

»Dann schlaft gut, ihr beiden«, sage ich, so friedlich ich kann, verlasse das Zimmer und gehe zum Partykeller, in dem Hartmut, Nestor und ich auf Matratzen übernachten. Khaled hat die Blockhütte gewählt. Aus dem Siebziger-Raum ertönt »Waterloo«. Hartmut und Nestor legen alte Singles auf. Wahrscheinlich kritzelt Nestor auf Bierdeckeln Rezis dazu. Neben dem Eingang zum Keller steht die Tür eines Werkraums halb offen. Kartons sind umgekippt und haben sie aufgedrückt. Auf der Werkbank liegen Bohrmaschinen, Sägen, Hämmer und Holzreste. Aus den umgestürzten Kisten quellen seltsam große Mengen weißer und bunter Girlanden sowie aus Krepppapier gefalteter Rosen. Wozu brauchen Jochen und Mario denn so was? »Waterloo« wird mit einem Schlag lauter, da sich die Kellertür öffnet.

»Ach, da bist du ja!«, grölt Nestor, ein kleines 0,33er-Pils in der Hand, »mach mit, wir haben vorm Schlafen noch Boney M. und die Bee Gees vor uns!«

Ich drücke die Lagerraumtür zu, seufze und folge ihm.

> *Ich Seite 526*

< Susanne Seite 489

Kriegsgebiet

28.–29.03.2011
51° 28′ 07.96″ N, 0° 27′ 21.31″ W

»Vielen Dank für den angenehmen Flug«, sage ich zur Stewardess und meine es auch so. In Sydney wurde mir mitgeteilt, dass der Flug überbucht sei. Man könne mich upgraden, aber es bestünde die Gefahr, dass nach dem Auftanken in Singapur ein vorgemerkter Passagier meinen Platz beanspruchen würde und ich dann bis zum nächsten Qantas-Flug dort gestrandet wäre. Die Alternative sei, in Sydney zu bleiben, bis der komplette Flug bestätigt ist. Ich habe das Risiko des Upgrades in Kauf genommen. Es passierte nichts. In Singapur durfte ich in die Qantas-Business-Lounge gehen. Ein Büfett mit vielen köstlichen und immer frisch nachgelieferten Snacks stand bereit, dazu Getränke und Zeitschriften aller Art. Ich machte es mir in weichen Ledersesseln gemütlich. An einer ganzen Reihe von Computerterminals, die man kostenlos benutzen konnte, saßen *World of Warcraft* spielende Kinder. Ich setzte mich dazu, zwang mich, keine neuen Nachrichten aus Köln zu lesen, und schrieb Hartmut, wann ich in Deutschland ankäme. Meine erste Nachricht an ihn nach all den Monaten. Kein Tand, kein Heckmeck, keine großartigen Erklärungen. Er kennt mich. Er weiß, wenn ich Ankunftszeiten sende, hat seine Post gewirkt.

Besser als die Qantas-Business-Lounge auf der Erde war nur die Business-Class im Flugzeug. Ein breiter eiförmiger Kokon umhüllte mich, verwöhnte mich mit Unterhaltungselektronik und mehreren Stufen elektrischer Massage und gab mir auf kleinstem Raum fast perfekte Privatsphäre. Der Kokon ließ sich beinahe bis in die Waagerechte verstellen. Das bisschen, was fehlte, habe ich mit einer zusätzlichen Decke ausgeglichen. Wir bekamen Schlafanzüge, Reisesocken und große, üppig gefüllte Necessaires mit Rundumreißverschlüssen. Auch das Essen war köstlich. Serviert wurde es auf Porzellan mit richtigem Besteck. Jederzeit gab es Sekt oder Wasser, und hätte ich noch Appetit gehabt, wäre ich mit Trauben und Küchlein gefüttert worden. Die Toiletten wurden noch häufiger gereinigt als in der Economy Class, obwohl viel weniger Menschen sie benutzten. Die Stewardessen kümmerten sich die ganze Zeit über gutgelaunt und völlig ungekünstelt freundlich um uns. Ich war behütet und beschützt: in 10 000 Meter Höhe bei einer Geschwindigkeit von 1000 km / h!

Es kichert aus mir heraus wie aus einem kleinen Mädchen, und ich fühle mich vollkommen erholt. Als hätte ich einen ganzen Tag in einem Floating-Tank verbracht.

Ich bin die Erste, die auf dem Londoner Airport im Gate zum Flug nach Köln eintrifft. Ich schlendere durch die Reihen. Nach dem bequemen Kokon mag ich mich nicht auf Plastik mit dünnen Stoffbelägen setzen.

Auf einem der Sitze liegt ein *Express*. Er ist von heute. Ein Kölner Tageblatt. In London Heathrow. In einem Gate, das Flüge nach Deutschland abfertigt. Die Zeitung seufzt. Sie hat heute wohl schon einiges durchgemacht. Ich nehme sie, schlage sie auf und setze mich nun doch.

AUS FÜR »GEGEN ALLES!«

Chaoten sabotieren Bürgerbewegung

Nachdem eine sogenannte »Reclaim The Streets!«-Party in Köln-Weidenpesch eine Schneise der Verwüstung hinterließ, bekommt die Bewegung »Gegen alles!« stadtweit ein Versammlungsverbot erteilt. Der geplante Ausbau der Neusser Straße wurde auf unbestimmte Zeit verschoben, da die dafür geplanten Haushaltsmittel nun für Reparaturen und Entschädigungszahlungen eingesetzt werden müssen. Die Neusser Straße wurde auf einer Länge von fünf Kilometern beschädigt. »Die Instandsetzung dieser bedeutsamen Verkehrsader hat erst mal Vorrang«, erklärte Manfred Neuhaus vom Verkehrsausschuss gegenüber unserer Zeitung.

Der Beweggrund springt mir ins Auge und beißt sich dort fest. Es geht in der Politik nie um die Sache. Es geht darum, dass bewilligte Gelder ausgegeben werden müssen. Wofür, ist egal. Hauptsache, im nächsten Jahr wird das Budget nicht eingeschränkt, weil man in diesem Jahr nicht so viel gebraucht hat.

Wenn sich niemand um die Sache kümmert, erledigen sich alle Proteste. Sie sind nur sinnvoll, um Geld für deren Überwachung auszugeben. Gefährdete Mäuse und Hamster sind obsolet. Sie helfen nur, um Umweltschutz-Budgets zu festigen. Obskure Berliner Gesetze sind Kokolores. Sie dienen nur dazu, Kosten zu verursachen, um im nächsten Jahr weiter flüssig zu bleiben. Wenn da ein ungeborenes Kind auf der Strecke bleibt, dann ist das eben ein Kollateralschaden auf dem Weg, möglichst viel Geld im Fluss zu halten. Bewilligung und Verfügungsgewalt. Das ist Machtstreben auf der untersten Ebene. Wenn es wenigstens um so was wie Weltherrschaft ginge. Aber es geht nur um sich selbst generierende Bürokratie. Was für ein dummes Spiel.

Den einen Augapfel hat der Beweggrund schon durchgebissen und knabbert nun am anderen. Ich löse die Zähnchen und schmeiße ihn

weg. Es ist nicht mein Beweggrund. Soll er sich doch woanders fest-
beißen. Ich falte den *Express* sorgsam zusammen, lege ihn wieder auf
den Sitz zurück und gehe zwei Reihen weiter. Ich höre ihn erneut leise
seufzen.

Langsam füllt sich das Gate. Mein Handy bittet um Beachtung.
Es hat während des langen Fluges eine Nachricht empfangen und
sie in all der Höhe gut für mich verwahrt. Hartmut schreibt, dass
er sich mit unserer ganzen Wahlfamilie im neuen Haus von Jochen
und Mario befindet. Zur Adresse in Hattingen sendet er ein kleines
Foto mit. Ein Hof auf dem Land. Gemüsebeete, Hühnergehege. Im
Hintergrund sehe ich Jochen, wie er auf Caterina und ihren Liebsten
zugeht, die vor einer Scheune stehen. Ich lächle. Das sind Nachrichten, wie ich sie ertragen kann.

Ich steige Mollwitzstraße aus und rieche alten Brandgeruch. Ich habe
die Datumsgrenze überflogen und einen Tag verloren. Das Kabinen-
brummen des letzten Fliegers klingt noch leise in meinem Ohr, doch
jetzt bin ich zu Hause. Zu Hause? Mein Köln sieht aus, als habe es den
Verstand verloren. An den Bürgersteigen türmen sich Müllberge. An
manchen Stellen ist das Pflaster herausgerissen und an Hauswänden
zerschlagen worden. Überall zersplitterte Fenster, provisorisch mit
Pappe oder Plastik abgedichtet. Ein ausgebranntes Autowrack liegt
auf seinem zerquetschten Dach. Es ist ein 3er BMW Coupé. An einer
Stelle kann ich den Lack erkennen. Dunkelrotmetallic. Definitiv von
2010. Ein Straßenschild biegt sich halb quer über den Bürgersteig.
Es ist mit Flatterband abgesperrt. Viele Häuser haben Krater wie von
Bombensplittern. Ein Wunder, dass die Schienen unversehrt sind.

Die Straße macht einen traurigen Eindruck, die darin aufräumen-
den Menschen nicht. Zwei Arbeiter in orangen Overalls stehen zusammen, ihre Besen im Arm, plaudern, trinken ein Bier und lachen
laut und dreckig. In einer Gruppe von Polizisten werden Klemmbret-
ter verteilt. Auch hier ist die Stimmung gelöst, wie bei Jugendlichen
auf einem Schulhof, die eine ungewöhnliche Aufgabe zugeteilt be-

kommen. Ein Bauarbeiter im klassischen, fleckig weißen Feinripp-unterhemd lehnt sich an seinen Presslufthammer und raucht eine Zigarette, als stünde er an einer Theke. Die Party geht weiter. Ein bisschen so wie beim Aufräumtrupp nach dem Rosenmontagszug. Mit dem kleinen Unterschied, dass sich die Verwüstungen nach einem Rosenmontagszug auf zertretene Kamellen beschränken.

Der Weg zum Haus meiner Mutter ist ein Abenteuerhindernislauf. Es dauert, alle Schikanen zu nehmen. Von weitem sehe ich einen gestikulierenden Strich mit blondroten Haaren, daneben einen olivgrünen Anzug mit Mütze: Meine Mutter diskutiert mit einem Polizisten. Es geht ihr gut. Sie steht, sie hat genügend Kraft zum Diskutieren, und sie sieht vollständig aus. Ein Stein fällt mir vom Herzen und beschädigt eine bislang heilgebliebene Bürgersteigplatte. Ich gehe etwas langsamer. Ich kann das Wohlbefinden meiner Mutter besser genießen, solange ich noch etwas weiter weg bin.

»Susanne, Kind, mein Liebes, du bist ja wieder da. Schätzchen!« Meine Mutter kommt auf mich zugelaufen und umarmt mich. Sie ist kaum zu spüren.

»Wie geht es dir? Wieso hast du mir am Telefon nicht die Wahrheit gesagt?«

»Ja, ja, komm, ich muss hier weitermachen«, sagt sie und zieht mich zu dem Polizisten.

»Wir sind so weit durch, Frau Lehmann. Hier bitte nur eine Unterschrift. Und vielleicht halten Sie Ihre Gäste das nächste Mal ein bisschen kürzer. So was passiert eben, wenn man sich einfach so in die Politik einmischt. Überlassen Sie das beim nächsten Mal den Profis.«

Meine Mutter macht den Mund auf, doch es kommt nichts heraus. Der Polizist fasst sich an die Mütze, nickt kurz und geht.

»Was war das denn?«

»Vielleicht gar nicht so dumm, wie es sich anhörte.«

»Susanne, wie kannst ausgerechnet du das sagen?«

»Ich habe jetzt keine Lust, darüber zu diskutieren. Sag mir lieber, wie es Irmtraut geht und ob alle heil hier rausgekommen sind.«

»Natürlich. Alle sind putzmunter. Nur Rick ist im Krankenhaus. Er hat eine Stimmbandreizung. Udo und Trude besuchen ihn gerade. Seine Ehre ist ein wenig angekratzt. Er hat sich das alles wohl ein bisschen anders vorgestellt. Aber sonst ist nichts passiert. Susanne, wir sind hier in Köln. Wir können mit großen Massen umgehen. Komm doch erst mal rein.«

Ich werfe noch einen kurzen Blick die kriegsbeschädigte Neusser Straße rauf und runter, dann folge ich meiner Mutter in den leeren und absolut normal aussehenden »Kölsche Klüngel«. Der gipserne Jean Pütz blinzelt mir zur Begrüßung zu.

Mit der einen Hand kraule ich Irmtraut unter dem Kinn. Ihren Hals streckt sie mir so weit entgegen, dass ich befürchte, sie könnte aus ihrem Panzer schlüpfen. Mit der anderen Hand tippe ich eine SMS an Hartmut. *Bin in Köln, alles o. k. Komme heute Abend nach Hattingen. S.* Mehr kann ich jetzt nicht.

»Irmchen, ich muss jetzt duschen und dann noch mal weg, aber ich verspreche dir, bald wird alles ruhiger. So oder so. Garantiert! Dafür sorge ich.«

Irmtraut taucht ab. Ich suche mir saubere Sachen raus. Auch die Wohnung sieht vollkommen normal aus. Dieses Haus stand im Zentrum eines völlig irrsinnigen spontanen Bürgerkriegs und ist gänzlich unversehrt.

Ich dusche. Im Bademantel stelle ich mich neben das Aquarium und erzähle Irmtraut ein bisschen von Neuseeland. Ich bin wieder frisch und zu allem bereit. Bei dem Gedanken, jetzt nach Hattingen zu fahren, schlägt mir das Herz bis unter die Zunge. Es ist wirklich wahr. Jeder Schritt bringt mich näher zu Hartmut. Zumindest geographisch.

Ich gehe zur Wohnungstür und öffne sie. Vor mir steht ein Mann mit der Hand einen Zentimeter vor der Klingel.

»Udo!«

»Hallo, Susanne. Du bist ja wirklich wieder da ... und du willst schon wieder weg?«

»Ja, ich muss weiter nach Hattingen. Ich wollte mich nur vergewissern, dass hier alles so weit in Ordnung ist. Der Live-Stream ist ausgefallen, als die Kämpfe tobten. Was ich davor gesehen habe, war grauenerregend!«

»Ach, das waren doch keine Kämpfe. Nur ein paar unzufriedene Kids. Nichts Schlimmes.«

»Warst du schon mal auf der Straße?«

»Ja, ach ja, wo gehobelt wird, da fallen Späne.«

»Zerbombte Häuser, zerlegte Straßen und zerstörte Autos sind *Späne*?«

»Lass uns nicht über Details streiten. Das Wichtigste ist doch, dass die Schäden nun repariert oder ersetzt werden und dass dann kein Geld mehr für den Umbau da ist.«

»Davon habe ich gelesen. Aber wie kann das denn nur sein? So ein Umbau, wie er geplant war, kostet doch viel mehr als das bisschen Reparatur.«

»Ich weiß auch nicht, wie die das rechnen. Vielleicht haben die Polizeieinsätze so viel gekostet.«

Ich ziehe die Tür hinter mir zu, und wir gehen durch den Hintereingang in den »Kölsche Klüngel«. Meine Mutter sitzt an einem der Tische. Vor ihr liegen ein sehr hoher Berg mit Bestellungsbons und ein Rechnungsbuch.

»Kind, bevor du fährst, willst du da nicht noch was essen? Ich weiß doch, wie das ist. Wenn du nach so vielen Monaten deinen Mann wiedersiehst, denkt ihr nicht ans Essen, und das ist auch gut so. Aber irgendwann wirst du vielleicht ohnmächtig.«

Udo nimmt sein Telefon und macht ein paar Schritte in die Tiefe der Kneipe hinein. Mit halbem Ohr höre ich Wortfetzen.

»Ja ... nein, ich ziehe mich da um ... wäre ja auch sonst ... ja, genau. Hm. Cut. Bis dann.«

»Was war?«, frage ich ihn, während er sein Telefon in die Tasche steckt. Er hebt den Finger und schiebt die Brauen etwas nach unten: »Wo wolltest du gleich hin? Nach Hattingen?«

»Ja.«

»Ich habe gerade einen Termin umgelegt, den ich in Witten habe. Das liegt doch im Grunde auf dem Weg. Soll ich dich nicht lieber fahren, statt dass du den doofen Regionalexpress nehmen musst? Nach all dem Reisestress?«

Ich überlege einen Moment und stimme dann zu. Udo ist ein Freund. Ich kann unbesorgt mit ihm zu meinem Mann fahren.

»Ach, ihr fahrt zusammen? Das ist ja prima. Vielleicht haltet ihr zwischendurch und esst was auf einer Raststätte. Axxe soll immer gut sein. Nicht so gut wie meine Küche, aber das müsst ihr selbst wissen. Bestell meinem Lieblingsschwiegersohn Grüße und sag ihm, er soll mal wieder vorbeikommen. Ich habe ihn so lange nicht mehr gesehen. Es wird Zeit, dass er sich mal wieder um seine Schwiegermutter kümmert.«

Meine Mutter steht auf, gibt mir einen Kuss auf die Wange und setzt sich wieder hin – in einer einzigen fließenden Bewegung. Ich frage mich, wie sie Hartmut nennen würde, wären wir tatsächlich verheiratet. Schwiegersohn approved and deluxe edition?

»Na dann mal auf!«, ruft Udo aus und klatscht dabei so laut in die Hände, dass Willy Millowitschs Büste und die von Ferdinand Franz Wallraf aus dem Schlaf aufschrecken. Als sie merken, dass nichts weiter passiert, schütteln sie sich und schließen wieder die Augen.

»Ja«, sage ich, »dann mal auf.«

> *Ich Seite 526*

< *Ich Seite 506*

Die Treuzeit

29.03.2011
51° 23' 26.16" N, 7° 14' 29.11" E

Ich spaziere mit Rahime durch die grünen Hattinger Hügel. Der Hof
liegt eingebettet in eine märchenhafte Landschaft. Stillgelegte Bahn-
strecken ziehen sich hindurch. Hin und wieder weisen Schilder auf
ehemalige Stollen hin. Ich erkläre Rahime das Phänomen des Tage-
bruchs, indem ich es vorspiele. Unschuldig pfeifend geht ein Partygast
am Abend durch diese Hügel heim, kürzt seine Strecke ab, verlässt die
Straße und – ich reiße theatralisch die Arme hoch – fällt in einen
tiefen Stollen. Rahime kichert, weil ich mit so viel Schwung bei der
Sache bin. Seit gestern sind wir schon dreimal zu zweit spazieren gegangen. Sie will sich frei fühlen, sagt sie, wenn sie schon geflüchtet ist,
und sich nicht die ganze Zeit auf dem Hof verschanzen. Also habe ich
ihr angeboten, sie zu begleiten. Ich habe die breitesten Schultern aller
anwesenden Männer auf dem Hof, auch wenn sie einen Meter tiefer
liegen als die Khaleds. Wir nähern uns wieder dem Gelände, und ich
halte Ausschau nach Caterina, um zu prüfen, ob sie nach mir Ausschau hält. Ich praktiziere diese Spaziergänge schließlich nicht nur aus
Freundlichkeit gegenüber Rahime, sondern um Caterina eifersüchtig
zu machen. Es ist wie bei den Rezensionen von Nestor. Er schreibt
pro und er schreibt contra, der gleiche Mann, denn: Konkurrenz belebt das Geschäft. Jetzt wird nicht länger würdelos gewinselt, sondern
das Geschäft belebt.

Caterina füttert die Hühner, als Rahime und ich den Hof betreten.

»Na? Schön gelaufen?«, sagt sie und lässt sich nichts anmerken.
Wie schon die anderen Male.

»Das Areal ist so riesig«, sage ich, »da hat man tagelang zu gehen. Wir könnten direkt wieder los und noch eine Runde machen, bevor es dämmert.«

»Tut euch keinen Zwang an.«

Reg dich doch wenigstens auf, denke ich. Oder ist Ruhe der neue Zorn? Bei *Command & Conquer* weiß ich immer genau, wie ich auf einen strategischen Zug reagieren soll. Aber hier?

»Habt ihr in den Hügeln vielleicht Nestor und Khaled gesehen?«, fragt Caterina, während die hungrigen Hühner ihre Schnäbel in den frisch bekörnten Boden rammen. »Sie sind irgendwie verschwunden.«

Ich zucke die Schultern. Rahime huscht ins Haus, an Hartmut vorbei, der mit dem Telefon in der Hand aus der Tür stürmt.

»Susanne kommt in einer halben Stunde an. In einer halben Stunde!« Seine Wangen sind knallrot. An den Schläfen üben die ersten neuen Härchen, aus denen wieder krause Koteletten werden, sich selbständig zu bewegen.

Caterina hat die Hühner versorgt, stellt den Futtereimer zur Seite und nimmt sich einen Rechen, um Laub zusammenzukratzen.

»Sie liebt es hier«, sagt Hartmut leise zu mir und schaut nachdenklich zu ihr hinüber.

»Ich weiß«, sage ich.

»Womöglich solltest du ihr einen Hof bauen.«

»Unseren Frauen ein idyllisches Landleben herzurichten ist schon mal nicht so günstig verlaufen. Das weißt du noch, oder?«

»Dann geh wenigstens weniger mit Rahime spazieren. Hm?« Er lacht, weil die Sache ernst ist. Dann riecht er sich unter den Achseln und sagt: »Oh, saure Landluft. Ich geh noch mal duschen.«

Ich bleibe allein auf dem Hof zurück, mit der harkenden Caterina.

Wahrscheinlich müsste ich ihr tief in die Augen sehen und sagen: »Ich bitte dich aufrichtig um Verzeihung. Ich sage nur noch die Wahrheit. Wir fangen von vorne an. Wir fliegen nach Los Angeles, und dort zeige ich dir den Strand von Venice und die *Majestic Golfland*

Drivin' Range. Und wenn wir wiederkommen, baue ich dir einen Hof, gleich hier in die Hattinger Hügel.«

Das müsste ich wohl sagen, und es bildet sich auch in meinem Kopf, aber aus dem Mund kommt nur ein leises, bettelndes: »Miu Miu?«

Sie fegt die Geräusche unter das Laub.

Um 20 Uhr fährt ein Wagen mit Kölner Kennzeichen vor. Mario, Hartmut, Caterina und ich stehen gespannt am Eingang des Gartens. Von hier bis zur Straße sind es noch fünfzig Meter Weg. Khaled und Nestor sind immer noch irgendwo unterwegs, und Jochen und Rahime zeigen sich gerade nicht. Die Türen des Wagens öffnen sich, und ein Mann steigt aus, der mir bekannt vorkommt. Er war mal Kunde bei Hartmuts Lebensberatung. Er hat auf Karteikarten Kontakte gesammelt und fast fünfhundert Menschen pro Jahr Geschenke zu jedem Anlass geschickt. Selbst seinen Feinden fühlte er sich verpflichtet. Hartmut nannte ihn »Menschen-Messie«. Er hat ihm geholfen, seine Sucht im Container des Wertstoffhofs zu versenken.

»Udo!«, schnauft Hartmut, sieht sich hastig um und schnappt sich den Rechen, mit dem Caterina das Laub geordnet hat. Er hält ihn mit beiden Händen am Stiel und stapft auf den Mann zu. »Das ist doch kein Zufall! Du Hund!«

Udo reißt die Arme hoch. Mit einer Rechenattacke hat er nicht gerechnet. Hartmut ist völlig außer sich. Es ist, als würden seine Glieder ohne Absprache mit dem Gehirn einfach dem ausbrechenden Gefühlsstau folgen.

»Das ist meine Frau!«, brüllt Hartmut. Die schmalen Zinken des Rechens sausen auf Udos Arm nieder und kratzen das Auto an. Susanne läuft schnell um den Wagen herum. Sie wirkt besorgt, aber nicht überrascht über Hartmuts Anfall. Als wüsste sie schon, wie sie ihn beruhigen kann.

»Die Mutter meines Kindes!«, bellt Hartmut weiter. »Kein Mann fährt sie einfach so durch die Gegend!« Hartmut wütet, nur noch

Arme und Rechenzinken. Udo lässt sich rückwärts auf den Fahrersitz fallen und versucht, die Tür zu schließen, doch Hartmut dreht den Rechen um und stemmt von oben den Stiel in den Wagen.

»Du bleibst hier. Ich stemm dich kaputt!«

Gnadenlos stochert der Stiel nach Udo wie ein Saurierschnabel, der in einem Film von oben durchs Dach dringt. Hartmut ist ein Orkan.

Susanne erreicht ihn, berührt seine Schulter, dreht mit der linken Hand seinen Kopf zu sich und sagt: »Ich habe für den Diamanten nur wenig von Lisas Asche gebraucht. Das meiste ist in einem Friedwald!«

Hartmut lässt den Rechen los. Das Gerät poltert in den Wagen. Udo nestelt es aus der Tür und gibt Gas. Hartmut sieht Susanne gläsern in die Augen.

»Ich konnte dich damals nicht dabeihaben«, sagt sie und weint nun ebenfalls. »Nur meine Mutter war bei der Beisetzung dabei. Du warst damals nur noch Zorn. Und Zorn gehört nicht in einen Friedwald.«

Hartmut flüstert: »Friedwald. Du meinst … so richtig Bäume und so? Mit Kiefern?«

Susanne nickt.

Ein Laut bricht sich aus Hartmuts Kehle Bahn, unbeschreiblich, eine Mischung aus Erleichterung und Klage, laut und elementar. Er schallt wie ein Echo durch die Hattinger Hügel. Vögel stieben kreischend aus den Wipfeln.

Hartmut und Susanne küssen sich. Kurz, kein Filmgeschlecke, während im Hintergrund noch der letzte brennende Balken bricht, doch die Umarmung, die darauf folgt, ist so innig, als wären die beiden bereit, auf der Stelle zu einer Eiche zu verholzen, Wurzeln zu schlagen und auf ewig so stehen zu bleiben. Sie kämen damit zurecht, solange sie zusammen sind. Dieser Hebel ist umgelegt und springt nie mehr zurück.

»Ist das phantastisch!«, sagt Mario und klatscht dermaßen freudig erregt in die Hände, wie ich es noch nie bei ihm erlebt habe. Er legt den Kopf schief und kiekst. Üblicherweise feiern die Klischees schwulen Verhaltens bei Jochen und Mario niemals Urständ.

Hartmut und Susanne sehen auf.

Mario geht zu ihnen, schiebt seinen langen Arm hinter beider Schultern und treibt sie auf den Weg zwischen Haus und Garten Richtung Scheune. »Die Familie ist wieder zusammen«, flötet er und winkt Caterina und mir, ihm zu folgen, »nach all der langen Zeit. Und wir haben sie endlich genau da, wo wir sie haben wollen.«

Was soll das denn heißen, frage ich mich, während wir folgen. Der Hahn kräht. Das Tor der Scheune öffnet sich knarrend. Dürfen wir jetzt zur Feier des Tages etwa die alte Spielhalle eröffnen?

Der Mann, der das schwere Tor aufschiebt wie ein Portal in einem Ritterfilm, ist Khaled. Er trägt einen guten, schwarzen Anzug mit weißem Hemd und Fliege. Hartmut reißt die Augen auf. So hat er ihn wahrscheinlich noch nie gesehen. Aus der Scheune dringt Klaviermusik. An einem alten Flügel sitzt Nestor in einem Frack mit Schwalbenschwanz und spielt virtuose Weisen. Eine Bühne ist aufgebaut und vollständig mit den Girlanden umrandet, deren Reste ich vorgestern im Werkraum gefunden habe. Ein Rosengitter steht in der Mitte, geschmückt mit den Blüten aus buntem Kreppppapier. Ein paar Sitzbänke sind vor der Bühne aufgebaut, in zwei Reihen, wie in einer Kirche. Rahime sitzt schmunzelnd in der ersten. Auch sie hat sich mittlerweile umgezogen. Das schwarze Kleid, das ihr wie ein Nachthauch auf den Körper fällt, kann sie kaum hastig aus Tunesien mitgebracht haben. Zwei Lichtorgeln lassen bunte Spots durch die Scheune gleiten. Ich erkenne sie: Es sind die Teile, die Jochen in seinem Wunschzettel bei Amazon stehen hatte. Unser alter Freund steht auf der Bühne. Neben ihm glitzert ein Vorhang in einem Rahmen, der etwas verbirgt. Sein Gipsarm ragt blau aus dem weißen Anzug, den er für sich gewählt hat. Er hält Ausschau, als ob nach uns noch jemand die Scheune betreten müsste. Yannick, der seinen schwarzen Anzug nie auszieht, sitzt neben ihm auf der Bühne wie ein Kleinlöwe, springt los und rast auf Susanne zu. Er hebt drei Meter vor

ihr im Vollgas ab und reißt sie fast um, als er auf ihrer Brust auf-
prallt.

»Ähm … was ist das hier?«, fragt Caterina und mustert die Scheune,
als könnten jederzeit riesige Spinnen aus den Ecken schießen.

»Das!«, antwortet Jochen, und Nestors Klavierspiel verstummt, »ist
das Ziel. Denn bei dieser Sache war das Ziel das Ziel und nicht der
Weg. Obwohl, der auch. Schließlich hat er euch wieder zu euch selbst
geführt. Über verschlungene Wege.«

Khaled führt uns nach vorne zur Bühne. Rahime und er werfen sich
das erste Mal einen Blick zu, wie es nur Menschen tun, die sich bereits
lange kennen. Es war keine Absicht. Er wollte einfach raus, dieser
Blick, nach all den Tagen. Hartmut hat ihn auch bemerkt. Lautlos
zeigt er zwischen Rahime und Khaled hin und her, den Mund offen.

Jochen nickt gütig, um den Verdacht zu bestätigen.

Nestor schlägt ein paar Tasten an und zeigt auf sich, als wolle er
sagen: ›Hie-hier! Ich au-auch!‹

Caterina macht einen Schritt vor die Bühne und richtet das Wort
an Jochen, der wie ein Fernsehprediger zu ihr hinunterlächelt.

»Das heißt«, sagt sie, »… es war alles inszeniert?«

Sie schaut zu Rahime.

Hartmut dreht den Kopf zu Khaled.

Ich starre Nestor an.

Jochen hebt den Gips und sagt: »In gewisser Weise ja. Alles war ein
Spiel, inszeniert nur für euch.«

Caterina schüttelt den Kopf und tritt einen Schritt zurück. Sie
zieht ihr Handy aus der Tasche und tippt eine Nachricht, während Jochen weiter erklärt: »Schon in Berlin haben wir uns Sorgen gemacht,
als wir sahen, wie ihr nach Lisas Tod miteinander umgegangen seid.
Aber als ihr dann vom Hof gefahren seid, alle vier in verschiedenen
Autos … da war uns klar, dass wir euch ganz genau beobachten müssen. Und dass wir einen Plan brauchen für den Fall, dass ihr Unsinn
anstellt.« Jochen sieht Hartmut väterlich an: »Zum Beispiel, ins ewige
Eis flüchten zu wollen.« Er schaut in die Runde. »Oder sich zu ver-

kriechen und die Funkstille auf Jahre auszubreiten.« Ich suche nach den Spinnen in den Scheunenecken. Caterina hat fertig geschrieben und behält das Telefon in der Hand, als ob sie die Antwort sofort mitbekommen möchte. Was kann jetzt wichtiger sein als Jochens Erklärung?

»Was sollten wir also tun?«, fährt dieser auf der Bühne fort. »Bei euch vier verqueren Starrköpfen braucht es schon ganz besondere Pläne.« Hartmut kämpft gegen ein Lächeln an. »Verquerer Starrkopf« ist immer noch ein Kompliment für ihn. Mario steigt zu Jochen auf die Bühne, von der ich mich immer noch frage, was sie darstellen soll. Die Lichtorgel spielt lautlos blau-rot-gelb-grüne Melodien.

Mario erklärt: »Es war meine allerletzte Fahrt für MyTaxi. Ich hatte eigentlich schon gekündigt, aber Cevat fiel aus und bat mich, als Ersatz für ihn einen Tag dranzuhängen, damit der junge neue Boss nicht schon wieder jähzornig mit dem iPhone wirft. Ich bin also weit draußen, Havelgegend, absolutes Niemandsland, da winkt mich dieser Verrückte an den Straßenrand.« Mario macht eine Pause und zeigt auf Khaled. Er lächelt dabei kopfschüttelnd, wie ein Trainer, der einfach nicht fassen kann, *wie* gut sein Spieler ist. »Er stand neben einem qualmenden Landrover und meinte, er habe keine Zeit, auf den Gelben Engel zu warten. Ob ich ihn fahren könne, sein nächster Wagen stünde am Flughafen in Skopje.«

Khaled lächelt milde. Susanne presst Yannick an sich. Ich überlege, wo Skopje liegt.

Mario fährt fort: »Ich quiekte: ›In Mazedonien???‹ Ich habe wirklich gequiekt. Und er so: ›Katzensprung, mein Freund.‹« Mario imitiert Khaleds brummtiefe Stimme. »Nur durch Tschechien, Slowakei, Ungarn.‹ Er hat mir Scheine hingeblättert, eine Menge Scheine, hat sich auf den Sitz gepflanzt, den Kopf gesenkt und nach Südosten gedeutet.«

Nestor kommt versehentlich an eine Taste. Mario wartet, bis der Ton ausklingt.

»Ich dachte mir: Gut, meine letzte Fahrt für MyTaxi, 1678 Kilometer in eine Richtung, warum nicht? Ich fragte ihn, was er für Musik hören wolle, und er nannte mir zehn Künstler, die ich alle nicht kannte. Dann hat er selbst in den iPod geschaut und gemeint: ›Da sind ja nur Amerikaner drin.‹ Die belegten Brötchen waren ihm nicht scharf genug, also hielten wir bei einem türkischen Supermarkt. Er ging rein und kam mit fünf Gläsern Harissa wieder heraus. Und dann telefonierte er. Stundenlang! Ich habe mitgezählt. Bis zum ersten Übernachtungsstopp in Bratislava hatte er genau fünfundsiebzig Gespräche geführt – in zwölf Sprachen! Da wusste ich, dass ich jemanden im Auto hatte, der uns bei unserem Plan helfen könnte.«

Hartmut schreitet in Zeitlupe auf Khaled zu, den er eigentlich schon kennt, nun aber an der Wange berührt wie eine neue Wachsfigur bei Madame Tussauds. Er schaut dabei zu Mario, als sei Khaled sein persönlicher Android. »Das heißt, er ist wirklich echt? Also, seine Kontakte? Seine Lebensweise?«

Mario nickt: »So unglaublich es scheint. Ohne sein Netzwerk hätten wir die Geschichte niemals inszenieren können. Allein, als Anna uns aus Bad Homburg anrief und sagte, dass Caterina nach Tunesien fliegt …«

Caterina weitet die Augen. Dann schaut sie auf ihr Display. Sie hat Antwort bekommen. Ihre Daumen quittieren diese schnell und grimmig. Mario sagt: »… da zieht dieser Verrückte plötzlich ein Drama aus dem Hut. Eine junge Frau, die ihren Mann schon lange verlassen will.«

Khaled hebt die Hände: »In Italien, ich hätte gehabt jungen Mann, der vor Frau flieht.«

Caterina unterbricht ihr Getippe: »Wie jetzt? Ich denke, es war alles Spiel. Aber Rahimes Flucht vor ihrem Mann war echt???«

»Ja«, antwortet Rahime, und ich merke ihr an, dass Caterina ihr bereits etwas bedeutet. »Das einzige Schauspiel bestand darin, dass Hamadi nicht ausgerechnet bei deinem Besuch in Tunesien von meiner Affäre erfahren hat. Er hat nie davon erfahren. Ich bin einfach endlich weggelaufen, als Khaled mich dazu ermutigte. Das war auch so schon höchste Zeit.« Sie streift ihr Haar zurück und offenbart eine böse Narbe. »*Das* hier ist schließlich auch echt.«

»Musste passen Gelegenheit«, sagt Khaled.

Caterina macht eine seltsame Kopfbewegung zwischen Nicken und Schütteln und lässt die Daumen weiter sausen. Ich frage sie, was sie da macht. Sie dreht sich weg und geht ein paar Schritte zwischen die Sitzbänke.

»Der große Pirat?«, fragt Hartmut.

Khaled schmunzelt: »War gut? Großer Pirat? Ich dachte schon, wäre … wie sagt man? Zu viel des Guten. Aber du musstest Choucha sehen. Ganz wichtig für Genesung. Ganz, ganz wichtig.«

Jochen hebt den Zeigefinger wie der Lehrer in den Bilderbüchern von Wilhelm Busch: »Und nicht vorher planbar!«

Khaled beugt sich zu Hartmut. »Du musst immer folgen Fluss. Und …« – er macht eine Pause, um seine Stimme in Ruhe noch eine Oktave abzusenken – »Chancen nutzen.«

Hartmut sagt: »Aber der falsche Pass …«

»Falscher Pass? War echt. Aber nicht von Pirat. Schon da. Paar Tage vorher, mittlerer Bandit in französischer Botschaft. Was glaubst du, ich telefoniere so viel?«

»Der *falsche* Pass war *echt*?«, vergewissert sich Hartmut. »Und sie war *tatsächlich* die einmillionste Passagierin?«

Rahime sagt: »Freiwillig hätte ich den Souvenirkram nie mitgenommen!«

Hartmut geht in der Scheune auf und ab, wie früher, wenn er einen Plan geschmiedet hat. Nur, dass er nachträglich einen fremden Plan aufschlüsselt. Caterinas Daumen haben Pause und warten auf neue Tippgründe.

»Der Typ, der mich im Waldstück in Polen mitgenommen hat. Marek? Und die Stalkerin? Die war doch gekauft, damit ich auf der Flucht vor ihr in deinen Wagen springe, oder?«

Susanne schaut Hartmut verwundert an.

»Nein«, sagt Khaled.

»Was?«

»Habe gesagt: So sind polnischen Frauen. Habe nur Chance genutzt.«

»Und wovor hättest du mich ohne diese Furie gerettet?« Hartmut spricht das Wort Furie sehr übertrieben aus. Als müsse er die Frau schlechtmachen, weil er etwas zu verbergen hat.

Khaled sagt: »Irgendwann du wärst müde geworden. Sechstausend Kilometer sind lang.«

»Woher wusstest du überhaupt, dass ich nach Sibirien will?«

»Zabolotnyi. Russischer Freund. Kleiner Bandit.«

»Der Putzmann vom Jugendzentrum?«

»Habe gesehen, du übernachtest dort.«

Hartmut schaut wieder zu Mario: »Khaled ist mir von Berlin aus gefolgt?«

»Dir zu *folgen* war für ihn leicht. Dich erst mal zu *finden*, dafür hat selbst er ein paar Wochen gebraucht. Wir hätten niemals gedacht, dass du in der Stadt bleibst.«

Hartmut reibt sein Kinn und atmet schnaubend aus. Er ist fasziniert.

Ich nicht. Ich bin eher stinkig. »Und der da?«, frage ich, gehe zum Klavierhocker und stoße meinen Zeigefinger in Nestors Schulter.

»Ist kein Selbstmörder« sagt er, den Schulterstich geduldig ertragend, »sondern kann nur extrem gut balancieren. Trotzdem bin ich froh, dass du so lange mit mir diskutiert und auf dem Terrassenboden gelegen hast. Meine Jungs am Boden brauchten zwei Minuten, um das Sprungtuch wegzupacken. Man weiß ja nie.«

Ich schnaufe und winke ab. Nestor sagt: »Aber ich bin tatsächlich schreibsüchtig!«

»Ich weiß«, sage ich. »Und echter Pianoprofi. Von wegen Keyboardmappe testen!«

Jochen macht einen Schritt nach vorn auf der rätselhaften Bühne.

»Wir haben euch gegeben, was ihr gebraucht habt.«

Er sieht mich an. »Du warst so passiv. So träge. Also hast du einen neuen verrückten Mitbewohner bekommen, den du vor sich selbst retten musst.«

Hartmut legt die Hände an seine Brust, als wolle er sagen: Ich? Verrückt? Wer kommt denn auf so was?

Jochen richtet sich an ihn: »Und du hast endlich mal einen Mann getroffen, der dir überlegen ist. Einen Riesen, an den *du* dich anlehnen konntest. Caterina …« Sie schreckt auf, da schon wieder Neues auf dem Display steht. »Na ja, bei dir hat Khaled einfach die Chance genutzt.«

Sie sieht zwischen dem Telefon und der Bühne hin und her, als kriege sie die Teile einer Gleichung nicht zusammen.

Susanne wiegt Yannick an der Brust und sagt: »Und mich habt ihr außen vorgelassen, um meine Nerven zu schonen?«

»Nein!«, sagt ein Mann, der soeben die Scheune betritt. Er lächelt. Es ist Udo, der vorhin von Hartmut nachhaltig beharkt wurde oder besser: gerecht. Er trägt nun auch einen Anzug. »Deine Nervensäge war ich.«

»Du?«, fragt Susanne.

»Mein ehemaliger Klient?«, stößt Hartmut aus.

»Er sollte dir klarmachen, dass du nur Hartmut liebst«, sagt Jochen. »Mit philosophischen Begründungen für das Sammeln von Spülwasser und der Tierliebe, mit der er für Irmtraut neuen Lebensraum gebaut hat, ist er ihm ähnlich genug.«

»Der ist mir ähnlich?«, sagt Hartmut. »Der war mein Patient!«

»Du sammelst tatsächlich Spülwasser?«, fragt Susanne, und niemand merkt, dass Rahime kreideweiß geworden ist und sich nun in Zeitlupenschritten auf Udo zubewegt.

»Jeder Schein muss im Kern Wahrheit enthalten«, doziert Jochen.

Udo schaut erst jetzt zu Rahime und verliert an heiterer Haltung. Er zittert, und es wirkt, als würden gerade zu viele Gedanken zugleich durch seinen Kopf schießen.

»Rahime?«, flüstert er und macht so behutsame Schritte auf sie zu, als könne sie sich in Luft auflösen, wenn er sich zu schnell bewegt.

Vorsichtig hebt er seine Hand auf Höhe ihres kurzgeschorenen, blonden Kopfes. »Bist du das wirklich?«

Rahime antwortet nicht. Ungläubig fixieren ihre Augen diesen Mann, als sei er Pitt, Pattinson und Phoenix in einer Person. Sie führt seine Hand den Rest des Weges in ihr Haar: »Es musste ab. Zur Tarnung. Ich heiße jetzt Juliette. Ich hoffe, du nimmst auch eine kurzhaarige Blonde aus Frankreich?«

Caterina öffnet den Mund: »*Das* ist *deine* Liebe aus Deutschland?«

Wir schauen uns die Szene an wie Zuschauer, die erst beim dritten Teil einschalten, während Caterina die Serie von Anfang an gesehen hat. Seltsam ist nur, dass auch Jochen, Mario und Khaled so gucken.

Udos Augen werden feucht.

»Ich habe geglaubt, ich sehe dich nie wieder. Ich hatte ja keine Nummer, keine Mailadresse. Wie oft wollte ich einfach zu dir fliegen! Aber was sollte ich machen? An die Tür klopfen und deinem Mann ins Gesicht schauen?« Er schaut zu den Spielleitern auf der Bühne: »Warum hat mir denn keiner das ganze Drehbuch erzählt? Wenn ich gewusst hätte …«

Khaled, der einen ganzen Moment gebraucht hat, um zu akzeptieren, was er sieht, brummt laut wie eine Hafenhupe: »*Das* ist deutscher Tourist? Rahime?«

Sie nickt in Udos Armen.

»Das wussten wir nicht!«, sagt Jochen, und Marios Augen glänzen plötzlich noch stärker unter den Girlanden.

Jochen sagt: »Wir wussten ja nicht mal, dass Caterina nach Tunesien fliegt. Da waren Udo in Köln und Nestor in Bochum doch längst engagiert. Außerdem …« – Jochen hält die Hände parallel und macht Bewegungen, als würde er einem Sägemeister erklären, in wie viel gleiche Stücke der Baumstamm unterteilt werden soll, »war das der eine und das war der andere Handlungsstrang. Ein Film wird auch an vielen Schauplätzen gleichzeitig gedreht. Ohne Arbeitsteilung wird so ein Projekt nichts.«

Udo nickt: »Mir wurde nur gesagt, dass ich mit Susanne flirten soll. Hätte mir einer erzählt, dass eine flüchtige Frau aus Tunesien im Anflug ist, wäre ich sofort zur Salzsäule erstarrt.«

Einen Augenblick lang schweigen alle, als könne niemand so recht an diese glückliche Fügung glauben. Khaled durchbricht die Stille, indem er mit den Schultern zuckt und sagt: »Mit Zufall im Leben ist es wie mit Landrover – fährst du viel, entdeckst du überraschende Wege.«

Er hat recht. Ohne den ganzen geplanten Aktionismus hätte es auch dieses ungeplante Happy End nicht gegeben. Oder, wie wir bei UPS sagen würden: Wer einfach alles vom Band reißt, findet auch die richtige Sendung.

Mario kann nicht mehr länger an sich halten. Er verfällt wieder in den feierlichen Singsang von vorhin und hüpft auf und ab: »Ist das schön! Dann können wir heute sogar drei Treuzeiten feiern!!!«

Jochen funkelt ihn an. Mario hält sich die Hand vor den Mund wie ein Mädchen, das ein Geheimnis verraten hat. Caterina sendet eine letzte Nachricht und steckt das Telefon weg.

»Äh, wie war das?«, fragt Hartmut, doch schon haut Nestor in die Tasten, die bunten Scheinwerfer geben Vollgas, und durch das Scheunentor strömen mit einem Mal ein paar Dutzend Leute herein.

»TREUZEIT!!!«, krakeelt in erster Reihe mein Arbeitskollege Martin. Wie ein Feldherr führt er die Traube von Freunden an, die wir vor Jahren in Bochum zurückgelassen haben. Kiffer Jörgen mit seinen Basedow-Augen. Hanno mit seiner gesamten Band, die heute Feierabend hat, da ein Pianist die Beschallung übernimmt. Sebastian, der unser »Institut für Dequalifikation« mit dem Rucksack verließ, um doch nicht malochen zu gehen, sondern anspruchsvolle Aufsätze ohne Bezahlung zu schreiben und dafür von der Hand in den Mund zu leben. Unsere ehemaligen Hausnachbarn sind da, Hans-Jürgen vom Anbau und Kirsten aus dem ersten Stock. Sogar die Familie Häußler von nebenan. Herr Häußler zwinkert mir zu. Er hatte sich verplappert an dem Tag, als ich über unser altes Gelände geschlichen bin. ›Wir sehen uns dann ja bald.‹ Er freut sich, dass ich jetzt erst begreife, was das bedeutet hat. Alle tragen feinen Zwirn, sogar Martin hat seinen Iro gestriegelt und eine Anzugweste über ein T-Shirt von Eisenpimmel gezogen. Die Gäste verteilen sich in die Bänke. Da sind Pia und Frank. Da ist Steven. Mir schießen die Tränen in die Augen, weil es ist, als wenn sich die Welt endlich wieder in früher verwandelt. Caterina knibbelt nervös an ihren Fingern herum und hat keine Tränen in den Augen. Susanne und Hartmut sind belustigt irritiert. Udo und Rahime schweben in einem Traum. Alles gibbelt, alles raunt, alles kichert. Bis Jochen die Stimme erhebt.

»Heute Abend!«, sagt er, und Mario dreht einen Spot auf ihn, »feiern wir das Wichtigste, was es auf dem ganzen Erdenrund gibt: dass die, die zusammengehören, wieder zusammenkommen.«

Die Menge klatscht.

Jochen hebt die Hände: »… und zu unserer eigenen Überraschung feiern wir das Ganze statt zwei sogar *drei* Mal!« Er schaut zu Rahime und Udo. Die verständigen sich wortlos und Rahime sagt, Udos Hand haltend: »Wir haben uns vor fünf Minuten erst wiedergefunden. Das müssen wir erst mal verdauen. Aber wir feiern gerne mit euch!« Zufrieden wie ein Gänsepaar hocken sie sich in die erste Publikumsreihe.

Mario zögert einen Augenblick, sagt »nun gut«, geht zu dem Glitzervorhang und zieht ihn zur Seite. Auf vier Schneiderpuppen stehen zwei Anzüge für Hartmut und mich und zwei Abendkleider für die Frauen bereit. Hartmut und Susanne schauen die Klamotten versonnen an.

Caterina mustert die Puppen und sagt: »Das passt mir nicht.«

Jochen hebt wieder die Stimme: »Die Treuzeit ist besser als die Hochzeit! Das Fest der Treuzeit macht dem Paar keinerlei Vorbereitungsstress, kommt zwar überraschend, aber immer im richtigen Augenblick.«

Mario tänzelt zu uns. »Dann zieht euch mal in aller Ruhe hinter der Bühne um.« Er dreht sich zu unserem Pianisten: »Nestor! Hau in die Tasten!«

Mein Scheinselbstmörder spielt eine sämige Barmusik, die Hartmut sofort erkennt. Ich habe sie schon hinter Nestors Tür gehört. Es ist »The Nightfly« von Donald Fagen. Mario führt uns hinter die Bühne und holt die Sachen von den Schneiderpuppen.

Susanne pflückt Yannick von ihrer Brust und reicht ihn Mario wie eine Schauspielerin in der Garderobe einem Assistenten ihren Chihuahua. Hartmut lacht und gibbelt. Seine Augen strahlen. Ich glaube, die Schläfenhärchen haben einen Zwei-Zentimeter-Wachstumsschub bekommen.

Susanne sagt: »Ihr seid echt jeck!«, und steigt in das Abendkleid. Strahlend greift sie in ihre Handtasche: »Ich habe den perfekten Schmuck für diesen Anlass!« Sie zieht eine merkwürdig aussehende Figur aus grünem Stein durch ihre Kette und hängt sie um den Hals. Hartmut schaut sie fragend an.

Schmunzelnd sagt sie: »Das ist mein Tiki. Erkläre ich dir nachher.«

Da stehen wir, halb entkleidet, und bereiten uns auf das Fest vor. Mein Herz ist so leicht geworden wie die Blubberbläschen beim *Floating Runner*. Nun wird alles wieder gut.

Wir stehen auf der Bühne neben Jochen und Mario in den Lichtorgelfarben. Die Menge rutscht aufgeregt auf den Stühlen herum. Erst jetzt bemerke ich, dass an der Vorderseite der Scheune eine Tafel mit Bierfässern, Sekteimern, Häppchen und einem Käseigel aufgebaut ist. Sie wird wohl erst nach unseren Treueschwüren beleuchtet. Mein Gehirn rattert auf der Suche nach den richtigen Worten, die ich gleich sagen werde. Caterina sieht phantastisch aus in ihrem Kleid, zupft aber ständig daran herum, als ob es sie einengen würde. Yannick steht am Bühnenrand und bewegt asymmetrisch die Ohren.

Hartmut macht den Anfang: »Liebe Susanne. Als wir uns kennenlernten und du plötzlich Lösungen für alles in mein Leben brachtest, habe ich dich schnell wieder aus dem Haus geworfen.«

Die Menge raunt. Martin buht.

Hartmut fährt fort. »Mein Freund hier« – er knufft mich an der

Schulter und zeigt danach quer über die Menge – »und all die klugen Menschen in diesem Saal haben dich zurückgeholt. Weil sie schon damals wussten, dass wir zusammengehören. Erst viel später musste ich lernen, was echte Probleme sind. Wir sind durch die Hölle gegangen, und leider nicht gemeinsam …«

Mario schluchzt. Ich bastele innerlich an Worten, die mit Hartmuts mithalten können. Caterina zupft. Susanne drückt Hartmuts Hand.

Der hebt Stimme und Zeigefinger: »… und das war auch gut so! Denn gemeinsam können wir nur im Himmel landen.«

Mario kriegt sich nicht mehr ein. Er jault wie ein Schlosshund, packt Jochens Gips wie eine Haltestange und knutscht seinen Freund. Yannick streift um die Beine der frisch Getreuten. Hartmut scheint schon fertig zu sein. Jochen löst sich von Marios Lippen und fragt: »Susanne, möchtest jetzt du?«, aber sie schüttelt mit meernassen Augen den Kopf. Sie küsst Hartmut. Die Menge jubelt.

Ich trete vor. Caterina bleibt stehen. Die Worte in meinem Kopf sind halbwegs sortiert. Ich hole Luft, und es sagt »Stopp!«, aber nicht aus meinem Mund. In der Scheunentür steht ein hochgewachsener Südländer. Yannick späht interessiert zu ihm. Ich überlege, zu wem der verspätete Gast gehören könnte. Und warum er »Stopp!« ruft.

Der Mann schreitet mit ausgestreckten Armen durch die Mittelreihe, dreht sich dabei suchend um die eigene Achse und ruft laut in die Menge: »Kennt mich hier jemand? Sagt, kennt mich hier jemand?« Er wirkt zornig. Niemand reagiert. Ich schaue zu Caterina. Das erste Mal in den letzten drei Tagen lächelt sie glücklich. Jochen streckt im Gips seinen Zeigefinger in Richtung des Typen und fragt in die erste Reihe: »Khaled? Kennst du diesen Mann?«

Khaled runzelt seine braune Stirn und verschränkt, fast beleidigt, die Arme: »Kenne ich nicht!«

Mario sagt: »Können wir was für Sie tun? Suchen Sie nach dem Weg? Wollen Sie mit uns feiern?«

Caterina tritt vor und sagt: »Ich kenne dich!«

Das Blut schießt in meinen Kopf. »Wie, du kennst diesen Schmierlappen?«

»Nichts gegen Schmierlappen«, kontert der Mann frech, »sie tun in jedem Atelier gute Dienste.«

»Wie, Atelier?« Mir schwant Übles. Mir wird schlecht. »Nein!«, sage ich und erinnere mich an Caterinas »ehrliche« Antwort, wem sie ständig simse. »Das ist der sehr gute Freund und Kunstkollege?« Ich suche nach Gegenständen, die den Mistbolzen enthaupten könnten.

Der Bolzen sagt: »Caterina, mi corazón! Glaubst du mir jetzt, dass ich mit diesem absurden Theater nichts zu tun hatte?«

Jetzt redet der auch noch Spanisch! Yannick setzt sich ganz nah an mein Bein.

Caterina sagt: »Gott sei Dank! Und ich dachte schon, du wärst die krasseste Erfindung in diesem Spiel. Dein Lebenslauf und deine Art sind ja im Grunde zu aufregend, um wahr zu sein. In der Kunstwelt ist bekannt, dass Alejandro Barturo bei der Arbeit völlig ungestört sein will – und du teilst sogar dein Atelier mit mir! Ist das schön, dass ich noch jemandem vertrauen kann!«

Alle Augen sind auf den Spanier gerichtet. Kirsten, Pia und Frau Häußler sabbern. Mario mittlerweile auch. Jochen tritt ihm auf den Fuß. Susanne stiert auf des Spaniers Uhr und flüstert, mehr zu sich selbst: »Das ist eine MP 7138.« Ich sehe sie fragend an. Sie sagt: »Eine Maurice Lacroix. Die kostet mindestens achttausend Euro.«

Ich suche nach Hartmuts Blick. Seine neuen Schläfenhärchen biegen sich zwar nach vorne, sind aber noch keine Stierkampfhörner. Er muss doch mit mir gemeinsam bei dem Kerl eine Double Closeline ansetzen! Kann nicht wenigstens Yannick fauchen?

Jochen sagt: »Ja, wie? Was? Die Treuzeit!«

Caterina schwingt zu ihm herum, und es platzt aus ihr heraus: »Ich kann das jetzt nicht!«

Ich sehe, wie der Hebel sich einen Ruck in die richtige Richtung bewegt. Denn sie hat *jetzt nicht* gesagt und nicht nur *nicht*. Sie sieht zu Hartmut und Susanne, als müsse sie es ihnen statt mir erklären, und zeigt dabei auf mich: »Er hat es monatelang in der Hand gehabt, sich bei mir zu melden. Ich habe es ja versucht, aber er hockte gut versteckt im Anonymturm. Er hat nicht einmal gemerkt, dass er sich eine neue Mailadresse eingerichtet hatte! Er hat seine alte Handynummer gekündigt. Er lügt mich an und behauptet, er hätte mir geschrieben.«

Ich fiepe innerlich wie ein junger Welpe. Yannick legt sich flach hin.

Die Augen des Publikums wenden sich vom unschuldigen Spanier ab und gleiten zu mir, dem Delinquenten.

Caterina zählt die weiteren Anklagepunkte auf: »Er lügt mich an, als ich ihm nach Los Angeles schreibe. Er lügt mich nicht nur über seinen Aufenthaltsort an, sondern auch über seine heldenhafte Tätigkeit dort. Und die echten heldenhaften Dinge, die erwähnt er nicht einmal. Mal abgesehen davon, dass sie nur inszeniert waren.«

Mein Solarplexus spuckt Feuer. Meine Handflächen vereisen. Das ist gar keine Anklage! Das ist die Urteilsbegründung! Der Hebel wurde längst aus der Burg ausgebaut und verschifft.

Hartmut sagt: »Aber Caterina! Was haben wir vier gemeinsam alles erlebt. Du kannst doch jetzt nicht …«

Susanne wirft ein: »Sag ihr nicht, was sie nicht tun kann.«

Sie geht auf Caterina zu und umarmt sie. Hartmut nickt. Wieso nickt er denn jetzt?

Ich brülle: »Was soll das denn hier?« Yannick zischt ein paar Meter zur Seite. »Es ist Treuzeit! Nestor, sag du doch wenigstens was, wenn schon Hartmut nichts sagt.«

Nestor zuckt mit den Schultern: »Na ja. Ich habe viel dafür getan, dich wieder aus deiner Bude zu locken. Aber draußen hast du mehr für die Badewanne gekämpft als für diese Frau.«

Ich schaue zu Martin. Der guckt zwar so, als würde er den Maredo-Betreiber auch gerne umhauen, scheint aber bestätigen zu können, dass ich ein würdeloser Winseler bin.

Ich fasse Caterina an den Schultern: »Ich habe dir damals die Leinwand an die Kemnade gestellt! Ich habe dich zum Kunstschloss gefahren! Ich habe den Trucker, dessen riesige Kabelrolle die Leinwände zerschlug, auf dem Rasthof die Nase gebrochen! Da kommt ein feiner Iberer mit Luxusuhr und großem Atelier, und schon flattert Frau Grosse davon? Willst du jetzt etwa mit dem zusammen sein?«

Caterina sagt: »Das hast du alles für mich getan, ja. Aber als es dann hart auf hart kam, hast du dich in dein dunkles Schneckenhaus verzogen und mich nur noch belogen. Es zählt nicht, was man getan hat, sondern was man tut. Und deine finale Methode, mich zurückzugewinnen, bestand darin, zu versuchen, mich in die Eifersucht zu treiben. Wie kindisch ist das denn? Wenn ich ein Kind will, dann lasse ich mir eines machen!«

Der längst verschiffte Hebel wird in eine NASA-Rakete gesteckt und unerreichbar ins All geschossen. Alles dreht sich.

Ich frage sie: »Liebst du ihn?«

Der Spanier guckt so, als ob er das auch gern erfahren würde.

Sie sagt: »Das geht dich nichts mehr an. Du hast mich belogen, belogen, belogen.«

»Und du hast mich betrogen, betrogen, betrogen!«

»Habe ich nicht.«

Der Spanier bestätigt: »Hat sie nicht.« Er seufzt, als ob es eine große Qual für ihn ist, dass es noch nicht so weit gekommen ist.

Ich sage: »Spielt auch keine Rolle mehr.« Meine Stimme klingt so bitter wie aufgebissene Antibiotika.

Caterina wirft einen letzten Blick auf Hartmut. Er nickt erneut. Sie steigt von der Bühne, krault Yannick, der sich zu ihr über den Rand beugt, und verlässt Seite an Seite mit meinem Lebenszerstörer die Scheune.

Susanne ruft ihr nach: »Ich maile dir!«

Peinliches Schweigen legt sich über die Gesellschaft wie grauer Nebel. Ich möchte tot umfallen. In die Stille hinein klingelt ein Handy. Es ist Susannes Gerät, am hinteren Rand der Bühne neben den Schneiderpuppen.

Sie geht hin und nimmt ab: »Mama! Ich habe eben geheira... äh, wir machen hier eine Zusammenkunft bei Jochen und Mario. Ist aber gerade schlecht.«

»...«

»Ja, ich weiß, dass in vier Wochen Mattes' Rennbahnfest ist.«

»...«

»Mutter, das kriegen wir alles hin mit den Figuren. Ich werde versuchen, Caterina mit ins Boot zu holen, um die Gipsköpfe perfekt zu vergrößern.«

»...«

»Und was? Nee, ich weiß nicht, wo das Safrandöschen sich befindet.«

Aha.

Bei denen geht das Leben schon weiter, während ich noch sterbe. Mario schnippt in Richtung Nestor, und der beginnt zu spielen, während Jochen das Licht am Büfett einschaltet. Die Menge erhebt sich zögerlich, aber pietätvoll. Müssen ja nicht so viele um das Sterbebett herumstehen. Hartmut greift nach meiner Schulter. Ich ziehe sie weg, reiße die Anzugjacke so heftig vom Leib, dass sie Schaden nimmt, und springe von der Bühne. Während ich zum Ausgang laufe, halte ich Ausschau nach Yannick. Er stülpt sich auf dem Büfett über den Käseigel.

»Warte doch!«, ruft Hartmut, und auch Martin stellt sich mir halb in den Weg. Er hält mich fest und sagt: »Ich habe eine gute Nachricht. Stolle lässt dich wieder aufs Feld!« Jochen und Mario flattern herbei und sagen: »*Das* war so nicht geplant.«

Ich schreie: »Lasst mich doch alle in Ruhe!«

Draußen vor dem Hof lädt der überfleißige Tortillafresser Caterinas Trolley in seinen SLK.

Hartmut holt mich ein und sagt: »Ich hätte ernster mit dir reden müssen, aber ich war zu sehr in meinem eigenen Film gefangen. Es tut mir leid.« Hartmut schaut in die Scheune zu Susanne, die von Gratulanten umringt wird: »Vielleicht kommst du ja in einem Monat zu diesem Rennbahnfest. Oder wir fahren während der nächsten Wochen öfter mal nach Köln und machen uns mit die Hände schmutzig. Du weißt doch, was Susanne sagt: Es gibt immer eine Lösung.«

Ich sehe ihm in seine blaue Augen und sage: »Ich will keine Lösung. Ich will die alte Zeit zurück!«

Der spanische SLK fährt davon. Ich verlasse die Scheune und gehe zügig nach vorne zur Straße. In alle Richtungen nur Raps und Reue. Ich muss laufen. Einfach nur laufen.

Es können zehn Minuten oder zehn Stunden sein, die ich nun zwischen den Hügeln einen Fuß vor den anderen setze. Ich müsste jetzt eigentlich verzweifeln oder wenigstens einen Schlachtplan entwerfen, aber das Einzige, was ich will, ist ein warmes Bad, ein Straßenrennen in Los Angeles und eine heiße Pizza.

Ich zähle innerlich die Tage nach.

Ich bin mir ziemlich sicher: Heute ist die Siziliana dran.

Epilog

26.03.2011
33° 8′ 32.95″ N, 11° 27′ 48.63″ E

Von: Hartmut Hartmann
An: Susanne Lehmann

Liebe Susanne,

ich habe heute zwei Kinder getroffen. Sie trugen knallrote Jogginganzüge und spielten spontan mit mir Fußball, weil ich ihnen eine olle zerknüllte Blechdose zugekickt habe. Sie haben gestrahlt, als würde ich ihnen ein Geschenk machen. Das waren keine Kinder auf einem Bamberger Bahnsteig oder einem Supermarktparkplatz in Syke, die sich freuen, dass sich einer mit ihnen beschäftigt, weil ihre Eltern gerade rauchen. Es waren Kinder in einem Flüchtlingscamp nahe der Grenze zu Libyen. Die Eltern sind mit ihren Kindern durch vier (!) afrikanische Länder geflüchtet. Durch ihr Heimatland Uganda, den Kongo, Zentralafrika und Libyen. Das ist viermal ganz Europa! Sie sind vor der »Lord's Resistance Army« geflohen, die einen Gottesstaat auf Basis der zehn Gebote errichten will. Ihr erstes Gebot lautet: Dringe in Kirchen ein, zerteile die Gemeinde mit Buschmessern und vergewaltige die Frauen.

Ich weiß, wir sollen uns nicht schreiben, und jetzt tue ich es und rege mich schon wieder über das Unrecht in der Welt auf. Aber ich habe heute kein Unrecht gesehen, Susanne, sondern Visionen. Die Kinder sind durch die Hölle gegangen, aber sie konnten lachen. In den Augen der Erwachsenen habe ich auch keinen Hass gesehen. Nicht der Zorn auf die Schuldigen hat ihnen die Kraft gegeben, wochenlang zu Fuß oder in rostigen Bussen den Kontinent zu durchqueren, sondern die Vision vom Leben, das sie haben könnten.

Gerade jetzt, auf der Rückfahrt von der Grenze zum Flughafen sehe ich im Landrover aus dem Fenster und habe auch Visionen. Ich stehe auf einer hohen Leiter an einem Haus in Ostfriesland und versuchte seit drei Tagen, unser Reetdach zu reparieren. Was habe ich für eine Ahnung von Reet? Ich habe Philosophie studiert. Ich frage auch niemanden, seitdem wir dorthin gezogen sind. Ich klettere einfach immer wieder hoch und versuche, den Schaden zu flicken. Die harten, spitzen Halme zerkratzen meine Haut. Ich habe überall Striemen und blaue Flecken, und neben der Leiter auf dem Mulch liegt ein ausgedruckter Wikipedia-Artikel über Reetdächer, der mir nicht weiterhilft. Du stehst mit einer Tasse heißem Hagebuttentee in der Tür des kleinen Hauses und guckst dir das Schauspiel an. Du lächelst milde, wenn Du pustest und der Tee sich kräuselt. Und ich fluche. Susanne, mein Gott, wie ich fluche. »Scheiß Reet!«, fluche ich und steige noch höher, balanciere auf dem Rahmen der Leiter, auf dem kein Mensch stehen darf, halte mich mit einer Hand an unserem defekten Dach fest und rufe den Spaziergängern auf dem Deich zu: »Es lebe der Dachziegel aus dem Ruhrgebiet!« Ich fluche so sehr, Susanne, und ich bin so glücklich.

In einer anderen Vision versuche ich, mit all unseren männlichen Freunden Steckdosen in einem maroden Haus anzuschrauben, das wir gekauft haben und als Kinderheim benutzen. Das Geld reicht hinten und vorne nicht, die Steckdosen sind für fünf Cent das Stück vom Trödel und haben knallrote Rahmen.

»Wer hat denn jemals knallrote Steckdosen in neu gekauft?«, fluche ich, weil auch die Heizung oben in unseren Büros nicht funktioniert und auf dem Jungenklo das Abflussrohr von der Wand gesprungen ist. Ich hebe den Kopf und sehe, wie Du im Hof mit den Kids ein altes Auto reparierst. Wir haben es für einen Euro auf eBay geschossen. Es dient Dir als Lehrobjekt. Seit Wochen baust Du mit den Jungs und Mädchen daran, und ich weiß nicht, ob sie Dir glauben, wenn du sagst, dass es eines Tages fahren wird, oder ob Du Dir sogar selbst glaubst. Das Wichtigste ist der Weg zum Ziel, der Traum, der sie antreibt. Das Auto ist knallrot wie der Steckdosenrahmen, der einfach nicht an die Wand will. Ich rutsche mit dem Schraubendreher ab, pikse ihn mir in die linke Hand und fluche. Ich fluche so sehr, Susanne, und ich bin so glücklich.

Wir spazieren durch norwegische Wälder, wir alle vier, die WG-Familie. Irmtraut schwimmt in unserem Blockhaus in einem neuen Becken, und Yannick läuft vor uns her wie ein Hund, der Gassi geht. Vor unseren Mündern entstehen Wölkchen, obwohl es erst September ist. Die Abendsonne, die durch die Kronen fällt, ist glitzernd und weiß. Unser lieber Mitbewohner fängt an, kalifornische Lieder zu singen, und ich fluche, weil es in Norwegen so arschkalt ist und das nicht abzusehen war. Dann spüre ich plötzlich Baumwolle zwischen meinen Fingern. Es sind Deine in einem Handschuh von Emily The Strange, den Du im Laden mit den Motivklamotten nicht liegenlassen konntest. Ich fluche nicht mehr, rieche nur die Rinde und die vielen kleinen Duftnoten, die unsere Sohlen aus dem Boden wühlen. Dann wandert meine andere Hand auf Deinen Bauch und streichelt ihn und seine neue Bewohnerin. »Norwegian Wood«, säusele ich und beuge mich runter: »Hier kann Dir nichts passieren, mein Schatz.«

Das sind die Visionen für mein Leben, und in allen spielst du die Hauptrolle!

Ich wollte ins ewige Eis, Susanne, das war mein Ziel, bis Caterina mich angerufen und mir gesagt hat, ich müsse sofort nach Tunesien kommen, um ihr dabei zu helfen, eine junge Frau auf der Flucht vor ihrem bösen Gatten aus dem Land zu schleusen. Ich wollte nicht in die Wärme, sondern ins ewige Eis, auf die Insel Ensomheden in der sibirischen See. Ensomheden heißt Einsamkeit. Ein unbewohntes Stück Land mit einer alten russischen Funkstation. Ich wollte das Leben in mir einfrieren, weil es bei all der Trauer um den Verlust von Lisa immer noch einen Funken davon in mir gab. Und jedes Mal, wenn dieser Funken aufblitzte, hatte ich ein schlechtes Gewissen. Ich konnte mir nicht erlauben, Kiefernadeln zu riechen und ihren Duft zu mögen. Das Meerrauschen zu sehen und mir vorzustellen, ich hielte Deine Hand. Ich wollte das, aber die Schuld erdrückte mich. Nur heute nicht, als ich die Blechdose zu den zwei Kindern rübergeschossen habe.

Als wir uns kennenlernten, hast Du mich sofort durchschaut und mir deswegen ein Buch geschenkt, *Lösungen*. In unserem WG-Wohnzimmer hast Du mir das Kapitel über das Utopie-Syndrom vorgelesen. Darüber, dass Männer wie ich sich unerreichbare Ziele setzen, damit sie sich ein Leben lang zornig beschweren können, dass sie sie nicht erreichen. Abstrakte Ziele, die man tatsächlich nicht erreichen kann. Alleine alles verändern wollen. Ich habe dich damals rausgeworfen, weil ich noch nicht wusste, was *echte* Ziele sind. Aus Uganda zu Fuß nach Tunesien laufen, zum Beispiel, um seine Familie zu retten. Nicht *die* Welt, sondern *eine* Welt. Meine Freunde haben Dich damals zurückgeholt.

Ich wollte ins ewige Eis, und jetzt fahre ich mit einem Mann, den ich erst seit kurzem kenne, von der libyschen Grenze, an der wir illegal eine neue Identität für eine Frau gekauft haben, die ich erst seit heute kenne, zum Flughafen, um nach Bochum ins Wohnheim Querenburger Höhe 100 zu flüchten, in dem Caterinas Liebster sich seit Monaten verschanzt hat, weil es Menschen unsichtbar macht. Das kann doch kein Zufall sein. Vor allem aber kann es kein Zufall sein, dass ich diese Kinder getroffen habe. Lauter Visionen, und alle mit Dir.

Es gibt keine Zukunft ohne Deine Gegenwart, weil das hier alles ohne Dich kein Leben war.

Ich liebe Dich unendlich, und selbst wenn Deine Seele nach allem, was war, verpackt wäre in eine erdengroße Schutzhülle aus Titan, die nur alle hundert Jahre an mir vorbeifliegt und ich sie dabei nur einmal kurz mit einer Feder streifen darf, würde ich das so lange machen, bis ich durch die Hülle durch bin und dich wieder berühren kann.

Dein
Hartmut

Inhaltsverzeichnis nach Personen

Hartmut

Die Einsamkeit   11

The Sorrow   69

Die Pension   139

Weltmusik   192

Der Pfropf   264

Die Schuld   334

Großer Pirat   425

Die Festivalsynapse   466

Susanne

Der Kölsche Klüngel   28

Die Spülwassersammlung   87

Himmel un Ääd met Flönz   151

Dreckelige Schwaadschnüss   211

Sendemast zu Gott   277

Buh-Buk!   345

Die Durian   388

Der Haka am Marae   446

Der Kiwi   489

Kriegsgebiet   518

Ich

Das Versteck   45

Peperoni im Ohr   104

Das Babybecken   165

Nestors Nickhaut   227

Kois werten nicht   298

Wannenunterhaltung   358

Real Life Assistance   400

Würdeloser Winseler   460

Das Frauenzimmer   476

Nase im Ohr   506

Die Treuzeit   526

Caterina

Das Meisterwerk   55

Die Farbenkleckser   121

Frieden durch Farbe   179

Die Ziege   245

Die besetzte Frau   315

Das Skorpionnest   372

Der blaue Steg   414

Epilog   547

Wir danken

Heide Salentin von der *Akademie för uns kölsche Sproch*, für sensible und fleißige Sprachbereinigung. (Übrigens, für Nicht-Kölner: »G« wird am Anfang eines Wortes und einer Silbe wie »J« ausgespochen, aber nicht so geschrieben …)

Anouar M'Sallem, dem echten großen Tunesier mit den vielen Kontakten, für beeindruckende Begleitung bis an die (libysche) Grenze

Dorit Witt, der gestrengen kölschen Mam, die aber nichts … okay, nicht übermäßig viel … von Hildegard Lehmann hat, für das So-Sein-wie-sie-ist

Susanne Halbleib, unserer Lektorin, und dem Fischer-Verlagsteam, für ihre unermüdliche Treue zur Hui-Welt

Holger Kuntze, unserem Agenten, für den euphorischen Einsatz

Kim Etzold, unserer Teilzeittochter, dafür, das Licht in unserem Leben zu sein

Nils Peerenboom und Kristian Tschirschwitz, unseren besten Freunden, für unermüdliche Inspiration und tätige Freude

Gobi und Tenhi, unseren Katzen, für das tägliche Demonstrieren felinen Verhaltens

Tobias Röger und seiner Band TON, für den letzten Satz im Vorwort und den besten aus Hartmuts Liebeserklärung

Dolmetscher Jan Hermann und Tierarzt Dr. Sliwinski für Übersetzungen ins Polnische.

Sowie …

Zwei anonymen Gästen einer Kölner Kneipe für folgenden Dialog, der eine weitere innovative Geschäftsidee enthält:

»Alsu wann ald Italie, dann Mafia. Do gitt et eine, dä hät en gemisch Portfolio aan Zertifikate un sugar Hedgefonds: Russland, Japan un Italie. Albanie nit, denne künne mer nit unger de Ärm griefe. En Schwede un Island es nix ze holle, hee en Deutschland kann wäge dä Stüür nümmes genog Gröschelcher beisigg läge, öm genog Wäffelcher anzeschaffe, und de Krawallbötzjer us dä USA dauge nix, zomol se allemole de verkehte Wage fringse, ävver Russland, Japan un Italie, hingerdren villeich noch andere Asiate un Südamerika. Dat es der Zokunf ehr Geschäff!«

Die Hui-Welt

Mehrere hundert Treffer verzeichnet Google mittlerweile für den Gebrauch des Adjektivs »hartmutesk«. Hartmutesk sein bedeutet, die Welt wie ein Spiel zu betrachten, das Rauschen der öffentlichen Meinung zu ignorieren und zu leben, wie man will. Hartmutesk ist, wer sich gerne in Details verstrickt, alles hinterfragt und lieber aus dem Fluss steigt, als gegen den Strom zu schwimmen.

Sylvia Witt und Oliver Uschmann sind hartmutesk. Gemeinsam erschafft das Ehepaar seit 2004 die Hui-Welt, in der alles mit allem zusammenhängt. Romane, Webseiten, Hörbücher, improvisatorische Multimedia-Live-Auftritte und aufwendige Aktionen. Unter *hartmut-und-ich.de* laden sie zur virtuellen Begehung in die Bochumer WG der ersten Romane ein und geben den Figuren eine Stimme. Auf *wandelgermanen.de* kann man beim Zocken der Spiele und Lösen der Quizze diffizilste Details erfahren. Die Künstler, die in Witts Galerie *haus-der-kuenste.de* ausstellen, fanden als Figuren den Weg in die Romane.

Im Sommer 2010 wurde die Hui-Welt sogar real begehbar. Auf dem Gelände des Kulturgut Haus Nottbeck und in den Räumen des dortigen Museums für westfälische Literatur ermöglichte die Ausstellung *Ab ins Buch!* den Fans, das Wohnzimmer, den Keller und den Kunstrasthof aus den Romanen zu besuchen. Auf dem Barfußpfad folgte man den Wegen der Wandelgermanen, im Festsaal sowie im Hof fanden Lesungen, Konzerte, eine Theateraufführung des Hui-Stoffes sowie ein Kurzgeschichtenwettbewerb statt. Das Lehr- und Beratungsangebot unter *wortguru.de* fördert den literarischen Nachwuchs dauerhaft. Zu *Wandelgermanen* absolvierte Uschmann eine 300-Kilometer-Tournee unter dem Titel *Wundlauf* komplett barfuß – Mitlaufen von Fans inklusive. Für den Roman ›Erdenrund‹ verarbeiteten Uschmann & Witt die Plotwünsche von Leserinnen und Lesern. Die Jugendromane in anderen Verlagen sowie verstreute Geschichten auf der Webseite und in Anthologien erweitern die Hui-Welt und bieten endlose Entdeckungsmöglichkeiten und Querbezüge.

Wer sich auf die Hui-Welt einlässt, kann und darf sich darin verlieren. Denn wie jeder hartmutesk Handelnde weiß, gibt es nichts Besseres, als Zeit zu gewinnen, indem man sie »verschwendet« und verspielt.

Oliver Uschmann
Hartmut und ich
Roman
Band 16615

Muss man Always immer tragen, nur weil sie so heißen? Darf man Fahrradfahrer auf offener Straße bewusstlos schlagen? Kann man schwer erziehbaren Katzen durch anti-autoritäre Methoden zu einem besseren Leben verhelfen? Hartmut will es wissen! Der unglaubliche Roman einer unglaublichen Männer-WG.

»Saugut geschrieben und sehr witzig. Jetzt weiß ich, dass ich einen neuen Lieblingsautor habe und dringend eine Playstation brauche!«
Tommy Jaud

Fischer Taschenbuch Verlag

Oliver Uschmann
Feindesland
Hartmut und ich in Berlin
Roman
Band 17648

Hartmut und ich krachen gegen die krasse Realität der Hauptstadt Berlin. Die Weltverbesserer mit Haustier machen mobil gegen Überwachungsstaat, Schutzgelderpresser und Lifestyle-Ausbeuter – und geraten zwischen alle Fronten ...

»Schlimm, wie wahr dieses Buch ist.
Schön, wie zuversichtlich mich die Tatsache macht,
dass es geschrieben wurde!«
Bela B. Felsenheimer

»›Feindesland‹ ist böse, ergreifend,
aber auch wirklich komisch.«
RBB Radio FRITZ

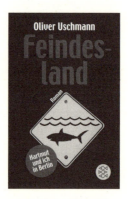

Fischer Taschenbuch Verlag